健 康 管 理 学

Health Management

（第 2 版）

主　编　王培玉　刘爱萍
副主编　孙昕霙　马德福　刘宝花
编　委　（以姓氏笔画为序）
　　　　　马德福　北京大学公共卫生学院
　　　　　王培玉　北京大学公共卫生学院
　　　　　尤莉莉　北京协和医学院卫生健康管理政策学院
　　　　　田京发　中国健康促进基金会
　　　　　史宇晖　北京大学公共卫生学院
　　　　　朱燕波　北京中医药大学
　　　　　刘宝花　北京大学公共卫生学院
　　　　　刘爱萍　北京大学公共卫生学院
　　　　　孙昕霙　北京大学公共卫生学院
　　　　　纪　颖　北京大学公共卫生学院
　　　　　张华明　北京大学公共卫生学院
　　　　　陈向大　国防科技大学医院
　　　　　星　一　北京大学公共卫生学院
　　　　　高文斌　中国科学院心理研究所
　　　　　常　春　北京大学公共卫生学院
　　　　　巢健茜　东南大学公共卫生学院

北京大学医学出版社

JIANKANG GUANLIXUE DI 2 BAN

图书在版编目（CIP）数据

健康管理学 / 王培玉，刘爱萍主编. -- 2版. -- 北京：北京大学医学出版社，2024.10. -- ISBN 978-7-5659-3236-6

Ⅰ. R19

中国国家版本馆CIP数据核字第2024R4Q038号

健康管理学（第2版）

主　　编：	王培玉　刘爱萍
出版发行：	北京大学医学出版社
地　　址：	（100191）北京市海淀区学院路38号　北京大学医学部院内
电　　话：	发行部 010-82802230；图书邮购 010-82802495
网　　址：	http://www.pumpress.com.cn
E-mail：	booksale@bjmu.edu.cn
印　　刷：	北京瑞达方舟印务有限公司
经　　销：	新华书店
责任编辑：刘陶陶　　责任校对：靳新强　　责任印制：李　啸
开　　本：850 mm×1168 mm　1/16　印张：30　插页：2　字数：888 千字
版　　次：2024 年 10 月第 2 版　2024 年 10 月第 1 次印刷
书　　号：ISBN 978-7-5659-3236-6
定　　价：98.00 元

版权所有，违者必究

（凡属质量问题请与本社发行部联系退换）

前 言

时光荏苒，《健康管理学》首版已经问世10余年，为健康管理学科和服务的发展起到了理论和实践的指导作用。党的二十大报告指出，推进健康中国战略，把保障人民健康放在优先发展的战略位置。当今时代健康管理已成为促进健康、优化人口发展、应对人口老龄化、预防重大慢性疾病的重要策略。在这10余年间，健康管理工作者付出了巨大的努力，使"健康管理学"的理论体系、内容和实践都得到了长足的发展。基于当前国家、社会对健康管理人才的需要，根据社会主义现代化强国战略，为实现健康中国建设的根本目标，《健康管理学（第2版）》的编写充分体现了健康管理的最新发展。

我们根据上一版读者反馈意见和近年来国内外健康管理学知识的更新情况，对本次的编写原则达成共识：①内容既有健康管理学的基础理论与知识、基本流程与技能，又有健康管理的相关应用。②各章节内容在坚持基本知识、基本理论和基本技能的同时，还介绍了近年来健康管理学领域的新进展，注重指标、数据、实例的更新，充分体现与时俱进。③健康管理的相关应用充分体现全方位、全周期维护人民健康，实现从胎儿到生命终点的全程健康服务与管理。④慢性疾病的健康管理以我国当前的主要公共卫生问题且适宜进行健康管理的常见慢性疾病为主。

根据上述原则，本书分3篇共16章，第一篇基础理论与知识（第一～六章），系统介绍了健康管理学的基本概念和策略、健康管理实践所必需的流行病学与统计学基础、健康教育基本理论与方法，以及营养学、心理学和中医体质辨识与养生学相关知识；第二篇基本流程与技能（第七～十章），按照健康监测与筛查—健康风险评估—健康指导—健康管理干预效果评估的顺序依次展开，可以让读者，即便是初学者，也能清晰地学会健康管理的主体思路和服务内容；第三篇应用篇（第十一～十六章），其中，第十一～十三章系统介绍全生命周期、常见慢性疾病、常见恶性肿瘤的健康管理，可以为从事健康管理一线工作的健康管理师提供参考；第十四～十六章介绍了健康管理在相关产业中的应用，以及健康管理服务本身面临的营销和伦理问题，法律法规在章后以二维码的形式呈现。

本书主要为医院体检中心、社区卫生服务中心、健康管理公司,以及企事业单位从事健康管理服务的专业人员提供参考,也可作为健康管理师的培训教材,同时也适用于大专院校健康服务与管理专业,医学院校临床、护理专业,以及研究生的健康管理学课程的教学和科研。

本书的撰写倾注了所有编者的心血,大家希望能为健康管理学科的发展尽一份力量。当然,这只是编委会全体人员的主观愿望或理想,到底在多大程度上能够达到这一目标,有待广大同仁在实践工作中的检验,真诚地欢迎大家在阅读和使用本书的过程中提出批评和建议。

王培玉　刘爱萍

目 录

第一篇 基础理论与知识

第一章 健康管理学概论 ……… 2
- 第一节 健康管理基本概念 ……… 2
- 第二节 健康管理的基本策略 ……… 9
- 第三节 健康管理在中国 ……… 12

第二章 流行病学与统计学基础 …… 19
- 第一节 流行病学基本知识 ……… 19
- 第二节 循证医学基础知识 ……… 36
- 第三节 医学统计学基本知识 …… 38

第三章 健康教育基本理论与方法 …… 59
- 第一节 健康相关行为改变理论 …… 59
- 第二节 健康传播 ……… 68
- 第三节 健康干预计划的制订、实施 … 78
- 第四节 健康管理评价类型与方法 …… 84

第四章 营养学基础知识 ……… 91
- 第一节 营养学基础 ……… 91
- 第二节 膳食营养素参考摄入量 …… 101
- 第三节 食品卫生与安全 ……… 103
- 第四节 保健食品 ……… 104

第五章 心理学基础知识 ……… 111
- 第一节 心理学常用概念 ……… 111
- 第二节 全生命周期的心理发展 …… 118
- 第二节 社会心理学基础 ……… 126

第六章 中医体质辨识与养生学 …… 131
- 第一节 中医基础理论与方法 …… 131
- 第二节 中医体质辨识、调护 …… 135
- 第三节 中医养生学 ……… 148

第二篇 基本流程与技能

第七章 健康监测与筛查 ……… 156
- 第一节 概述 ……… 156
- 第二节 健康信息采集 ……… 157
- 第三节 健康档案的建立与管理 …… 166
- 第四节 健康信息管理 ……… 174
- 第五节 健康体检服务 ……… 180

第八章 健康风险评估 ……… 195
- 第一节 概述 ……… 195
- 第二节 一般健康风险评估 ……… 198
- 第三节 疾病风险评估 ……… 202
- 第四节 健康风险沟通 ……… 212

第九章 健康指导 ……… 216
- 第一节 营养指导 ……… 216
- 第二节 身体活动指导 ……… 221
- 第三节 咨询与行为干预 ……… 242
- 第四节 成瘾行为干预 ……… 249

第十章 健康管理干预的效果评估 ……… 268
- 第一节 健康危险因素干预效果评价指标 ……… 268
- 第二节 社区人群健康管理效果评价指标 ……… 274

第三篇 应 用 篇

第十一章 全生命周期健康管理 ……… 278
- 第一节 孕妇、乳母的健康管理 ……… 278
- 第二节 婴幼儿的健康管理 ……… 283
- 第三节 儿童青少年的健康管理 ……… 287
- 第四节 成人的健康管理 ……… 298
- 第五节 老年人的健康管理 ……… 313

第十二章 常见慢性疾病健康管理 ……… 330
- 第一节 高血压的健康管理 ……… 330
- 第二节 糖尿病的健康管理 ……… 340
- 第三节 血脂异常的健康管理 ……… 349
- 第四节 肥胖的健康管理 ……… 356
- 第五节 冠状动脉粥样硬化性心脏病的健康管理 ……… 361
- 第六节 卒中的健康管理 ……… 368
- 第七节 高尿酸血症与痛风的健康管理 ……… 380
- 第八节 慢性阻塞性肺疾病的健康管理 ……… 391

第十三章 常见恶性肿瘤的健康管理 ……… 401
- 第一节 概述 ……… 401
- 第二节 肺癌的健康管理 ……… 408
- 第三节 肝癌的健康管理 ……… 411
- 第四节 胃癌的健康管理 ……… 414
- 第五节 乳腺癌的健康管理 ……… 417
- 第六节 结直肠癌的健康管理 ……… 419
- 第七节 宫颈癌的健康管理 ……… 421
- 第八节 前列腺癌的健康管理 ……… 423

第十四章 健康保险与健康管理 ……… 426
- 第一节 健康保险概述 ……… 426
- 第二节 健康管理与健康保险 ……… 435

第十五章 健康管理服务营销 ……… 441
- 第一节 市场营销和社会营销基本概念 ……… 441
- 第二节 健康管理服务产品与用户消费行为 ……… 447
- 第三节 健康管理服务营销实践 ……… 450

第十六章 医学伦理与职业道德 ……… 458
- 第一节 医学伦理基础知识 ……… 458
- 第二节 健康管理伦理 ……… 460
- 第三节 健康管理职业道德 ……… 464

参考文献 ……… 468

中英文专业词汇索引 ……… 469

彩插 ……… 473

第一篇

基础理论与知识

第一章

健康管理学概论

第一节 健康管理基本概念

一、健康管理的兴起与发展

健康管理的思路和实践最初出现在美国，20世纪70年代，由于美国的慢性疾病患病率不断上升，医疗费用急剧上涨；美国的医疗保险工作人员注意到当时80%的医疗费用支出用于治疗慢性疾病，如果降低此类疾病的发病率，可节省大量的医疗费用；同时，对于慢性疾病，传统的医疗服务、临床治疗也不能彻底治愈，需要长期的疾病管理和饮食、运动治疗，因此提出管理式医疗的概念。管理式医疗能够提高医疗服务的质量和可持续性，并提供预防保健服务，后来成为以控制医疗费用、保障参保会员医疗保险待遇的医疗保险模式。美国的医疗保险以商业保险为主，保险公司出于经济目的，希望加入保险的人尽量保持较好的健康状况，尽可能少看病，看小病，于是主动对其的客户开展一些健康教育、健康管理服务；同时，在参保人加入保险时，公司需要确定对其征收保险费用的金额（核保），于是需要开展健康风险的预测和评估，这促进了健康风险技术的发展。此外，人口老龄化和慢性疾病负担的不断增长导致医疗费用的持续上升，这构成了对经济和社会发展的威胁和挑战，也促进了美国政府开展健康管理的积极性。于是美国政府和健康保险公司积极推出一系列的健康评估与健康促进服务，现代的健康管理应运而生。健康管理服务在丰富医疗健康服务内容、提高健康生活质量、延长健康寿命、控制医疗费用等方面起到了很好的作用。欧盟国家和日本的健康保险虽然是以政府和社会为主导，但近些年来，由于人口老龄化和慢性疾病负担增加，医疗费用不断上涨，这些国家的经济不堪重负，因此纷纷开始效仿美国的健康管理模式，推动健康促进和健康管理服务，以期遏制不断增长的庞大医疗费用。在学术方面，近几十年来公共卫生和流行病学关于健康风险、循证医学及健康干预的大量研究、管理科学和健康教育学的发展，为健康管理的起步提供了理论和实践基础；此外，互联网的出现和信息产业的迅猛发展，为健康管理的起飞插上了翅膀。健康管理这个学科和行业正是在上述背景下，逐渐发展和壮大起来的。

健康管理在我国的兴起与快速发展，一方面是国际健康产业和健康管理行业迅猛发展影响的结果；另一方面也是伴随着中国改革开放以来，社会经济持续发展、国民物质与精神生活不断改善与提高，健康物质文化与精神需求增加，以及居民疾病谱的改变、非传染性疾病成为主要的疾病负担的结果。健康管理在我国以健康体检为主要形式开始兴起，由健康信息技术支撑而普及；特别是2003年严重急性呼吸综合征（SARS）之后，随着国民的健康意识和健康需求的进一步提高，发达国家健康管理的理念、模式、技术与手段的传播与引入加快，相关产品技术的研发和应用（如体检软件）发展迅速，健康管理相关机构明显增多，行业及市场化推进速度明显加快，并逐步成为健康服务领域的一个新兴朝阳产业。2005年，国家劳动和社会保障部办公厅《关于同意将医疗救护员等2个新职业纳入卫生行业特有职业范围的函》（劳动厅函[2005]425号），宣布将健康管理师列为国家卫生行业新的特有职业（工种）并归入国家卫生和计划生育委员会进行管理。2007年，国家卫生和计划生育委员会与劳动和社会保障部共同制定了《健康管理师国家职业标准（试行）》，之后，卫生部职业技能鉴定指导中心组织有关专家编写了《健康管理师培训教材》并建立题库，承担国家职业资格的鉴定和考核工作，这标志着我国健康管理职业及学科开始起步。2007年7月，中华医学会健康管理学分会成立，同年10月，《中华健康管理学杂志》创刊发行。此后，北京、广东、上海、山东、江苏、浙江、福建、湖北、天津、四川、重庆等省（市）先后成立了中华医学会或中华预防医学会省级健康管理学分会。学历教育近年来发展很快，从2016年的5所，发展为目前已经有123多所大专院校得到教育部的批准、设立了健康服务与管理专业。这些院校有综合大学、医药院校，也有其他如语言大学、师范学院、城市学院，每年能培养出7000余名健康服务与管理专业人才。健康管理职业人才培训（健康管理师）近10年来全国培训出近百万的健康管理师。2018年全国各级各类健康管理（体检）已近8000家，体检市场健康检查人数约为4.35亿人次，健康管理公司已发展到10 000余家，从业人员达数十万人。所以，中国的健康管理虽然起步较晚，但专业队伍与学科在国际上发展速度最快、规模最大。

二、健康管理的概念

健康管理作为一门新兴的学科和行业，虽然在国内外已经有40多年的实践和应用性研究，但还没有全面系统的理论研究和权威的专著。健康管理在中国出现的近20年来，也是实践应用先行于理论研究。世界卫生组织（WHO）1948年给健康下的定义是："健康是一种身体、精神与社会适应的完好状态，而不仅仅是没有疾病或不虚弱。"具体来说，健康包括3个层次。第一，躯体健康，指躯体的结构完好、功能正常，躯体与环境之间保持相对的平衡；第二，心理健康，又称精神健康，指人的心理处于完好状态，包括正确认识自我、正确认识环境、及时适应环境；第三，社会适应能力良好，指个人的能力在社会系统内得到充分的发挥，个体能够有效地扮演与其身份相适应的角色，个人的行为与社会规范一致，和谐融合。WHO的定义体现了积极的和多维的健康观，是健康的最高目标。

健康管理就是将管理学的理念应用于健康维护、疾病预防、临床治疗及康复领域，是管理学、预防医学及临床医学融合、提炼后形成的一门交叉学科；是把主要由公共卫生与预防医学工作者提倡、由政府支持的群体性的健康教育、健康促进活动与临床医学结合，开展健康危险因素的监测、干预、疾病风险预测、疾病管理，形成个体化的、具有操作性、长期连续的慢性疾病综合防治机制。

综合国内外关于健康管理的内容和实践，结合我国《健康管理师国家职业标准》中关于健康管理师的职业定义，我们将健康管理（health management）定义为：以现代健康概念为指导，运用医学、管理学等相关学科的理论、技术和方法，对个体或群体的健康进行全面监测、分析和评估，提供健康咨询和指导，并对健康危险因素进行干预、管理的全过程。其核心是对健康危险因素的识别、评估与干预。这个定义界定了健康管理的性质和内容、宗旨和具体做法。按照这一定义，健康管理的目标包括以下几个方面。

1. 完善健康和福利。

2．减少健康危险因素。
3．预防疾病高危人群患病。
4．易化疾病早期诊断。
5．增加临床效用效率。
6．避免可预防的疾病相关并发症的发病。

三、健康危险因素

从人群健康和流行病学的角度看，凡是那些能使人群发病和死亡风险（risk）升高的因素即可认为是危险因素。危险因素可以是一些行为因素，如吸烟可以增加慢性阻塞性肺疾病（COPD）、肺癌的发病率，是COPD和肺癌的危险因素；危险因素也可以是一些生理的固有属性（年龄、性别），如人到了或过了中年，许多慢性疾病的发病率都会明显上升，所以高龄是大部分慢性疾病重要的危险因素。危险因素还包括一些生理指标的异常，如血压升高、超重肥胖、高血糖及血脂异常。健康危险因素是健康管理的核心，因此，有必要讨论一下我国国民目前的疾病患病现状，以及相关的健康危险因素的流行现状。

（一）疾病患病现状

近几十年，我国居民的冠心病、卒中、恶性肿瘤和糖尿病等慢性疾病患病率一直呈不断上升的趋势，全国疾病监测系统资料表明，中国慢性疾病死亡人数占总死亡人数的比例呈持续上升趋势，已经由2009年的84.81%上升到2019年的88.46%，死亡人数超过600万。

第一，心血管疾病成为我国居民健康的"头号杀手"。

2021年7月，《中国心血管健康与疾病报告2020》发布。报告显示，心血管病死亡居城乡居民总死亡原因的首位，农村为46.66%，城市为43.81%；中国心血管病患病率处于持续上升阶段，心血管病现患病人数为3.30亿，其中高血压患者2.45亿，卒中患者1300万，冠心病患者1139万，肺源性心脏病患者500万，心力衰竭患者890万，心房颤动患者487万，风湿性心脏病患者250万，先天性心脏病患者200万，下肢动脉疾病患者4530万。高血压的患病率由2002年的12.3%上升到2018年的27.5%。

第二，糖尿病将给中国居民健康带来严重威胁。

《国际糖尿病联盟（IDF）世界糖尿病地图（第10版）》显示，我国20～79岁的人群中，糖尿病患者1.41亿，位列全球第1位，占糖尿病总人数的1/4，糖尿病前期患者为1.97亿。城市人口的糖尿病患者数量高于农村，在城市，糖尿病患病率为12.1%，农村为8.3%。2013年，一项近10万人大型调查表明，我国18岁及以上成人样本中，根据国际最新临床诊断标准（将糖化血红蛋白≥6.5%作为诊断糖尿病的标准之一）进行诊断的糖尿病估测患病率为11.6%，约1.139亿人，糖尿病前期患者可达到4.934亿。糖尿病将是我国重大的公共卫生问题之一。在中国，半数的心血管疾病、卒中和失明由糖尿病所致，60%的慢性肾衰竭的罪魁祸首是糖尿病。根据全国卫生统计年报资料，我国城市和农村13年来的糖尿病死亡率上升趋势明显。

（二）健康危险因素的流行现状

是什么因素引起慢性疾病的患病率、死亡率不断上升的呢？第一，人口的老龄化，这是一个很难应对和干预的问题；第二，危险因素的增加以及危险因素未得到很好的控制，这是一个可以干预改变并有所作为的问题；第三，慢性疾病的遗传易感性问题，许多资料表明，亚洲人比欧美的白种人更易患糖尿病。在富裕国家生活的中国人、日本人和韩国人等亚洲人，糖尿病的患病率高达10%，是当地白种人（5%～6%）的2倍；而且，亚洲人的体脂率几乎是同样BMI值白种人的两倍。这提示我国国民更应该注意肥胖和糖尿病的预防。

1．超重和肥胖 随着生活水平的显著提高，我国国民超重和肥胖患病率也快速上升。最新数据显示，中国已成为世界第一大肥胖国。据《中国居民营养与慢性病状况报告（2020年）》主要结果显示,按照中国成人超重与肥胖判定标准,2020年,18岁及以上居民超重率为34.3%,肥胖率为16.4%。更令人担忧的是,超重和肥胖已成为儿童和青少年突出的健康问题。儿童肥胖问题出现于20世纪90年代,从大城市、城郊向城乡地带扩展,到了2005年,城乡均出现儿童超重率和肥胖率急剧上升的情况。《中国居民营养与慢性病状况报告(2020年)》显示,6~17岁的儿童青少年超重率和肥胖率均接近20%,6岁以下的儿童达到10%。城乡各年龄组居民超重率和肥胖率均继续上升,6~17岁儿童青少年超重率和肥胖率分别为11.1%和7.9%,6岁以下儿童超重率和肥胖率分别为6.8%和3.6%。2016年,全球超过3.4亿名5~19岁儿童和青少年超重或肥胖,5~19岁儿童和青少年超重率和肥胖率从1975年的4%上升到2016年的18%以上。

2. 血脂异常 是心、脑血管疾病的重要危险因素,2002年《中国居民营养与健康状况调查》首次获得了有代表性的我国人群血脂资料,我国成人血脂异常患病人数达1.6亿,总患病率为18.16%。2010年全国调查显示,血清总胆固醇(TC)≥6.22 mmol/L的患病率在18岁以上男性、女性分别为3.4%和3.2%,血清甘油三酯(TG)≥2.26 mmol/L的患病率在男女分别为13.8%和8.6%,在血脂异常患者中,50%患有高血压,37.5%患有冠心病,超过30%患有外周动脉疾病。目前我国每10个成年人里就有4个血脂异常,我国儿童青少年高胆固醇血症患病率也明显升高,因此,下一代血脂健康状况堪忧。

3. 不健康的生活方式 膳食不合理、身体活动量不足及吸烟是造成多种慢性疾病的三大行为危险因素。

(1)膳食不合理:在我国经济迅速发展、食物供应不断丰富的20年中,人们偏离平衡膳食的食物消费行为日益突出。主要表现为肉类和油脂消费的增加导致膳食脂肪供能比快速上升,谷类食物消费明显下降,食盐摄入量居高不下。《中国居民营养与慢性病状况报告(2020年)》显示,我国居民畜肉摄入较多,城乡膳食脂肪供能比合计已达到34.6%,农村首次突破30%推荐上限。另外,杂粮和薯类、果蔬、奶类、水产品、大豆类、坚果等食物摄入量偏低,而油、盐平均摄入量远高于推荐量。

(2)身体活动量不足:随着我国工业化进程的加快和生活方式的改变,我国居民身体活动量不足的问题日益突出,而人们自主锻炼身体的意识和行动并未随之增加。《2020年中国居民健康素养监测报告》结果显示,我国居民具备健康素养的总体水平为23.15%。《中国居民营养与健康状况调查》结果也表明,我国居民每周参加3次以上体育锻炼的比例不足1/3,以30~49岁的中年人锻炼最少。《2020大众运动健康报告》显示,目前国内仍有30%的人运动锻炼次数少于每个月一次。人群方面,45~54岁人群的运动频率最高,其次是"00后"和55岁以上人群,作为社会中流砥柱的中青年人运动时间最少。

(3)吸烟:《中国心血管健康与疾病报告2020》显示,中国15岁及以上年龄人群吸烟率为26.6%。其中男性吸烟率为50.5%,女性2.1%;农村人群的吸烟率(28.9%)高于城市(25.1%);45~64岁年龄组现在吸烟率最高,达30.2%。中国非吸烟者的二手烟暴露率为68.1%,其中几乎每天都暴露于二手烟的比例为35.5%;二手烟暴露最严重的室内公共场所为网吧(89.3%)、酒吧夜总会(87.5%)和餐馆(73.3%)。全球每年约190万人因为烟草使用或二手烟暴露引发冠心病失去生命,约占全球冠心病死亡人数的1/5;约38.2万人由于暴露于二手烟引发冠心病而死亡,占冠心病总死亡人数的4.3%。若不采取广泛的戒烟措施,中国每年因烟草造成的死亡人数将从2010年的100万人左右,增至2030年的约200万人,预计2050年将达到300万人。全球每年因吸烟死亡的人数高达600万,我国则突破了100万。中国是烟草生产和消费大国,生产和消费均占全球1/3以上。根据2010年全球成人烟草调查(GATS)中国项目报告,目前15岁以上烟民有3.56亿,被动吸烟者7.38亿。每年因吸烟相关疾病所致死亡人数超过100万,如对吸烟流行状况不加以控制,至2050年,每年因吸烟死亡人数将突破300万。

危险因素依据可否干预,分为可改变的危险因素和不可改变的危险因素。可改变的危险因素如吸烟、饮酒、不健康饮食、缺乏体力活动、心理精神因素，是健康教育和干预的重点；不可改变的危险因素有年龄、性别、种族和遗传等固有因素，这些危险因素虽然无法改变、干预，但它们对疾病风险的预测有很大的参考意义，因为不同的年龄段、性别、民族、种族和家族间患病的风险有很大的区别。从危险因素与疾病的时间顺序上看，我们把肥胖、高血压、高胆固醇血症称为中间危险因素，它们本身是疾病，是由于前述固有因素及行为危险因素积累到一定时间后引起的；但相对于糖尿病、冠心病和卒中这些严重的疾病来说，肥胖、高血压、高胆固醇血症也是危险因素。对中间危险因素的干预和控制，对于降低心血管疾病的死亡率及减少糖尿病的并发症有很大的意义。除此之外，社会经济因素、自然环境因素都与疾病存在密切的关联。社会经济的发展，使人们生活水平不断提高，劳动条件改善（坐在电脑前面可以完成工作）、私家车的普及使生活方式发生了很大的变化，这一改变造成营养过剩，身体活动减少，增加了慢性疾病的患病风险。同一生态环境下，不同地区人们的健康和疾病流行状况存在差异。

各种危险因素之间及各种慢性疾病之间的内在关系已基本明确，往往是一因多果、一果多因、多因多果。如肥胖可以导致高血压、高血脂、糖尿病和乳腺癌等疾病的患病率的增加，但高血压、高血脂和糖尿病的危险因素除肥胖之外，还有长期的精神紧张和心理压力、体力活动少、饮食不合理（高盐、脂肪和能量摄入过剩）、年龄的增加等，乳腺癌的危险因素还有家族史、月经初潮早、停经晚、无生育史、有生育但未哺乳、未婚或无性生活、晚婚晚育、曾接受过雌激素替代治疗等。总之，往往是多种危险因素引发多种慢性疾病（图 1-1-1）。

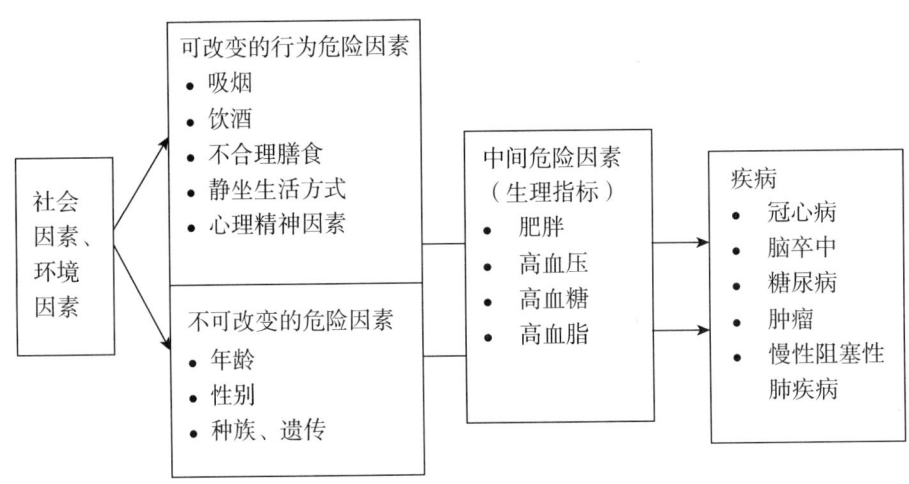

图 1-1-1 常见慢性疾病及其共同危险因素之间的内在关系

四、健康管理的基本内容和服务流程

（一）健康管理的基本内容

健康管理有 3 个基本内容，即采集健康信息与健康监测、健康风险评估、健康干预与健康管理。

1. **采集健康信息与健康监测** 通过问卷和健康体检收集健康信息，从中找出健康危险因素。具体来说，就是收集服务对象的个人健康信息，包括个人一般情况（性别、年龄等）、目前健康状况和疾病家族史、生活方式（膳食、体力活动、吸烟、饮酒等）、体格检查（身高、体重、血压等）、物理检查和实验室检查（血、尿常规，血脂、血糖等血生化）、超声波检查、心电图、胸部 X 线检查等。在开始阶段收集健康信息后，后续的还要开展长期的健康监测。

2. **健康风险评估** 即根据所收集的个人健康信息，对个人的目前健康状况开展评估（健康状况的好坏，存在哪些健康危险因素或不健康生活习惯），同时对未来患病或死亡的风险进行预测。其主要目的是帮助个体综合认识健康风险，鼓励和帮助人们纠正不健康的行为和习惯，制订个性化的健康干预措施并对其效果进行评估。

危险因素的评估是健康风险管理三大内容（危险因素的识别，评估和干预）之一。在日常生活和工作中，面临许多危险因素；或者说人体的健康或疾病的发生受多种危险因素的影响，如生活方式/行为、心理状况、自然环境和社会环境、家族遗传，但我们需要对这些健康危险因素的危害程度、与疾病的关联强度进行评估，以便找出主要的危险因素，发现主要问题及可能发生的主要疾病，给予干预和管理，达到预防疾病、提高健康水平的目的。这个过程称为危险因素的评估，也称一般健康风险评估。如冠心病有许多危险因素，但主要是高血压、吸烟和高胆固醇血症。此外，根据个人的主要危险因素，对该个体未来患某疾病的风险进行评估和预测，称为疾病风险评估/预测。

疾病风险评估/预测主要有以下4个步骤。第一，选择要预测的疾病（病种）；第二，不断发现并确定与该疾病发生有关的危险因素；第三，应用适当的预测方法建立疾病风险预测模型；第四，验证评估模型的正确性和准确性。疾病风险评估的方法主要有两种：单因素加权法和多因素模型法。单因素加权法是建立在单一危险因素与发病率基础上的，即对这些单一因素与发病率的关系，以相对危险性表示强度，得出的各相关因素的加权分数，即为患病的危险性。由于这种方法简单实用，不需要大量的数据分析，是健康管理发展早期的主要危险性评价方法。典型代表有哈佛癌症风险指数、危险分数法等。多因素模型法是建立在多因素数理分析基础上，即采用统计学概率理论的方法得出患病危险性与危险因素之间的关系模型。所采用的统计方法，常见的有多元回归（Logistic回归和Cox回归）、基于模糊数学的神经网络方法等。这类方法的典型代表是Framingham的冠心病预测模型。近年来，信息化技术、健康大数据、人工智能的出现，为健康风险评估提供了新方法，如有的研究者开发的健康风险评估的机器学习模型，使用更多的参数，并通过人工智能不断改进、验证评估的准确性，使健康风险评估的结果更为精准。

目前，不少学者和商业公司开发了对冠心病、卒中、糖尿病、癌症等疾病的评估/预测模型。那么，如何评价这些模型的使用价值呢？其实，对未来疾病风险的预期和自然科学领域里对天气、地震等自然现象的预测颇为相似，疾病的预测就是一个"健康天气预报"，对于不同疾病的预测，其准确性或吻合率与对不同自然现象的预测一样，差别很大，有的准确性高，有的却很低，在实际使用中意义不大。疾病的预测模型中比较成熟、准确的是对缺血性心脏病的预测，对癌症发生的预测准确性较差，因为肿瘤发病率低，发病机制中有许多尚未清楚的部分，因此，在健康管理实践中，除个别肿瘤外，对大部分肿瘤发病的定量预测实用性不强，但针对肿瘤的危险因素开展定性的预防工作与健康教育仍然有很大的价值。

3. 健康干预与健康管理　在前两部分的基础上，以多种形式帮助个人采取行动，纠正不良的生活方式和习惯，控制健康危险因素，实现个人健康管理计划的目标。与一般健康教育和健康促进不同的是，健康管理过程中的健康干预是个性化的，即根据个体的健康危险因素，由健康管理师进行个体指导，设定个体目标，并动态追踪效果。如健康体重管理、糖尿病管理，通过记录个人健康管理日记、参加专项健康维护课程及跟踪随访等措施来达到健康改善效果。

健康管理的这3个步骤可以通过互联网的服务平台及相应的用户端计算机系统来帮助实施，也可通过手机等现代通讯手段来互动。应该强调的是，健康管理是一个长期、连续不断、周而复始的过程，即在实施健康干预措施一定时间后，需要评价效果、调整计划和给予干预措施。只有周而复始、长期坚持，才能达到健康维护、预防保健的效果。

（二）健康管理的常用服务流程

健康管理在实践操作层面的服务流程由以下5部分组成。

1. 健康调查和体检　为了收集健康信息，健康管理工作者对管理对象开展问卷调查，实施健康体检,在此基础上建立个人健康档案。健康体检项目可以根据个人的年龄、性别、工作特点等进行调整。目前一般的体检服务所提供的信息应该可以满足这方面的要求。

2．健康评估　根据个人的健康信息(既往史、家族史、生活方式和精神压力等问卷获取的资料和体检结果),对管理对象目前的①健康知识和信念;②健康行为、生活习惯及精神压力;③生理(体检)指标;④未来患病/死亡危险性等进行评估和预测,为管理对象提供一系列的评估报告,来反映其健康知识和信念方面存在的问题,有哪些不健康的行为和生活习惯及精神心理方面的问题,体检指标(如血糖、血压或心电图)有哪些异常及其意义,未来患哪些疾病的风险较高,以便及早预防和干预等。

3．个人健康管理咨询　在进行上述步骤的同时或之后,个人可以得到不同层次的健康管理咨询服务。个人可以去健康管理服务中心接受咨询,也可以由健康管理师通过电话与个人进行沟通。内容包括以下几方面:解释个人健康信息及健康评估结果及其对健康的影响,制订个人健康管理计划,提供健康指导,制订随访跟踪计划等。

4．个人健康管理后续服务　服务内容主要取决于被服务者(人群)的情况以及资源的多少,可以根据个人及人群的需求提供不同的服务。服务形式通过互联网查询个人健康信息和接受健康指导,定期寄送健康管理通讯信息和健康提示,以及提供个性化的健康改善行动计划。监督随访是后续服务的一个常用手段。随访的主要内容是检查健康管理计划的实现状况,并检查(必要时测量)主要危险因素的变化、改善情况。健康教育课堂也是后续服务的重要措施,在营养改善、增加运动、生活方式改变与疾病控制方面有很好的效果。

5．专项的健康及疾病管理服务　除了常规的健康管理服务外,还可根据具体情况为个体和群体提供专项的健康管理服务。这些服务的设计通常会按患者及健康人来划分。对已患有慢性疾病的个体,可选择针对特定疾病或疾病危险因素的服务,如糖尿病管理、心血管疾病及相关危险因素管理、精神压力缓解、戒烟、运动、营养及膳食咨询。对没有慢性疾病的个体,根据个体具有的健康危险因素,可选择的服务也很多,如个人健康教育、生活方式改善咨询、疾病高危人群的教育及健康维护项目。

目前,国内提供健康管理服务的机构主要有医院或独立的体检中心(近年来,许多大的体检中心改名为健康管理中心)、健康保险公司、社区卫生服务中心、健康管理公司等。

五、健康管理的实践溯源及与其他学科的关系

在我国的传统医学著作中,我们可以很容易地发现健康管理的思想火花。《黄帝内经·素问·四季调神大论》记载"圣人不治已病治未病,不治已乱治未乱,此之谓也。夫病已成而后药之,乱已成而后治之,譬犹渴而穿井,斗而铸锥,不亦晚乎",已经孕育着"预防为主"的健康管理思想。中医养生十分重视饮食补益和锻炼健身防病,如《黄帝内经》指出:"五谷为养,五果为助,五菜为充,气味合而服之,以补精益气";而"上医治未病,中医治欲病,下医治已病。"与健康风险评估和控制的思路更是吻合。

健康管理是把群体性的健康教育、健康促进活动进一步个性化并与临床医学结合,开展生活方式管理、疾病风险预测、疾病管理,形成兼顾个体和群体、具有操作性及可持续的慢性疾病综合防治机制,是将管理学的理念应用于健康监测、健康保健、疾病预防、临床治疗及全科医学领域,是这些学科结合与提炼后形成的一门交叉学科。健康教育和健康促进学科为健康管理提供了最基础的教育、咨询和行为干预的方法,以及制订健康计划、评价健康干预效果的思路。流行病学是开展健康风险评估的科学基础,而临床医学是疾病管理的基础,流行病学和临床医学结合,使健康管理更具有个体性、实用性和可操作性。

第二节 健康管理的基本策略

慢性疾病的发生、发展，有从正常健康人→低危人群→高危人群（亚临床状态）→疾病→并发症的自然规律。从任何一个阶段实施干预，都将产生明显的健康效果，干预越早，效果越好。健康管理工作者所面对的可以是没有疾病的健康人，但可能有一些不健康的生活习惯；更多的对象是亚临床状态的人，即所谓的高危人群，有一项或几项（血压、血脂或血糖）指标异常，但还没有明确的、可诊断的疾病；也可能面对的是患者，已经有明确诊断的疾病，如糖尿病或冠心病。临床医生是用临床的手段开展诊断和治疗，而健康管理工作者主要是用非临床的手段，对一般人、高危人群或患者进行健康评估和健康管理，主要是生活方式管理，干预和管理饮食、运动习惯及心理状态；对于患者来说，健康管理应该将就医和治疗纳入管理，同时管理生活方式，配合、辅助临床治疗，提高患者的依从性，加强治疗效果。后一项内容也称为疾病管理。因此，健康管理，根据对象分为生活方式管理和疾病管理。

一、生活方式管理

生活方式管理是健康管理策略的基础。由于健康管理的理念传入我国的时间较短，健康管理的实践也只有十年多的时间，加上大部分从事健康管理的专业人员是临床医生或护士出身，习惯于药物或手术等临床干预，因此对生活方式管理、生活习惯干预的重要性认识不足。有些人虽然认识到它的重要性，但缺乏生活方式管理的技能和有效手段。在实践中，下列4种方法常用于促进人们改变生活方式。

1. **教育** 传递知识，确立态度，改变行为。
2. **激励** 通过正面强化、反面强化、反馈促进、惩罚等措施进行行为矫正。
3. **训练** 通过一系列的参与式训练与体验，培训个体掌握行为矫正的技术。
4. **社会营销** 企业从消费者需要和企业自身的条件出发提供产品或服务，既满足消费者的需要和欲望，又符合消费者利益、企业自身利益和社会长远利益，并以此作为企业的经营目标和责任。社会营销观念是要综合考虑消费者和整个社会的长远利益，形成的一种具有普遍意义的工商哲学。利用社会营销的技术推广健康行为，营造健康的大环境，促进个体改变不健康的行为。

单独应用或联合应用这些方法，可以帮助人们朝着有利于健康的方向改变生活方式。实践证明，行为改变绝非易事，形成习惯并终生坚持是健康行为改变的终极目标。在此过程中，亲朋好友、社区等社会支持系统的帮助非常重要，可以在传播信息、采取行动方面提供有利的环境和条件。

在实际应用中，生活方式管理可以多种不同的形式出现，也可融入到健康管理的其他策略中去。例如，生活方式管理可以纳入疾病管理项目中，用于辅助疾病的治疗，或改善疾病的疗效。不管应用了什么样的方法和技术，生活方式管理的目的都是相同的，即通过选择健康的生活方式，减少疾病的危险因素，预防疾病或伤害的发生、恶化。

慢性疾病的发病既受遗传因素的影响，又与个人的生活方式有关，是由多个遗传基因和多种不健康生活方式的负荷长期相互作用所引起的。其中个人的生活方式起主要作用。因此，在种族、遗传因素无法改变的情况下，建立健康的生活方式是慢性疾病预防与健康管理的唯一有效的手段。生活方式与习惯对健康或疾病的影响，不仅体现在高血压、肥胖、糖尿病等慢性疾病上，而且与大部分的肿瘤发生有密切关系，如吸烟与肺癌、饮食因素与结肠癌，危险性行为与子宫颈癌。虽然在肿瘤的发生过程中，个体的遗传因素比生活方式有更复杂、偶然、特异的关系，但生活方式仍然显示着密切的联系。所以，建立健康的生活方式对于肿瘤的预防也有很大的意义。

冠心病、卒中、糖尿病、慢性呼吸系统疾病等常见慢性疾病及肿瘤虽然有各自的特异性重点危险因素，但也有很多共同的东西，如都与吸烟、不健康饮食、运动和体力活动不足、长期过劳、精神紧张或心情郁闷、过量饮酒等几种生活方式有关。因此，这几种生活方式的管理是慢性疾病预防与健康管理的基本内容。如何改变这几种不健康的生活习惯是健康管理工作成败的关键。

广义的健康管理是全过程的管理，既包括对健康人群、高危人群、疾病早期和（或）轻度患者（如轻度的高血压或血脂异常患者）的管理，也包括对中度患者及有合并症患者的管理。在这个过程中，始终贯穿着一个共同的理念：将管理学的理念用运于健康监测、健康维护、疾病预防和疾病治疗，即有计划、有目标地开展这些项工作，并定期进行监测、评估其效果，不断修正、完善健康管理措施。

在上述健康管理的过程中，生活方式的管理是贯穿始终的基本方法。对于健康人群和高危人群，我们提倡以生活方式的管理为唯一方法；对于疾病早期和（或）轻度患者，主张首先通过生活方式干预来改善患者的健康状况，经过一定时间的生活方式干预，如患者的指标（如血压或血脂）仍无明显改善者，应该增加药物干预，但即使采用了药物治疗，仍然不能轻视、放松生活方式的管理，因为健康的生活习惯，如合理的饮食、运动和心身的休养本身能加强并巩固药物治疗效果，一旦患者的指标稳定地恢复正常，可以逐渐减少药物剂量，最终停药而以生活方式干预来维持。对于中度及有合并症患者，我们也提倡在进行药物等临床治疗的同时，积极开展生活方式干预以配合治疗，加强、巩固临床干预效果。

建立健康的生活方式是一件说起来容易，做起来艰难并且痛苦的事，尤其在开始的阶段，改变自己长期养成的生活习惯，意味着许多生活乐趣的丧失、生活质量的下降，如戒烟、限酒。因此，建立健康生活方式的目标要兼顾理想与现实，注意可操作性。开始时重点选择优先改变的项目，以后逐渐增加，在改变的程度上要循序渐进，不能急于求成，要求一步到位。此外，生活方式管理显示效果需要较长的时间，无论是饮食干预，还是运动干预，一般需要两三个月到半年才能显示出稳定的效果，所以，生活方式管理要有耐性。生活方式干预是治本措施，一旦显效，其效果稳定而长久，这也正是其价值所在。在我们观察、分析人们的生活习惯，开展生活方式管理的时候，还应注意到在个人生活习惯的背后，存在着社会、经济和文化的巨大影响。因此，在开展健康教育，树立健康信念，实施生活习惯干预的时候，一定要注意到服务对象的社会环境与社会支持情况、经济能力、文化背景，设计出符合现实、服务对象能够理解并接受、同时有能力支付的健康教育计划和生活方式干预方案，不仅注意服务对象本人，还应该考虑到其家人、同事、工作及生活环境，这样才能取得切实的效果。

二、疾病管理

疾病管理是健康管理的又一主要策略。美国疾病管理协会对疾病管理的定义是："有效地控制某些疾病需要患者有较强的自我管理能力，疾病管理则是针对这些患者实施协调性干预与信息交流的系统。它强调患者自我保健的重要性。疾病管理支撑医患关系和保健计划，强调运用循证医学和增强个人能力的策略来预防疾病的恶化，它以持续性地改善个体或群体健康为基准，评估临床、人文和经济方面的效果。"疾病管理的对象是已经患病的人，它要求健康管理师与临床医师协同配合，临床医师负责诊断、治疗，健康管理师配合以持续的饮食疗法、运动疗法、心理疏导、患者自我管理教育等。

由此可以看出，疾病管理具有以下3个主要特点。

1．目标人群是患有特定疾病的个体，如糖尿病管理项目的管理对象为已诊断患有1型或2型糖尿病的患者。

2．不以单个病例和（或）单次就诊事件为中心，而关注个体或群体连续性的健康状况与生活质量，这也是疾病管理与传统的单个病例管理的区别。

3. 医疗卫生服务及干预措施的综合协调至关重要。大多数国家卫生服务系统具有多样性与复杂性，一般百姓对医疗卫生服务系统的了解、理解有限，这使得协调来自于多个服务提供者的医疗卫生服务与干预措施的一致性与有效性特别艰难。然而，正因为协调困难，才显示了疾病管理协调的重要性。

三、需求管理

健康保险公司的参保人员和健康管理公司的会员在参保、入会之后，在平时开展自我保健的过程中，或利用医疗卫生服务（就医）时，会有一些健康问题咨询或就医咨询的需求。针对顾客的这些健康需求，健康保险、健康管理公司开展的服务称之为需求管理。需求管理包括自我保健服务和人群就诊咨询服务，帮助人们更好地利用医疗服务、自我保健和管理自己的小病。通过提供一些工具，比如小病自助决策支持系统和行为支持，个人可以更好地利用医疗保健服务，在正确的时间、正确的地点，选择正确的健康服务类型。需求管理实质上是通过帮助健康消费者维护自身健康和寻求恰当的卫生服务，控制成本，促进卫生服务的合理利用。需求管理的目标是减少昂贵的、临床上并非必需的医疗服务，同时重视自我保健、改善人群的健康状况。需求管理常用的手段包括寻找手术的替代疗法、帮助患者减少特定的危险因素并采纳健康的生活方式、鼓励自我保健/干预等。

需求管理通常通过一系列的服务手段和工具，去影响和指导人们的卫生保健需求。常见的方法有24h电话就诊分流服务、转诊服务，基于互联网的卫生信息数据库、健康课堂、服务预约等。有时，需求管理还会以"守门人"的面目出现在疾病管项目中。

四、灾难性病伤管理

灾难性病伤管理是疾病管理的一个特殊类型，它关注的是"灾难性"的疾病或伤害。这里的"灾难性"是指对健康的危害十分严重，造成的医疗卫生花费巨大，常见于肿瘤、肾衰竭、严重外伤等情形。疾病管理的特点对灾难性病伤管理同样适用。因为灾难性病伤本身所具有的一些特点，如发生率低，需要长期复杂的医疗卫生服务服务，受家庭、经济、保险等各方面的影响较大等，注定了灾难性病伤管理的复杂性和艰难性。

一般来说，优秀的灾难性病伤管理项目具有以下特征。
1．转诊及时。
2．综合考虑各方面因素，制订出适宜的医疗服务计划。
3．具备一支包含多种医学专科及综合业务能力的服务队伍，能够有效应对可能出现的多种医疗服务需要。
4．最大限度地帮助患者进行自我管理。
5．患者及其家人满意。

五、残疾管理

残疾管理的目的是减少工作地点发生残疾事故的频率和费用代价。从雇主的角度出发，根据伤残程度分别处理，希望尽量减少因残疾造成的劳动和生活能力下降。残疾管理的具体目标是：①防止残疾发生和恶化，②注重患者（伤残者）功能性能力的恢复，③设定实际康复和返工的期望值，④评估医学和社会心理学因素，⑤与雇员（患者）和雇主进行有效沟通，⑥说明伤残者今后行动的限制事项和可行事项，⑦考虑伤残者的复职情况。

六、综合的人群健康管理

综合的人群健康管理通过协调上述不同的健康管理策略来为个体提供更为全面的健康和福利

管理。这些策略都是以人的健康需要为中心而发展起来的。健康管理实践中基本上都应该考虑采取综合的人群健康管理模式。从美国的实践情况看，雇主需要对员工进行需求管理，医疗保险机构和医疗服务机构需要开展疾病管理，大型企业需要进行残疾管理，保险公司、雇主和社会福利机构会提供灾难性病伤管理。

人群健康管理成功的关键在于系统性收集健康状况、健康危险、疾病严重程度等方面的信息，以及评估这些信息和临床、经济结局的关联以确定健康、伤残、疾病、并发症、返回工作岗位或恢复正常功能的可能性。对于疾病管理来说，健康管理需要一个完整的医疗服务干预系统。

人群健康管理方法包括一级预防、二级预防和三级预防。一级预防是指在疾病发生之前预防其发生，如免疫、卫生、营养，以及按人类环境改造学设计工作场所和健康的家庭或作业环境。二级预防是指在疾病发展前对疾病进行早期诊断检测，如进行问卷调查了解疾病征兆史（即特定的健康评估），或对疾病进行筛查。三级预防旨在疾病发生后预防其发展和蔓延，以减少疼痛和伤残，如功能性健康状况评价、伤残管理、疾病恢复、患者管理（比如为长期离开工作岗位的患者重新开始工作做准备）。目前大多数疾病管理项目以三级预防为主。

第三节　健康管理在中国

一、健康管理在中国的需求

中国对健康管理的需求迫切而且巨大，主要体现如下。

（一）人口老龄化

我国在2000年进入老年型国家的行列。尽管比发达国家晚了50年左右，但我国人口老龄化速度快，数量大。2020年第七次全国人口普查数据显示，截止到2020年11月1日，中国的总人口为14.11亿，人口平均预期寿命达到77.93岁，比10年前提高了3.1岁。60岁及以上人口达到2.64亿，占总人口的18.7%，而65岁及以上人口达到1.91亿，占全国总人口的13.5%。同2010年第六次全国人口普查相比，60岁及以上人口的比重上升5.4个百分点。我国人口老龄化程度也逐渐加剧。老年人口中，65.4%患有慢性疾病，因此，人口老龄化是慢性疾病重要的危险因素。

（二）慢性疾病患病率持续上升，医疗费用急剧上涨，给个人家庭及社会造成沉重的经济负担

慢性疾病在我国发病率逐年升高，随之而来的则是个人、家庭及社会所面临的沉重医疗和经济负担。2019年发表在《中华肿瘤杂志》上的一篇报告指出，我国每年在恶性肿瘤上的医疗支出在2200亿元以上。虽然花费高昂，但中晚期癌症的治疗效果尚不满意，其不良预后不仅给患者家属带来巨大的痛苦，也影响了社会的稳定。

1999年我国卫生总费用为4174亿元，2009年卫生总费用为17541.9亿元，2019年卫生总费用为65841.4亿元，由此可以看出，我国的卫生总费用近20年呈数倍增长的趋势。在2019年卫生总费用中，政府卫生支出17428.5亿元（占26.7%），社会卫生支出29278.0亿元（占44.9%），个人卫生支出18489.5亿元（占28.4%）。人均卫生总费用为4656.7元，卫生总费用占GDP的比例为6.6%。卫生费用的增长，一方面取决于居民利用各类医疗卫生服务的数量，另一方面是医疗卫生服务的价格（费用）水平。其中慢性疾病已成为居民健康水平下降、导致卫生总费用上升的原因。

《2020中国卫生统计年鉴》显示，在2019年公立医院部分病种平均住院医药费用中，慢性疾病治疗费用居高不下。比如，肺恶性肿瘤、食管恶性肿瘤、胃恶性肿瘤出院者人均医药费分别是29737.8元、19967.5元、24600.3元，行心肌梗死冠状动脉搭桥术患者的医药费高达68625.6元。中国疾病预防控制中心的数据显示，目前慢性疾病致死率已居全国总死亡率之首，我国慢性疾病导致的死亡人数占总死亡人数的88%，导致的疾病负担占总疾病负担的70%以上。由此可以看出，慢性疾病治疗费用高昂，个人、家庭乃至社会、国家都承受着沉重的医疗和经济负担。

二、健康管理在中国的发展及现状

（一）社会需求、政府的重视是健康管理兴起、发展的动力

在我国，健康管理作为一门学科及行业是最近20多年才兴起的。由于人口老龄化和慢性疾病发生的增加，以及由此而造成的医疗费用大幅度持续上升，使得寻求控制医疗费用并保证个人健康利益的需求推动了健康管理的发展。近年来，随着中国改革开放与经济的快速发展，社会结构、经济结构，以及人们的生活方式都发生了一系列的变化。人们的健康意识，特别是城镇居民的健康意识正在发生着巨大的变化。同时，国家层面也将健康提高到国家战略的目标。2016年10月，中共中央、国务院发布了《"健康中国"2030规划纲要》，突出强调了要以预防为主、关口前移，推行健康生活方式，减少疾病发生，促进资源下沉，实现可负担、可持续的发展等。之后，国务院办公厅颁布了《中国防治慢性疾病中长期规划（2017—2025年）》，强调行为和环境危险因素控制、慢性疾病早期筛查和早期发现，推动由疾病治疗向健康管理转变。加强医防协同，坚持中西医并重，为居民提供公平可及、系统连续的预防、治疗、康复、健康促进等一体化的慢性疾病防治服务。2019年，国务院发布关于实施《健康中国行动（2019—2030）》的意见，内容包括全方位干预健康影响因素、维护全生命周期健康，以及防控重大疾病。这一系列的政策大大促进了健康管理的发展。在居民的层面，健康的消费需求已由简单、单一的临床治疗型，向疾病预防型、保健型和健康促进型转变。患者群体、保健群体、健康促进群体、特殊健康消费群体和高端健康消费群体逐步形成。预防性医疗服务及体检市场的兴起、健康保险及社保的需求、人们对健康维护服务的需求、医疗市场分化的结果，使得健康群体受到越来越多的关注，也催生了健康管理在国内的诞生。以人的"个性化健康需求"为目标，系统、完整、全程、连续、终身解决个人健康问题的健康管理服务，在中国有着巨大的需求及潜力，也正在并逐步吸引着越来越多的投资，产业发展前景远大。

（二）健康管理行业发展面临的问题与挑战

自2005年国家宣布将健康管理师列为国家卫生行业新的特有职业以来，健康管理走过了近20年的路程。其先进的理念，对国内健康服务的全新视角和理解，逐步获得了社会的认可和追捧。近十年来，我们明显地看到，以健康管理为主题的各类会议、论坛、培训在增多。同时，以"健康管理"命名的公司也在增多，健康管理的行业队伍在迅速壮大、健康管理的学科建设也在不断丰富、提高。但是必须看到的是，在行业和学科发展、壮大的同时，也面临着诸多挑战。例如，健康管理服务还未形成成熟、可持续的商业模式；居民健康价值观还未达到接受健康管理的程度，习惯于有病时到医院看病，不习惯当健康危险因素出现时（如超重肥胖、吸烟、血脂偏高）找健康管理师进行健康干预；健康管理师应该是家庭医师团队的成员，可部分医护人员不太认同健康管理服务，认为是没有实际意义的；更为重要的是国家号召开展健康管理服务，尤其是社区卫生服务中心，国家基本公共卫生服务规范基本条目中，要求社区卫生服务中心向学龄儿童、孕产妇、中老年人、高血压和糖尿病患者提供健康管理服务，但是国家没有相应的配套政策：没有健康管理服务的收费标准，社区卫生服务机构中没有健康管理专业人员的岗位、编制，这样的基本公共卫生服务规范在现实中很难落实、落地，只能停留于口号层面。但也有一些积极的省市，为了能使健康管理服务落地，在国家没有配套政策的情况下，申请地方政府制定地方法规与收费标准，这对于推动健康管理服务的开展有着非常积极的意义。专业上有效的健康干预方法、工具、技术不足，科学研究、学科建设、适宜技术的开发有待提高。在健康管理学术理论和技术研究方面还有许多工作要做。

（三）健康管理的专业人才培养有待进一步规范、优化

健康管理是一门综合性的交叉学科，涉及预防医学、临床医学、管理学等领域，其中，循证医学、流行病学、生物统计学、生物信息学、健康促进（包括心理学、社会学、行为科学等）、运动学和营养学都是与健康管理密切相关的重要学科。健康管理行业的发展壮大、健康管理学科的提高都需要专业人才的培养，因此健康管理的人才培养成为行业发展、学科建设的关键。现在我国提供健康管理服务的机构有健康管理（体检）中心、社区卫生服务中心、商业健康保险公司、健康管理公司等。健康管理人才培养的主要模式有学历教育、职业人才培训（健康管理师）、工作岗位的继续教育。

1. 健康管理专业人才的学历教育　学历教育近年来发展很快，从2016年的5所，发展为目前已经有多所大专院校得到教育部的批准、设立了健康服务与管理专业。这些院校有综合大学、医药院校，也有其他如语言大学、师范学院、城市学院。

健康管理学历教育的正式专业名称为健康服务与管理。专业归属于管理学科。管理学是一门比较特殊的学科，它的理念、方法是建立在各自的基础学科之上的，经济管理是在熟悉了经济运行过程的基础上，研究其运行规律，发现制约运行的关键点，然后运用管理学的理念调整、改善其配置、程序，使之更加合理，高效。总之，管理学一定是在充分了解、掌握其依托的专业领域的基础上才能发挥作用，否则就成为空洞的理论。健康管理也是同样的道理，它必须建立在对医学、健康科学有深刻理解的基础上；而医学、健康科学又是内容丰富的科学，所以，健康管理专业人员必须接受完整、系统的临床医学、预防医学及健康科学的教育，才能真正具备健康管理的能力。同时，医学、健康科学也是实践性很强的学科，不仅需要理论教育，同样需要实践教育，即需要相应的实习课程。纵观目前的100多所高校健康服务与管理专业的课程设置，符合上述要求的不到半数，普遍存在医学、健康科学教育薄弱，实习课程缺乏、占比不高，且内容单一的普遍问题。当然，各高校之间有较大的差别，医药院校相对较好，非医药院校此问题更突出。在一些非医药院校中，健康服务与管理的专业老师本身对健康管理的理解就很肤浅，也没有健康管理的实践或研究经历。这样的专业阅历的老师培养、教授出来的学生的专业能力可想而知。但是，也有一些院校，认识到并承认自身的健康专业能力不足，他们通过聘请校外的健康管理学会或健康管理中心的专家来授课，并且签约健康管理中心作为实习基地，帮助自己完成实践教学，这是一种很好的弥补专业教育薄弱的方法。

一般说来，健康服务与管理的医学教育应该达到护理学大专的程度，包括临床实习课程。只有达到一个护理专业大专毕业生的医学知识与技能水平，才能在工作中开展真正的健康服务、健康干预、疾病管理。日本对健康管理师（保健师）的要求就是先取得执业护士执照，经过健康管理的学习，才有资格考取健康管理师，这样的政策与规定值得我们参考。

2. 健康管理职业人才培训（健康管理师）　职业人才——健康管理师，是2005年10月劳动和社会保障部第4批正式发布的11个新职业之一。2007年劳动与社会保障部（2008年改为人力资源和社会保障部）与国家人口和计划生育委员会就在部分省市开展试点性培训，后来经历过几次国家相关政策的变化，起伏波动，一直处于应对、观望政策变化的状态，没有能把主要精力用在如何健康管理的教学和能力建设上，虽然培养出近百万的健康管理师，但由于实践操作技能的不足，未能成为健康管理行业的主要技术力量。

健康管理师的培训开始得很早。从2007年开始，连续几年都是在10个左右省市进行小规模培训。2017国家政策有大的改变，将健康管理师列入国家职业目录清单，之后健康管理师的培训、考评有了飞跃性的进展，在几乎全国（西藏之外）所有的省市都开展了大规模的培训，考评由卫生健康委员会职业技能鉴定中心统一管理、组织实施。2018—2019年，每年开展4次考试，各省市每年的报名考试者少则数千，多则十几万。因此，这两年全国培训出近百万名健康管理师，极大地壮大了健康管理的职业队伍。但是，国家在2020年的相关政策又发生了重大变化，将健康

管理师从国家职业目录清单中取出，把健康管理师培训与考评的权力下放给各省市，由省市的人力资源和社会保障厅（简称人社厅）审批认定的第三方机构（学会、协会、培训机构等）承担实施考评。政策的变化，加上新型冠状病毒肺炎疫情的影响，2020—2021年，这两年健康管理师培训与考评基本停滞下来；进入2022年度，部分省市又逐步开展起来了，但规模与热度大大低于高峰期的2018—2019年，像北京、上海这样的一线城市还没有开始健康管理师的考评，健康管理师考评机制的变化（下放到第三方机构）也使得健康管理师的公信力在很大程度上出现下降，对健康管理专业队伍的建设有较大的影响。近来，部分省市的健康管理师考评又逐步开展起来，但是仔细考察这些考评机构的专业能力水平之后发现还是存在不少问题。考评机构的专业人员本身水平不足，健康管理的实践经验、经历欠缺，考核用的题库水平不足，考题不够严谨甚至出现一定数量的错题、无意义考题，缺乏对实践操作技能的考核；当然，后者是自2007年健康管理师考试以来一直存在的、未解决的问题。今后，加强省市地方健康管理师考评机构的能力建设，提高、规范他们的考评能力，对培养合格的健康管理师非常重要。还有一个问题是，健康管理师相关政策的变化后，北京、上海这样的一线城市还没有恢复健康管理师的考评，而在高峰期的2018—2019年，一线城市每年都有十几万考生报考，这种现象也影响着健康管理专业队伍的发展、壮大。此外，健康管理师的培训与学历教育存在同样的一个问题，即实践教育、实习课程的缺乏，这会影响健康管理实践能力的培养，是今后必须重视、充实的内容。

3. 健康管理中心、社区卫生服务中心医护人员的继续教育 第3种模式，即工作岗位的继续教育，主要是指已经在体检中心、社区医院工作的医护人员，通过健康管理的继续教育，转变观念，由诊断、治疗为中心的临床思维升华为预防为主、健康维护、非临床干预的健康管理思维。目前，健康管理（体检）中心、社区卫生服务中心已成为我国主要的开展健康管理服务的行业领域。此外，健康保险公司、健康管理公司也是开展健康管理服务的机构，由于其业务特点，它的健康管理人才培养也有一些自身特点。

由于国情的不同，开展、提供健康管理服务的行业在不同的国家有很大差异。在美国，开展、提供健康管理服务的主要行业是商业健康保险公司，因为商业健康保险是美国主要的健康保险种类之一。在我们中国，开展、提供健康管理服务、健康研究的主要行业是健康管理（体检）中心。体检中心的医护人员，本身既受过系统的医学教育，工作的内容又是体检、收集基本的健康信息，所以，开展健康管理服务有着独特的优势。对体检中心的医护人员进行健康管理培训的主要方式是通过日常的业务学习与健康管理学术会议的继续教育，在临床医学的基础上，教授健康管理相关学科知识与技术，如以流行病学为基础的健康风险评估技能，以营养学、健身运动知识、心理学为基础的健康干预技能，以及非临床干预的方法学——健康教育的理论与方法等。此外，信息学知识与技术的运用是健康管理的重要手段，智能健康管理是未来健康管理的发展方向，应该培训健康管理中心、社区卫生服务中心医护人员运用信息学方法、开展智能健康管理的技能。新医改激活了进展缓慢的卫生信息化，引来了各地数字医院和区域医疗网络的建设高潮，许多与医疗相关的IT新技术和新应用也随之进入医疗健康领域，智能健康管理的概念进入人们的视野。智能健康管理是整合医疗与信息技术相关部门、企事业单位的资源，进行全面合作，通过信息化技术，研究健康管理信息的获取、传输、处理和反馈等技术，实现区域一体化协同医疗健康服务，建立高品质与高效率的健康监测、疾病防治服务体系、健康生活方式与健康风险评价体系，进行健康评价、制订健康计划、实施健康干预等过程，达到改善健康状况，防治常见和慢性疾病的发生和发展，提高生命质量，降低医疗费用的目的，最终实现全人、全程、全方位的健康管理。

4. 健康保险行业及健康管理公司中健康管理人才的培养 健康保险行业的健康管理有一定特殊性。健康保险管理与经营机构在为被保险人提供医疗服务保障和医疗费用补偿的过程中，利用与医疗、保健服务提供者的合作，以控制医疗风险，对客户实施核保、健康指导和诊疗干预等服务活动。健康保险行业中健康管理的工作主要有以下几个方面。

（1）核保：指在参保人员申请入保时，健康保险公司的健康管理师通过健康风险评估，确定客户的健康风险，并依据风险的高低，决定收费的金额。对健康风险很高或有重大疾病的参保申请人员可拒保。

（2）健康指导：指健康保险公司的健康管理师为参保人员采集健康信息、答疑解惑、提供健康咨询，为健康风险分析、控制奠定基础；健康维护，健康保险公司的健康管理师为参保人员提供不同需求的健康体检、评估、指导等服务。

（3）诊疗干预：指参保人员在医疗机构享受诊疗服务时，针对服务选择、服务方式、服务过程，健康保险公司的健康管理师对参保人员进行建议、管理、监督，通过引导参保人员的诊疗行为，降低不合理的医疗费用支出如就诊服务、绿色通道、住院预约，以及诊疗保障如专家会诊、上门服务；同时，健康保险公司的健康管理师对参保人员的医疗过程、医疗服务利用也在实施控制与审查，目的也是降低医疗费用、降低赔付风险。

因此，健康保险行业中对健康管理专业人员的风险评估能力、临床的知识、诊疗管理、监督、干预能力要求比较高，是继续教育、培训的重点。健康保险公司要求比较精准的健康风险评估，建议核保的健康管理师学习人工智能、机器学习等新技术，开发更为智能、精准的健康风险评估模型软件，用于条款设计时、核保时及理赔时的风险控制。

目前在我国，商业健康保险所占份额较少，重要性有限，但未来有很大的发展空间。由于其在业务上对健康管理的需求，商业健康保险有可能成为健康管理行业的推手。

健康管理公司近年来也呈现快速发展态势。但面临的困难是我国民众的健康意识和观念较差，习惯于有病时到医院看病，或在健康体检发现问题时再进行深入系统的检查，还没有形成出现一些健康危险因素时求助健康管理公司的习惯。因此，健康管理公司如何获得客户、能让客户主动前来接受健康管理服务是关键问题。所以，健康管理公司往往选择自己设立健康体检部门，或与医院的健康体检中心合作，接受健康体检中心的客户，开展、提供体检之后的健康管理服务，包括就诊服务、绿色通道、专家会诊、住院预约等。因此，健康管理公司的健康管理人才培养的重点是健康管理商业模式的探索，营销能力、与医院协调合作的能力，这些对于提供就诊服务、绿色通道、专家会诊、住院预约等非常重要。

总之，健康管理的人才培养，无论是学历教育，还是健康管理职业人才（健康管理师）培训，或者是健康管理中心、社区卫生服务中心等行业的健康管理专业人员的继续教育，都涉及一些基础的内容，如临床医学、预防医学、流行病学、健康教育学等；同时，健康管理师的培训与健康服务与管理的学历教育存在一个共同的问题，即实践教育、实习课程的缺乏，这不利于健康管理实践能力的培养，是今后必须重视、充实的环节。还有一些内容是行业重点要求的，例如，健康保险行业对比较精准的健康风险评估技术的要求；健康保险公司的健康管理师在对参保人员医疗过程的控制、医疗服务利用的审查、管理式医疗的过程中对临床医学有很高、很专业的要求；健康管理公司对健康管理商业模式的开拓能力、营销能力，与医院协调、合作的能力的要求等。此外，前沿的、未来的知识与技能，如信息化技术，健康大数据，智能健康管理，云技术等对于健康管理行业与学科将来的发展、提升很重要，需要我们去学习、掌握。健康管理服务内容的多样性、丰富性，以及快速的发展要求我们不断学习、更新知识结构与技能，推动健康管理服务的普及、落地，开拓健康管理行业与学科的未来。

三、健康管理学的市场应用与前景展望

健康管理学在中国具有广泛应用前景。它能帮助政府、医疗机构、企业、健康保险公司以及社区卫生服务中心采用一种有效的健康服务手段对个人与群体的健康进行个性化的管理，以达到有效预防疾病、节约医疗支出、提高生产力、提高国民的健康水平的良好作用。

（一）健康管理在健康体检中的应用

中国健康体检行业的市场需求旺盛，呈现井喷发展的趋势，根据《健康管理蓝皮书：中国健康管理与健康产业发展报告（2018）》研发创新团队开展的一项全国调研数据估算，2018年全国各级各类健康管理（体检）已近8000家。根据《中国卫生健康统计年鉴（2020）》披露的数据来看，2018年我国体检市场健康检查人数约为4.35亿人次，2019年达4.44亿人次，2020年受新型冠状病毒肺炎疫情影响，体检人次略有下滑。"十三五"期间我国健康体检人次年符合增长率约4.58%。2018年我国健康体检市场的总收入规模约1511亿元，2019年健康体检市场规模达到1717元，同比增长13.63%。在国家战略支持、渗透率持续提升、消费升级的推动下，目前健康体检已经成为人们发现潜在疾病及自身保健的重要手段，在人们的保健中起着重要作用。因此，每年常规做1～2次健康体检，已经逐渐被人们所接受。

近年来，大多数体检中心增加检体检后服务，积极主动进行健康跟踪、健康教育和干预，利用现代先进的科技手段如电话、邮件、短信、微信、网络方式进行检后服务，将健康体检升级、改造为健康管理，名称也改为健康管理中心，健康管理（体检）中心已成为提供健康管理服务最主要的行业。

（二）健康管理在社区卫生服务中的应用

社区卫生服务在我国的医疗卫生体系建设中扮演着重要角色，是人民群众接受医疗卫生服务的"守门人"，也是社区发展建设的重要组成部分。社区卫生服务以基层卫生机构为主体，全科医师为骨干，合理使用社区资源和适宜技术，以老年人和慢性疾病患者、妇女、儿童、残疾人等为服务重点，以解决社区居民的主要健康问题，满足基本医疗卫生服务需求为目的，融预防、医疗、保健、康复、健康管理、健康教育等服务为一体，旨在提供有效、经济、方便、综合、连续的基层卫生健康服务。

结合社区卫生服务的特点和需要，健康管理可在以下3个方面提供帮助。第一，识别、控制健康危险因素，实施个体化健康管理；第二，指导医疗需求和医疗服务，辅助临床治疗、康复；第三，实现全程健康信息管理。健康管理个性化的健康评估体系和完善的信息管理系统，有望成为社区利用健康管理服务的突破点和启动点。

（三）健康管理在健康保险中的应用

健康保险/医疗保险是健康管理应用的一个主要领域。在美国，广泛应用健康管理服务的正是保险行业。控制投保人群的健康风险、预测投保人群的健康费用，是健康管理在其健康保险业中的主要作用。

从健康保险的经营目标看，健康管理通过提供专业化、个性化的健康管理服务，可以满足客户健康服务的需求；通过实施专业化的健康诊疗风险控制，可以降低保险公司的赔付率，扩大利润空间。从健康保险的现实需要看，健康管理涉及医疗服务全过程的管理，理想的风险控制，是在保险经营各环节中实现费用保障与服务保障相结合的有效手段。高水平的健康管理服务能够体现健康保险专业化经营的水准，因此不难预计，不远的将来，健康管理在健康保险中将发挥越来越重要的作用。

（四）健康管理在企业中的应用

企业人群是健康管理的又一重要目标人群。根据国外的实践经验，健康管理在企业的应用主要体现在企业人群健康状况评价、企业人群医疗费用分析与控制、企业人力资源分析等3个方面，其出发点及归宿点都是为了企业生产效率和经济效益的提高及竞争力的增强。因此，除了健康效益（员工健康结果的改善和医疗费用的节约），企业的其他效益，如出勤率的提高、工作绩效的提高、士气/凝聚力的增强，以及员工流失率的降低等，都是企业健康管理项目期望和关注的重要结果。当前，国内越来越多的企业认识到员工健康对于企业的重要性，疾病的预防保健获得了企业广泛的关注和认同。不少企业已将定期体检、健康管理作为保障员工健康的一项重要举措。部分企业成立了健康管理处。随着健康管理服务的不断深入和规范，针对企业自身的特点和需求，开展健康调查和体检后的健康干预与健康促进，实施工作场所的健康管理项目将是健康管理在企业中应用的主要方向。

（五）前景展望

随着医学研究的不断深入、预防医学和临床医学的不断进步，传统生物医学模式逐渐转变为生物 - 心理 - 社会医学模式，人们对生命和健康规律的认识趋向整体，对疾病的控制策略趋向系统，健康管理正是在这一背景下逐渐兴起的。随着我国老龄化进程加快、慢性疾病发病率逐年升高、国家医疗负担加剧，对健康管理的需求也在扩大，使得健康管理事业的人才培养日益紧迫。健康管理作为一门新兴学科，重点研究健康的概念、内涵与评价标准，健康风险因素监测与控制，健康干预方法与手段，健康管理服务模式与实施路径，健康信息技术及其与健康保险的结合等一系列理论和实践问题。同时，随着信息移动技术的发展，智能健康管理体系成为我国合理配置医疗资源、提高医疗健康服务，推广全民健康事业的必然选择。

在全面建成社会主义现代化强国的中心任务推动下，健康管理的服务范围、内容也必定会随着时间的推移而不断丰富并产生相应的服务产业。智能健康管理是现代化强国健康管理未来的发展方向，它整合医疗与信息技术相关部门、企事业单位的资源，进行全面合作，通过信息化技术及健康大数据，研究健康管理信息的获取、传输、处理和反馈等技术，实现区域一体化协同医疗健康服务，建立高品质与高效率的健康监测、疾病防治服务体系，健康生活方式与健康风险评价体系，进行健康评价、制订健康计划、实施健康干预等过程，达到改善健康状况，防治常见慢性疾病的发生和发展，提高生命质量，降低医疗费用的目的，最终实现全人、全程、全方位的健康管理。

（王培玉　刘爱萍）

第二章

流行病学与统计学基础

第一节 流行病学基本知识

一、基本概念

（一）流行病学（epidemiology）定义

流行病学的定义是随时代的发展和医学模式的转变而变化的。我国流行病学专家根据现代医学卫生实践，对流行病学的解释是："流行病学是研究人群中疾病与健康状况的分布及其影响因素，并研究防制疾病及促进健康的策略和措施的科学。"

（二）流行病学任务

流行病学任务大致分为3个阶段，第1阶段的任务是"揭示现象"，即揭示流行（主要指传染病）或分布（其他疾病、伤害和健康）的现象。第2阶段的任务是"找出原因或影响因素"，即从分析现象入手找出流行与分布的规律、原因或影响因素。第3阶段的任务是"提供措施"，即合理利用前两阶段的结果，找出预防或控制的策略与措施。

流行病学3个阶段的任务对应的健康管理的步骤是健康信息收集、健康风险评估、健康指导和健康危险因素干预。

（三）流行病学基本研究方法

1. 观察法

（1）描述性研究：是流行病学研究的基础。通过描述疾病或健康状况在人群中的分布，为建立病因假设提供线索，为疾病防治提出重点地区、时间和人群，也为制定卫生决策提供参考。描述性研究中常用的方法有现况研究、筛查和生态学研究。

（2）分析性研究：对由描述性研究提出的病因或流行因素的假设进行进一步分析检验的研究方法。分析性研究有两种主要的方法：病例对照研究和队列研究。

2. 实验法 不同于观察法，实验法中实验者可人为控制研究因素的条件，因而结果更为真实可靠。实验流行病学主要有两类：临床试验和现场试验。

3. 数理法 是抽象地用数学模型来研究疾病流行的规律，定量反映病因、宿主和环境对疾病发生的影响及其动态变化（图1-2-1）。

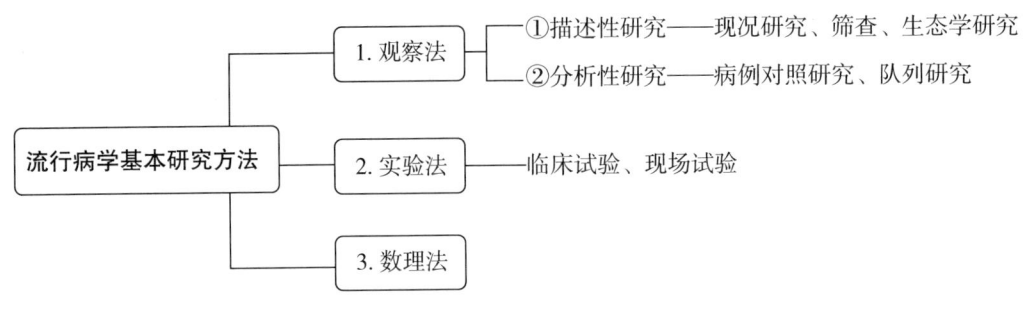

图 1-2-1　流行病学基本研究方法

二、常用指标

（一）发病与患病频率测量指标

1. 发病率（incidence rate）

（1）定义：在一定期间内，一定范围人群中某病新发生病例出现的频率。

$$发病率 = (一定时期内某人群中某病新病例数 / 同期该人群暴露人口数) \times K$$

$$K = 100\%，1000‰，10000/万 或 100000/万$$

计算发病率时，观察时间可根据所研究的疾病病种及研究问题的特点来决定，一般多以年为观察时间。

（2）分子和分母的确定：分子为一定期间内的新发患者数。若在观察期间内一个人多次发病，则应记为多个新发病例。对发病时间难以确定的疾病（如肿瘤）可将初次诊断的时间作为发病时间。

分母中所规定的暴露人口数是指观察地区内可能发生该病的人群数。对于那些不可能发病的人（如研究传染病时，因已经感染了传染病或因接种疫苗而获得免疫力者），理论上不应记入分母中。实际工作中分母多用该地区观察期内平均人口数。

（3）用途：发病率可用来描述疾病的分布，其变化可能是某些自然状况的波动，可能反映病因的变化，也可能是某些有效措施的结果。通过比较不同特征人群某病的发病率，可用于病因学的探讨和防治措施的评价。

（4）注意事项：在比较不同地区人群的发病率时，应注意地区之间年龄、性别等特征构成的不同，如果两个人群构成不同，则应对发病率标化，然后再进行比较。影响发病率的准确性的因素包括报告制度不健全、漏报、诊断水平不高等。

2. 患病率（prevalence rate）

（1）定义：在特定时间内一定范围人群中某病新旧病例所占比例。

$$患病率 = (特定时间内某人群中某病新旧病例数 / 同期观察人数) \times K$$

$$K = 100\%，1000‰，10000/万 或 100000/万$$

（2）患病率与发病率、病程的关系：当某地某病的发病率和该病的病程在相当长时间内保持稳定时，患病率、发病率和病程三者的关系是：

$$患病率 = 发病率 \times 病程$$

（3）用途：患病率是现况研究常用的指标，通常反映病程较长的慢性疾病的流行情况，可反映某地区人群对某疾病的负担程度。患病率可为医疗设施规划、估计医院病床周转、卫生设施及人力的需要量、医疗费用的投入等提供科学依据。

（二）死亡与生存频率指标

1．死亡率（mortality rate）

（1）定义：表示一定时期内，某人群中总死亡人数在该人群中所占的比例，是测量人死亡危险最常用的指标。分子为死亡人数，分母为该人群同期平均人口数。观察时间以年为单位。

$$死亡率 = [某期间内（因某病）死亡总数 / 同期平均人口数] \times K$$

$$K = 100\%，1000‰，10000/万 或 100000/万$$

死于所有原因的死亡率也称全死因死亡率或粗死亡率。死亡率也可按年龄、性别、种族、病种等不同特征分别计算死亡专率，如年龄别死亡率、某病死亡率。计算时应注意分母必须是与分子相对应的人口。比较不同地区死亡率时，若人口构成不同，需要先对死亡率标化，再进行比较。

（2）用途：用于衡量某一时期，某一地区人群死亡危险性的大小。它可反映一个地区不同时期人群的健康状况和卫生保健工作的水平；也为该地区卫生保健工作的需求和规划提供科学依据，此外也可用于探讨病因和评价防治措施的效果。

2．病死率（fatality rate）

（1）定义：表示在一定时期内，患某病的全体患者中因该病死亡者所占的比例。

$$病死率 = （某时期内因某病死亡的人数 / 同期患某病的人数）\times 100\%$$

（2）用途：病死率多用于急性病，可反映疾病的严重程度，以衡量疾病对人生命威胁的程度。病死率受疾病严重程度和医疗水平的影响，同时也与能否被早期诊断，诊断水平及病原体的毒力有关。因此，用病死率评价不同医院的医疗水平时，应注意不同医院入院患者的病情严重程度及医院的医疗设备条件等因素的影响。

3．生存率（survival rate）

（1）定义：指接受某种治疗的患者或某病患者中，经 n 年随访尚存活的患者数所占的比例。

$$生存率 = 随访满\ n\ 年尚存活的病例数 / 随访满\ n\ 年的病例数 \times 100\%$$

（2）用途：反映疾病对生命的危害程度，可评价病程较长疾病的远期疗效。常用于癌症、心血管疾病等慢性疾病的研究。

三、常用研究方法

（一）现况研究（prevalence study）

1．概念　现况研究属于描述性研究，是流行病学研究方法中的一种基础性研究方法。它指在特定时间点或时期和特定范围的人群中，应用普查或抽样调查的方法，收集有关疾病或健康状况和有关因素的资料，以描述疾病或健康状况的分布，及观察某些因素与疾病或健康状况之间的关联。

进行现况研究时，所调查的疾病或健康状态与某些特征或因素是同时存在的，即在调查时因与果并存，因而在病因分析时只能对病因提出初步线索，不能得出有关病因因果关系的结论。

现况研究强调在一定时间内完成，这个时间要尽可能短，若调查的时间跨度过大，就会给调查结果的分析和解释带来困难。现况研究主要用于调查疾病现患情况和人群的健康状态，也可用于调查感染率、带菌状况或免疫水平等。一般说来，现况研究多适用于病程较长而发病频率较高的疾病（如慢性疾病）。

2．目的

（1）描述疾病或健康状况的分布。

(2) 发现病因线索。
(3) 确定并监测高危人群。
(4) 确定各项生理指标和正常参考值范围。
(5) 评价疾病监测、预防接种等防治措施的效果。
(6) 为卫生保健工作的计划和决策提供科学依据。

3．**研究特点**
(1) 研究开始时一般不设对照组。
(2) 研究周期尽可能得短。
(3) 确定因果关系时受到限制。
(4) 对不会发生改变的暴露因素（如性别、种族、血型），可以提示因果关系。
(5) 用现在的暴露（特征）来替代或估计过去的情况。

4．**研究类型** 现况研究根据研究对象范围可分为普查和抽样调查。

(1) 普查（census）

1) 概念：普查是为了解某病的患病率或某人群的健康状况，在特定时间、特定范围内的人群中的每一成员所做的全面调查或检查。特定时间应该较间短，甚至指某时间点，一般为1～2天或1～2周，大规模的普查最长不应超过3个月。

2) 目的：①早期发现和及时治疗病例，这是普查的主要目的。②了解疾病的分布。③了解健康水平，建立生理指标的正常值范围。④了解某病的患病率及流行病学特点。

3) 优点：①普查可以同时调查几种疾病，并能发现人群中的全部病例，使其能及早得到治疗。②由于是调查某一人群的所有成员，所以确定调查对象比较简单。③通过对普查资料制成相应的图、表，可较全面地描述和了解疾病的三间分布与特征，有时还可揭示明显的规律，为病因分析提供线索。④调查对象为全体目标人群，不存在抽样误差。

4) 缺点：①当普查工作量大，调查期限短暂时，工作不易细致，难免遗漏，造成偏倚。②参加普查的工作人员多，掌握调查技术和检验方法的熟练程度不同，调查质量不易控制。③通常普查所用的诊断工具比较简单，诊断不能达到要求的标准。④对患病率低，诊断技术复杂的病不宜开展普查。

(2) 抽样调查（sampling survey）

1) 概念：抽样调查是现况调查中最常用的方法，它是从研究人群的全体对象中随机抽取有代表性的一部分人进行调查，根据调查结果估计出该人群某病的患病率或某些特征的情况，是一种以局部推论整体的调查方法。在实际工作中，为了揭示某种疾病的分布规律或流行水平，不需要采用普查的方法，而采取抽样调查的方法。

2) 优点：①抽样调查比普查花费少、速度快。②由于抽样调查范围远远小于普查范围，容易集中人力、物力、时间，因而具有调查精确、细致等优点。

3) 缺点：①不适用于患病率低的疾病。②不适用于个体间变异过大的人群调查。③设计、实施和资料的分析均较复杂。

(4) 抽样方法：可分为非随机抽样和随机抽样，前者如典型抽样、偶遇抽样。随机抽样常见的抽样方法有单纯随机抽样、系统抽样、整群抽样、分层抽样和多级抽样。

1) 单纯随机抽样：是最简单的抽样方法，也是理解其他抽样方法的基础。它是从总体 N 个单位中随机抽取 n 个单位构成所需的样本。使用随机数字表是比较简单、可靠并且常用的随机化方法。

2) 系统抽样：又称机械抽样或等距抽样，是按一定比例或一定间隔抽取调查单位的方法。利用这种方法，从 N 个总体中选取 n 个单位作为样本时，首先给每个单位进行编号，然后确定抽样间距 r，即确定每隔 r 个单位抽取一个单位进入样本，再应用随机的方法从1至 r 中随机选出一个数,把它作为抽样起点,之后每隔 r 个单位选一个单位进入样本。系统抽样的优点是简便易行,如果样本的观察单位在总体中分布均匀,则抽样误差比单纯随机抽样小。

3)整群抽样:抽样的单位不是个体,而是由个体所组成的集体(即群体),如村、车间、班级、连队、居民小组。这些群体是从相同类型的群体中随机抽出的,被抽到单位的所有成员都是研究对象。整群抽样的主要优点是便于组织,节约人力、物力和财力,容易控制调查质量,因而多用于大规模调查。缺点是当样本含量一定时,其抽样误差一般大于单纯随机抽样。

4)分层抽样:是将调查的总体按照不同的特征,例如性别、年龄、疾病的严重程度等分成若干层,然后在各层中运用单纯随机抽样或系统抽样法抽取一定数量的观察单位,合起来组成一个样本。

5)多级抽样:又称为多阶段抽样,是将上述抽样方法综合运用的方法。具体方法是从总体中先抽取范围较大的单元,称为一级抽样单元,再从每个抽中的一级单元中抽取范围较小的二级单元,最后抽取其中部分范围更小的三级单元作为调查单位。进行大规模调查时常用此种抽样方法。

(5)样本含量的估计:任何一项抽样调查必须考虑到样本含量,样本含量过大会造成人力和物力的浪费,且因工作量大,不能保证调查质量而使结果出现偏倚;而样本含量过小则抽样误差偏大,调查结果不真实。

现况研究样本含量的决定因素:①预期现患率。②对调查结果精确性的要求,即容许误差(d)越大,所需要的样本含量就越小;反之,则样本含量就大些。③显著性水平(α):一般定为 0.05 或 0.01。α 越小,样本量要求越大。

确定样本含量的方法:①经验法,②公式法,③查表法。

5. **资料收集**

(1)常规登记和报告:利用日常工作中已有的资料进行资料收集,如疾病报告登记、体检记录、医疗记录、职业档案或其他现有的有关记录资料。

(2)专题调查:需要设计专门的调查表,进行资料收集。

专题调查首先根据调查目的和研究内容制定调查表。根据调查方法和调查对象的情况,所设计的调查表分为自评问卷和他评问卷。

调查中应注意调查对象的无应答率。一般认为调查的无应答率不得超过10%,否则将会影响结果的真实性。

专题调查可以有下面几种形式:现场访问调查、信函调查、电话询问调查。调查者可根据具体情况选择相应的调查方法,上述调查形式中以现场访问调查最为常用。

(3)体格检查及实验室检查:如身高、体重、血压、血糖、血脂,这些检查往往与上述两种形式结合进行。

6. **资料分析与结果解释** 资料分析包括下列步骤:资料核查、资料整理、指标的计算(可计算均数、率等指标)。

根据研究目的并结合分析的结果进行结果解释。如果现况调查的目的是为了解疾病的分布,可根据"三间"分布特征的结果,结合有关因素解释疾病的分布特点。如果现况调查的目的是提供病因线索,可将描述性资料进行对比分析,寻找规律,为下一步分析性流行病学研究的建立病因假设提供证据。

7. **现况研究优缺点**

(1)现况研究优点:

1)现况研究常开展抽样调查,代表性样本一般来自人群,研究结果具有较强推广意义。

2)有来自同一群体自然形成的同期对照组,结果具有可比性。

3)收集资料手段包括问卷调查或实验室检测等,一次可同时观察多种因素。

(2) 现况研究缺点：

1) 对某特定时间点或时间段的观察，难以确定先因后果的时相关系。

2) 获得某时间点或时段的患病情况，不能获得发病率资料。

8. 研究实例 我国于1991年、2002年和2015年进行了3次全国15岁或18岁以上人口高血压抽样调查，结果显示，我国高血压患病粗率总体呈上升趋势，临界和确诊高血压患病率1991年为13.6%，2002年为17.6%，2015年为27.9%。其地区分布特点是北高南低，城市高于农村。其人群分布特征为患病率随年龄的增加而上升；60岁以前，男性高于女性，60岁以后，女性高于男性；血压上升幅度最大的年龄段为35～65岁。

（二）队列研究

1. 概念 队列研究（cohort study）是将人群按是否暴露于某因素或暴露程度分为不同组，追踪其各组的结局，比较不同组间结局频率的差异，从而判断暴露因素与结局之间有无因果关联及关联大小的一种观察性研究方法。观察的结局主要是与暴露因素可能有关的结局（图1-2-2）。

暴露指研究对象接触过某种物质（如重金属）或具有某种特征（如年龄、性别及遗传性状）或行为（如吸烟），同时，暴露一定是研究需要探讨的因素，与特定的研究目的密切相关。

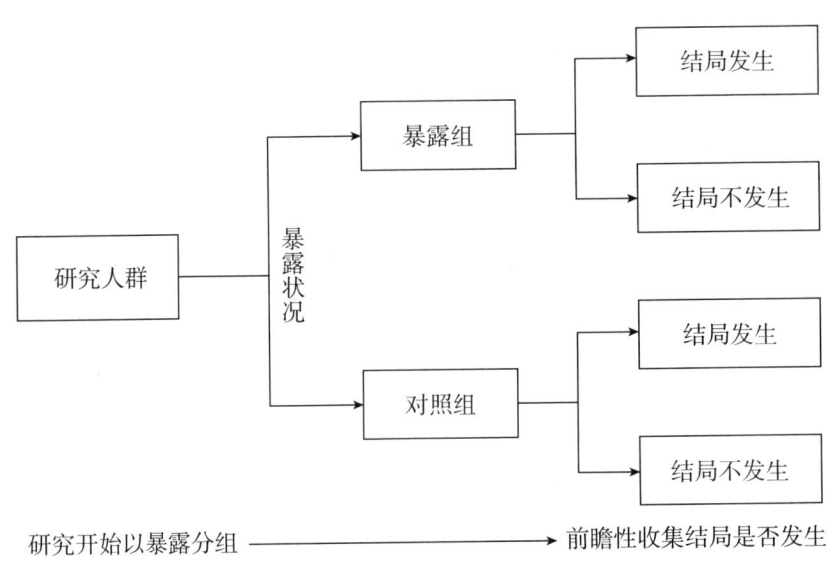

图1-2-2 队列研究基本原理

2. 基本特点及类型

(1) 队列研究基本特点

1) 属于观察法：队列研究的暴露是客观存在的，并非人为给予、随机分配，这是与实验研究的重要区别。

2) 设立对照组：暴露组与非暴露组必须具有可比性。

3) 由因及果：在队列研究中，先确立研究对象的暴露状况，再纵向观察结局，进而探求暴露因素与结局的关系。

4) 检验暴露与结局的因果联系能力较强：根据暴露状况随访追踪结局的发生，且能准确计算结局的发生率，估计暴露人群发生某结局的危险程度，判断因果关系的能力较强。

(2) 队列研究的类型

1) 前瞻性队列研究：是队列研究的基本形式，指研究开始时已知研究对象现时的暴露状况，但研究结局还需要前瞻性随访观察获得。

2）历史性队列研究：指研究开始时已掌握研究对象过去暴露状况的历史资料，且研究结局也已出现，不需要再随访观察。

3）双向性队列研究：是结合前瞻性队列和历史性队列的设计模式，指研究开始时已掌握研究对象过去暴露状况的历史资料，但研究结局还需要前瞻性随访观察获得。

3．用途

（1）检验病因假设。

（2）描述疾病的自然史。

（3）评价预防措施效果。

4．研究对象的选择

（1）暴露人群的选择

1）特殊暴露人群

- 职业人群：选择由于特殊职业原因暴露于某种特殊危险因素的人群作为暴露人群，不但所需要的人数较少，而且较易发现暴露与疾病之间的关联。
- 特殊暴露人群：选择由于特殊原因暴露于特殊因素的人群作为暴露人群，如暴露于核泄漏事故的人群。

2）一般人群

- 一般居民：选择一个地区的全部人口或其无偏样本中的暴露者作为暴露人群。若可疑病因有较高的人群暴露率，就适合在一般居民中进行队列研究。
- 有组织的人群团体：虽然此类样本对全人群的代表性可能稍差，但是此类人群有利于医疗就诊和随访观察结果，还可以节省人力、物力，并提高随访质量和结果判断的可靠程度。

（2）对照人群的选择：对照组应与暴露组具有可比性，即暴露因素以外的其他因素在两组人群中均衡可比（相同或相近）。

1）内对照：按照人群内部的暴露情况分为暴露组和非暴露组，该非暴露组称为内对照组。

2）外对照：在某人群中选择一组有暴露的人群作为暴露组，在另一人群中选择一组非暴露的人群作为对照组，称为外对照组。

3）多重对照：为了增强判断依据，可将上述方法综合起来，设立多种对照，进行多重比较。

5．资料收集 无论是基线资料还是随访内容，收集的资料主要包括以下几个方面。

（1）收集人口学资料：如年龄、性别、婚姻状况、文化程度、经济收入。

（2）收集环境资料：环境资料包括家庭环境、居住环境、工作环境、区域环境等。根据不同的研究假设，可做不同暴露的测定，收集各类资料。

（3）查阅记录和档案：特殊暴露人群的职业史或医疗记录常有暴露水平或个体暴露剂量的资料，这是暴露史的可靠来源。

（4）询问调查研究对象或知情人：通常采用调查表方式由调查员询问填写或通信调查，也可以采用由调查对象自行完成的自评问卷方式调查。

（5）医学检查或检验以收集客观资料：有些研究因素属于研究对象的生理特征或生化指标，必须通过检查或检验才能获得数据，例如血压、身高、体重、血脂、血糖。

6．资料分析 队列研究的资料分析主要是检验各组的发病率或死亡率是否有显著性差异，从而分析暴露因素与疾病是否有联系。如有联系，进一步计算有关指标以分析联系的强度。队列研究的基本数据可按四格表形式归纳下表（表1-2-1）。

表 1-2-1 队列研究资料整理表

	病例	非病例	合计	累积发病率
暴露组	a	b	$N_1 = a + b$	a/N_1 c
非暴露组	d		$N_0 = c + d$	c/N_0
合计	$M_1 = a + c$	$M_0 = b + d$	T	

(1) 率的计算:

1) 累积发病率 (cumulative incidence rate, CI): 当研究对象人数较多, 但比较固定, 且观察时间较短时, 可用固定的人口数作分母来计算累积发病率。累积发病率等于观察期内发病例数 (D) 除以随访期开始的人数 (N)。

$$CI = \frac{D}{N}$$

2) 发病密度 (incidence density, ID): 当人数较多, 观察时间较长, 人数不断变化而难以稳定的时候, 用发病密度来计算发病率。发病密度又称人年发病率, 是一定时期内的平均发病率。其分子仍是期内发病数 (D), 分母则采用随访人年 (person-years, PY), 即观察人数乘以随访年限。

$$ID = \frac{D}{PY}$$

(2) 率的差异显著性检验: 差异显著性检验也可以采用四格表资料的 χ^2 检验。以上检验方法可以参阅统计学章节。

(3) 计算暴露与疾病的关联强度:

1) 相对危险度 (relative risk, RR): 是暴露组发病率与非暴露组发病率的比值, 它反映暴露与发病的关联强度, 说明暴露组发病危险是非暴露组的多少倍。RR 的计算公式如下:

$$RR = \frac{I_e}{I_u} = \frac{a/N_1}{c/N_0}$$

式中 I_e 或 a/N_1 为暴露组的发病率, I_0 或 c/N_0 为非暴露组的发病率。计算 RR 后, 考虑到抽样误差的存在, 需计算 RR 的 95% 置信区间, 估计 RR 值的总体所在范围。

其数值的意义为: $RR > 1$, 说明暴露因素与疾病有"正"关联, 暴露越多, 发病越多, 是致病的危险因素; $RR = 1$, 说明暴露因素与疾病无关联; $RR < 1$, 说明暴露与疾病有"负"关联, 暴露越多, 发病越少, 具有保护意义。

计算 RR 的 95% 置信区间, 可用 Woolf 法。

$$V_{ar}(\ln RR) = \frac{1}{a} + \frac{1}{b} + \frac{1}{c} + \frac{1}{d}$$

$\ln RR$ 的 95% 置信区间 $= \ln RR \pm 1.96\sqrt{\text{Var}(\ln RR)}$

其反自然对数即 RR 的 95% 置信区间。

2) 归因危险度 (attributable risk, AR): 是暴露组发病率与非暴露组发病率的差值。AR 表示疾病危险完全特异地归因于暴露因素的程度。

$$AR = I_e - I_0 = (a/N_1) - (c/N_0)$$

相对危险度和归因危险度的意义：RR 和 AR 同为估计暴露与疾病关联强度的指标，彼此关系密切，但其公共卫生学意义不同，RR 说明个体在暴露情况下比非暴露情况下增加暴露因素所致疾病的危险程度的倍数，具有病因学意义；AR 对于人群来说，则是在暴露情况下比非暴露情况下增加暴露因素所致疾病的超额数量，消除暴露因素，就可以减少这一数量的疾病，具有疾病预防和公共卫生学意义。

3）归因危险度百分比（attributable risk percent，AR%）：指暴露人群中的发病或死亡归因于暴露的部分占全部发病率或死亡率的百分比。

$$AR\% = \frac{I_e - I_0}{I_e} \times 100\%$$

式中 I_e 为暴露组的发病率，I_0 为非暴露组的发病率。

4）人群归因危险度（population attributable risk，PAR）：指总人群发病率中归因于暴露的部分，反映暴露对总人群发病率的影响。

$$PAR = I_t - I_0$$

式中 I_t 代表全人群的率，I_0 为非暴露组的率。PAR 值越大，暴露因素消除后所减少的疾病数量越大。

7．队列研究的优缺点

（1）优点：

1）较适用于常见病。

2）在疾病发生前按是否暴露于某因素分组，由"因"至"果"观察，故回忆偏倚少，论证因果关系的能力强。

3）能测量两组间的相对危险度和归因危险度，直接估计暴露因素与发病的关联强度，所得结果真实可靠，可以充分而直接地分析病因的作用。

4）可以同时调查多种疾病与一种暴露的关联，一次调查可观察多种结局。

5）能了解人群疾病的自然史。

6）可计算"剂量–反应关系"，故其检验病因假说的能力比病例对照研究强。

（2）缺点：

（1）不适用于研究人群中发病率很低的少见病的病因研究。

（2）观察时间长而难以避免失访，不易收集到完整可靠的资料。

（3）设计的科学性要求高，实施方法复杂，耗费人力、财力多，花费的时间长；暴露人年计算工作量较为繁重。

8．研究实例 20 世纪上半叶，英国发现肺癌的死亡率与支气管炎、肺结核及其他呼吸系统疾病不同，呈上升的趋势。而且与烟草的销售量呈平行关系，这种状况使卫生工作者考虑肺癌与吸烟之间是否存在联系。所以，Doll 与 Hill 于 1948 年开始进行吸烟与肺癌的病例对照研究，发现肺癌患者中吸烟的比例明显高于非肺癌组，且具有统计学意义，因此推论吸烟可能是肺癌的病因。为了进一步论证吸烟和肺癌的关系，他们从 1951 年开始又开展了队列研究，以证实此病因假设。他们选择英国医生作为研究对象，发函调查了 59 600 名医生的一般情况与吸烟状况，有 40 701 名医生的调查表有效。他们将这些资料按照是否吸烟分为暴露组和非暴露组，然后进行随访，详细记录发病和死亡情况。此研究持续了几十年，1964 年报告资料表明，35 岁及以上年龄组，每年不吸烟者的肺癌死亡率为 0.07%，而每日吸烟 1～14 支者肺癌死亡率为 0.57%，为不吸烟者的 8.1 倍；吸 15～24 支者为 1.39%，为不吸烟者的 19.8 倍；吸 25 支及以上者为 2.27%。为不吸烟者的32.4倍。这些数据表明吸烟者患肺癌的危险性高于不吸烟者，且呈现明显的剂量反应关系。

（三）病例对照研究（case control study）

1．概念　病例对照研究是以现在确诊的患有某特定疾病的一组患者作为病例组，以不患该种疾病但具有可比性的一组个体作为对照组，调查两组人群过去暴露于某些可疑危险因素的比例，判断暴露因素是否与疾病有关联及其关联程度大小的一种观察性研究方法。基本原理示意图见图1-2-3。

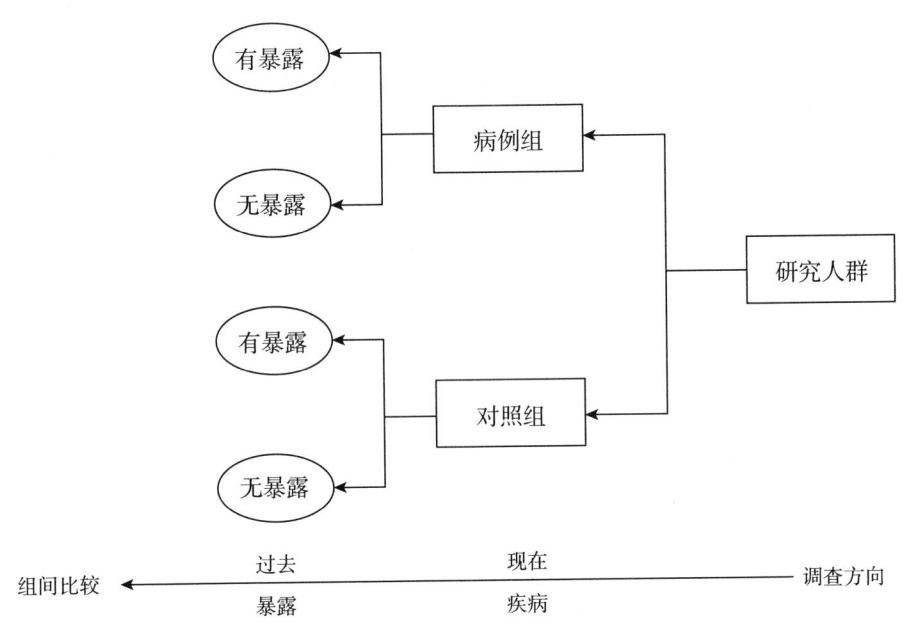

图1-2-3　病例对照研究基本原理示意图

病例对照研究的基本特点有：
(1) 属于观察性研究。
(2) 设立对照组，研究对象分为病例组和对照组。
(3) 由"果"溯"因"。
(4) 因果联系的论证强度相对较弱。

2．病例对照研究的类型
(1) 病例与对照不匹配：在设计所规定的病例和对照人群中，分别选取一定数量的研究对象，无其他特殊规定。其特点是简便易行，可以获得较多的信息。
(2) 病例与对照匹配
1) 匹配的概念：匹配（matching）是以对结果有干扰作用的某些因素或特性作为匹配因素，使对照组与病例组在匹配因素上保持一致的一种限制方法。匹配的目的，首先在于可以用较小的样本含量增加分析时的统计学检验能力和流行病学研究效率；其次在于控制混杂因素的作用。
2) 成组匹配：指对照组与病例组在匹配因素的比例上相同，如病例组男女各半，45岁以上者占2/3，对照组同样如此。
3) 个体匹配：指病例与对照以个体为单位进行匹配。进行1∶1匹配时称为配对，1∶2、1∶3……1∶M时则称为匹配。

3．病例对照研究的用途
(1) 探索疾病的病因或可疑危险因素。

(2) 探索健康相关事件的影响因素。

(3) 探索疾病预后的影响因素。

(4) 探索临床疗效的影响因素。

4. 研究对象的来源与选择

(1) 病例的选择：病例尽量采用国际通用或国内统一的诊断标准。需要自己制定标准时，要同时考虑诊断标准的假阳性率及假阴性率的大小。

1) 病例的类型：通常有新发病例、现患病例和死亡病例3种类型的病例可选择。

比较而言，新发病例由于新近发生疾病尚未受到预后因素的影响，且暴露时间接近而回忆准确，可以获得较为全面而真实的信息，因而应作为首选病例类型。

2) 病例的来源：一般以社区来源为优，代表性强，但不易获得。使用医院的病例，可节省费用，容易获得，依从性好，所获得信息较完整、准确，但容易发生选择偏倚。为减少选择偏倚，病例应尽量选自不同水平、不同种类的医院。

(2) 对照的选择：对照采用与病例相同的诊断标准，将明确未患所研究疾病的人作为对照，并使对照的人口学特征和其他外部特征与病例保持相同。

1) 从医院的其他患者中选择对照：注意病种越复杂越好。但要特别注意，对照患者所患疾病的病因，一定不能与所研究疾病的病因相同或相互有影响。

2) 当病例是一个地区的全部或大部分时，可以从该地区未患该病的人群中选择对照，如病例的邻居、社会团体人群中非研究疾病的患者或健康人，其优点是对照有代表性，研究结论推及总体的真实性好。

5. 资料的收集 资料收集主要通过询问调查对象并填写调查问卷，包括访问调查、通信调查、网络调查、登记报告、医疗记录、职业史记录等。

6. 资料的分析

(1) 描述性分析：描述病例和对照的一般特征，如性别、年龄、职业、出生地、居住地、疾病类型的分布，并进行均衡性检验，目的是考察病例和对照间的可比性。通常应用统计学 t 检验和 χ^2 检验

(2) 推断性分析：

1) 非匹配或频数匹配的资料分析（表1-2-2）：

表1-2-2 病例对照研究（不匹配或频数匹配不分层）资料整理表

暴露史或特征	病例	对照	合计
有	a	b	$a+b=n_1$
无	c	d	$c+d=n_0$
合计	$a+c=m_1$	$b+d=m_0$	$a+b+c+d=n$

统计学假设检验：检验病例组和对照组的暴露率或暴露比例差异是否有统计学意义，采用 2×2 四格表的 χ^2 检验：

$$\chi^2 = \frac{(ad-bc)^2 n}{(a+b)(c+d)(a+c)(b+d)}$$

若两组差异有统计学意义，说明该暴露因素与疾病的关联不是由抽样误差造成的，则可以进一步计算暴露与疾病的关联强度。

暴露与疾病的关联强度：计算比值比（odds ratio，OR）来估计暴露因素与疾病的关联强度。

$$\text{比值比}(OR) = \frac{\text{病例组的暴露比值}}{\text{对照组的暴露比值}} = \frac{a/c}{b/c} = \frac{d}{b}$$

OR 的含义：与相对危险度（relative risk，RR）相同，均指暴露者发生疾病的危险性为非暴露者的多少倍。$OR > 1$，说明暴露与疾病有"正"关联，暴露可增加疾病的危险性，暴露因素是疾病的危险因素；$OR = 1$，说明暴露因素与疾病无关联；$OR < 1$，说明暴露与疾病有"负"关联，暴露可降低疾病的危险性，暴露因素是疾病的保护因素。

OR 的置信区间：可采用 Miettinen 法计算。

$$OR_L, OR_U = OR^{(1 \pm z_\alpha / \sqrt{\chi^2})}$$

z_α 为正态离差值，OR 的95%置信区间 $z_{0.05} = 1.96$，计算 OR 置信区间除了有助于估计变异范围的大小外，还有助于检验 OR 值的判断意义，如区间跨越1，则暴露与疾病无关联。

2）配对资料的分析（表1-2-3）：

表1-2-3　1:1配对病例对照研究资料整理表

对照	病例		合计
	有暴露史	无暴露史	
有暴露史	a	b	$a+b$
无暴露史	c	d	$c+d$
合计	$a+c$	$b+d$	$a+b+c+d$

字母 a、b、c、d，分别代表4种情况的对子数，a 代表病例与对照均有暴露的对子数，b 代表病例无暴露而对照有暴露的对子数，c 代表病例有暴露而对照无暴露的对子数，d 代表病例和对照均无暴露的对子数。$a+b+c+d$ 是总对子数，$2\times(a+b+c+d)$ 是总人数。

χ^2 检验，采用下列公式计算：

$$\chi^2 = \frac{(b-c)^2}{b+c}$$

计算 OR，其专用公式为：

$$OR = c/b \ (b \neq 0)$$

计算 OR 的95%置信区间：

$$OR_L, OR_U = OR^{(1 \pm z_\alpha / \sqrt{\chi^2})}$$

7. 优缺点

优点有：
- 特别适用于罕见病的研究。
- 研究时间较短，节省人力物力，容易组织，所需样本较少，出结果较快。
- 在一次调查中可以调查一个（或多个）因素与一种疾病的联系；此外当一种疾病病因不明，需探讨多种因素的作用时比较适用。

缺点有：
- 不适用于研究人群中暴露比例很低的因素。
- 暴露信息是通过调查对象回忆得到的，难以避免回忆偏倚。
- 通常病例不能代表全部病例，对照也不能代表所属的人群，因而易产生选择偏倚。
- 由于不知道总人口中的病例数和未病者人数，因而一般不能计算发病率、死亡率，故不能直接分析相对危险度，只能计算 OR 估计 RR。
- 不能确切地证实某因素与某疾病的因果关系

（四）实验性研究

1. 概念 实验流行病学（experimental epidemiology）是将来自同一总体的研究人群随机分为实验组和对照组，研究者对实验组人群施加某种干预措施后，随访并比较两组人群的结局变化情况有无差别及差别大小，从而判断干预措施效果的一种前瞻性、实验性研究方法。

实验性研究不同于观察性研究，观察性研究是利用一些方法，在不干预、自然的情况下描述现状，分析规律；而实验性研究则是利用一些人为方法改变一个或多个因素，并前瞻性地观察其效应的研究。

实验性研究原理见图 1-2-4。

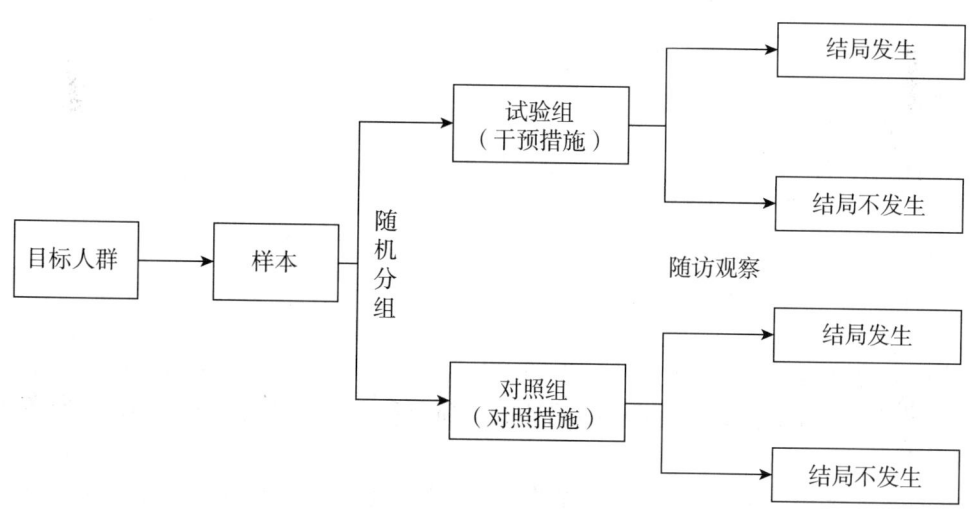

图 1-2-4　实验性研究原理示意图

2. 基本特点 在实验性研究中，研究对象被分为两组或多组，各组分别接受不同的干预（处理或对照）措施，随访观察一段时间后，比较各组某（些）结局（outcome）或效应（effect）的发生情况。其具有以下基本特点。

（1）属于前瞻性研究：干预在前，效应在后的前瞻性研究。

（2）随机分组：应采用随机方法把研究对象分配到试验组或对照组，以控制研究中的偏倚和混杂。随机分组的目的是使所有与结局有关的特征，包括已知的和未知的，在比较组间均衡可比。如果条件受限不能采用随机分组方法，试验组和对照组的基本特征应该均衡可比。

（3）具有均衡可比的对照组：实验流行病学中的对象均来自同一总体的样本人群，其基本特征、自然暴露因素和预后因素应是相似的。在同一时间点将研究对象分为实验组和对照组，各组同时进行随访观察，收集研究结果。

（4）有人为施加的干预措施：这是与观察性研究的本质区别。由于实验流行病学研究的干预措施是研究者为了实现研究目的而施加于研究对象的，因此实验流行病学研究容易产生医学伦理学问题。

3. 研究类型

（1）临床试验：临床试验是以患者为研究对象的实验性研究，常用于评价药物或治疗方法的效果。

（2）现场试验：是在社区或现场环境下进行的实验，以尚未患所研究疾病的人群作为研究对象。根据接受干预的基本单位不同，现场试验可分为个体试验和社区试验。个体试验以自然人群中的个体为干预单位，常用于评价疾病预防措施的效果，如评价疫苗预防传染病的效果。社区试验也称为社区干预项目，它是以社区人群或某类人群组/亚组为干预单位的实验性研究，常用于评价人群预防措施的效果，如评价食盐加碘预防地方性甲状腺肿的效果，研究地区人群全部食用碘盐。

4. 研究设计的主要原则

（1）研究对象的选择

1）对干预措施有效的人群：应选择某病的易感人群为研究人群。

2）预期发病率较高的人群。

3）干预对其有益至少无害的人群：要充分估计干预措施可能产生的不良反应，若干预措施对其有害，一定不能选作研究对象。

4）容易随访的人群：可选择有组织的人群、离实验中心不太远的人群。

5）依从性好，能将试验坚持到底的人群：由于各种原因有可能中途退出的人群尽量不要选作研究对象。

（2）确定研究现场

1）人口稳定，流动性小，并有足够的人群数量。

2）疾病发病率在该地区较高而且稳定。

3）有较好的医疗卫生条件。

4）领导重视，群众愿意接受，协作条件较好。

（3）随机化分组：

1）简单随机分组：以个人为单位用掷硬币、抽签、使用随机数字表等方法，将患者随机地分为两组。此方法简单易行，但是需要在分组前对所有研究对象进行编号，当研究对象数量较大时，较难以操作。

2）分层随机分组：按研究对象的特征先进行分层，然后在每层内再将研究对象分为实验组和对照组。此方法可增加组间的均衡性，但是同样存在简单随机分组的缺点

3）整群随机分组：以社区或较大群体为单位进行随机分组。这种方法比较方便，但必须保证两组资料的可比性。

（4）常用对照的方式：

1）标准方法对照：是实验性研究常用的一种对照方式，是以常规的预防措施作对照。

2）自身对照：即实验前后以同一个人群作对照。

（5）盲法的应用：为了避免来自研究对象和研究者主观因素的影响，在资料收集过程中采用盲法收集资料，避免产生信息偏倚。所谓盲法就是避免知晓研究对象获得何种处理的策略。根据"盲"设置的程度，一般分为单盲、双盲和三盲。

虽然盲法是实验性研究研究设计的基本原则之一，但是盲法不是所有研究都必须采用的或都能实行的。在有客观评价指标的试验中就可以采用非盲试验，如在某些社区生活方式干预（如饮食、锻炼、吸烟）研究项目中，就可以采用客观的评价指标进行效果的评价，从而采用非盲试验的方法。

（6）评价指标的选择：选择评价指标的基本原则是尽可能采用客观的定量指标；测量方法有较高的真实性和可靠性；要易于观察和测量，且易为受试者接受。

常用评价指标：社区干预试验中可以使用保护率和效果指数进行效果评价。对慢性非传染性疾病的评价指标常采用中间结局变量进行评价：①人群知识、态度、行为的变化；②行为危险因素的变化，如吸烟、膳食、体育运动；③生命质量的变化，包括生理功能、心理功能、对健康状况的感受和满意程度等。

此外还可采用卫生经济学指标进行评价，如成本效果比、成本效益比、成本效用比。

5. 实验性研究的优缺点

(1) 优点：
- 不存在回忆误差带来的信息偏倚。
- 研究对象随机分组，均衡性好，能较好地控制研究中的混杂偏倚。
- 为前瞻性研究，实验组和对照组同步比较，研究因素事先设计并人为控制，因而检验假设的能力比队列研究强。
- 有助于了解疾病自然史，并且可以获得一种干预与多种结局的关系。

(2) 缺点：
- 研究费时间、费人力、花费高。
- 受干预措施适用范围约束，所选择的研究对象代表性不够，影响结果推论到总体。
- 依从性不易做得很好，影响实验效应的评价。
- 如果观察时间长，人群流动性大，长期的随访造成失访难以避免。

（五）筛查试验

1. 概念 筛查（screening）是运用快速简便的试验、检查或其他方法，在未诊断疾病的人群中将表面上健康但患有或可疑患有某疾病的人鉴别出来，以便进一步诊断和治疗的一系列医疗卫生服务措施。用于筛查的试验称为筛查试验（screening test）。筛查通常是在人群中针对某种潜在疾病所开展的一种简便、快速的筛选和探查，目的是为了早期发现患者，早期治疗患者。

2. 特点

(1) 从疾病的防治过程看，筛查属于一级预防和二级预防的范畴。
(2) 从筛查的对象和目的来看，筛查具有突出的公共卫生学意义。
(3) 从筛查的实施来看，筛查强调检测方法快速、简便、经济、安全。
(4) 筛查试验的目的是将可疑有病而实际无病的人与患者区别开来。
(5) 筛查一般不具有临床确诊的目的和价值。筛查试验的结果要经过诊断试验加以确诊。
(6) 筛查试验主要用于社区人群的健康体检、普查、普治或某些特殊意义研究。

3. 筛查的应用原则

(1) 筛查的疾病应是该地区现阶段的重大公共卫生问题。
(2) 筛查的疾病应具备有效的治疗方法。
(3) 筛查阳性者应有进一步检查的方法和条件。
(4) 筛查的疾病的自然史应清楚。
(5) 筛查的疾病应有较长潜伏期或可识别的临床前期指征。
(6) 有适当的、安全有效的且易于接受的筛查方法。
(7) 预期有良好的效益：方法经济、三早预防、改善预后。

4. 筛查试验的设计 研究新的筛查最基本的方法是将待评价试验与诊断该病的"金标准"进行盲法和同步比较，用以评价其对疾病诊断的真实性和价值。具体步骤为，首先选择一个"金标准"，用"金标准"去筛选一定数量的患者和非患者作为研究对象，然后用待评价试验再对这些研究对象进行一次测试，将所获得的结果与"金标准"的诊断结果进行比较，用一些指标评价待评价试验。这就是筛查或诊断试验的设计与评价程序。

(1) 金标准的确定：金标准（gold standard）是目前临床医学界公认的诊断某种疾病最准确、

可靠的方法，如病理学检查、手术探查、特殊影像学检查，也可应用由专家制定的公认的临床诊断标准作为金标准（如心绞痛的诊断、某些精神疾病和急性风湿热的临床诊断标准）。对于一些非自限性疾病，例如大部分癌症和退行性疾病，长期随访所获得确切诊断也可以用作"金标准"。使用"金标准"的目的是准确区分有病人群和无病人群，防止错误分类误差。

（2）研究对象的选择：考虑到试验方法的普遍适用性和鉴别疾病的能力，病例组选择的总原则为包括所研究疾病的各种临床类型，以使病例组对该病的患者总体具有代表性。

非病例组应选自确实无该病的正常人和其他病例，尤其应包括容易与该病产生混淆的其他疾病患者，其目的主要是为了考察待评价筛查试验对疾病的鉴别诊断能力。

（3）样本含量的估计：样本含量的大小与下列因素有关，①灵敏度的大小，一般用于疾病筛查的试验要求，灵敏度较高；②特异度大小，一般用于肯定诊断的试验要求，特异度较高；③显著性检验水平 α，一般为 0.05；④允许误差的大小 δ，一般为 0.05～0.10。

5. 评价结果的整理与分析

（1）资料的整理：可以将检测结果整理成下列表格（表1-2-4）。其结果有4种情况：待评价试验检测阳性而实际有病，即真阳性；待评价试验检测阴性而实际无病，即真阴性；待评价试验检测阳性而实际无病，即假阳性；待评价试验检测阴性而实际有病，即假阴性。

表1-2-4　评价诊断试验或筛查试验的资料整理表

待评价试验	金标准		合计
	患者	非患者	
阳性	a（真阳性）	b（假阳性）	$a+b$
阴性	c（假阴性）	d（真阴性）	$c+d$
合计	$a+c$	$b+d$	$a+b+c+d$

（2）筛查试验的评价：

1）真实性评价：真实性又称为准确性和效度。真实性是指一种测量工具的实际测量结果与真值之间的接近程度。主要评价指标包括灵敏度、特异度、假阳性率（误诊率）和假阴性率（漏诊率）、正确指数和似然比。

- 灵敏度（sensitivity，Sen）：又称真阳性率，指在"金标准"确诊的患者中待评价试验检测为阳性人数所占比例。
- 假阴性率：又称漏诊率。指在"金标准"确诊的患者中待评价试验检测为阴性人数所占百分比。假阴性率 =1- 灵敏度。
- 特异度（specificity，Spe）：又称真阴性率，指在"金标准"确诊的非患者中待评价试验检测为阴性人数所占比例。
- 假阳性率：又称误诊率，指在"金标准"确诊的非患者中待评价试验检测为阳性人数所占比例，假阳性率 =1- 特异度。

在上述指标中，当患者分布与正常人分布有重叠时，灵敏度和特异度、误诊率和漏诊率是两对矛盾的指标，即同一诊断或筛查试验，要提高灵敏度则必然降低特异度，若降低假阳性率（误诊率）就会使假阴性率（漏诊率）增加。

- 正确指数（Youden's index）：又称为约登指数，表示待评价试验识别真正患者与非患者的总能力。正确指数 = 灵敏度 + 特异度 -1。
- 似然比（likelihood ratio，LR）：是指患者中出现某种检测结果的概率与非患者中出现相应结果的概率之比，说明患者出现该结果的机会是非患者的多少倍。分为阳性似然比

(positive likelihood ratio)和阴性似然比(negative likelihood ratio)。

阳性似然比是真阳性率与假阳性率之比,说明正确判断阳性的可能性是错判阳性可能性的倍数,表明试验结果呈阳性时患病与不患病机会的比例,比值越大,患病的概率越大。计算公式如下:

$$阳性似然比 = 灵敏度/(1-特异度) = 灵敏度/假阳性率$$

阴性似然比是假阴性率与真阴性率之比,表示错判阴性的可能性是正确判断阴性可能性的倍数,即试验结果呈阴性时患病与不患病机会的比例。计算公式如下:

$$阴性似然比 = (1-灵敏度)/特异度 = 假阴性率/特异度$$

阳性 LR 值越接近 100,阴性 LR 值越接近 0,试验的诊断价值越高。似然比与灵敏度和特异度一样,是一个相对稳定的评价指标,似然比不受患病率的影响。

2)可靠性评价:可靠性也称信度、精确度或可重复性,是指相同条件下对相同人群,同一筛检试验或诊断试验重复检测获得相同结果的稳定程度。可靠性高,说明试验结果受随机误差的影响不大。

- 变异系数(coefficient of variance):适用于数值变量资料的可靠性分析。

$$变异系数 = \frac{测定值均数的标准差}{测定值均数} \times 100\%$$

- 符合率(agreement):也称为一致率(consistency),适用于分类变量资料可靠性的分析。同一个试验在相同条件下对同一研究对象做两次相同的检测。符合率指两次检测结果相同的人数占受试者总数的比例。
- Kappa 分析:常用来评价两次检测结果的一致性,该指标考虑了机遇因素的影响,是更为客观的指标。其取值范围介于 –1 和 +1。一般认为 Kappa 值 ≥ 0.75 为一致性极好;kappa 值在 0.4 ~ 0.75 为中、高度一致,Kappa 值 ≤ 0.4 为一致性差。

影响试验可靠性的因素:

- 受试者的生物学变异:受试者的各种生理、生化测量值均随测量时间、条件等变化而不断变化,即由一个测量员使用同一测量方法测量同一个人的血压、脉搏、血胆固醇水平,可因受试者的生物学变异和不同的测量时间而出现变异。
- 试验方法与条件的变异:包括试验的温度、湿度,试剂与药品的质量及配制方法,仪器是否校准及操作者的熟练程度等。
- 观察者的变异:指由观察者对测量结果判断的不一致所致的差异。包括不同观察者之间对同一试验结果判断不一致和同一观察者在不同时间、条件下重复进行同一试验时所得结果的不一致性。

3)收益评价:对试验收益的评价最终需要成本效益分析、成本效果分析和成本效用分析,在此仅介绍能间接反映试验收益的指标——预测值。

预测值(predictive value)是指在已知试验结果时来估计患病可能性的大小。预测值包括阳性预测值(positive predictive value,记为 PV+)和阴性预测值(negative predictive value,记为 PV–)。阳性预测值是指试验阳性的人中真正患病的概率;阴性预测值是指试验阴性的人中真正无病的概率。

(3)提高试验效率的方法:

1)联合试验:

- 并联试验:指同时采用几项试验去检测疾病,只要有一项试验呈现阳性即视为阳性。并联试验可提高灵敏度,但特异度降低;在实际工作中,当急需对患者迅速做出诊断时,或需要灵敏度较高的试验，但目前可供利用的试验方法灵敏度较低时，可采用并联试验。
- 串联试验：指先后采用几项试验去检测疾病，只要有一项试验呈现阴性即视为阴性。串联试验可提高特异度，但灵敏度降低。该方法主要用于无需对患者做出快速诊断，而强调诊断的准确性时；当误诊能造成严重后果，需要高特异度的方法时，可采用串联试验。

2）选择高危人群：当诊断试验的灵敏度和特异度固定时，随着患病率的升高，阳性预测大，阴性预测值减小。在临床上为获得更多的病例，可通过选择高危人群、有特殊临床症状和体征的人群进行筛查，以及设立专科门诊、对疑难病例的转诊或会诊等手段来提高人群检出率。

第二节 循证医学基础知识

随着医疗实践的迅速发展，单纯依靠临床医生对同种疾病治疗的成功经验为依据是不够的。医务人员必须将个人的临床专业知识和临床经验与现有的最佳临床研究结果和患者的选择相结合，为患者制定最佳的医疗决策，这就是循证医学的核心思想。

在信息爆炸的年代，如何从大量的信息中收集到医学实践中所需要、有价值的资料或信息，是众多医学工作者所面临的问题，现在循证医学为解决这些问题提供了有效地途径。

健康管理工作虽然与临床医疗工作在形式上有些不同，但最终目的是相同的。为了较好地开展健康管理工作，健康管理师需要掌握循证医学的基本思想和方法。

一、循证医学的基本概念

牛津大学循证医学大卫·萨基特教授和卫生学科研究院缪尔·格雷教授于1996年在《英国医学杂志》上对循证医学（evidence-based medicine，EBM）的定义：循证医学是有意识地、明确地、审慎地利用现有最好的证据制定关于个体患者的诊疗方案。2000年大卫·萨基特教授在《循证医学：如何实践和教学》中进一步指出：循证医学是最佳证据、临床经验和患者价值的有机结合。其核心思想是医务人员应该认真、明智、慎重地应用从临床研究中获得的最新、最佳研究信息，并充分考虑患者的治疗的选择、关注和期望，来做出诊疗决策。其中，最佳研究证据是指来自临床应用型研究的结果，即随机对照试验的结果；医生的个人临床经验是医生通过临床实践获得的处理临床问题的能力；患者的价值观是患者的爱好、兴趣和期望等。目前，循证医学的代表性成果是大量"临床指南"的制定和实践。

二、循证医学实践的基础

循证医学实践的基础是最佳的研究证据、有临床流行病学基础知识的高素质的临床医生，以及患者的参与几方面的有机结合。

（一）最佳的研究证据

干预效果研究的证据分级中，最可靠的证据是多个随机对照试验的系统综述，其次是单个随机对照试验，具体证据分级见图1-2-5。

循证医学强调证据在决策中的重要性和必要性，但是证据本身不是决策，任何医学决策必须兼顾和平衡证据、现有资源和价值取向三方面，根据实际情况做出合理决定。

（二）高素质的临床医生

临床医生是临床实践过程中做出疾病诊断、治疗等的决策人。因此，在临床实践中，医生的医学理论知识、临床经验尤为重要，同时医生也必须掌握寻找证据、评价证据、应用证据的技能，并不断更新和丰富新理论和新方法，把临床经验与最好的证据相结合，以做出科学决策。医生利用证据对个体患者进行诊治时，必须根据患者的具体情况和自己的临床经验，判断患者从治疗中获益的可能性及大小，并要考虑患者的经济水平和个人意愿，做出最适合患者的临床决策。此外，医生还必须兼备崇高的医德和全心全意为人民服务的精神。

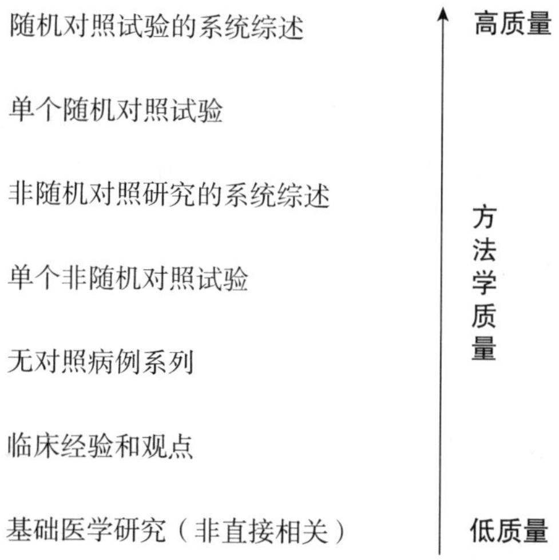

```
随机对照试验的系统综述         ↑ 高质量

单个随机对照试验

非随机对照研究的系统综述        方
                              法
单个非随机对照试验              学
                              质
无对照病例系列                  量

临床经验和观点

基础医学研究（非直接相关）      ↓ 低质量
```

图 1-2-5　干预效果研究的证据分级

（三）临床流行病学的基础知识和基本方法

循证医学的核心思想是医生根据最佳的科学研究证据做出医学决策，因此，临床医生必须能够筛选和识别出最佳证据。这就需要临床医生掌握临床流行病学的基础知识和基本方法，以识别研究设计的合理性，评价研究文献的质量、临床意义、卫生经济学意义。

（四）患者的参与

患者的参与也是成功实践循证医学的关键环节。临床医生所做出的任何诊治决策，都必须得到患者的接受和合作，才能取得相应的效果。因此循证医学实践中，医患间保持平等友好合作的关系，才能保证患者对诊治措施的高度依从性，从而取得最佳效果，使患者活动得到最大的利益，实现临床经验和患者价值的有机结合。

三、循证医学实践的基本步骤

循证医学实践主要包括 5 个步骤：提出临床实践问题、寻找回答该问题的最佳证据、严格评价证据、应用最佳证据和后效评价。

1. **提出临床实践问题**　如何从实际工作中，发现一个明确的健康问题是整个循证实践的第一步，它关系到一名医生或健康管理师能否寻找到最佳的证据解决所面对的临床或保健问题，能否为患者或人群提供满意的医疗卫生服务。健康问题可以来自于医学实践的各个环节。

2. **检索文献，寻找回答该问题的最佳证据**　对于提出的问题，循证医学强调寻找"最佳证据"，这些信息可来源于同行评估的、高质量期刊上发表的原始研究论著，也可以来自系统综述的各种出版物。目前有一些刊物或电子出版物刊登的文献资料已经过严格的评价，具有较好的真实性、可靠性和临床重要性，如 Medline、Cochrane Library、EBM、Clinical evidence、中国生物医学文献数据库（CBM database）。

3. **严格评价证据**　由于科学研究质量参差不齐，内容丰富多彩，因此必须根据临床流行病学和循证医学评价文献的原则对文献进行严格评价，评价证据的真实性、临床重要性，而不能盲目相信。不同研究类型的文献资料有不同的评价方法。

证据的分级：各种研究方法对检验因果关系和评价干预效果的论证强度不同，由强到弱依次为系统综述、随机对照试验、队列研究、病例对照研究、描述性研究。

4. 应用最佳证据 评价证据的目的是为了指导临床实践，应用评价后的结果，结合专业知识、服务对象的选择解决实际问题。近年已发展并不断更新的各种临床指南和社区预防指南都是经过严格评价、得到肯定的最佳证据，为卫生保健工作者提供了有益的帮助，因此临床医生和健康管理师可以直接使用这些指南指导自己日常的实践工作。

同时研究证据并不能取代临床判断，文献所获得的结果是所有研究对象的"平均效应"，由于服务对象与文献中人群的一些特征存在差别，因此真实、可靠且具有价值的研究证据并不一定能直接应用于每一个服务对象，医生和健康管理师必须结合专业知识、服务对象的具体情况进行综合考虑并做相应的调整。

5. 后效评价 是通过对应用当前最佳证据指导解决具体问题的效果进行评价，有自我评价和同行评价两种方式。后效评价最简单的方法是评估在一个或一系列服务对象中证据应用的结果。

第三节 医学统计学基本知识

医学统计学是应用概率论和数理统计的基本原理和方法，结合医学实际，阐述统计设计的基本原理和步骤，研究资料或信息的收集、整理、分析和推断的一门学科。

一、概述

（一）统计学的基本概念

1. 总体（population）和样本（sample） 根据研究目的确定的、同质的全部研究对象称作总体。如研究某年中国45岁以上者的血清总胆固醇含量，测定值的全部构成了一个总体。总体中的个体数有限，称为有限总体；总体中的个体数无限，则为无限总体（假设总体、虚拟总体）。如研究糖尿病患者的空腹血糖测定值，由于对时间和空间未加限制，全部糖尿病患者的空腹血糖测定值则是一个无限总体。

根据随机化的原则从总体中抽出的有代表性的一部分观察单位组成的子集称作样本，如从糖尿病患者中随机抽取的一组患者，测得的空腹血糖测定值。抽取样本的过程称为抽样。用样本信息推断总体的特征称作统计推断。

2. 同质（homogeneity）和变异（variation） 严格来讲，除了实验因素外，影响被研究指标的非实验因素相同被称为同质。

但在人群健康的研究中有些非实验因素是难以控制或未知的，如遗传、营养、心理。因此，在实际研究工作中，对被观测指标有影响的、主要的、可控制的非实验因素达到相同或基本相同就可以认为是同质。同质是研究的前提。在同质的基础上被观察个体之间的差异被称作变异。变异性是统计数据的特性。

例如同地区、同性别、同年龄、同体重儿童的肺活量不尽相同，同质指同地区、同性别、同年龄、同体重；同质儿童的肺活量值之间的差异就是变异。

3. 参数（parameter）和统计量（statistic） 总体的统计指标称为参数，如总体均数（μ）、总体率（π）、总体标准差（σ），样本的统计指标称为统计量，如样本均数（$\bar{x}$）、样本率（p）、样本标准差（s）。如某地某年全部正常成年男子的平均红细胞数（μ）即为总体参数，而从该总体中随机抽取的144名正常成年男子的平均红细胞数（$\bar{X}$）为样本统计量。一般情况下，参数是未知的，需要用统计量去估计。用统计量推论参数的方法，统计学上称为参数估计和参数检验。

4. 误差和抽样误差 医学科学研究中的误差通常指测量值与真值之差，其中包括系统误差和随机测量误差；以及样本指标与总体指标之差，即抽样误差（sampling error）。

抽样研究时，只对样本进行观察研究，然后用样本信息推断总体特征。从同一总体中抽样，得到某变量值的统计量和总体参数之间有差别,被称为随机抽样误差,简称抽样误差。抽样误差同样是不可避免的,但有一定的规律性。统计学中可以根据抽样误差的分布规律,对总体进行统计学推断。

5. 概率和小概率事件 概率(probability)是描述随机事件发生可能性大小的度量,常用 P 表示。P 值的范围在 0 和 1 之间,$P \leq 0.05$ 或 $P \leq 0.01$ 的随机事件,通常称作小概率事件,即发生的可能性很小,统计学上认为一次抽样是不可能发生的。

(二)统计资料的类型

要进行统计分析就需要有足够量的反映不确定性的数据,无论用何种方式收集数据,都应根据研究目的,划清同质总体的范围,确定研究对象和观察单位。观察对象的特征或指标称为变量。对变量的测量或观察结果称为变量值。变量值可以是定量的,也可以是定性的,分为数值变量和分类变量。

1. 数值变量(numerical variable) 其变量值是定量的,表现为数值的大小,一般有度量衡单位。如溃疡患者的年龄(岁)、身高(cm)、体重(kg)、血压(mmHg)。这类变量的观察值构成的资料也被称为计量资料或定量资料。

2. 分类变量(categorical variable) 其变量值是定性的,表现为互不相容的类别或属性。根据类别之间是否有程度上的差别,又分为无序分类变量和有序分类变量。

(1)无序分类变量:无序分类变量(unordered categorical variable)的各类别之间无程度上的差别,有二分类和多分类两种情况。①二分类变量观察结果只有两种相互对立的属性,如阴性和阳性、男性和女性、死亡和存活、正常和异常;②多分类变量的定性观察结果有两种以上互不包容的属性,如血型表现为 A、B、O、AB 型。然后分别清点各类别中的例数,这样得到的数据资料也称为计数资料或无序分类资料。计数资料一般没有度量衡单位,是一种间断性的资料。

(2)有序分类变量:有序分类变量(ordinal categorical variable)的各类别之间有程度上的差别,如对患者的治疗效果可分为显效、有效、无效和恶化 4 个等级,然后分别清点各等级中的患者人数。这种数据资料也称为等级资料。等级资料是介于计量资料和计数资料之间,通过半定量方法测定得到的,也称半定量资料或有序分类资料。

变量的类型不是一成不变的,有时根据研究需要或统计分析方便,可以将变量从"高级"向"低级"转化:定量→有序→多分类→二分类,但不能做反方向的转化。

(三)统计工作的基本步骤

统计工作的基本步骤包括研究设计、收集资料、整理资料和分析资料 4 个步骤。这 4 个步骤是紧密联系不可分割的,某一环节发生问题,都将影响最终的统计分析结果。

1. 研究设计 是统计工作最关键的一步,整个研究工作的基础。通常包括调查设计和实验设计。调查设计主要是了解客观实际情况的现场工作。实验设计主要是了解干预措施的效果,主要特点是随机、对照、干预、前瞻。

2. 收集资料 指选择得到资料的最佳途径和获取完整、准确、及时、可靠资料的过程。收集到完整、准确、及时、可靠的原始资料是统计分析的基础,决定着研究的成败。

资料的主要来源包括:①统计报表和统计年鉴,如卫生统计年鉴、传染病报表、疾病监测报表、医院年度统计报表;②登记和报告卡,如传染病报告卡、出生报告卡、死亡报告卡;③医疗卫生等日常工作记录,如门诊病历、住院病历、化验报告;④专题调查和实验,通过专门的调查或实验收集数据。

3. 整理资料 其目的是将收集到的原始资料系统化、条理化,便于进一步计算统计指标和深入分析。包括对原始数据的检查和核对,以及对变量或数据的分组和归纳汇总等。

4. 分析资料 根据研究设计的目的、要求、资料的类型和分布特征选择正确的统计方法进行分析。统计分析包括统计描述和统计推断两部分内容。统计描述是运用统计指标(如平均值、发病率）、统计表、统计图等方式对数据资料的数量特征和分布规律进行测量和描述，反映数据分布的基本特征及规律。统计推断是从总体中随机抽取部分观察单位组成样本，用样本信息推断总体特征，这种从样本中获取总体信息的过程称为统计推断，包括参数估计和假设检验。

二、数值变量资料的统计描述

统计描述是对数据资料的数量特征和分布规律进行描述的统计方法，是进行统计推断的基础。统计描述包括统计指标的计算和统计图表的绘制。

（一）频数分布表（frequency distribution table）

频数就是出现某变量值的个数，把变量值及相对应的频数列成表格就是频数分布表，简称频数表。即频数表是由变量值的分组和各组段的例数构成的统计表，可以了解一组同质观察值的分布规律。

例 1-2-1 某地某年 12 岁男童 120 人的身高（cm）原始资料如下，请编制频数表，并观察频数分布情况。

142.3	156.6	142.7	145.7	138.2	141.6	142.5	130.5	134.5	148.8
134.4	148.8	137.9	151.3	140.8	149.8	145.2	141.8	146.8	135.1
150.3	133.1	142.7	143.9	151.1	144.0	145.4	146.2	143.3	156.3
141.9	140.7	141.2	141.5	148.8	140.1	150.6	139.5	146.4	143.8
143.5	139.2	144.7	139.3	141.9	147.8	140.5	138.9	134.7	147.3
138.1	140.2	137.4	145.1	145.8	147.9	150.8	144.5	137.1	147.1
142.9	134.9	143.6	142.3	125.9	132.7	152.9	147.9	141.8	141.4
140.9	141.4	160.9	154.2	137.9	139.9	149.7	147.5	136.9	148.1
134.7	138.5	138.9	137.7	138.5	139.6	143.5	142.9	129.4	142.5
141.2	148.9	154.0	147.7	152.3	146.6	132.1	145.9	146.7	144.0
135.5	144.4	143.4	137.4	143.6	150.0	143.3	146.5	149.0	142.1
140.2	145.4	142.4	148.9	146.7	139.2	139.6	142.4	138.7	139.9

1. **计算极差** 找出观察值中的最大值和最小值，二者之差为极差或全距，常用 R 表示。本例最大值为 160.9cm，最小值为 125.9cm，极差 R=160.9-125.9=35（cm）。

2. **确定组数、组距和组段** 百余例的资料一般设 8～15 个组，若例数更多则组数可适当增加。本例将组数初步定为 10。组距是相邻两组的下限的差值，用符号 i 表示。编频数表时为了计算方便，一般采用等距分组，所以 i = 极差 ÷ 组数，然后取整。本例组数为 10，i =35÷10=3.5 ≈ 4cm。每个组段的起点被称为该组的下限，终点为上限。第一个组段应包括最小值，下限取 124cm，最后一个组段应包括最大观测值，下限取 160 cm。

3. **计算各组段频数** 根据上述组段将原始数据通过计算机汇总，得到各个组段的例数即频数，表 1-2-5 第（2）栏。

表 1-2-5　120 名男童身高的频数表

身高组段（cm）(1)	频数 f (2)	频率 (3)=(2)/∑f
124 ~	1	0.0083
128 ~	2	0.0167
132 ~	10	0.0833
136 ~	22	0.1834
140 ~	37	0.3083
144 ~	26	0.2167
148 ~	15	0.1250
152 ~	4	0.0333
156 ~	2	0.0167
160 ~	1	0.0083
合计	120（∑f）	1.0000

（二）频数分布图

为了更直观地反映表 1-2-5 的分布特点，可进一步绘制频数分布图，绘制方法是以身高组段为底，相应频数或频率密度为高作一系列密闭的矩形，如图 1-2-6 所示。频数分布图又称为直方图。

从图 1-2-6 可见 120 名男童身高的频数分布特点为：以中等身高者居多，由中等身高者到较矮或较高者的频数逐渐减少，且两侧频数分布大体对称。统计上将具有这样频数分布特点的资料称为对称分布资料，或称身高变量服从对称分布。

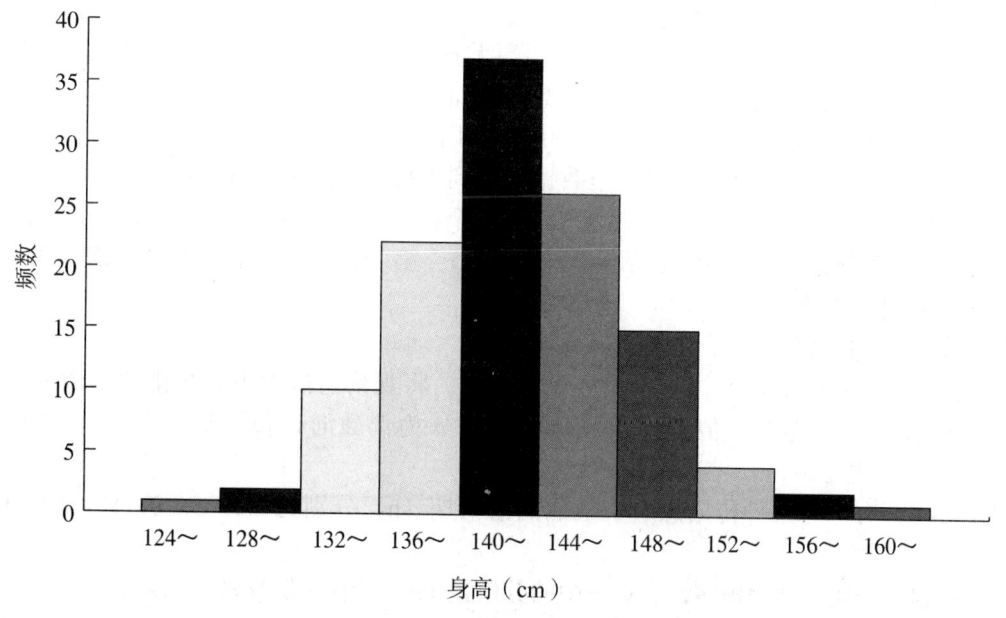

图 1-2-6　120 名 12 岁男童身高的直方图

（三）描述集中趋势与离散程度的指标

1. 描述集中趋势的指标　集中趋势（central fendency）是指一个数值变量资料的大多数观

察值所在的中心位置，用平均数描述。平均数是描述一组同质观察值的平均水平或中心位置的指标。常用的平均数包括算术平均数、几何平均数、中位数等。

(1) 算术平均数（arithmetic mean）：简称均数（mean），它是一组变量值之和除以变量值个数所得的商。总体均数用希腊字母 μ 表示，样本均数用 $\bar{x}$（读作 x 杠或 x bar）表示。其适用条件是呈正态分布（或近似正态或对称分布）的资料。大多数正常生物的生理、生化指标，如血压、血糖都适宜用均数表达其集中趋势。计算方法有直接法、加权法。

1) 直接法：将所有观测值 X_1、X_2…X_n 直接相加再除以样本含量 n，公式为：

$$\bar{x} = \frac{\sum x}{n} = \frac{x_1 + x_2 + \cdots + x_n}{n}$$

式中 $\sum$ 为求和符号，读作 sigma，x_i 为各变量值，n 为样本例数；若为总体资料，例数 n 用 N 代替，均数 $\bar{x}$ 用 μ 代替。

2) 加权法：适用于相同观测值的个数较多的资料，计算公式是

$$\bar{x} = \frac{\sum fx}{\sum f} = \frac{f_1 x_1 + f_2 x_2 + \cdots + f_k x_k}{f_1 + f_2 + \cdots + f_k}$$

式中分 f_1、f_2……f_n 分别为各组段的频数，起到权重的作用。

(2) 几何均数（geometric mean）：几何均数用 G 表示，是将 n 个观察值 x 的乘积再开 n 次方的方根（或各观察值 x 对数值均值的反对数）。其适用条件是：①当一组观察值为非对称分布、其差距较大时，用均数表示其平均水平会受少数特大或特小值影响；②数值按大小顺序排列后，各观察值呈倍数关系或近似倍数关系。如抗体的平均滴度、药物的平均效价。

(3) 中位数与百分位数：中位数（median，M）是把一组观察值，按大小顺序排列，位置居中的变量值（n 为奇数）或位置居中的两个变量值的均值（n 为偶数）。

中位数是一个位次上的平均指标，以中位数为界，将观察值分为左右两半。其适用情况有：①当资料呈明显的偏态分布；②资料一端或两端无确定数值（如大于或小于某数值）；③资料的分布情况不清楚，在这些情况下多选用中位数。例如，某些传染病或食物中毒的潜伏期、人体的某些特殊测定指标（如发汞、尿铅），其集中趋势多用中位数来表示。

百分位数（percentile，P_x）是把一组数据从小到大排列，分成 100 等份，各等份含 1% 的观察值，分割界限上的数值就是百分位数。取任意一个百分位数 P_x 可以把全部数值分为左右两半。中位数是第 50 百分位数，用 P_{50} 表示。第 5、第 25、第 75、第 95 百分位数分别记为 P_5、P_{25}、P_{75}、P_{95}，是统计学上常用的指标。

中位数和百分位数的计算方法如下：

◎中位数的直接计算法：样本含量不大时使用。将观察值按大小顺序排列，样本含量 n 为奇数时，位置居中的那个数值 $[X_{(n+1)/2}]$ 就是 M；n 为偶数时，位置居中的两个数值的平均数 $[X_{n/2} + X_{n/2+1}]/2$ 就是 M。

例 1-2-2：有 7 名某种传染患者，他们的潜伏期（h）分别为：4、5、8、11、12、13、21，求中位数。

本例数据已经从小到大排序，位置居中的数值是 11，故中位数 $M=11$（h）。

若又观察了一个人的潜伏期，为 12（h），样本含量 n=8。中位数 $M=(11+12)/2=11.5$（h）。

◎中位数和百分位数的频数表计算法：当观察例数较多时采用。先将观察值编制成频数分布表，按所分组段由小到大计算累计频数和累计频率，找出中位数或百分位数所在组（M 所在组是累计频率包括 50% 的所在组，P_{95} 所在组为累计频率包括 95% 的所在组），将该组段的下限（L）、

组距（i）、频数（f_x）和小于 L 的各组段累计频数（$\sum f_L$）代入以下公式即可求出中位数 M 或百分位数 P_x。

$$P_x = L + \frac{i}{f_x}(n_x \cdot x\% - \sum f_L)$$

例 1-2-3：某传染性疾病的潜伏期（天）见表 1-2-6，求平均潜伏期 M 和潜伏期的第 25、75 与 95 百分位数 P_{25}、P_{75} 与 P_{95}。

表 1-2-6 某传染性疾病的潜伏期（天）的中位数和百分位数计算表

潜伏期（天）(1)	人数 f（人）(2)	累计频数 ∑f (3)	频率（%）(4)	累计频率（%）(5)
2 ~	26	26	23.63	23.63
4 ~	48	74	43.64	67.27
6 ~	25	99	22.73	90.00
8 ~	6	105	5.45	95.45
10 ~	3	108	2.73	98.18
12 ~	2	110	1.82	100.00

$P_{25} = 4 + \frac{2}{48}(110 \times 25\% - 26) = 4.06(天)$ 　　$M = 4 + \frac{2}{48}(110 \times 50\% - 26) = 5.21(天)$

$P_{75} = 6 + \frac{2}{25}(110 \times 75\% - 74) = 6.68(天)$ 　　$P_{95} = 8 + \frac{2}{6}(110 \times 95\% - 99) = 9.83(天)$

本例潜伏期的中位数 M 为 5.21 天，95% 的患者潜伏期在 9.83 天以下。1/4 的患者的潜伏期小于 4.06 天，另外有 1/4 的患者潜伏期大于 6.68 天。

对于任何分布的资料都可以用中位数反映平均水平。中位数不受个别特大值或特小值的影响，只受位置居中的观察值波动的影响。若资料呈对称或正态分布，理论上讲，中位数应和算术平均数相等。百分位数用于描述一组资料在某百分位置上的水平，常常用于医学参考值范围的估计。

2. 描述离散程度的指标 平均水平指标仅描述了一组数据的集中趋势，可以作为总体的一个代表值。由于变异的客观存在，还需要描述资料的离散程度或变异情况。离散程度反映的是各变量值远离其中心值的程度。包括极差、四分位数间距、方差、标准差和变异系数等。

（1）全距：亦称极差（range，R），全距用 R 表示，是一组资料的最大值与最小值之差。全距越大，说明资料的离散程度越大。但全距仅考虑两端数值之间的差异，未考虑其他数据的变异情况，不能全面反映一组资料的离散程度，且易受极端值大小的影响，因此不够全面和稳定。样本含量越大，抽到更加极端变量值的可能性就大，全距可能会越大。故全距通常与其他离散趋势指标联合使用。

（2）四分位数间距：四分位数间距（quartile range，Q）用 Q 表示，若将一组资料分为四等份，上四分位数 Q_U（P_{75}）和下四分位数 Q_L（P_{25}）之差就是 Q。Q 值越大，说明资料的离散程度越大。通常用于描述偏态分布资料的离散程度。该指标的计算未用两端的数值，一方面比全距稳定，另一方面，若偏态分布资料的一端或两端无确切的数值，只能选择 Q 作为离散趋势指标。由于 Q 值的计算仅采用上、下四分位数，未考虑每个观察值，故也不能全面反应资料的离散趋势。

（3）方差和标准差：为了全面考虑到每一个观察值，离散情况可考虑用总体中每个观察值 x_i

与总体均数 μ 之差的总和（称为离均差总和）反映资料的离散程度，但 $\sum(x_i-\mu)=0$。若计算离均差平方和 $\sum(x_i-\mu)^2$，结果不为 0，但受观察例数多少的影响，为了消除这一影响，取离均差平方和的均数，称作方差。总体方差用 σ^2 表示，样本方差用 S^2 表示，公式分别为

$$\sigma^2=\frac{\sum(x_i-\overline{x})^2}{N}$$

$$S^2=\frac{\sum(x_i-\overline{x})^2}{n-1}$$

由于每个离均差都经过平方，使原来观察值的度量单位（如 cm、mmHg）也都变为单位的平方值。为了还原为本来的度量单位和便于解释，将方差开平方，取平方根的正值，这就是标准差（standard deviation），即

$$\sigma=\sqrt{\frac{\sum(x_i-\mu)^2}{N}}$$

$$S=\sqrt{\frac{\sum(x_i-\overline{x})^2}{n-1}}=\sqrt{\frac{\sum x_i^2-\frac{(\sum x_i)^2}{n}}{n-1}}$$

$$S=\sqrt{\frac{\sum f_i x_i^2-\frac{(\sum f_i x_i)^2}{\sum f_i}}{\sum f_i-1}}$$

在此需要说明：上述公式中的 $n-1$ 和公式的 f_i-1 为自由度。

方差和标准差都是说明资料的变异程度，其值越大，说明变异程度越大。由于标准差与原始数据的单位一致，标准差在科技论文报告中经常与算术均数一起使用。标准差愈小，说明观察值的离散程度愈小，从而也说明用均数反映平均水平的代表性愈好。

标准差的用途概括起来有 4 个方面：①反映一组观察值的离散程度，标准差小，离散程度小，均数的代表性好；②用于计算变异系数；③计算标准误；④结合均值与正态分布的规律估计医学参考值的范围。

（4）变异系数：变异系数（coefficient of variation，CV）用 CV 表示。CV 是将标准差转化为算术均数的倍数，以百分数的形式表示。CV 没有单位，消除了量纲的影响，CV 越大，相对变异程度越大。常常用于比较度量单位不同或均数相差悬殊的两组（或多组）资料的变异程度。公式为

$$CV=\frac{S}{\overline{x}}\times100\%$$

三、分类变量资料的统计描述

（一）频数表

如前所述，分类资料的变量值是定性的，表现为互不相容的属性或类别。在一个样本中，相

同情形出现的次数称为频数,将互不相容的各情形的频数用统计表的形式列出就是频数表。

例 1-2-4:某市在一定时期内共收治某病患者 409 人,经一段时间的治疗后其病情转归为:其中治愈出院 300 人,好转出院 70 人,死亡 26 人,转院 13 人,如表 1-2-7 所示。

表 1-2-7 409 名患者病情转归

类别	频数	构成(%)
治愈	300	73.35
好转	70	17.11
死亡	26	6.36
转院	13	3.18
合计	409	100.00

(二)常用相对数指标及其意义

1. 比例 又称构成比(proportion),它指事物内部某一组成部分的观察单位数与该事物各组成部分观察单位总数之比,常用来说明事物内部各组成部分所占的比重或分布情况,可以百分数表示,也称百分比。

$$构成比 = \frac{事物内部某一组成部分的观察单位数}{事物内部各组成部分观察单位总数} \times 100\%$$

例 1-2-5:某病患者 409 人,其中男性 170 人,女性 239 人,男女性构成比见表 1-2-8 所示。具体计算:

$$男性构成比 = \frac{男性患者数}{男女性患者总数} \times 100\% = \frac{170}{170+239} \times 100\% = 41.6\%$$

表 1-2-8 409 名患者性别构成

性别	频数	构成(%)
男	170	41.6
女	239	58.4
合计	409	100.0

构成比的特点是各组成部分的构成比之和为 100% 或 1,其值在 0~1 变动。当某一部分所占比重增大时其他部分会相应地减小。

2. 率(rate) 又称频率指标,表示一定时间内,实际发生某现象的观察单位数与可能发生该现象的观察单位总数之比,用以说明某现象发生的频率或强度,常用百分率(%)、千分率(‰)、万分率(1/万)或十万分率(1/10 万)等表示。计算公式:

$$率 = \frac{实际发生某现象的观察单位数}{可能发生某现象的观察单位总数} \times 100\%(或1000‰)$$

例 1-2-5 中,409 名患者中,除去因转院而结局未知 13 人,有治疗结局的为 396 人,其中死亡 26 人。该病病死率:

$$某病病死率 = \frac{治疗期内因某病死亡人数}{同期有结局的某病患者总数} \times 100\% = \frac{26}{409-13} \times 100\% = 6.6\%$$

3. **比（ratio）** 也称相对比，指两个有联系的指标比，常以百分数或倍数表示。

$$比 = \frac{甲指标}{乙指标}（或 \times 100\%）$$

例如，某年某地出生婴儿中，男性婴儿有185人，女性婴儿有176人，则：

$$出生婴儿性别比 = \frac{男性婴儿数}{女性婴儿数} = \frac{185}{176} = 1.05$$

在计算比时，分子分母可以是性质相同的两指标，也可以是性质不同的两指标。

（三）应用相对数时应注意的问题

1. **计算相对数的分母不宜过小** 由于相对数是计算两个有联系指标的比值得到的，只有当分母足够大时，结果才比较稳定，能够正确反映实际情况。当观察例数过少时，不适合计算相对数，而要用绝对数表示。例如，某医师用祖传秘方治疗两名肝癌患者，一例有效，如果报道其有效率为50%，显然是不可靠的。

2. **分析时不能以构成比代替率** 构成比说明事物内部各组成部分所占的比例，它不能用来说明单位时间内某现象发生频率的大小。要回答某现象在单位时间内是否容易发生，应计算率的指标。

表1-2-9 某年某单位各年龄组代谢综合征患病情况

年龄组（岁）（1）	人口数（人）（2）	代谢综合征患者数（人）（3）	各年龄组患者占总数的%（4）	年龄别患病率（%）（5）
20～	150	11	2.89	7.33
30～	198	36	9.47	18.18
40～	498	141	37.11	28.31
50～	230	97	25.53	42.17
60及以上	233	94	24.74	40.34
合计	1309	380	100.00	29.03

表1-2-9第4列计算某年某单位各年龄组的代谢综合征患者在总患病例数中所占的比例，可以看到40～组的患者数最多，占全部患者的37.11%。但这并不能说明40～组最容易患代谢综合征，因为该组的患者数最多的同时，其人口基数也相对较多。如要比较各年龄组中哪个年龄组患代谢综合征的可能性最大，则应分年龄段来计算患病率。公式为：

$$年龄别代谢综合征患病率 = \frac{同年某年龄组的代谢综合征现患病例总数}{期内受检人口总数} \times 100\%$$

由第5列的结果看出，高年龄组的人群患代谢综合征的可能性也较大。

3. **正确计算总率** 要计算表1-2-9的代谢综合征患病总率时，应用合计的代谢综合征患者数除以总人口数，即380/1309×100%=29.03%，而不能用各年龄组的患病率相加后平均的方法求总率。

4. 比较率或构成比时，注意资料的可比性　资料的可比性指在进行两组或多组资料比较时，除处理因素以外，其他对结果有影响的非处理因素在各组间应尽可能相同或相近。主要是保证所比较资料的内部构成要相同，若内部构成不同，则不能直接进行总率比较，只能分性别、分年龄别进行率的比较，或进行率的标准化后再做对比。

标准化法是指当要比较的两组或多组率的资料内部构成不同时，需要按"统一"的标准进行调整，以消除人口构成不同对人群总率的影响，使之具备可比性。经标准化校正后的总率，称为标准化率。

5. 样本率或构成比的比较应进行假设检验　样本率或构成比是由抽样得到的，可能存在抽样误差，所以样本率或构成比比较时，不能仅凭借数值相差的大小下结论，应进行假设检验。

四、常用统计表和统计图

统计表与统计图是描述统计资料的重要工具，也是统计结果表述的一种形式。统计表是以表格的形式列出统计指标，统计图是以各种几何图形显示统计数据的大小、升降、分布、结构及关系等。

（一）统计表

统计表是将分析的事物及其指标用表格的形式列出，用以表达被研究对象的特征、内部构成及研究项目之间的数量关系，其目的是简洁、清晰、直观，方便对比和阅读。因此，统计表制作合理与否，对统计分析质量有重要影响。

1. 统计表的编制原则和结构

（1）统计表的编制原则

1）重点突出，简单明了：即一张表一般包括一个中心内容，表达一个主题，使人一目了然，不要包罗万象。

2）主谓分明，层次清楚：即主语和谓语的位置一般不要错乱，标目安排及分组层次要清楚，并且要符合专业知识结构要求。

3）数据表达规范、文字和线条尽量从简。

（2）统计表的结构：统计表外观由标题、标目、线条、数字和备注等部分组成，有简单表和复合表两种，见表1-2-10和表1-2-11。

表1-2-10　某地某年10岁小学生和20岁青年患龋率比较

年龄组（岁）	调查人数（人）	患龋人数（人）	患龋率（%）
10岁	100	70	70.00
20岁	120	60	50.00
合计	220	130	59.09

1）标题：简明扼要地说明表的中心内容，必要时注明研究事物现象发生的时间、地点等。标题一般写在表的正上方。

2）标目：即表内所列的项目，分横标目和纵标目两种。横标目位于表的左侧，用来指明表内同一横行数字的含义，它在表中作主语，表示被研究事物。纵标目则用来指明表内同一纵列数字的含义，它在表中作谓语，表示被研究事物的各项统计指标。如果将横纵标目连在一起阅读，可以组成一句完整而通顺的话。此外还要求标目的文字应简明，有单位的应予注明。

3）线条：一般采用三横线表，即顶线、底线和标目线，不宜使用竖线和斜线。如果某些标目或数据需要分层表示，可用短横线分隔。

4）数字：表内数字一律用阿拉伯数字表示，同一指标的小数位数保留、单位和精度应一致，上下位次要对齐，表内不留空格。数据暂缺或未记录可用"…"表示，数据不可能得到时用"—"表示，数据为"0"时，则填明"0"。

5）备注：不是统计表的必备部分，一般不列入表内，必要时可用"*"号标出，解释在表的下面。

表 1-2-11　某院复方猪胆胶囊治疗老年性慢性支气管炎疗效分析

类型	病例数（人）	病情			疗效				有效率（%）
		重（人）	中（人）	轻（人）	临床治愈（人）	显效（人）	好转（人）	无效（人）	
单纯性	221	136	54	31	60	98	51	12	94.6
喘息性	182	93	56	33	23	83	65	11	94.0
合计	403	229	110	64	83	181	116	23	94.3

（二）统计图

统计图是用几何图形的位置、大小、长短、面积等特征来表现数据信息，将数据形象化。

1. 统计图的结构与种类

（1）统计图的结构：统计图的形式多种多样，通常由 5 部分组成。

1）标题：概括图的内容，应简明确切，一般置于图域的下方。一篇文献中有多幅统计图时，标题前应标注序号。

2）图域：即制图空间，从视觉舒适度出发，图域的长宽比例一般为 7：5 或 5：7。

3）标目：统计图一般有横轴和纵轴。纵轴的左侧和横轴的下方分别置放纵标目和横标目，并指明纵、横轴表示的指标与单位。

4）刻度：常用算术尺度和对数尺度，刻度值一般标注于纵轴外侧和横轴上侧。

5）图例：对于较复杂的统计图，常用图例来说明图中不同线条或颜色所表达的内容。图例一般放置在横标目的下方，图域中若有较多的空间，亦可放在图域中。

（2）统计图的种类：统计图有直条图、百分条图、圆图、普通线图、半对数线图、直方图和散点图等。应根据资料的性质和分析目的选择适当的图形。

2. 常用统计图及其绘制要求

（1）直条图：是用等宽直条（柱）的长短表示指标值的大小，它适于彼此相互独立的现象间相同指标的比较。直条尺度必须从 0 开始，各直条宽度相等。直条可横放或竖放。

表 1-2-12　某年某地 3 种疾病的死亡率（1/10 万）

死因	死亡率（1/10 万）
肺结核	27.4
心脏病	83.6
恶性肿瘤	178.2

表 1-2-12 的肺结核、心脏病及恶性肿瘤 3 种疾病的死亡率不会相互影响，所以可以采用直条图来比较它们的数值大小（图 1-2-7）。

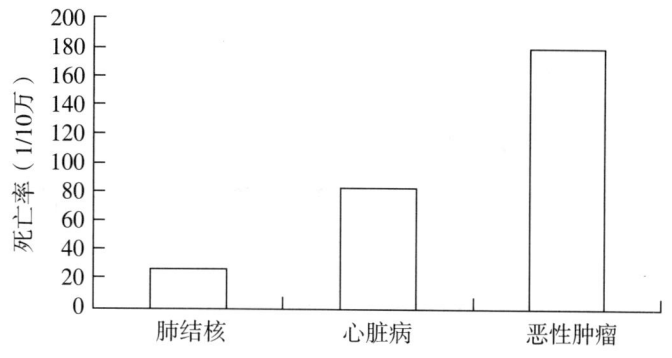

图 1-2-7　某年某地 3 种疾病的死亡率比较

（2）构成图：用于表示全体中各部分的比重，适用于构成比资料，常用的构成图有圆图和百分条图（图 1-2-8，图 1-2-9）。

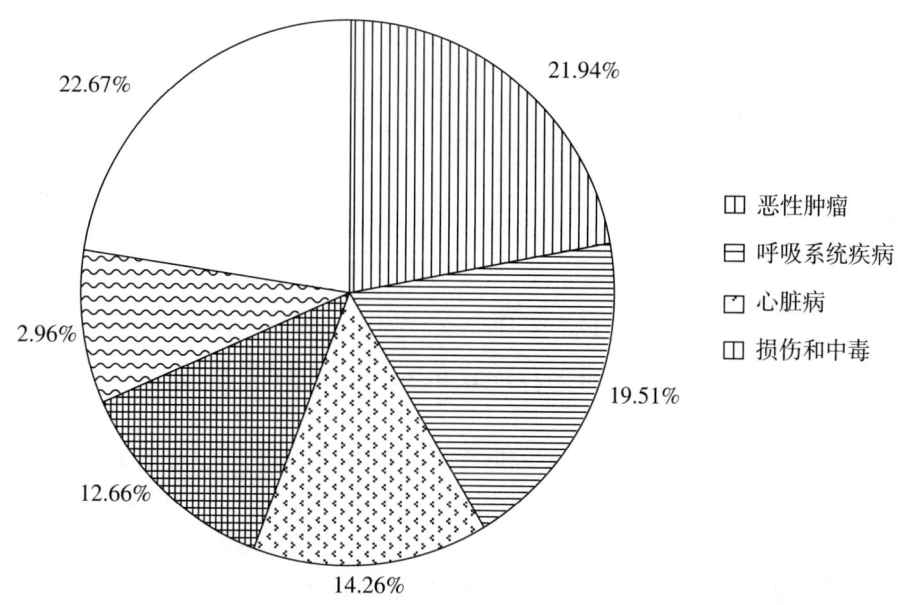

图 1-2-8　某地某年男性居民前 5 位死因构成（圆图）

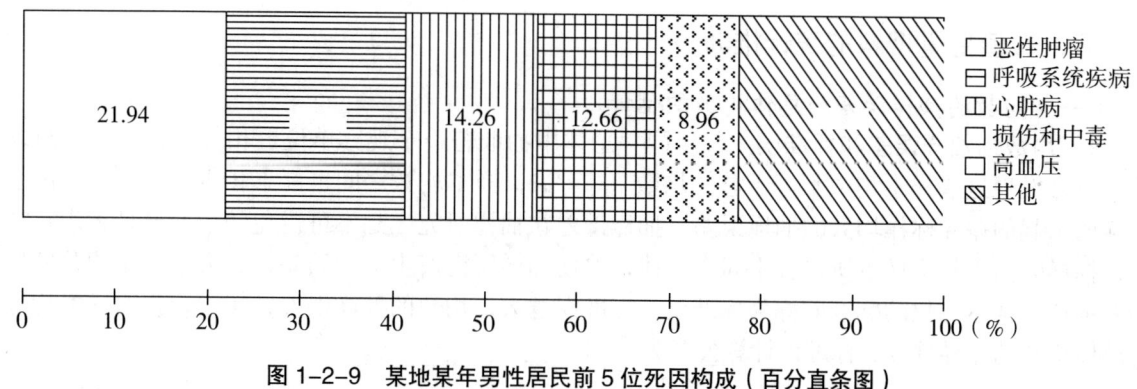

图 1-2-9　某地某年男性居民前 5 位死因构成（百分直条图）

（3）线图：用线段的升降来描述某指标随时间或条件而变动的趋势，或某现象随另一现象变迁的情况。

普通线图：横轴和纵轴均为算术尺度，横轴表示某一连续变量，纵轴表示事物现象发生的水平。根据表1-2-13绘制成的图1-2-10为普通线图。

表1-2-13　某市城区和郊县1989～1998年糖尿病死亡情况（死亡率：1/10万）

	1989	1990	1991	1992	1993	1994	1995	1996	1997	1998
城区	4.45	4.77	4.65	5.64	5.78	6.86	7.45	7.73	8.91	10.59
郊县	2.12	2.46	2.89	3.56	3.87	4.12	4.28	4.59	5.32	6.22

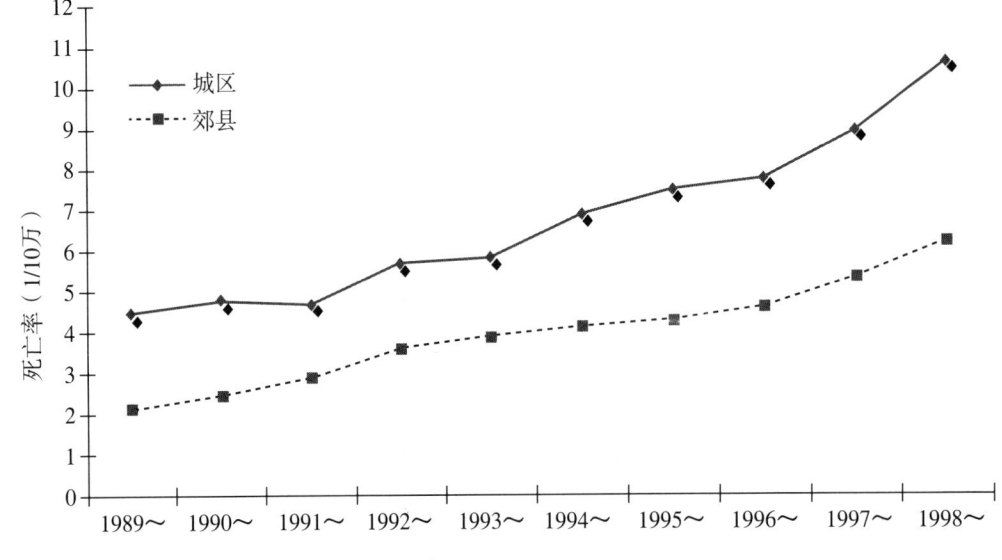

图1-2-10　某市城区和郊县1989-1998年糖尿病死亡率

（4）半对数线图：用于表示事物现象发展变化的速度（相对比）。半对数线图的横坐标是算术尺度，纵坐标是对数尺度。常用于两个或多个事物现象在发展速度上的对比。

（5）直方图：又称频数分布图。常用于描述某连续性资料的频数分布。直方图以各直条的面积表示各组频数的分布情况，面积总和相当于各组频数的总和。

（6）散点图：是用点的密集程度和趋势表示两事物现象间的相互关系，适用于双变量统计分析资料。

五、数值变量资料的统计推断

（一）均数的抽样误差与总体均数的估计

1. 均数的抽样误差和标准误　若从同一总体中抽取若干个观察单位数相等的样本并计算均数，就会发现这些样本均数不等于总体均数（$\bar{x}_i \neq \mu$），样本均数之间也互不相等（$\bar{x}_i \neq \bar{x}_j$）。由于抽样而引起的差异称作均数的抽样误差。抽样误差在抽样研究中是不可避免的。变异是客观存在的，抽样时由于每个样本所包含不同的个体，致使抽样研究产生抽样误差，其大小可用均数的标准差描述。样本均数的标准差称为标准误，标准误越大，均数的抽样误差就越大，说明样本均数与总体均数的差异越大。标准误计算公式为：

$$\sigma_{\bar{x}} = \sigma/\sqrt{n}$$

式中σ表示总体标准差，n为样本例数，$\sigma_{\bar{x}}$为标准误。实际研究中σ是未知的，常以样本标

准差 S 作为 σ 的估计值计算标准误,记作为 $S_{\bar{x}}$:

$$S_{\bar{x}} = S/\sqrt{n}$$

当样本例数 n 一定时,标准误与标准差呈正比;当标准差一定时,标准误与样本含量 n 的平方根呈反比。增加样本含量才可减少抽样误差。

标准误的用途:一是用来衡量抽样误差大小,标准误越小,样本均数与总体均数越接近,即样本均数的可信度越高;二是结合标准正态分布与 t 分布曲线下的面积规律,估计总体均数的置信区间;三是用于假设检验。

2. t 分布 若从正态分布的总体 $N(\mu, \sigma^2)$ 中进行随机抽样,样本含量 n 的大小相等,其样本均数 $\bar{x}$ 服从均数为 μ,方差为 $\sigma_{\bar{x}}^2$ 的正态分布,记为 $N(\mu, \sigma_{\bar{x}}^2)$,同样也可对呈正态分布的 $\bar{x}$ 进行 u 变换:$u = (\bar{x} - \mu)/\sigma_{\bar{x}}$,将 $N(\mu, \sigma_{\bar{x}}^2)$ 变换成标准正态分布 $N(0, 1)$,即 u 分布。该 u 分布常用于总体均数置信区间估计和 u 检验等。

在实际工作中,当 $\sigma_{\bar{x}}$ 未知时,常用 $s_{\bar{x}}$ 来代替 $\sigma_{\bar{x}}$,此时公式服从自由度 $v = n-1$ 的 t 分布。

$$t = \frac{\bar{x} - \mu}{S_{\bar{x}}} = \frac{\bar{x} - \mu}{S/\sqrt{n}}$$

由图 1-2-11 可见,t 分布是一簇对称于 0 的单峰分布曲线。自由度小,曲线的中间越低,两边越高;随自由度增大,t 分布曲线逐渐逼近于标准正态分布曲线。当自由度为无穷大时,t 分布曲线逼近标准正态分布曲线。

为方便使用,统计学家编制了不同自由度 v 下的 t 分布界值表(表 1-2-14)。t 界值为自由度为 v、尾部概率 P 为 α 时,横轴上所对应的 t 值。表中分别给出了单侧概率和双侧概率所对应的 t 界值,一般用 $t_{\alpha, v}$ 表示自由度为 v、单侧尾部概率为 α 时,所对应的 t 界值;用符号 $t_{\alpha/2, v}$ 表示自由度为 v、双侧尾部概率之和为 α 时,所对应的 t 界值。由于 t 分布是以 0 为中心的对称分布,表中只列出正值。如当 $v=20$,双侧概率 $\alpha=0.05$ 时,由表中查得 $t_{0.05/2, 20}=2.086$;若求单侧概率 $\alpha=0.05$ 时的 t 值,查单侧概率 $\alpha=0.05$ 所对应的 t 值,$t_{0.05(20)}=1.725$。

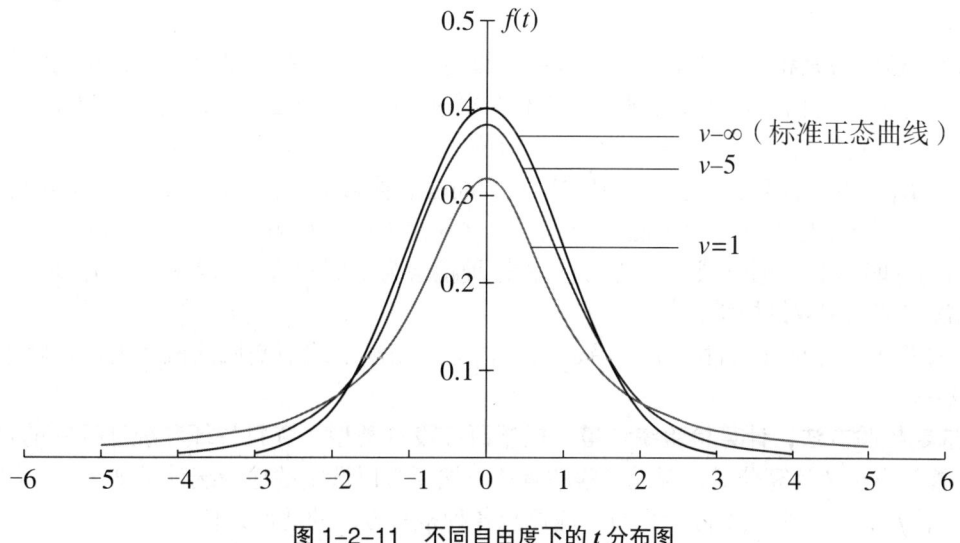

图 1-2-11 不同自由度下的 t 分布图

3. 总体均数可信区间的估计 统计推断包括参数估计和假设检验。参数估计有点(值)估计和区间估计两种方法。点(值)估计是用样本统计量(如均数 $\bar{x}$)作为对总体参数(如均数 μ)

的估计值。区间估计是根据选定的置信度（常用置信度为95%）估计总体均数所在的区间$(a < \mu < b)$，a与b是区间的上下界。

（1）σ已知时，由u分布可知，正态曲线下有95%的u值在± 1.96之间，即：$-1.96 \leq u \leq +1.96$，$-1.96 \leq \dfrac{\bar{x} - \mu}{\sigma_{\bar{x}}} \leq 1.96$，移项后，$\bar{x} - 1.96\sigma_{\bar{x}} \leq \mu \leq \bar{x} + 1.96\sigma_{\bar{x}}$，总体均数$\mu$的95%可信区间为：

$$(\bar{x} - 1.96\sigma_{\bar{x}},\ \bar{x} + 1.96\sigma_{\bar{x}})$$

（2）σ未知，但样本例数n足够大时，也可依据u分布原理，总体均数95%的置信区间：

$$(\bar{x} - 1.96 S_{\bar{x}},\ \bar{x} + 1.96 S_{\bar{x}})$$

（3）σ未知、样本例数较小时按t分布原理，95%的t值在$\pm t_{0.05/2}$之间，即：$-t_{0.05/2} \leq t \leq +t_{0.05/2}$，$-t_{0.05/2} \leq \dfrac{\bar{x} - \mu}{S_{\bar{x}}} \leq t_{0.05/2}$，移项后，$\bar{x} - t_{0.05/2} S_{\bar{x}} \leq \mu \leq \bar{x} + t_{0.05/2} S_{\bar{x}}$，总体均数$\mu$的95%可信区间：

$$(\bar{x} - t_{0.05/2,\ \nu} S_{\bar{x}},\ \bar{x} + t_{0.05/2,\ \nu} S_{\bar{x}})$$

总体均数95%置信区间的涵义，理论上讲，进行100次抽样，可算得100个置信区间，平均有95个置信区间包括客观存在的总体均数，只有5个置信区间未包括总体均数。

（二）假设检验的基本思想和基本步骤

假设检验是统计推断的核心，其目的是比较总体参数之间有无差别。

例1-2-7：通过以往大量调查，已知某地45～60岁男子平均收缩压为126 mmHg。今随机抽取该地某单位20名45～60岁男子，测得其平均收缩压为131 mmHg，标准差为20 mmHg，问该单位男子平均收缩压是否比以往高？

该样本某单位45～60岁男子收缩压均值与已知以往大量调查的45～60岁男子收缩压均值不同，差异的来源有两种可能：一是由于抽样误差所致；二是该样本所代表的某单位45～60岁男子总体收缩压均数与当地以往45～60岁男子收缩压均值不同。究竟是哪一种可能引起的呢？可以通过假设检验来判断。

1. 建立检验假设和确定检验水准 检验假设有两种：一种是无效假设，或称零假设，记作H_0，即假设差异是由于抽样误差所致，总体参数相同，在例1-2-7中，指该单位45～60岁男子的总体收缩压均值与当地以往45～60岁男子的总体收缩压均值相等（$\mu = \mu_0$）；另一种是备择假设，记作H_1，即差别不是由于抽样误差所致，而是总体参数不同（$\mu > \mu_0$或$\mu < \mu_0$）。如果根据专业知识，μ既可能大于μ_0也可能小于μ_0，则这种检验称为双侧检验；若认为μ只可能大于或等于μ_0而不可能小于μ_0时（或相反情况），称这种检验为单侧检验。如果根据专业知识不能确定单侧的情况时应采用双侧检验。

确定检验水准也称显著性水准，用α表示，是预先规定的拒绝域的概率值，实际中一般取$\alpha=0.05$或$\alpha=0.01$。

2. 选定检验方法，计算检验统计量 根据研究设计类型、资料特征和统计推断的目的，选用适当的检验方法和计算公式。假设检验的具体方法通常以选定的检验统计量来命名，如t检验、u检验、F检验和χ^2检验。实际应用时，应注意各种检验方法的适用条件。

3. 确定概率和做出统计推断结论 P值的含义是指从H_0所规定的总体中做随机抽样，获得$\geq$（或$\leq$）现有样本的检验统计量值的概率。然后将概率P与检验水准α比较，从而得出结论。当$P \leq \alpha$时，按所取检验水准α，拒绝H_0，接受H_1，可以认为差别有统计学意义，两总体均数不相等；当 $P > \alpha$ 时，按所取的检验水准 α，不拒绝 H_0，差别无统计学意义，尚不能认为两总体均数不相等。然后结合实际资料做出专业结论。

本例 t 值为 1.25，在横轴上 ≥ 1.25 对应的曲线外侧的面积远远大于 0.05。当 $P \leq \alpha$ 时，结论为按所取的 α 检验水准拒绝 H_0，接受 H_1；相反若 $P > \alpha$，按所取的 α 水准不拒绝 H_0。本例 $t = 2.674$，$t_{0.05/2, 24} = 2.064 > 1.25$，$P > 0.05$。按 $\alpha = 0.05$ 水准，不拒绝 H_0，差别统无统计学意义，还不能认为该单位 45～60 岁男子收缩压均数高于当地以往水平。

（三）数值变量两样本的比较

1. 样本均数与总体均数的比较 总体均数是指大量观测所得到的稳定值或理论值，记作 μ_0，样本与总体均数比较的目的是推断样本所代表的未知总体均数 μ 与 μ_0 是否相同。

例 1-2-7 就是样本均数与总体均数比较的例题，具体步骤如下：

（1）建立检验假设，确定检验水准。

H_0：$\mu = \mu_0 = 126$ mmHg，即该单位 45～60 岁男子收缩压均值与当地以往 45～60 岁男子收缩压均值相等。

H_1：$\mu \neq \mu_0$，即该单位 45～60 岁男子收缩压均值高于当地以往 45～60 岁男子收缩压均值。

检验水准 $\alpha = 0.05$

（2）选定检验方法，计算检验统计量。

因为总体标准差 σ 未知，所以选用样本均数与已知总体均数比较的 t 检验。

$\mu_0 = 126$ mmHg，$\bar{x} = 131$ mmHg，$S = 20$ mmHg，按以下公式

$$t = \frac{\bar{x} - \mu_0}{s/\sqrt{n}} = \frac{131 - 126}{20/\sqrt{25}} = 1.25, \quad \nu = n - 1 = 25 - 1 = 24$$

（3）确定 P 值，做出推断结论：

查 t 界值表（附表 2-1），当 $\nu = 24$ 时，双侧 $t_{0.05/2, 19} = 2.064$，本例 $t = 1.25 < 2.064$，所以 $P > 0.05$。按 $\alpha = 0.05$ 水准，不拒绝 H_0，还不能认为该单位 45～60 岁男子收缩压均数高于当地以往水平。

当样本含量 $n > 50$ 时，上式 t 值接近 u 值，可直接与相应检验水准的 u 值进行比较做出结论，省去查表的麻烦。

2. 两个样本均数的比较 调查研究中通过随机抽样，或实验研究中通过随机分组，而得到两个样本的资料，比较的目的是推断两个样本所代表的两个总体均数（μ_1，μ_2）是否相同。

（1）两个大样本均数的比较：当两个样本含量较大（均 > 50）时，自由度足够大，可用 u 检验。按公式计算检验统计量 u 值：

$$u = \frac{\bar{x}_1 - \bar{x}_2}{S_{\bar{x}_1 - \bar{x}_2}} = \frac{\bar{x}_1 - \bar{x}_2}{\sqrt{S_{\bar{x}_1}^2 + S_{\bar{x}_2}^2}} = \frac{\bar{x}_1 - \bar{x}_2}{\sqrt{\frac{S_1^2}{n_1} + \frac{S_2^2}{n_2}}}$$

式中 $S_{\bar{x}_1 - \bar{x}_2}$ 为两样本均数差值的标准误。

例 1-2-8：某地随机抽取 20～30 岁的健康男子 200 名，测得收缩压均数为 118 mmHg，标准差为 15 mmHg；随机抽取 20～30 岁的健康女子 160 名，测得收缩压均数为 110 mmHg，标准差为 14 mmHg，问该地 20～30 岁的健康男、女收缩压均数有无差别？

从专业知识无法认为男性收缩压水平应该高于或低于女性，故用双侧检验。

1）建立假设，确定检验水准。

H_0：$\mu_1 = \mu_2$ H_1：$\mu_1 \neq \mu_2$ $\alpha = 0.05$

2) 选择检验方法，按公式计算检验统计量 u 值。

$$u = \frac{\bar{x}_1 - \bar{x}_2}{\sqrt{\frac{S_1^2}{n_1} + \frac{S_2^2}{n_2}}} = \frac{118 - 110}{\sqrt{\frac{15^2}{200} + \frac{14^2}{160}}} = 5.219$$

3) 确定 P 值，判断结果。u=5.219＞1.96，P＜0.05，按 α = 0.05 水准，拒绝 H_0，接受 H_1，差异有统计学意义。可认为该地 20～30 岁健康人的收缩压均数男性高于女性。

(2) 两个小样本均数的比较：推断 μ_1 是否等于 μ_2，作 $\bar{x}_1$ 与 $\bar{x}_2$ 比较的 t 检验，其检验统计量的计算公式为：

$$t = \frac{\bar{x}_1 - \bar{x}_2}{S_{\bar{x}_1 - \bar{x}_2}}, \quad v = n_1 + n_2 - 2$$

$$S_{\bar{x}_1 - \bar{x}_2} = \sqrt{S_c^2\left(\frac{1}{n_1} + \frac{1}{n_2}\right)}$$

$$S_c^2 = \frac{S_1^2(n_1-1) + S_2^2(n_2-1)}{n_1 + n_2 - 2} = \frac{\Sigma x_1^2 - (\Sigma x_1)^2/n_1 + \Sigma x_2^2 - (\Sigma x_2)^2/n_2}{n_1 + n_2 - 2}$$

$S_{\bar{x}_1 - \bar{x}_2}$ 为两样本均数差值的标准误，S_c^2 为合并方差。

例 1-2-9：某医师为了解某一新降压药的效果，将 30 名高血压患者随机分为试验组和对照组，试验组采用新降压药，对照组采用标准药物治疗，测得两组治疗前后的收缩压下降值（mmHg）如下。问新药和标准药物的疗效是否不同？

试验组：12　15　20　22　26　30　24　18　19　16　28　32　25　27　24
对照组：8　10　16　20　19　20　22　10　16　18　22　24　20　18　17

1) 建立检验假设，确定检验水准。

H_0：$\mu_1 = \mu_2$，即两药治疗前后收缩压下降值的总体均数相等。

H_1：$\mu_1 \neq \mu_2$，即两药治疗前后收缩压下降值的总体均数不等。

α=0.05

2) 选定检验方法，计算检验统计量：本例样本含量 n_1、n_2 均小于 50，且两总体方差齐，采用完全随机设计的两样本 t 检验。

试验组：n_1=15　$\bar{x}_1$ =22.53　S_1^2 =33.4095
对照组：n_2=15　$\bar{x}_2$ =17.33　S_2^2 =22.2381

$$t = \frac{\bar{x}_1 - \bar{x}_2}{s_{\bar{x}_1 - \bar{x}_2}} = \frac{\bar{x}_1 - \bar{x}_2}{\sqrt{s_c^2\left(\frac{1}{n_1} + \frac{1}{n_2}\right)}} = \frac{\bar{x}_1 - \bar{x}_2}{\sqrt{\frac{(n_1-1)s_1^2 + (n_2-1)s_2^2}{n_1 + n_2 - 2}\left(\frac{1}{n_1} + \frac{1}{n_2}\right)}}$$

$$= \frac{22.53 - 17.33}{\sqrt{\frac{(15-1)33.4095 + (15-1)22.2381}{15+15-2}\left(\frac{1}{15} + \frac{1}{15}\right)}} = 2.6998$$

$$v = 15+15-2=28$$

3) 确定 P 值，做出推断结论。查 t 界值表（表 1-2-14），当 v= 28 时，$t_{0.05/2, 28}$=2.048，本例 t

=2.6998＞2.048，所以 $P < 0.05$。按 $\alpha=0.05$ 水准，拒绝 H_0，接受 H_1，差异有统计学意义，可认为新药和标准药的疗效不同，新药降压效果好于标准药。

表 1-2-14　t 界值表

自由度 ν	概率 P				自由度 ν	概率 P			
	双侧：0.10	0.05	0.02	0.01		双侧：0.10	0.05	0.02	0.01
	单侧：0.05	0.025	0.01	0.005		单侧：0.05	0.025	0.01	0.005
1	6.314	12.706	31.821	63.657	21	1.721	2.080	2.518	2.831
2	2.920	4.303	6.965	9.925	22	1.717	2.074	2.508	2.819
3	2.353	3.182	4.541	5.841	23	1.714	2.069	2.500	2.807
4	2.132	2.776	3.747	4.604	24	1.711	2.064	2.492	2.797
5	2.015	2.571	3.365	4.032	25	1.708	2.060	2.485	2.787
6	1.943	2.447	3.143	3.707	26	1.706	2.056	2.479	2.779
7	1.895	2.365	2.998	3.499	27	1.703	2.052	2.473	2.771
8	1.860	2.306	2.896	3.355	28	1.701	2.048	2.467	2.763
9	1.833	2.262	2.821	3.250	29	1.699	2.045	2.462	2.756
10	1.812	2.228	2.764	3.169	30	1.697	2.042	2.457	2.750
11	1.796	2.201	2.718	3.106	40	1.685	2.021	2.423	2.704
12	1.782	2.179	2.681	3.055	50	1.676	2.009	2.403	2.678
13	1.771	2.160	2.650	3.012	60	1.671	2.000	2.390	2.660
14	1.761	2.145	2.624	2.977	70	1.667	1.994	2.381	2.648
15	1.753	2.131	2.602	2.947	80	1.664	1.990	2.374	2.639
16	1.746	2.120	2.583	2.921	90	1.662	1.987	2.368	2.632
17	1.740	2.110	2.567	2.898	100	1.660	1.984	2.364	2.626
18	1.734	2.101	2.552	2.878	200	1.653	1.972	2.345	2.601
19	1.729	2.093	2.539	2.861	500	1.648	1.965	2.334	2.586
20	1.725	2.086	2.528	2.845	∞	1.645	1.960	2.326	2.576

六、分类变量资料的统计推断

同数值变量资料一样，分类变量资料的统计推断也包括参数估计和假设检验两个方面。此部分将介绍分类变量总体率的估计，以及分类变量资料的 χ^2 检验。

（一）率的抽样误差和总体率的估计

1. **率的抽样误差与标准误**　从一个总体率为 π 的总体中随机抽取观察数相等的若干个样本，计算得到的样本率与样本率 p_2 之间、样本率 p_1 与总体率 π 之间往往会有差异。由于个体差异与偶然性的影响，这种随机差异被称为率的抽样误差。表示率的抽样误差的指标叫率的标准误，计算公式如下：

$$\sigma_p = \sqrt{\frac{\pi(1-\pi)}{n}}$$

式中，σ_p：率的标准误；π：总体率；n：样本量。实际工作中，总体率 π 往往未知，可用样

本率 p 近似地代替 π，率的标准误的估计值表示为：

$$s_p = \sqrt{\frac{p(1-p)}{n}}$$

式中，S_p：σ_p 的估计值；p：样本率。

率的标准误越小，说明率的抽样误差越小，用样本推论总体时，可信程度越高。

由公式可见，样本率的标准误与样本含量 n 的平方根成反比，若增加样本含量 n 可以减小样本率的抽样误差。

例 1-2-10：某地随机抽查了 368 名 5 岁儿童，检查得龋齿患病率为 62.50%，试计算该地 5 岁儿童龋齿患病率的标准误。

$$s_p = \sqrt{\frac{p(1-p)}{n}} = \sqrt{\frac{0.6250(1-0.6250)}{368}} = 0.0252$$

故该地 5 岁儿童龋齿患病率标准误为 2.52%。

2. 总体率的置信区间 用样本率推论总体率，也要考虑抽样误差的影响。根据样本含量 n 和样本率 p 的大小，可以采用正态近似法或查表法估计总体率 π 的置信区间。

（1）正态近似法：当 n 足够大，p 和 $(1-p)$ 均不太小，如 np 和 $n(1-p)$ 均大于 5 时，样本率 p 的抽样分布近似服从正态分布。可用公式估计总体率的可信区间：

$$(p - u_\alpha s_P,\ p + u_\alpha s_P) \quad \text{或} \quad p \pm u_\alpha s_P$$

式中，u_α：标准正态分布曲线下，双尾面积为 α 时对应的 u 界值，当 $\alpha=0.05$ 时，$u_{0.05}=1.96$；$\alpha=0.01$ 时，$u_{0.01}=2.58$。

例 1-2-11：试估计例 2-10 儿童龋齿患病率的 95% 可信区间。代入公式：

$$(0.6250 - 1.96 \times 0.0252,\ 0.6250 + 1.96 \times 0.0252) = (0.5756 \sim 0.6744)$$

即该地儿童 95% 龋齿患病率可信区间为 57.56% ~ 67.44%。

（2）查表法：对于小样本资料（$n \leq 50$），可根据样本阳性例数 X 及样本例数 n，直接查二项分布参数 π 的可信区间表。

（二）χ^2 检验

χ^2 检验是一种用途很广的假设检验方法，可以推断两个（或多个）总体率及构成比之间有无差别。

1. 四格表资料的 χ^2 检验

例 1-2-12：为了解生活方式综合管理在原发性高血压患者治疗中的效果，将 100 名高血压患者随机分为两组。试验组用药同时加生活方式综合管理，对照组单纯用药，结果见表 1-2-14，问生活方式综合管理治疗原发性高血压是否有效？

表 1-2-14 两种方法治疗原发性高血压疗效比较

组别	有效	无效	有效率（%）
对照组	77（a）	43（b）	64.2
试验组	72（c）	8（d）	90.0
合计	149	51	74.5

本例为两样本率的比较，表 1-2-14 内有 a、b、c、d 4 个数是该表的基本数据，其余数据都是从这四个基本数据推算出来的，故称为四格表资料。

χ^2 检验的基本公式：

$$\chi^2 = \sum \frac{(A-T)^2}{T}, \quad v = (行数-1)(列数-1)$$

式中，A 为实际频数，如 4 个基本数据（77、43、72、8）；T 为理论频数。

理论频数是根据检验假设 H_0：$\pi_1 = \pi_2$ 确定的。如例 1-2-12，在假定 H_0 成立的前提下，p_1 与 p_2 的差异源自抽样误差，全部数据可视为一个总体的样本，即用合并治愈率 $p_c = 149/200 \times 100\% = 74.5\%$ 来估计总体率更准确。

在总体率等于 77.5% 的前提下，可分别计算四格表中 4 个实际数字相对应的理论频数
对照组有效的理论值 $T_{11} = 120 \times 74.5\% = 89.4$
对照组无效的理论值 $T_{12} = 120 - 89.4 = 30.6$
试验组有效的理论值 $T_{21} = 80 \times 74.5\% = 59.6$
试验组无效的理论值 $T_{22} = 80 - 59.6 = 20.4$
由此可得出理论频数 T 的计算公式为：

$$T_{RC} = \frac{n_R n_C}{n}$$

式中，T_{RC}：第 R 行（row）、C 列（column）格子的理论频数；n_R：第 R 行的合计数；n_C：第 C 列的合计数；n：总例数。

χ^2 检验实际上是将两样本率的比较演绎为实际频数与理论频数之间的比较。若检验假设 H_0 成立，实际频数与理论频数相差就不应该很大，因此，得到较大 χ^2 值的可能性就比较小；反之，若实际频数与理论频数相差很大，则 $\sum \frac{(A-T)^2}{T}$ 相应地也大。当 $\chi^2 \geq \chi_\alpha^2$ 时，$P \leq \alpha$，则在 α 水准上，拒绝 H_0，接受 H_1，可认为两样本率来自同一总体的可能性比较小；若 $P > \alpha$，不拒绝 H_0，可认为两样本率来自同一总体的可能性比较大。

由 χ^2 检验的基本公式可见，χ^2 值的大小除与 A 和 T 差值有关外，还与格子数（即自由度）的多少有关。自由度 $v = (行数-1)(列数-1)$ 或 $v = (R-1)(C-1)$。

现以例 1-2-12 为例说明 χ^2 检验的步骤。

1）建立检验假设及检验水准。
H_0：$\pi_1 = \pi_2$ 试验组和对照组的总体有效率相等。
H_1：$\pi_1 \neq \pi_2$ 试验组和对照组的总体有效率不等。
$\alpha = 0.05$

2）计算检验统计量：按公式 2-27 计算理论频数。
$T_{11} = 120 \times 74.5\% = 89.4$，$T_{12} = 120 - 89.4 = 30.6$
$T_{21} = 80 \times 74.5\% = 59.6$，$T_{22} = 80 - 60.0 = 20.4$

按 $\chi^2 = \sum \frac{(A-T)^2}{T}$ 计算 χ^2 值：

$$\chi^2 = \frac{(77-89.4)^2}{89.4} + \frac{(43-30.6)^2}{30.6} + \frac{(72-59.6)^2}{59.6} + \frac{(8-20.4)^2}{20.4} = 16.86$$

$$v = (2-1)(2-1) = 1$$

3) 确定 P 值并做出统计推断：查 χ^2 界值表，$\chi^2_{0.05(1)}$ =3.84。因为 $\chi^2 > \chi^2_{0.05(1)}$，拒绝 H_0，接受 H_1，可认为两组治疗原发性高血压的总体有效率不等，试验组有效率高于对照组。

2. 成组四格表资料 χ^2 检验的专用公式 对于成组四格表资料，为方便计算还可以直接用四格表专用公式计算 χ^2 值。

$$\chi^2 = \frac{(ad-bc)^2 \cdot n}{(a+b)(c+d)(a+c)(b+d)}$$

公式中 a、b、c、d 分别代表四格表中的四个实际频数，总例数 $n = a+b+c+d$。该公式是基本公式在四格表资料的简化公式。

3. 四格表资料 χ^2 检验的校正公式 利用上述公式算得的 χ^2 值在 $n > 40$，且所有理论频数 $T \geq 5$ 时是准确的；而当 $n > 40$，但有 $1 < T < 5$ 时，χ^2 值需做连续性校正。

四格表 χ^2 检验的校正公式可用以下公式

$$\chi^2 = \sum \frac{(|A-T|-0.5)^2}{T}$$

$$\chi^2 = \frac{(|ad-bc|-\frac{n}{2})^2 n}{(a+b)(c+d)(a+c)(b+d)}$$

若 $n \leq 40$，或 $T \leq 1$ 时，需用确切概率法计算（参见相关统计书）。

（三）行 × 列表资料 χ^2 检验

前面讲过四格表资料，为 2 行 2 列，又称 2×2 表。如果是多个（$R \geq 2$）独立样本资料的比较，其基本数据有 R 行 2 列，构成 $R \times 2$ 表。如果有 R 个分为 C 类的构成比，其基本数据有 R 行 C 列，称为 $R \times C$ 表。上述各类表格统称为 $R \times C$ 表，或行 × 列表。多个样本率或构成比 χ^2 检验的目的是推断其总体率或构成比是否不同。χ^2 检验的意义和计算公式仍可用基本公式表示，但行 × 列表用下述公式计算更为简便，两个公式完全等价。

行 × 列表资料的 χ^2 检验的专用公式为

$$\chi^2 = n\left(\sum \frac{A^2}{n_R n_C} - 1\right)$$

公式中 n_R 为相应行的合计，n_C 为相应列的合计，n 为总例数。

行 × 列表资料 χ^2 检验时需要注意以下事项：

（1）行 × 列表 χ^2 检验对理论频数有要求。一般不宜有 1/5 以上的格子理论频数小于 5，或有一个格子的理论频数小于 1，否则会导致分析结果偏性加大。若出现上述情况，可通过以下方法解决：①适当增加样本例数以增大理论频数；②将理论频数太小的行或列与性质相近的邻行或邻列合并；③删去理论频数太小的格子所对应的行或列。但后两种处理有可能损失资料原有信息，也可能会损害样本的随机性，不同的合并方式所得结果也不一样，故不宜作为常规方法使用。

（2）当多个样本率（或构成比）比较时，如结论为拒绝检验假设，只能认为各总体率或总体构成比之间总的来说有差别，但并不能说明它们彼此之间都有差别，或某两者之间有差别。

（刘爱萍）

# 第三章

健康教育基本理论与方法

健康教育（health education）是通过信息传播和行为干预，帮助个人和群体掌握卫生保健知识、树立健康观念，自愿采纳有利于健康行为和生活方式的教育活动与过程。健康教育与健康管理有着密切的联系。两者在分析问题、解决问题的思路上基本一致，都是在收集个体/群体的资料后进行评估，提出干预目标和方案，然后付诸实施，最后评价效果，并在此路径上循环往复。同时，健康教育本身就是健康管理干预实施过程中的主要手段之一。因此，学习健康教育的理论与方法对理解、丰富健康管理的理论和实践大有裨益。本章将介绍健康相关行为改变理论，健康传播基础知识，健康教育计划的设计、实施与评价。

第一节 健康相关行为改变理论

健康教育和健康管理都非常关注行为和生活方式。行为和生活方式的改变是一个相当复杂、艰苦的过程，是一件说起来容易，做起来艰难并且痛苦的事。一些常用的行为理论可以帮助健康管理师理解人们的行为，并可以通过对行为影响因素的分析找到改变行为的可能途径，进而指导或干预行为。

一、知信行模式

知信行（knowledge, attitude, and practice, KAP）是知识、信念和行为的简称，该模式认为：卫生保健知识和信息是建立积极、正确的信念与态度，进而改变健康相关行为的基础，而信念和态度则是行为改变的动力。只有当人们了解了有关的健康知识，建立起积极、正确的信念与态度，才有可能主动地形成有益于健康的行为，改变危害健康的行为。例如，吸烟作为危害个体健康的行为已存在多年，并形成了一定的行为定式。要改变吸烟行为，使吸烟者戒烟，首先需要使吸烟者了解吸烟对健康的危害、戒烟的益处，以及如何戒烟，这是使吸烟者戒烟的基础。具备了相关知识，吸烟者才会进一步形成吸烟有害健康的信念，对戒烟持积极态度，并相信自己有能力戒烟，这标志着吸烟者已有动力去采取行动。

知信行理论可以简单地表示为图 1-3-1：

图 1-3-1 知信行模式

但是，要使知识转化为行为改变，仍然是一个漫长而复杂的过程，有很多因素可能影响知识到行为的顺利转化，任何一个因素都有可能导致行为形成/改变的失败（图1-3-2）。

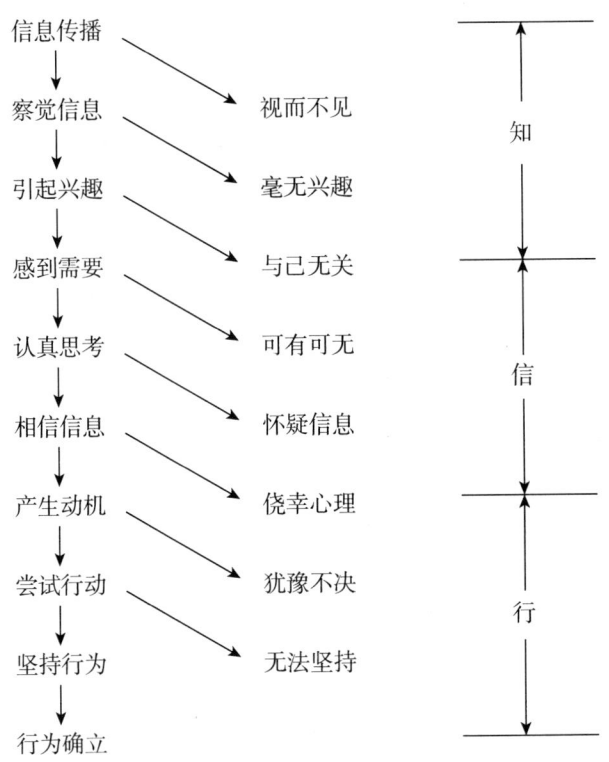

图 1-3-2 接受信息、改变行为的过程

知识、信念与行为之间存在着因果关系，但有了前者并不是一定会导致后者。知识是行为改变的必要条件，但不是充分条件，只有对知识进行积极的思考，才有可能逐步上升为信念，产生行为动机。在健康教育促使人们形成健康行为或改变危害健康行为的实践中，常常遇到"知而不信""信而不行"的情况，"知而不信"的可能原因在于，所传播信息的可信性、权威性受到质疑、感染力不强，不足以激发人们的信念；"信而不行"的可能原因在于，人们在建立行为或改变行为中存在一些不易克服的障碍，或者需要付出较大的代价，这些障碍和代价抵消了行为的益处，因此人们变得犹豫不决、不产生行动或者无法坚持。由此可见，只有全面掌握知、信、行转变的复杂过程，才能及时、有效地消除或减弱不利影响，促进形成有利环境，进而达到改变行为的目的。

二、健康信念模式

健康信念模式（health belief model，HBM）理论强调感知（perception）在决策中的重要性，影响感知的因素很多，是运用社会心理学方法解释健康相关行为的理论模式（图1-3-3）。该理论认为信念是人们采纳有利于健康的行为的基础，人们如果具有与疾病、健康相关的信念，他们就会采纳健康行为，改变危险行为。人们在决定是否采纳某种健康行为时，首先要对疾病造成的威胁进行判断，然后对预防疾病的价值、采纳健康行为对改善健康状况的期望和克服行动障碍的能力做出判断，最后才会做出是否采纳健康行为的决定。

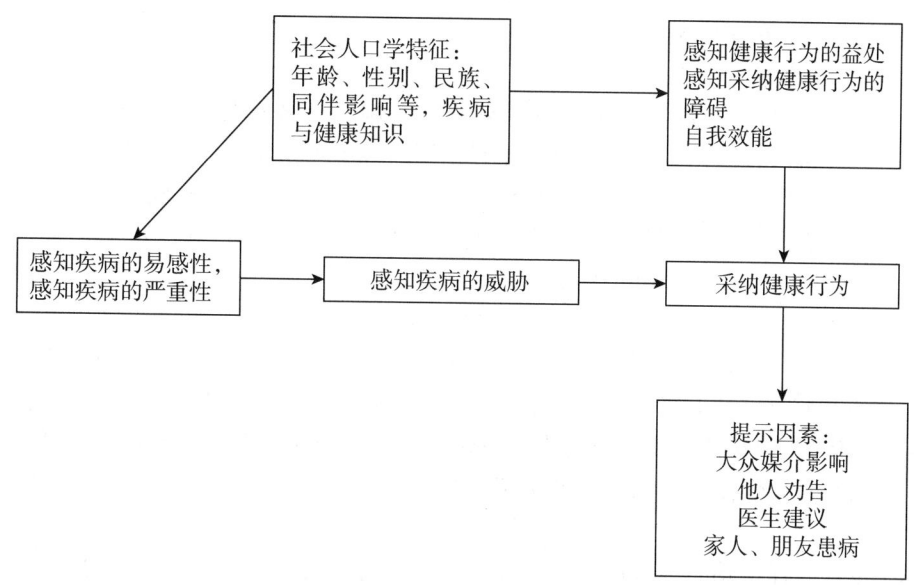

图 1-3-3 健康信念模式

在健康信念模式中，是否采纳有利于健康的行为与下列因素有关。

（一）感知疾病的威胁

感知疾病的威胁（perceived threat）由对疾病易感性的感知和对疾病严重性的感知构成。对疾病易感性和严重性的感知程度高，即对疾病威胁的感知程度高，是促使人们产生行为动机的直接原因。

1. **感知疾病的易感性（perceived susceptibility）** 指个体对自身患某种疾病或出现某种健康问题的可能性的判断。人们越是感到自己患某疾病的可能性大，越有可能采取行动避免该疾病的发生。

2. **感知疾病的严重性（perceived severity）** 疾病的严重性既包括疾病对躯体健康的不良影响，如疾病会导致疼痛、伤残和死亡，还包括疾病引起的心理、社会后果，如意识到疾病会影响到工作、家庭生活、人际关系，人们对疾病严重性的感知越强，往往越有可能采纳健康行为，防止严重健康问题的发生。

（二）感知健康行为的益处和障碍

感知健康行为的益处（perceived benefits of action）指人体对采纳行为后能带来的益处的主观判断，包括对维持和改善健康状况的益处和其他边际收益。一般而言，人们认识到采纳健康行为的益处，或认为益处很多，则更有可能采纳该行为。

感知健康行为的障碍（perceived barriers of action）指个体对采纳健康行为会面临的障碍的主观判断，包括行为复杂、时间花费、经济负担等。感知健康行为的障碍越多，越会阻碍个体对健康行为的采纳。

因此，如果个体对健康行为益处的感知越强，对健康行为障碍的感知越小，则个体采纳健康行为的可能性越大。

（三）自我效能

自我效能是后被补充到健康信念模式中的一个因素，强调自我效能期望对产生行为的作用。参见下文"社会认知理论"的相关内容。

(四)提示因素

提示因素(cues to action)指诱发健康行为发生的因素,如大众媒介的疾病预防与控制运动、医生建议采纳健康行为、家人或朋友患有此种疾病都有可能作为提示因素诱发个体采纳健康行为。提示因素越多,个体采纳健康行为的可能性越大。

(五)社会人口学因素

社会人口学因素包括个体特征,如年龄、性别、民族、人格特点、社会阶层、同伴影响,以及个体所具有的疾病与健康知识。具有卫生保健知识的人更容易采纳健康行为。对不同类型的健康行为而言,不同年龄、性别、个性特征人群的采纳健康行为的可能性不同。

下面以针对高血压患者的低钠盐饮食行为为例,介绍健康信念模式的应用。患者60岁,男性,近期查体发现患有高血压,由于几十年来饮食口味很咸,医生建议他降低每天的钠盐摄入量降。如果他认识到自己口味很咸的饮食习惯会导致高血压(感知疾病的易感性),高血压病可能导致卒中,卒中可能带来严重的后遗症甚至导致死亡(感知疾病的严重性)。他相信控制钠盐的摄入对控制血压有好处(感知健康行为的益处),同时觉得改掉多年养成的饮食习惯太难了(感知健康行为的障碍)。但是他相信通过努力可以逐渐把口味变淡(自我效能),在这种情况下,医生的建议(提示因素)促使他做出减盐的决定。综合以上因素,这位患者可能逐渐采纳低钠盐饮食的行为。

健康信念模式同样适用于在群体中开展低钠盐饮食行为的干预。可以依据对该模式设计的问卷,对高血压患者群体进行调查,然后通过数据分析找出低钠盐饮食行为的影响因素,从而找到行为干预的入手点。例如,如果分析发现高血压患者普遍对该疾病的严重后果认识充分,同时知道低盐饮食的好处,但是普遍存在缺少改变自己习惯的信心,那么在群体教育中需要把重点放在帮助患者扫除感知到的健康行为的障碍,即想方设法帮助患者树立自信心、激发自我效能上。

三、跨理论模型

1982年,美国心理学家 Prochaska 和 DiClemente 在总结了戒烟干预心理治疗技术后,首次提出行为改变的阶段理论,描述和解释了吸烟者在戒烟过程中行为变化的各个阶段及在每个阶段主要的变化过程。由于该理论综合了若干个理论模式,所以也称作"跨理论模型(transtheoretical model,TTM)"。该模型提出,个体的行为变化是一个连续的过程而非单一的事件,人们在真正做到行为改变之前,是朝一个方向前进的,同时可能因为"后退"改变方向,从而形成动态循环。对所处不同阶段的个体应采取不同的行为转换策略,促使其向更好和更高级的阶段转变。

(一)变化阶段

行为转变阶段理论,是把行为转变分为5个连续渐进的阶段,对于成瘾行为来说,还有第6个阶段即终止阶段。

1. 没有打算阶段(pre-contemplation) 指个体尚未意识到自己行为的危险性,在未来6个月内,不打算改变自己的行为,或者有意坚持不改变的阶段。他们不知道或没意识到自己存在不利于健康的行为及该行为的危害性,对于行为转变没有兴趣、觉得浪费时间,或认为没有能力改变自己的行为。处于该阶段的人不喜欢阅读、谈论或考虑与自身行为相关的问题或内容,有些人甚至有诸多理由为自身的行为辩解。

2. 打算阶段(contemplation) 指个体开始意识到自己的行为存在问题及其严重性,计划在未来6个月内改变自己的行为的阶段。个体意识到改变行为可能带来的益处,也知道改变行为需要付出的代价,因此在益处和代价之间权衡,处于犹豫不决的矛盾心态。

3. 准备阶段(preparation) 指个体计划在未来1个月内改变行为,并向着行为采取一些小的行动举措的阶段。例如向亲属、朋友郑重地宣布自己的决定或做出行为改变的承诺;也可能已经有所行动,如向别人咨询有关行为改变的事宜,购买自我帮助的书籍,制订行为改变时间表。

4. **行动阶段（action）** 指个体已经开始采取行动，但是持续的时间尚未达到6个月的阶段。由于许多人的行动没有计划性、没有设定具体目标、实施步骤、没有社会环境的支持，最终导致行动的失败。

5. **维持阶段（maintenance）** 指改变行为已经达到6个月以上，个体已经取得行为转变的成果并加以巩固，防止复发的阶段。许多人在取得了行为改变的初步成功后，由于自身的松懈、经不起外界的诱惑等原因造成复发。

6. **终止阶段（termination）** 在某些行为，特别是成瘾性行为中可能有这个阶段。在此阶段中，人们不再受到诱惑，对行为改变的维持有高度的自信心。可能有过沮丧、无聊、孤独、愤怒的情绪，但能坚持、确保不再回到过去的行为习惯上。研究表明，一般20%的人达到这个阶段，经过这个阶段成瘾行为不会再复发。

（二）变化过程

个体处于不同的行为转变阶段时，针对变化过程需要对其采取不同的策略或技巧。变化过程包括两大策略、10种行为转变方法。两大策略是指认知转变策略和行动转变策略，每类策略又包含5种不同的行为转变方法（表1-3-1）。认知转变策略包括意识唤醒（consciousness raising）、痛苦减轻（dramatic relief）、环境再评价（environmental reevaluation）、自我再评价（self-reevaluation）、社会解放（social liberation）；行为转变策略包括帮助关系（helping relationships）、自我解放（self-liberation）、替代条件选择（counter conditioning）、刺激控制（stimulus control）、强化管理（reinforcement management）。变化过程说明了行为改变是怎样发生的，个体能否从一个阶段过渡到另一个阶段取决于每个阶段的变化过程和手段，不同阶段的个体使用不同的变化过程和手段来帮助自己前进，其中在行动阶段前通常使用认知转变策略，而在行动及维持阶段则更多地使用行动转变策略。另外，在整个行为转变过程一直伴随着利益和代价之间的决策平衡，也一直需要关注自我效能的提升。

处在不同阶段，以及从前一个阶段过渡到下一个阶段时，人会发生不同的心理变化。从没有打算到打算阶段，主要经历对原有不健康行为的重新认识（意识觉醒），产生焦虑、恐惧的情绪并化解（痛苦减轻），对周围提倡的健康行为有了新认识（环境再评价），然后意识到应该改变自己的不健康行为；从打算阶段到准备阶段，意识到自己应该抛弃不健康的行为（自我再评价），向社会期望的方向转变（社会解放）；从准备阶段到付诸行动，要经历自我解放，从认识上升到产生改变行为的动机，并做出改变行为的承诺（自我解放）；当人们一旦开始行动，需要有许多支持条件来促使行动进行下去，如建立社会支持网络、社会风气的变化、消除促使不健康行为复发的事件、激励机制。

四、社会认知理论

20世纪80年代，美国心理学家阿尔伯特·班杜拉（Albert Bandura）在社会学习理论中加入了认知成分形成社会认知理论（social cognitive theory）。该理论强调了认知性因素在学习过程和行为改变中的作用，从全新的角度揭示了人类行为的形成与维系机制，认为个体、行为和环境是相互影响、相互依赖和相互决定的，因此可通过操控个体的个人因素、环境因素和行为归因来影响行为本身的变化。

（一）三元交互决定论

根据社会认知理论的观点，个体的行为既不是单由内部因素驱动，也不是单由外部刺激控制，而是由个人、环境、行为三者之间交互作用所决定的，这种个体、个体的行为及行为所处的环境之间不断进行的、持续的相互作用被称为三元交互决定论，即环境、行为、人三者之间互为因果，每二者之间都具有双向的互动和决定关系。其中个体因素中包括结果期望，结果期望是个人对从事特定行为的结果的信念，对从事某活动所想象的结果，包括对活动结果反应的几种

表1-3-1 行为转变方法与行为变化阶段匹配表

干预策略	干预方法	无打算	打算	准备	行动	维持	措施
认知转变	意识唤醒	▲	▲				提高个体对改变不良行为的感知与认识，提供帮助其行为改变的讯息
	痛苦减轻	▲	▲				减轻个体行为改变初期的负性事件，使其逐渐适应改变问题行为带来的危害及改变问题行为的紧迫性
	环境再评价		▲				帮助患者认识到其不良行为对周围环境及他人的影响，提高自我认知能力
	自我再评价		▲				帮助患者认识其不良行为对自我意象的影响，使其在认知与情感两方面对自己不健康的行为做出评价，提高自我效能
	社会解放			▲			通过社会规范引导和帮助，人们行为朝健康的方向改变
行为转变	帮助关系		▲	▲	▲	▲	在个体行为改变过程中提供社会支持
	自我解放			▲	▲	▲	引导个体通过自我鼓励并做出改变不良行为的许诺
	替代条件选择				▲	▲	利用一种健康的行为代替不健康的行为
	刺激控制				▲	▲	设置正向提醒物，去除强化不健康行为的暗示和刺激，增强健康行为改变的提示
	强化管理				▲	▲	通过奖惩制度来强化行为转变，如健康行为改变给予奖励，不健康行为改变给予惩罚
决策平衡	知觉利益	▲	▲	▲			提高个体对行为益处的认知
	知觉障碍	▲	▲	▲			帮助个体认识执行行为的困难和障碍，并找到解决办法
	激励劝说	▲	▲				劝说鼓励个体尝试改变行为，可以激发个体的自信
自我效能	直接经验				▲	▲	个体自己成功执行过类似行为在后会在很大程度上提升其自我效能
	替代经验				▲		个体看到他人成功执行类似行为在后会在一定程度上激发自身的潜能
	目标设定						目标设定有助于个体正视自身差距并为之努力，形成良性循环
	监控强化					▲	积极的正向反馈可以强化个体行为，形成良性循环

信念；环境因素主要指个体的外部环境和提供社会支持的机会等；行为因素主要指为达到预期目标所需要的行动或技能。

在三元交互决定论中，首先，人的主体因素如信念、动机等往往强有力地支配并引导其行为，行为及其结果反过来又影响并最终决定思维的内容与形式及行为主体的情绪反应；其次，个体可以通过自己的主体特征如性格、社会角色引起或激活不同的环境反应，环境因素中的榜样作用也会影响个人的情绪、信念等；最后，行为作为人与环境之间的中介，是人用以改变环境，使之适合人的需要而达到生存的目的并改善人与环境之间的适应关系的手段，而它不仅受人的需要支配，同时也受环境的现实条件的制约。总之，个人、行为和环境三者之间相互影响、相互作用（图1-3-4）。

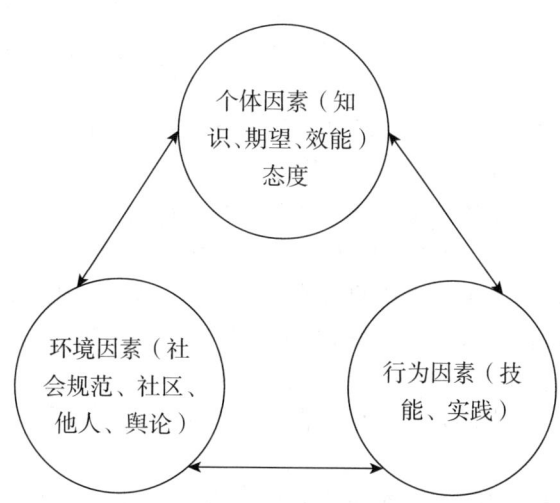

图1-3-4 个人-行为-环境交互影响示意图

（二）观察学习

观察学习，又称替代学习，是指一个人通过观察他人的行为及其强化结果习得某些新的反应，或使他已经具有的某种行为反应特征得到矫正。观察学习是人类掌握各种技能和规范的捷径，由4个相互关联的心理过程组成，即注意过程、保持过程、产出过程、动机过程。注意过程是观察学习的开始，是在观察时将心理资源开通的过程，决定着观察者选择什么观察对象作为示范榜样，以及选择对象的哪些信息，引起注意过程的因素很多，如观察者的气质、示范行为的特性；第二个过程是保持过程，观察者头脑中将示范行为的信息以符号表征的形式保持下来，并保留在记忆中，如果观察者记不住观察到的示范行为那就无法产生学习；第三个过程是产出过程，或称动作再现过程，是观察者将保留在记忆中的示范信息的符号表征转换成物理形式的外显行为的过程，在开始动作再现时，观察者必须基于认知过程对自己的反应做一番选择和组织；最后一个过程是动机过程，是指观察者在特定的情境条件下由于某种诱因的作用而表现示范行为的过程，而表现与否取决于观察者的动机（图1-3-5）。

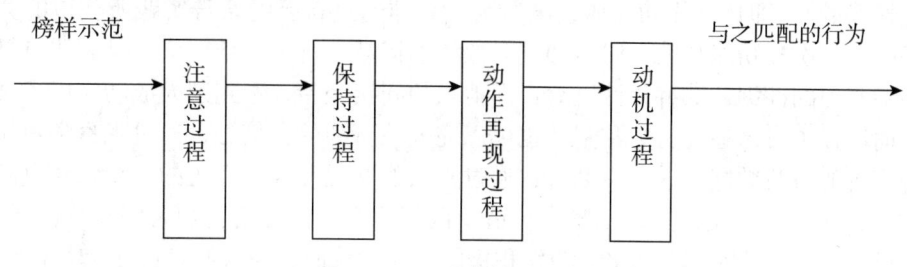

图1-3-5 观察学习的过程

(三) 自我效能

1. 自我效能的含义 自我效能 (self-efficacy) 指个体对自己组织、执行某特定行为并达到预期结果的能力的主观判断。即个体对自己有能力控制内、外因素而成功采纳健康行为并取得期望结果的自信心、自我控制能力。自我效能的3层含义，第一，自我效能感是对能否达到某一表现水平的预期，产生于活动发生之前。第二，自我效能感是针对某一具体活动的能力知觉，与能力的自我概念不同。第三，自我效能感是对自己能否达到某个目标或特定表现水平的主观判断。当人确信自己有能力进行某一活动，他就会产生高度的自我效能感，并会去进行这项活动。自我效能是人类行为动机和个体成就的基础，是决定人们能否产生行为动机和产生行为的一个重要因素。因为只有人们相信他们的行动能够导致预期结果，才愿意付出行动，否则人们在面对困难时就不会有太强的动机也不愿长期坚持。自我效能感强的人能对新的问题产生兴趣并全力投入其中，能不断努力去战胜困难，而且在这个过程中自我效能也将会不断地得到强化与提高，相反，自我效能感差的人总是怀疑自己什么都做不好，遇到困难时一味地畏缩和逃避。

2. 自我效能的作用机制 自我效能通过4种中介机制发挥调节作用，这4种机制是认知过程、动机过程、情感过程和选择过程，四者协同发挥作用。

（1）认知过程：自我效能会影响或激起若干特殊形态的思维过程，进而对个体成就行为产生影响，而行为又受目标设定和心象表征的影响，自我效能感越强，个体设定的目标就越具有挑战性，水平也越高；而且，还易于想象成功的活动场面，体验成功的感受；反之亦然。

自我效能感也通过归因和对行为结果的控制点的知觉来影响活动的效率，自我效能感强的人倾向于把成功归因为自己的能力和努力，而把失败归因为努力程度不足，从而有利于活动的成功，同样，在对行为结果控制点的知觉领域，自我效能感强的个体会认为自己可以通过努力来影响、改变自我行为的结果。

（2）动机过程：自我效能感通过思维过程发挥的主体作用，通常都伴有动机的因素或过程参与其中。自我效能感还会影响个体在活动中的努力程度，以及个体在活动中面临困难、挫折、失败时参与活动的持久力和耐力。强烈的自我效能感促使个体在活动中花费更大的努力并持之以恒，直到达成活动的目标。

（3）情感过程：在面临可能的危险、不幸、灾难等厌恶性情境条件时，自我效能感决定了个体的应激状态、焦虑反应和抑郁的程度等情绪状态，对于情感状态的自我调节起着十分重要的作用。低自我效能感的个体，易体验到强烈的应激状态和焦虑，并以各种保护性的退缩行为或防卫行为被动地应对环境。这些行为方式既限制了个体人性的发展，又妨碍其主体性在活动中的功能发挥。

（4）选择过程：从前文的三元交互决定论看，人、环境、行为是相互影响的。一方面，自我效能会影响环境的选择，一般而言，个体选择自认为能有效应对的环境，而回避自感无法控制的环境。一旦个体选定某种环境，这些环境因素反过来又会影响他的行为技能和人格发展。另一方面，自我效能会决定个体对行为活动的选择，通常人们更倾向于选择自认为可以掌握其基本操作技能的活动，而放弃自感难以掌握其基本操作技能的活动，进而影响其潜能的开发。

3. 自我效能提高的途径 自我效能可以通过以下4种途径产生和提高。①亲身经历的掌握性经验（直接经验）：即自己成功完成过某行为，个体通过自己的亲身实践所获得的关于自身能力的直接经验。一次成功能帮助人们增加其对熟练掌握某一行为的期望值，是表明自己有能力执行该行为的最有力的证据；②替代性经验：即他人的间接经验，看到别人成功完成了某行为并且结果良好，而增强了自己通过努力和坚持也可以完成该行为的自信心，通过观察学习榜样的行为可以提升观察者的自我效能；③口头劝说：通过别人的劝说和成功经历的介绍，对自己执行某行为的自信增加；④情感激发：焦虑、紧张、情绪低落等不良情绪会影响人们对自己能力的判断，因此，可通过一些手段消除不良情绪，激发积极的情感，从而提高人们对自己能力的自信心。

综上所述，社会认知理论为解释、预测人们的行为提供了模式，也为干预措施提供了理论基础。为了促进健康行为的形成，既要重视个体因素（认知、情绪和生物因素），也要重视人所处的环境因素。个体的自我效能因素在影响一个人的健康相关行为时非常重要，医生可以通过对患者的劝导、激励、安慰，也可以利用对榜样病友的观察学习，来提升患者的自我效能，从而摒弃不健康行为，促进健康行为。

五、社会网络与社会支持

（一）社会网络的概念与特点

社会网络（social network）是人与人之间所结成的社会关系。社会关系与健康有着十分密切的联系、社会网络结构、他人给予的支持、社会互动的数量和质量，以及孤独和孤立感均是人们健康与幸福的重要影响因素。1908年，随着德国社会学家齐美尔提出"网络"概念，社会网络的互动形式开始被研究者关注；20世纪70年代，随着以怀特为代表的"新哈佛"小组的出现，社会网络分析作为一种新颖的研究体系更加成熟。目前基于计算机技术的网络分析模型不断地被深化，社会网络应用范围得到拓展。

社会网络是一种基于"网络"（节点之间的相互连接）而非"群体"（明确的边界和秩序）的社会组织形式。社会网络是由某些个体间的社会关系构成的相对稳定的系统，即把"网络"视为是联结行动者的一系列社会联系或社会关系，它们相对稳定的模式构成社会结构。社会网络是指围绕着行动者的、纵横交错的社会关系网络，作为一种将社会成员联结在一起的关系结构，社会网络中的"点"包括个体、集团、公司、家庭、民族、国家或其他集体形式的组织，社会网络中的"线"即关系纽带，包括亲属关系、合作关系、对抗关系等。

社会网络具有如下特点。

（1）互惠性：社会关系中资源和支持的给予和接受。

（2）紧密度（强度）：社会关系提供感情紧密的程度。

（3）复杂性：个体的经济、文化、生活环境等条件不同，导致个体在社会关系中发挥作用的情况也较为复杂。

（4）密度：社会关系中网络成员互相了解和相互影响的程度。

（5）同质性：社会关系中网络成员在人口学特征上的相似程度。

（6）地理分布：社会关系中网络成员居住的邻近程度。

（二）社会网络主要理论

社会网络关注的是人们之间的互动和联系，并以此来帮助我们理解人们是如何以网络化方式相互连接的。主要的理论包括强联结与弱联结理论、结构洞理论、社会资本理论等。

1. 强联结与弱联结理论　社会网络的节点依赖联结产生联系，联结是网络分析的最基本分析单位。联结的强弱从互动的频率、感情力量、亲密程度和互惠交换4个维度来进行区分。强联结是在性别、年龄、教育程度、职业身份、收入水平等社会经济特征相似的个体之间发展起来的，而弱联结则是在社会经济特征不同的个体之间发展起来的。强联结和弱联结在知识和信息的传递中发挥着不同的作用。通过强联结获得的常是冗余但能传递高质量、复杂或隐性的资源；而弱联结是获取无冗余的新知识的重要通道，有利于简单信息的传递，促进事实知识的分享。

2. 结构洞理论　所谓结构洞，即社会网络中某些个体和其他个体发生直接联系，但与有些个体不发生直接联系，无直接关系或关系间断（disconnection）的现象，从整体看好像是网络结构中出现了洞穴。无论是个人还是组织，其社会网络均表现为两种形式：一是网络中的任何主体与其他主体都发生联系，不存在关系间断现象，从整个网络来看就是"无洞"结构，这种形式只有在小群体中才会存在；二是在社会网络中出现了结果洞。拥有结构洞的行动者，类似于生活中说的"中介或第三方"，对信息、资源都占据绝对优势。只有结构洞多的个体关系优势大，获得较大利益回报的机会就高。任何个人或组织，要想在竞争中获得、保持和发展优势，就必须与无关联的个人和团体建立广泛的联系，以获取信息的控制优势。

3. **社会资本理论** 指节点所拥有的表现为社会结构资源的资本财产。它们由构成社会结构的要素组成，主要存在于社会团体和社会关系网之中。个人参加的社会团体越多，其社会资本越雄厚；个人的社会网络规模越大、异质性越强，其社会资本越丰富。而社会资本越多，则摄取资源的能力越强。由于社会资本代表了一个组织或个体的社会关系，因此，在一个网络中，一个组织或个体的社会资本数量决定了其在网络结构中的地位。在社会网络结构中地位，决定了对资源获取力的大小及其对其他个体的影响力。

三个理论之间联系紧密，结构洞理论与联结强弱重要性的假设有很强的渊源，结构洞之内填充的即是弱联结，因而结构洞理论可以看作是强、弱联结理论的进一步发展、深化与系统化。另外，结构洞与社会资本有关。主体拥有的结构洞越多，具有的社会资本越多。

（三）社会支持的概念及功能

社会支持（social support）是社会网络的功能之一。对于社会支持与健康关系的研究浪潮兴起于20世纪70年代，社会支持这一概念最早出现在心理学研究中，后来由医生兼流行病学家Cassel和Cobb开创性地将社会支持与身体健康联系到了一起，并指出了社会支持对于身体健康的保护性作用。在心理健康方面，特别是在人们面对压力较大的生活环境时，社会支持具有缓解压力，增强心理幸福感和心理适应的功能。目前社会支持尚没有统一的定义，一般认为，社会支持指一定社会网络运用一定的物质和精神手段对人们进行无偿帮助的行为的总和。

根据支持主体的不同，社会支持分为：①由政府和正式组织（非政府组织）主导的正式支持，②以社区为主导的"准正式支持"，③由个人网络提供的社会支持，④由社会工作专业人士和组织提供的专业技术性支持。支持客体通常指弱势群体，即为弱势群体提供精神和物质资源，以帮助其摆脱生存和发展困境。社会支持理论基于对弱势群体需要的假设，即在对弱势群体形成科学认知的基础上，判定弱势群体需要什么样的资源才能改善和摆脱现存的不利处境；并且从心理学角度，支持主体所提供的社会支持，需要被客体感知到，只有感知到的社会支持才有意义。

从内容的角度，一般将社会支持的功能分为4类。

1. **情感支持** 是指表达理解、关心、安慰、信任，并且能够让人感到被珍视、被爱、被关心的支持。情感支持是按照功能分类的社会支持中对人的生活质量影响最大支持。

2. **工具性支持/实际性支持** 是指提供切实、具体、直接帮助的支持，例如整理家务、借钱、帮忙跑腿、处理日常琐事。工具性支持/实际性支持通常在紧急情况并且有解决方法时，能发挥更大的作用。

3. **信息支持** 是指能够提供解决患难的信息以帮助被支持者克服困难的支持，典型的信息支持包括提供意见或建议，或者对某人解决问题提供信息方面的指导。

4. **评价性支持** 是指通过正面的表扬、反馈或表达，对被支持者解决某一问题或应对某一困难的能力来进行的支持。通常该类支持会增强被支持者的自尊心或胜任感。

第二节 健康传播

健康传播是传播学的一个分支和部分，它是指以"人人健康"为出发点，运用各种传播媒介渠道和方法，以维护和促进人类健康为目的而制作、传递、分散、交流、分享健康信息的过程。美国传播学者拉斯韦尔（Lasswell）在1948年提出"一个描述传播行为的简便方法，就是回答下列5个问题：①谁（who），②说了什么（says what），③通过什么渠道（through what channel），④对谁（to whom），⑤取得什么效果（with what effect）。"这就是经典的拉斯韦尔五因素传播模式。这个模式勾画了传播现象的要素，即传播者、信息、媒介、受传者和效果，后人将"反馈"

补充进来，更加体现出诸多传播活动（尤其是人际传播）双向性的特点。

一、人际传播

人际传播（interpersonal communication）也称人际交流，是指人与人之间进行直接信息沟通的一类交流活动。这类交流活动主要是通过语言来完成，但也可以通过非语言的方式来进行，如动作、手势、表情、信号（包括文字和符号）。人际传播是一种最典型的社会传播活动，也是人与人社会关系的直接体现。人际传播可以分成个人与个人之间、个人与群体之间、群体与群体之间三种形式。由于健康对每一个个体的重要性和健康的个性化本质，因此人际传播在医患沟通、健康教育中发挥着重要作用。

（一）人际传播的特点

人际传播主要具有以下特点，了解和掌握人际传播的特点，有利于更好地发挥人际传播的作用，获取更好的健康传播效果。

1. 人际传播不需要任何非自然的媒介，简便易行，不受机构、媒介、时空等条件的限制。传播者只需使用语言，结合表情、眼神、动作、语调等手段来传达信息；而受传者需对这些信息进行解码。

2. 人际传播的信息的意义更为丰富和复杂。这个特点和第一个特点密切相关，也就是说在面对面的情况下，多种渠道和手段的配合，会形成特殊的传播情境，这种特殊的情境会产生新的意义。例如，很多时候语言交流表达的并不仅仅是"字面意思"，而更多的含义来源于"言外之意"和"弦外之音"。

3. 人际传播双向性强，互动及时，效果可控。传播双方互为传播者、受传者。人际传播过程是在一个共同体中的互动过程，在通过符号交往的过程中，构成双向性的信息交流。双方的信息交流以一来一往的形式进行，传播者与受传者不断地相互交换角色，每一方都可以随时根据对方的反应把握自己的传播效果，并相应地修改、补充传播内容或改变传播方法。因此，人际传播是一种高质量的传播活动，尤其在说服和沟通情感方面，其效果要好于其他形式的传播。

4. 覆盖面有限、保存复制信息能力差。相对于大众传播而言，人际传播的信息量比较少，覆盖的范围比较小，传播的速度比较慢。在一定时限内，人际传播的信息覆盖人群远不及大众传播。同时，在不借助媒介或传播材料进行的面对面交流中，信息不易保存，更不能复制；甚至在多级的人际传播活动中，信息容易"走样"。近年来由于新媒体和电子信息技术的广泛使用，例如利用社交软件进行的一对一，或者一对多的健康知识传播活动，则在很大程度上改变了传统人际交流的这一不足之处。

（二）人际传播在健康教育中的应用

健康教育通过改变人们的行为来达到促进健康的目的，改变行为的过程是与传播健康知识、教授保健技能、干预不健康的行为习惯等紧密相连，而在这些活动中人际传播不可或缺。在健康教育的实践活动中经常会采用多种人际传播形式，基本的人际传播形式有以下几种。

1. **个别劝导（persuade）与干预（intervention）** 在健康教育活动中，健康教育人员经常会针对某一个干预对象的特殊不健康行为和具体情况向其传授健康知识、教授保健技能，帮助建立健康信念，说服其改变态度和行为。这是行为干预的主要手段，也是健康教育工作采用最多的人际传播形式。

2. **咨询（consultation）** 健康咨询是近年来随着人们对健康关注程度的增加而兴起的一项寻求有关疾病、健康、保健、医药、康复等有关信息和专业知识的服务项目。健康咨询是为满足人们对健康的需求而提供的一种健康服务的形式。健康咨询的目标与任务是向求助者提供所需要的科学信息和专业技术帮助，使求助者能够自己选择有利于健康的信念、价值观和行为，了解和学习有关保健的技能。从传播的角度讲，面对面的咨询活动是一种典型的人际交流。

3. **讲座（lecture）** 是传播者根据受众的某种需要针对某一专题有组织、有准备地面对目标人群进行的健康教育活动。这种活动形式可以使比较多的目标人群同时接受影响，信息的传播比较直接，如讲授的人具有比较好的知识基础，又有比较好的演讲技巧，则可以给听众比较大的感染力，取得比较好的传播效果。

4. **培训（training）** 健康教育人员运用教育的手段针对干预对象的需求进行保健技能的培训。这种培训是培训者和受训者面对面进行的，交流充分，反馈及时，培训者可以运用讲解、演示等方法逐步使受训者理解和掌握健康保健技能。这种培训不同于一般的知识培训，具有针对性强、目标明确、现学现用的特点。这种方式在健康教育活动中是不可或缺的，也是促进受训对象建立健康行为的重要环节。

（三）人际传播技巧

人际传播技巧直接影响交流的效果。在人际传播中，双方交流的基本形式是语言和非语言传播，认识语言和非语言传播的一般规律，恰当地加以运用，使其为沟通的目的服务，这就是人际传播的基本技巧。

1. **说话的技巧** 掌握说话的技巧，关键是在尊重他人的基础上，运用听者能够理解的语言和易于接受的方式向听者提供适于个人需要的信息。

（1）力求讲普通话，讲话速度要慢，吐字清晰。不过，在民族地区和基层农村，学习和使用民族语言和方言土语是人们相互沟通的一条捷径。

（2）适当重复重要的和不易被理解的概念。使用同样的词汇来重复，使听者得到更深的印象和回味。

（3）谈话的内容简单明确。一次围绕一个中心话题，设计内容不要过多。

（4）使用简单语句和通用词语，避免使用对方难以理解的专业术语和俚语。尊重群众习惯，使用群众语言，是取得沟通的一个桥梁。

（5）及时取得反馈。在讲的过程中可以随时停下来询问对方是否听懂了，是否有问题，或者要求对方重复重要内容，并注意对方的情绪变化和行为反应。

（6）必要时，运用图画、模型等来辅助说话。在基层健康教育中，研制与使用适宜的形象化印刷材料，来支持与加强人际传播的效果，是当代健康传播的一个重要途径。

（7）适当停顿：在与对方交谈说话时要有停顿，避免长时间自己一个人说话。

2. **倾听技巧** 倾听的意义在于首先调动自身的知识贮备来完善讲话者的内容，从而使自己获得最大的信息量。其次，听与说作为信息的输入与输出，是互相依存的，只有听的准确明晰，才有可能做出适当的反应。在倾听模式（图1-3-6）的指导下可以实现有效的倾听。

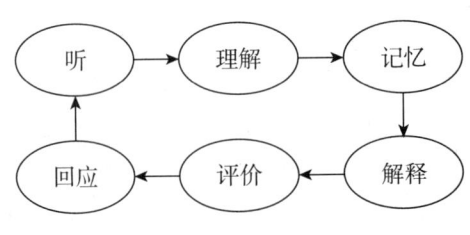

图1-3-6 倾听模式

（1）听：把注意力集中在说话者的语言和非语言信息上，同时避免分心，克服干扰。打断或干扰听的过程包括客观因素（如环境中有噪音干扰）和主观心理因素（如分心、产生联想、急于发言、坚持己见）。对客观因素，要视而不见、听而不闻；对主观心理因素，要有意识地加以克服和排除。保持自己倾听者的角色，避免打断说话者。

（2）理解：注意以下3个方面有助于理解说话者所要表达的含义。①在说话者开口之前，不要猜他是什么意思，否则你将听不见他说的内容；②如有必要，要求说话者澄清其表达，并要求提供详细信息或示例，以确保对讲话内容的理解；③用你自己的语言复述说话者的意思，并默念。

(3) 记忆：在理解的基础上记忆，以方便反馈。事实上，听者记住的内容不是说话者表达的内容本身，而是听者在记忆中储存的东西，在听的过程中需要努力实现短期记忆，通过确定中心概念，以更容易的方式记忆，并在脑海中重复关键信息有助于记住并最终达到长期记忆。不过，在面对面的交流中不必将所有内容都形成长期记忆。

(4) 解释：在解读说话者所要表达的含义时，需要考虑沟通的情境，除了对言内之意（即话语本身）进行解释的同时，也要注意说话者"言外行为"即言外之意。

(5) 评价：在听人讲话的时候会伴随着评价，但要注意在完全理解讲话者的观点之前，不要进行评估；并且要把事实和说话者的观点区分开来；要能够识别说话者的偏见和个人利益，而进行更客观的评价。

(6) 回应：在听的过程中，始终保持友好和礼貌，使用各种语言和非语言手段表明你在认真倾听。采取稳重的姿势，力求与说话者保持同一高度，与对方有适时的目光交流。在听的过程中，不断用点头、发出"嗯嗯"等鼻音或重复关键词语的方法，鼓励对方，表明对对方的理解和肯定。对讲话者的情绪做出反应，但不要为了解决说话者的问题而回应他们，除非此时你想表达自己的观点。

3. 提问技巧 问的目的在于打开话匣，获取信息，以便进一步相互了解和沟通。一个问题如何问，常常比问什么重要得多。有技巧的发问，可以使回答者做出清楚、完整而诚实的回答，从而获得准确的反馈信息。提问方式可以分为5种类型，每种类型都会产生不同的传播效果。

(1) 封闭式提问：例如"你叫什么名字？"这类问题多是发问者为收集某些准确信息而提出的，要求对方做出简短而准确答复——"是"或"不是"，"有"或"没有"，"好"或"不好"，以及姓名、年龄、时间、地点、数量等问题，但封闭式提问不能获得更多的信息，适用于期望迅速得到确切回复的场合。

(2) 开放式提问：例如"你今天感觉怎么样？""你对这个戒烟计划有什么看法？"。开放式提问给回答者以思考和判断的余地，有助于对方坦率地表达自己的意见，是获取信息的良好方式，适用于交往活动继续进行下去的各种场合。

(3) 试探式提问：例如"你家离这里不远吧？""你是不是已经去咨询过？"。这类问题是提问者对对方进行试探，以证实某种估计与预测。在人际交流中时常用此类问题打破僵局，开始双方的交流。

(4) 探索式提问：例如"你为什么不喜欢这个戒烟计划？""你为什么有这样的想法？"。针对回答者对开放式、封闭式问题的回答，进一步寻求更深层次的信息。这种提问适用于对某一问题进行深入了解的场合。

(5) 偏向式提问：又称为倾向型提问或诱导型提问，提问者把自己的观点强加在问话里，有暗示对方给出自己想要得到的答案的倾向。例如："你今天感觉好多了吧？"使人更容易回答"嗯，好多了。""你按照小册子上讲的做了，对吗？"使人更容易回答"对。"这种提问方式适用于有意提示对方需要注意某事物的场合，如"你今天应该去做产前检查了吧？"但在调查研究、病房查房、健康咨询等以收集信息为首要目的的活动中，应该注意避免使用此类提问方式。

(6) 复合式提问：例如"你吸烟喝酒吗？""你父母有高血压吗？"，一句问话中包括了两个或两个以上的问题，使回答者感到困惑，不知如何作答；又易顾此失彼，遗落其他问题。故在交流中，应避免使用复合式提问。

4. 反馈技巧 在人际交流中对对方传递的信息给予及时、恰当的反馈，可以促进交流的顺利进行，反之容易使交流失败。这些重要的反馈技巧如下：

(1) 肯定性反馈：是对谈话对方的正确言行表示赞同或支持，力求得到他人对自己的理解和赞同，是人们在谈论情感，表明态度和采纳行为时的一种普遍心态。在面对面谈话时，适时地插入一些语句："是的，是这样。""回想以前的情况，可以看出你的进步有多大。"这种肯定性反馈会使对方感到愉快、积极而且易于接受。在技能训练和行为干预时运用肯定性反馈尤为重要。

(2) 否定性反馈：对对方的不正确言行或存在的问题提出否定性意见。为了取得预期的效果，运用否定性反馈应注意两个原则：第一，强调对方值得肯定的一面，力求使肯定与否定保持平衡；第二，用建议的方式指出问题所在。否定反馈的意义在于，使教育对象保持心理上的平衡，易于接受他人的意见和建议，敢于正视自己存在的问题。例如"这样差不多，不过有一点值得注意……"，避免直接说："这样做不对。""你这样说有一定的道理，但是……"

(3) 鞭策性反馈：在有些情况下，健康教育者要向教育对象的态度、信念或行为提出挑战，向他提出更高的要求或激励。这种反馈需要做好充分的准备，并将其做为一个过程，分解为4个步骤进行，故又称作四步谈话法。第一，对对方的言行作出客观的评论；第二，说明这种言行给你的印象；第三，向对方提出要求；第四，请对方做出答复。这是一种有条不紊而又不伤人自尊心的发问。例如"你不愿意谈论这个问题我想是因为你不敢正视它。咱们一起分析一下吧，你看怎么样？""你前天没有去做产前检查。我觉得你有些疏忽了，建议你还是定期去保健所检查，好不好？"

(4) 体语反馈：对教育对象表达出来的情感做出恰当的反应，表示对对方的理解，对于建立坦诚相见的良好关系来说是至关重要的。当教育对象触及个人隐私或承受着极大的心理压力时，情感性反馈有着独特的作用。最常见的情感性反馈是以面部表情、头部姿势、手部触摸等微细动作，随讲话者的喜怒哀乐作出相应的情感反应。在个别谈话的场合，恰当地运用体语反馈则是一种专门的谈话技巧。

5. 非语言技巧 该技巧运用得当，便成为人际沟通的润滑剂，有助于加强理解，维持关系融洽。反之则不利于双方交流。譬如，医护工作中，医务人员不耐烦的表情、不客气的训斥、衣帽不整的装束等都会让患者对医护人员失去信任。非语言的传播技巧有很多，在人际健康传播中常用的有以下几方面。

(1) 动态体语：

1) 身体姿态和肢体动作：通过身体姿态和肢体动作可以传递丰富多样的信息，反映交谈双方的态度、关系和对交谈的意愿。放松、自然的身体姿态不仅可以让自己觉得舒服，还可以让对方感觉放松，反之身体高度紧张会让对方不自在。微微欠身表示谦恭有礼，侧身则表示礼让；适时的点头表示打招呼、同意，也可表示"我在听，我对你说的表示理解"，鼓励对方继续说下去；身体前倾表示当下在认真聆听。用手中的笔不停地在桌子上敲打、双臂抱拢于胸前、东张西望、不停地看钟表则表示医务人员对交谈不在乎、不耐烦、心不在焉，这些都会影响沟通的效果。

2) 接触：按照当地的文化背景和风俗，适当的接触可收到良好的效果。如在患者痛苦时用适当的抚摸来表达对患者的安慰，当患者高热时用手触摸一下患者的前额，为呕吐、咳嗽患者轻轻拍背，为动作不变者轻轻翻身变换体位，搀扶患者下床活动，做完检查后帮患者整理衣物并扶其坐起来，双手握住患者的手表示祝贺康复及治疗成功等，这些接触都有益于医患沟通的进行，加强医患关系。

3) 眼神：眼神可以传达语言难以表达的情感，也可实现个性特征并影响他人的行为。目光交流可以帮助双方的语言沟通的同步，保持思路一致。患者对医务人员的凝视多为求助，频繁注视患者的医务人员更容易发现患者不舒服或不安的感觉。但如果患者很内向或很痛苦地哭泣时，医务人员则需要有意识地限制使用目光接触的次数，过多的注视会让患者感到难堪。临床工作中，医务人通过短促的目光接触检验信息是否被患者所接受，从对方目光回避的时间和瞬间的目光接触来判断患者的心理状态。

4）面部表情：是人们表达情感和情绪最直接也最常用的方法，一般是不随意的。患者面部表情的变化可使医务人员获取病情的相关信息，医务人员在与患者沟通时要善于识别、理解患者的面部表情；同时，也要善于调控自己的面部表情。积极、正面的表情如微笑会带来正面的效果，负面的面部表情如皱眉、撇嘴会带来负性情绪，影响双方沟通的效果。

（2）静态体语：主要通过体态、仪表服饰等非语言形式传递信息。与行为举止一样，它们能够显示人的身份、气质及文化修养，并毫无掩饰地反映一个人的心理状态。医护人员身着洁白的工作服，使人感到专业性和权威性。健康教育者接触群众时着装大方朴实，表明一种亲切感，使人易于接近。

（3）类语言：人际传播中类语言是不可缺少的，它们等于说话，有时胜于说话。在交谈中适时适度地改变声调、音量和节奏，可有效地引起注意，调节气氛。适当地运用鼻音、叹息等反馈，则可表达对谈话者的理解和尊重。

（4）时空语：是在人际沟通中利用由时间、环境、设施和交往气氛所产生的语义来传递信息。分为时间语和空间语。

1）时间语：提前到达，准时赴约，表示对对方有礼貌。而无故不至，拖拖拉拉，姗姗来迟等这些时间语都会对传播效果带来负效应。

2）空间语：空间影响传播效果表现在两个方面，一是交往环境，安静、整洁的环境给人以安全感和轻松感；二是交往中双方所处的位置，朋友间谈话常是比肩而坐，谈判时，双方相对而坐，显得互相平等，且有一种抗衡感。交往双方的相对高度也是创造沟通气氛的一个要素，大人习惯弯下腰或蹲下与小孩讲话，与卧床者交谈时最好坐下。通常情况下，人们处于同一高度时，相互交流比较融洽。

二、群体传播

群体传播（group communication）是指组织以外的一般群体（非组织群体）的信息交流与分享的传播活动。小组学习和同伴教育就是典型的群体传播活动。群体健康传播是指群体成员间进行的健康信息和情感的分享与交流。疾病和健康是群体成员间信息互动的主要内容，通过群体成员之间的交流达到了解健康信息、学习健康知识、掌握健康技能、养成健康行为，进而达到改善健康、预防疾病、改善治疗或促进康复的目的。

（一）群体传播的影响因素

1. **群体意识** 是群体成员共有的意识，通常包括群体目标和群体规范合意、群体感情和群体归属意识。

群体传播在群体意识的形成中发挥着重要的作用，群体意识是在群体信息传播和互动过程中形成的；而群体意识一旦形成后，会对群体传播产生重要影响，主要体现在对个体成员的态度和行为产生制约以保证群体的共同性。

2. **群体规范** 是群体意识的核心，是成员个人在群体活动中必须遵守的规则，广义上也包括群体价值（群体成员关于是非好坏的判断标准）。群体规范的功能主要体现在协调成员促进群体目标的达成、保障群体整体合作、维持群体的统一性、为成员提供安全的决策依据。

在群体传播中，群体规范的主要作用体现在排除偏离性的意见，将群体内的分歧和争论限制在一定范围内，以保证群体的决策和活动效率。同时，群体规范不仅对群体内的传播活动发挥制约作用，也对来源于群体外的传播效果具有重要的影响。当来自外部说服活动的观点与群体规范一致，则推动成员接受，反之则阻碍。

3. **群体压力** 是群体中的多数意见对成员中个人意见或少数意见所产生的压力。在面临群体压力的情况下，个人和少数意见一般会对多数意见采取服从态度。群体压力是保障群体协调统一的前提，其原因是信息压力（对多数意见持信任态度）和趋同心理（与多数意见保持一致）。

在群体传播中,群体压力能够改变群体中个别人的不同意见。利用群体压力的影响可以加强或减弱群体传播的效果。

4. **意见领袖** 是群体中具有影响力的人,他们有更多的经验或能力,与外界联系更多,更容易接受新的信息,对群体的认知和行为改变有引领作用。

在群体传播中,发现和动员这些意见领袖,是开展群体传播、达到群体传播效果的关键点。

(二)群体健康传播的作用

1. **分享健康相关信息** 群体成员的关系建立常常是基于共同兴趣、爱好、生活目标、共同健康问题或以感情为纽带,成员之间容易分享健康信息。

2. **学习健康相关技能** 群体中部分成员的健康技能很快能够被其他成员学习和模仿。

3. **增加自我效能感** 群体成员之间的互相鼓励、支持,并且成功经验的模范作用,可以促使成员自我效能感的增加。

4. **利用健康相关行为形成** 群体成员互相的学习和模仿,以及群体的社会支持,可以促进相关健康行为的养成。成员之间往往会通过群体压力、群体规范、群体文化的硬性,改变自己的健康观念、行为习惯和生活方式。

5. **改善健康状况** 一方面加入群体可以给成员带来心理上的安全感,另一方面群体成员之间的互动交流,使得健康相关知识、行为得以改善,可能促进成员健康状况的改善。

相对于其他健康传播方式,群体健康传播的优势除外健康信息、知识和技能的交流分享,还体现在群体压力和群体规范下,对自我效能改善、行为习惯养成发挥着重要的作用,同时在心理健康方面的作用也相对突出。

与此同时,也正是由于群体压力、群体规范的存在,群体健康传播的劣势体现在如不能保证分享的健康信息、知识和技能的科学性时,其负向作用就比较难以控制。同时一项好的群体健康传播需要花费较多时间、精力和成本去组织实施。

由此可见,善用群体健康传播,发挥优势,克服不足,才能够使得该方式更好地在健康促进中发挥作用。

三、大众传播

大众传播(mass communication)是由专业化的媒介组织运用先进的信息技术和产业化的手段,以社会上一般大众为对象进行的大规模信息生产和传播的活动。大众传播的传播者是有一定规模的传媒组织及其记者、策划、编辑等从业人员,如报社、电视台、广播电台、互联网。大众传播具有环境监视、社会协调、文化传承、解释与规定、社会化、娱乐、经济等社会功能。

(一)大众传播的特点

1. 大众传播的传播者是从事信息生产和传播的专业化的媒介组织。这些媒介组织包括报社、杂志社、电视台、电台,以及以大量生产为目的的音乐、影像制作公司等。在西方社会,传播媒介是以公共法人或企业法人的形态存在的,在我国,它是以企业组织的形式存在的事业机构。大众传播是有组织的传播活动,是在组织的目标和方针指导下的传播活动。

2. 大众传播是运用先进的传播技术和产业化的手段进行的信息生产和传播活动。大众传播的发展离不开印刷术和电子传播技术的发展。高速轮转机的发明使大规模的印刷得以实现,远距离传播技术使广播、电视成为了主要的传播媒介。如今,激光印刷、通信卫星、网络技术等科技的发展,使大众传播在规模、效率、范围上都有了突飞猛进的发展,成为现代信息产业的主要组成部分。

3. 大众传播的对象是社会上的普通大众。只要接收到大众传播信息的人都是大众传播的对象,说明大众传播是以满足社会上一般大众信息需要为目的的,信息的生产与传播不分阶层和群体。

4. 大众传播的信息具有商品属性和文化属性。传播组织作为以信息为产品的产业,其产品的价值是通过市场实现的。大众所看的报纸、电视都是需要支付一定的费用的,即信息具有普通的商品属性。但是信息又不同于其他普通的满足人们生理需要的产品，人们对信息的消费是精神上的消费，即意义的消费。意义是社会文化的产品，这里所指的文化是广义的文化，包括法律、宗教、社会意识形态、价值观念、道德等方面，因此我们说信息具有文化属性。

5. 大众传播的性质是单向性的信息传递过程。不是说大众传播没有互动性，只是互动性很弱，受众可以通过热线电话、写信和留言进行信息反馈，但是这种信息反馈缺乏即时性和直接性。大众传播的单向性具有两个方面的局限性，一是传播渠道，传播组织作为单方面的传播组织，其传播的内容，受众只能在限定的范围内接收到，具有一定的被动性。二是没有灵活的反馈机制，受众对于媒介组织的传播活动缺乏直接的反作用力。

6. 大众传播是制度性传播。大众传播是大规模的信息生产、传播活动，其传播内容与社会行为规范和价值观念具有直接关系，其传播过程具有强大的社会影响力，因此很多国家将大众传播纳入社会制度的轨道。

（二）大众传播媒介的分类及特点

传统的大众传播媒介包括报纸、杂志等纸质或平面媒体，以及广播、电视等视听媒体。

1. **报纸** 作为纸质媒体的代表，用纸来记录和传递文字或图片信息。人们对报纸的信任度高，且便于携带，在任何场合，都可拿出来阅读。电子媒体还不发达时，报纸曾一度成为人们获取新闻信息的首位来源。

2. **杂志** 是有固定刊名，以期、卷、号或年、月为序，定期或不定期连续出版的印刷读物。其信息传播优势包括：①时效性要求不高，具有较好的可保存性，便于传阅；②编辑加工时间充裕，可对图文、版面进行详细的美化；③可利用的篇幅多，封面、内页及插页都可做承载信息之用；④读者群固定，信息传播具有较强的针对性。

3. **图书** 是以传播文化为目的，用文字或其他信息符号记录于一定形式的材料之上的著作物，图书是人类思想的产物，是一种特定的不断发展着的知识传播工具。图书的特点为：①内容比较系统，全面，成熟，可靠；②出版周期较长，传递信息速度较慢。

4. **广播** 是通过无线电波或导线传送声音和图像的信息传播工具。其特点有：①信息传播迅速，覆盖面广，不受时空的限制；②经济廉价；③收听方便易行；④适用传播对象广泛。广播的缺点主要表现在：①节目具有一过性，②必须按照固定的节目播出时间表收听，③播出的信息内容不便于检索和保存。

5. **电视** 是一种电子传播媒介，是将声音和图像信号变成电子信号，通过有线和无线的方式传播出去，由观众通过接受机观看的传播系统。其优点包括：①覆盖面广，传播速度快，②视听结合，感染力强，提供更加生动和真实的体验，③传播迅速，时空性强，不受地域限制，④表现手段灵活多样，可以通过不同的节目形式满足不同观众的需求。其缺点包括①制作复杂，收费较高，②难以传播抽象信息，电视更适合传播具体、形象的信息，对于抽象概念的传达有一定难度，③受众通常被动接受。

（三）大众健康传播的媒介选择原则

采用哪种传播媒介效果更好，更能够满足健康传播的需要，要根据不同的主客观条件来决定。

1. **有效性原则** 在选择某大众媒体开展健康传播前，应对其有效性进行综合评估，如该媒体是否有开展健康传播活动的经验，有没有成功的案例，都取得了哪些效果等。

2. **针对性原则** 不同的传播媒介具有各自不同的信息传播方式，应根据健康传播活动的目的和目标，目标人群的特点、需求和媒体偏好，选择有针对性的媒体。

3. **可及性原则** 应根据不同媒介在当地的覆盖情况和受众的使用习惯进行传播媒介的选择。避免选择那些目标受众不易得到的媒介。

4. **成本效益原则** 在选择健康传播媒介时，要进行成本效益分析，包括社会效益与经济效益，应尽可能选择那些相对来说成本低而社会效益与经济效益都比较高的媒介。

四、健康传播材料

健康传播材料是健康信息的载体，是健康传播活动常用的辅助手段和策略，旨在配合活动的开展，向目标人群传递与传播活动主题相关的健康知识和技能，让目标人群对健康主题有一个较为全面的认识，提升目标人群应对和处理该健康问题的能力。

（一）健康传播材料的分类及特点

1. **平面传播材料** 是指用纸质媒介作为健康知识传播载体的一类传播材料。常见的形式有海报、单页、折页和小册子等。

（1）海报（poster）：是通过构图、文字、色彩、空白的搭配，形成令人印象深刻的视觉效果，目的是吸引人们的注意力，引起关注，营造宣传氛围。

海报的优点是设计感强，视觉冲击力强，有吸引力，制作快捷，成本相对较低。缺点是对设计要求较高，信息量少。

海报的特点是有强烈的视觉效果，文字、构图极具吸引力和震撼力，信息简单明确，字数少、字号大，多张贴在公共场所。人流比较密集的地方是传播健康知识的好地方，但由于人流密集，一般来说流动性比较大，行人来去匆匆，不太会停留驻足观看，因此在这类场所张贴的健康传播材料应该是以传播观念为主，画面简洁明了，基本上一眼就可以知晓、理解要传播的核心知识要点。行人路过时，通过短暂的目光扫视，就能获得信息。张贴的位置高度、亮度也是使用的重要策略，高度应在注意视线的焦点。亮度要使人阅读舒适，不能耀眼，也不能太暗。

（2）单页（传单）：健康教育单页是指印有健康信息的单页纸。一般情况下，一张单页只围绕一个主题展开叙述，信息比较简单。设计上，单页主要由文字和少量插图组成。

单页的优点是设计简单、制作快捷、成本低廉，缺点是不易保存，吸引力差。最适用于时间紧、任务急、大批量发放时使用，如发生突发公共卫生事件时。在日常工作中，可放在门诊或候诊大厅供辖区居民或就诊者取用，也可在开展义诊、举行大型健康讲座时集中发放。

（3）折页：是指正反面都印有健康信息的单页，通常为彩色印刷。常见的形式有二折页和三折页。

折页的特点是设计精美、图文并茂，有较强的吸引力；内容板块清晰，信息简单明了；便于携带和保存；设计要求、制作成本显著高于单页。在日常工作中，和单页一样，可放在门诊或候诊大厅供辖区居民或就诊者取用，也可在开展义诊、举行健康知识讲座时集中发放。

（4）小册子（手册）：是指介于折页与图书之间的一种健康科普读物。一般是就某一健康主题或疾病问题进行系统、全面的阐述，让目标人群对该健康主题或疾病问题有一个系统、全面的认识。

小册子的特点是信息量大、内容系统完整，图文并茂、可读性强、便于携带。受众可以长时间、反复阅读，有保存价值，如《高血压防治手册》《居民健康素养读本》。缺点是对目标人群的阅读理解能力有较高要求，内容编写、设计制作的成本较高。

2. **音频传播材料** 是指利用音频技术传播健康知识而形成的一类传播材料。音频传播材料的载体包括录音带、光盘、磁盘、移动储存器（U盘、移动硬盘）等形式，常见的形式有健康类广播节目，如与健康相关的专题讲座、专家访谈、广播剧，以及健康类网站、网页与栏目的音频材料。

音频传播材料的优点是传播速度快，覆盖面广，不受空间的限制；对目标人群的文化程度要求较低，可用目标分人群熟悉的语言进行录制，易在农村普及，使群众感到亲切；节目制作简易、方便、迅速；花费少。

音频传播材料的缺点是传播的内容稍纵即逝，听众稍不注意便会错过，无法寻找；只有声音，没有图像，不直观生动，听一遍不容易记住；单向传播，针对性差，无法与听众互动。

3. **视频传播材料** 是指利用视频技术，通过讲解、示范、展示、演示、动画等表现形式将健康知识和技能可视化而形成的一类传播材料。视频传播材料的载体包括录像带、光盘、磁盘、移动储存器（U 盘、移动硬盘）等形式，常见的内容表现形式有健康类电视节目，如与健康相关的专题讲座、专家访谈、情景剧、纪录片、动漫片、健康类网站、网页与栏目的视频材料等。

视频传播材料的优点是有画面，有声音，直观形象生动，信息丰富，对目标人群的文化程度要求低，受群众欢迎，传播效果好，而且播放次数不限，可以单人看也可以多人看，比较灵活。缺点是设计制作要求高、成本高，播放时需要播放终端或设备，使用受到一定限制。

4. 实物类传播材料 是指以实物作为健康信息载体而形成的一类传播材料。在中国，受传统文化的影响，人们常常以实用为目的，将健康信息负载在对日常生活有用的物品上，很受老百姓的欢迎，如载有健康信息的纸杯、围裙、油壶、盐勺、手提袋、台历、雨伞。

实物类传播材料的优点是信息载体为实物，有一定的实用性，普遍受目标人群的欢迎和喜爱。缺点是信息量少，设计简单，多为口号式宣传或信息短语。

（二）健康传播材料制作与预实验

在制定健康传播计划时首先应考虑在现有的健康传播材料中选择可利用的材料，使用这些材料可以节约时间和资源。但是，在现有的信息或材料不充足时，需要制作新的健康传播材料，材料制作应遵循以下 6 个程序。

1. 分析需求和确定信息 在制定健康传播材料之前，首先需要以查阅文献、受众调查等方法对目标人群所处的外部环境、有关政策、组织机构能力、媒介资源、文化背景、生活习俗、宗教信念和健康需求等进行调查分析，为初步确定符合目标人群的需求的健康传播材料提供依据，从而保证健康传播材料的针对性和可行性。

2. 制订计划 在需求分析基础之上，根据信息内容和技术、资源条件等，制订出详细的健康传播材料制作计划，计划应包括确定目标人群，材料的种类、数量、使用范围、发放渠道、使用方法，预试验与评价方案、经费预算、时间进度等。

3. 形成初稿 初稿的设计过程就是信息的研究与形成过程。要根据确定的信息内容和制作计划，设计出材料初稿，印刷材料的初稿包括文字稿和画稿；录像带的初稿应有文字稿和重点画面，录音带初稿也应有文字稿。医护健康教育人员在初稿形成过程中要把好信息关，并根据目标人群的文化程度和接受能力决定信息复杂程度和信息量的大小。

4. 健康传播材料预试验

（1）预试验（pre-testing）的涵义：是指在材料最终定稿和投入生产之前，健康教育传播材料设计人员一定要在一定数量的目标人群的典型代表中进行试验性使用，从而系统收集目标人群对该信息的反应，并根据反馈意见对材料进行反复修改的过程。

（2）预试验的目的：是通过了解目标人群是否理解材料传播的信息内容，是否喜欢材料的表现形式和视觉舒适度，以及信息的易读性、实用性、可接受性、趣味性等，以便为修订、完善和确定健康材料提供反馈意见，从而保证材料制作的质量和传播效果。

各种健康传播材料如印刷材料——小册子、小折页、传单、招贴画等，音像材料——广播稿和样带、影视片的脚本和样片、幻灯片等，均可作为预试验的对象。预试验的次数需根据初稿的质量、预试验对象的意见、修改稿的质量等情况来确定，一般来说需要 2~3 次。

（3）预试验的方法：传播材料预试验的方法有多种。大多数预试验可以通过在目标人群的典型代表中进行小范围的预调查。预试验的方法主要采用定性研究的快速评估方法，包括重点人群专题小组讨论、中心场所阻截式调查、可读性测试、个人访谈、把关人调查、音像资料观摩法等。根据传播材料的性质不同，采用不同的预试验方法也不同。通常凡是适用于群体教育的材料，都可以用专题小组访谈的形式进行预试验。例如，宣传画、画册、歌曲、广播稿、录像片、幻灯片、戏剧及其他形式的文艺节目。用于文化层次较高人群的文字材料，可以先发给大家单独阅读，再组织小组讨论，这是由于文化素养高的人常常更加自信，不易受到小组中其他成员的影响。而用于文盲、半文盲人群的印刷性材料、折页，则应个别地进行预试验。

5. **健康传播材料的生产发放与使用**　预试验结束后，将材料终稿交付给有关负责人员审阅批准，按照计划安排制作和生产。确定和落实健康传播材料的发放/渠道，以保证将足够的材料发放到目标人群手中，同时对材料的使用人员（社区积极分子、专/兼职健康教育人员）进行必要的培训，使他们懂得如何有效地使用这些材料。

6. **监测与评价**　一个完整的健康传播材料制作程序应该包括监测与评价。在使用过程中，认真监测健康传播材料的发放和使用情况，在实际条件下对材料的制作过程、制作质量、发放与使用状况、传播效果等做出评价，以便总结经验，发现不足，用以指导其他的传播材料制作活动和计划。如此循环往复，形成健康传播材料制作的不断循环发展的过程。参与评价的工作人员最好不是直接的材料制作者和相关人员，以利于评价结果的公正性。

第三节　健康干预计划的制订、实施

在健康管理中，无论是针对患者个体的健康指导还是针对患者群体的教育活动，都应该是有计划、有目的、有组织、有评价的。一项完整的教育干预活动包括计划的设计、实施与评价的全过程。美国著名健康教育学家劳伦斯·格林（Lawrence W·Green）提出的PRECEDE-PROCEED模式就体现了这样一个过程，这个模式也是健康教育领域应用最广、最具权威性的模式。

格林模式，全称为PRECEDE-PROCEED模式，为计划设计、执行及评价提供一个连续的步骤，PRECEDE侧重于诊断，即需求评估；PROCEED侧重于执行过程与评价过程。PRECEDE是predisposing, reinforcing and enabling constructs in educational/environmental diagnosis and evaluation的英文缩写，重点强调在教育/环境诊断和评价中应用倾向因素、强化因素及促成因素。PROCEED是policy, regulatory and organizational constructs in educational and environmental development的英文缩写，重点强调在教育和环境干预中运用政策、法规和组织手段。

如图1-3-7所示，PRECEDE-PROCEED整个模式的思路为健康教育计划的设计、实施和评价提供了分析问题和解决问题的方法。此图上边箭头从右向左看，计划的设计分成社会诊断、流行病学诊断、行为与环境诊断、教育与组织诊断、管理与政策诊断5个阶段，逐步进行，其实质就是需求评估。此图下边的箭头从左向右看，计划的实施主要在第6阶段，而计划的评价包含第6阶段的过程评价和其后7~9阶段的效果评价阶段。

该模式有两个特点：一是从结果入手的程序，用演绎的方法进行推理思考，即从最终的结果追溯到最初的起因，先问"为什么"进行该项目，然后再问"如何"进行该项目，避免以主观猜测去代替一系列的需求诊断；二是考虑了影响健康的多重因素，即影响行为与环境的社会因素，只有在实施教育和环境干预中运用政策、法规和组织手段，即通过教育、环境改善和政策支持来改变影响倾向因素、强化因素和促成因素，才能改变人们的行为，这为我们制定健康教育干预策略和措施指明了方向。

一、需求评估

健康教育需求评估又称为健康教育诊断，根据PRECEDE-PROCEED模式，健康教育诊断包括如下内容：社会诊断、流行病学诊断、行为与环境诊断、教育与组织诊断，以及管理与政策诊断。针对个体的干预计划可以不进行前两项，对于已经确定的针对某种疾病的患者教育计划也可以省略前两项。

（一）社会诊断

社会诊断的目的包括3个方面：评估目标社区或人群的生活质量，并确定影响生活质量的主要健康问题；了解目标社区或人群的社会、经济、文化环境，与健康问题相关的政策，以及社区资源。

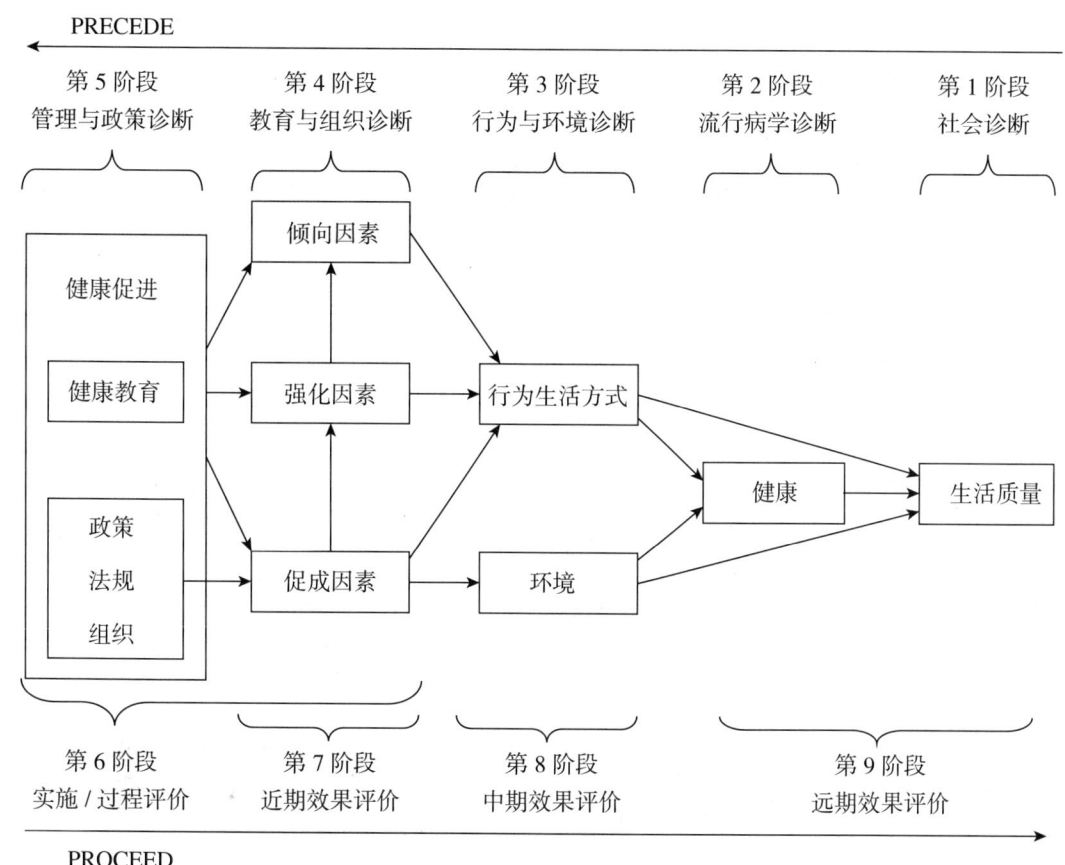

图 1-3-7 PRECEDE-PROCEED 模式

（二）流行病学诊断

流行病学诊断是在社会学诊断已经确定影响生活质量的主要健康问题之后，运用流行病学方法，进一步明确健康问题的严重程度与可能引发的危害，从而明确社区的主要健康问题、引起健康问题的主要危险因素，并最终确定应优先干预哪个健康问题的分析过程。

（三）行为与环境诊断

进行行为与环境诊断的目的是确定影响健康状况的行为与环境因素，以及确定应该优先干预的行为生活方式及环境因素。环境因素包括社会因素和物质条件因素，如法规制度、社会经济、文化、医疗卫生、工作环境、生活条件，这些因素大多超出个人可以控制或改变的范围，但会对人们行为生活方式的改善起到促进或阻碍作用，同时也会影响健康。该步骤是需求评估的重点，无论是个体还是群体，都需要从行为和环境的角度分析现状。行为与环境诊断分析应遵循以下几个程序。

1. 区分引起健康问题的行为与非行为因素 对已知的一个健康问题必须分析其是否因行为因素所致。以高血压为例，过量饮酒、高盐饮食是行为因素，而遗传倾向、年龄等是非行为因素。由于许多危险因素与多种慢性疾病是多因多果的关系，大体而言，慢性疾病的危险因素中可改变的行为危险因素包括吸烟、过量饮酒、不健康膳食、运动/身体活动不足、长期心理/精神紧张、心情郁闷、而不可改变的因素有年龄、性别、种族、遗传，这些因素虽然不可干预，但对于疾病风险的预测与评估有很大的参考意义。

2. 区别重要行为与不重要行为 区别重要行为与不重要行为有两条原则：①行为与健康问题密切相关，科学研究证明两者有明确的因果关系；②经常发生的行为。如果行为与健康的关系不甚密切或者它们的关系仅仅是间接的，而且行为也很少出现，即可认为是不重要的行为。以心血管疾病的相关行为为例，吸烟与心血管疾病的相关性极强，而且吸烟者为数众多，因而吸烟就成为心血管疾病重要的危险行为；是否吃早餐、是否喜欢喝茶等生活行为习惯，与心血管疾病一级预防关系并不密切，可认为这些行为相对于吸烟来说是次要的行为。

3. **区别高可变性行为与低可变性行为**　所谓高可变性行为与低可变性行为是指通过健康教育干预，某行为发生定向改变的难易程度。通常以下列几点作为判断高可变性行为和低可变性行为的标准。高可变性行为是：①正处在发展时期或刚刚形成的行为，②与文化传统或传统的生活方式关系不大，③在其他计划中已有成功改变的实证，④社会不赞成的行为。低可变性行为是：①形成时间已久，②深深地植根于文化传统或传统的生活方式之中，③既往没有成功改变的实例。

行为的可变性是相对的。例如，吸烟和高脂饮食同是心脑血管疾病的行为危险因素，相比之下吸烟由于具有成瘾性其可变性要低于高脂饮食，由于饮食习惯也是长久养成的，事实上高脂饮食也不具有高可变性，只是相对于吸烟而言更具可变性。如果再与服药行为相比，由于服药行为是新发生的行为，比吸烟、饮食更具有可变性。另外，行为的可变性也是因人而异的，有些人可能觉得戒烟比少吃更容易，有些人可能觉得宁可改变生活方式也不想服药。

在对多种行为进行分析后，需要找到优先干预的行为。图 1-3-8 可以作为依据。

	重要	不重要
可变	1、作为目标进行干预的重点行为	3、除非有特定目的，且资源充分时进行干预的行为
不可变	2、可在一定条件下作为目标进行干预的行为	4、不考虑进行干预的行为

图 1-3-8　优先干预行为的确定

4. **教育与组织诊断**　教育与组织诊断的任务是分析影响健康相关行为和环境的因素，从而为制定健康教育干预策略提供依据。影响健康相关行为和环境的因素很多，一部分来源于个体，如个人的心理行为特性、认知、价值观，另外还有个体的小环境，如亲属、朋友、老师、同事、所处组织的态度与评价，这种影响还来源于社会和物质环境，如宗教文化、法律法规、地理气候、社会服务。在 PRECEDE-PROCEED 模式中，将影响健康相关行为的因素分为三大类：倾向因素、强化因素和促成因素。

（1）倾向因素：动因因素或前置因素，又称倾向因素先于行为，是产生某种行为的动机、愿望，或是诱发某行为的因素。倾向因素包括知识、态度、信念和价值观、行为动机与意向等，也包括个人技能。患者教育中传授疾病相关的知识、提升患者自我管理的技能和自信是促使行为发生的基础。例如糖尿病患者的饮食教育，患者要掌握控制总热量、低升糖指数食物等知识，更要掌握如何计算总热量、如何分配和搭配食物的技能。

（2）强化因素：又称加强因素，是激励行为维持、发展或减弱的因素。强化因素既包括正向的强化因素，例如朋友对某些健康行为的肯定；也包括负向的强化因素，例如对不健康行为的批评、谴责，甚至惩罚措施均可对改变不利于健康行为发挥一定的作用。

强化因素可以分为躯体因素、心理因素、经济因素和社会因素。例如，吸烟的人戒烟后，咽炎得以缓解，躯体方面感觉舒适，是躯体强化因素；而戒烟后得到了家人的赞许，是心理强化因素；因为戒烟省下了经济开支，是经济因素；此外，戒烟后可能会失去原有的一些"烟友"，对戒烟行为是一个负向的强化因素，也是社会因素。

（3）促成因素：又称实现因素，是指促使某种行为动机或愿望得以实现的因素，即实现某行为所必需的技术和资源，包括保健设施、医务人员、诊所、医疗费用、交通工具、保健技术。行政的重视与支持，法律政策等也可归结为促成因素。

例如，慢性疾病患者的服药依从性行为，除了跟个人的认知心理因素、周围人的强化有关外，也跟医疗保险有关，医疗保险不报销的药品可能由于经济因素导致患者的服药依从性较低，服药依从性甚至跟每次就诊能开出来的药量有关，如果每次药量很少需要频繁就诊，在一定程度上会降低服药依从性。

5. 管理与政策诊断 其核心是评估开展健康教育的资源与环境，包括组织资源、外部力量及政策环境。在管理诊断中，主要从组织内和组织间两方面进行分析。组织内分析包括本组织机构的人力资源情况，以往工作经验，组织机构拥有的设备、技术力量，时间与经费是否充足等。组织间分析包括本地区是否有其他开展类似工作的组织机构，他们开展过哪些工作，有哪些经验和教训，哪些组织机构可以发展成为合作伙伴等。政策诊断主要分析项目与当地卫生规划的关系，地方政府、卫生部门、医院对健康教育工作的重视程度及投入的资源情况等。

针对患者个体的教育此步骤可以简化，针对患者群体的教育由于可能涉及大量资源的投入和医院环境的支持，此步骤不可或缺。

6. 确定优先项目 通过需求评估，可以发现人群的需求是多方面、多层次的，然而，在现实中资源有限的情况下，不可能同时解决众多的健康问题，满足人们多方面的需求，为此，需要在众多的需求中，确定应优先解决的健康问题、优先干预的行为，并以此为基础，确定优先的健康教育项目。

确定优先项目一般遵循两项原则：①重要性原则，即解决该健康问题对改善人群健康状况和生活质量，或对社会发展、社区稳定有重要贡献；②有效性原则，即该健康问题的危险因素存在有效的干预方法，现有的资源、环境、政策能够支持干预活动的实施。

（1）重要性：如前所述，在进行流行病学诊断和行为诊断中已经获得了相关资料，了解健康问题的流行情况，以及应该干预的重点行为。毫无疑问，对人群有重要影响的健康问题最值得关注，而对健康问题贡献大、可变性高的行为对于改善健康状况最有意义。上述两方面是帮助我们确定优先项目的重要依据，具体来讲，重要性应具备以下特征。

1）该疾病发病率高，受累人群比例大。
2）该疾病致残、致死率高。
3）与该疾病相关的危险因素分布广。
4）该疾病的危险因素与疾病的结局关系密切。
5）行为因素是明确对健康问题有重要影响的因素。
6）行为因素有明确的客观指标，可以定量地评价消长，能够长期地进行随访观察。
7）行为因素是预防措施之一，且有明确的健康效益。
8）行为因素的干预措施操作简便易行，易为干预人群所接受。

（2）有效性：在确定了需要优先考虑的健康教育项目之后，还需要考虑这些项目的可行性，即从项目资源、政策、环境条件、项目时间等方面进行可行性分析。可行性高的健康教育项目需具备以下特征。

1）具有该健康问题的健康教育干预措施，且能够获得明确的健康效益。
2）有客观、可测量的健康指标或行为指标。
3）干预措施在现有的政策、资源条件下可行，易被目标人群、社区接受。

4）符合成本-效益原则。

最终，我们可以在重要性与可行性两个维度上，选择既重要，又可行的健康教育项目作为优先项目，并在此基础上，制订健康教育计划。

二、目标制订

任何一个健康教育计划都必须有明确的目标，它是制定项目干预策略和活动的前提，也是计划实施和效果评价的依据。

（一）总体目标（goal，又称目的）

计划的总体目标是指计划执行后预期达到的最终结果。总体目标是宏观、长远的，描述项目总体上的努力方向。例如，在高血压防控健康教育计划中，其总目标可以设定为提高高血压的防控水平，促进健康和提高生活质量。

（二）具体目标（objective，又称目标）

计划的具体目标是对总体目标更加具体的描述，用以解释和说明总体目标的具体内涵。因此，健康教育计划的具体目标需要包含具体的、量化的、可测量的指标，健康教育计划的具体目标，应该能够对以下问题做出回答：

who——对谁？
what——实现什么变化（知识、信念、行为、发病率等）？
when——在多长时间内实现这种变化？
where——在什么范围内实现这种变化？
how much——变化程度多大？

根据预期的健康教育干预效果，又可以将具体目标分为健康目标、行为目标、环境与政策目标及认知目标4类。

例如，某社区卫生中心经过健康教育诊断后，确定高血压是影响社区居民生活质量的主要健康问题，重点干预的行为包括改变高盐、高脂的饮食习惯，定期测量血压、血脂，以及遵医嘱服药。其具体目标包括以下4个方面。

1. 教育目标　在项目执行1年后，①辖区内90%的成年人知晓高盐饮食是高血压重要的危险因素；②辖区内85%的成年人相信改变高盐高脂行为有助于控制血压；③辖区内80%的患者掌握自测血压的技术。

2. 行为目标　在项目执行2年后，①辖区内75%的成年人能做到每年测量一次血压；②辖区内70%的高血压患者能严格遵医嘱服药。

3. 健康目标　在项目执行3年后，辖区内成人高血压患者的血压控制达标率达到80%。

4. 环境与政策目标　在项目执行3年后，辖区各卫生站配备电子血压计，提供免费测量或者自助测量服务。

由于健康管理有一定的周期性，而通过行为改变导致疾病患病、死亡发生变化，往往是一个较长期的过程，可能在短期内看不到疾病发病率和死亡率的改变。此外，疾病发病率与死亡率的影响因素较多，如预防手段的改善及医疗服务技术，而不是单纯地取决于行为生活方式的变化。因此，在确定群体健康目标时，需要根据实际情况选择适宜的测量指标，例如对于3年周期的高血压防治健康管理项目，可以将"高血压患者的血压控制率"作为健康目标中的测量指标，而为期10～20年的同类项目，则可以将高血压发病率、卒中发病率等指标设定为具体的健康目标。

上述举例适用于以群体为对象的患者教育项目，如果针对患者个体，具体目标需要回答what、when、how much这3个问题，而在内容上主要涉及教育目标、行为目标和健康目标。例如，针对某个刚刚确诊为高血压的患者，行为目标设定为通过半年的随访教育，他/她每日的钠盐摄入量从目前的12g下降到6g。

三、制定干预策略与计划实施

(一) 制定干预策略

干预策略是实现健康管理目标的方针、战略,在一定高度上达到目标的途径和方法,是每一项具体干预活动的指导思想。在需求评估过程中,我们已经知道影响健康和健康行为的因素很多,主要包括目标人群的认知和技能,物质环境如生活条件、资源、服务,社会环境如政策、文化三大方面,为此干预策略也从上述各方面加以思考。

1. **教育策略** 其核心是教育人们形成有益于健康的认知和技能,从影响健康的角度讲,既作用于倾向因素,也作用于强化因素。在教育策略下,常用的健康教育活动很多,包括①通过电子媒介开展的大众传媒活动:电视节目、广播节目、公益广告、网络信息等,同时这些节目还可以制成录像带、录音带、光碟等在人群中反复使用;②通过印刷媒介开展的活动:小册子、小折页、挂图、招贴画、日历、卡片、传单等;③人际传播活动:讲座/讲课、小组讨论、个别咨询、示范、入户指导、观摩学习、同伴教育等;④因地制宜的社区活动:墙体标语、板报、墙报、展览、义诊、评选示范户、知识竞赛、患者俱乐部等;⑤民俗、文体活动:相声、戏曲、民歌、庙会、赶集等。

2. **环境策略** 其作用对象是影响行为的促成因素,即通过改变物质环境、条件,人们采纳健康行为。如在某企业职工预防心脑血管病的健康教育中,食堂提供低脂、低盐的食物,在工作场所为职工提供一些锻炼设施等也属于环境策略,上述活动使得目标人群能更加便捷地采纳健康行为。

3. **政策策略** 政策、法规、制度、规定等由于具有约束力,可以促使行为得以实现。例如,交通法规对驾车系安全带的规定会直接促进这种安全驾驶行为的发生,做工间操的制度给促进职工运动提供了必要条件。

(二) 计划实施

健康干预计划的实施是将科学的计划落实为具体操作的过程,是耗费时间最长、动用经费和人力最多的环节,是一个多部门合作,协调行动的复杂过程,也是实现其目标的关键。通常,在健康干预计划的实施阶段,要完成以下5个方面的工作。

1. **组织机构建设** 健康教育/健康促进项目取得成功不仅需要有具备良好技能的项目工作人员,还需要多部门合作、组织保障及政策环境的支持。因此,形成项目实施的组织网络是必不可少的环节。组织网络建设要包含以下内容:①建立项目领导机构,全面对项目工作进行管理和协调;②建立项目执行机构,它是具体负责实施和运行各项项目活动的机构,一般情况下由具体的业务机构担任;③组织间协调,需要动员多部门参与,并协调有关部门在项目中发挥积极作用;④政策与环境支持,通过建立项目机构和协调机制、有效利用和制定有益于项目的实施,以及卫生工作发展的政策,并通过政策动员资源投入、发展合作伙伴,营造有益于项目实施的环境。

2. **实施人员培训** 建议成立并维持一支有能力的工作队伍,在确定适宜的人员队伍后,制订全面的技能发展培训计划,有组织、有步骤地对人员进行培训。培训的内容通常包括以下几方面:①项目背景与目标,帮助实施人员对项目的意义、目的有比较全面的了解与理解,以增强其能动性;②专业知识与技能,尤其是与特定项目相关的专业理论、知识和技能;③项目管理知识与技能。

健康教育培训的对象,通常是具有了一定实践经验的成人,培训目的与内容非常明确。因为这种成人培训不是专业知识和能力的系统教育,因此传统的学校课堂教育方式并不合适。在成人培训中,要充分发挥他们已经具备一定经验的特点,使之在原有的基础上学习,在分享中进步。常用培训方法包括头脑风暴法、角色扮演法、小组讨论法、案例分析法等。

3. **制定工作时间表** 在健康管理项目实施的工作时间表中,通常要明确以下内容:①活动内容，②活动指标，即活动应该达到的要求和标准，③活动时间，④负责人员，⑤活动资源，即活动需要的经费、设施设备。

4. 设施设备与健康教育材料　为了确保健康管理项目工作与活动的顺利进行，相关设施设备是必要的条件。这些设施设备通常分为以下几类。

1）用于目标人群的设施设备：这类设施设备因项目不同而可能存在比较大的差异，如社区高血压预防控制项目可能需要血压表、盐勺、体重计、计步器、健身设施等，而婴幼儿辅食添加项目则需要身高体重计、软尺等。

2）用于人员培训的设备与设施：笔记本电脑、多媒体投影仪、黑板、幻灯机、激光笔等。

3）日常办公用品：电话机、传真机、照相机、录音机（笔）、摄像机、复印机、电脑、打印机、文具等。

4）交通工具：各类车辆。

5）健康教育材料：在健康管理项目中教育材料是最基本的干预用品。材料的类型较多，包括音像材料（录像带、录音带、光盘等）、印刷材料（招贴画、折页、传单、小册子等）、实物模型（牙齿模型、食物模型等），以及承载健康教育相关信息的日常用品（如水杯、扑克、围裙、纸巾笔记本、日历）。材料开发制作或选择使用参见本章第二节相关内容。

5. 实施的质量控制　其目的是确保项目各项活动的质量都达到要求，符合质量标准。在健康管理项目的实施阶段，通过对活动质量的监测、及时了解项目进展及各项活动的质量，从而进行质量控制，并最终确保项目在预定的时期内完成，达到质量要求，这样才能确保项目目标的实现。健康管理项目活动质量监测通常包含以下几方面内容：进度监测、内容监测、数量（健康教育材料或受众）与覆盖范围监测、费用监测及目标人群监测。

第四节　健康管理评价类型与方法

评价是健康管理的重要环节，准确的评价可以帮助健康教育工作者和健康管理师客观地理解工作的成绩与不足。健康教育计划的评价通常包括形成评价（通过需求评估来完成）、过程评价和效果评价。本部分重点讲述过程评价和效果评价，其中效果评价中的近期和中期效果评价也被称为效应评价，即 PRECEDE-PROCEED 模式中 PROCEED 部分的第 7 阶段和第 8 阶段；而远期效果评价又被称为结局评价，即该模式的第 9 阶段。

一、评价的内容与指标

（一）形成评价（formative evaluation）

形成评价是一个为形成和发展健康管理项目计划而进行的评价，其目的在于为制订计划提供全面、完整的信息，如目标人群健康风险、健康管理需求、政策、环境、资源，其目的是评估健康管理项目计划的科学性、合理性、可操作性，从而确保项目最后可能取得成功。例如在计划实施开始之前，请专家及相关人员对计划的科学性、可行性进行评估，使其具有最大的成功机会。

1. 了解目标人群健康管理需求　如卫生保健知识水平和态度、健康相关行为、健康状况、健康风险。

2. 了解开展健康管理项目的资源　如企业、社区的环境，有利因素与障碍，开展健康管理活动的条件和资源。

在形成评价中，可采用多种技术为上述问题提供答案，以进行相应内容的评估。方法有文献、档案及资料的回顾，专家咨询，专题小组讨论，目标人群调查，现场观察，试点研究等。形成评价的指标一般包括计划的科学性、政策的支持性、技术上的适宜性、目标人群对策略和活动的接受程度等。

(二)过程评价(process evaluation)

过程评价起始于健康管理项目实施开始之时,贯穿于项目实施的全过程。过程评价的目的是通过对项目进度、质量等的监测与控制,确保项目目标成功实现。完善的过程评价资料可以为解释项目的产出提供丰富的信息,尤其是在开展群体健康管理(企业、单位或社区)时更是常常会用到。过程评价内容包括以下两个层面。

1. 针对项目干预活动进行的监测,包括:①哪些个体参与了健康管理项目?②在项目中运用了哪些干预策略和活动?③这些活动是否在按计划进行?计划是否做过调整?为什么调整?是如何调整的?④目标人群对干预活动的反应如何?是否满意并接受这些活动?你用什么方法来了解目标人群的反应?⑤目标人群对各项干预活动的参与情况如何?⑥项目资源的消耗情况是否与预计一致?不一致的原因是什么?⑦对上述各方面的改进建议。

2. 针对组织过程进行的监测,包括:①项目涉及哪些组织(科室)?②各组织(科室)间是如何沟通的?他们参与项目的程度和决策力量如何?③是否需要对参与的组织(科室)进行调整,该如何调整?④是否建立了完整的信息反馈机制?项目执行档案、资料的完整性、准确性如何?

过程评价方法可以分为查阅档案资料、目标人群调查和现场观察3类。例如,项目活动进度、目标人群的参与情况、费用使用情况可以通过查阅资料获得;目标人群的参与情况、满意度等可以通过目标人群定性、定量调查获得;此外,干预活动的执行情况,以及目标人群的参与情况、满意度等还可以通过现场观察来了解。

(三)效果评价(effectiveness evaluation)

健康管理的最终目的是改善人群健康状况、提高生活质量,其主要策略是通过提供健康管理服务,促使人们采纳预防保健行为以降低疾病的发生风险,促使已经患病的人们遵医嘱、规范用药,及时复诊以控制疾病的发展和并发症的发生。基于此,健康管理效果评价可以分为行为影响因素评价、行为生活方式评价、健康风险评价、健康状况评价、生活质量评价,以及社会经济评价。

1. 行为影响因素评价 健康行为研究表明,人的健康行为生活方式的形成和发展会受到个体因素和环境因素的双重影响,个体因素主要包括人们的卫生保健知识、健康价值观、对健康相关行为的态度,对疾病易感性和严重性的信念,采纳促进健康行为的动机、行为意向,以及实现健康行为生活方式必需的技能,这是个体、群体采纳健康行为生活方式的基础,决定了人们是否了解健康行为、是否有意愿采纳健康行为、是否有能力采纳健康行为。环境因素指的是促进或阻碍人们的健康行为形成和保持的因素,如物质资源、运动条件、他人的影响,会影响到健康行为意愿是否能够转变为现实。对于每一个人而言,要实现健康行为生活方式,既要有个人的意愿、动机,也需要外在的支持。例如要采纳均衡营养、搭配合理的膳食,不仅需要人们了解营养知识,还需要具备搭配、烹饪食物的技术,而市场供应低钠盐及丰富的食物品种,则可以促进人们采纳健康饮食习惯的形成。同时,如果单位食堂、餐馆能够提供低油、低盐饮食,也是对人们健康饮食意愿的极大支持。另外,人们采纳合理膳食的行为是否会得到与其关系密切的人的支持也是重要影响因素,如果同伴、家人给予理解和支持,则有助于人们行为的形成和巩固。

常见的从个体角度评价影响行为因素的指标有:

(1)健康知识知晓率=知晓(正确回答)健康知识题目数/健康知识题目总数×100%

(2)健康行为技能水平:可以根据个体操作技能的表现进行评判。

(3)健康素养水平:健康素养指人们获取、理解、实践健康信息和服务,并利用这些信息和服务做出正确的判断和决定,促进自身健康的能力,包括与健康相关的阅读、计算、交流、获得信息、对获取的健康信息加以分析判断,以及将健康知识运用到日常事件和生活中的能力。在国外已经形成了较为稳定的健康素养测量工具,我国的测评工具主要是《中国居民健康素养问卷》。运用专门测量工具,可以测量个体的健康素养水平。

常见的从人群角度评价影响行为因素的指标包括卫生知识均分、卫生知识合格率、卫生知识

知晓率（正确率）、信念持有率，以及环境、服务、条件、公众舆论等方面的改变（如安全饮用水普及率）等。其中

1) 卫生知识均分 = $\dfrac{受调查者知识得分之和}{被调查者总人数}$

2) 卫生知识合格率 = $\dfrac{卫生知识达到合格标准人数}{被调查者总人数} \times 100\%$

3) 卫生知识知晓率（正确率）= $\dfrac{知晓（正确回答）某卫生知识的人数}{被调查者总人数} \times 100\%$

4) 信念持有率 = $\dfrac{持有某种信念的人数}{被调查者总人数} \times 100\%$

5) 社区行动与影响：如社区参与程度、社区能力发展程度、社会规范和公众舆论。
6) 健康政策：如政策条文、法律法规等的出台，财政资源配置。
7) 环境条件：如卫生服务提供情况、卫生设施、自然环境条件。

政策、环境、服务、条件方面的改变，大多数难以用定量指标来反映，通常使用定性指标，小部分可以用定量指标，如安全饮用水普及率。

2. 行为生活方式评价 为生活方式改变的指标。行为生活方式是影响健康的重要因素之一，也是健康管理重点的干预内容，如增加运动、控制饮食、戒烟限酒，从而减少发生心脑血管疾病、糖尿病的风险。可见，改善人们的行为生活方式是健康管理的任务，也是健康管理效果评价的指标。在健康管理效果评价中进行行为生活方式评价的目的在于观察项目实施前后目标人群、个体的健康相关行为发生了什么样的改变，各种变化在人群中的分布如何，如烟草使用、食物选择、运动锻炼。

由于个体行为改变只是一个人自身的变化，无法用率、比例表示，通常对于个体某一特定行为生活方式进行评价，只用是否存在某行为表示，如是否吸烟、是否能达到每天6000步的身体活动等。此外，当测量一组行为时，可以采用的指标为健康行为生活方式总评分。

健康行为生活方式总评分是通过综合评估对行为生活方式赋权重，即该行为是某健康问题的重要因素，则权重较高，若不是重要因素，则权重可以低一些。赋权重的过程可以通过特尔斐法进行。然后对于测量的每一个行为进行评分，并进行加和，最终得到行为生活方式总评分。

常用的群体行为指标包括：

① 行为流行率 = $\dfrac{有特定行为的人数}{被调查者总人数} \times 100\%$，

② 行为改变率 = $\dfrac{在一定时期内改变某特定行为的人数}{观察期开始有该行为的人数} \times 100\%$，

③ 健康行为生活方式合格率。

首先确定健康行为生活方式的合格水平，如健康行为生活方式总评分达到满分的60%为合格，当然也可以根据实际情况确定达到合格的标准，如达到满分的70%、75%、80%等，然后统计合格率。

健康行为生活方式合格率 = 达到健康行为生活方式合格水平的人数 / 测量总人数 × 100%

3. 健康风险评价 详见本书第五章。
4. 健康状况评价 健康状况的改善是健康管理的本质，但是对于不同的健康问题，通过健

康管理能达到的健康目标并不一致。如在学校实施健康管理项目，通过改变饮食、运动等行为降低超重、肥胖的发生，可能在数月就可以观察到健康结局，可以观察到儿童超重、肥胖等健康问题的改善，但无法看到由于超重、肥胖减少导致的心脑血管病患病情况的变化。但是在中老年群体开展的健康管理项目，一方面可以看待超重、肥胖比例的变化，另一方面也能看待血压、血脂、血糖控制情况的变化，如果项目坚持的时间足够长，还可以看到心脑血管病患病情况的变化。所以不同群体、个体的健康干预重点不同，针对的健康问题也有差异，评价指标也不尽相同。建议尽可能找到相对敏感的健康指标进行测量。

常见的个体健康指标为反映躯体各器官、系统健康状况的指标，包括：①体重、腰围、BMI（体重指数），②血压、血糖、血脂、血色素等，③心电图、B超、X线片等。

常见的反映群体健康状况的指标包括：

① 超重（肥胖）率＝测量人群中超重（肥胖）人数/测量总人数 ×100%，
② 高血压患病率＝测量人群中患高血压人数/测量总人数 ×100%，
③ 贫血患病率＝测量人群中患贫血人数/测量总人数 ×100%，
④ 两周患病率＝测量人群中近两周患病人数/测量总人数 ×100%，
⑤ 婴儿死亡率、5岁以下儿童死亡率、孕产妇死亡率。

5. 生活质量评价 尽管健康管理的目的是改善健康状况，但对于个人、家庭、企事业单位和社会而言，健康不是终极目标而是资源。健康是个人发展、实现自我价值的基础，是家庭幸福的保障，是企事业单位创造产值、服务社会的资源，是社会进步与发展的力量。因此，无论健康管理效果中的生活质量评价，还是社会经济评价，都是对健康管理项目导致的社会、经济影响的评价。

目前大多数测量生活质量的工具，都是运用相关量表基于个体水平的测量，可以获得每个被测个体的生活质量现状。包括 ①生活质量指数，②美国社会健康协会指数，③日常活动量表评分，④生活满意度指数。

群体生活质量指标大多由个体指标派生而来，包括 ①生活质量平均指数：指生活质量指数的算术平均数，②日常活动评分均分，③生活满意度平均指数，④日常活动评分合格率：指达到日常活动评分合格水平的比例。

6. 社会经济评价 观察的是健康管理项目实施后对于目标个体、群体社会参与度、经济花费等方面的改变的评价。

常见的个体社会经济评价指标包括 ①月（年）度病假天数，②年住院日，③年门诊花费，④年住院花费。

常见的群体社会经济评价指标包括 ①月（年）度患病总人数、总天数，②年住院总人数、总天数，③年医疗保健支出、年健康保险支出。

二、健康管理效果评价方法

（一）影响评价结果可靠性的因素

评价健康管理项目的效果，是希望能科学、准确地说明健康管理项目本身导致的影响目标个体、群体行为的因素、行为生活方式、健康状况、生活质量及社会经济的改变，但是由于项目实施有一定的时间周期，在项目周期内可能存在混杂因素加剧或削弱上述变化，如突发公共卫生事件、重大自然灾害等大环境变化，国家、地方健康相关政策的变化。另外，健康管理项目的目标人群、项目实施者的能力、表现也会在一定程度上影响项目的产出。只有真正地认识这些混杂因素，才能采取适宜的措施有效地避免混杂因素对评价结果的干扰。常见的混杂因素包括以下几方面。

1. 时间因素 又称为历史性因素，指在健康管理项目执行或评价期间发生的重大的、可能对目标人群健康相关行为及其影响因素产生影响的因素，如与健康相关的公共政策的出台、重大生活条件的改变、自然灾害。历史性因素不属于干预活动,但却可以对目标人群的行为、健康状况等产生积极或消极影响,以致加强或减弱健康管理项目本身的效果。此外,随着社会的发展,经济、文化等因素的变化,人群的行为、健康状况也会发生相应的改变。因此,当健康管理项目周期长时,这些历史事件也会作为时间因素影响到对项目真实效果的确认。

2. 测试或观察因素 指由于测试或观察不准确而出现对效果的误判。测量与观察的真实性、准确性取决于测试(观察)者、测量工具、测量对象(目标人群)3个方面。如测量者或评价者的言谈、态度、行为等使目标人群受到暗示,则目标人群可能按照测量者的希望进行表现,这时就无法得到目标人群的真实情况。此外,随着项目的进展,测量者及其他项目工作人员能越来越熟练地开展项目活动,运用测量工具和技术,从而出现测量偏倚,表现为即使是用同样的工具测量同样的内容,早期的测试结果也不同于后期的测试结果。对于目标人群而言,当他们得知自己正在被研究或被观察时可能表现出与平时不同的状况,这也可能影响对项目效果的客观反映。

3. 回归因素 指由于偶然因素,个别被测试对象的某特征水平过高或过低,之后又恢复到实际水平的现象。回归因素的影响比其他因素更难识别,可采用重复测量的方法来减少回归因素对项目效果的影响。

4. 选择因素 指在对目标人群进行测量的过程中,由于人为选择而不是通过随机方法,致使选择出来接受测量的样本不能很好地代表目标人群总体。或者设立的对照组的主要特征指标与干预组的特征不一致,而无法有效发挥对照组的作用。

5. 失访因素 指在健康教育项目的实施或评价过程中,目标人群由于各种原因不能被干预或评价。当目标人群失访比例高(超过10%)或是非随机失访,即只是其中有某种特征的人失访时,会影响评价结果。为此应努力减少失访比例,并对应答者和失访者的主要特征进行比较,以鉴别是否为非随机失访,从而估计失访是否会引起偏倚及偏倚程度。

为了科学地评价健康管理项目的效果,在健康管理项目的计划制订阶段,就必须对如何进行效果评价进行规划,包括确定效果评价方案、确定评价指标、分析可能存在的混杂因素并制定消除或控制混杂因素的对策,以及分析测量中的伦理学考虑与做法等。

(二)效果评价方案

健康教育常用的效果评价方案有5种,①不设对照组的前后测试(干预组自身前后比较),②非等同比较组设计,③随机对照实验,④简单时间系列设计,⑤复合时间系列设计,选择哪个方案主要取决于评价的目的及干预项目的具体情况,如项目周期、资源、技术。在上述方案中,②③⑤由于设立对照组,因此说服力强一些,科学研究的色彩也更浓一些,如果是健康管理的研究项目,可以选择这3种方案。事实上,以服务为主要目的的健康管理项目,不设立对照组也无妨,也可以在一定程度上说明问题。另外,由于健康管理本身拥有行为监测和体格检查的监测数据,因此比较适合采用简单的时间系列设计来评价健康管理的效果。而不设对照组的前后测试的"一次性"特征突出,不推荐用于健康管理项目。

为了便于理解与记忆各种方案,常采用以下字母表示各方案中的因子。

E(experiment):指接受健康管理干预的人群,称为干预组或实验组。

C(control):指不对其进行干预,用作参照的人群,称为对照组。

O(observation):指观察、调查、测量等收集资料的过程。

R(random):随机化,指采取随机抽样的方法确定干预组和(或)对照组。

X:代表健康管理项目的干预措施。

1. 不设对照组的干预前后测试(before-after test) 这是评价方案中最简单的一种,其基本思想是实施健康教育干预前,对目标个体、人群的有关指标(认知、技能、行为、健康状况、生活质量、社会经济等)进行测量,然后实施健康管理干预,之后再次对目标个体、人群的有关指标进行测量,比较项目实施前和实施后有关指标的情况,从而确定健康管理项目的效果,通常以 EOXO 来表示。例如在大学生的健康管理项目中，可以在新学期开始的时候，对新生的吸烟行为、运动、膳食及其影响因素、体能等进行调查，然后开始为期一学年的健康管理综合干预，在干预周期结束时，再次对这些学生的吸烟行为、运动、膳食及影响因素、体能等进行调查，然后比较干预前、后新生吸烟率、吸烟量、戒烟率、烟草危害知识水平、运动频次、运动量、膳食状况、体能状况等指标，确定综合健康干预对新生健康相关行为及健康状况产生了何种影响，这种影响是否达到预期的目标。

该评价方案的优点在于方案设计与实际操作相对简单，能节省人力、物力资源，也是现实中健康管理项目最常用的效果评价方案。然而，由于项目实施后目标人群的表现可能除了受到干预的影响外，还受到时间因素、目标人群成熟程度的影响，而不设对照组的自身前后测试无法控制这些因素的影响，这影响到了对效果的准确认定。因此，这一方案比较适用于周期短或资源有限的健康管理项目效果的评价。此外，当健康管理项目更加注重目标个体、群体健康相关的行为生活方式、健康状况、社会经济是否发生预期改变，而不是十分注重这种改变是否完全源于项目自身，则不设对照组的干预前后测试是评价的最佳方案。

2. **非等同比较组设计（nonequivalent control group design）** 属于类实验设计（quasi-experimental design），其设计思想是设立与接受干预的目标人群（干预组）相匹配的对照组，在健康教育干预实施前，对干预组和对照组人群的有关指标进行测量，然后仅对干预组（即目标人群）实施健康干预活动，对照组则不进行干预；干预周期结束后再次对干预组和对照组人群的相关指标进行测量，通过对干预组、对照组在项目实施前后变化的比较，评价健康教育项目的效应和结局。通常以 $\dfrac{EOXO}{CO\ \ O}$ 表示。

同样以大学生健康管理项目为例，非等同比较组设计的做法是为开展大学生综合健康干预前，为该大学选择一个各方面条件相当（如男女生比例基本一致、学生家庭经济状况相当、学校性质相同、学校所处社会环境相近）的另一所高校作为对照学校，首先对两所大学的新生都进行吸烟行为、运动、膳食及其影响因素、体能等的调查，然后在实施健康管理项目的学校开展为期一学年的健康综合干预，而对照校不开展任何干预活动。在干预周期结束时，再次对两校新生的各个指标进行调查，然后比较干预前、后两校新生吸烟率、吸烟量、戒烟率、烟草危害知识水平、运动频次、运动量、膳食状况、体能状况等指标。通过干预组和对照组的比较，可以从干预校学生有关指标的变化中，扣掉对照校学生有关指标变化的量，得到的结果就是消除了时间因素等混杂因素影响后的学生变化，即可以将这些变化认定为健康管理项目的结果，从而使健康管理项目效果评价结果更加科学和准确。

该评价方案的优势在于通过干预组与对照组的比较，可以有效地消除一些混杂因素，如时间因素、测试或观察因素、回归因素等对项目效果和结局的影响，从而更科学、准确地确定健康管理项目对人群卫生保健知识、行为、健康状况、生活质量、社会经济的作用。在非等同比较组设计中，对照组的选择会在很大程度上影响方案的精确性。选择各主要特征十分接近干预组的人群作为对照组，可以保证两组的可比性，也能有效避免选择因素对项目效果的准确评估。此外，要保持对照组与干预组的观察时间一致，即在对干预组进行基线观察及进行干预效果观察时，对照组也同时进行观察，并应用与观察干预组完全相同的方法与内容观察对照组。一般情况下，在健康管理研究中，为了科学地说明健康干预策略和活动的有效性，说明健康管理项目效果，建议采用非等同比较组的评价设计方案，在基层的日常工作中则可以采用不设对照组的前后测试方案。

3. **实验研究** 本评价方案的特点是将研究对象随机分为干预组和对照组，充分地保证了干预组与对照组之间的齐同性，故可以有效地控制选择偏倚，同时又克服了历史因素、测试或观察因素及回归因素的影响。实验研究用 $\dfrac{REOXO}{RCO\ \ O}$ 来表示。

例如，在某社区开展的高血压患者健康管理项目中，可以将前来体检或就诊的高血压患者编号，从中筛选出没有严重并发症，愿意参加健康管理项目的患者。然后将全部患者随机分成两个组，随机确定其中的一组为干预组，另一组为对照组。对于干预组的患者，在常规的用药与行为指导外，增加富有特色的健康干预活动，而对照组患者仍维持常规的用药和行为指导。在干预周期结束后，分别对两组高血压患者进行有关知识、行为、血压水平、高血压并发症、医疗费用、生活质量等的测量，并比较干预组和对照组的变化，从而评价健康管理项目的效果。

在这个评价方案中，由于干预组和对照组是随机确定的，最大限度地保障了这两个组的可比性，与非等同比较组设计方案相比，避免了人为确定对照组造成的两个组不一致的情况。从理论上讲，实验研究设计是最为理想的评价方案，但在实际的健康管理项目中操作难度大，特别是在社区、学校、工作单位这类场所中，主要是个体化随机化不易实现，但仍有一些评价研究可以根据具体情况选择此方案。

4. 简单时间系列设计 简单时间系列设计以 EOOO……XOOO…… 来表示，符号解释同上，这种方案不设对照组，在对目标人群进行多次观察之后，实施干预，干预过程结束后再进行多次观察。"……"代表观察的数量可以随着时间的延续不断增加，X 的数量也不一定只有 1 个，因为教育干预可能有多次，并需要不断巩固。此方案的特点是可以了解目标人群在没有实施干预时健康相关行为等的自然变化规律，并了解干预后目标人群各项指标的变化规律，有可能揭示干预与行为改变之间的计量反应关系，时间延续得越长，越可能找出规律。这种设计方案是以群体为出发点的，但同样也可以用于个人的健康管理，个人的长期的体检指标的变化可以反映健康管理的效果。

5. 复合时间系列设计 在设计思想上融合了简单时间系列设计与非等同比较组设计，既设立了对照组，又进行多点观察，可以用 $\begin{array}{l}\text{EOOO}\ldots\text{XOOO}\ldots\\\text{COOO}\ldots\ \ \text{OOO}\ldots\end{array}$ 来表示。

复合时间系列设计同时兼具简单时间系列设计和非等同比较组设计的优势，但由于观察点多、特别是需要在没有干预的情况下对对照组进行多点观察，不仅增加了资源的消耗，也增加了对照组研究对象失访的可能性。在健康管理中，如果可以找到这样的对照组，可以采用这样的方案设计，说服力很强，但是不可忽略其中的伦理学问题。

此外，在组织实施健康管理效果评价中，还应该注重：①调查对象对目标人群的代表性，采取规范的抽样方法获得调查对象，避免和控制选择因素的影响；②对参与调查、测量的工作人员进行技能培训，确保调查与测量的质量，这也是效果评价获得科学、有效结果的基础；③在调查中遵守伦理原则，做到知情同意，保护目标人群隐私。此外，在选用有对照组的评价方案时，要考虑干预活动本身对目标人群是有益的，但在项目中可能仅惠及干预组而没有惠及对照组，可以通过在评价后再对对照组提供干预的方式，照顾到对照组的利益；④在调查与测量实施中，考虑目标人群的生活节奏与习惯，提高应答率和参与率，控制和减少失访比例，提高项目效率。

综上，健康教育与健康促进的基本理念和思维、健康行为的相关理论、健康传播的方法，以及评价方案、内容和指标，都可以应用到健康管理中。但是，健康管理还要重视从体格检查的资料获得信息，强调对生活方式和行为的长期连续的管理，开展健康风险评估，实施健康监测、咨询和指导，以及提供疾病管理服务等。因此，在实践中不能将两者等同起来，不能简单地认为完成了健康教育工作就是完成了健康管理工作，应该结合健康管理的实际情况，灵活地运用健康教育的理论和方法，增强健康管理的效果，丰富健康管理这门学科。

（孙昕霙　常　春）

第四章

营养学基础知识

第一节 营养学基础

一、人体需要的营养素和能量

（一）营养素

人体的生长发育和维持正常的生理功能必须从食物摄取营养素，主要包括蛋白质、脂肪、碳水化合物、维生素、矿物质、水和膳食纤维七大营养素，前三类营养素可以提供能量，需要量多，又称宏量营养素。维生素和矿物质需要量相对较小，在膳食中所占比重较小，称为微量营养素。

（二）能量的来源

碳水化合物、蛋白质和脂类的主要作用是提供能量来满足人体的需要，也被称为产能营养素。能量系数指每克产能营养素在体内氧化所产生的能量值。1 g 碳水化合物、蛋白质和脂肪在体内氧化时分别释放 4 kcal、4 kcal 和 9 kcal 的能量。碳水化合物和脂肪在体内完全氧化成 H_2O 和 CO_2，为三大能量营养素中的清洁能源。蛋白质在体内不能完全氧化，除 H_2O 和 CO_2 等产物外，代谢废物中还有尿素、尿酸等含氮有机物。脂肪代谢过程中容易产生酮体。此外，乙醇也在体内产生能量，每克乙醇产能约为 7 kcal（但乙醇不是营养素，对身体组织的生长、维持和修复无益），每克膳食纤维可以产生 2 kcal 能量。

为了计量方便，国际上制订统一的能量单位，即焦耳（joule，J）或卡（calorie，cal）。1 cal 指 1 g 纯水的温度由 15℃ 上升到 16℃ 所需要的能量。1000 cal 称为 1 kcal。而 1 J 则是指用 1 牛顿（N）力把 1 kg 物体移动 1 m 所需要的能量。1000 J 等于 1 "千焦耳"（kilojoule，kJ）；1000 kJ 等于 1 "兆焦耳"（megajoule，MJ）。两种能量单位的换算如下：

1 kcal=4.184 kJ；1 kJ=0.239 kcal；

1000 kcal=4.184 MJ；1 MJ=239 kcal。

（三）人体能量的消耗和供给

人体每日的能量消耗主要由基础代谢、体力活动及食物热效应 3 方面构成。另外，处于生长期的婴幼儿、儿童、青少年需要额外的能量用于机体生长发育，孕妇要摄入更多的能量供子宫、乳房、胎儿、胎盘等的生长发育和母体体脂的储备，哺乳期妇女要储存能量以供泌乳。一般来说，健康成人的基础代谢及食物热效应两部分基本不变，体内的能量的消耗主要受体力活动强弱的影响。

二、蛋白质

蛋白质（protein）是生命的物质基础，没有蛋白质就没有生命。氨基酸是组成蛋白质的基本单位。蛋白质含有的微量元素包括碳（50%～55%）、氢（6.7%～7.3%）、氧（19%～24%）、氮（13%～19%）及硫（0%～4%）。蛋白质是机体氮的唯一来源。大多数蛋白质的含氮量相当接近，平均约为16%。因此在任何生物样品中，每克氮相当于6.25 g蛋白质（即100÷16），其折算系数为6.25。只要测定食物样品中的含氮量，就可以算出其中蛋白质的大致含量：

样品中蛋白质的百分含量（g%）= 每克样品中含氮量（g）×6.25×100%

（一）蛋白质的生理功能

机体内许多重要生理活性物质本质上就是蛋白质，如参与氧运输的血红蛋白，具有催化作用的酶蛋白，维持机体体液免疫功能的免疫球蛋白等。当食物中其他两种产热营养素供应不足时，体内组织中的蛋白质或由食物提供的蛋白质分解产生氨基酸，再进一步氧化分解产生能量（1g蛋白质产生4 kcal能量），以满足机体的能量需要。蛋白质具体来说主要有以下三大生理功能。①构成身体组织：身体的生长发育就是蛋白质的不断积累过程。②调节生理功能：蛋白质在体内构成多种具有重要生理活性物质的成分，参与调节生理功能。③供给能量：每克蛋白质在体内被氧化后可供给人体16.7 KJ（4 kcal）能量，但供给能量是蛋白质的次要功能。

（二）必需氨基酸

氨基酸为组成蛋白质的基本单位，人体内有20余种，其中9种为人体不能合成或合成速度不够快，必须由食物供给的氨基酸称为必需氨基酸（essential amino acid），包括亮氨酸、异亮氨酸、赖氨酸、蛋氨酸、苯丙氨酸、苏氨酸、色氨酸、缬氨酸8种成人必需氨基酸，以及婴儿必需氨基酸——组氨酸。半胱氨酸和酪氨酸在体内可分别由蛋氨酸和苯丙氨酸转变而成，称为条件必需氨基酸或半必需氨基酸。在计算食物必需氨基酸组成时，常将蛋氨酸和半胱氨酸、苯丙氨酸和酪氨酸合并计算。其他氨基酸如甘氨酸、精氨酸等属于非必需氨基酸，但需注意非必需氨基酸并非体内不需要，只是可在体内合成。

（三）限制氨基酸和蛋白质互补作用

鸡蛋蛋白质的氨基酸组成与人体蛋白质氨基酸模式最为接近，在比较食物蛋白质营养价值时常作为参考蛋白质。食物蛋白质的必需氨基酸组成与参考蛋白质相比较，缺乏较多的氨基酸称限制氨基酸。蛋白质按营养价值可分为完全蛋白、半完全蛋白和不完全蛋白。其中完全蛋白所含必需氨基酸种类齐全、数量充足、比例适当，不但能维持成人的健康，而且促进儿童生长发育。如乳类中的酪蛋白、乳白蛋白，蛋类中的卵白蛋白、卵磷蛋白，肉类中的白蛋白、肌蛋白，大豆中的大豆蛋白，应优先食用。两种或两种以上食物蛋白质混合食用，其中所含有的必需氨基酸取长补短，相互补充，达到较好的比例，从而提高蛋白质利用率的作用，称为蛋白质互补作用。例如，谷类中赖氨酸含量较低，蛋氨酸相对较高；而大豆中的蛋白质恰恰相反，主食和大豆混合食用时赖氨酸和蛋氨酸两者可相互补充即可提高两者的蛋白质利用率。蛋白质互补作用应遵循3个原则：A.食物的生物学种属愈远愈好；B.搭配的种类愈多愈好；C.食用时间愈近愈好，同时食用最好。

（四）蛋白质的来源与供给量

蛋白质按食物来源分为植物蛋白与动物蛋白两大类。植物蛋白的豆类含有丰富的蛋白质，特别是大豆含蛋白质高达36%～40%，氨基酸组成也比较合理，在体内的利用率较高，是植物蛋白质中非常好的蛋白质来源。蛋类含蛋白质11%～14%，是优质蛋白的重要来源。奶类（牛奶）一般含蛋白质 3%～3.5%，是婴幼儿除母乳外蛋白质的最佳来源。肉类包括禽、畜和鱼的肌肉，含蛋白质 15%～22%，是人体蛋白质的重要来源。一般要求动物蛋白和大豆蛋白应占膳食蛋白质总量的 30%～50%。

（五）蛋白质营养不良

蛋白质营养不良通常与能量缺乏同时发生，称为蛋白质 - 能量营养不良，多数是因贫穷饥饿引起的，主要分布在非洲、南美洲及亚洲地区。

水肿型营养不良（夸希奥科病）在 5 岁以下儿童中多见。主要表现为腹部、腿部水肿，虚弱、表情淡漠、生长迟滞、头发变色易脱落、易感染，以及其他疾病等。此类营养不良多见于能量摄入基本满足而蛋白质严重不足。

消瘦病在婴幼儿中多见。主要表现为消瘦乏力、肌肉萎缩、皮下脂肪消失、头发稀疏脱落、表情淡漠、摄食过少。此类营养不良既缺乏蛋白质也缺乏能量。

蛋白质摄入过多同样对机体有害，因为大量蛋白质进入体内代谢产生大量含氮的代谢产物，增加了肾的负担；蛋白质摄入过多还将增加尿钙的排出，此外，蛋白质摄入过多往往伴有动物性食物摄入的增加，造成动物脂肪和胆固醇摄入过多。

《中国居民膳食营养素参考摄入量（2023 版）》建议，成年人蛋白质每日推荐摄入量（RNI）为男性 65 g/d，女性 55 g/d。蛋白质的供能比为 10%～25%。

三、脂类

脂类（lipid）包括中性脂肪和类脂。中性脂肪即三酰甘油，约占脂类的 95%。类脂又分为磷脂、脂、糖脂、胆固醇及植物固醇。

（一）脂类的生理功能

1. **供给能量**　脂肪是人体能量的重要来源，每克脂肪在体内氧化可供给能量 37.67 kJ（9 kcal）。
2. **促进脂溶性维生素吸收**　脂肪是脂溶性维生素的溶媒，可促进脂溶性维生素的吸收。
3. **维持体温、保护脏器**　在器官周围的脂肪，有缓冲机械冲击的作用，可固定和保护器官。
4. **增加饱腹感**　脂肪在胃内停留时间较长，不易饥饿。
5. **提高膳食感官性状**　脂肪可使膳食增味添香。
6. **构成身体组织和一些重要的生理活性物质**　例如，胆固醇是体内合成胆汁酸、类固醇激素和维生素 D 的原料，也是细胞的组成成分，所以膳食中供给一定量的胆固醇是必要的。

（二）脂肪酸

脂肪酸是构成甘油三酯的基本单位，按链的长短分为长链脂肪酸（14 碳以上）、中链脂肪酸（8～12 碳）、短链脂肪酸（6 碳以下）；按脂肪酸饱和程度分为饱和脂肪酸和不饱和脂肪酸。不饱和脂肪酸根据不饱和键数目又分为单不饱和脂肪酸和多不饱和脂肪酸；根据不饱和键的位置又分为 ω-3、ω-6、ω-7、ω-9 系列脂肪酸；动物性脂肪含的脂肪酸主要是饱和脂肪酸，植物性脂肪含的脂肪酸主要是不饱和脂肪酸，但某些植物油饱和脂肪酸含量较高，如棕榈油、椰子油、巧克力里面的可可豆脂。根据氢原子在不饱和键的同侧或两侧又分为顺式不饱和脂肪酸和反式不饱和脂肪酸。反式脂肪酸可以增加心血管疾病的危险性。《食品安全国家标准——预包装食品营养标签通则》（GB 28050—2011）中明确规定，食品中若含有反式脂肪酸，则必须在食品营养标签中明确标示，并指出每天摄入反式脂肪酸不应超过 2.2 g。

（三）必需脂肪酸

机体不能合成必须从食物中摄取的脂肪酸被称为必需脂肪酸，人体的必需脂肪酸包括亚油酸和 α- 亚麻酸。亚油酸作为其他 n-6 系列脂肪酸的前体可在体内转变生成 γ- 亚麻酸、花生四烯酸等 n-6 系的长链多不饱和脂肪酸。α- 亚麻酸则作为 n-3 系脂肪酸的前体，在体内可转变生成二十碳五烯酸（EPA）、二十二碳六烯酸（DHA）等 n-3 系脂肪酸。必需脂肪酸与胆固醇代谢有关，为细胞膜成分及磷脂的主要成分,是前列腺素合成的前体,与精子形成、人的记忆力、认知能力、注意力有关。

(四)脂类的来源与供给量

脂类主要来源于动物性食物与植物油、油料作物的种子等。必需脂肪酸的最好食物来源是植物油类。必需脂肪酸缺乏可引起皮炎、皮肤干燥脱屑、湿疹、生长发育不良、肝损伤、不孕症等。必需脂肪酸摄入过多有可能引起体内的过氧化物产生增加,引起危害。由于脂肪,尤其是动物性脂肪摄入过高将引起肥胖、高脂血症、心血管疾病等慢性疾病,中国营养学会建议,我国成年人每日摄入脂肪所产生的能量应占总能量的20%～30%,饱和脂肪不得超过总脂肪摄入量的10%,饱和脂肪酸、单不饱和脂肪酸、多不饱和脂肪酸比例以1∶1∶1为宜,胆固醇每日摄入量不超过300 mg。n-6系列必需脂肪酸和n-3系列必需脂肪酸的比例以(4～6)∶1为宜。

四、碳水化合物

碳水化合物(carbohydrate)是人体的主要能量来源,是由碳、氢、氧组成的一大类化合物,按结构分为单糖、双糖、寡糖和多糖。常见的单糖有葡萄糖、果糖、半乳糖等;双糖由二分子单糖脱去一分子水缩合而成,常见的双糖有蔗糖、麦芽糖、乳糖、海藻糖等。寡糖(低聚糖)是指由3～9个单糖构成的小分子多糖,如大豆中的棉子糖、水苏糖、低聚果糖。多糖是指由10个以上单糖以直链或支链形式缩合而成,包括淀粉、糖原和纤维。碳水化合物经消化产生的葡萄糖等被吸收后,一部分以糖原的形式贮存在肝和肌肉。肌糖原是骨骼肌随时可动用的贮备能源,用来满足骨骼肌的需要。肝糖原也是一种贮备能源,但贮存量不大,主要用于维持血糖水平的相对稳定。脑组织消耗的能量较多,在通常情况下,脑组织消耗的能量均来自碳水化合物的有氧氧化,因而脑组织对缺氧非常敏感。由于脑组织细胞贮存的糖原极少,所以脑功能对血糖水平有很大的依赖性,血糖水平过低可引起抽搐甚至昏迷。

植物组织中的淀粉通常分为直链淀粉和支链淀粉两种。直链淀粉呈线性结构,含直链淀粉的食物容易"老化",形成难消化的抗性淀粉,在冷水中不易溶解、分散。支链淀粉呈树枝分叉结构,容易吸收水分,吸水后膨胀成糊状,提高其消化率。在一般玉米和小麦中,含有20%～25%的直链淀粉,75%～80%的支链淀粉,糯性粮食如糯米、糯玉米、糯高粱含更多支链淀粉。

1. 碳水化合物的生理功能 碳水化合物在体内氧化释放的能量较快,是体内主要的能源物质(1 g碳水化合物产生4 kcal能量),部分以糖原的形式储存。当膳食中碳水化合物供应不足时,体内蛋白质和脂肪动员分解,严重时引起负氮平衡、酮血症和酮尿症等,影响机体的生理功能。因此,碳水化合物具有节约蛋白质、抗生酮作用。蛋白质、脂肪属于能量营养素中的功能成分,与细胞的结构、功能有关;而碳水化合物是能量营养素中最经济的能量来源。作为中国居民传统膳食主体的谷类食物是碳水化合物的主要来源。此外,碳水化合物以糖脂、糖蛋白、核糖等形式参与机体组织的构成。简单的糖类如葡萄糖、蔗糖等还具有一定的甜度,可以用来改善食物的风味。膳食纤维具有吸水、结合胆酸、刺激消化液分泌和肠蠕动、抑制腐生菌生长、促进益生菌繁殖、产生丁酸类物质等作用,有助于预防便秘、肠道肿瘤、高脂血症等。

2. 血糖生成指数(glycemic index,GI) 指分别摄入某种食物与等量葡萄糖2 h后血浆葡萄糖曲线下面积比。GI是用来衡量某种食物或某种膳食组成对血糖浓度影响的一个指标,是糖尿病患者需要重点关注的指标。高GI的食物,进入胃肠后消化快、吸收率高,葡萄糖释放快,葡萄糖进入血液后峰值高,也就是血糖升得高;低GI食物,在胃肠中停留时间长,吸收率低,葡萄糖释放缓慢,葡萄糖进入血液后的峰值低、下降速度也慢,简单说就是血糖比较低。当血糖生成指数在55以下时,可认为该食物为低GI食物;当血糖生成指数在55～75时,该食物为中等GI食物;当血糖生成指数在75以上时,该食物为高GI食物。

3. 碳水化合物的来源与供给量 膳食碳水化合物主要来源于含淀粉丰富的食物,如谷类、薯类及豆类，粮谷类食物一般含碳水化合物60%～80%，薯类含量为15%～30%，豆类为40%～60%。；单糖、双糖主要来源于蔗糖、糖果、甜食、含糖饮料和蜂蜜等。中国营养学会建议，我国居民每日摄入的碳水化合物产生的能量应占总能量的50%～65%，碳水化合物的来源应包括复合碳水化合物淀粉、不消化的抗性淀粉、非淀粉多糖和低聚糖等碳水化合物；限制纯能量食物（如糖）的摄入量，以保障人体能量和营养素的需要，以及改善胃肠道环境和预防龋齿的发生。

五、膳食纤维

膳食纤维包括可溶性膳食纤维和非可溶性膳食纤维。膳食纤维主要存在于植物细胞中，是植物性食物中不能被消化吸收的成分。可溶性纤维包括果胶和树胶等，不可溶性纤维包括纤维素、半纤维素、木质素等。膳食纤维具有吸水、结合胆酸、刺激消化液分泌和肠蠕动、抑制腐生菌生长、促进益生菌繁殖、产生丁酸类物质等作用，有助于预防便秘、肠道肿瘤、高脂血症等。

（一）膳食纤维的功能

1. 有利于食物的消化过程。
2. 降低血清胆固醇，预防冠心病。
3. 预防胆结石形成。
4. 促进结肠功能，预防结肠癌。
5. 防止能量过剩、超重与肥胖。
6. 维持血糖正常平衡，防治糖尿病。

（二）膳食纤维的食物来源和参考摄入量

膳食纤维的主要来源是植物性食物，如谷类（小麦、大米、燕麦、小黑麦、小米和高粱等）、豆类、蔬菜、水果和坚果。整谷粒含有大量的膳食纤维，包括抗性淀粉和不可消化性低聚糖；麸皮和米糠中含有大量纤维素、半纤维素和木质素；柑橘、苹果、香蕉、柠檬等水果和白菜、甜菜、苜蓿、豌豆、蚕豆等蔬菜含有较多的果胶。我国成人膳食纤维的适宜摄入量为25 g/d。由于膳食纤维可与钙、铁、锌等结合，因此过多摄入对机体无益，会影响这些元素的吸收利用。

（三）膳食纤维与疾病

1. **胃肠道疾病** 部分膳食纤维（如纤维素）可减轻腹泻症状。高膳食纤维可增加肠道运动的频率，改善成人慢性便秘的症状，预防痔疮的发生。高纤维膳食的憩室病患者，大部分症状减轻甚至消失。

2. **膳食纤维与糖尿病** 膳食纤维补充剂或富含膳食纤维的食物有明显的降血糖的作用，使餐后血糖生成减少和血胰岛素升高。糖尿病患者采用高纤维饮食，尤其是可溶性膳食纤维（如魔芋葡甘聚糖、褐藻胶、卡拉胶、黄蓍胶），在降低餐后血糖及增加胰岛素敏感性方面较不可溶性膳食纤维具有更强的作用。

3. **膳食纤维与肥胖** 高纤维膳食可减少能量摄入，有人认为当饮食中缺乏纤维并摄入过量能量时发生肥胖的可能性大大增加。吃高纤维的食物需要的时间较长，纤维减少了食物的能量密度，某些纤维如瓜尔豆胶和果胶减慢了胃排空时间，减少了食物的消化率。有实验还发现用麦麸、瓜尔豆胶、果胶等补充于膳食可增加粪便中的脂肪量，在控制能量摄入的同时，摄入富含纤维的膳食会起到减肥的作用。

（四）膳食纤维与心血管疾病

不同组分的膳食纤维降低血脂、胆固醇的效果差异很大。瓜尔豆胶、洋槐豆胶、果胶、接甲基纤维素及富含可溶性纤维的食物，如燕麦麸、大麦、荚豆和蔬菜降低胆固醇作用显著，可使血浆胆固醇降低5%～10%甚至可达25%，且主要是降低LDL-C，而HDL-C降得很少或不降低。果胶对高血脂患者血脂和血浆胆固醇的降低作用最明显。相反，分离的纤维素或不溶性纤维，如玉米麸和小麦麸则很少改变血浆胆固醇水平。

（五）膳食纤维与癌症

膳食纤维可降低结肠癌的发生概率。据报道，膳食纤维的摄入量与降低乳腺癌的发生概率，以及与乳腺癌的死亡率或发生率相关。全谷类食物对预防乳腺癌有效。

六、维生素

维生素是维持身体健康所必需的一类有机化合物。这类物质在体内既不是构成身体组织的原料，也不是能量的来源，而是一类调节物质，在物质代谢中起重要作用。这类物质由于体内不能合成或合成量不足，所以虽然需要量很少（每日仅以 mg 或 μg 计算），但必须经常由食物供给，一旦缺乏将导致缺乏病的产生。维生素分为脂溶性维生素与水溶性维生素两大类。脂溶性维生素包括维生素 A（视黄醇）、维生素 D（钙化醇、抗佝偻病维生素）、维生素 E（生育酚、抗不育维生素）、维生素 K（凝血维生素），水溶性维生素包括维生素 B_1（硫胺素）、维生素 B_2（核黄素）、维生素 B_6（吡哆醇）、PP（烟酸或尼克酸）、维生素 B_{12}、叶酸、生物素、泛酸、肌醇、胆碱及维生素 C（抗坏血酸）等。

动物体内具有视黄醇生物活性的维生素 A 称为已形成的维生素 A，包括视黄醇、视黄醛、视黄酸等。植物中不含有已形成的维生素 A，而含有类胡萝卜素，这部分类胡萝卜素称为维生素 A 原。其中，以 β- 胡萝卜素活性最高。

维生素 A 与暗适应功能密切相关。若体内维生素 A 不足，暗适应恢复时间延长，严重时出现夜盲症。维生素 A 还与上皮组织的完整性有关，维生素 A 严重缺乏时将导致干眼病的发生。维生素 A 还与造血功能、免疫功能、骨骼发育及生殖功能等有关，维生素 A 缺乏的儿童生长停滞、发育迟缓，容易发生呼吸道和消化道的感染；一些实验研究发现维生素 A 还具有抗氧化、抑制肿瘤生长的作用。作为维生素 A 的前体，胡萝卜素除了具有维生素 A 活性外，本身还具有抗氧化、预防自由基损伤的作用。

长期或短期摄入过量维生素 A 均可导致头疼、呕吐、复视、脱发、黏膜干燥、脱屑、骨髓异常和肝损害等中毒现象。胡萝卜素过量摄入后，除引起皮肤颜色变化外，无其他明显中毒症状。由于体内维生素 A 来源于动物性食物的维生素 A 和来源于植物性食物的胡萝卜素等，因此，考虑维生素 A 供给量时一般以视黄醇当量（RE）计算。

膳食视黄醇当量（RE）（μg）= 视黄醇（μg）+ β- 胡萝卜素（μg）×0.167+ 其他维生素 A 原（μg）×0.084

根据《中国居民膳食营养素参考摄入量》（2023 版）的建议，我国成年男性维生素 A 推荐摄入量（RNI）为 770 μgRE，女性为 660 μgRE。维生素 A 最好的来源是各种动物的肝、鱼肝油、乳制品、禽蛋等；维生素 A 原（β 胡萝卜素）的良好来源是深色蔬菜和水果，如胡萝卜、南瓜、红薯、辣椒、菠菜、西兰花、芒果、柿子和杏。

（一）维生素 D

维生素 D 为类固醇类化合物。维生素 D_3 可由皮肤中 7- 脱氢胆固醇经紫外线照射形成；维生素 D_2 由植物体内麦角固醇经紫外线照射形成，进入体内代谢后只有维生素 D_3 活性的 1/3。膳食维生素 D_3 进入体内后，在肝、肾活化后转变为维生素 D_3 的活化形式。

具有活性的维生素 D_3 可促进钙吸收转运入血，维持血钙水平的稳定。此外，维生素 D3 还促进骨组织钙化，以及肾小管对钙、磷的重吸收。维生素 D 可以通过不同的途径增加机体对钙、磷的利用，促使骨、软骨及牙齿的矿化，并不断更新以维持正常生长，预防儿童佝偻病和成人骨质软化症，转运至小肠的维生素 D 可以促进小肠黏膜上皮中钙结合蛋白的合成，从而提高钙的吸收。维生素 D_3 能直接作用于肾，促进肾小管对钙、磷的重吸收，减少丢失；维生素 D 还具有免疫调节功能，可改变机体对感染的反应。

婴幼儿维生素 D 缺乏可引起佝偻病。成年人维生素 D 缺乏可引起骨质疏松症和骨质软化症。

维生素D过量可引起中毒，表现为厌食、恶心、呕吐、头痛、多尿、烦渴、血钙和尿钙增高，严重时肾、心、血管及其他软组织有钙沉着，甚至器官钙化。

维生素D在一般食物中含量都比较低，动物性食物是维生素D的主要来源，如鱼肝油中维生素D的含量可高达210 μg/100 g，脂肪含量高的海鱼和鱼卵中维生素D的含量达（0.5～12.5）μg/100 g，其他如肝、蛋黄、奶油和乳酪中维生素D的含量也相对较高（1.25～2.5 μg/100 g）。瘦肉、坚果、人乳和牛乳中维生素D含量较低，而蔬菜和谷物中几乎不含维生素D。目前多采用在牛奶和婴幼儿食品中强化维生素D。作为预防维生素D缺乏的措施之一。根据《中国居民膳食营养素参考摄入量（2023版）》的建议，我国成年男女维生素D推荐摄入量（RNI）为10 μg/d。

（二）维生素E

维生素E包括生育酚与生育三烯酚两大类。抗氧化作用为维生素E的主要功能。维生素E保护细胞膜脂质中的不饱和脂肪酸免受自由基攻击，对血小板的黏附力和聚集作用也有调节作用。婴儿维生素E缺乏可出现水肿、网状细胞增多症及血小板增多症，成年人维生素E缺乏可出现溶血性贫血，维生素E缺乏还可使脂褐素生成增加。因此，维生素E具有预防衰老的作用，维生素E还具有降低血浆胆固醇水平的作用。服用大剂量维生素E也能引起头晕等副作用。

维生素E活性可用 α-生育酚当量（α-TE）来表示，规定1 mg α-TE相当于1 mg RRR-α-生育酚（d-α-生育酚）的活性，维生素E活性也可用国际单位（IU）表示，1IU 维生素E= 0.67 mg d-α-生育酚 = 0.74 mg d-α-生育酚乙酸酯 =0.91 mg dl-α-生育酚 =1 mg dl-α-生育酚乙酸酯。

各种维生素E的换算关系如下：

1IU 维生素 E = 0.67 mg d-α-生育酚

1IU 维生素 E = 0.74 mg d-α-生育酚乙酸酯

1IU 维生素 E = 0.91 mg dl-α-生育酚

1IU 维生素 E =1 mg dl-α-生育酚乙酸酯

根据《中国居民膳食营养素参考摄入量（2023版）》的建议，我国成年男女每日维生素E的适宜摄入量（AI）为14 mg α-TE。有人建议维生素E摄入量应根据膳食能量摄入量或膳食多不饱和脂肪酸摄入量而定，每摄入1 g多不饱和脂肪酸时应摄入0.4 mg维生素E。维生素E含量丰富的食物有植物油、麦胚、坚果、豆类和谷类；肉类、鱼类等动物性食品和水果、蔬菜中含量很少。

（三）硫胺素

硫胺素又称维生素B_1、抗神经炎因子、抗脚气病因子，耐酸、耐热、不耐碱。组织中以硫胺素焦磷酸（TPP）含量最为丰富，占80%，与三大能量物质的能量转化有关。此外，硫胺素对神经组织、心肌都有保护作用，人类缺乏硫胺素可发生脚气病，主要影响心血管系统和神经系统，成人与婴幼儿表现不同。

导致硫胺素缺乏的原因主要包括，①摄入不足：如长期食用精白米、面，加工或烹调方法不当，致使食物中的硫胺素损失较多；②机体处于特殊生理状态（如妊娠、哺乳）、应激状态（如高温环境）、病理状态（如甲状腺功能亢进），致使机体对硫胺素的需要量增加；③机体吸收或利用障碍，如长期腹泻及肝、肾疾病影响TPP合成，以及酗酒。

硫胺素广泛存在于各种食物之中。我国居民以谷类为主食，因此，谷类食物为硫胺素的主要来源，谷类食物加工过细、淘洗过度或加碱熬粥导致硫胺素下降。生鱼片含有硫胺素酶，可以破坏其他膳食中的硫胺素。由于硫胺素与碳水化合物的代谢密切相关，因此，一般认为硫胺素供给量与能量摄入成正比。根据《中国居民膳食营养素参考摄入量（2023版）》的建议，我国成年男性硫胺素推荐摄入量（RNI）为1.4 mg/d，成年女性为1.2 mg/d。

（四）核黄素

核黄素又称维生素B_2。在中性或酸性溶液中对热较稳定，但在碱性溶液中不耐热，光照下很快被破坏。虽然核黄素为水溶性维生素之一，但是常温下 100 mg 水中只能溶解 12 mg 核黄素，溶解度较低。核黄素缺乏后表现为以口角炎、唇炎、舌炎和阴囊皮炎为特征的口腔生殖系统综合征及脂溢性皮炎；儿童核黄素缺乏还可引起贫血。由于机体对核黄素吸收能力有限，因此，过量摄入核黄素不产生明显毒性作用。

核黄素的主要来源为各种动物性食物，以动物内脏、蛋类和奶类中含量较丰富，其次为豆类和绿叶蔬菜。虽然谷类和蔬菜是我国居民核黄素的主要来源，但是谷类加工对核黄素存留有显著影响，如精白米中核黄素的存留率只有 11%，小麦标准粉中核黄素的存留率只有 35%。此外，烹调谷类的过程还会损失一部分核黄素，因此，谷类加工不应过度。

根据《中国居民膳食营养素参考摄入量（2023版）》的建议，我国成年男性核黄素推荐摄入量（RNI）为 1.4 mg/d，成年女性为 1.2 mg/d。

（五）烟酸

烟酸又名尼克酸、维生素 PP、抗癞皮病维生素。烟酸在体内以辅酶 Ⅰ（NAD）、辅酶 Ⅱ（NADP）形式作为脱氢酶的辅酶，参与生物氧化过程，还参与蛋白质核糖基化过程，与 DNA 复制、修复和细胞分化有关。此外，烟酸是葡萄糖耐量因子组分，具有辅助胰岛素降血糖的作用。大剂量烟酸还能降低血三酰甘油与胆固醇水平，可以降低低密度脂蛋白胆固醇（LDL-C）和极低密度脂蛋白胆固醇（VLDL-C），升高高密度脂蛋白胆固醇（HDL-C），并且可以减少非致命性心肌梗死的复发率。但烟酰胺无此作用。

烟酸缺乏会引起癞皮病或称为糙皮病，主要出现于以玉米或高粱为主食的人群。至今，在亚洲或非洲的某些地区仍有发生。另外烟酸缺乏常与硫胺素、核黄素及其他营养素缺乏同时存在，因此常伴有其他营养素缺乏的症状。口服避孕药可导致烟酸缺乏。

烟酸广泛存在于动物内脏及植物性食物中。玉米中烟酸多为结合型，影响吸收利用，用碱处理后，结合型烟酸可转变为游离型烟酸。色氨酸在体内可转变为烟酸，一般 60 mg 色氨酸可转变为 1 mg 烟酸。由于色氨酸可转变为烟酸，因此，计算烟酸摄入量时采用烟酸当量（nicotinic equivalence，NE）表示，即 NE（mg）= 烟酸（mg）+ 1/60 色氨酸（mg）。

根据《中国居民膳食营养素参考摄入量（2023版）》的建议，我国成年男性烟酸推荐摄入量（RNI）为 15 mg NE/d，女性为 12 mg NE/d。

（六）叶酸

叶酸在酸性溶液中对热不稳定，而在中性和碱性溶液中十分稳定。食物中叶酸经烹调后损失率可高达 50% ~ 90%。膳食中抗坏血酸、葡萄糖和锌可促进叶酸吸收，乙醇、抗癫痫药物和口服避孕药则抑制叶酸的吸收。人体内叶酸主要以 5-甲基四氢叶酸的形式存在，其中一半储存于肝。

叶酸缺乏可导致巨幼红细胞贫血。叶酸缺乏还可引起同型半胱氨酸向胱氨酸转化出现障碍，发生高同型半胱氨酸血症。孕妇孕早期缺乏叶酸将导致胎儿神经管畸形，同时，引起胎儿在宫内发育迟缓、早产及新生儿低体重等。研究表明，育龄妇女在妊娠前 1 个月至妊娠后 3 个月每天服用 400 μg 叶酸，可有效预防神经管畸形的初发和复发。而服用大剂量叶酸亦可产生毒副作用，包括引起胎儿发育迟缓，还可干扰抗惊厥药物的效果。

叶酸广泛存在于动植物食物中，广泛存在于各类动植物性食品中。含量丰富的食物有动物肝、肾、蛋类、鱼类、豆类、酵母、绿叶蔬菜、水果及坚果类。需要注意的是，在所有维生素中，叶酸是最可能与药物发生交互作用的一种。目前发现有包括抗酸药、阿司匹林在内的十大类药物可以干扰机体对叶酸的利用。长期服用这些药物的患者应该注意膳食中叶酸的摄入量，例如长期依赖阿司匹林和抗酸药的慢性疼痛和溃疡患者，以及吸烟者、服用口服避孕药和抗惊厥药的患者等。叶酸的推荐摄入量：以膳食叶酸当量（DFE）表示，DFE（μg）= 膳食叶酸（μg）+1.7× 叶酸补充剂（μg）。

根据《中国居民膳食营养素参考摄入量（2023版）》的建议，我国成年男女叶酸推荐摄入量

（RNI）为 400 μg DFE/d，孕妇、乳母、婴儿叶酸供给量应相应增加。

（七）维生素 B_{12}

维生素 B_{12} 又名钴胺素、氰钴胺素和抗恶性贫血因子，是一种可以预防和治疗由于内因子缺乏活性以致吸收障碍而引起的恶性贫血的维生素。

维生素 B_{12} 缺乏导致巨幼红细胞贫血、神经系统损害及高同型半胱氨酸血症。严格的素食者由于不吃动物性食物可能发生维生素 B_{12} 缺乏，胃肠道疾病患者（如老年人萎缩性胃炎和胃切除患者）由于胃酸分泌过少可引起维生素 B_{12} 吸收不良。膳食中的维生素 B_{12} 通常来源于动物性食品，主要食物来源为肉类及肉制品、动物内脏、鱼、禽、贝类及蛋类，乳及乳制品中亦含有少量。根据《中国居民膳食营养素参考摄入量（2023 版）》的建议，我国成年男女 B_{12} 推荐摄入量（RNI）为 2.4 μg/d。

（八）维生素 C

维生素 C 又称抗坏血酸，在热、光照、碱性溶液中或有过渡态金属离子如铁、铜离子存在的条件下极不稳定。

维生素 C 在体内作为抗氧化剂发挥作用，可以直接清除多种自由基。维生素 C 在体内还作为羟化酶辅酶参与脯氨酸、赖氨酸等的羟化，与胶原、5-羟色胺、去甲肾上腺素、胆汁酸、肉碱、抗体等的合成有关。维生素 C 在胃中还具有阻断亚硝胺生成、促进铁在肠道内吸收的作用。

人类不能合成维生素 C，必须从食物中摄取。如经常能吃到足量的蔬菜和水果，采用合理的烹调方式，一般不会发生维生素 C 缺乏。当膳食摄入不能满足需要时，则可引起维生素 C 不足或缺乏。维生素 C 缺乏的最早症状是轻度疲劳，无其他伴随症状。严重缺乏可引起坏血病。维生素 C 缺乏最特异的一个体征是毛囊过度角化带有出血性晕轮，继而出现典型的坏血病症状，包括牙龈肿胀出血、球结膜出血、皮下淤斑、紫癜、关节疼痛及关节腔积液、机体抵抗力下降、伤口愈合迟缓等，同时还可伴有轻度贫血，以及多疑、抑郁等精神症状。随着病情发展可发生身体不同部位的疼痛，尤其是胸痛及全身鳞状皮肤损伤，晚期常因发热、痢疾、水肿、麻痹或肠坏疽而死亡。坏血病的典型症状通常被归纳为"EFGH"，即淤斑（ecchymosis）、疲劳（fatigue）、牙龈出血和压痛（gum bleeding and tenderness）、角化过度（hyperkeratosis）。

维生素 C 主要来源于新鲜蔬菜和水果，如绿色和红、黄色的辣椒、菠菜、西红柿、红枣、山楂、柑橘、柚子、草莓；野生的蔬菜和水果如苜蓿、刺梨、沙棘、猕猴桃和酸枣等维生素 C 含量尤其丰富。根据《中国居民膳食营养素参考摄入量（2023 版）》的建议，我国成年男女维生素 C 荐摄入量（RNI）为 100mg/d。

七、矿物质

人体内的元素除碳、氢、氧、氮以有机的形式存在以外，其余的统称为矿物质。矿物质又分为常量元素和微量元素。在人体内含量较多，占体重 0.01% 以上，需要量较多的为常量元素，有钙、镁、钠、钾、磷、氯、硫共 7 种。微量元素在人体内含量很少，占体重 0.01% 以下，包括铁、碘、锌、硒、铜、锰、铬共 8 种。锰、硅、镍、硼、钒属于可能必需微量元素；氟、铅、镉、汞、砷、铝、锡和锂是具有潜在毒性，且低剂量可能具有功能作用的微量元素。

（一）钙

钙是机体组成中含量最多的无机元素，总量为 1.0～1.2 kg。

活性维生素 D、乳糖、膳食蛋白质充足、适宜的钙磷比例（1:1～2）均有利于钙的吸收。膳食中草酸盐、植酸盐与钙结合形成难吸收的盐类，从而降低钙在肠道的吸收。粮谷中植酸较多，某些蔬菜（如雍菜、菠菜、苋菜、竹笋、厚皮菜、折耳根）中草酸含量较多，不但使其中的钙难吸收，而且影响其他食物中的钙的吸收。膳食纤维干扰钙的吸收。脂肪消化不良影响钙的吸收。膳食蛋白质摄入过多，可使钙排出增加。

人体对钙的需要量能影响钙的吸收。婴幼儿、青春期、孕妇、乳母因为对钙的需要量增加，钙吸收率也相应增加，有文献报道，青春期儿童、孕妇对钙的吸收率可达50%~70%；而随年龄增长，钙吸收率也逐渐下降，70~79岁人群与20~50岁人群比较，钙的吸收率下降了1/3左右。此外，体力活动、负荷运动等对骨骼强度的需求增加，导致机体对钙的需要也相应增加，可间接促进钙在肠道的吸收。

人体内含钙总量为1 000~1 200 g，其中99%与磷形成羟磷灰石，构成骨骼，成为人体最根本的支柱。还有少量分布于牙齿中。钙还具有调节神经肌肉兴奋性与心脏搏动的作用，对血液凝固过程、酸碱平衡也有影响。钙对一些酶如腺苷酸环化酶、鸟苷酸环化酶、磷酸二酯酶、酪氨酸羟化酶等的活性也有调节作用。婴幼儿缺钙可导致佝偻病，成年人缺钙可导致骨质疏松与骨质软化。但长期摄入高钙可引起便秘，增加尿路结石的危险，影响其他矿物质的吸收，严重时造成肾功能损害。

根据《中国居民膳食营养素参考摄入量（2023版）》的建议，我国成年男女钙推荐摄入量（RNI）为800 mg/d。乳及乳类制品的钙含量高（110 mg/100 g），加上乳糖的作用，吸收率也高，是优质的钙来源，中国营养学会推荐每日饮奶300 ml。此外，小虾皮、酥炸小鱼、芝麻酱的钙含量也较高，可以常食用。传统加工的豆制品由于加工时添加钙剂作为凝固剂，钙含量也较高，也是钙的良好来源。

（二）铁

成年人体内含铁3~5 g。70%的铁存在于血红蛋白、肌红蛋白、血红蛋白酶类（如细胞色素氧化酶、过氧化物酶、过氧化氢酶）、辅助因子及运载铁中，这些称为功能性铁，其余30%的铁作为体内的储存铁，主要以铁蛋白和含铁血黄素形式分布于肝、脾和骨髓中，需要时释放入血，与转铁蛋白结合后转运到外周组织。

食物中的铁分为血红素铁和非血红素铁。血红素铁主要存在于动物性食物中。血红素铁可与血红蛋白和肌红蛋白中的原卟啉结合，不受膳食中植酸和草酸影响，直接由肠黏膜上皮细胞吸收，因此吸收率较高。非血红素铁主要存在于植物性食物中，吸收受植酸和草酸等的影响，因此吸收率较低（3%~5%）。

铁在体内不仅参与组成血红蛋白、肌红蛋白，与氧的运输密切相关；而且作为一些酶的辅助因子，如过氧化物酶、过氧化氢酶、细胞色素氧化酶；还参与维持正常免疫功能。铁缺乏是一种很常见的营养缺乏病，特别是在婴幼儿、孕妇和乳母中更易发生。2岁前因生长发育快，需要量相对增加，且膳食含铁量少，故易造成铁缺乏，青春期少女因发育快及月经失血，易处于铁缺乏状态。铁缺乏的症状由轻到重一般可分为3个阶段，第一阶段仅有铁贮存减少，表现为血清铁蛋白测定结果降低，此阶段尚不会引起有害的生理学后果；第二阶段为红细胞生成缺铁期，其特征是血清铁蛋白、血清铁、转铁蛋白饱和度等都下降，但因血红蛋白尚未下降，故称为无贫血的铁缺乏期；第三阶段为缺铁性贫血，此时血红蛋白和红细胞比积均下降，贫血的严重程度取决于血红蛋白减少的程度。贫血能引起机体工作能力明显下降，儿童铁缺乏可引起心理活动和智力发育的损害，以及行为改变。铁缺乏导致的儿童认知能力的损害，即便以后补充铁也难以恢复，还有心慌、气短、头晕、眼花，儿童易烦躁、注意力不集中、学习能力下降等症。缺铁性贫血可导致儿童和母亲的死亡率增加。

根据《中国居民膳食营养素参考摄入量（2023版）》的建议，铁的膳食推荐摄入量（RNI），成年男子为12 mg/d，成年女性为18 mg/d，孕中期、孕晚期和乳母分别为24 mg/d、29 mg/d和24 mg/d。其可耐受最高摄入量（UL）为42 mg/d。膳食铁的良好来源为动物肝、动物全血、畜禽肉类、鱼类等，含铁酱油是一种强化铁食品。

（三）锌

成人体内锌含量为2~3 g。锌分布于人体所有的组织器官中，以肝、肾、肌肉、视网膜、前列腺内含量较高，血液中 75% ~ 85% 的锌分布于红细胞内。

缺锌使生长发育停滞、机体免疫力降低、记忆力丧失和学习能力下降。缺锌还可以导致食欲减退、性成熟障碍、睾丸萎缩、肝脾大、皮肤粗糙等。锌过量对人体有害。急性锌中毒可引起胃部不适、眩晕和恶心等。

海产品是锌的良好来源，奶类和蛋类次之，蔬菜、水果锌含量较少，植酸、鞣酸和纤维素影响锌的吸收，铁也可抑制锌的吸收。根据《中国居民膳食营养素参考摄入量（2013版）》的建议，锌的膳食推荐摄入量（RNI），成年男子为 12.5 mg/d，成年女性为 8.5 mg/d，可耐受最高摄入量（UL）为 40 mg/d。

八、水

水是一切生命必需的物质，但是，由于大多数状况下没有缺水情况的发生，因此，水的营养问题一般没有引起充分重视。水是体内含量最多的成分，成年男子含水量约为体重的 60%，女子为 50% ~ 55%。体内含水量与年龄有关，年龄越小，含水量越多，胚胎含水量可达体重的 98%。水在体内分布于细胞内、外，细胞内水分占 2/3，细胞外水分占 1/3。体内各器官中血液水分最多，脂肪组织水分最少。体内水来源于饮水、食物中的水及体内代谢内生水，通常每日每人饮水约 1 200 ml，食物含水约 1 000 ml，代谢内生水 300 ml。体内水的排出主要通过肾，约占 60%，其次是经肺、皮肤和粪便，每日人体水平衡维持在 2 500 ml 左右。

水在体内的主要功能是组成体液、润滑或滋润各种组织器官，同时水又是营养物质的载体、代谢产物的溶剂，直接参于各种物质代谢过程，包括转运、转化及排泄等。此外，水还有调节体温的作用，通过蒸发或出汗过程，维持体温的恒定。

水摄入不足或丢失，可引起体内失水。失水达体重 2% 时，产生口渴、尿少等症状；失水超过体重 10% 时，可出现烦躁、眼球内陷、皮肤失去弹性、全身无力、体温与脉搏增加、血压下降等表现；失水达体重 20% 时，将导致死亡。水摄入过多，超过肾排泄能力，可引起水中毒，这种情况可见于肾病、充血性心力衰竭等，临床表现为渐进性精神迟钝、恍惚、昏迷、惊厥等，严重时将引起死亡。

水的需要量受代谢状况、年龄、体力活动、环境温度、膳食等因素的影响，因此，需要量变化较大。美国曾提出成年人水的需要量为 1 ml/kcal，考虑到活动、出汗、环境等因素的变化及发生水中毒的危险性极小，推荐的水需要量可增加到 1.5 ml/kcal。轻体力活动的成人每天至少饮水 1500 ~ 1700 ml。

第二节 膳食营养素参考摄入量

为了指导居民合理营养、平衡膳食，中国营养学会 2023 年推出了《中国居民膳食营养素参考摄入量（2023版）》。"膳食营养素参考摄入量（dietary reference intakes，DRIs）"是一组每日平均膳食营养素摄入量的参考值，包括平均需要量（EAR）、推荐摄入量（RNI）、适宜摄入量（AI）、可耐受最高摄入量（UL）、宏量营养素可接受范围（AMDR）、预防非传染性慢性疾病的建议摄入量（PI-NCD，简称 PI）和特定建议值（SPL）。

一、平均需要量

平均需要量（estimated average requirement，EAR）：是群体中各个体需要量的平均值，是根据个体需要量的研究资料制订的，是可以满足某一特定性别、年龄及生理状况群体中 50% 个体需要的摄入水平，这一摄入水平不能满足另外 50% 个体对该营养素的需要，EAR 是制订 RNI 的基础。

二、推荐摄入量

推荐摄入量（recommended nutrient intakes，RNI）是指可以满足某一特定性别、年龄及生理状况群体绝大多数个体（97%～98%）需要量的摄入水平。长期摄入 RNI 水平，可以满足身体对该营养素的需要，维持组织中有适当的营养素储备和保持健康。RNI 是以 EAR 为基础制定的，主要作为个体每日摄入该营养素的目标值。与 EAR 相比，RNI 在评价个体营养素摄入量方面的作用有限，当某个体的营养素摄入量低于 RNI 时，并不一定表明该个体未达到适宜的营养状态。

三、适宜摄入量

适宜摄入量（adequate intakes，AI）是通过观察或实验获得的健康人群某种营养素摄入量，也可用作个体摄入量的目标，该量可满足目标人群中几乎所有个体的需要。当某种营养素的个体需要量的研究资料不足而无法计算 EAR，进而不能推算 RNI 时，可设定 AI 代替 RNI。它的数值一般大于 EAR，也可能大于 RNI。

四、可耐受最高摄入量

可耐受最高摄入量（tolerable upper intake，UL）是指在生命某一阶段和性别的人群中，几乎对所有个体健康都无任何副作用和危险的每日最高营养素摄入量，是平均每日可以摄入该营养素的最高量。可耐受是指这一摄入水平是可耐受的，对一般人群几乎所有个体都不致损害健康，目的是限制膳食和来自强化食物及膳食补充剂的某一营养素的总摄入量，以防止该营养素引起的不良作用。当摄入量超过 UL 而进一步增加时，损害健康的危险性也随之增加。

五、宏量营养素可接受范围

宏量营养素可接受范围（acceptable macronutrient distribution ranges，AMDR）指脂肪、蛋白质和糖类理想的摄入范围，该范围可以提供人体对这些必需营养素的需要，并且有利于降低慢性疾病的发生危险，常用占能量摄入量的百分比表示。AMDR 的显著特点是具有上限和下限，如果个体的摄入量高于或低于推荐的范围，可能引起罹患慢性疾病的风险增加，或导致必需营养素缺乏的可能性增加。

六、预防非传染性慢性疾病的建议摄入量

膳食营养素摄入量过高或过低导致的慢性疾病一般涉及肥胖、糖尿病、高血压、血脂异常、卒中、心肌梗死，以及某些恶性肿瘤。预防非传染性慢性疾病的建议摄入量（proposed intakes for preventing non-communicable chronic diseases，PI-NCD），简称建议摄入量（PI），是以非传染性慢性疾病（NCD）的一级预防为目标，提出的必需营养素的每日摄入量。当 NCD 易感人群某些营养素的摄入量接近或达到 PI 时，可以降低他们发生 NCD 的风险。

七、特定建议值

特定建议值（specific proposed levels，SPL）是指营养素以外的某些膳食成分，其中多数属于植物化学物，已经被证明具有改善人体生理功能、预防慢性疾病的生物学作用。当某些疾病易感人群膳食中这些成分的摄入量达到或接近 SPL 时，有利于维护人体健康。

第三节 食品卫生与安全

一、食品污染

食品的污染可分为生物性、化学性、物理性污染,生物性污染是引起食品的腐败变质及食物中毒的主要因素之一。

(一)食品的腐败变质

食品的腐败变质是指食品在一定环境因素的影响下,由微生物作用而引起的食品成分与感官性状发生改变,并失去食用价值的一种变化。影响食品腐败变质的因素有食品本身的组成和性质、环境因素,以及微生物作用等。影响食品腐败变质可使食品的感官性状发生改变,食用价值降低,甚至不能食用,造成食源性疾病和食物中毒。

食品腐败变质的鉴定一般是从感官、物理、化学、微生物等方面进行评价,可通过低温冷藏或冷冻、高温灭菌防腐、脱水干燥、腌制或烟熏提高渗透压防腐、添加化学防腐剂及辐照保藏等措施防止食品腐败变质。

(二)食品的污染种类

1. 食品细菌污染及指标 食品不得含有致病菌,菌落总数、大肠菌群保证在国家规定的限度内。菌落总数是指在被检样品的单位重量(g)、容积(ml)或表面积(cm^2)内,在严格规定的条件下培养所生成的细菌集落总数。菌落总数是食品清洁状态的标志,也可用于预测食品的耐保藏性。

大肠菌群包括肠杆菌科的埃希菌属、柠檬酸杆菌属、肠杆菌属、克雷伯菌属,均系来自人和温血动物肠道的革兰氏阴性杆菌。食品中大肠菌群的数量采用相当于100 g或100 ml食品中的可能数来表示,简称大肠菌群最近似数(maximum probable number,MPN)。大肠菌群可作为人与温血动物粪便污染的指示菌,也可作为肠道致病菌的指示菌。大肠菌群在5 ℃以下不能生长,因此对于冷冻食品或冷藏食品可选择肠球菌作为污染的指示菌。

2. 食品的霉菌污染 粮食、豆类及干菜等易受霉菌污染,污染后产生霉菌毒素。黄曲霉毒素是由黄曲霉和寄生曲霉产生的代谢产物,可以致癌,并可损伤肝等器官。调查发现,我国长江以南地区肝癌发生率与黄曲霉毒素污染呈正相关。黄曲霉毒素主要污染花生、玉米,也可污染干菜、咸鱼等,可通过防霉、去毒、限制含量等措施预防黄曲霉毒素的污染。

3. 食品的化学性污染 包括环境中的农药污染、有害金属等污染。

二、食物中毒及其预防

食物中毒是指摄入了含有生物性和化学性有毒、有害物质的食品,或把有毒、有害物质当作食品摄入后出现的非传染性的急性或亚急性疾病。

食物中毒的特点如下。①季节性:食物中毒的季节性与食物中毒的种类有关,细菌性食物中毒多发生在夏季,化学性食物中毒全年均可发生;②暴发性:发病潜伏期短,来势急,短时间内可能有多人发病,发病曲线呈突然上升趋势;③相似性:患者有食用同一食物史,临床表现基本相似,以恶心、呕吐、腹痛、腹泻为主要症状;④非传染性:流行波及范围与污染食物供应范围相一致,停止污染食物供应后,流行即告终止,人与人之间无直接传染。

食物中毒分为细菌性食物中毒,有毒动、植物中毒,化学性食物中毒,真菌及其毒素食物中毒。

1. 细菌性食物中毒 特点是发病率通常较高,但病死率较低,发病有明显的季节性,5～10月最多。引起细菌性食物中毒的主要食品为肉及肉制品,禽、鱼、乳、蛋也占一定的比例。根据我国食源性疾病监测网的资料，按细菌性食物中毒的发病人数排序，其致病菌依次为沙门菌、变形杆菌、葡萄球菌肠毒素、肉毒梭菌副溶血弧菌、其他细菌或细菌毒素。沙门菌中毒较为常见，其污染的食物比较广泛，但以肉类食物污染为主，如熟肉，沙门菌污染食物常不引起感官的改变。葡萄球菌肠毒素引起的食物中毒表现为典型的胃肠道症状，表现为恶心、剧烈而频繁地呕吐（严重者可呈喷射状，呕吐物中常有胆汁、黏液和血）、腹痛、腹泻（水样便）等。肉毒梭菌毒素是一种强烈的神经毒素，毒性比氰化钾强1万倍。中毒主要表现为运动神经麻痹症状，家庭自制发酵酱类易被肉毒梭菌污染，并产生毒素，肉毒梭菌中毒死亡率较高，因此需加强预防。副溶血弧菌中毒是我国沿海地区最常见的一种食物中毒，中毒原因主要是烹调海产品或盐腌食品时未烧熟、煮透，或熟制品污染后未再彻底加热。

2. **真菌及其毒素食物中毒** 食用被真菌及其毒素污染的食物可引起食物中毒。一般烹调加热方法不能破坏食品中的真菌毒素，发病率较高，死亡率也较高，发病有明显的季节性和地区性，如霉变甘蔗中毒常见于初春的北方，赤霉病麦中毒常发生于5～7月，且多见于长江中下游地区。

3. **有毒动物食物中毒** 包括河豚鱼中毒、麻痹贝类中毒、鱼类引起的组胺中毒等，发病率及死亡率均较高。河豚鱼的有毒成分为河豚毒素，是一种神经毒素。河豚鱼的卵巢和肝毒性最强，血液、皮肤、眼球都有毒。青皮红肉鱼类引起的组胺中毒主要是过敏症状，烹调时加入适量雪里蕻或山楂（红果）可使组胺量下降。

4. **有毒植物食物中毒** 食用植物性有毒食品，如毒蕈、未炒熟的四季豆、木薯等引起的食物中毒。发病特点因导致中毒的食物而异，最常见的为毒蕈中毒，春秋暖湿季节及丘陵地区多见，病死率较高。

5. **化学性食物中毒** 主要包括亚硝酸盐食物中毒、砒霜中毒及有机磷农药中毒等。发病无明显的季节性和地区性，死亡率较高。亚硝酸盐物理性状与食盐相似，因此常被当成食盐或者碱面添加到食物中。另外，新腌的菜中亚硝酸盐含量较高，其中毒表现为口唇、指甲及全身皮肤、黏膜青紫等。预防中毒的措施包括日常勿食大量刚腌的蔬菜，腌菜时盐应稍多，至少待腌制15天以上再食用。

第四节　保健食品

一、保健食品概述

保健食品是指声称具有特定保健功能或以补充维生素、矿物质为目的的食品，即适宜于特定人群食用，具有调节机体功能，不以治疗疾病为目的，并且对人体不产生任何急性、亚急性或者慢性危害的食品。我国的保健食品主要分为以下两类。

（一）营养素补充剂

该类保健食品是以补充一种或多种人体所必需的营养素为目的，包括维生素和矿物质，尚未将三大营养素（碳水化合物、蛋白质和脂肪）包括在内。申报这类保健食品不必进行动物和人体功能实验。

（二）声称具有特定保健功能的食品

保健食品的功能设置要符合以下原则：

1. 以中国传统养生保健理论和现代医学理论为指导，以满足群众保健需求、增进人体健康为目的。

2. 功能定位应为调节机体功能，降低疾病发生的风险因素，针对特定人群，不以治疗疾病为目的。

3．功能声称应被科学界所公认，具有科学性、适用性、针对性，功能名称应科学、准确、易懂。

4．功能评价方法和判断标准应科学、公认、可行。

5．功能调整和管理应根据科学发展、社会需求和监管实际，按照相关程序，实施动态管理。

二、保健食品功能分类

2016年国家食品药品监督管理局公布的保健食品的申报功能为27项，包括：增强免疫力功能、辅助降血脂功能、辅助降血糖功能、抗氧化功能、辅助改善记忆功能、缓解视疲劳功能、促进排铅功能、清咽功能、辅助降血压功能、改善睡眠功能、促进泌乳功能、缓解体力疲劳功能、提高缺氧耐受力功能、对辐射危害有辅助保护功能、减肥功能、改善生长发育功能、增加骨密度功能、改善营养性贫血功能、对化学肝损伤有辅助保护功能、祛痤疮功能、祛黄褐斑功能、改善皮肤水分功能、改善皮肤油分功能、调节肠道菌群功能、促进消化功能、通便功能和对胃黏膜损伤有辅助保护功能。

（一）改善生长、发育的保健食品

生长是指某一特定类型的细胞的数目和大小增加，表现为身体大小的改变，体现为身高和体重的增加。从母亲怀孕的早期开始，胎儿的形成和发育，以及新生儿、婴幼儿的发育均离不开营养素的供给和利用。研究发现，早期营养能调节机体的生长和发育，并可能影响神经系统的功能和行为。同样重要的是，早期的营养可对终生起程序化的作用，影响成年后的健康，从而影响整体生活质量。生长、发育不是简单的身体由小增大的过程，涉及个体细胞的增殖、分化、器官结构及功能的改善。其中骨骼的生长和矿化对于体格形成非常重要，摄取适当的营养成分及运动对儿童的健康非常必要。

目前用于改善儿童生长发育的保健食品主要包括高蛋白食品、维生素强化食品、赖氨酸食品、补钙食品、补铁食品和磷脂食品、DHA食品等，促进骨骼生长的有补钙食品、维生素D、锌等，影响细胞分化的保健食品有维生素A。促进细胞生长和器官发育的有蛋白质、脂类、维生素A、B族维生素，以及锌、碘、牛磺酸等。目前国内外市场上认为具有促进生长发育功能的食物成分包括牛磺酸、不饱和脂肪酸、螺旋藻、刺参、肌醇、牛初乳、锌和富锌食品。

（二）增强免疫的保健食品

人体的免疫系统由免疫器官、免疫细胞和免疫分子组成。免疫活性细胞对抗原分子的识别、自身活化、增殖、分化及产生效应的全过程称为免疫应答，包括非特异性免疫和特异性免疫。非特异性免疫系统包括皮肤、黏膜、单核-吞噬细胞系统、补体、溶菌酶、纤毛等；而特异性免疫系统又分为T淋巴细胞介导的细胞免疫和B淋巴细胞介导的体液免疫两大类。免疫是机体在进化过程中识别自身、排斥异己的一种重要功能。免疫功能包括免疫防护、免疫自稳和免疫监视等3个方面的内容。免疫系统通过对自我和非自我物质的识别和应答以维持机体的正常生理活动。

与免疫功能有关的保健食品，是指能增强机体抵抗力及维持自身生理平衡的食品。它们分别具有参与免疫系统的构成、促进免疫器官的发育和免疫细胞的分化、增强机体的细胞免疫和体液免疫的功能，如蛋白质、氨基酸、脂类、维生素、微量元素，以及核酸、类黄酮物质等食物成分。目前国内外认为具有免疫调节功能的物质有香菇多糖、灵芝和灵芝多糖、云芝多糖、银耳多糖、猪苓多糖、山药和山药多糖、黄芪多糖、虫草多糖、金针菇多糖、黑木耳多糖、牛膝多糖、茯苓多糖、猴头菇、蛋黄免疫蛋白、螺旋藻、蚂蚁、枸杞、阿胶、花粉、卵白肽、核酸等。

（三）抗氧化和延缓衰老的保健食品

随着年龄的增长，体内氧化水平逐渐增强，而抗氧化能力却逐渐下降，导致体内的自由基增多，过多的自由基损害细胞膜，导致细胞的破坏老化和功能障碍，因此人逐渐衰老，这就是所谓的自由基导致衰老的学说。人体的抗氧化体系包括两种：抗氧化酶系统如超氧化物歧化酶（SOD）、过氧化氢酶、谷胱甘肽过氧化物酶（GSH-PX），以及非酶性抗氧化系统如维生素C、维生素E、类胡萝卜素、硒。膳食中含有一系列具有抗氧化活性和清除过氧化物及氧化自由基的成分。"吃葡萄不吐葡萄皮，不吃葡萄倒吐葡萄皮"是一句绕口令，后半句叙述的是绝对不可能的事情，前半句却被证明是有科学基础的。研究发现，吃葡萄不吐葡萄皮的话，其抗氧化活性是维生素C的20倍、维生素E的50倍。法国人葡萄酒的消费量全世界最高，心脑血管疾病的发病率低于其他欧洲国家。研究证实，维生素E、类胡萝卜素（如番茄红素和叶黄素）、维生素C、锌、硒、多不饱和脂肪酸如鱼油等营养素，以及茶多酚、多糖、葡萄籽原花青素、大豆异黄酮等食物成分均具有明显的抗氧化与延缓衰老的功效。目前，国内外研究认为具有抗氧化、抗衰老的物质有生育酚、生育三烯酚、超氧化物歧化酶、姜黄素、茶多酚、谷胱甘肽、肉苁蓉、葡萄籽提取物、松树皮提取物、大枣等。

（四）辅助改善记忆的保健食品

研究证实，多种营养素或食物成分在中枢神经系统的结构和功能中发挥着重要作用。有的参与神经细胞或髓鞘的构成；有的直接成为神经递质及其合成的前体物质，如色氨酸、酪氨酸、胆碱作为神经递质5-羟色胺等的前体。维生素B_1、B_{12}、B_6、叶酸参与神经递质的合成。有些营养成分与认知过程中新突触的产生或新蛋白的合成有关，如缺锌可使大脑新的记忆细胞产生减少；某些成分可以改善衰老及老年痴呆症，如洋葱、姜、茶叶、银杏叶提取物；有些营养成分抗脑动脉硬化，降低痴呆发生的危险性，如深海鱼油，或深海鱼如沙丁鱼、三文鱼、鲑鱼、青鱼。

因此，由下列成分组成的食品形成了具有辅助改善记忆功能的保健食品，如蛋白质和氨基酸、碳水化合物、脂肪酸、大豆卵磷脂、脑磷脂、锌、铁、碘、维生素C、维生素E、B族维生素、咖啡因、银杏叶提取物、以及某些蔬菜，水果中的植物化学物。

（五）辅助降低血糖的保健食品

高血糖不仅是糖尿病患者视网膜病变、肾脏病变、神经病变等各种并发症的始发因素，而且是心血管疾病危险性增加的促进因素。蛋白质和脂肪对慢性糖尿病并发症的发展有不良作用，建议糖尿病患者不要摄入太多的蛋白质和脂肪；碳水化合物是影响血糖控制的主要膳食成分，糖尿病患者餐后血糖水平与膳食中可消化的碳水化合物有直接关系。血糖生成指数（glycemic index，GI）是衡量食物摄入后引起血糖改变的一项生理指标。选择血糖生成指数比较低的膳食有助于胰岛素非依赖型糖尿病的控制。

降低膳食的血糖生成指数，或者延缓肠道对糖和脂类物质的吸收，都有助于降血糖。膳食纤维类如山楂中的果胶、蔬菜中的西黄耆胶、豆类食品中的豆胶都具有降低血糖生成的作用，常作为辅助降血糖的保健食品。微量元素铬在体内可组成葡萄糖耐量因子，协助胰岛素发挥作用，所以富含铬的食品如苦瓜也作为降血糖的保健食品。

下列物质被认为对改善糖尿病特别是2型糖尿病有效，如麦芽糖醇、木糖醇、山梨糖醇、异麦芽糖酮醇、赤藓糖醇、乳糖醇、D-甘露糖醇、苦荞麦、蜂胶、南瓜、地肤子提取物、桑茶叶、番石榴叶提取物、三氯化铬、吡啶甲酸铬。

（六）辅助调节血脂的保健食品

高脂血症及脂质代谢障碍是动脉粥样硬化形成的主要危险因素。血浆中比较高的TC、TG及LDL-C及较低的HDL-C加重了动脉粥样硬化、冠心病的危险性，高血脂加重高血压，高血压伴有高血脂，是出血性卒中的危险因素。

膳食中具有降低血清胆固醇、血浆三酰甘油的食物成分或营养素。常作为辅助降血脂的保健食品的成分，如燕麦、玉米、蔬菜中的膳食纤维具有辅助降低胆固醇作用。菜籽、豆类及谷类食物中含有的植物固醇由于结构上与胆固醇相似，可干扰胆固醇在小肠内的吸收，也作为降低胆固醇的保健食品成分。富含n-3不饱和脂肪酸的膳食，可降低空腹血浆三酰甘油的浓度，并能降低餐后血脂水平。这类膳食包括深海鱼的鱼油、月见草油、紫苏子油等。

中国卫生部批准的保健食品的成分有花粉、γ-亚麻酸、α-亚麻酸、枸杞、苦荞麦、黄芪、膳食纤维、山楂、亚油酸、燕麦、DHA、EPA、蘑菇、银杏叶、DPA、壳聚糖、发酵醋、何首乌、甲壳素、灵芝、茶多酚、L-肉碱、香菇、杏仁、红花油、螺旋藻、大蒜、红景天、雪莲花、深海鱼油（海兽油）、沙棘油、酸枣、大黄酸、蛋黄卵磷脂、黑芝麻、月见草油、蜂胶、牛磺酸、绞股蓝、虫草、酿造醋、小麦胚芽油、紫苏油、人参、芦荟、维生素E、玉米油、杜仲、亚麻籽油。

（七）辅助降血压的保健食品

高血压是内科常见病、多发病之一，目前我国每年新发高血压患者300万。高血压的病因可能与年龄、遗传、环境、体重、食盐摄入量、胰岛素抵抗有关。血压越高，冠心病的发病率越高、程度越重，治疗高血压可以降低与冠状动脉相关疾病的危险性。

据统计，膳食中控制食盐、乙醇摄入，避免肥胖通过及增加膳食中 K^+/Na^+ 比值等措施可使收缩压降低8mmHg左右。研究发现，膳食补充n-3多不饱和脂肪酸有助于降低血压，因此，深海鱼油、月见草油、亚麻子油、紫苏子油都可作为辅助降血压的保健食品成分。膳食中增加 K^+ 的摄入有助于抑制 Na^+ 的作用，降低血压，因此，增加富含钾的蔬菜、水果摄入有助于降血压。另外，蔬菜、水果中也含有降血压的活性成分，如芹菜、苋菜、空心菜、荠菜。目前认为具有降血压功能的食品成分有杜仲叶提取物、大豆低聚肽、降血压肽、芦丁（芸香苷）。

（八）改善胃肠道功能的保健食品

由于环境、饮食、心理、药物影响等多方面因素，导致现代人（特别是城市人口）胃肠道功能障碍（或胃肠道疾病）人群日趋扩大。胃肠道功能失调，会导致消化与吸收障碍，临床上出现食欲缺乏、恶心呕吐、胃痛腹胀、腹泻或便秘等。若长期不能改善，则会发展为多种疾病。胃肠道功能失调主要是由炎症（急慢性胃炎、肠炎）和溃疡（胃及十二指肠溃疡）引起的。因此，缓解、抑制、消除炎症与溃疡是改善胃肠道功能的关键。

肠道中的某些寄生菌群，能将某些简单物质合成维生素B族复合物及维生素K等，供生命活动利用。肠道黏膜损害和肠道寄生菌群比例失调，可使敏感的菌群被杀灭或抑制，不敏感的菌群趁机过度增殖，严重危害人体健康。近年来，人们十分重视肠道微生态功能，利用一些有益于肠道的活菌制剂及其增殖促进因子可以保证或调整有益的肠道菌群构成，从而保障人体健康，是当前国内外保健食品开发的重要领域。

肠道菌群包括有益菌（如双歧杆菌和乳杆菌）、有害菌（如产气荚膜杆菌和拟杆菌）和低有害菌（如肠球菌和肠杆菌）。在正常情况下，各种菌群处于平衡状态。随着年龄的增长，有益菌（尤其是双歧杆菌）的数量会逐年下降，至老年时几乎不再存在。有益菌能抑制肠道有害菌的繁殖和腐败作用，阻止有毒物质的形成，并能合成多种维生素，有利于铁、钙的吸收，激活吞噬细胞活性等。因此，凡能促进有益菌生长、抑制有害菌繁殖的物质，都可起到调节肠道菌群的作用，包括各种低聚糖等。

便秘是指排便次数减少，每2～3天或更长时间排便一次，无规律性，粪质干硬，含水量低，常伴有排便困难感，是一种临床常见的症状。便秘可分为急性与慢性两类，多见于老年人。经常服用某些药物如止痛剂、麻醉剂、肌肉松弛剂、抗胆碱能药物、阿片制剂、神经节阻滞剂、降压药、利尿药也容易引起便秘。便秘可使各种分解后的废物和有害物质排泄不畅，导致消化道出血、憩室、息肉甚至肿瘤。凡能提高粪便含水量（如水溶性膳食纤维）的成分、促进胃肠道蠕动（不溶性膳食纤维）的成分，均能起到润肠通便的作用。

具有改善胃肠道功能的保健食品的成分包括双歧杆菌、膳食纤维、低聚果糖、低聚异麦芽糖、低聚甘露糖、植物乳杆菌、乳酸杆菌、大豆低聚糖、赤小豆纤维、玉米纤维、聚葡萄糖、异构化乳糖、淮山药等。

（九）减肥保健食品

肥胖是一种由多因素引起的慢性代谢病，而且是2型糖尿病、心血管病、高血压病、卒中和多种癌症的危险因素。目前减肥存在一些误区，具体如下。

1. 服用含有食欲抑制剂的药物 芬氟拉明、芬太明、安非拉酮、去烷基芬氟拉明等药物（常混入减肥茶中）的非法制品，常容易导致心脏瓣膜损害，还会产生腹泻、头晕等多种不良反应，严重的可因低血糖而导致昏厥，如抢救不及时可导致死亡。

2. 服用呋塞米等利尿剂 服用后通过大量排尿而迅速降低体重。但其副作用非常明显，如口干、心律不齐、疲乏无力、恶心呕吐，并会损害心肌。

3. 服用刺激类药物 如麻黄碱制品，通过中枢神经产生作用，加速新陈代谢而达到减肥的效果。但它会损坏人体器官，导致焦虑失眠、心动过速等症状。

4. 服用大黄类泻药 使体内水分从肠道排出，以减轻体重。但体内的矿物质、维生素等营养成分也随之丢失，并可伤及肠胃，使肠道产生依赖作用，一旦停服就会产生便秘，并很快恢复原来的肥胖症状。更严重的是，由于水电解质的紊乱，可诱发心脏病，直接危害生命。

5. 饥饿减肥 通过减少饮食量来减肥。一旦恢复饮食，体重就会立即反弹。且长期饥饿会导致严重营养不良，伤害健康，往往诱发厌食症。

6. 替食疗法 用纤维素之类无机营养成分来替代饮食，实质上是变相的饥饿减肥，具有与饥饿减肥同样的危害。

7. 辣椒减肥 是一种局部生热的减肥法，但蒸发的只是水分，很快又会恢复原状。

好的减肥食品应符合世界卫生组织健康减肥的标准：不腹泻、不厌食、不乏力、不饥饿、不反弹、皮肤不松弛；每周减重不能超过0.5～1kg。对市售的某些产品，如成分不明确，作用机制不清，疗效和安全性未经临床验证的保健品，误服后会对生命产生极大危害。因此，务必理智减肥，爱惜生命。

目前，我国国家食品药品监督管理局批准的具有减肥功能的部分物质包括膳食纤维、绞股蓝、茶多酚、L-肉碱、魔芋精粉、乌龙茶、丙酮酸钙、灵芝、虫草、黄芪、红花、茯苓、山楂、银杏叶、荷叶、桑叶。

（十）增加骨密度的保健食品

骨质疏松是老年人，尤其是绝经后妇女最为常见的一种退行性骨代谢疾病。骨质疏松的严重后果在于其引起的病理性骨折，容易发生骨折的部位是胸腰部、髋部和腕部，其中老年人股骨颈骨折，由于多数需要手术治疗和长期卧床，极易发生多种并发症状而成为重要的死因。据统计，约50%的股骨颈骨折患者因并发症导致死亡，而50%以上的存活者遗留有残疾或躯体功能障碍，严重影响生活质量。骨折不仅给患者本人造成极大痛苦，也会给家庭和社会带来沉重的经济负担。另外，由于骨质疏松的发生毫无预警，极易被人们忽视，因此被称为人类健康的"隐形杀手"。世界卫生组织已经将骨质疏松症列为21世纪危害人类的四大疾病之一。

骨是代谢活跃的组织，在人的一生中不断进行着由成骨细胞和破骨细胞参与的骨形成与骨吸收两个过程。当骨成熟时获得骨质峰值，此后，随着年龄的增长及生理状况的变化，从40～45岁开始，骨开始以一定的速率减少直至生命的结束，而女性在更年期前后10年，骨丢失速率加快。影响骨质疏松的因素除了遗传因素外，可能还有内分泌、年龄、性别、运动、机械负荷和营养因素等。营养因素又包括钙、磷等矿物质，维生素D、维生素A，以及蛋白质、膳食纤维等。其中钙、磷、蛋白质是骨质的重要组成成分，尤其是钙在一般食物中含量较低，无乳制品的膳食常常不能满足人体需要。维生素D在钙、磷代谢调节过程中发挥重要作用，在一些特定人群中也容易缺乏。因此，这些营养素的营养状况与骨质疏松症的发生存在着密切的关系。

女性绝经后雌激素水平迅速下降，骨量减少速度加快，因此，绝经后的女性骨质疏松发病率增加。目前研究发现，大豆中的大豆异黄酮、苜蓿、三叶草中的异黄酮类成分属于植物雌激素，可减缓骨丢失，防止骨质疏松。

目前中国市场上防止骨质疏松的保健食品有乳酸钙、磷酸氢钙、生物钙、醋酸钙、酪蛋白钙钛、磷酸钙、碳酸钙、骨钙、珍珠粉、葡萄糖酸钙、L-苏糖酸钙、甘氨酸钙、活性钙、柠檬酸钙、骨髓、氨基酸钙。

（十一）营养素补充剂

营养素补充剂是指补充维生素、矿物质而不以提供能量为目的的产品。其作用是补充膳食供给的不足，预防营养缺乏和降低发生某些慢性退行性疾病的危险性。营养素补充剂必须符合下列要求：

1. 仅限于补充维生素和矿物质，维生素和矿物质的种类应当符合 2005 年 5 月由国家食品药品监督管理局制定并发布的《维生素、矿物质种类和用量》的相关规定。

2. 《维生素、矿物质化合物名单》中的物品可作为营养素补充剂的原料来源；从食物的可食部分提取的维生素和矿物质，不得含有达到作用剂量的其他生物活性物质。

3. 辅料应当仅以满足产品工艺需要或改善产品色、香、味为目的，并符合相应的国家标准。

4. 适宜人群为成人的，其维生素、矿物质的每日推荐摄入量应当符合《维生素、矿物质种类和用量》的规定；适宜人群为孕妇、乳母及 18 岁以下人群的，其维生素、矿物质每日推荐摄入量应控制在我国该人群该种营养素推荐摄入量（RNIs 或 AIs）的 1/3～2/3 水平。

5. 产品每日推荐摄入的总量应当较小，其主要制剂为片剂、胶囊、颗粒剂或口服液。颗粒剂每日食用量不得超过 20 g，口服液每日食用量不得超过 30 ml。

营养素补充剂标示值是指产品标签和说明书上所标示的该产品中某种营养素含量的确定数值，不得标示为范围值；营养素补充剂产品质量标准中维生素的含量范围值为：$0.8\times$ 标示值～$1.8\times$ 标示值，矿物质含量范围值为：$0.75\times$ 标示值～$1.25\times$ 标示值；产品中每种营养素含量的实测值必须在该产品质量标准范围值之内。

含有 3 种以上维生素或矿物质的营养素补充剂，方可称为多种维生素或矿物质补充剂。

产品应采用定型包装，便于消费者食用和保持产品的稳定性，直接与营养素补充剂接触的包装材料必须符合有关卫生标准或卫生要求的规定。

营养素补充剂标签、说明书应符合国家有关规定，同时还应当标明以下内容：

1. "营养素补充剂"字样。
2. 营养成分应当标示最小食用单元的营养素含量。
3. 食用方法及食用量，应当明确不同人群具体推荐摄入量。
4. 注意事项，应当明确产品不能代替药物，不宜超过推荐量或与同类营养素补充剂同时食用。
5. 《维生素、矿物质的种类和用量》《维生素、矿物质化合物名单》由国家市场监督管理总局制定并发布。

国家市场监督管理总局规定：营养素补充剂不得以提供能量为目的；营养素补充剂只能宣传补充营养素；营养素补充剂必须取得保健食品批准证书后方可生产销售。

三、如何看待和选择保健食品

《保健食品注册与备案管理办法》已于 2016 年 2 月 26 日经原国家食品药品监督管理总局审议通过和公布，自 2016 年 7 月 1 日起施行。保健食品注册，是指食品监督管理部门根据注册申请人申请，依照法定程序、条件和要求，对申请注册的保健食品的安全性、保健功能和质量可控性等相关申请材料进行系统评价和审评，并决定是否准予其注册的审批过程。凡声称具有保健功能的食品必须经原国家食品药品监督管理总局审查确认。原国家食品药品监督管理总局对审查合格的保健食品发给《保健食品批准证书》获得《保健食品批准证书》的食品准许使用规定的保健食品标志（标志图案见图 1-4-1）。

图 1-4-1　保健食品标志图案

保健食品必须符合下列要求：

1．经必要的动物和人群功能试验，证明其具有明确、稳定的保健作用。

2．各种原料及其产品必须符合食品卫生要求，对人体不产生任何急性、亚急性或慢性危害。

3．配方的组成及用量必须具有科学依据，具有明确的功效成分。如在现有技术条件下不能明确功能成分，应确定与保健功能有关的主要原料名称。

4．标签、说明书及广告不得宣传疗效作用。

部分保健食品存在严重夸大产品功效或作为药品宣传的违法行为也存在大量其他产品假冒保健食品现象。在日常生活中购买保健食品务必注意以下3点：

第一，保健食品不是药品，切忌用保健食品代替药品，以致延误治疗时间，加重病情。

第二，选择保健食品，必须针对自己的身体状况，应当按照标签说明书科学选择、使用保健食品。

第三，购买保健食品，须认准保健食品标志和批准文号。保健食品产品外包装上有蓝色草帽样标志，标志下方为批准文号和批准部门。每个保健食品批准文号只能对应一个产品。

（马德福）

第五章

心理学基础知识

从事健康管理工作，需要了解心理学的基础知识。一方面，人的健康包含生理、心理、社会3个维度，因此心理健康在健康管理中不容忽视；另外一方面，心理学相关知识可以帮助我们了解服务对象的内心需求、找到激发服务对象内驱力的关键点，以及有针对性地指导不同心理特征的服务对象。

第一节　心理学常用概念

一、意识与注意

1. **意识**　就心理状态而言，意识意味着清醒、警觉、觉察、注意等。就心理内容而言，意识包括可用语言报告出的一切东西，如对幸福的体验、对周围环境的知觉、对往事的回忆。在行为水平上，意识意味着受意愿支配的动作或活动，与自动化的动作相反。例如，早晨起床后，一个人在选择穿哪一件衣服时，是受意识支配的，但是穿衣服的动作本身往往是自动化、不受意识控制的。

无意识指个体不能觉察到的心理活动和心理过程，又称潜意识，是相对于意识而言的。弗洛伊德最先提出了无意识力量的有关理论，他指出某些意识经验如此具有威胁性，以至于某些特殊的心理过程将它们一直排除在意识之外。

睡眠是一种与觉醒相对立的意识状态，也是我们日常生活中最熟悉的活动之一，人的一生，大约有1/3的时间是在睡眠中度过的。正常的睡眠不但有促进生长发育、保护大脑的作用，还可消除疲劳、恢复体力和增强机体免疫力。但随着工作压力的增大及夜间生活的增多，人们心理负担逐渐增加，睡眠问题越来越多，失眠人群也就越来越大。失眠是以经常不能获得正常睡眠为特征的一种病症。失眠患者的饮食原则是宜清淡，少食肥甘厚味，忌刺激食物，如浓茶、咖啡，晚餐不宜过饱。

2. **注意**　世界纷繁复杂，随时随地都有大量的刺激作用于感觉器官。但是，感觉器官接受外界刺激的能力有限，因此人需要选择性地接受外界刺激，以对这些刺激进行精细加工。意识的这种属性就是注意。

注意是心理活动或意识活动对一定对象的指向性和集中性。注意的指向性是指人在某一瞬间，他的心理活动或意识选择了某个对象，而忽略了另一些对象。例如，一个人在剧院里看戏，他的意识选择了舞台上演员的台词、动作、表情、服饰，而忽略了剧场里的观众。对前者他看得清、记得牢，而对后者只能留下非常模糊的印象，甚至看完了戏，还不知他邻座的观众是一个什么样的人。

当心理活动或意识指向某个对象的时候，它们会在这个对象上集中起来，这就是注意的集中性。例如，医生在做复杂的外科手术时，他的注意高度集中在患者的病患部位和自己的手术动作上，与手术无关的其他人和物便排除在他的意识中心之外。

二、感觉与知觉

1. **感觉** 一个物体有它的光线、声音、温度、气味等属性，但没有一个感觉器官可以把这些属性都加以认识，只能通过不同的感觉器官，分别反映物体的这些属性。眼睛看到了光线，耳朵听到了声音，鼻子闻到了气味，舌头尝到了滋味，皮肤感觉到了物体的温度和光滑程度等。每个感觉器官对物体一种属性的反映就是一种感觉。

感觉是由物体作用于感觉器官引起的，按照刺激来源于身体外部或是内部，可以把感觉分为外部感觉和内部感觉。外部感觉是由外部刺激作用于感觉器官所引起的感觉，包括视觉、听觉、嗅觉、味觉和皮肤感觉（皮肤感觉又包括触觉、温觉、冷觉和痛觉）；内部感觉是由身体内部的刺激（机体自身的运动和状态）所引起的感觉，包括运动觉、平衡觉和机体觉（机体觉又叫内脏感觉，它包括饿、胀、渴、窒息、恶心、便意、性和疼痛等感觉）。

感觉提供了内外环境的信息，保证了机体与环境的信息平衡，是一切较高级、较复杂的认识活动的基础，也是人的全部心理现象的基础。

2. **知觉** 对客观物体的个别属性的认识是感觉，对同一物体的各种感觉的结合，就形成了对这一物体整体的认识，即对这一物体的知觉。

知觉是各种感觉的结合，它来自于感觉，但又不同于感觉。感觉只反映事物的个别属性，知觉反映事物的整体；感觉是单一感觉器官活动的结果，知觉是各种感觉协同活动的结果；感觉不依赖于个人的知识和经验，知觉受个人知识经验的影响。同一物体，不同的人对它的感觉是相同的，但对它的知觉会有差别，知识经验越丰富对物体的知觉越完善全面。显微镜下边的血样，只要不是色盲，无论谁看都是红色的；但医生能看出里边的红细胞、白细胞和血小板等，没有医学知识的人就看不出来。

知觉包含不同种类，如空间知觉（对物体的大小、形状、距离、方位等空间特性的知觉）、时间知觉（对物质现象的延续性和顺序性的反映）、运动知觉（对物体在空间中的位移产生的知觉），以及错觉（在特定条件下产生的对客观事物的歪曲知觉，往往带有固定倾向，是一种歪曲的知觉）。

三、需要与动机

1. **需要** 人生活在社会上，要维持和发展自己的生命，需要一定的客观条件来保证，没有这些条件人就不能生存，也不能延续和发展。例如，人饿了得吃饭，渴了得喝水，冷了得御寒，热了得避暑，累了得休息，还要生儿育女；在社会中生存得有谋生的手段，还要有保持良好的人际关系的能力等。这些条件是不能缺少的，缺少了就会给机体内部造成不平衡状态，这种不平衡状态反映到人的头脑中，就使人产生对所缺少的东西的欲望和要求，这种欲望和要求就是人的需要。所以，需要是有机体内部的一种不平衡状态，表现为有机体对内外环境条件的欲求。

从需要产生的角度可以把需要分为自然需要和社会需要。自然需要由生理的不平衡引起，它与有机体的生存和种族的延续有密切的关系，如饮食、休息、求偶。社会需要是反映社会要求而产生的需要，如求知、交往。社会需要对维系人类社会生活、推动社会进步有重要作用，它是人所特有的，通过学习得来。

就满足需要的对象而言，可把需要分为物质需要和精神需要。物质需要是对社会物质产品的需要，并以占有这些产品而获得满足，如对食品的需要，对工作和生活条件的需要等；精神需要是对各种社会精神产品的需要，如对文化科学知识的需要，欣赏美的需要等。物质需要和精神需要之间有着密切的关系，对物质产品的要求不仅要满足人的生理需要，而且要满足人审美的需要。穿衣服是为了保暖，但选购衣服的时候还要挑选美观大方，能够表现自己身份的衣服。为了满足人的精神需要，还得有一定的物质条件来保证。没有教科书、没有上课的教室，难于通过讲授的方式获取科学知识；没有手机、电视机也难于看新闻、了解国内外大事。

2. **动机** 是在需要的基础上产生的。当人的某种需要没有得到满足时，它会推动人去寻找满足需要的对象，从而产生活动的动机。例如，热时寻找比较凉爽的地方，饿时寻找食物并奔向有食物的场所，渴时寻找水源等。这时，需要就成为人活动的动机。

动机包含不同种类，如生理性动机和社会性动机、有意识动机和无意识动机、内在动机和外在动机等。

由有机体的生理需要产生的动机叫生理性动机，如吃饭、穿衣、休息、性欲的动机。以人类的社会文化需要为基础而产生的动机属于社会性动机，如交往的需要引起交往动机，享受成就的需要引起成就动机，掌握权力的需要引起权力动机等。兴趣、爱好等都是人的社会性动机。

能意识到自己活动目的的动机称为有意识动机；没有意识到或没有清楚地意识到的动机称为无意识动机。无意识动机在自我意识没有发展起来的婴幼儿身上存在，在成人身上也存在，例如定势。

由个体内在需要引起的动机称为内在动机，在外部环境影响下产生的动机称为外在动机。由于认识到学习的重要意义而努力学习的动机是内在动机；为获得奖励而学习的动机是外在动机。两种动机是密切联系相互作用的，在推动个体的行为活动中都发挥作用。

3. **需要层次理论** 美国心理学家马斯洛于1968年提出需要层次理论。他认为，人的需要可以分为5个层次：生理需要、安全需要、爱和归属的需要、尊重的需要和自我实现的需要（图1-5-1）。需要的这5个层次，是由低到高逐级形成并逐级得以满足的。

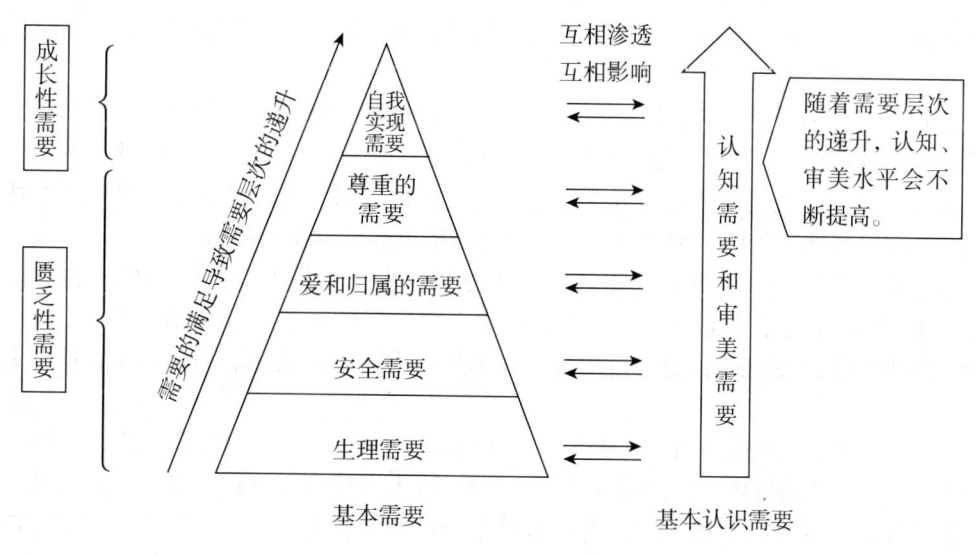

图1-5-1 需要层次理论

生理需要是人对食物、空气、水、性和休息的需要，是维持个体生存和种系发展的需要，在一切需要中它是最优先、最有力量的。

安全需要是人对生命财产感到安全、有序、稳定，免除恐惧和焦虑的需要，它是在生理需要满足的基础上产生的。这种需要得不到满足，人就会感到威胁和恐惧。

爱和归属的需要是在生理和安全需要满足的基础上产生的，是人要求与他人建立情感联系，如结交朋友，追求爱情的需要，隶属于某群体并在群体中享有地位的需要。

尊重的需要包括自尊和希望受到别人的尊重。自尊需要的满足会使人相信自己的力量和价值，使其在生活中变得更有能力、富有创造性；缺乏自尊会使人感到自备，没有足够的信心去处理面临的问题。

自我实现的需要是指人希望最大限度发挥自己的潜能，不断完善自己，完成与自己能力相称的一切事情，实现自己理想的需要，也是人类最高层次的需要。

马斯洛认为，这5种需要都是人最基本的需要，这些需要是与生俱来的，它们构成了不同的等级或水平，并成为激励和指引个体行为的力量。

四、情感与意志

1. **情绪和情感** 为区别于认知过程，人们把对客观事物态度的体验叫做感情。但是，感情这一概念比较笼统，它难以表达这一心理现象的全部特征。为了区别出感情发生的过程和在这一过程中产生的体验，人们采用了情绪和情感两个概念。

情绪指的是感情反映的过程，也就是脑的活动过程。从这一点来说，情绪这一概念既可以用于人类，也可用于动物。情感则常被用来描述具有深刻而稳定的社会意义的感情，如对祖国的热爱，对敌人的仇恨；对美的欣赏，对丑的厌恶等。所以，情感代表的是感情的内容，即感情的体验和感受；情绪代表的是感情的反映过程。情感通过情绪来表现，离开了情绪，情感也就无法表达了。和情绪相比，情感具有更大的稳定性、深刻性和持久性。

情绪变化的外部表现模式就是表情。表情包括面部表情、身段表情和言语表情。面部表情是面部肌肉活动所组成的模式，它能比较精细地表现出人的不同的情绪和情感，是鉴别人的情绪和情感的主要标志。例如，高兴的时候人的眼是眯着的，嘴角是往上提的；伤心的时候眉头是皱着的，嘴角是向下的；害怕的时候眼是瞪着的，嘴是张开的。身段表情是指身体动作上的变化，包括手势和身体的姿势，例如人在悲痛、懊恼时捶胸顿足，愤怒时咬牙切齿等。言语表情是情绪和情感在说话的音调、速度、节奏等方面的表现。高兴时说话的音调高，语速快；悲伤时说话音调低，语速慢，句子之间停顿的时间长。

表情既有先天、不学就会的，还有后天模仿学习获得的。因而人类表达情绪的主要方式是一样的，笑都表示就快乐，哭都表示悲伤，不是规定的行为规范，是全人类不学就会的。但是，不同文化背景的影响也使人表达情绪的方式带有不同的色彩，如西方民族和东方民族在表达欢迎的方式上就有明显的区别。所以表情又具有后天学习模仿，受社会制约的特性。

情绪和情感会引起一定生理上的变化，包括心率、血压、呼吸和血管容积上的变化，称为生理唤醒。如愉快时面部微血管舒张，脸变红了；害怕时微血管收缩，血压升高、心跳加快、呼吸减慢，脸变白了。这些变化是通过内分泌腺的作用实现的，认知活动则不伴有这种生理上的变化。

2. **意志** 是有意识地确立目的，调节和支配行动，并通过克服困难和挫折，实现预定目的的心理过程。受意志支配的行动叫意志行动，所以，意志行动是有意识、有目的的行动，行动的目的要通过克服困难和挫折才能达到。有些行动是习惯性的、无意识的，这样的行动不是意志行动。有些行动虽然有意识、有目的，但可以自然而然地完成，没有困难需要克服，像吃一顿饭，玩游戏，这些行动也体现不出人的意志，所以也不算意志行动。只有有目的的，通过克服困难和挫折实现的,即受意志支配的行动才是意志行动。

五、人格与性格

1. **人格** 是各种心理特性的总和,也是各种心理特性的一个相对稳定的组织结构,在不同的时间和地点,它都影响着一个人的思想、情感和行为,使他具有区别于他人的独特心理品质。

每一个人都有不同的遗传素质,又在不同的环境条件下发育成长起来,因而各人都有自己独特的心理特点,没有哪两个人的人格是完全相同的,这就构成了人格的独特性。

人格是由多种成分构成的一个有机整体,具有内在一致性,受自我意识的调控,包含在人格中的各种心理特征彼此交织,相互影响,构成了一个有机的整体。它虽然不能直接观察得到,但却表现在行为中,让人的各种行为所表现出来的特征是一个整体,体现了其独特的精神风貌。

人格对行为的影响是连贯的,不受时间和地点限制,这就是人格的稳定性。那些在行为中偶然表现出来的一时的心理特性不能称为人格特征。例如,性格内向的人因为喝了些酒比较兴奋,一时话多,并不表明这个人具有活泼好动的性格特点。

外界环境的刺激是通过人格的中介才起作用的,也就是说,人格对个人的行为具有调节的功能。同样面对挫折,性格坚强的人不会灰心,怯懦的人则会一蹶不振。一事当前,有人先从大局出发,首先顾及社会和集体的利益;有人则先考虑自己的得失,甚至为了自己的利益不惜损害社会和集体的利益。这都是人格功能的表现。

人格是在一定的社会环境中形成的,因而,一个人的人格必然会反映出他生活环境的社会文化特点,以及他所受教育的水平。这体现了人格的社会制约性。但是,人的心理,包括他的人格,又受大脑的控制,人格的形成必然要以神经系统的成熟为基础。所以,人格又是人的自然性和社会性的统一。

2. **气质和性格** 气质是心理活动表现在强度、速度、稳定性和灵活性等方面动力性质的心理特征,相当于我们日常生活中所说的脾气、秉性或性情。气质是天生的,孩子刚一出生,最先表现出来的差异就是气质的差异,比如有的孩子爱哭好动、有点孩子平稳安静。气质没有好坏之分,它不能决定一个人的社会价值,也不直接具有社会道德评价的意义。

性格是一个人在对现实的稳定的态度和习惯化了的行为方式中表现出来的人格特征。性格是在社会生活实践中逐渐形成的,性格不同于气质,它受历史文化的影响,有明显的社会道德评价的意义,直接反映了一个人的道德风貌。可以说,气质更多地体现了人格的生物属性,性格则更多地体现了人格的社会属性,个体之间人格差异的核心是性格的差异。

性格主要体现在对自己、他人和事物的态度和所采取的言行上。所谓态度,是个体对社会、对自己和对他人的一种心理倾向,它包括对事物的评价、好恶和趋避等方面。态度表现在人的行为方式中。例如,当国家和集体财产遭受损失时,有人不惜献出自己的生命奋起保卫,有人则退缩自保,有人甚至趁火打劫。这就是人们对同事物的不同态度。

六、心身疾病

(一)心身疾病的概念

心身疾病是心理社会因素在发病、发展过程中起重要作用的躯体器质性疾病和躯体功能性障碍的总称。这是心身疾病的广义概念。如果只强调受到心理社会因素影响的躯体器质性疾病,则是所谓狭义上的心身疾病,如冠心病、原发性高血压和溃疡病。

(二)心身疾病发病机制

心身疾病的发病机制在心理动力学、心理生理学、心理神经与免疫机制方面取得了一些进展,但很多细节问题尚待进一步澄清和证实。关于心身疾病的发病机制过程涉及以下几个方面。

1. **心理社会刺激物传入大脑** 心理社会刺激物在大脑皮质被接受,并得到加工处理和储存,使现实刺激加工转换成抽象观念。该过程的关键问题是诸如认知评价、人格特征、观念、社会支持、应对资源等中介因素的作用。认知评价的作用特别受到关注，因为心理社会刺激物不经认知评价而引起应激反应的情况很罕见（图1-5-2）。

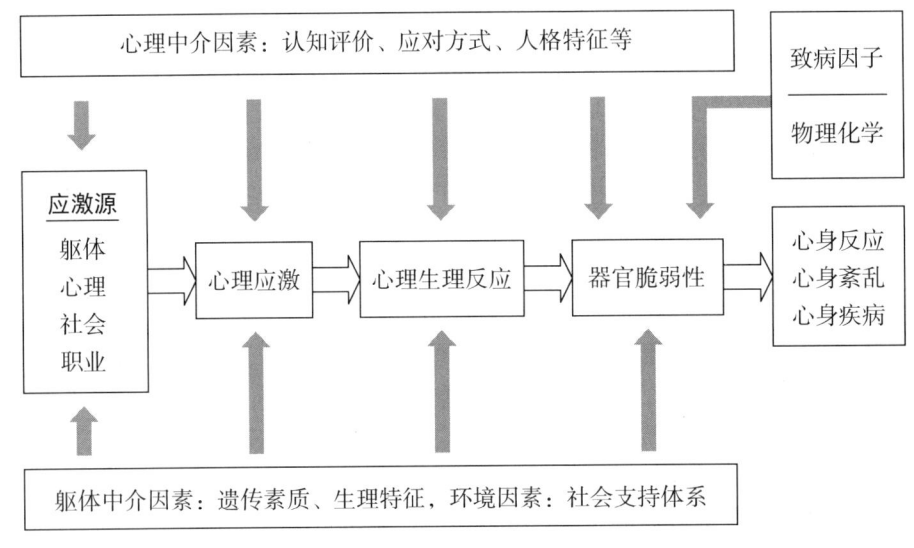

图1-5-2 心身疾病的应激机制

2. **大脑皮质联合区的信息加工** 联合区将传入信息通过与边缘系统的联络，转化为带有情绪色彩的内脏活动，通过与运动前区的联络，构成随意行动传出。

3. **传出信息触发应激系统（stress system）引起生理反应** 包括促肾上腺皮质激素释放激素（CRH）的释放、蓝斑-去甲肾上腺素/自主神经系统的变化，进而影响垂体-肾上腺皮质轴及自主神经支配的组织，体现为神经-内分泌-免疫系统的整体变化。蓝斑位于脑干第四脑室界沟上端的外侧，在新鲜脑样本上为一片黑蓝色的小区域，其深处有含色素的细胞。蓝斑含大量去甲肾上腺素能神经元，神经纤维投射到大脑皮质、下丘脑和丘脑、边缘系统，在大脑皮质的调控下，通过影响交感神经的活动调节肾上腺髓质分泌肾上腺素，使机体对应激做出整体反应。

4. **心身疾病的发生** 薄弱环节由遗传和环境因素决定，机体适应应激需求的能量储存有限，过度使用就会导致耗竭，强烈持久的心理社会刺激物就会产生心身疾病。

（三）常见心身疾病患者的心理特点

心身疾病可能发生在人体的各个系统，包括消化系统、呼吸系统、循环系统、神经系统、内分泌、代谢系统、骨骼肌肉系统、泌尿生殖系统等。常见的心身疾病主要有以下几种：冠心病、原发性高血压、癌症、消化性溃疡、糖尿病等。这些疾病的患者在心理特点上具有许多共同的特点。

1. **冠心病与原发性高血压** A型行为或冠心病易患行为是由美国心脏病学家弗里德曼（M.Friedman）和罗森曼（R.H.Rosenman）于1959年首先提出的，他们对在临床工作中观察到的冠心病患者的行为特征进行了总结。A型行为者具有的人格特征包括持续的进攻性、进取心和经常的紧迫感、好急躁、专心致志追求事业目标，并且始终保持着警觉、易冲动、精力充沛等。在行动上常表现出迅速、性急、果断而不沉着等特点。A型行为模式于1977年在国际心脏和血液病学术会议上被确认为是冠心病的一个独立的危险因素。流行病学调查表明，冠心病患者多数具有A型行为类型，其发生概率明显高于其他行为类型。A型行为类型者不仅易患冠心病，而且其临床表现和并发症也比较严重。1983—1984年有人用Herman与Friedman等标准随机对各种职业的3661人进行人格类型与冠心病相关性的调查，结果发现冠心病239例，总患病率为7.1%。其中A型与B型人格（以性情温和、言语与动作节奏较慢、缺少竞争行为特征）的冠心病患病率分别为 9.36% 与 3.7%，A 型者为 B 型者的 2 倍以上。

A 型行为人格量表是根据 A 型行为的典型特点来编制的，包括速度和性格急躁因素、对工作献身的因素、刻苦和竞争的因素，经过条目筛选后形成量表。A 型行为人格量表共包含 60 道题目，其中 25 道反映时间紧迫感（TH），25 道题反映竞争性（CH），另外 10 道题是测谎题（L）。

与冠心病相似，原发性高血压患者也通常具有 A 型行为特点。一般认为好激动、具有冲动性、好求全责备、主观刻板的人容易患高血压。尤其具有压抑的敌意、焦虑、愤怒等负性情绪的患者占多数。另外有研究表明高血压患者的人格具有较明显的精神质倾向，性格较为内向。常常行为孤独、内心焦虑、忧心忡忡，对外界刺激易产生强烈的情绪反应，控制情绪的能力差，难以适应外界环境的变化。由于处于此种心理状态下，容易导致紧张情绪的发生，进而产生一系列的生理反应，最终导致血压的恒定性升高。近代心身医学研究证明中枢神经系统、内分泌系统和免疫系统三者互相影响，使心理因素转变为生理因素。

2. **癌症**　人格特征与癌症的发生发展有一定的关系。许多资料表明，具有 C 型人格的个体患病率较高，且患癌症的人数较多，C 型人格往往表现为内向、行为退缩、多疑、急躁，但尽量克制与压抑自己，情绪不稳定，特别是情绪抑郁时，因内心痛苦无法表达而转为忍气吞声、消极忍耐，具有克制压抑的人格特点。李跃川等人的研究指出，C 型人格者食道癌发生的危险度（OR 值）为 3.09，高出正常人 3 倍以上。Shekelle（1981）报道，对 2020 位中年男子用明尼苏达多项人格调查表追踪 17 年后，发现癌症的发病率和死亡率与发病前的情绪抑郁有明显关系。国内高北陵（1989）对 245 例癌症患者进行艾森克个性测定，认为癌症患者多具有情绪不稳、易产生焦虑、紧张、抑郁情绪，且情绪一旦被激发后就很难平复下来。崔义才等人对食道癌患者的研究也发现患者有明显的精神质及神经质（通过艾森克个性问卷测试）。对各种刺激的反应都过于强烈，易产生负性情绪。成敬等人测定 77 例女性生殖器官恶性肿瘤患者的人格特征及其他社会心理特征，结果显示，恶性肿瘤组艾森克个性问卷的神经质分极显著地高于良性肿瘤组和健康对照组，提示患者性格具有神经质、情绪不稳的特征。Kissen 在比较肺癌与一般肺部疾病患者的心理特征时，观察到肺癌患者多具有压抑、急躁、多疑、敏感的人格特征。尤其是克制压抑的个体，即使不抽烟，也易患癌症。黄丽等研究发现，不同的人格特征影响着患者的应对方式，情绪不稳定的患者更多地采用屈服应对方式，掩饰、不成熟的患者也更易采用屈服应对方式。同时指出，回避是癌症患者有效的应对方式，而屈服是癌症患者不利的应对方式。沈鑫华等人的研究再次证明，心理社会因素对免疫有影响，行为、脑、免疫系统之间存在着复杂的相互作用。一般认为，积极应对可以提高免疫力，消极应对则抑制免疫力。C 型行为可使机体免疫功能发生变化，已经得到证实。

3. **消化性溃疡**　该病患者多具有内向性格、神经质、容易激怒，但又常常压抑愤怒而得不到发泄。具有以上人格特征的个体，对应激事件往往产生过度的反应，导致中枢神经系统功能紊乱，从而引发消化性溃疡。大量临床心理测试也说明，消化性溃疡患者一般不善交往、古板、被动、顺从、依赖性强，缺乏创造性、进取性和竞争意识。张蔚琴等采用卡特尔 16 种人格因素测试，并与正常人常模（一种供比较的标准量数）对照分析，发现男性溃疡组人格趋向于顺从、理智、随和、保守的特点。

4. **糖尿病**　该病患者的人格特征多具有被动性、依赖性、不成熟、缺乏安全感、优柔寡断等特点。2 型糖尿病患者的病情与情绪性、精神质显著相关。2 型糖尿病患者常常存在焦虑和抑郁症状，说明糖尿病患者心理健康情况较差，这可能与以下因素有关：①糖尿病病程长，反复发作，病情逐渐加重，合并症和并发症随之增多，需要长期服药，长期控制饮食。②患病后导致社会角色的变化，甚至受到家庭和社会成员的厌烦，患者有无用的感觉。③患者对疾病缺乏正确的认识，认为无法治愈，因而对前途失去信心，导致焦虑或抑郁情绪出现，同时情绪问题不仅降低患者的生活质量，而且与躯体症状相互作用而加重糖尿病的病情，影响疗效和预后。

多项研究表明 D 型人格在 2 型糖尿病患者中有一定比例，且与饮食自我管理、饮食自我效能等呈负相关。D 型人格和 C 型人格看起来类似，性格沉闷，但 D 型人格更突出的表现是看待问题很悲观，就算是大家都开心的事情，他们也很容易看到其中的负面信息；同时又不善于在社交场合表达自己的感情，所以他们总会体验到挫败感和自卑感。有关糖尿病患者五大人格的研究发现，开放性和责任心是用药依从性的保护因素，且开放性是自我管理和糖化血红蛋白达标的保护因素。同时也有学者使用艾森克理论模型发现外倾性是规律运动、遵医嘱用药的保护因素；偏精神质的患者，自我管理行为差且自我效能感低。

第二节　全生命周期的心理发展

一、婴幼儿期

（一）婴儿的心理发展

1. 婴儿的动作发展　婴儿期是指个体从出生到 3 岁的时期（0～3 岁），在这个时期，儿童生理和心理的发育都是最为迅速的。

出生时足月男婴体重为 3.3～3.4 kg，足月女婴体重为 3.2～3.3 kg。正常喂养情况下，5 个月时婴儿体重翻一倍，12 个月时增加两倍，30 个月时达到出生时体重的 4 倍。婴儿的大脑从胚胎时期开始发育，出生时重达 350～400 g，是成人脑重的 25%。此后的第 1 年，脑重增长最快，6 个月时达到 700～800 g，约占成人脑重的 25%；12 个月时重达 800～900 g；24 个月时增加到 1050～1150 g，约占成人脑重的 75%；36 个月时脑重已接近成人的脑重范围，此后发育速度变慢，15 岁时才达到成人水平。

婴儿动作的发展具有重要的意义，个体心理的起源与动作密切相关，感知的源泉和思维的基础是动作。个体的心理发展是由外逐步内化的，动作在心理的内化过程中起着关键性作用。首先，动作对大脑的发育具有促进作用，使个体对外部世界各种刺激及其变化更加警觉，并使感知觉精确化，使得婴儿的认知结构不断改组和重建。其次，动作促进社会交往能力的发展。动作改变个体与外界环境的互动模式，使个体从被动接受环境信息变为主动获取各种经验，不但促进了个体自主性的发展，同时也影响个体的社会交往特点，进而对个体的情绪、社会知觉、自我意识等产生重要影响。

婴儿动作的发展顺序主要遵循 3 个原则：①由上到下的原则，依次发展与头部有关的动作、躯干动作、脚的动作；②由中心到四周的原则，先发展头部和躯干的动作，然后是双臂和腿的动作，最后是手的精细动作；③由简单的无意识动作到复杂的有意识动作的原则，婴儿开始的动作主要是简单的大动作意识，之后逐渐发展出有意识参与的精细和复杂动作。

2. 婴儿的认知发展　感知觉是个体认知发展中最早发生、最先成熟、发展速度最快的心理过程，在婴儿认知活动中一直占主导地位。

（1）感知觉：视觉在胎儿中晚期开始发展，新生儿已具备一定的视觉能力，6 个月时具备立体觉。听觉方面，新生儿偏爱母亲的声音，能区别不同的音高，具备听觉定位能力，表现出视-听协调活动能力。味觉感受器在胚胎 3 个月时开始发育，4 个月的胎儿能感受到足够的味觉刺激，新生儿的味觉已发育得相当完好。味觉在婴儿期最为发达，之后会逐渐衰退。婴儿出生一周即能辨别不同气味，并对母亲的气味表示出偏爱。婴儿刚一出生就有温觉反应，调节体温的能力是新生儿适应环境的一个关键。婴儿早期就有痛觉反应，但比较微弱和迟钝，2 个月时，能对细而尖的刺激产生反应。

视觉悬崖研究发现，大约从 6 个月开始，婴儿就具有深度知觉。婴儿期是个体感知觉发展的最重要时期，也是感知觉发展最迅速的时期，更是对儿童感知能力发展的干预和训练的最宝贵时期。感觉统合能力在这一时期的发展水平会对儿童未来的学习、行为及情绪产生重要影响。喂养方式、幼儿的体重等是影响感知觉发展的重要因素。母乳喂养能够有效地培养母婴之间的感情，为儿童感觉统合能力提供良好的开端，促进儿童心理健康发展，而体重较重、行动力受限、疾病会对儿童的感觉统合能力的发展造成负面影响。

（2）注意：婴儿注意最早表现为先天的定向反射，实际上就是不随意注意的初始状态，随后发展为随意注意。此外，婴儿的共同注意随年龄增长逐步提高，在9个月左右有了显著的变化，但在1岁以前，婴儿共同注意能力的发展水平较低。1岁以后，语言的产生与发展使婴儿的注意活动进入了更高层次，此时婴儿注意活动的一个明显特点是，当听到成人说出某个物品的名称时，会相应地注意那个物品，物品的第二信号系统特征开始制约和影响婴儿的注意活动。

（3）记忆与学习：记忆发生的时间是胎儿末期。按记忆内容的不同可分为情绪记忆、动作记忆、表象记忆和词语记忆。1岁之前婴儿的记忆主要是情绪记忆和动作记忆，1岁之后婴儿的记忆主要是表象记忆和词语记忆。6~12个月期间出现"认生"和大量模仿动作，12个月以后，延迟模仿出现，标志着婴儿表象记忆和再现能力的初步成熟。

婴儿生来就具有学习能力，主要为条件反射式学习和模仿学习。婴儿出生后数天就能建立起条件反射，最早的条件反射是新生儿对母亲抱起喂奶的姿势做出的食物性条件反射，将喂奶姿势变成乳汁即将到口的信号。出生后两三天到20天左右的新生儿就能模仿人的面部表情。在学习的过程中，婴儿注重并偏好对新事物的学习。

（4）思维：婴儿具有整合信息并分类编码的加工能力，9~12个月的婴儿能将食品、动物、交通工具等分别归类。8~11个月婴儿解决问题的过程经历3个阶段：无效尝试、有效尝试和无需尝试而直接成功，婴儿解决同一问题的方法策略会随月龄增长而发展。

3. 婴儿的言语发展　婴儿的发音经历3个阶段：简单发音（0~4个月）、连续音节（4~9个月）、学话萌芽（9~12个月）。婴儿真正掌握母语的各种发音，要到第一批词出现时才能开始，3岁左右的婴儿基本上能掌握母语的全部发音。

婴儿在1~1.5岁获得第一批词汇，数量50~60个；3岁时词汇量能达到1000个左右。婴儿掌握的词汇从熟悉的事物的名称开始，所涉及的词汇范围有人、食物、玩具、动物、交通工具等；婴儿理解的词义与成人不尽相同，或扩大词义、或缩小词义、或部分与成人的理解重叠。

婴儿句子的发展会经历从单词句到多词句的过程和从简单句到复杂句的过程。1.5岁前后，婴儿能把单个的词组织起来组合成双词句和多词句，2岁左右，婴儿开始说出复合句。

1.5~2.5岁是婴儿掌握母语基本语法的关键期，到了3岁末基本上掌握了母语的语法规则系统。

4. 婴儿的气质与社会性发展　气质是婴儿出生后最早表现出来的一种较为明显而稳定的个人特征。气质类型是指表现在人身上的一类共同的或相似的心理活动特性的典型结合，典型的气质可分为3种：①容易抚养型，易于适应环境，生活习惯规律，情绪愉快，主动交往，占40%；②抚养困难型，难以适应环境，生活无节律，情绪紧张不安，交往困难，占10%；③发展缓慢型，适应环境缓慢，占15%。其余35%的婴儿不能简单地划归到上述任何一种气质类型中去，往往具有两种或三种气质类型的混合特点，属于混合性气质。

气质最主要特征是相对稳定，但在后天生活环境和教育的影响，在一定程度上也可以改变。婴儿气质对早期教育的影响主要体现在不同气质类型的婴儿对早期教育的适应性和要求不同，早期教育对婴儿气质的影响取决于环境教育的要求是否与婴儿的气质特征相符。

依恋是婴儿与抚养者之间的一种积极的情感联系，是婴儿在同抚养者（一般为母亲）较长时期的相互作用中逐渐建立的。依恋的类型分为3种：①安全型依恋，这类婴儿只要母亲在就有安全感，对外界积极反应，占65%~70%；②回避型依恋，这类婴儿对母亲在不在场都无所谓，并未与母亲形成特别密切的情感连接，也称为无依恋婴儿，占20%；③反抗型依恋，也称矛盾性依恋，这类婴儿既寻求与母亲接触，又反抗母亲的安抚，是典型的焦虑型依恋，占10%～15%。其中，安全型依恋为良好积极的依恋，回避型依恋和反抗型依恋为不安全型依恋。早期社会性依恋会影响个体日后人格特征的形成，影响个体内在工作模式的形成。

（二）幼儿期的心理发展

幼儿期是指三岁至六七岁的时期，相当于幼儿园教育阶段。幼儿期的心理发展为进入小学学习准备了必要的条件。

1. 幼儿期的认知发展 幼儿的记忆能力有显著提高，这个时期的记忆具有如下特点：①无意识记忆为主，有意识记忆发展较迅速；②形象记忆为主，词语记忆逐渐发展；③机械记忆和意义记忆同时发展并相互作用。

幼儿期的思维有两大特点：首先，思维需要借助具体事物，以具体形象思维为主。皮亚杰的"三山实验"揭示，幼儿在进行判断时是以自我为中心的，不能从他人的立场出发考虑对方的观点，而是以自己的感受和想法取代他人的感受和想法，这被称为自我中心现象。其次，逻辑思维初步发展，提问题类型从"是什么"转向"为什么"。

幼儿期富有想象，其想象又具有不同于其他年龄阶段的独特性：①无意想象经常出现，有意想象日益丰富；②再造想象占主要地位，创造想象开始发展。随着知识经验的积累、观察能力的提高和表象的丰富，幼儿的想象活动发展出创造性成分。

2. 幼儿期言语发展 言语发展几乎影响儿童发展的所有方面，对儿童心理发展具有极为重要的作用，是幼儿期心理发展的助推器。

幼儿期词汇快速增长，词汇数量增加，词类范围扩大，词义深化。句子的发展则主要在句法上，重点在于句法规则的习得，包括句子的理解和句法结构的掌握。此外，幼儿期是口语表达能力发展的关键期。随着年龄的增长，幼儿的表述逐渐从对话语向独自叙述自己的体验、经验和意愿发展，也能够从缺乏连续性、无逻辑性、结合情境才能理解的言语发展为能独立、完整地表述自己的思想和感受，具有一定逻辑性的言语。

3. 幼儿期个性和社会性发展 个性的初步形成是从幼儿期开始的，表现为如下四个方面：①显示出较明显的气质特点，②表现出一定的兴趣爱好差异，③表现出一定的能力差异，④最初性格特点的表现。

幼儿的自我情绪体验由与生理需要相联系的情绪体验（愉快、愤怒）向社会性情感体验（自尊、羞愧）发展。自尊是最值得重视的幼儿情绪体验，自尊需要得到满足，便会使儿童感到自信，体验到自我价值，从而产生积极的自我肯定。

儿童对成人个性品质的效仿称为认同。认同所产生的效仿与简单的行为模仿不同，认同带给儿童归属感和成就感，使儿童获得榜样的力量和发展的动力，对儿童的性别意识和道德意识的发展具有重要影响。幼儿认同的对象通常具有权威性，有较强的能力，聪明、健壮或漂亮的人，一般包括父母、教师、自己喜欢的叔叔阿姨，以及与自己年龄差别较大的哥哥姐姐。

第一逆反期的表现是幼儿要求行为活动自主和实现自我意志，反抗父母控制，这是发展中的正常现象。其年龄主要是3～4岁，根据个体发展的需要会有所提前或延后。反抗的对象主要是父母，其次是其他养育者。

二、童年期

童年期的年龄范围在六七岁至十二三岁，属于小学阶段，是为一生的学习活动奠定基础和掌握学习能力的时期。

（一）童年期的学习

学习是小学儿童的主导活动，在教师指导下，有目的、系统地掌握知识、技能和行为规范。儿童在这种特殊的学习过程中习得知识、技能，掌握社会责任感和义务感，这个过程也是儿童逐渐从习得直接经验转向以掌握间接经验为主的过程。在此期间，儿童需要为达到一定的学习目标而学会学习的规则、方法和技巧。

小学生在学习过程中掌握知识、技能和社会行为规范，在丰富自己、认知世界的过程中，将所学不断内化于己，不断地引起其智力、个性、社会性诸方面结构的变革，以促进心理积极发展。

（二）童年期的认知发展

在童年期，儿童的记忆发展对他们的学习和心理发展具有非常重要的意义。长时记忆效果和保持时间长短，在很大程度上取决于记忆的策略。学龄儿童的主要记忆策略有复述策略、组织策略、系统化策略、巧妙加工等。

童年期逻辑思维迅速发展，在发展过程中完成从具体形象思维向抽象逻辑思维的过渡。这种过渡的转折年龄在9～10岁。这个时期的认知结构与幼儿期相比发生了质的变化，形成了新的思维结构，其主要特点之一是掌握守恒。儿童的认知能力不再因为事物的非本质特征（如形状、方向、位置）的改变而改变，能够达到透过现象看清本质，把握本质的不变性。此外，幼儿认知具有自我中心特点，童年期处于脱自我中心阶段，表现出脱离自我中心的变化过程。

（三）童年期个性和社会性发展

1. 自我意识 是儿童在与环境相互交往过程中形成的，教育和调节儿童与环境的关系对儿童自我意识的发展起着重要作用。童年期的自我评价具有如下特点：①自我评价包括多个方面，如身体外表、行为表现、学业成绩、运动能力、社会接纳程度；②社会支持因素对儿童自我评价起重要作用，其中父母和同学的作用最重要；③对自我价值的评价与情感密切联系。喜欢自己的儿童，情绪最快乐；对自己评价不良的儿童，经常产生悲哀、沮丧的消极情绪；④小学儿童的自我评价与学业经验、同伴交往、自信心等都有密切关系。

儿童自我控制能力存在个体差异，造成这种差异的因素包括：①认知和策略，如果儿童能够将注意力从奖品上移开，去做其他感兴趣的事情，将使儿童的等待变得轻松容易。②榜样的作用，让两组儿童观察两种榜样，一组的观察对象总是选择即时得到微小的满足，这种榜样的作用驱使儿童倾向于放弃自我控制；另一组的榜样总是选择延迟得到大满足，这组儿童多倾向于等待。③家庭教育，父母注重培养儿童的独立自主性，采取宽松民主的教育类型，可使儿童容易抗拒诱惑。独裁型、惩罚型或溺爱型的家庭教育方式，会剥夺儿童练习自我控制的机会和动力，使之缺乏自我控制能力。

2. 道德 是个体在社会化过程中习得道德准则，并以道德准则指导行为的发展过程。道德内涵包括道德情感、道德认知和道德行为。

道德情感是人的道德需要能否得到满足而引起的一种内心体验，包括移情、情感共鸣、内疚、羞愧、良心等。童年期，随着认知的发展，道德情感日益丰富，并影响着道德行为。

道德认知是指个体对社会行为准则和道德规范的认识，童年期的道德认知发展分为如下3个阶段。

第一阶段：前道德阶段，属于道德判断之前的阶段，儿童只接受行为的结果。

第二阶段：他律道德阶段，是指道德判断的标准受儿童自身以外的价值标准支配。这个阶段的特点主要有儿童认为规则、规范是由权威人物制定的，不能改变，必须严格遵守；对行为好坏的评定，只根据后果，不考虑动机。

第三阶段：自律道德阶段，是指道德判断由自己的主观价值标准所支配，即外在的道德标准内化于已。这个阶段儿童认识到规则具有相对性，是可以改变的；对行为好坏的判断依据着重于主观动机或意图，而不只是后果。

道德行为是以习得的道德准则为指导的行为。道德行为包括亲社会行为和攻击行为。亲社会行为指对他人有益，对社会有利的积极行为及趋向。攻击行为是指针对他人具有敌视性、伤害性或破坏性的行为，欺负就是一种在学龄期出现频率较高的特殊形式的攻击行为。

3. 同伴交往 是儿童与同龄伙伴的交往，同伴交往是童年期集体归宿感的心理需求，在与同伴交往的过程中也能促进儿童的社会认知和社会交往技能的发展，有利于他们自我概念的发展，增进良好个性品质和社会责任感。

友谊是建立在相互依恋基础上的个体间持久的亲密关系，是同伴关系的高级形式。儿童对友谊的认识经历了如下4个发展阶段。

第一阶段（3～5岁）：短期游戏伙伴关系，尚未形成友谊的概念，认为和自己一起玩的就是好朋友。

第二阶段（6～9岁）：单向帮助关系，朋友的活动行为与自己一致或对自己有帮助，否则就不是朋友。

第三阶段（9～12岁）：双向帮助关系，但有功利性，被称为"顺利时的合作"，但不能"共患难"。

第四阶段（约12岁以后）：亲密而又相对持久的共享关系，相互信任和忠诚，相互分享和帮助，兴趣一致并相互倾听，共同解决所遇到的问题和困难，同时还表现出一定的独立性和排他性。

4. 家庭人际关系 儿童入学后，父母与儿童的交往关系就会发生变化，主要表现在：①直接交往时间明显减少。②父母教养关注重点发生转移，父母对幼儿教育关注的重点是游戏、生活自理能力、情绪和兴趣，而对小学阶段儿童关注的重点改变为学习、同伴关系、情绪和兴趣。③父母对儿童控制和儿童自主管理的变化，主要经历3个阶段：父母控制（6岁前），各种事情的主要决定权在父母；共同控制（6～12岁），在许多事情上，儿童具有一定的选择权和决定权；儿童控制（12岁以后），儿童具有相当的判断能力，能够自己做出选择和决定。

这个时期亲子关系的特点主要表现在父母与儿童对其行为的共同调节，即从幼儿期父母对其行为的单方面控制和调节为主，逐渐转变为由父母和儿童一起做决定。这是一种父母监督教育的过渡形式，其意义在于家长允许孩子做出行动的决定，但同时监督并指导孩子的决定。对儿童行为的共同调节的意义在亲子关系由单向权威服从关系逐渐转变为平等的、相互尊重的合作关系；儿童获得了一定的自主性和权利，也要履行奉献和责任；这种双向交互作用处理得好，可以帮助孩子发展独立性；处理得不好，会使孩子陷入家庭人际关系发展的困境，也会在青春发育期带来更多的矛盾。

三、少年期

青春发育期以少年期为主，少年期的年龄是指十一二岁至十五六岁，这个时期的儿童正处于初中阶段。少年期是个体生理迅速发育直至达到成熟的一段时期。该阶段儿童的生理、心理和社会性发展方面都出现显著变化，其主要特点是身心发展迅速而又不平衡，是经历复杂发展又充满矛盾的时期，因此也被称为困难期或危机期。

1. 少年期的生理发育加速 青春发育期的生理迅速变化是由激素分泌量的快速增加所决定的。这个时期的身体变化可分为整个身体的加速成长和性成熟两个方面，两者之间相互联系，并受激素分泌变化的调节。

在青春发育期之前，儿童平均每年长高3～5 cm，在青春发育期期间，平均每年长高6～8 cm，甚至达到10～12 cm。青春发育期儿童的体重每年平均增长4.5～5.5 kg，但存在超重、肥胖率大幅上升等问题。

进入青春发育期，生殖系统发育速度迅速上升。性腺的发育成熟使女性出现月经，男性发生遗精。与此同时，第二性征也迅速成熟。少年期生理发展的加速和性成熟的加速，使儿童对自己的生理状况不适应，甚至会对这种突然到来的急速发育产生陌生感与不平衡感，从而出现诸多心理生物性紊乱，如神经性食欲不佳、强迫神经症、情绪紧张和焦虑。

2. 少年期的认知发展 少年期的短时记忆达到个体一生的最高峰，对不同材料的记忆（包括物理刺激、声音、数字与数学、语言等）成绩都随年龄的增长而发展，十五六岁达到最高峰，到十七八岁出现略有下降的现象。

按皮亚杰的认知发展阶段理论，少年期处于形式运算阶段，形式运算阶段的思维属于形式逻辑思维。这一阶段思维的主要特点有两个：其一是思维形式摆脱了具体内容的束缚，其二是假设演绎推理能力的发展。少年期抽象逻辑思维虽然占有优势，但是其本身仍处于发展过程中。

3. 少年期的个性和社会性的发展 儿童的发展历程，使他们从面向母亲到面向家庭、幼儿园和学校，不断地向外界环境展开。青春期"急风骤雨"式的变化，让儿童产生惶惑的感受，与此同时，不自觉地将自己的思想从外向的客观世界抽回一部分来指向主观世界，使思想意识进入自我，从而导致自我意识发展的第二次飞跃。此阶段的自我意识发展具有如下特点：①强烈关注自己的外貌和风度，②深切重视自己的能力和学习成绩，③强烈关心自己的个性成长，④有很强的自尊心。

少年期的心身发展和所面临的发展中的矛盾，使他们的情绪和心境都会出现不平衡乃至暂时性的紊乱，烦恼、孤独和压抑等消极情绪体验。青春期早期，积极情绪较少，消极情绪较多；情绪的稳定性较差，起伏变化较多。到青春期后期，情绪稳定性增加，情绪起伏变化逐渐趋缓。

少年儿童的自我中心性表现与皮亚杰的原意不同，它是以人际关注和社会性关注为焦点，把自己作为人际和社会关注的中心，认为自己的关注就是他人的关注。少年儿童的自我中心性，可以用"独特自我"与"假想观众"两个概念来表征。

反抗心理是少年期儿童普遍存在的一种心理特征，具有如下表现：①为独立自主意识受阻而抗争，②为自己社会/家庭地位平等的诉求而抗争，③与父母和老师在观念上的碰撞。反抗的对象主要是父母，但也具有迁移性。当某人或某集团成员的言行引发其反感时，便会排斥或否定该人物或该集团的作为，有时因情绪左右，会将是和非一起排斥掉。反抗的形式可归纳为外显行为上的激烈抵抗和隐藏于内心的冷漠相对。

四、青年期

青年期的年龄范围在十七八岁到35岁，青年期是人生的黄金时期。进入青年期，人的生理发展趋于平缓并走向成熟，思维逐渐达到成熟水平，独立自主性日益增强，个性趋于稳定，社会适应能力、价值观和道德观形成并成熟。

1. 青年期的一般特征 生理上，青年期身体各系统的生理功能达到最佳状态，疾病发生率最低，进入身体健康的顶峰时期。心理上，青年期的认知能力、情感和人格的发展都日趋完善，开始形成稳定的人生观和价值观。法律上，我国法定成人年龄是18岁，年满18岁后，个体开始享有各种社会权利，履行社会义务。参加工作以后，个体活动范围扩大到社会的各个方面，生活内容也不仅仅是学习，还要从事工作和各种社会交往，所以他们的生活空间日益扩展。进入青年期后，随着性意识的迅速发展，以及生理和心理的成熟，青年人开始产生了恋爱和结婚愿望，并走向婚姻现实。

2. 青年期的思维发展 进入青年期后，个体思维中纯逻辑成分逐渐减少，辩证成分逐渐增多。究其原因，是由于个体逐渐意识到对同一个问题可以有多种观点和多种解决方法。青年期思维的发展促使他们思维活动的依赖性迅速减弱，独立性和批判性快速提高。这使他们能够在掌握事物的本质的基础上，整合各种规律，用以认识和理解各种科学问题和社会问题。

3. 青年期的个性和社会性发展 青年期的自我具有如下特点：①抽象性日益增强，②更具组织性和整合性，③结构更加分化。他们主要通过自我探索，他人对自己的评价，以及对同龄人的认同等途径来丰富和发展对自我的认知。

自我同一性是关于个体是谁、个体的价值和个体的理想是什么的稳定意识。每个人在青年时期都在探索并尝试去建立稳定的自我同一性，即自我认同感。艾里克森提出，自我同一性的确立和防止社会角色的混乱不仅是青年期的发展任务，也是个体一生的发展课题，青年期自我同一性的解决与前几个阶段任务完成的程度固然有密切关系，但是，青年期未能很好地解决这个矛盾并不意味着今后就无法解决了。已经建立的自我同一性，也不一定一劳永逸，它还会在今后遇到种种威胁和挑衅。因此，自我同一性的形成和确立是动态的、毕生的发展任务。在确定自我同一性的过程中，青年的人生观和价值观也得以形成和稳定。

五、中年期

中年期一般指 35～60 岁这段时期。中年期是人生中相当长的一段岁月，人生的许多重要任务都是在这一时期完成的。中年期无论在生理上还是心理上都发生了一系列的变化。个体面临家庭、社会中的多重任务，担任着多种角色，发展又受到诸多因素的共同影响。

1. 中年期的生理变化 总体上来说，中年期的生理功能相对比较稳定，属于生理上的成熟期。但与此同时，中年期也是青年期向老年期的过渡期，生理功能从旺盛逐渐走向退化的转变期。大约从 40 岁开始，视觉敏锐度开始下降，眼睛晶状体的形状发生改变，弹性下降。听力在成年中期的敏锐度也开始逐渐下降，但下降程度没有视力明显。

更年期是中年期整个历程中变化比较明显的一个阶段，它是指个体由中年向老年过渡过程中生理变化和心理状态明显改变的时期，年龄在 50 岁左右，女性和男性都会经历，女性更年期的年龄早于男性。

女性更年期是指从妇女性腺功能开始衰退到完全消失的时期，也就是妇女绝经前后的一段时期。多数妇女的更年期发生在 45～55 岁，一般延续 8～12 年。其特征是第二性征逐渐退化，生殖器官慢慢萎缩，与雌性激素代谢有关的组织渐渐退化；出现自主神经系统紊乱的一些症状，往往表现为更年期综合征，其症状多种多样。这些症状由内分泌系统改变因素引起，同时又受到心理和社会因素的影响。研究表明，将心理疗法与饮食疗法相结合，有利于缓解更年期综合征的症状。例如，来自家庭成员的支持、安慰与理解，有助于更年期妇女维持自身的心理平衡；更年期妇女易出现发胖、骨质疏松等症状，可以在减少糖类食物摄入的同时，补充一些安神、低盐的食物。经过生理和心理的调适，如果能够达到身心的平衡，更年期妇女便可顺利度过这必经的转折期。

男性更年期是性器官开始萎缩，性功能由旺盛到衰减的变化过程。主要特征是性功能降低，伴有自主神经循环功能障碍，精神状态和情绪时常变化。

2. 中年期的认知发展 中年期的思维发展达到了更加成熟的水平，表现为思维活动的现实性、灵活性和智慧性，以及辩证逻辑思维的进一步发展。

成人智力有两种基本形式：晶态智力和液态智力，它们呈现出不同的发展趋势（图 1-5-3）。

液态智力是指加工处理信息和问题解决的能力，如知觉速度、机械记忆、识别图形关系。晶态智力是通过掌握社会文化经验而获得的智力，如词汇概念、言语理解、常识以记忆储存信息为基础的能力。这两种智力的发展变化趋势，在青年期，都随年龄的增长而提高；进入中年期后，液态智力开始下降，出现衰退的趋势，而晶态智力的发展一直保持相对稳定，随经验和知识的积累，在中老年期仍呈一定的上升趋势。

3. 中年期的个性和社会性发展 成年期的自我发展主要经历 4 个阶段：遵奉者水平阶段、公平水平阶段、自主水平阶段、整合水平阶段，每个阶段代表自我发展的一种水平。中年期只有少数人处于遵奉者水平阶段，也只有少数人达到整合水平阶段，大部分人的自我发展都处于公平水平阶段和自主水平阶段。

中年期的人格结构保持相对的稳定性，但由于生理功能的变化和人生阅历的增加，中年期的人格变得越发成熟，具体表现为内省日趋明显，心理防御机制日趋成熟，为人处世日趋圆通。

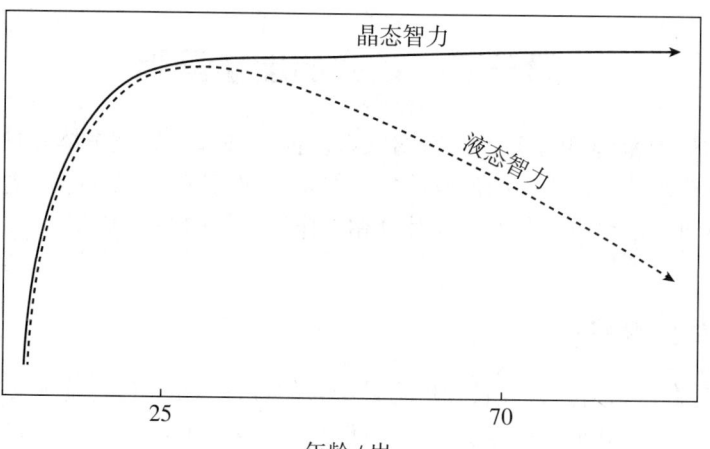

图 1-5-3　晶态智力和液态智力的发展趋势

六、老年期

老年期是指 60 岁至衰亡的这段时期，按联合国的规定，60 岁或 65 岁为老年期的起点。老年期总要涉及老化和衰老两个概念。老化指个体在成熟期后的生命过程中所表现出来的一系列形态学，以及生理、心理功能方面的退行性变化。衰老指老化过程的最后阶段或结果，如体能失调、记忆衰退、心智钝化。

1. 老年期的认知变化　老年期的感知觉发生显著的退行性变化。首先，老年期视觉减退，主要表现为视觉敏锐度下降、视野缩小、聚焦能力减弱、暗适应所需时间延长。其次，听觉减退，老年人中听觉缺陷者为数众多，随着年龄的增加，老年人听觉敏锐度逐渐丧失，对高音的听力减弱更明显。最后，味觉、嗅觉和触觉迟钝。总之，人进入 50 岁以后，各种感知觉都开始出现退行性变化，60 岁以后，随着年龄的增长，感知觉衰退现象越来越明显。

老年期的记忆也出现减退现象，且具有一定的特点。随着年龄的增长，人的记忆在 40 ~ 50 岁出现较为明显的减退，其后基本上维持在一个相对稳定的水平上。70 岁是记忆衰退的一个关键期，此后便进入更加明显的记忆衰退时期。但记忆老化并非记忆的各个方面或同时减退，衰退的速度和程度因记忆过程和影响因素等的不同而呈现出老年人记忆减退的特殊性。影响老年记忆的因素除了年老之外，还有健康、精神状态、脑力锻炼、饮食营养和记忆锻炼等方面的因素。

2. 老年期的人格特征　既有稳定的一面，又有变化的一面。国外研究者曾用纵向跟踪方法对老年人群进行长达 10 年的追踪，结果表明，老年人的人格表现出基本稳定的倾向。随着年龄的增长，由于老化和衰老，老年人的人格特征也会在诸多方面发生某些重要变化，出现不安全感、孤独感、适应性差，拘泥、刻板并趋于保守、爱回忆往事等特点。造成老年人人格变化的因素，除了生物学上的衰老，还有心理上的老化，以及社会文化因素。

3. 老年期的心理适应　是以自我调整来适应环境或情境的状况，老化是个体生命发展过程中必须面临的一个重要过程。注意以下 6 个方面，对于适应老年生活会有较大帮助：①对老年期的退行性变化和对老年期生活的心理准备；②进行社会角色和活动的积极转换，寻求适应自己的活动内容并积极参与，从中获得新的满足感；③利用自身优势，有意识地、积极地选择并确立发挥智力和能力的生长点，尽最大努力体现生活价值；④维护夫妻关系，老年夫妻恩爱是老年精神愉快、生活幸福的最重要支柱，与老年人的精神愉快、健康长寿关系密切；⑤深化朋友之间的友谊关系。老年人的交流方式主要是通过探望和互通电话来吐露心声，交流情感，从中得到精神安慰，体验亲情和友谊的满足感；⑥避免逃避式的适应方式。

第三节　社会心理学基础

社会心理学的研究范畴和社会生活密切联系，社会心理学研究个体在社会相互作用的情境中，如何表现出特殊的社会行为，如何表达内在的思想和情感，以及行为、思想和情感背后的原因。总之，社会心理学是致力于理解人在社会相互作用情境中的心理和行为，以及其本质和起因的一个科学领域。

一、社会化与自我概念

1. 社会化　是个体由自然人成长发展为社会人的过程，是个体与他人交往，接受社会影响，学习掌握社会角色和行为规范，形成适应社会环境的人格、社会心理、行为方式和生活技能的过程。社会化涉及社会及个体两个方面。从社会视角看，社会化是社会对个体进行教化的过程；从个体视角看，社会化是个体与其他社会成员互动，成为合格的社会成员的过程。社会化的基本内容包括：掌握生产与生活的基本知识与技能，遵守社会规范，树立生活目标，确立人生理想，找到适合自己身份、地位的社会角色。

社会化的载体有多种，包括①家庭：个体从出生起就在家庭中获得一定的地位，童年期是儿童社会化的关键；②学校：是有组织、有计划、有目的地促进学生社会化的正规场所；③大众传播媒介：书刊、电视、广播、网络等大众传播媒介能直接地传播社会观念和行为方式，对儿童社会化具有很强的培养作用；④参照群体：是能为个体的态度、行为与自我评价提供比较或参照标准的群体。

2. 社会角色　是个体与其社会地位、身份一致的行为方式及相应的心理状态。例如，饮食文化和饮食行为中有不同的社会规范，也能体现出社会角色的不同。研究发现，低脂肪饮食与"健康""苗条"和"运动"相联系，这些人通常被认为具有"聪明""中产阶级""女性"的特征。相反，高脂肪饮食与"不健康""超重"和"不活跃"的人有关，这些人通常被认为具有"无知""工人阶级""吸烟"和"男性"的特征。与此同时，采取低脂肪饮食的人被认为具有"严肃"和"敏感"的问题，而采取高脂肪饮食的人则被视为具备"喜欢社交"和"快乐"的优点，食物选择具有一定的社会意义和价值。

社会角色包括多种类型，按角色获得方式可以分为先赋角色（如父母）和成就角色；按角色行为规范化程度可以分为规定型角色（如公务员）和开放型角色（如朋友）；按角色功能可分为功利型角色（如商人）和表现型角色（如学者）；按角色承担者的心理状态可以分为自觉角色（如演员）和不自觉角色（如性别角色）。

角色的扮演则会经历相应的过程，从角色期待（社会公众要求与期望）到角色领悟（认识与理解），再到角色实践（表现角色）。在这个过程中，角色扮演可能会产生矛盾、障碍，甚至遭遇失效。

3. 社会中的自我　自我是个体对自己存在状态的认知，包括对自己生理状态、心理状态、人际关系、社会角色的认知。对自我的认识可以帮助个体组织思想和行为。例如，自我与饮食的习惯、文化、规范、环境息息相关。通过对青少年进行专业的饮食教育，提高他们在饮食知识方面的认知水平，增强自我效能感，有助于青少年进行规律的饮食选择和饮食作息习惯，控制体重，采取健康的饮食行为。

自我的形成与发展会经历生理自我、社会自我、心理自我3个阶段。仍以代表人的基本生理需求的饮食为例，生理自我是对自己身体的认知，始于8个月左右，3岁左右基本成熟。1岁之前的幼儿处于食物味道的探索感知时期。2岁左右的幼儿开始出现饮食偏好，已经知道自己喜欢吃的东西和别人不一样。2～3岁的幼儿已经能知道自己吃了多少食物，是否吃饱，不会暴饮暴食。社会自我是了解社会对自己的期待，三岁到十三四岁期间社会自我是自我的中心。这个阶段，在父母家庭、社会设定的健康饮食规范下，儿童青少年会趋向于摄入更健康的食品，了解更多健康饮食的知识，自我效能感增强。大约从青春期到青年期个体的心理自我逐渐成熟，逐渐脱离对成人的依赖，表现出主动和独立的特点。青春期以后，青少年和同龄人相处的时间越来越多，和父母就餐的次数越来越少，和同伴一起在外吃饭会影响他们对于食品的选择，青少年开始倾向于购买区别于传统饮食的食品。

个体对其社会角色进行自我评价的结果，就是自尊，是对自我价值的整体认识。自尊影响我们的认知过程，面对失败，高自尊的人会认为他人与自己一样失败，并夸大自己相对于他人的优越性，以维持自己的自我价值。自尊等与需求有关的特质和遵循社会规范有关。饮食相关的研究发现，当个体自尊程度较低时，更难接纳自己，他们更有可能遵循就餐同伴设定的饮食标准，其食物摄入量和同伴趋于一致。

二、社会知觉与归因

1. **社会知觉**　包括个体对他人群体及对自己的知觉。对他人和群体的知觉是人际知觉，对自己的知觉是自我知觉。社会知觉是一种基本的社会心理活动，人的社会化过程和人的社会动机、态度、社会行为的发生都是以社会知觉为基础的。

影响社会知觉的主观因素包括个体的经验、动机和兴趣，以及情绪状态等。例如，个体的经验不同对同一对象的认知会有不同的结果，而由于动机和兴趣不同，个体选择认知对象会有所不同。符合动机的会成为中心，如"物以类聚""情人眼里出西施"。另外，处于积极情绪状态下的认知者倾向于给他人赋予积极品质，用积极的"眼光"知觉他人。

人们在知觉自身、他人或外部环境时，常因自身或情境的原因使得知觉结果出现失真的现象，这就是认知偏差，是由个人知觉具有选择性所致。典型表现有显著性偏差、生动性偏差、刻板印象、晕轮效应等。

2. **归因**　是指个体根据有关信息、线索对自己和他人的行为原因进行推测与判断的过程，它是一种心理过程，也是人类的一种普遍需要，是关于行为原因与行为之间的联系的看法和观念。

人们对行为背后的归因一般分为内因和外因两种，内因是指将行为原因归于个人特征，如人格、品质、动机、态度、情绪、心境、努力程度。外因，也称情境归因，是指将行为原因归于外部条件，如背景、机遇、他人影响、任务难度。内因稳定，外因易变。

影响归因的因素包括①社会视角：角色与处境不同，对行为原因解释也会有明显不同。如领导与下属对同一事件的归因一般都会有差异；②自我价值保护：归因向有利于自我价值确立的方向倾斜，成功时向内归因，有利于自我价值的肯定；失败时向外归因，减少对失败的责任；③观察位置：人们往往把事情的原因归于突显的、在注意中心的人或物；④时间：对过去很久的事件解释为背景的原因，而不会归因到行为主体和刺激客体。

三、社会动机与社会影响

（一）社会动机

动机是引起、推动、维持与调节个体的行为，使之趋向一定目标的心理过程或内在动力。由人的自然属性、自然需要引起的动机称为自然动机；由人的社会需要、社会属性引起的动机称为社会动机。社会动机是人的社会性行为的直接原因。

动机引发与维持活动对提高活动效率有重要意义，但动机强度与活动效率之间的关系并不是线性关系，而是大致呈倒 U 型曲线关系。一般说来，中等强度的动机活动效率最高。动机强度过高或过低均可能导致活动效率下降。在比较简单的任务中，活动效率随动机的提高上升，随着任务难度的增加最佳动机水平有逐渐下降的趋势。

人的社会动机主要是社会学习的结果，个体的社会动机与其所处环境、社会文化等因素有密切关系。社会动机的种类很多，主要有亲和动机、成就动机、权力动机、侵犯动机及利他动机5类。

1. 亲和动机 是个体害怕孤独，希望与他人在一起，建立协作和友好联系的一种心理倾向。例如人们会模仿就餐同伴，选择和他们一样的食物种类，食物摄入量也趋于一致，由此可以得到同伴的认同和接纳，留下良好的印象，促进人际交往。此外，具有较低的同伴亲和度个体会更加具有身材焦虑，因为他们相信苗条的身材可以增加他们与同龄人的亲和力。是否对自己的身体满意和年轻时的社会接纳程度有关，而与体脂率无关。

2. 成就动机 是个体追求自认为重要的有价值的工作，并使之达到完善状态的动机。成就动机是一种基本的社会动机，成就动机具有重要作用，个体的发展依赖于一定水平的成就动机，高成就动机会使个体高度勇于进取，最终有可能取得较高水平的成就。

3. 权力动机 是个体希望影响和控制他人的心理倾向。按麦克利兰的说法，个体都有影响或控制他人且不受他人控制的需要，满足这类需要的心理倾向具有动力性质，这就是权力欲或权力动机。

4. 侵犯动机 是个体有意伤害他人，让自己获得平衡和满足的一种心理倾向。侵犯由伤害行为、侵犯动机及社会评价3个因素构成。伤害行为包括身体伤害和言语伤害。侵犯动机就是伤害的主观意图，是侵犯行为的直接原因。社会评价指的是，违反与破坏社会规范和社会准则的伤害行为，具有反社会的性质。

5. 利他动机 是个体不顾自身，增进他人的价值和利益的一种心理倾向。利他行为是利他动机支配的行为，是个体有益于他人、公众和社会，不期待回报的行为。利他行为是一种亲社会行为。亲社会行为泛指一切符合社会期待有益于他人的行为。

（二）社会影响

社会影响是指他人的言辞、行为或仅仅是因其在场对个体的思想、感觉、态度或行为所产生的影响和效果。人们在社会生活中的相互作用，其效果与程度受影响的发生者、传播者和接受者的制约。如传播者的可信赖程度、人格魅力和传播技巧，发生者在人们心目中的地位，接受者的主观状态如智力水平、性格特点。

1. 从众和服从 从众俗称"随大流"，表现为个体的意见与行为和群体中的多数人相符合。在任何社会中，多数人的观念与行为保持大体一致是必要的。一个社会需要有共同的语言、价值观与行为方式。只有这样，社会成员之间的沟通、交往才有可能。社会成员的沟通与互动则会促进这种一致性和共同性的发展。因此，从众具有促进社会形成共同规范、共同价值观的功能。

影响从众的因素包括两个大的方面，一是群体因素，包括群体成员的一致性越高，越容易从众；群体成员的凝聚力越大，越容易从众；群体规模，规模的临界值大致在3～4人。另一方面是个体人格因素：①个体自我评价越高，从众行为越少；②个体自信心越强，从众行为越少；③情境的明确性：越明确从众行为越少。

2. 暗示 指在非对抗的条件下，通过语言、表情、姿势及动作等对他人的心理与行为发生影响，使其接受暗示者的意见和观点，或者按所暗示的方式去活动。暗示往往采用较含蓄、间接的方式进行。

影响暗示效果的主要因素包括：①暗示者的权力、威望、社会地位，以及人格魅力对暗示效果有明显的影响；②被暗示者如果独立性差，缺乏自信心，知识水平低，暗示效果更明显；③被暗示者所处的情境是暗示发生作用的客观环境。个体处于困难情境又缺乏社会关怀，往往容易受暗示。

3. **社会促进与社会懈怠**　社会促进也称社会助长，指个体完成某种活动时，由于他人在场而提高了绩效的现象。最早用科学的方法研究社会促进的是心理学家特里普里特，他通过实验研究发现，青少年骑自行车，在独自、有人跑步同伴、竞赛这3种情境中，竞赛时的速度大幅度提高。在饮食促进方面也有类似的研究，随着青少年和同龄人在一起学习、活动的时间越来越长，青少年受同伴的社会规范、行为方式的影响越来越大。儿童青少年倾向于将自己的行为投射到同伴身上。在和同伴一起吃饭时，也会不自觉地受同伴影响。

社会懈怠，也称社会惰化、社会逍遥，指群体一起完成一件任务时，个人所付出的努力比单独完成时偏少的现象。日常生活中的"磨洋工"，就是一种社会惰化现象。社会惰化的主要原因，是个体在群体活动中责任意识降低，被评价的焦虑减弱，因而行为的动力也相应下降。如果加强考核，让每个人在群体活动中的努力和成果量化，就可能有效地减少社会惰化现象。

4. **模仿**　是在没有外力的作用下，个体受他人的影响，使自己的行为与他人相同或相似的现象，模仿是人们相互影响的一种重要方式。儿童青少年往往通过观察和模仿他人来进行学习，青少年的友谊通常建立在普遍的相似行为的基础上，他们的饮食行为、体育活动也会受到同龄人的影响。此外，年龄较小的孩子更容易受到年龄较大孩子的影响，因为较大的年龄、榜样作用让这些孩子拥有更高的声望，更容易被模仿。这启发我们对青少年的肥胖预防和干预应该考虑让同伴参与到积极的饮食行为和体育活动中来。

模仿意义重大，是个体反应与再现他人行为的最简单的形式，是掌握人际互动经验最简单的机制，也是个体学习的基础；个体适应社会生活的过程中，模仿占了重要地位，没有模仿个体很难适应它所面临的各种情景；模仿会使群体成员在态度、情感和行为上的一致性提高，增进群体凝聚力。

四、态度形成与态度转变

（一）态度的概念与功能

1. **概念**　态度是个体对特定对象（人、观念、情感或者事件等）所持有的稳定的心理倾向。这种心理倾向蕴含着个体的主观评价，以及由此产生的行为倾向性。态度是行为的重要决定因素，但个体具体采取什么样的行动，还受情境、认知因素，甚至是过去经验与行为的影响。

态度包含3种成分：认知成分、情感成分和行为意向成分。认知成分是指个人对态度对象带有评价意义的叙述。叙述的内容包括个人对态度对象的认识、理解、相信、怀疑，以及赞成或反对等。情感因素指个人对态度对象的情感体验，如尊敬——蔑视，同情——冷漠，喜欢——厌恶。行为意向因素指个人对态度对象的反应倾向或行为的准备状态，也就是个体准备对态度对象做出何种反应。

2. **态度的功能**

（1）工具性功能：也叫适应功能，这种功能使人们寻求酬赏与他人的赞许，形成与他人要求一致并与奖励联系在一起的态度，而避免与惩罚相联系的态度。如孩子们对父母的态度就是适应功能的最好表现。

（2）认知功能：态度能给个体待人接物的行为方式提供必要的信念，以利于保持清醒的意识状态和正确的定向行为，充当图示和心理框架的作用。

（3）自我防御功能：态度决定行为的潜在动机，能够促进个体心理冲突的解决，增加对挫折的忍耐力，实现预期的目标，这种观念来自于精神分析的原则。

（4）价值表现功能：态度还有助于人们表达自我概念中的核心价值，比如一个青年人对志愿者的工作持有积极的态度，那是因为这些活动可以使他表达自己的社会责任感，而这种责任感恰恰是他自我概念的核心，表达这种态度能使他获得内在的满足。

3. 态度的特性

（1）态度的社会性：态度不同于本能，态度不是天生的，是通过后天的学习获得的。态度是个体在长期生活中，通过与他人的相互作用，以及周围环境的不断影响而逐渐形成的。态度形成得好，反过来可影响个体对周围事物和他人的反应。在这种相互作用的过程中，一个人的态度经过不断的循环和修正，逐渐形成自己的态度体系。

（2）态度的针对性：态度必须有特定的态度对象，态度是主体对客体的一种关系的反映，态度的存在不是孤立抽象的，总是针对某一事物而产生。

（3）态度的协调性：态度由认知、情感和意向组成，对于正常人来说，这3种心理成分是相互协调一致的。

（4）态度的稳定性：态度是经过长期的感知和情感体验形成的，其中情感的成分占重要位置，并起到强有力的作用，它使得一个人的态度往往带有强烈的情感色彩并具有稳定性和持久性。

4. 态度的影响因素

（1）人际关系：态度和人际关系是密不可分的。苏联的心理学家维果茨基曾经说过，人之所以会变成他自己，是以他人作为参照系来对照自己的行为后果。在社会生活中，同伴对个体的影响力不可低估，人们往往会无意识地遵循同伴的观点、意见、态度。父母、教师和成人的影响在儿童时期较为明显。

（2）个体的心理特征：社会所给予的奖励或者惩罚对人们态度形成和发展有重要作用，如果一个人的智力和个性得到全面和谐的发展，态度形成就容易些，反之就比较困难。

（3）个人经验：一个人的经验往往与其态度的形成有着密切的联系，很多态度是由于经验的积累与分化而慢慢形成的。例如，四川人喜欢吃辣椒，就是由于长期的经验而形成的一种习惯性态度。当然有时也会出现只经过一次戏剧性的经验就构成了某种态度。例如，在某一次逗狗的游戏中被狗咬伤，很可能从此就不喜欢狗，甚至害怕狗，即所谓"一朝被蛇咬，十年怕井绳"。

5. 态度的形成与转变

态度的形成会经历依从、认同、内化3个阶段。依从指个体为了获得奖励或逃避惩罚而采取与他人表面上相一致的行为。依从不是个体自愿的，而是迫于外界的强制性压力采取的暂时性行为。在态度形成的过程中，依从是很普遍的现象，在个体早期生活中，态度的形成很大程度上依赖于依从。认同指个人自愿将自己的态度和行为与其榜样的想法和态度保持一致。事实上，我们经常根据社会上其他角色的态度来引导自己的思想和行为。内化指一个人真正相信并接受他人发自内心的观点，并将其作为一个有机的组成部分纳入自己的态度体系。内化在个体态度的形成中起着非常重要的作用。

态度转变则是个体形成一定态度后，由于接受新的信息或意见而发生变化的过程。这种变化包括两个方面：一是方向上的改变，二是程度上的改变。方向和程度这两方面是互相联系的。方向的改变是以程度的改变为基础，方向的改变中就包含了最大程度的改变；同时，程度的改变又往往是方向改变的前提条件，程度的改变总是朝着某一方向而改变。

（孙昕霙 高文斌 陶 婷）

第六章

中医体质辨识与养生学

中医，是一门以中医药理论与实践经验为主体，研究人类生命活动中健康与疾病转化规律及其预防、诊断、治疗、康复和保健的传统医学，是历经数千年发展的一门独特的医疗体系。中医学以中国古代阴阳五行学说和精气学说作为理论基础，将人体看成是气、形、神的统一体，通过望、闻、问、切的方法，探求病因、病性、病位、分析病机及人体内五脏六腑、经络关节、气血津液的变化、判断邪正消长，进而以辨证论治原则，制定不同的治疗方法，使用中药、针灸、推拿按摩、食疗等多种治疗手段，使人体达到阴阳调和而恢复健康。中医具有其自身的完整理论体系，其独特之处在于整体观念及辨证论治。

第一节　中医基础理论与方法

中医基础理论是中国古代的阴阳五行学说和精气学说。两千多年前的中医经典专著《黄帝内经》奠定了中医学的基础。中医基础理论的主要特点是整体观念和恒动观念。按照中医理论，整体观念指人与自然界是一个统一的整体，即"天人合一""天人相应"。人的生命活动规律及疾病的发生等都与自然界的各种变化（如季节气候、地区方域）息息相关，人们所处的自然环境不同及人对自然环境的适应程度不同，其体质特征和发病规律也有所区别。因此在诊断、治疗同一种疾病时，多注重因时、因地、因人制宜，并非千篇一律、同一处方。人体各个组织、器官共处于整体中，不论在生理上还是在病理上都是互相联系、互相影响的，因而多从整体的角度来对待疾病的治疗与预防。恒动观念指人是自然界的一个组成部分，由阴阳两大类物质构成，阴阳二气相互对立而又相互依存，并时刻都在运动与变化之中。在正常生理状态下，两者处于一种动态的平衡之中，一旦这种动态平衡受到破坏，即呈现为病理状态。治疗疾病，主要是纠正阴阳失衡。

一、中医基础理论

1. **精气学说**　是对中医影响最大的古代中国哲学之一。在古代中国哲学理论中，气被认为是构成天地万物的原始物质。气指一切无形的、不断运动的物质。

精，有广义与狭义之分。广义之精，是人体最基本的物质；狭义之精，指生殖之精。精气，乃气中之精粹，是生命产生的本原。精气学说的临床作用是构建中医学整体观念、说明生理现象和病理过程、指导临床诊断与治疗。

2. **阴阳学说** 阴阳是宇宙中相互关联的事物或现象对立统一属性的概括。阴阳的交互作用包括阴阳互生、阴阳交感、对立制约、互根互用、消长平衡、相互转化。阴阳学说以自然界运动变化的现象和规律来探讨人体的生理功能和病理的变化，从而说明人体的功能活动、组织结构及其相互关系，并指导疾病的诊断、治疗和预防。例如，按中医理论，五脏为阴，六腑为阳；五脏之中，心肺为阳，肝脾肾为阴；心肺之中，心又为阳，而肺为阴；从病理上来说，阳盛则热，阴盛则寒，阳虚则寒，阴虚则热；从诊断上，望诊时黄、赤为阳，青、白、黑为阴，脉象浮、数、洪、滑为阳，迟、沉、细、涩为阴；从药物上，认为药有四气五味、升降浮沉的特性，在寒、热、温、凉四气中，温热属阳，寒凉为阴，等等。任何事物均可以用阴阳来划分，但是阴阳是相互关联的一种事物，或是一个事物的两个方面。

3. **五行学说** 是古人朴素的辩证唯物的哲学思想。以古代哲学理论中的木、火、土、金、水五类特性及其生克制化规律运用到中医学中，用以解释人体内脏之间的相互关系、脏腑组织器官的属性、运动变化及人体与外界环境的关系。自然界的一切事物和现象也都可按照木、火、土、金、水的性质和特点归纳为五个系统或类别。"五行"与"五脏"之间存在着相互滋生、相互制约的密切关系。当五行不能维持相生相克生理平衡状态时，相生相克的关系即产生相应的病变。将五行学说运用于心身疾病的治疗，通过调理情志、巧妙配伍用药，可促进心身疾病的康复。

五行相生的规律是木生火、火生土、土生金、金生水、水生木。五行相克的规律是木克土、土克水、水克火、火克金、金克木。下表举例归纳了事物属性的五行归类（表1-6-1）。

表1-6-1 五行相应

五行	木	火	土	金	水
五味	酸	苦	甘	辛	咸
五体	筋	脉	肉	皮毛	骨
五脏	肝	心	脾	肺	肾
五腑	胆	小肠	胃	大肠	膀胱
五官	目	舌	口	鼻	耳
五主	目	舌	口	鼻	耳
五液	泪	汗	涎	涕	唾
五荣	爪	面色	唇	毛	发
五季	春	夏	长夏	秋	冬

4. **藏象学说** 藏象，藏指藏于体内的内脏，象指表现于外的生理、病理现象。藏象包括各个内脏实体及其生理活动和病理变化表现于外的各种征象。

藏象学说是研究人体各个脏腑的生理功能、病理变化及其相互关系的学说。它是在医疗实践的基础上，在阴阳五行学说的指导下，概括总结而成的，是中医学理论体系中极其重要的组成部分。脏腑包括五脏六腑和奇恒之腑。五脏，指肝、心、脾、肺、肾，一般功能为化生和储藏精气。六腑，指胆、胃、大肠、小肠、膀胱、三焦，一般功能为传导饮食水液糟粕。奇恒之腑，指脑、髓、骨、脉、胆、子宫，其中胆既属六腑之一，又为奇恒之腑。

5. **气血精津学说** 气、血、精、津液是构成和维持人体生命活动的基本物质。气的生成源自先天与后天。禀受于父母的精气，称为先天之气。肺吸入自然的清气，与脾胃运化水谷产生的水谷之气，合称为后天之气。气有推动、温煦、防御、固摄、气化、营养等作用。人体的气可分为元气、宗气、营气、卫气、脏腑之气、经络之气。气的运动失常，表现形式有气滞、气郁、气逆等。血、精、津液皆由气所化生。血为脉道中运行的红色液体；精为由气化生的精微物质；津液则可理解为体内一切正常体液的总称。

6. 经络学说 经络是经脉和络脉的总称。经络是人体运行气血、联络脏腑、沟通上下内外的通道。经脉，是经络系统的主干，其特点是纵行分布，位置较深，有确定的循行路径。络脉，犹如网络，是经脉的分支，其特点是纵横交错，遍布全身。十二经脉包括手三阴经（手太阴肺经、手厥阴心包经、手少阴心经）、手三阳经（手阳明大肠经、手少阳三焦经、手太阳小肠经）、足三阳经（足阳明胃经、足少阳胆经、足太阳膀胱经）、足三阴经（足太阴脾经、足厥阴肝经、足少阴肾经）。经络学说是中医针灸和按摩治疗的理论基础。

7. 病因学说 病因即导致疾病发生的原因，又称病原、病源、病邪等。把致病因素与发病途径结合起来，将病因分为外感性致病因素、内伤性致病因素和其他致病因素三大类。宋代陈无择提出"三因学说"：外所因、内所因、不内外因（其他致病因素）。外感病因包括六淫（风、寒、暑、湿、燥、火）和疠气；内伤病因指七情（喜、怒、忧、思、悲、恐、惊）；不内外因如饮食失宜、劳逸失度、金疮跌折。

二、中医主要诊断和治疗方法

（一）中医诊断方法

1. 四诊 中医诊断，主要是通过四诊，即望诊、闻诊、问诊、切脉，获取病情资料，进而以中医理论进行分析、辨别，明确病证。

（1）望诊：即观察患者的神、色、形、态的变化。神是精神、神气状态；色是五脏气血的外在荣枯、色泽的表现；形是形体丰实或虚弱的征象；态是动态的灵活或呆滞的表现。这就是对患者面目、口、鼻、齿、舌和苔、四肢、皮肤进行观察，以了解患者的"神"。其中以望面部和望舌为重点。望面色一般为面色白主虚、寒，赤主热，黄主脾虚、湿困，青主瘀、寒、痛，黑主肾虚、寒、水、瘀。望舌即中医的舌诊，主要是观察舌质和舌苔两个方面的变化。舌质，又称舌体，是舌的肌肉脉络组织。舌苔，是舌体上附着的一层苔状物，由胃气所生。中医认为，舌质淡红，舌苔薄白为正常。舌质淡白主寒、虚，红绛主热，青紫主寒凝血瘀；白苔主寒证、表证，黄苔主热证、里证等。

（2）闻诊：是指听患者说话的声音、呼吸、咳嗽、呕吐、呃逆、嗳气等的声动，还要以鼻闻患者的体味、痰涕、口味、大小便发出的气味。但中医辨证，强调脉象和舌象，闻诊在实际临床应用并不多。

（3）问诊：是获取病情资料的主要途径。其内容常概括为"十问歌"，即：一问寒热二问汗，三问头身四问便，五问饮食六问胸，七聋八渴俱当辨，九问旧病十问因，再兼服药参机变；妇女尤必问经期，迟速闭崩皆可见。

（4）切诊：就是脉诊和触诊，但古代中医中主要是指切脉。切脉的部位，一般在手太阴肺经的寸口，即现代解剖中桡骨茎突内侧桡动脉所在部位。脉诊就是切脉，掌握脉象。触诊，就是以手触按患者的体表病颁部分，察看患者的体温、硬软、拒按或喜按等以助诊断。中医脉象名目繁多，除"平脉"，即正常脉象外，对病脉现常归纳为浮、沉、迟、数、洪、细、微、散、虚、实、滑、涩、弦、缓、弱、濡、结、代等"28脉"。

脉象在中医诊断中被看得非常重要。古人医案中常有"舍证从脉"的记载，即主要根据脉象处方用药。

2. 辨证施治 辨证论治，又称辨证施治，是中医认识疾病和治疗疾病的基本原则，是中医学对疾病的一种特殊的研究和处理方法，包括辨证和论治两个过程。辨证，就是分析、辨认疾病的证候，以脏腑经络、病因、病机等基本理论为依据，通过对四诊（望、闻、问、切）所收集的症状、体征，以及其他临床资料进行分析、综合，辨清疾病的原因、性质、部位，以及邪正之间的关系，概括、判断属于何证。论治，是根据辨证的结论，确立相应的治疗方法，并选方用药。辨证和论治是诊治疾病过程中相互联系、不可分割的两个方面，是理法方药在临床上的具体运用。辨证论治作为中医诊疗疾病的一大特色，无论在理论上还是临床上，都具有十分重要的意义。

中医临床认识和治疗疾病，既辨病又辨证，但主要着眼于"证"的区别上。例如，感冒是一种疾病，临床可见恶寒、发热、头身疼痛等症状，但由于引发疾病的原因和机体反应性有所不同，又表现为风寒感冒、风热感冒、暑湿感冒等不同的证型。辨清了感冒属于何种证型后，中医分别采用辛温解表、辛凉解表或清暑祛湿解表等方法给予治疗。

中医认为，同一疾病在不同的发展阶段，可以出现不同的证型；而不同的疾病在其发展过程中又可能出现同样的证型。因此在治疗疾病时就可以分别采取同病异治或异病同治的原则。同病异治是指对同一疾病不同阶段出现的不同证型，采用不同的治法。例如，麻疹初期，疹未出透时，应当用发表透疹的治疗方法；麻疹中期通常肺热明显，治疗则须清解肺热；而至麻疹后期，多有余热未尽，伤及肺阴胃阴，此时治疗则应以养阴清热为主。异病同治是指不同的疾病在发展过程中出现性质相同的证型，因而可以采用同样的治疗方法。

（二）中医的主要治疗方法

中医的主要治疗方法有中药、针灸、推拿按摩、拔罐、食疗等。

1. **中药** 在中医学理论指导下用于预防、诊断、治疗或调节人体功能的药物。中药按加工工艺分为中成药、中药材。中药除了植物药以外，还有动物药如蛇胆、鹿茸、鹿角，介壳类如珍珠；矿物类如龙骨，都是用来治病的中药。少数中药源于外国，如西洋参。

2. **针灸** 针灸是中医针法和灸法的总称。针法是在中医理论的指导下把针具（通常指毫针）按照一定的角度刺入患者体内，运用捻转与提插等针刺手法来对刺激人体特定部位从而达到治疗疾病的目的。灸法是用燃烧着的艾绒，温灼穴位的皮肤表面，利用热刺激来治病。通常以艾草最为常用，故而称为艾灸。临床上，针灸治疗是按中医的诊疗方法诊断出病因，辨别疾病的性质，确定病变属于哪一经脉、哪一脏腑，辨明它是属于表里、寒热、虚实中的哪一类型，然后按照经络理论，配穴处方，通经脉，调气血，使阴阳归于相对平衡，使脏腑功能趋于调和，从而达到防治疾病的目的。

针灸是迄今在国际上被较为广泛接受的中医传统治疗方法。1996年世界卫生组织（WHO）有关机构曾提出64种针灸适应证，包括如戒酒、变应性鼻炎（花粉症）、面瘫、运动系统慢性疼痛（颈、肩、脊柱、膝等部位疼痛）、高血压、经前紧张征等；还有肠道激惹综合征、单纯性肥胖等；以及有较多的临床报道的针灸适应证据，如便秘、缺乳、呃逆、尿失禁。

3. **推拿按摩** 推拿为一种非药物的自然疗法、物理疗法。通常是指医生运用自己的双手作用于病患的体表、受伤的部位、不适的所在、特定的腧穴、疼痛的地方，具体运用推、拿、按、摩、揉、捏、点、拍等形式多样的手法，以期达到疏通经络、推行气血、扶伤止痛、祛邪扶正、调和阴阳的疗效。按摩以中医的脏腑、经络学说为理论基础，并结合西医的解剖和病理诊断，而用手法作用于人体体表的特定部位以调节机体生理、病理状况，达到理疗目的的方法。从性质上来说，它是一种物理的治疗方法。从按摩的治疗上，可分为保健按摩、运动按摩和医疗按摩。

4. **拔罐** 又名火罐气、吸筒疗法，以罐为工具，利用燃火、抽气等方法产生负压，使之吸附于体表，造成局部瘀血，以达到通经活络、行气活血、消肿止痛、祛风散寒等作用的疗法。中医认为拔罐可以疏通经络，调整气血，开泄腠理、扶正祛邪。拔罐常用于治疗腰背部肌肉疼痛，也用于治疗头痛、眩晕、眼肿、咳嗽、气喘、腹痛等。

5. **气功** 中国传统的保健、养生、祛病的方法。以呼吸的调整、身体活动的调整和意识的调整（调息，调形，调心）为手段，以强身健体、防病治病、健身延年、开发潜能为目的的一种身心锻炼方法。

6. 食疗 是在中医理论指导下利用食物的特性来调节机体功能，使其获得健康或愈疾防复的一种方法。

第二节　中医体质辨识、调护

中医体质学认为，体质现象作为人类生命活动的一种重要表现形式，与健康和疾病密切相关。体质决定了我们的健康，决定了我们对某些疾病的易感性，也决定了患病之后的反应形式，以及治疗效果和预后转归。为此，应用中医体质分类理论，根据不同体质类型的反应状态和特点，辨识体质类型，采取分类管理的方法，"因人制宜"地制定防治原则，选择相应的预防、治疗、养生方法进行体质调护，对实现个性化、针对性的健康管理具有重要意义，也可为建立具有中医特色的健康管理模式提供新的方法学指导。

一、概述

（一）中医体质的概念和特点

1. 概念　体质包括身体素质、形体质量、个体特质等多种含义。体，指身体、形体、个体；质，指素质、质量、性质。在中医体质学中，体质是指人体生命过程中，在先天禀赋和后天获得的基础上所形成的形态结构、生理功能和心理状态方面综合的、相对稳定的固有特质。也就是说是人群及人群中的个体，受于先天、后天的影响，在生长发育和衰老过程中所形成的与自然、社会环境相适应的相对稳定的人体个性特征，它通过人体生理、病理的差异现象表现出来，在生理上表现为结构、功能、代谢，以及对外界刺激反应等方面的个体差异性，病理上表现为对某些病因和疾病的易感性，以及疾病转归中的某种倾向性。

2. 特点　体质是个体身心特性的概括，是个体在遗传的基础上，在内、外环境的影响下形成的个性特征，这些特征伴随着生命的全过程。先天禀赋决定着个体体质的特异性和相对稳定性，而后天的各种环境、营养、精神因素又使体质具有动态可变性。改变后天的种种因素，可以在某种程度上改善体质，因此体质具有可调性。在相同或类似时空条件下，人群的遗传背景和后天生存环境也是大致相同的，这就使群体的体质具有趋同性。在先后天的共同作用下，使体质具有以下特点。

（1）体质的遗传性：每一个个体体质的特点，都是以遗传因素为基础，在后天生长条件的影响下，经过自然、社会、饮食等诸多因素的影响和变迁，逐渐发展起来的。由遗传背景所决定的体质差异是维持个体体质特征相对稳定的重要条件。

（2）体质的稳定性：一般情况下，个体体质一旦形成，在一定时间内不易发生太大的改变，所以体质具有一定的稳定性。体质的稳定性由先天的遗传因素形成，年龄、性别等因素也可使体质表现出一定的稳定性。然而，由于环境、精神、营养、锻炼、疾病等后天因素均参与并影响体质的形成和发展，从而使得体质的稳定性具有相对性。

（3）体质的可变性：先天禀赋决定着个体体质的相对稳定性和个体体质的特异性，后天各种环境因素、营养状况、饮食习惯、精神因素、年龄变化、疾病损伤、针药治疗等，又使体质具有可变性。体质的可变性有两个基本规律，一是随着年龄的变化，体质发展过程表现为若干阶段，每一年龄阶段都呈现出特有的体质特点，这种变化是随着年龄增长而呈现出由盛渐衰的纵向转变，反映了体质自身形成、定型、发展和变化的规律。二是由外来因素不断运动变化的干扰所造成的各种转变。外界因素的变化，通过不同途径作用于人体，导致体质状态发生改变。两种转变规律往往同时存在，互相影响。

（4）体质的多样性：体质的形成与先、后天多种因素相关。遗传因素的多样性和环境因素的复杂性，使个体体质存在必然的差异，世界上不会有完全相同的两个人；而即使是同一个体，在不同的生命阶段其体质特点也是不断变化的，所以体质具有明显的个体差异性，呈现出多样性特征。中医学的因人制宜、辨体论治强调的正是这种特异性。因此，无论是比较不同的生命个体，还是考察同一个体的不同生命阶段，都能充分体现出体质的多样性特点。

（5）体质的趋同性：在个体体质的形成过程中，遗传因素使个体体质具有差异，而环境因素、饮食结构、年龄因素、疾病因素和社会文化习惯等均可对体质产生明显的影响。处于同一历史背景、同一地方区域、同一年龄结构或饮食起居条件比较相同的人群，由于其遗传背景和外界条件的类同性，往往使特定人群的体质呈现类似的特征，这就是群体趋同性。而在相同的时空背景下，体质的趋同性会导致某一人群对某些病邪的易感性及其所产生的病理过程的倾向性。因此，人类的体质、发病所具有的共性，也使群体预防和群体治疗成为可能。

（6）体质的可调性：体质既是相对稳定的，又是动态可变的，这就使调整偏颇体质、防病、治病成为可能。在生理情况下，针对各种体质及早采取相应措施，纠正或改善某些体质的偏颇，以减少体质对疾病的易感性，可以预防疾病或延缓发病。在病理情况下，可针对各种不同的体质类型，将辨证论治与辨体论治相结合，以人为本，充分发挥个体诊疗的优势，提高疗效。

（二）中医体质辨识与分类

中医体质辨识即以人的体质为认知对象，从体质状态及不同体质分类的特性，把握其健康与疾病的整体要素与个体差异，制定防治原则，选择相应的治疗、预防、养生方法，从而实施"因人制宜"的干预措施。中医体质辨识已纳入《国家基本公共卫生服务规范（2009年版）》，进入国家公共卫生体系。

体质辨识以中医体质分类为基础。中医体质分类是根据人群中的个体各自不同的形态结构、生理功能、心理状态等方面的特征，按照一定的标准，采用一定的方法，通过整理、分析、归纳，分成若干类型。王琦以人体生命活动的物质基础——阴阳、气血津液的盛衰虚实变化为主，以临床应用为目的进行分类，将中医体质分为平和质（A型）、气虚质（B型）、阳虚质（C型）、阴虚质（D型）、痰湿质（E型）、湿热质（F型）、血瘀质（G型）、气郁质（H型）、特禀质（I型）9种基本类型，除平和质之外的8种体质类型均为偏颇体质。王琦的9分法通过了专家论证，并被中医学者广泛引用，故本章基于王琦的9分法进行体质辨识。

（三）中医体质辨识在健康管理中的作用

从健康到亚健康再到疾病，体质因素的影响不可忽视。各种偏颇体质是健康状态的重要影响因素，也是疾病发生、发展与转归的内在因素。通过中医体质辨识，可以更加全面地了解其健康状况，获得预测个体未来发病风险的资料；通过体质调护，调整偏颇体质，可以改善个体的健康状况，实现健康管理的目标。

1. 中医体质辨识是体质健康管理的核心环节。随着医学模式和健康观念的转变，当今医学已从疾病医学转向健康医学，人类健康的研究已成为世界各国人口与健康领域的前沿课题。健康管理的主要内容是通过全面收集个体或群体的健康信息，科学评估个体或群体的健康状况，并且找出影响其健康的危险因素，然后针对这些危险因素，提出相应的健康管理方案，促使人们建立新的行为和生活方式，从而达到促进个体或群体健康水平的目的。

中医体质健康管理的基本步骤包括收集体质健康信息、辨识体质类型、实施体质调护、评价体质调护效果。这几个环节是一个长期的、连续不断的、动态循环的服务流程，其中最核心的环节是体质辨识。中医体质健康管理需要在收集先天禀赋因素、后天颐养因素、性别因素、年龄因素、环境因素、疾病与药物因素等体质的影响因素信息，以及形态结构、生理功能和心理状态特征等方面信息的基础上，辨识体质类型。为了使体质健康管理流程中最为核心的体质辨识方法科学、规范、适用，研究人员开发了《中医体质量表》，制定了《中医体质分类与判定》标准，为体质辨识提供了标准化的测评工具。

2. 中医体质辨识是制订体质调护计划的基础。改善个体的健康状况，实现健康管理的目标，需要在科学辨识体质类型的基础上制订个性化的体质调护计划。因此，根据体质辨识的结果及相关影响因素的分析，针对个体的体质特征，制订体质调护计划，通过合理的精神调摄、饮食调养、起居调护、运动健身、经络调理、药物调治及四季保养等调护措施，使体质偏颇得以纠正，从而改善健康状况，是体质健康管理的目的。可以说，辨识体质类型是体质调护的基础，是实施健康管理的前提。

3. 中医体质辨识是实施体质三级预防的依据。预防，就是采取一定的措施，防止疾病的发生与发展。中医学在防病治病上的一个重要思想，就是防患于未然的预防思想，而且强调防重于治。《素问·四气调神大论》说："圣人不治已病治未病，不治已乱治未乱。"指出了预防疾病的重要意义。通过中医体质辨识，可从调体拒邪、调体防病和调体防变3个演进层次体现改善体质在预防疾病中的作用。

一级预防，未病先防。第一，是在群体预防中，可通过中医体质辨识，揭示一般人群的体质分布规律，针对不同人群的体质分布特点，使中医传统的"养生、避邪"的个体预防阶段进入到群体预防阶段，促进人群健康水平的提高。第二，是对于自我（社区、家庭）保健，每个人都可根据中医体质辨识结果，针对自己个体体质的偏颇状态，重新考虑生活方式和饮食宜忌等，建立适合于自己个体体质特点的养生保健方法。

二级预防，欲病早治。对于疾病的易感体质，可根据体质辨识结果，有针对性地调整偏颇体质，进行疾病的早期预防。如研究发现高血压与痰湿质关联程度最强，女性痰湿质与高血压的关联强于男性，提示在高血压的高危人群中调整痰湿体质偏颇的重要性。

三级预防，已病早治。在临床诊疗中，通过客观地辨识中医体质类型，根据不同体质类型或状态，或益气，或温阳，或补阴，或利湿，或开郁，或活血，以调整机体的阴阳、气血津液失衡倾向，体现"因人制宜""治病求本"的治疗原则，进行个性化的康复治疗。

4. 中医体质辨识应用于健康管理。创新健康管理新模式将中医体质辨识应用于健康管理，是一种新的健康管理理念，是具有中国特色的健康管理方法。这一方法管理的对象主要是健康人群与亚健康人群，管理的目标是通过调整偏颇体质，以让人不生病或少生病为目标，管理的方法是以中国传统的养生方法为主，结合现代健康管理方法。

探索与建立具有中国特色的健康管理理论与方法，是每一个健康管理者的目标。如何将现代健康管理理念与中医理论相结合是摆在我们面前的一项重大课题。建立在体质辨识基础上的健康管理具有针对性、实用性、有效性和可操作性等特点，值得学习和推广。

二、中医体质辨识的原则和内容

（一）中医体质辨识的原则

人是一个有机的整体，对人的体质辨识必须遵循共同的原则，从整体观点出发，全面审查其神、色、形、态、舌、脉等体征，以及性格、饮食、二便等情况，结合中医临床辨体论治的实际经验进行综合分析。

1. **整体性原则**　是中医体质辨识强调整体审察的认识论基础。人体的外部结构与内部脏腑是有机相关的，整个人体又受到自然环境和社会环境的影响。中医体质辨识中的整体性原则，一方面要求利用望、闻、问、切的手段广泛而全面地收集体质资料，而不能只看到局部的体质状况；另一方面是指从整体上进行多方面的考虑，并结合时、地、病的特殊性，对人体体质状态进行全面分析、综合判断。

2. **形神结合原则**　神是机体生命活动的体现。形健则神旺，形衰则神惫，人的精神状态和面部气色常能显示出体质的平和与偏颇。神色是五脏气血盛衰的表现，体质平和的人，五脏无偏胜，气血调和，阴平阳秘，必然精神健旺，气色明润，目光有神，语言响亮，耳听聪敏。反之，偏颇体质必然反映不同气色。人体的形态结构与心理特征也存在特异性的对应关系，一定的形态体貌必然对应一定的性格特点，只有全面观察，形神结合，才能对体质类型做出准确的判断。

3. **舌脉合参原则** 诊察舌脉在分辨体质的差异性上有重要参考价值。如阳虚质多舌胖，血瘀质多舌紫，应对舌的神、色、形、态，苔色、苔质进行全面观察。诊脉时应注意身躯高大的人，脉的显现部位较长；矮小的人，脉的显现部位较短；瘦小的人脉常濡软；肥盛的人脉常沉细；阳盛质多见阳脉，阴盛质多见阴脉。另外，还需注意不同地理环境对脉象的影响。

此外，如性别、年龄、民族、先天禀赋、家族遗传、居处环境，以及性格类型、饮食习惯、疾病因素，均与体质有关，临床在辨识体质类型时也需注意。

（二）中医体质辨识的内容

体质表现为形态结构、生理功能和心理状态几个方面相对稳定的特性。一定的形态结构，必然表现为一定的生理功能，而伴随着形态结构、生理功能的变化，又会产生一定的心理过程和个性心理特征。认识与辨析体质，必须依据个体的肤色、形态、举止、饮食习惯、性格心理特征，以及对季节的适应性、对疾病的易感性等方面表现的特征。因此，辨体的内容通常包括以下几个方面。

1. **辨形态结构特征** 人体形态结构上的差异性是辨析个体体质的重要内容。人体的形态结构是生理功能和心理活动的基础，又是精气盛衰和代谢情况的外在表现，包括外部形态结构和内部形态结构。外部形态结构是由体表直接表现出的特性，是用感觉器官直接观测到的体质要素，包括体格、体型、姿势、营养状况等。内部形态结构，包括脏腑、经络、精、气、血、津液等，是体表直观性体质要素的决定因素，是决定其外显特征的内在基础。中医藏象学说认为，内在五脏与形体有着配属、表里关系，因而观察形体的强弱胖瘦，可以测知内脏的坚脆、气血的盛衰等。一般认为五脏强壮，外形也强壮。如骨骼粗大、胸廓宽厚、肌肉充实、皮肤润泽、举动灵活，是强壮的征象，多见于强壮体质；骨骼细小、胸廓狭窄、肌肉瘦弱、皮肤干燥、举动迟钝等，是衰弱的表现，多见于虚弱体质。所以，关于形态结构的辨析，中医主要通过望诊观察形态、体型、体态、头面、五官、躯干、四肢、皮肤面色、毛发及舌象等，重点了解个体的体质状况及体质差异。

2. **辨生理功能特征** 人体生理功能上的差异性也是个体体质辨析的重要内容。因为体质是在遗传性和获得性的基础上表现出来的人体形态结构、生理功能和心理状态的综合的相对稳定的特征，而心理活动状态是在一定的形态结构和生理功能的基础上产生的，因此，体质首先是形态结构和功能活动的综合体。形态结构是产生各种生理功能的基础，一定的形态结构必然表现为一定的生理功能，机体内部和外部的形态结构特点决定着其功能反应的形式和反应强度、频率等，决定着机体生理功能及对各种刺激反应的差异。人体的生理功能是内部形态结构完整性、协调性的反映，是脏腑经络及精、气、血、津液盛衰的体现。机体对外界的反应和适应能力、自我调节能力、防病抗病能力、新陈代谢情况等，均是脏腑经络及精、气、血、津液生理功能的体现。中医主要通过望目光、色泽、神情、体态，以及呼吸、舌象、脉象等，重点了解个体的精神意识、思维活动，以及对外界的反应和适应能力、自我调节能力、防病抗病能力、新陈代谢情况等，从而可以判断机体各脏腑生理功能的个体差异性。如神志清楚、两目灵活、面色荣润、肌肉不削、动作自如，说明精充、气足、神旺，多见平和体质；如精神不振、两目乏神、面色少华、肌肉松软、倦怠乏力、少气懒言、动作迟缓，说明精气不足，功能减退，多见虚弱体质或阳虚体质。

3. **辨心理特征** 心理是指客观事物在大脑中的反映，是感觉、知觉、情感、记忆、思维、性格、能力等的总称，属于中医学神的范畴。"人有五脏化五气，以生喜怒悲忧恐"（《素问·阴阳应象大论》），神志活动的产生和维持有赖于内在脏腑的功能活动，以脏腑精气为物质基础，但脏腑精气藏于内而不能直接得以观察，精气显象于外可以形成相应的心理活动，使个体容易表现出相应的心理特征。心理特征的差异，主要表现为人格、气质、性格的差异。中医辨心理特征，主要通过观察情绪倾向、感情色彩、认知速度、意志强弱、行为表现等方面，了解人体气质特点与人格倾向。如阴虚质的人多性情急躁、外向、好动，阳虚质的人性格多沉静内向，气郁质的人多内向不稳定、忧郁脆弱、敏感多疑等。

辨体的基本内容，综合了形态结构、生理功能和心理特征 3 方面，全面概括了构成体质的基本要素，深刻把握了个体生命的本质特征，从而就能对个体体质做出准确判断。如痰湿体质的人，形态结构表现为体形肥胖、腹部肥满松软；生理功能多见皮肤出油较多、多汗、汗黏、眼睑轻微水肿、容易困倦、对梅雨季节和潮湿环境适应能力较差等；心理特点以温和稳重多见。

三、9 种基本中医体质类型的辨识

辨析体质类型，主要是依据不同体质在形态结构、生理功能及心理活动 3 个方面的特征，经过综合分析，将其归为不同体质类型的思维与实践过程，本处对 9 种基本中医体质类型的辨识依据进行归纳。

1. 平和质（A 型）

（1）定义：先天禀赋良好，后天调养得当，以体态适中，面色红润，精力充沛，脏腑功能状态强健壮实为主要特征的一种体质状态。

（2）成因：先天禀赋良好，后天调养得当。

（3）特征　①形体特征：体形匀称、健壮；②心理特征：性格随和、开朗；③常见表现：面色、肤色润泽，头发稠密有光泽，目光有神，鼻色明润，嗅觉灵敏，味觉正常，唇色红润，精力充沛，不易疲劳，耐受寒热，睡眠安和，胃纳良好，二便正常，舌色淡红，苔薄白，脉和有神；④对外界环境适应能力：对自然环境和社会环境适应能力较强；⑤发病倾向：平素患病较少。

2. 气虚质（B 型）

（1）定义：由于一身之气不足，以气息低弱、脏腑功能状态低下为主要特征的体质状态。

（2）成因：先天禀赋不足，后天失养，如孕育时父母体弱、早产、人工喂养不当、偏食、厌食，或因病后气亏、年老气弱。

（3）特征　①形体特征：肌肉松软；②心理特征：性格内向、情绪不稳定、胆小、不喜欢冒险；③常见表现　主项：平素气短懒言，语音低怯，精神不振，肢体容易疲乏，易出汗，舌淡红、胖嫩、边有齿痕，脉象虚缓；副项：面色萎黄或淡白，目光少神，口淡，唇色少华，毛发不泽，头晕，健忘，大便正常，或虽便秘但不结硬，或大便不成形，便后仍觉未尽，小便正常或偏多；④对外界环境适应能力：不耐受寒邪、风邪、暑邪；⑤发病倾向：平素体质虚弱，卫表不固易患感冒；或病后抗病能力弱，易迁延不愈；易患内脏下垂、虚劳等病。

3. 阳虚质（C 型）

（1）定义：由于阳气不足，失于温煦，以形寒肢冷等虚寒现象为主要特征的体质状态。

（2）成因：先天不足，或后天失养。如孕育时父母体弱或年长受孕，早产，或年老阳衰。

（3）特征　①形体特征：多形体白胖，肌肉松软；②心理特征：性格多沉静、内向；③常见表现　主项：平素畏冷，手足不温，喜热饮食，精神不振，睡眠偏多，舌淡、胖嫩、边有齿痕，舌苔润，脉象沉迟。副项：面色白，目胞晦黯，口唇色淡，毛发易落，易出汗，大便溏薄，小便清长；④对外界环境适应能力：不耐受寒邪、耐夏不耐冬；易感湿邪；⑤发病倾向：发病多为寒证，或易从寒化，易病痰饮、肿胀、泄泻、阳痿。

4. 阴虚质（D 型）

（1）定义：由于体内津液、精、血等阴液亏少，以阴虚内热等表现为主要特征的体质状态。

（2）成因：先天不足，如孕育时父母体弱，或年长受孕，早产，或后天失养，纵欲耗精，积劳阴亏，或曾患出血性疾病等。

（3）特征：①形体特征：体形瘦长；②心理特征：性情急躁，外向好动，活泼；③常见表现主项：手足心热，平素易口燥咽干，鼻微干，口渴喜冷饮，大便干燥，舌红少津少苔；副项：面

色潮红，有烘热感，两目干涩，视物模糊，唇红微干，皮肤偏干，易生皱纹，眩晕耳鸣，睡眠差，小便短，脉象细弦或数；④发病倾向：平素易患有阴亏燥热的病变，或病后易表现为阴亏症状；⑤对外界环境适应能力：平素不耐热邪，耐冬不耐夏；不耐受燥邪。

5. 痰湿质（E型）

（1）定义：由于水液内停而痰湿凝聚，以黏滞、重浊为主要特征的体质状态。

（2）成因：先天遗传，或后天过食肥甘。

（3）特征　①形体特征：体形肥胖，腹部肥满、松软；②心理特征：性格偏温和，稳重恭谦，和达，多善于忍耐；③常见表现　主项：面部皮肤油脂较多，多汗且黏，胸闷，痰多。副项：面色黄胖而黯，眼睑微浮，容易困倦，平素舌体胖大，舌苔白腻，口黏腻或甜，身重不爽，脉滑，喜食肥甘，大便正常或不实，小便不多或微混；④发病倾向：易患消渴、卒中、胸痹等病证；⑤对外界环境适应能力：对梅雨季节及潮湿环境适应能力差，易患湿证。

6. 湿热质（F型）

（1）定义：以湿热内蕴为主要特征的体质状态。

（2）成因：先天禀赋，或久居湿地，喜食肥甘，或长期饮酒，湿热内蕴。

（3）特征　①形体特征：形体偏胖；②常见表现　主项：平素面垢油光，易生痤疮、粉刺，舌质偏红、舌苔黄腻，容易口苦口干，身重困倦。副项：心烦懈怠，眼睛红赤，大便燥结，或黏滞，小便短赤，男易阴囊潮湿，女易带下量多，脉象多见滑数；③心理特征：性格多急躁、易怒。④发病倾向：易患疮疖、黄疸、火热等病证；⑤对外界环境适应能力：对湿环境或气温偏高，尤其夏末、秋初，湿热交蒸气候较难适应。

7. 血瘀质（G型）

（1）定义：体内有血液运行不畅的潜在倾向或瘀血内阻的病理基础，以血瘀表现为主要特征的体质状态。

（2）成因：先天禀赋，或后天损伤，忧郁气滞，久病入络。

（3）特征　①形体特征：瘦人居多；②心理特征：性格内郁，心情不快易烦，急躁健忘；③常见表现　主项：平素面色晦黯，皮肤偏黯或色素沉着，容易出现瘀斑，易患疼痛，口唇黯淡或紫，舌质黯有瘀点，或片状瘀斑，舌下静脉曲张，脉象细涩或结代；副项：眼眶黯黑，鼻部黯滞，发易脱落，肌肤干或甲错，女性多见痛经、闭经、或经色紫黑有块、崩漏；④发病倾向：易患出血、癥瘕、卒中、胸痹等病。⑤对外界环境适应能力：不耐受风邪、寒邪。

8. 气郁质（H型）

（1）定义：由于长期情志不畅、气机郁滞而形成的以性格内向不稳定、忧郁脆弱、敏感多疑为主要表现的体质状态。

（2）成因：先天遗传，或因精神刺激，暴受惊恐，所欲不遂，忧郁思虑等。

（3）特征　①形体特征：形体偏瘦；②心理特征：性格内向不稳定，忧郁脆弱，敏感多疑；③常见表现　主项：平素忧郁面貌，神情多烦闷不乐。副项：胸胁胀满，或走窜疼痛，多伴善叹息，或嗳气、呃逆，或咽间有异物感，或乳房胀痛，睡眠较差，食欲减退，惊悸怔忡，健忘，痰多，大便偏干，小便正常，舌淡红，苔薄白，脉象弦细；④发病倾向：易患郁证、脏躁、百合病、不寐、梅核气、惊恐等病证；⑤对外界环境适应能力：对精神刺激适应能力较差，不喜欢阴雨天气。

9. 特禀质（I型）

（1）定义：包括先天性、遗传性的生理缺陷与疾病和过敏反应两个类型。

（2）成因：先天禀赋不足、遗传等，或环境因素、药物因素等。

（3）常见表现　过敏体质者常见哮喘、风团、咽痒、鼻塞、喷嚏等；患遗传性疾病者有垂直遗传、先天性、家族性特征；患胎传性疾病者具有母体影响胎儿个体生长发育及相关疾病特征。

（4）特征：发病倾向以遗传疾病为主，如血友病、21-三体综合征及中医所称"五迟""五软""解颅"；胎传疾病如胎寒、胎热、胎惊、胎肥、胎弱。

（5）过敏反应：过敏体质者易药物过敏，易患花粉症；对外界环境适应能力差，如过敏体质者对过敏季节适应能力差，易引发宿疾。

四、9种基本中医体质类型的调护

体质是相对稳定的，又是动态可变的，外界环境和发育条件、生活条件、干预措施等影响，都有可能使体质发生改变，这就使调整偏颇体质、维护健康、防病治病成为可能。因此，在体质辨识的基础上，针对个体的体质特征，通过各种体质调护措施的干预，改善偏颇体质，提高人体对环境的适应能力，以达到提高生命质量、防病治病、延年益寿的目的，是体质健康管理的目标所在。

（一）平和质（A型）的调护

平和质先天禀赋良好，后天调养得当，故其精、气、神及局部特征等方面均表现良好，体形匀称健壮，面色润泽，目光有神，唇色红润，不易疲劳，精力充沛，睡眠、食欲良好，大小便正常，性格随和开朗，平时患病较少，对自然环境和社会环境适应能力较强。因此，平和质养生侧重于保养、维护。

1. **精神调摄** 由于心理状态、情志反应与内外环境等多种因素有关，精神刺激和情志变化不可避免，所以平和质的人也应注意调摄精神，及时化解不良情绪，防止体质出现偏颇，并可通过培养兴趣爱好，加强体育锻炼等，愉悦身心，保持情绪稳定，促进心理健康。

2. **饮食调养** 平和质饮食应有节制，不要过饥或过饱，不要常吃过冷过热或不干净的食物，粗细粮食要合理搭配，多吃五谷杂粮、蔬菜瓜果，均衡营养。《黄帝内经》明确提出了中国传统膳食的平衡观"五谷为养、五果为助、五畜为益、五菜为充"。平和质还应注意气味调和，不偏嗜酸、苦、甘、辛、咸五味；顺时调养，根据不同季节选择适宜的饮食。少食过于油腻及辛辣之物。

3. **起居调护** 人体的生命活动随着年节律、季节律、月节律、昼夜节律等自然规律而发生相应的生理变化。因此，平和质的人也应注意起居有常，不妄作劳，顺应四时，调摄起居，才能增进健康、延年益寿。

4. **运动健身** 平和质者可通过运动保持和加强现有的良好状态，可根据年龄、性别、个人兴趣爱好的差异，自行选择不同的锻炼方法。如年轻人可适当跑步、打球，老年人可适当散步、打太极拳。同时要努力做到积极主动，兴趣广泛；运动适度，不宜过量；循序渐进，适可而止；经常锻炼，持之以恒；全面锻炼，因时制宜。

5. **经络调理** 包括主动调理与被动保健。经络的主动调理方法很多，这里介绍一种经实践证明行之有效的调理经络的方法，即"312经络调理方法"或称"312经络锻炼法"。这一方法是由中国科学院的专家在30年经络研究的基础上，汲取古今中外养生保健方法的精华，总结创编的一套集穴位按摩、腹式呼吸和体育运动为一体的健身方法，具有激活经络、畅通气血、祛病健身的功效。"312"的"3"是指合谷、内关和足三里3个穴位的按摩，每天按摩1～2次，每次每个穴位按摩5 min（3个穴位共15 min）；"1"是指一种意守丹田的腹式呼吸方法，每天1～2次，每次5 min；"2"是指以两条腿为主、力所能及的体育锻炼，每天1～2次，每次5 min。"312经络锻炼法"简便易学，不需要场地，非常适合办公人员、中老年朋友锻炼。另外，在主动锻炼、主动调理的同时，也可进行被动保健、保养。被动保健的方法也很多，关键是要选择专业的保健按摩师来进行调理。

（二）气虚质（B型）的调护

气虚质的主要特征是气不足，故其语音低弱，气短懒言，容易疲乏、出汗，易患感冒及内脏下垂；对外界环境适应能力较差，不耐受风、寒、暑、湿邪，病后康复较慢；性格内向、情绪不稳、胆小不喜欢冒险等。因此，气虚质养生应以养脾、养肺为主，改变不良的生活方式，并辅以经络调理和药物调治。

1. **精神调摄**　气虚质者在日常生活中，应培养豁达乐观的生活态度，不可过度劳神、过度紧张，保持稳定平和的心态。脾为气血生化之源，思则气结，过思伤脾；肺主一身之气，悲则气消，悲忧伤肺，气虚者不宜过思过悲。

2. **饮食调养**　脾主运化，为气血生化之源，气虚质者的饮食调养宜选择性平偏温、健脾益气的食物食用，如黄豆、白扁豆、鸡肉、香菇、大枣、桂圆、蜂蜜。少食具有耗气作用的食物，如空心菜、生萝卜。

【药膳指导】

- 黄芪童子鸡：取童子鸡 1 只洗净，用纱布袋包好生黄芪 9 g，取一根细线，一端扎紧纱布袋口，置于锅内，另一端则绑在锅柄上。在锅中加姜、葱及适量水煮汤，待童子鸡煮熟后，拿出黄芪包。加入盐、黄酒调味，即可食用。可益气补虚。
- 山药粥：将山药 30 g 和粳米 180 g 一起入锅加适量清水煮粥，煮熟即成。此粥可在每日晚饭时食用。此粥具有补中益气、益肺固精的作用。

3. **起居调护**　气虚者起居宜有规律，夏季午间应适当休息，保持充足睡眠。平时注意保暖，居处要避免虚邪贼风，避免劳动或激烈运动时出汗受风。不要过于劳作，还要避免过度运动，以免损伤正气。

4. **运动健身**　气虚质者脏腑功能低下，主要是心肺功能不足和脾胃功能虚弱，慢跑、散步、登山等可以有效加强心肺功能；还可选用一些传统的健身功法，如太极拳、太极剑、八段锦、保健功、瑜伽，采用低强度、多频次的方式，控制好时间，循序渐进，持之以恒，以逐渐改善体质。

气虚质者不宜做大负荷运动和出大汗的运动，忌用猛力或做长久憋气的动作，应做到"形劳而不倦"。

5. **经络调理**　气虚质养生所用主要经络和穴位有任脉的中脘、神阙、气海；督脉有百会、大椎；足太阳膀胱经的风门、肺俞、膈俞、脾俞及足阳明胃经的天枢、足三里。每次选 2～4 个穴位，点按、艾灸、神灯照射均可。

经常腹胀、消化不良、便溏，可选中脘、天枢、足三里；经常感冒、打喷嚏、鼻子发痒，可选风门、肺俞、脾俞、足三里；经常疲劳倦怠，可选神阙、气海、膈俞、脾俞。"常按足三里，胜吃老母鸡。"平时常按足三里，益气补气又健脾。

6. **药物调治**　大枣、人参、党参、淮山药、黄芪、紫河车、茯苓、甘草、白术、薏苡仁、白果等都可以用来补气，平时可以煲汤用。比较安全的方剂有"四君子汤"，由人参、白术、茯苓、甘草四味药组成。可以把甘草去掉，用其他三味药煲瘦猪肉汤来补气。

如果总是面色白、血压低，还经常头晕，蹲下后一站起来两眼发黑就要晕倒，可以吃些补中益气丸或补中益气汤（由黄芪、柴胡、甘草、人参、当归、陈皮、升麻、白术等组成）。如果气虚主要表现在气候和温度一变化，就打喷嚏、感冒或者皮肤过敏，可吃玉屏风散。

（三）阳虚质（C 型）的调护

阳虚质的主要特征是怕冷。阳气亏虚，机体失却温煦，肌腠不固，水湿不化，喜热怕冷。因此，阳虚质养生应以助阳温煦、温补脾肾为主，培养健康的生活方式，同时配以经络调理和药物调治等。

1. **精神调摄**　由于阳虚质者性格多沉静、内向，因此，可增加户外运动，多见阳光，听轻快、活泼、兴奋的音乐等，以愉悦改变心境，增加保护心灵的钝感。

2. **饮食调养**　肾阳为一身阳气之本，肾阳为根，脾阳为继。阳虚质者宜多食用甘温补脾阳、肾阳为主的食物，如平时可多食牛肉、羊肉、韭菜、生姜等温阳之品，少食梨、西瓜、荸荠、螃蟹等生冷寒凉食物，少饮绿茶。

【药膳指导】

- 当归生姜羊肉汤：当归20 g，生姜30 g，冲洗干净，用清水浸软，切片备用。羊肉500 g 剔去筋膜，放入开水锅中略烫，除去血水后捞出，切片备用。当归、生姜、羊肉放入砂锅中，加清水、料酒、食盐，旺火烧沸后撇去浮沫，再改用小火炖至羊肉熟烂即成。本品为汉代张仲景名方，温中补血，祛寒止痛，特别适合冬日食用。

- 韭菜炒胡桃仁：胡桃仁50 g 开水浸泡去皮，沥干备用。韭菜200 g 择洗干净，切成寸段备用。麻油倒入炒锅，烧至七成热时，加入胡桃仁，炸至焦黄，再加入韭菜、食盐，翻炒至熟。本品有补肾助阳，温暖腰膝的作用。适用于肾阳不足、腰膝冷痛者。

- 玉浆黄金鸡：2斤左右的纯种乌鸡1只（江西泰和县的竹丝鸡最好）洗净，浙江绍兴黄酒1 kg。将鸡和黄酒一起放进锅里，用大火烧开后，改用小火慢炖至肉烂即可食用。吃肉喝汤，每天下午18点左右（酉时）吃一次，连吃一周即可明显改善肾阳虚的体质状态。长期肾阳虚者可以坚持每月吃一次。如果往本方中加入50 g 克补肾中药肉苁蓉，与鸡同炖，则效果更佳。

3. **起居调护**　居住环境应空气流通，秋冬注意保暖，夏季避免长时间待在空调房间。平时注意关节、足下、背部及下腹部丹田部位的防寒保暖。防止出汗过多，在阳光充足的情况下适当进行户外活动，切不可在阴暗、潮湿、寒冷的环境下长期工作和生活。

4. **运动健身**　阳虚质者以振奋、提升阳气的锻炼方法为主。散步、慢跑、太极拳、五禽戏、跳绳、各种球类运动等均适合阳虚者。不宜游泳，不宜在阴冷天或潮湿之处长时间锻炼，夏天不宜做过于剧烈的运动，冬天避免在大风、大寒、大雾、大雪及空气污染的环境中锻炼。

5. **经络调理**　阳虚质者的经络调理以任脉、督脉、背部膀胱经为主。任脉肚脐以下的神阙、气海、关元、中极这4个穴位有很好的温阳作用，用艾条温灸或使用热敷或神灯、频谱仪照射均可。督脉常用艾灸百会、命门，艾灸百会主要用于阳虚质的头痛眩晕、精神萎靡不振者，艾灸命门主要用于腰腿酸痛、性功能下降、夜尿多者。自行按摩气海、足三里、涌泉等穴位也可补肾助阳。

6. **药物调治**　安全保健中药有鹿茸、补骨脂、益智仁、桑寄生、杜仲、菟丝子、附子、肉桂、熟地、人参、黄芪、山药、枸杞子等。中成药有参茸丸、金匮肾气丸或桂附地黄丸、龟鹿二仙膏、右归丸、壮腰健肾丸、壮骨关节丸等。如果阳气虚腰痛和夜尿，可用桑寄生、杜仲加瘦猪肉和核桃煮汤喝。

（四）阴虚质（D型）的调护

阴虚质的主要特征是阴液不足。阴液亏少，机体失去濡润滋养，导致体形瘦长，口燥咽干，眩晕耳鸣，两目干涩，视物模糊，皮肤干燥，大便干燥，小便短少，舌少津少苔，脉细等；同时由于阴不制阳，阳热之气偏旺而生内热，导致手足心热，喜冷不喜热，耐冬不耐夏；性情急躁，外向好动。故阴虚质养生宜以补阴静养为主，改变不良的生活方式，并辅以药物调理等。

1. **精神调摄**　由于阴虚质者性情急躁，外向好动、活泼、五志过极。因此，应学会调节自己的不良情志，安神定志，舒缓情志；学会喜与忧、苦与乐、顺境与逆境的正确对待，保持稳定的心态。

2. **饮食调养**　阴虚质者由于体内津液、精、血等阴液亏少，以阴虚内热为主要体质状态，因此宜多食瘦猪肉、鸭肉、绿豆、冬瓜、银耳等甘凉滋润之品，少食羊肉、韭菜、辣椒等性温燥烈之品。山药、荸荠、莲子、百合，既是蔬菜又是中药，阴虚质者平时可以多吃。

酸甘可化阴，甘寒可清热。多数水果都适合阴虚体质，除了荔枝、龙眼、樱桃、杏、大枣、核桃、栗子等。

第一篇　基础理论与知识

【药膳指导】

- 莲子百合煲瘦肉：用莲子（去芯）20g、百合20g、猪瘦肉100g，加水适量同煲，肉熟烂后用盐调味食用，每日1次。有清心润肺、益气安神之功效。适用于阴虚质见干咳、失眠、心烦、心悸等症者食用。
- 蜂蜜蒸百合：将百合120g，蜂蜜30g，搅拌均匀，蒸令熟软。时含数片，咽津，嚼食。本药膳功能补肺、润燥、清热，适用于肺热烦闷，或燥热咳嗽、咽喉干痛等症。
- 苦瓜排骨汤：猪排骨500 g，新鲜苦瓜500 g，100 g黄豆和3～4片姜。把排骨和苦瓜切成小块，黄豆用水泡10 min，然后一起将它们放到沙锅或瓦罐里（不要用金属的），加适量水。大火烧开后，用小火慢炖1 h后，加适量盐调味就可以喝了。一次不要喝太多，可分几次喝完。适合阴虚体质降心火，也适合一般体质在夏季清心降火用。

3. **起居调护**　起居应有规律，居住环境宜安静，避免熬夜、剧烈运动和在高温酷暑下工作。阴虚质者不适合夏练三伏、冬练三九。

人体关节需要阴液润滑，阴虚质者可能会较早出现关节不利涩滞，因此进入中年后，阴虚质者不宜经常做磨损关节的运动，尤其是膝关节，如上下楼梯、登山、在跑步机上锻炼等。

4. **运动健身**　适合做有氧运动，可选择太极拳、太极剑等动静结合的传统健身项目，以调养肝肾。还可练"六字诀"中的"嘘"字功，以涵养肝气。锻炼时要控制出汗量，及时补充水分。不宜洗桑拿。

5. **经络调理**　对阴虚质者来说，经络锻炼不是好办法，应以药物调治、饮食调养作为首选，以改变生活方式作为调养目标。

6. **药物调治**　银耳、燕窝、冬虫夏草、阿胶、黄精、麦冬、玉竹、百合是阴虚质者的养生佳品，可以起到改善体质、养颜美容之效。秋冬季节，宜吃沙参、麦冬、玉竹、雪梨煲瘦猪肉、莲子百合煲瘦肉、百合红枣粥、银耳燕窝粥、银耳虫草炖瘦肉。

阴虚质者还可服用一些中成药来改善体质，当然要适当减少剂量。腰膝酸软、耳鸣眼花、五心烦热者可服用"六味地黄丸"；眼睛干涩、视物昏花、耳鸣明显者可服用"杞菊地黄丸"；小便黄而不利、心烦明显者可服用"知柏地黄丸"；睡眠不好者可服用"天王补心丹"。

（五）痰湿质（E型）的调护

痰湿质的主要特征是体内水多、痰多。形体肥胖，腹部肥满松软，面色黄胖而黯，眼睑微浮，面部皮肤油脂较多，多汗且黏，喜食肥甘，容易困倦，身重不爽，大便不实，小便不多；性格偏温和、稳重恭谦、和达，善于忍耐等。因此，痰湿质养生应以改变不良的生活方式为主，辅以经络调理和药物调治等。

1. **精神调摄**　适当增加社会交往活动，多参加集体公益活动，培养广泛的兴趣爱好，增加知识、开阔眼界。合理安排休闲、度假，以舒畅情志、调畅气机，改善体质，增进健康。

2. **饮食调养**　痰湿质是由于水液内停而痰湿凝聚，以黏滞重浊为主要特征的体质状态。因此，饮食应以清淡为主，少食肥肉及甜、黏、油腻的食物，可多食海带、冬瓜、淮山、薏米、赤小豆、扁豆等。

【药膳指导】

- 山药冬瓜汤：山药50 g、冬瓜150 g至锅中慢火煲30 min，调味后即可饮用。本品可健脾，益气，利湿。
- 赤豆鲤鱼汤：将活鲤鱼1尾（约800 g）去鳞、鳃、内脏；将赤小豆50 g、陈皮10 g、辣椒6 g、草果6 g填入鱼腹，放入盆内，加适量料酒、生姜、葱段、胡椒、食盐少许，上笼蒸熟即成。本品健脾除湿化痰，用于痰湿质症见疲乏、食欲缺乏、腹胀腹泻、胸闷眩晕者。

3. **起居调护**　居住环境宜干燥而不宜潮湿，平时多进行户外活动，多出汗。衣着应透气散

144

湿，经常晒太阳或进行日光浴。在湿冷的气候条件下，应减少户外活动，避免受寒淋雨。不要过于安逸。

4. 运动健身 因形体肥胖，易于困倦，故应根据自己的具体情况循序渐进，长期坚持运动锻炼，如散步、慢跑、打乒乓球、羽毛球、网球、游泳、练武术，以及适合自己的各种舞蹈。

5. 经络调理 改善痰湿质的经络主要有任脉、足太阴脾经、足少阳胆经、足阳明胃经、足太阳膀胱经。主要穴位有中脘、水分、神阙、关元、阴陵泉（脾经）、足三里、脾俞、三焦俞。适合的方法是用艾条温灸，一般灸到皮肤发红发烫。每次腹部、背部、下肢各取1个穴位灸，不要太多。

6. 药物调治 党参、扁豆、砂仁、陈皮、淮山、薏仁、茯苓、赤小豆、冬瓜皮、白芥子等都有一定的祛湿作用，但祛湿的部位不同。白芥子、陈皮主要祛肺部、上焦的痰湿；陈皮和党参、白扁豆合在一起，是祛中焦的痰湿；赤小豆主要是让湿气从小便排出。改善痰湿体质的中成药有二陈汤、参苓白术散、陈夏六君丸、排毒养颜胶囊等。

（六）湿热质（F型）的调护

湿热质者的主要特征是易长痘。平素面垢油光，口苦口干，身重困倦，眼睛红赤，大便燥结或黏滞，小便短赤；男性阴囊潮湿，女性带下量多，性格急躁易怒。因此，湿热质者养生应以疏肝利胆为主，培养健康的生活方式，并辅以经络调理与药物调治等。

1. 精神调摄 湿热质者应学习心理美容，静养心神。静能生水清热，有助于肝胆疏泄。如何静养？第一，学习儒释道等传统养生文化，增强文化底蕴和生命的内聚力；第二，掌握一些释放不良情绪的方法，例如，节制法、疏泄法、转移法、情志相胜法；第三，练习瑜伽、气功、太极拳、舒展优雅的舞蹈；第四，经常做深呼吸，将气息吸至小腹部；第五，多听流畅悠扬舒缓有镇静作用的音乐。

2. 饮食调养 饮食以清淡为主，可多食赤小豆、绿豆、芹菜、黄瓜、藕等甘寒、甘平的食物。少食羊肉、韭菜、生姜、辣椒、胡椒、花椒等甘温滋腻及火锅、烹炸、烧烤等辛温助热的食物。

【药膳指导】

- 泥鳅炖豆腐：泥鳅500 g去腮及内脏，冲洗干净，放入锅中，加清水，煮至半熟，再加豆腐250 g，食盐适量，炖至熟烂即成。可清利湿热。
- 绿豆藕：粗壮肥藕1节，去皮，冲洗干净备用。绿豆50 g，用清水浸泡后取出，装入藕孔内，放入锅中，加清水炖至熟透，调以食盐进食。可清热解毒，明目止渴。

3. 起居调护 避免居住在低洼潮湿的地方，居住环境宜干燥，通风。不要熬夜、过于劳累。盛夏暑湿较重的季节，减少户外活动的时间。保持充足而有规律的睡眠。改正不良嗜好，戒烟限酒。

4. 运动健身 适合做大强度、大运动量的锻炼。如中长跑、游泳、爬山、各种球类、武术，可以消耗体内多余的热量，排泄多余的水分，达到清热除湿的目的。夏天由于气温高、湿度大，最好避开暑热环境，选择凉爽时锻炼。

5. 经络调理 主要穴位有肝俞、胃俞、阴陵泉、三阴交（脾经）、阳陵泉（胆经）、太冲（肝经）。湿热明显时首选背部膀胱经的刮痧、拔罐、走罐，可以改善尿黄、烦躁、失眠、颈肩背疲劳酸痛。不要用艾灸，可以指压或者毫针刺，选用泻法。

6. 药物调治 常用的有藿香、石膏、甘草、茵陈、防风、龙丹、车前草、淡竹叶、滑石、溪黄草、鸡骨草、木棉花（均为寒凉药）等。祛湿热的药一般都不是很平和，不能久服。如果舌苔不黄、小便变清、大便通畅，就要马上停药。

中成药有甘露消毒丹、龙胆泻肝丸、清热祛湿冲剂、溪黄草冲剂等，但注意不能久服。

（七）血淤质（G型）的调护

血淤质的主要特征是血行不畅、淤血内阻，容易导致形体消瘦，发易脱落，易患疼痛（女性痛经等），面色晦黯，易出淤斑，性格内郁，急躁健忘，不耐受风邪、寒邪等。因此，血淤质养生应以精神调摄为主，辅以饮食调养、经络调理等。

1. 精神调摄　是血淤质养生的重点。可通过培养兴趣爱好、广交朋友等，培养开朗、乐观、平和（与人相处平和，想事、做事不过分、不偏激）、"钝感"（对人际关系、利益得失不敏感）、"健忘"（不幸不快过去就忘）的性格。

2. 饮食调养　多食山楂、醋、玫瑰花、金橘等具有活血、散结、行气、疏肝解郁作用的食物，少食肥肉等滋腻之品。

【药膳指导】

- 山楂红糖汤：山楂10枚，冲洗干净，去核打碎，放入锅中，加清水煮约20 min，调以红糖进食。可活血散淤。
- 黑豆川芎粥：川芎10 g用纱布包裹，和黑豆25 g，粳米50 g一起水煎煮熟，加适量红糖。分次温服，可活血祛淤，行气止痛。
- 田七煲瘦肉（或鸡肉）：1只鸡大腿或半斤瘦肉，放在炖盅里，放3粒红枣，再放一点田七一起炖，一星期吃上一次，有非常好的活血作用。

3. 起居调护　血得温则行，得寒则凝。血淤质血行不畅，应避免寒冷刺激。日常生活中要注意动静结合，不可贪图安逸，加重气血郁滞。要多做运动，少坐汽车；多做活动，少用电脑；多爬楼梯，少坐电梯；多做深呼吸，少弯腰驼背。

4. 运动健身　应选择一些有利于促进气血运行的运动项目，如易筋经、导引、太极拳（剑）、五禽戏、"312经络锻炼法"、保健按摩、舞蹈、步行健身法。

5. 经络调养　主要穴位有神阙（任脉）、膈俞、肝俞、委中（膀胱经）、太冲、曲泉、期门（肝经）、日月、五枢、维道（胆经）、血海、三阴交（脾经）、内关、合谷、曲池。采用推拿、点按、温灸、刮痧、放血、敷贴、照射等方法。

6. 药物调治　当归可以补血，也可以活血。不开心郁闷、叹气、不想吃东西，可以服用"逍遥丸""柴胡疏肝散"。血淤的人可以适当地补血养阴，可以吃些少量阿胶、熟地、白芍、麦冬等，还可服用桂枝茯苓丸、大黄蛰虫丸等。

（八）气郁质（H型）的调护

气郁质者的"气郁"主要是"肝气郁结"。因此，气郁质者养生应以调理肝气为主，让肝气疏泄正常，并辅以经络调理和药物调治等。

1. 精神调摄　气郁质者养生，精神调摄是关键。为此，可采用如下方法：第一，培养乐观向上的情绪，精神愉快则气血和畅，营卫流通，有益于气郁体质的改善。第二，培养积极进取的竞争意识和拼搏精神，胸襟开阔、开朗、豁达，树立正确的名利观，知足常乐。第三，主动寻求生活乐趣，丰富和培养生活情趣，多参加有益的社会活动，广泛结交朋友。第四，多参加集体文娱活动，看喜剧、听相声、听音乐，以及富有鼓励、激励性的电视、电影等。第五，培养"钝感"，"钝感"在某种意义上是一种能力，是一种心神保护能力。第六，学会发泄，掌握各种排解郁闷的方法。

2. 饮食调养　气郁质者宜选用理气解郁、调理脾胃功能的食物，如大麦、荞麦、高粱、刀豆、蘑菇、豆豉、柑橘、柚子、萝卜、洋葱、香菜、包心菜、菊花、玫瑰、茉莉花、黄花菜、海带、海藻、山楂。

气郁质者应少吃收敛酸涩的食物，如乌梅、石榴、青梅、杨梅、杨桃、柠檬，以免阻滞气机，气滞则血凝，也不可多食冰冷食物，如雪糕、冰淇淋、冰冻饮料。

中医体质辨识与养生学 / 第六章

【药膳指导】

- 橘皮粥：橘皮 50 g，研细末备用。粳米 100 g，淘洗干净，放入锅内，加清水，煮至粥将成时，加入橘皮，再煮 10 min 即成。本品理气运脾，用于脘腹胀满，不思饮食。

- 菊花鸡肝汤：银耳 15 g 洗净撕成小片，清水浸泡待用；菊花 10 g、茉莉花 24 朵温水洗净；鸡肝 100 g 洗净切薄片备用；将水烧沸，先入料酒、姜汁、食盐，随即下入银耳及鸡肝，烧沸，打去浮沫，待鸡肝熟，调味。再入菊花、茉莉花稍沸即可。佐餐食用可疏肝清热，健脾宁心。

- 山药冬瓜汤：山药 50 g，冬瓜 150 g 至锅中慢火煲 30 min，调味后即可饮用。可健脾、益气、利湿。

3. **起居调护** 气郁质的人不要总待在家里，应尽量增加户外活动，如跑步、登山、游泳、武术等。居住环境应安静，防止嘈杂的环境影响心情。居室环境宽敞明亮，温度、湿度适宜。衣着宽松，舒适大方。保持有规律的睡眠，睡前避免饮茶、咖啡和可可等具有提神醒脑作用的饮料。

4. **运动健身** 可坚持较大强度、大负荷的运动锻炼，如跑步、登山、武术，有鼓动气血、疏发肝气、促进食欲、改善睡眠的作用；可多参加群众性的体育运动项目，如打球、跳舞、打牌、下棋，以便更多地融入社会，促进人际交流，分散注意，提起兴趣，理顺气机。

抑郁的人还可练习"六字诀"中的"嘘"字功，以疏解肝气。

5. **经络调理** 调理的主要穴位有任脉的膻中穴、中脘、神阙、气海，心包经的内关、间使，肝经的曲泉、期门，胆经的日月、阳陵泉，膀胱经的肺俞、肝俞等。方法有针灸、按摩等。也可以每天晚上睡觉前，把两手搓热，然后搓摩胁肋。胁肋部是肝功能行使的通道。

6. **药物调治** 疏理肝气一般有香附子、佛手、香橼、柴胡、枳壳等。补肝血一般是何首乌、阿胶、白芍、当归、枸杞子等。中成药有逍遥丸、柴胡疏肝散、越鞠丸等。

（九）特禀质（Ⅰ型）的调护

特禀质包括两类体质特殊的人群（先天禀赋不足、过敏体质）。由于先天禀赋不足，或环境因素、药物、体质因素等的不同影响，使其形体特征、心理特征、常见表现、发病倾向等方面存在诸多差异。因此，特禀质的养生应根据不同情况，区别对待。

1. **精神调摄** 由于特禀质发生的情况不同，其心理特征也存在着诸多差异。但多数特禀质者因对外界环境的适应能力较差，会表现出不同程度的内向、敏感、多疑、焦虑、抑郁等心理反应，因此，可酌情采取相应的心理保健措施。

2. **饮食调养** 特禀质者饮食调养应根据个体的实际情况制定不同的保健食谱。就过敏体质而言，饮食宜清淡，忌生冷、辛辣、肥甘油腻及各种"发物"，如酒、鱼、虾、蟹、辣椒、肥肉、浓茶、咖啡。

【药膳指导】

- 葱白红枣鸡肉粥：粳米 100 g、红枣 10 枚（去核）、连骨鸡肉 100 g 分别洗净；姜切片；香菜、葱切末。锅内加水适量，放入鸡肉、姜片大火煮开。然后放入粳米、红枣熬 45 min 左右。最后加入葱白、香菜，调味服用。可用于过敏性鼻炎。

3. **起居调护** 在起居调护方面，特禀质者也要根据个体情况进行选择。对过敏质者而言，由于容易出现水土不服，在陌生的环境中要注意日常保健，减少户外活动，避免接触各种致敏的动植物等。在季节更替之时，要及时增减衣被，增强机体对环境的适应能力。

4. **运动健身** 根据特禀质的不同特征选择有针对性的运动锻炼项目，逐渐改善体质。过敏体质要避免春天或季节交替时长时间在野外锻炼，防止过敏性疾病的发作。

5. **药物调治** 对过敏质者，在药物调治方面有一个基本方，叫玉屏风散，它是中药名方，由防风、黄芪、白术三味中药组成。其味辛甘，性微温而润，是风药中的润剂。防风又叫屏风，

147

具有像屏风一样抵御风邪的作用，对荨麻疹很有疗效；黄芪是补气的，帮助防风驱邪而外无所扰；白术培中固里，具有健脾功效。正所谓"发在芪防收在术"，内外兼顾，是一个固表止汗的良方，犹如御风的屏障，且珍贵如玉，称为玉屏风散。

第三节　中医养生学

中医养生就是指通过各种方法颐养生命，增强体质，预防疾病，从而达到延年益寿的一种医事活动。中医养生的方法注重整体性和系统性，目的是预防疾病或促进疾病康复，为中医治未病提供了多种行之有效的干预措施，是治未病的重要手段。

养生一词最早见于《庄子》内篇。其后两千多年中，道家、儒家、释家、医家提出过许多养生理论和方法，但以道家的阐述最多。因此，中医养生学受道家思想的影响最深，即主张"清静无为""返璞归真""顺应自然"。道教所行养生之术很多，如外丹、内丹、服气、胎息、吐纳、服饵、辟谷、存思。秦始皇、汉武帝等迷恋长生不老，社会上方士盛行，炼丹术、服石法、神仙术以至房中术等养生方术，风行于世。汉、唐时期，出现了很多养生专论、专著，对养生理论的阐述往往是融医、儒、道、佛诸家养生思想于一体。成书于东汉时代的《神农本草经》，提倡以药物养生，共载中药365种，分为上、中、下三品。其中上品药物被认为是补养之品，如丹沙、朴硝、曾青、滑石、人参、黄芪、茯苓、地黄、杜仲、枸杞等计120种，既反映了当时养生学家对丹石的推崇，也开后世药饵养生之先河。饮食养生强调食养、食节、食忌、食禁等；传统的运动养生中，动功有太极拳、八段锦、易筋经等，静功有放松功、内养功等；动静结合功有空劲功、形神桩等。针灸、按摩、推拿、拔火罐等，也常被用作养生保健。

古代养家、医家认为，人的正常寿命，应在100～120岁。《黄帝内经·素问·上古天真论》提到："尽终其天年，度百岁乃去。"《尚书·洪范篇》提到："寿，百二十岁也"，《养生论》亦说："上寿百二十，古今所同"。此外，老子、王冰也都认为天年为120岁。养生的主要目的，即为"尽享天年"。近几年来，中医"治未病"理论得到广泛重视，其主要内容，包括未病先防、既病防变和愈后防复。"未病先防"也是养生的重要目的。

一、中医养生学的基本理论

中医养生学以传统中医学的理论和古代哲学思想为指导，以"天人相应"和"形神合一"的整体观为出发点，主张从综合分析的角度去看待生命和生命活动。养生方法以保持生命活动的动静互涵、平衡协调为基本准则。主张"正气为本"，提倡"预防为主"，要求人们用持之以恒的精神，自觉、正确地运用养生保健的知识和方法，通过自养自疗，提高身体素质和抗衰防病的能力，达到延年益寿的目的。

二、中医养生学理论的基础知识

1. **顺应自然养生法**　是指顺乎自然界的阴阳变化以护养调摄的方法。人处于天地之间，作为自然界中的一部分和自然界息息相应。《黄帝内经·素问·宝命全形论篇》说："人以天地之气生，四时之法成。"大自然的四时气候、昼夜交替、日月运行、地理环境等各种变化都会对人体的生理、病理产生影响，体现了中医的整体观念。因此，掌握四时六气的变化规律和不同自然环境的特点，衣食住行均顺应自然界的运动变化，使人体与自然界形成高度协调的统一体，才能达到养生保健、益寿延年的目的。

2. **形神共养**　传统医学认为人体是形与神的统一体。"形"即形体结构，"神"即神志、意识、思维等。神是形的产物，而形为神的物质基础。中医学十分重视维护形神的统一在养生防病中的作用。《黄帝内经·素问·上古天真论篇》指出："形与神俱，而尽终其天年。"善养生者，必须注意形与神的协调统一。既要重视形体的保健，也要重视心理和精神的调摄。因此，中医养生学特别强调形神合一的调养。从而形成了保精全神、调气安神、四气调神等修身养性法与膳食调养、中药进补、导引按摩等健体养形法相结合的，独具特色的中医养生术。

3. **动静互涵**　动与静，是物质运动不可分割的两种形式，二者共同构成矛盾的统一体。人体生命活动也是动与静的结合，维持机体动静和谐的状态，才能保证人体正常的生理功能。因此，动与静必须适度，不能单方面太过或不及，才能保持人体健康。日常生活中要保持动静适宜，主要是劳逸适度，脑力劳动与体力劳动相结合。功法锻炼也应保持动静适度。很多传统功法都是动静结合，包括"静中有动""动中求静""以静御动""外静内动"等具体原则。同时动以练形，静以养神，可以达到形神共养的效果。因此，把动和静有机地结合起来，动静兼修，处理得当，持之以恒，才能达到养生保健的目的。

4. **辨证施养**　是指辨证地分析个体的情况，充分考虑机体当下的状态、体质差异、所处环境等的不同，给出具有针对性的、个性化的养生方案。辨证施养主要表现在因时、因地、因人制宜。也就是说养生保健要根据时令、地域，以及人的体质、性别、年龄、职业、生活习惯等的不同，制定相应的方法。

三、中医养生学的基本原则

1. **协调脏腑**　从养生角度而言，协调脏腑是通过一系列养生手段和措施来实现的。协调的含义大致有二：一是强化脏腑的协同作用，增强机体新陈代谢的活力。二是纠偏，当脏腑间偶有失和，及时予以调整，以纠正其偏差。这两方面内容，作为养生的指导原则之一，贯彻在各种养生方法之中，如四时养生中强调春养肝、夏养心、长夏养脾、秋养肺、冬养肾；精神养生中强调情志舒畅，避免五志过极伤害五脏；饮食养生中强调五味调和，不可过偏，都是遵循协调脏腑这一指导原则而具体实施的。

2. **畅通经络**　养生方法中主要形式有两种。一是活动筋骨，以求气血通畅，如太极拳、五禽戏、八段锦、易筋经，都是用动作达到所谓"动形以达郁"的锻炼目的。活动筋骨，则促使气血周流，经络畅通。气血脏腑调和，则身健而无病。二是开通任督二脉，营运大小周天。

3. **清静养神**　是以养神为目的，以清静为大法。只有清静、神气方可内守。清静养神原则的运用包括三个方面。一是以清静为本，无忧无虑，静神而不用，即所谓"恬淡虚无"之态，其气即可绵绵而生；二是少思少虑，用神而有度，不过分劳耗心神，使神不过用，即《类修要诀》所谓："少思虑以养其神"；三是常乐观，和喜怒，无邪念妄想，用神而不躁动，专一而不杂、可安神定气。这些养生原则，在传统养生法中均有所体现。如调摄精神诸法中的少私寡欲，情志调节；休逸养生中的养性恬情；气功、导引中的意守、调息、入静；四时养生中的顺四时而养五脏；起居养生中的慎起居、调睡眠等，均有清静养神的内容。

4. **节欲葆精**　葆精的含义，在于保养肾精，即狭义的"精"。男女生殖之精，是人体先天生命之源泉，不宜过分泄漏，如果纵情泄欲，会使精液枯竭，真气耗散而致未老先衰。欲达到养精的目的，有两个关键环节。其一为节欲。所谓节欲，是指对于男女间性欲要有节制。在中医养生法中，如房事保健、气功、导引，均有节欲葆精的具体措施，也即是这一养生原则的具体体现。其二是保精，此指广义的精，精禀于先天，养于水谷而藏于五脏，若后天充盛，五脏安和，则精自然得养，故保精即是通过养五脏以不使其过伤，调情志以不使其过极，忌劳伤以不使其过耗，来达到养精保精的目的，避免精气伤耗，即可保精。在传统养生法中，调摄情志，四时养生，起居养生等诸法中，均贯彻了这一养生原则。

5. **调息养气**　养气主要从两方面入手，一是保养元气，一是调畅气机。元气充足，则生命有活力，气机通畅，则机体健康。保养正气，首先是顺四时、慎起居，以培补后天、固护先天为基点，饮食营养以培补后天脾胃，使水谷精微充盛，以供养气。而节欲固精，避免劳伤，则是固护先天元气的方法措施。至于调畅气机，则多以调息为主。呼吸吐纳，可调理气息，畅通气机，宗气宣发，营卫周流，可促使气血流通，经脉通畅。

6. **持之以恒** 养生必须贯穿人生的自始至终。中国古代养生家非常重视整体养生法。明代张景岳特别强调胎孕养生保健和中年调理的重要性。张氏在《类经》中告诫为人父母者生命出生之前常为一生寿夭强弱的决定性时期，应当高度重视节欲节饮，以保全精血。刘完素在《黄帝内经·素问》指出："人欲抗御早衰，尽终天年，应从小入手，苟能注重摄养，可收防微杜渐之功"。

四、常用中医养生方法

（一）精神养生

精神养生，就是通过怡养心神、调摄情志。调神之法，包括清静养神、立志养德、开朗乐观、调畅情志、心理平衡等方面。养生家认为静养之要在于养心，道、儒、佛、医都有此主张。

1. **清静养神** 清静养神的方法，主要包括①少私寡欲：少私，是指减少私心杂念；寡欲，是降低对名利和物质的嗜欲。②养心敛思：养心，即保养心神；敛思，即专心致志，志向专一，排除杂念，驱逐烦恼。

2. **立志养德** 就是说意志具有统帅精神，调和情志，抗邪防病等作用，意志坚强与否与健康密切相关。

3. **修身养性、开朗乐观** 唐代孙思邈在《千金要方》中说："性既自喜，内外百病皆悉不生，祸乱灾害亦无由作，此养性之大经也"，明代的《寿世保元》说："积善有功，常存阴德，可以延年"。

4. **调摄情绪** 《千金要方》指出："卫生切要知三戒，大怒、大欲、并大醉，三者若还有一焉，须防损失真元气"。老庄提出"宠辱不惊"之处世态度，视荣辱若一，后世遂称得失不动心为宠辱不惊。

（二）起居作息养生

1. **和谐自然** 中国养生家历来十分强调人与自然的和谐。中国古老的风水术，又称堪舆，即是探讨人与环境的和谐。"风"与"堪"指"天道"——是人周围的天文条件；"水"与"舆"指"地道"——是人周围的地理环境。

中医认为，自然环境的优劣，直接影响人寿命的长短。居住在空气清新、气候寒冷的高山地区的人多长寿；居住在空气污浊、气候炎热的低洼地区的人常短十。自古僧侣皇族的庙宇行宫，多建筑在高山、海岛、多林木地区。说明古人对于理想的养生环境的选择，十分重视。如住宅选址要依山傍水，建房的最佳座向是坐北朝南。

2. **起居有常** 中医养生家认为起卧休息只有与自然界阴阳消长的变化规律相适应，才能有益于健康。例如，平旦之时阳气从阴始生，到日中之时，则阳气最盛，黄昏时分则阳气渐虚而阴气渐长，深夜之时则阴气最为隆盛。人们应在白昼阳气隆盛之时从事日常活动，而到夜晚阳气衰微的时候，就要安卧休息，也就是古人所说的"日出而作，日入而息"，这样可以起到保持阴阳运动平衡协调的作用。

3. **劳逸适度** 古人主张劳逸"中和"，有常有节，认为劳役过度，精竭形弊是导致内伤虚损的重要原因。《黄帝内经·素问·宣明五气篇》说："五劳所伤，久视伤血，久卧伤气，久坐伤肉，久立伤骨，久行伤筋。"

（三）饮食养生

饮食养生，就是按照中医理论，调整饮食，注意饮食宜忌，合理地摄取食物，以增进健康、益寿延年的养生方法。其目的在于补益精气，纠正脏腑阴阳之偏颇，抗衰延寿。按中医理论，食物的味道不同，对脏腑的营养作用也有所侧重。《黄帝内经·素问·至真要大论》中说："五味入胃，各归所喜，故酸先入肝，苦先入心，甘先入脾，辛先入肺，咸先入肾，久而增气，物化之常也。"此外，食物对人体的营养作用，还表现在其对人体脏腑、经络、部位的选择性上，即通常所说的"归经"问题。如茶入肝经，梨入肺经，粳米入脾、胃经，黑豆入肾经等等，有针对性地选择适宜的饮食，对人的营养作用更为明显。饮食养生，大要有四：一要"和五味"，即食不可偏，要合理配膳，全面营养；二要"有节制"，即不可过饱，亦不可过饥，食量适中，方能收到养生的效果；三要注意饮食卫生，防止病从口入；四要因时因人而宜。中医尤其注意饮食禁忌。

（四）房室养生

房事，又称为性生活。房事养生，就是根据人体的生理特点和生命的规律，采取健康的性行为，以防病保健，提高生活质量，从而达到健康长寿的目的。性行为是人类的一种本能，是人类生活的重要内容之一，因此"欲不可绝"，采用科学的方法行房，有助于男女双方的身心健康。另一方面，"欲不可纵"，适度的性生活有益于身心健康，但过度纵欲会损害健康，甚至导致多种疾病的发生。另外，要注意房事禁忌，如醉莫入房，七情劳伤禁欲，疲劳禁欲，病期慎欲，妇女经期禁欲，孕期早晚阶段禁欲，产期百日内禁欲等。

阴阳的对立统一是自然界的普遍规律，在正常情况卜阴阳总是保持平衡的，人体在止常情况下也必须保持阴平阳秘，和合适调，才能有健康的身体状况。如果出现偏阴偏阳，即阴阳偏胜偏衰的现象，人就会得病。适度的性生活，正是调和人身阴阳的重要手段。性生活既不可缺少，也不可过纵，以保持人体阴阳平衡为准。所以圣人并不禁绝房事交合之事，贵在求得阴平阳秘，用来守护人体先天的真元精气。

（五）运动养生

运用传统的体育运动方式进行锻炼，以活动筋骨，调节气息，静心宁神来畅达经络，疏通气血，和调脏腑，达到增强体质、益寿延年的目的，这种养生方法称为运动养生，又称为传统健身术。体育锻炼可以促进气血运行，延缓衰老，并可产生一种良性心理刺激，使人精神焕发，对消除孤独垂暮、忧郁多疑、烦躁易怒等情绪有积极作用，根据个人情况适可而止。传统的运动养生术，大多源于道家和佛家，世代相传，形成了各种不同流派。道家健身术，其理论源于老、庄，主张以养气为主，以提高生命能力，强调了练气以养生的观点。具有代表性的道家健身功法，如华佗的"五禽戏"、马王堆出土的"导引图"、胎息经、八段锦、太极拳，均属此类。

1. 太极拳　以中国传统儒、道哲学中的太极、阴阳辨证理念为核心思想，集颐养性情、强身健体、技击对抗等多种功能为一体，结合易学的阴阳五行之变化，中医经络学，古代的导引术和吐纳术形成的一种内外兼修、柔和、缓慢、轻灵、刚柔相济的拳术。

太极拳具有中正舒展、轻巧灵动、圆润连贯、开合有度、刚柔相济的特点，如行云流水，自然高雅，能够很好地放松身心，达到强身健体的目的。

2. 八段锦　是一个优秀的中国传统保健功法。古人把这套动作比喻为"锦"，意为动作舒展优美，如锦缎般优美、柔顺，又因为功法共为八段，每段一个动作，故名为"八段锦"。整套动作柔和连绵，滑利流畅；有松有紧，动静相兼；气机流畅，骨正筋柔。它动作简单易行，功效显著，适合男女老少各种人群练习。

3. 五禽戏　是一种中国传统健身方法，由东汉医学家华佗创制，是模仿了虎、鹿、熊、猿、鸟 5 种动物的动作特点编创而成的一套健身气功功法。五禽戏是中国民间广为流传的、也是流传时间最长的健身方法之一，其健身效果被历代养生家称赞。

（六）娱乐养生

各种娱乐活动，如琴棋书画、花木鸟鱼、旅游观光、艺术欣赏，可怡神养性，防病健身。琴、棋、书、画，被古人称为四大雅趣，也是娱乐养生的主要形式和方法。

琴是我国一种古老而富有民族特色的弹弦乐器，因它常与瑟一起演奏，故常琴瑟并称。养生的音乐，可抒发情感，调节情志、调和血脉，怡养五脏、动形健身。我国棋类有很多，如围棋、象棋、军棋。弈棋之时，精神专一，意守棋局，杂念皆消，神情有弛有张。弈棋可养性益智，使身心舒畅。书画中，书指书法，画指绘画。以书画进行养生、治病，有两方面的内容。一是习书作画，二是书画欣赏。习书作画是指自己动手，或练字或作画，融学习、健身及艺术欣赏于一体。书画欣赏是指对古今名家的书画碑帖艺术珍品的欣赏，在艺术美的享受之中，达到养生健身的目的。历代养生家多提倡远足郊游、欣赏花木鸟鱼，而道家、佛家的庵、观、寺、庙也多建立在环山抱水，风景优美之处，以得山水之清气，修身养性。

（七）针灸按摩保健养生等

针、灸、按摩是祖国医学中的重要组成部分。它不仅是中医治疗学的重要手段，也是中医养生学中的重要保健措施和方法。利用针、灸、按摩进行保健强身，是中医养生法的特色之一。

1. 针刺保健　就是用毫针刺激一定的穴位，运用迎、随、补、泻的手法以激发经气，使人体新陈代谢功能旺盛起来，达到强壮身体、益寿延年的目的，这种养生方法，称之为针刺保健。针刺保健的作用，主要为通经络、调虚实、和阴阳。操作时，可选用单穴，也可选用几个穴位为一组进行。常用的养生保健穴位有足三里、曲池、三阴交、关元、气海等。

2. 保健灸法　是在身体某些特定穴位上施灸，以达到和气血、调经络、养脏腑、益寿延年的目的。

艾灸从形式上分，可分为艾炷灸、艾条灸、温针灸3种；从方法上分，又可分为直接灸、间接灸和悬灸3种。保健灸则多以艾条灸为常见，而直接灸、间接灸和悬灸均可采用。

一般说来，针刺保健的常用穴位，大都可以用于保健灸法。同时，也包括一些不宜针刺的穴位，如神阙、膏肓、中脘。

3. 推拿按摩　是运用手和手指按摩人体一定部位或穴位。其作用为疏通经络，行气活血，调和营卫，平衡阴阳。保健按摩法多以自我按摩为主，常用的保健按摩法有以下几种。

（1）熨目：两手相摩擦，搓热后，将手掌放于两眼之上，这就是熨眼。如此反复熨眼三次。然后，用食指、中指、无名指轻轻按压眼球，稍停片刻。

（2）摩耳：两手掌按压耳孔，再骤然放开，连续做十几次。然后，用双手拇指、食循耳廓自上而下按摩20次。再用同样方法按摩耳垂30次，以耳部感觉发热为度。

（3）按双眉：用双手拇指关节背侧按摩双眉，自眉头至眉廓，经攒竹、鱼腰、鱼尾、丝竹空等穴。做时可稍稍用力，自己感觉略有酸酸痛为度，可连续按摩5～10次。

（4）摩腹：用手掌面按在腹上，先以顺时针方向，再以逆时针方向，各摩腹20次。立、卧均可。饭后，临睡前均可进行。

（5）摩涌泉：用左手拇指按摩右足涌泉穴；用右手按摩左足。按摩时，可反复摩搓30～50次，以足心感觉发热为度。

4. 拔罐　是利用燃烧、抽吸、挤压等方法排出罐内空气，造成负压，使罐吸附于体表腧穴或患处产生刺激，以防病治病的方法。本法具有操作简便、使用安全、适应广泛等优点，临床十分常用。

（1）作用机制：中医认为，拔罐可祛除邪气、调整经络气血，使气血阴阳平衡，具有祛风除湿、温经散寒、疏通经络、活血散瘀、消肿止痛、拔毒排脓、扶正固本等作用。现代医学认为，拔罐可通过负压有效地刺激局部血管扩张而改善血液循环，促进新陈代谢，对机体是一种良性刺激。

（2）常用罐具：目前养生常用罐具有玻璃罐和抽气罐两种。

5. 刮痧　是指应用光滑的硬物器具或手指、金属针具、瓷匙、古钱、玉石片等，蘸上食油、凡士林、白酒或清水，在人体表面特定部位反复进行刮、挤、揪、捏、刺等物理刺激，造成皮肤表面瘀血点，瘀血斑或点状出血，以达到防治疾病目的的一种方法。

（1）作用机制：中医认为，刮痧可以通过刺激体表皮肤及经络，改善人体气血流通状态，从而达到扶正祛邪、调节阴阳、活血化瘀、清热消肿、软坚散结等功效。现代研究证明，刮痧可以刺激神经末梢或感受器而产生效应，促进微循环，扩张毛细血管，加强机体新陈代谢，促进体内毒素排除，从而预防疾病及促进机体康复。

（2）常用器具：比较常用的刮痧器具为刮痧板和润滑剂。刮痧板可用水牛角或木鱼石制作而成，要求板面洁净，棱角光滑。润滑剂多选用红花油、液体石蜡、麻油或刮痧专用的活血剂。

（八）药物养生

中医认为，药物养生，用之得当可补虚、泻实，调整阴阳、固护先天、后天，从而起到益寿延年的作用。其应用原则，包括①不盲目进补；②补勿过偏；③辨证进补；④盛者宜泻；⑤泻不伤正；⑥用药宜缓图等。

中医列出的延年益寿作用的中药有很多，历代本草及医家著述均有所记载，这类药品，一般均有补益作用，同时也能疗疾。即有病祛病，无病强身延年。可以配方，亦可以单味服用。按其功用分补气、养血、滋阴、补阳四类。①补气类，如人参、黄芪、茯苓、山药、薏苡仁；②养血类，如熟地、何首乌、龙眼肉、阿胶、紫河车；③滋阴类，如枸杞子、玉竹黄精、桑椹、女贞子；④补阳类，如菟丝子、鹿茸、肉苁蓉、杜仲。

以下介绍几种常用养生药物剂型。

1. 药膳（chinese medicated diet） 是在中医辨证理论的指导下，由药物、食物和调料三者精制而成的一种既有药物功效又有食品美味，用于防病治病，强身益寿的特殊食品。中国药膳源远流长，早在远古时代中华民族就开始探索食物和药物的功用，故有"药食同源"之说。

在应用药膳的过程中，要因人、因地、因病，要根据中医的辨证理论和药物性能的变化来进行调养。其具体原则主要体现在以下几方面。

（1）辨证施膳：病证有寒热之分，食物也有寒热之分。寒证宜以热性饮食，忌食生冷，如外感风寒证，可选食适量的生姜、葱、蒜等辛散之品；热盛伤津证，可选西瓜、绿豆等寒凉滋阴之品。对于不同的部位和脏腑之病，也要根据脏腑和部位所喜所克的规律来调节饮食。如《灵枢》中所言："病在筋，无食酸；病在气，无食辛；病在骨，无食咸；病在血，无食苦；病在肉，无食甘。"故不同的病证，所食的药膳该本着彼此相互资生，相互制约，补偏救弊的原则，使之达到治疗的目的。

（2）因时、因地、因人制宜：因时施膳指在组方施膳时要根据四时气候的变化特点以减少对人体的影响，采取相应的方法和药膳。如长夏阳热下降，水气上腾，湿气充斥，为一年之中湿气最盛的季节，故在此季节中，感受湿邪者较多，药膳用解暑汤为宜。冬天气温较低，易感受寒邪，寒主收引凝滞，侵袭人体易使气机收敛牵引作痛，药膳宜遵"寒则温之"的原则。

因地施膳指由于气候条件及生活习惯不同，人的生理活动和病变特点也不尽相同，所以施膳亦应有所差异。东南潮湿炎热，病多湿热，宜清化之品；西北地高气寒，多燥寒，宜湿润。同是温里回阳药膳，在西北严寒地区，药量宜重，而在东南温热地区，药量宜轻。

因人施膳指由于人的体质、年龄、性别、生活习惯不尽相同，在组方施膳时，就有区别。如胖人多痰湿，宜清淡化痰，忌肥甘滋腻；瘦人多阴亏津少，应滋阴生津，辛温燥热之品不宜。妇女有经血、怀孕、产后等情况，常用八珍汤、四物汤等组方配膳；老年人血衰气少、生理功能减退，多患虚证宜平补，多用十全大补汤、复元汤等组方配膳。

2. 药酒 是指以酒为溶剂，把药物按照配方比例浸泡在酒中，等到药物充分溶解或释放药性后所得到的液体制剂。具有适应证广、便于服用、吸收迅速、易于保存等优点。

药酒有冷浸法、热浸法、煎膏兑酒法、淬酒法、酿酒法等多种制作方法，家庭配制则以冷浸法最为简便。将药物适当切制或粉碎，置瓦坛或其他适宜容器中，按照处方加入适量的白酒（或黄酒）密封浸泡（经常搅拌或振荡）一定时间后，取上清液，并将药渣压榨，压榨液与上清液合并，静置过滤即得。

中医一般把药酒分为4类：滋补类药酒，如八珍酒、十全大补酒；活血化瘀类药酒，如调经酒、当归酒；抗风湿类药酒，如风湿药酒、五加皮酒；壮阳类药酒，如淫羊藿酒、参茸酒。

服用药酒要适合病情，有针对性地服用，并注意适可而止。肝肾疾患、高血压、过敏体质、孕妇及皮肤病患者应慎用或忌用。

3. 药茶 药茶，是指某些中药用水泡制或煎制，以当茶饮用。这种剂型制作简单，使用方便，是日常生活中十分常用的一种药物养生剂型。

药茶的饮用方法主要有泡、煎、调3种。①泡：就是取药材捣碎或切片。取适量放置茶杯中，将煮沸的开水沏入，再用盖子盖好，焖15～30 min，即可以饮用，以味淡为度。②煎：指一部分复方药茶，药味多，茶杯内泡不下，而且有一部分厚味药、滋补药的药味不易泡出。所以，须将复方药茶用砂锅煎药汁，加水煎2～3次，合并煎液过滤，装入保温瓶中，代茶频频饮用。③调：有的茶药方为药粉，可加入少量白开水调成糊状服用，如八仙茶。

饮用药茶时间的选择，应根据药茶性质和疾病状况而定。如发汗解表用的药茶，宜温饮顿服，不拘时间，病除为止，发汗以微微出汗为度，不可大汗淋漓，以免虚脱。补益药茶宜在饭前服用，使之充分吸收，对胃肠道有刺激性的药茶应在饭后服用，以减轻对胃肠道的刺激。泻下药茶宜早晨空腹服用，使之充分吸收，并能观察服药后大便的次数、色质等。安神药茶，宜在晚上临睡前服用。防疫药茶，宜掌握流行季节选用。老年保健药茶，治疗慢性疾病的药茶，应有一定的规律，做到经常化和持久化。

（朱燕波　王培玉）

第二篇

基本流程与技能

第七章

健康监测与筛查

第一节 概 述

一、健康监测与筛查的概念

健康监测是对特定人群或人群样本的健康状况的定期观察或不定期调查。健康管理过程中的健康监测指对特定目标人群或个人的健康危险因素和健康状况进行定期和不间断的观察，以掌握其健康及疾病状况。筛查（screening）是针对临床前期或更早期的疾病阶段，运用快速、简便的试验、检查或其他方法，在未察觉或未诊断疾病的人群中，将可能患病或有缺陷、但表面健康的个体，同可能无病者鉴别开来的一系列医疗卫生服务措施。健康监测与筛查包括健康信息采集、健康档案的建立和健康信息管理，便于后续的健康风险评估与干预效果评价。

二、健康监测与筛查的内容

在健康管理的过程中，针对个人或群体的健康监测与筛查的内容，即健康信息采集，常包括生理健康、心理健康、社会健康和行为健康4个方面。

1. **生理健康** 主要包括问诊、病史采集、体格检查（视、听、叩、触等）、实验室检查、辅助检查（如心电图、X线）等方面的结果，这部分内容最常见的健康信息采集是通过健康体检完成的。

2. **心理健康** 其测量指标主要包括环境适应力、心理耐受力、心理自控力、心理恢复力、反应力、思维品质、注意力等。不同方面的心理健康状态可以通过不同的心理健康量表测试获得。

3. **社会健康** 其测量指标主要包括交往能力、合作能力、竞争意识、决策能力、沟通能力。常常通过一些量表，如社会内向量表、社会适应不良量表、安全感量表和社会支持评定量表进行测定与评价。

4. **行为健康** 其测量指标包括营养、运动、吸烟、饮酒、睡眠等。吸烟与饮酒行为主要包括饮酒频率、持续时间、种类等。运动检测包括运动习惯了解、运动能力评估等，体适能是运动能力关键的评估内容。

第二节　健康信息采集

一、健康信息的来源

健康信息是指能够使人们了解人体健康状况并指导其进行健康相关决策所需的信息。健康管理相关信息主要来源于3个方面：常规收集健康信息、专题调查健康信息及健康体检健康信息。

（一）常规收集健康信息

由于人的主要健康和疾病问题一般是在接受相关卫生服务（如预防、保健、医疗、康复）过程中被发现和记录的，所以健康信息主要来源于各类卫生服务记录。卫生服务记录的主要载体是卫生服务记录表单。卫生服务记录表单是卫生管理部门依据国家法律法规、卫生制度和技术规范的要求，记录服务对象的有关基本信息、健康信息，以及卫生服务操作过程与结果信息的医学技术文档，具有医学效力和法律效力。一般包括6个部分：基本信息、儿童保健、妇女保健、疾病控制、疾病管理和医疗服务。

1. **基本信息**　包括人口学和社会经济学等基础信息，以及基本健康信息。其中一些基本信息反映了个人固有特征，贯穿整个生命过程，内容相对稳定、客观性较强。与基本信息内容相关的卫生服务记录表单为个人基本情况记录表。

2. **儿童保健**　其服务对象为0～6岁儿童。儿童保健管理包括散居儿童保健管理、托幼机构卫生保健管理、儿童保健信息管理等。根据不同年龄儿童的生理和心理发育特点，为胎儿期、新生儿期、婴幼儿期、学龄前期、学龄期及青春期儿童提供基本保健服务，具体内容包括生长发育监测、喂养与营养指导、儿童早期发展促进、心理行为发育评估与指导、免疫接种、常见疾病防治、健康安全保护、健康教育与健康促进等内容。与儿童保健内容相关的卫生服务记录表单分别为①出生医学登记：出生医学证明，②新生儿疾病筛查：新生儿疾病筛查记录表，③出生缺陷监测：医疗机构出生缺陷儿登记卡，④体弱儿童管理：体弱儿童管理记录表，⑤儿童健康体检：0～6岁儿童健康体检记录表。

3. **妇女保健**　工作内容主要包括推广科学接生，实行孕产妇系统管理；积极防治妇女常见病、多发病；妇女经、孕、产、哺乳、更年期的卫生保健工作；进行现场流行病学调查，提出妇女劳动保护和卫生保健的建议，并督促实施出生缺陷筛查与管理（含新生儿疾病筛查与治疗）。与妇女保健内容相关的卫生服务记录表单分别为①婚前保健服务：婚前医学检查表、婚前医学检查证明，②妇女疾病普查：妇女健康检查表，③计划生育技术服务：计划生育技术服务记录表，④孕产期保健服务与高危管理：产前检查记录表、分娩记录表、产后访视记录表、产后42天检查记录表、孕产妇高危管理记录表，⑤产前筛查与诊断：产前筛查与诊断记录表。

4. **疾病控制**　主要工作内容包括传染病防治（如鼠疫、霍乱、获得性免疫缺陷综合征、结核病、乙肝）、预防接种服务、慢性疾病防治（如糖尿病、高血压）、职业病防治、地方病防治、职业健康监护、疾病预警预测等。与疾病控制内容相关的卫生服务记录表单分别为①预防接种：个人预防接种记录表，②传染病报告：传染病报告卡，③结核病防治：结核患者登记管理记录表，④获得性免疫缺陷综合征综合防治：获得性免疫缺陷综合征防治记录表，⑤血吸虫病患者管理：血吸虫病患者管理记录表，⑥慢性丝虫病患者管理：慢性丝虫病患者随访记录表，⑦职业病报告：职业病报告卡、尘肺病报告卡、职业性放射性疾病报告卡，⑧职业性健康监护：职业性健康检查表，⑨伤害监测报告：伤害监测报告卡，⑩中毒报告：农药中毒报告卡，⑪行为危险因素监测：行为危险因素监测记录表，⑫死亡医学登记：居民死亡医学证明书。

5. **疾病管理**　其工作主要通过疾病预防控制机构、社区卫生服务机构、乡镇卫生院及相关医疗机构等开展。疾病管理的主要工作内容包括以社区或乡镇为中心开展的高血压病例管理、糖尿病病例管理、严重精神疾病病例管理等。与之相关的卫生服务记录表单分别为①高血压病例管理：高血压患者随访表（表2-7-1），②糖尿病病例管理：糖尿病患者随访表，③肿瘤病例管理：肿瘤报告与随访表，④严重精神疾病病例管理：严重精神疾病患者个人信息补充表、随访表，⑤老年人健康管理：老年人健康管理随访表。

表 2-7-1 高血压患者随访服务记录表

姓名：　　　　　　　　　　　　　　　　　　　　　　　编号□□□-□□□□□

随访日期		年　月　日		年　月　日		年　月　日		年　月　日	
随访方式		1．门诊　2．家庭 3．电话□		1．门诊　2．家庭 3．电话□		1．门诊　2．家庭 3．电话□		1．门诊　2．家庭 3．电话□	
症状	1．无症状	□/□/□/□/□/□		□/□/□/□/□/□		□/□/□/□/□/□		□/□/□/□/□/□	
	2．头痛头晕	其他：		其他：		其他：		其他：	
	3．恶心呕吐								
	4．眼花耳鸣								
	5．呼吸困难								
	6．心悸胸闷								
	7．鼻出血不止								
	8．四肢发麻								
	9．下肢水肿								
体征	血压（mmHg）								
	体重（kg）	/		/		/		/	
	体重指数	/		/		/		/	
	心率（次/分）								
	其他								
生活方式指导	日吸烟量（支/天）	/		/		/		/	
	日饮酒量（两/天）	/		/		/		/	
	运动	__次/周___分钟/次 __次/周___分钟/次		__次/周___分钟/次 __次/周___分钟/次		__次/周___分钟/次 __次/周___分钟/次		__次/周___分钟/次 __次/周___分钟/次	
	摄盐情况（咸淡）	轻/中/重	轻/中/重	轻/中/重	轻/中/重	轻/中/重	轻/中/重	轻/中/重	轻/中/重
	心理调整	1．良好　2．一般 3．差□		1．良好　2．一般 3．差□		1．良好　2．一般 3．差□		1．良好　2．一般 3．差□	
	遵医行为	1．良好　2．一般　3．差□		1．良好　2．一般 3．差□		1．良好　2．一般 3．差□		1．良好　2．一般 3．差□	
辅助检查									
服药依从性		1．规律　2．间断 3．不服药□		1．规律　2．间断 3．不服药□		1．规律　2．间断 3．不服药□		1．规律　2．间断 3．不服药□	
药物不良反应		1．无　2．有____□		1．无　2．有____□		1．无　2．有____□		1．无　2．有____□	
此次随访分类		1．控制满意　2．控制不满意　3．不良反应 4．并发症　□		1．控制满意　2．控制不满意　3．不良反应 4．并发症　□		1．控制满意　2．控制不满意　3．不良反应 4．并发症　□		1．控制满意　2．控制不满意　3．不良反应 4．并发症　□	
用药情况	药物名称1								
	用法用量	每日　次	每次	每日　次	每次	每日　次	每次	每日　次	每次
	药物名称2								
	用法用量	每日　次	每次	每日　次	每次	每日　次	每次	每日　次	每次
	药物名称3								

158

续表

用药情况	用法用量	每日 次	每次	每日 次	每次	每日 次	每次	每日 次	每次
	其他药物								
	用法用量	每日 次	每次	每日 次	每次	每日 次	每次	每日 次	每次
转诊	原因								
	机构及科别								
下次随访日期									
随访医生签名									

注：摘自《国家基本公共卫生服务规范（第3版）》。

6. 医疗服务 以门诊诊疗服务和住院诊疗服务为主，同时还包括家庭病床、门诊下地段服务及健康体检等方式。各级各类医疗机构为居民提供给医疗服务，包括医院、妇幼保健院、乡镇卫生院、社区卫生服务机构、疗养院、诊所和医务室等。医疗服务内容主要分为门诊诊疗、住院诊疗和成人健康体检3部分。与之对应的卫生服务记录表单为 ①门诊诊疗：门诊病历，②住院诊疗：住院病历，③成人健康体检：成人健康检查表，④住院病案：住院病案首页。

上述信息可通过相应的信息呈报系统报送到中国疾病预防控制中心、国家卫生健康委员会和国家统计局，由这些部门对呈报的信息再进行统计、汇总和发布。

（二）专题调查健康信息

专题调查健康信息是指专题科学研究工作所获得的现场调查健康数据资料和实验室研究数据资料。现场调查是对特定对象群体进行调查，由于客观存在影响调查结果的因素，研究者只能被动地观察和如实地记录数据。实验研究是以人群或标本（血、尿、痰、粪便等）为研究对象，在研究过程中研究者可以主动地对研究对象施加干预措施。

由于专题调查研究是针对某一专门问题而进行的深入、具体的调查研究，因此要求研究者有一个详细周密的调查研究设计（详见第二章）。

（三）健康体检健康信息

健康体检是以人群的健康需求为基础，按照早发现、早干预的原则来选定体检项目。《健康体检基本项目专家共识（2022）》推荐的健康体检基本检测项目包括必选项目和备选项目，必选项目是开展健康体检服务的基本检测项目，也是形成健康体检报告及个人健康管理档案的必需项目，内容主要包括健康体检自测问卷、体格检查、实验室检查、辅助检查。备选项目是个体化深度体检项目，主要针对不同年龄、性别及慢性疾病风险个体提供的专业化筛查项目。具体内容详见本章第五节。

二、健康信息收集方法

健康信息收集是指对个人的一般情况（年龄、性别、文化程度等）、行为生活方式、居住和工作环境、既往病史、家族史、目前健康状况等个人健康信息进行收集和管理，建立完整的个人健康档案，通过分析个人的健康和行为生活方式等相关信息，发现健康问题，为健康风险评估和干预提供基础数据。健康信息收集方法可以分为定量研究方法和定性研究方法两大类。

（一）定量研究方法

定量研究方法是流行病学调查中常用的方法，包括现况调查（普查和抽样调查）、病例对照研究、队列研究及实验流行病学研究。在运用流行病学方法调查人群健康信息时，必须进行科学设计。流行病学设计的基本内容一般包括：①查阅有关文献，提出研究目的；②根据研究目的确定研究内容；③结合具体条件选择研究方法；④按照研究方法确定研究对象（要区别目标人群、源人群、研究对象）；⑤根据研究内容设计调查问卷；⑥控制研究过程，保证研究质量；⑦理顺分析思路，得出正确结论。

定量研究常常通过问卷法和定量观察法收集健康相关信息。

1. **问卷法** 问卷也称调查表，是指为了调查和统计用的一种问题表格。对于主观指标和一些无法通过检查测量获取的客观指标，常用问卷法收集健康信息。问卷设计的好坏，关系到健康管理信息收集与分析的成败。在收集信息之前，应根据工作目的，结合相关工作经验和专业知识，广泛征询有关专家的意见，制定问卷。值得注意的是，在全面开展信息收集之前，应进行小范围的预调查，根据实际情况反复修改和完善问卷。

(1) 问卷种类：以问卷填写者的不同分为自评调查问卷和他评调查问卷两大类。前者由问卷设计者设计一系列的项目和问题，由调查对象在问卷上根据要求自己回答；后者是由调查人员向调查对象提问或采集某些数据，由调查者填写结果。

(2) 问卷结构：一般包括标题、封面信、指导语、问卷主体和结语。①标题：概要说明调查的主题，使调查对象对所回答问题有所了解，标题不宜过长，应简明扼要。②封面信：向调查对象介绍和说明调查者的身份或调查主办单位、调查目的和意义、调查内容、回收问卷的时间和方式及其他信息（如澄清本次调查的保密性、匿名性和感谢话语）等。封面信的原则是文字简洁、平易近人，使调查对象感到亲切，从而消除其顾虑和紧张，以利于调查对象接受调查并如实填写问卷。③指导语：是问卷的填写说明，是对具体概念、填写方法等的解释和说明，即告知调查对象如何填写问卷中的问题。此部分应首先对问卷中一些较难理解或有特殊含义的指标进行解释，同时对填写的要求进行说明，对负责的问卷填写做出示范。当问卷中问题的回答方式一致时，指导语可作为统一说明，放在所有问题之前，也可以放在问卷中解释问题含义，提示从一类问题转入另一类问题或跳转答题等。当问卷比较简单、问题较明确时该部分可以省略。④问卷主体：包括问题和备选答案。⑤结语：对研究对象进行简短致谢等。

如在高血压相关危险因素调查中，其封面信的内容应根据调查目的来确定。如果调查目的是收集个人相关生活方式信息，进而进行患病或死亡危险性评估，则封面内容相对简单，因为这种情况多是个人主动进行健康危险因素评估，服务对象的依从性较好，得到的信息也比较真实可靠。对社区人群进行抽样调查时，封面信的作用较为明显，应说明调查的目的、内容等，尤其要指出调查的匿名性和保密性，并应有感谢性话语。指导语部分需注意的是应明确概念的具体含义及界定标准，如将吸烟定义为"吸烟每日1支以上，连续1年以上者"，将戒烟定义为"停止吸烟1年以上者"，将饮酒定义为"每周至少1次，连续6个月以上者"，这样可以增加收集信息的准确性。

问卷没有固定的格式，内容的繁简、提问和回答的方式应达到信息收集目的，并能满足整理和分析资料的要求。现在普遍采用的问卷格式是把拟收集的数据项目用恰当的措辞构成一系列的问题。

(3) 确定调查主题和变量：①一般性项目，即人口学资料，可包括姓名、性别、出生年月、文化程度、婚姻状况、民族、职业、收入、居住地、联系方式等。②调查主题项目，包括所调查的健康指标及其相关因素变量，如自主健康状况、目前现病史、家族史、婚育史，行为生活方式相关情况（如膳食结构、身体活动、烟酒嗜好、睡眠情况）、既往健康状况、心理健康状况、体检指标（身高、体重、腰围）。③调查者部分（他评调查问卷中有此部分），列出"调查者"和"调查日期"，有助于查询和明确责任。

问卷的调查内容要围绕调查目的来确定。如在高血压相关因素调查中，第一，应确定所需要的一般资料，如姓名（群体调查时应省去）、性别、身高、体重、民族、血型、文化程度、婚姻状况、职业、收入、住房情况，由于许多不良生活方式导致的疾病与肥胖都有一定关系，因此身高和体重作为基本资料是必须测量的。第二，应查阅相关文献，收集高血压常见危险因素，主要有以下几类：饮食结构、生活方式、遗传因素、年龄、性别、超重和肥胖、精神因素、经济水平等，应根据这些危险因素确定相应的题目，由于健康管理实践中更多地关注饮食、生活习惯及行为方式等，所以这方面的题目应占大部分比例。但是其他部分也是必需的，如高血压的家族史对于评价个人的健康风险是必要的，而收入状况可以为健康管理及干预方案的制定提供参考。

（4）拟定问题的注意事项：①每个问题都应该与主题密切相关。②用词应简洁且通俗易懂。采用调查对象熟悉的语言，尽量避免使用专业术语、俗语和缩写词等。③问题要有针对性，避免双重甚至多重提问，即一个问题不能混杂两个甚至更多的内容，这样会导致调查对象难以做出准确回答，如"你父母是否患有高血压？"④尽量选择客观指标描述的问题，减少主观的问题。⑤避免诱导性问题。因为这种问题会人为地增加某种应答概率，从而产生信息偏差，最好采用中性提问。如"问题：您的压力主要来源于哪些方面？答案：A.乏味的工作，B.繁重的家务劳动，C.拮据的经济状况"。这是一种典型的诱导和提示性问题，若将答案项目换为工作、劳动、经济状况则是相对客观的。⑥尽量避免敏感问题。如涉及伦理和个人隐私等问题，如确有必要，应充分强调保密性。⑦题目数量应适中。太多问题容易使调查对象产生逆反心理，太少则不能收集到足够的信息，一般以 15 ~ 20 min 内完成为宜。

（5）问题设计的主要形式：①定式问题，也就是将各种可能的答案列举在问卷上由调查对象选择。定式问题的优点是回答方便，容易进行各种统计分析，有利于提高问卷的回收率和有效率。根据答案的多少又可分为是否式问题和多项选择式问题。是否式问题的答案只有两种可能性，即是或否。这类问题的最大缺点就是限制了答案的范围，可能无法反映调查对象的真实想法。多项选择式问题是根据具体情况，供选择的答案多种多样。这类问题的最大缺点是多种被选答案对调查对象会产生诱导效应，从而导致信息偏倚。此外，定式问题设计比较困难，一旦出现设计缺陷，调查对象就可能无法正确回答问题，从而影响信息收集的质量。②开放式问题，即回答问题可以不受限制。呈连续性分布的变量在调查表中常用此提问方式，如身高、体重只能按实际测量的数值填写。此外，有时调查前无法预想到一切可能的回答，这时可以在设定的选项之外增加"其他（请注明）"一项，以免丢失信息。此类问题的优点是调查对象可以充分按照自己的想法和方式回答问题和发表意见，特别适合询问那些答案很多、很复杂的问题或尚不知晓各种可能答案的问题。缺点是难以进行分类编码进而对数据进行定量整理和分析。除上述特殊情况之外，一般不采用开放式问题，因为调查对象的答复不一定能满足设计者的要求。如对婚姻状况的调查，绝大部分调查对象可能只提供已婚或未婚的答案，不能进一步给出分居、离异等信息。

（6）编码：近年来电子计算机的飞速发展和广泛应用，以及专用统计软件包的设计开发，为问卷调查的资料分析提供了便利条件。因此，目前调查表大部分采用编码设计，或者易于编码处理的形式。对于分类变量最好采用定式问题，并对被选答案进行编号。这样做的优点是在编制问题时提前进行编码，称为预先编码或自我编码，调查表的问题回答完毕就完成了编码，不必事后再进行编码。

（7）问卷质量的评价：作为收集信息的工具，调查问卷的质量会影响收集资料的质量，因此为保证问卷设计的科学性，常采用效度和信度对其进行评价。

效度（validity）即真实性，也称准确度（accuracy），是指某一调查问卷能真正反映研究者所要测定的特征及其程度，即测量指标或观察结果在多大程度上能反映所监测对象信息的客观真实性。调查问卷的效度越高，说明调查的结果越能显示其所测量对象的真正特征。效度评价方法一般包括内容效度、效标效度和结构效度。①内容效度：是根据理论基础及实际经验来对问卷题目的合理性和完整性等所做出的直接判断。内容效度需建立在大量文献查阅、工作经验，以及综合分析、判断的基础上，多由有关专家、委员会成员进行评议。②效标效度：也称标准关联效度，侧重反映的是研究工具与其他测量标准（效标）之间的关系，而未体现问卷与其所测量概念的相符程度。常用测量数据与效标之间的相关系数表示，相关系数越高，表示研究工具的效度越好。③结构效度：也称构思效度或特征效度，表示问卷的内在属性，即问卷与所依据理论或概念框架的相结合程度。它主要回答"该问卷究竟在测量什么？""使用该问卷能否测量出想研究的抽象概念？"这类问题，概念越抽象，就越难建立结构效度，同时也越不适宜使用效标效度进行评价。结构效度的评价较为复杂，通常采用因子分析来揭示众多条目之间内在的联系。

信度（reliability）指使用某调查问卷所获得结果的可靠性、稳定性和一致性，它反映的是观测误差引起的变异程度。评价信度的方法较多，通常包括重测信度、分半信度和内部一致性信度。①重测信度（test-retest reliability）：表示调查问卷的稳定性大小，即同一问卷两次或多次测量同一组调查对象所得结果的一致性。一致程度越高，则研究工具的稳定性越好，重测信度也就越高。一般两次测量应间隔1～2周，通常用重测相关系数来表示，其值越趋于1，调查问卷的信度越高。②分半信度（split-half reliability）：是在一次测量后将问卷条目分为相等但独立的两个部分，分别计算两个部分的得分，并以其相关系数作为信度指标。该指标考察的是问卷测量同一特征的指标间关系的密切程度，相关系数越大，说明结果越可靠。③内部一致性信度（internal consistency reliability）：是组成调查问卷的各项目之间的同质性或内在相关性，主要由克龙巴赫 α 系数（Cronbach's α coefficient）来反映。内在相关性越大或同质性越好，说明组成调查问卷的各项目都在一致地测量同一个问题或指标，也就是说明问卷的内在一致性越好，信度越高。

效度指真实性，信度指可靠性，两者具有一定的关系。信度高，效度未必高，信度低，很难有高的效度。相对而言，效度更为重要。一个效度很低的调查即使信度高，也是没有意义的。因此从刚开始编制调查问卷就应该注重提高效度，尽可能地收集各种效度证据。一般而言，内容效度和结构效度必须考察，效标效度则视情况而定，如不能找到合适的效标，也可不做此项指标的考察。同时，也要尽可能地得到各种信度证据。一般来说，分半信度和内部一致性信度根据一次测量即可计算，原则上都要考评；若进行了重复测定，则重测信度也要考评。

信度和效度的考评大多是计算各种相关系数，因此其取值越接近1越好，越接近0越差，但尚无公认的判断标准。一般情况下，0.9以上可认为很好，0.7～0.89为好，低于0.4为较差。信度与效度的考评方法适合于项目均有得分的调查问卷，如心理测量、态度测量、生存质量测量的标准化调查问卷（称为量表）。一般情况下，对于量表，通常要分别进行总量表和各个维度的评价。对于包括各种问题形式的一般调查问卷，很难进行整个调查问卷的信度、效度考评，一般是对某些项目或领域进行考评。

2. 定量观察法 对于客观指标的测量与检查属于观察法，是由调查员到现场对观察对象进行直接观察、检查、测量或计数而取得资料的一种形式。观察者基本上是单方面进行观察获得信息，如在全身体检中，通过观察者的视、听、触、叩、嗅等，对观察对象进行体格检查、实验室检查、器械检查；生长发育调查中，调查员直接对儿童进行身高、体重等的测量。本方法取得的资料较为真实可靠，但所需人力、物力、财力较多。

（二）定性研究方法

1. 定性研究的含义 定性研究是一个发现问题的过程，主要回答事件"为什么"会发生。定性研究为研究者提供一种特殊的技术以获得人们想法、感受等方面的较深层次的信息，所收集到的资料较为全面，是一种较好的、有时也是唯一可以应用的收集资料的方法。

定性研究主要用于以下几个方面。①对目前了解不多或很少有书面记载的问题进行探索性研究或进行需求评估；②可以探讨人们行为、情感、思想等领域里的一系列问题，了解这些问题的变化范围，为定量研究的问卷设计提供必要的信息；③可以帮助理解和解释定量研究的结果，帮助回答诸如"是什么""为什么"一类的问题，对定量资料进行解释、扩充和阐明，可更好地理解某些结果发生的原因。

定性研究方法侧重于探究运用定量调查研究不容易了解的问题，或不需要获得确切数据的问题。例如，通过定量研究可以了解目标人群卫生保健行为、疾病分布情况，但对于导致上述问题发生、发展、改变的社会经济、文化、宗教等因素的进一步了解就需要定性调查来获取相应的资料。此外，当只需要了解目标人群的健康需求及优先要解决的问题时，也可以通过定性调查来实现。

2. 定性研究的特点与优缺点

（1）定性研究的特点　与定量研究相比，定性研究最鲜明的特点表现在：①对特定问题的研究具有相当的深度。②信息更真实、生动、详尽。③可以发现和界定未知或模糊的问题和现象。④资料浩繁、庞杂，文字资料数量巨大。⑤有价值资料与无价值资料混杂存在。由于不同的探讨者对问题的认识、理解不同，往往导致定性研究所记录、整理的资料是有价值资料与无法价值资料混合在一起的。⑥资料形式的多样性，不仅包括传统的文字资料，音频、视频资料也是定性研究中的重要部分。

（2）定性研究的优缺点　①优点：定性研究可以获得定量研究得不到的信息，所需经费较少，花费的时间相对较短，研究方法较灵活，研究设计可以随着研究的进展而不断加以修改，所需的技术设备较简单。②缺点：定性研究往往不够标准化，研究的成败通常与研究者有很大关系；定性研究的资料易产生观察者或研究者偏倚；不恰当地使用定性研究可能会导致错误；有些定性研究所得的资料使用定量研究的分析方法来加以处理，容易给结果的分析带来误差。

3. 定性研究的基本步骤　包括 ①确定健康监测目的和内容，②确定健康监测对象，③选择具体的资料收集方法，④编制资料收集工具（观察记录、讨论提纲、访谈提纲等），⑤组织实施调研，⑥资料汇总整理。

4. 常用定性研究方法

（1）观察：是观察者（如健康管理者）深入目标人群生活的环境，观察其生活环境、日常活动、健康相关行为等，进而了解目标人群健康状况、健康问题的社会环境因素、行为因素的方法。通过现场观察，观察者可以获得第一手材料，对目标人群的健康问题及影响因素，当地的社会文化、经济状况，以及可以利用的资源等有客观的理解，有助于明确健康管理干预对象的需求、制定干预策略，使干预活动更加符合当地实际情况，被目标人群更好地接受。

根据观察者相对于观察对象的位置，观察法可分为参与观察与非参与观察。①参与观察：需要观察者在某种程度上参与到观察对象的群体中，与观察对象直接接触，成为其中一员，并参与他们的活动。这种观察并方法可以真实地获取健康监测所需要的第一手资料，一般适用于周期较长或连续性的健康监测。②非参与观察：指观察者处于观察对象之外，不参与观察对象的任何活动，只是定期、客观地观察并记录观察对象中出现的某些现象和事实。这种观察法不要求观察者长期参与到观察对象中，通常以工作人员的身份定期去进行观察，节省时间和人力，对客观事物的了解不如参与者全面、彻底。一般适用于间断性的健康监测和对被观察对象习惯性行为的监测。

在进行观察前，观察者需要在明确健康监测目的的基础上确定观察内容，并对观察内容的判别标准和记录方式进行统一；最大限度地减少观察者个人的主观因素对观察结果的影响。必要时可事先编制观察记录表，使观察程序统一、规范，也便于对收集资料进行整理和分析。

（2）深入访谈：一般以一对一、面对面的方式进行，由调查员和调查对象进行直接对话，收集符合健康监测目的的资料。

在实施深入访谈前，健康管理者需要根据健康监测目的准备访谈提纲，即把需要收集的健康相关问题按照先一般后特殊、先易后难的原则，以及时间顺序排列。为确保健康信息记录得及时和全面，不因记录而中断访谈，可以在征得调查对象同意的情况下使用录音技术，然后完成资料的整理和归纳。

深入访谈的优点在于能够对不同个体某方面的问题进行深层面的理解和剖析，从个案中总结规律，发现具有普遍性的问题，为决策提供依据。该方法也可以直接反映一些涉及面不大的特殊问题，从而满足这一人群特定的健康管理需求。深入访谈的方法通常更适用于评估与个人隐私有关的行为问题，也可以作为形成雪球样本的前提。其局限性是在有限的时间内访谈人数较少，只能获取个案的信息，不具备统计学代表性。

（3）专题小组访谈：又称专题小组讨论、焦点团体讨论或典型组专题讨论等，是指从某一特定的目标人群中选择6~12名具有类似背景和经验的人组成一组，在主持人的引导下，针对与健康监测目的有关的话题进行深入、自由、自愿讨论的一种定性的调查方法。专题小组访谈的出发点是考虑在健康监测中如何使调查人员摆脱指导地位，以便让调查对象处于中心位置主动讲出他们认为重要但被健康管理者忽视的信息。该方法是一种较为常见的定性研究方法，可以与其他定性研究方法同时使用，也可以单独使用。

专题小组访谈的步骤包括如下几个方面。

1）访谈提纲的制定：健康管理者根据健康监测目的制定访谈提纲，并将提纲编成一系列自然、简明、单一的开放性问题，从非敏感问题到敏感问题，由浅入深地按逻辑顺序排列，问题数量一般为6~8个。经预试验后确定最终访谈提纲。

2）小组成员的选择：多采用同源抽样和标准抽样的方法选择小组讨论成员，这取决于信息收集的要求和人群可及性。同源抽样是抽取目标人群中具有相同特征的人员组成6~12人的小组，这些特征可能涉及社会阶层、年龄、知识水平、性别等。每个特征的组数没有统一的限制，一般到信息穷尽为止。标准抽样是研究者事先制定出标准，抽取的对象要满足所制定的标准。如调查儿童口服补液盐的使用情况，在选取访谈对象时，可以制定以下的标准：有一个小孩的母亲，小孩的年龄小于3岁，该小孩近一年内患过腹泻。按照这3条标准去选择小组成员。

3）主持人的要求：为了使小组访谈在一种自然、轻松的气氛中进行，需要主持人具有良好的人格特征，善于观察和倾听，必须严守中立，具备获取真实可靠信息的技巧。如讨论之初如何与被访者互相熟悉，解除顾虑，引入正题；实质性讨论阶段如何围绕访谈提纲，适时进行探索；结尾阶段如何总结归纳而不含判决性意见等。主持人还应具备随机应变的技巧，要能应对诸如支配性回答、冗长的回答、混淆性回答、胆怯性回答、提问性回答等各种场面。

4）小组访谈的实施：①选择和培训工作人员，选择2~3名既有健康管理专业知识又有一定的社会学知识的人员来承担讨论中的主持、记录工作和讨论后的分析工作。②选择小组成员，每组6~8人，每类小组初步定为4~6个，通知小组成员讨论时间、地点、参加人员等。③选择安静、方便、舒适，同时让小组成员可以自由发表看法的场所，以鼓励参与和互相影响的方式安排座位，如圆形或半圆形。④开始讨论时，主持人对小组成员表示欢迎，然后开始介绍小组讨论目的、过程和规则及保密性，以及主持人不评论和不发表意见的角色特征及记录员的作用，小组成员相互介绍，引到正题。⑤讨论阶段应围绕访谈提纲进行针对性讨论，主持人适时地进行探索。⑥结束时，主持人对小组成员的观点做基本且不带有判决性的总结和归纳，并对发现的问题综合整理。

（4）选题小组工作法 是一种确定优先项目，或选择优先干预活动的方法。其工作程序包括①确定健康监测目的：健康管理者明确健康监测目的，并由一人担任小组主持人。②选择小组成员：通常选择对当地健康及其相关问题较了解的8~10人参与小组工作。③罗列健康问题：小组主持人要求每一位成员根据自己的判断罗列出7个（可以自行确定）主要健康问题。④循环报告：按小组成员每人每次报告一个问题的原则进行问题的循环报告，主持人公开记录，如果有重复，可以做标记。⑤澄清问题：小组主持人带领大家澄清问题，目的是使每位小组成员都准确理解所罗列的每个问题的含义。⑥问题排序与赋分：要求每位小组成员根据自己的判断，从所罗列的问题中选出自己认为应该优先解决的7个问题，并按优先顺序从7到1赋分。⑦综合统计：将每位小组成员对各个问题的赋分标在问题之后，并相加求和，得到每个健康问题优先程度得分，再依据得分高低排序，最终确定优先问题。

（5）参与式快速评估：是一种社会学定性研究方法，源于文化批评、社会科学和分析心理理论。其核心思想是直接接触目标人群，在通过各种技术对目标人群有了深入的了解和理解后，得出有关人们认识、情感及其相关问题的描述性结论。该方法比较灵活、无须特定设备、节省时间，一般情况下费用也比较低。在参与式快速评估中使用的主要资料收集技术包括小组讨论、个别访谈、观察等，在整个过程中，强调目标人群的参与和决策。

在健康管理中，参与式快速评估的方法主要用于：①了解目标人群健康相关问题的现状及其背景。②了解目标人群对健康管理服务的主观愿望，对已有健康管理项目的意见与建议，帮助确定优先项目领域及改善现有项目。③作为一种基本技术用于健康干预传播材料预试验、问卷预调查等。④与定量研究相结合，以定性研究结果作为补充，加深对定量研究结果的理解。

参与式快速评估获得资料的表达方式如下。①描绘地图：描绘社区地图，清晰地确认健康管理机构、诊所、水源、疫源地等与人群健康密切相关事物的地理位置和分布，帮助确定资源覆盖半径和问题影响面积。②日常活动及时间：以时间表的形式描述目标人群一般的日常活动，从中可以发现哪些活动包含健康隐患，健康教育干预活动安排在什么时间比较适宜等。③社区大事记：与参与者共同回顾一定时期以来社区发生的重大事件，特别是与健康相关的重大事件及这些事件对目标人群的影响，帮助理解目标人群的健康状况及健康相关行为形成、发展、变化的历史背景。④问题排序：组织社区参与者讨论或与之单独交谈，请他们确定社区的主要健康问题、健康管理需求并排序，从而确定项目的优先顺序。

5. 定性研究资料的整理与分析　与定量分析不同，定性资料的分析并不依赖于量化与统计学的联系。对于通过定性研究方法获得的健康监测资料，健康管理者更关心收集到的资料所产生的概念和解释。在分析过程中，健康管理者利用已有的经验和对健康管理目标的理解，来达到以下目的。①界定概念：了解健康管理对象所处的状态，与他人之间的关系，以及所具有的想法；②分类整理：按照有无共同特征、观点和经验的人或状况进行分类；③寻找联系：寻找与特别的状况或人有关联的想法和经验；④解释事件：在特定的环境下事件为什么会发生；⑤健康监测结论：资料的作用意义。

定性分析的过程是一个循环往复、螺旋式前进的动态过程，通过对定性资料的整理、细分、归纳、演绎、再归纳、再演绎，直到找到最有核心价值的观点和结论。①归纳：在明确某次定性研究（如专题小组讨论）的"核心问题"，以及具体要达到的深度挖掘目的以后，先对主题进行分解，确定提纲，然后对定性资料进行"文字内容剪切"，确定其所包含的具体信息。在对该转录文本和扩展笔记进行详细熟读后，对该部分资料进行信息归纳，依次提炼和总结。②演绎：在归纳出关于某个"讨论话题"的认识或意见后，健康管理者需要分析每个归纳出的观点对"该讨论话题"的意义及所起到的作用。从而深度挖掘出健康管理者所重点关注的"核心问题"。

定性研究资料的整理与分析可以通过手工整理和定性数据分析软件来完成。

（1）手工整理：为避免定性研究受到健康监测人员主观因素的影响，全面真实地揭示目标人群情况，资料整理遵循如下步骤。①逐字逐句地转抄录音资料并加入现场观察记录；②反复阅读笔录资料以求对资料有总体印象，找出被访者的主要观点和态度；③从笔录中除去因主持人的引导而回答的问题，找出特殊的观点和态度；④用短语标记所有观点和态度，对每一个话题用不同颜色的笔进行标记，对独特的、有用的段落进行星形标记；⑤在单独的一张纸上记录下关键的内容，在另外一张纸上把相关的彩色笔记裁剪下来进行粘贴；⑥将相同问题归类并对同一问题的各种观点做出频数分布表，作为描述主要观点和次要观点的客观依据；根据频数表再读笔录，适当参考原话写出报告或文章。

（2）定性数据分析软件：目前，较常用的有中文版的定性数据分析软件是 QSR，是由 QSR International Pty Ltd（QSR）公司开发的一套强大而又灵活的定性分析软件，QSR Nvivo8 操作平台适用于 Windows 2000 及以上版本，用于文本分析。该软件专为大规模定性研究项目设计开发，数据输入、输出方便快捷，分析功能强大，可以读取视频、采访录音、文档、照片、媒体剪辑、音乐等资料，可导入 PDF、Video、Audio 及数码图片文件，并对其进行编码和检索，可建立二维、三维表格，并将其结果导出为 Word、PowerPoint 或 Excel 等文件。从文档的详细解释到调查回答中的图案信息分析都可使用，还可以为使用者转到统计软件提供链接。主要适合分析纵向研究、行为研究，内容分析、对话分析，人类学、文学回顾及上述多种方法混合使用的定性研究。

由于定量和定性研究方法具有各自的优势与不足，所以在实际应用时通常是一种定量调查研究方法与一种定性调查研究方法同时使用，结合双方的优势，互相弥补不足，才能对目标人群的健康问题和健康教育的需求、对策、效果等有全面和深入的了解。

第三节　健康档案的建立与管理

健康档案（health record）是记录每个人从出生到死亡全生命周期所有生命体征的变化，以及自身从事过的与健康相关的一切行为与事件的档案。健康档案包括个人健康档案、家庭健康档案和社区健康档案。

一、健康档案的内容

（一）个人健康档案

个人健康档案（personal health record）是指一个人从出生到死亡的整个过程中，其健康状况的发展变化情况，以及所接受的各项卫生服务的总和。

个人健康档案的内容主要由以问题为导向的记录和以预防为导向的记录两部分组成。以问题为导向的记录通常包括患者的基础资料、个人生活行为习惯记录、健康问题描述、健康问题随访记录、转会诊记录等。以预防为导向的记录通常包括预防接种、健康体检记录等，通过预防服务的实施，达到早期发现病患及危险因素，并加以干预的目的。综合上述两方面要素，个人健康档案包括 3 类表格：居民基本情况表、健康体检表、服务记录表（接诊记录表、各种重点人群随访表、计划免疫记录表、会诊与转诊记录表）。

1. 以问题为导向的记录（problem-oriented medical record，POMR）　POMR 是一种用于社区患者就诊时的病历记录方式，书写内容主要围绕具体的健康问题和为解决已发现问题所制订的协调性卫生服务计划。该记录方式所收集的资料具有条理清楚、重点突出、资料记录简明扼要、便于计算机管理数据和同行间交流等优点，POMR 是目前世界上许多国家和地区建立居民健康档案的基本方法。POMR 记录方式不仅适用于个人健康档案，也可应用于家庭健康档案的记录。POMR 记录方法一般包括个人及其家庭基本资料、健康问题描述及家庭问题目录、转会诊记录、重点人群健康管理记录等内容。

（1）个人基本信息及其家庭基本资料（表 2-7-2）　①个人的人口学资料：如姓名、性别、年龄或出生日期、教育程度、职业、婚姻状况、种族、社会经济状况、医疗费用支付方式；②健康行为资料：如吸烟、饮酒、饮食习惯、身体活动、就医行为；③临床资料：如患者的药物过敏史、既往史、家族史、遗传病史、残疾情况。

（2）健康问题描述及家庭问题目录：一般采用 SOAP 形式，记录居民每次就诊情况，是 POMR 记录的核心部分，在《国家基本公共卫生服务规范（第 3 版）》中设计为接诊记录表。

健康监测与筛查 / 第七章

表 2-7-2 个人基本信息表

姓名： 编号：□□□-□□□□□

性 别	0. 未知的性别 1. 男 2. 女 3. 未说明的性别		出生日期	□□□□□□□□
身份证号		工作单位		
本人电话		联系人姓名		联系人电话
常住类型	1. 户籍 2. 非户籍	民族		1. 汉族 2. 少数民族 _____

血 型	1. A 型 2. B 型 3. O 型 4. AB 型 5. 不详 / RH 阴性：①否 ②是 ③不详 □ / □
文化程度	1. 文盲及半文盲 2. 小学 3. 初中 4. 高中 / 技校 / 中专 5. 大学专科及以上 6. 不详 □
职 业	1. 国家机关、党群组织、企业、事业单位负责人 2. 专业技术人员 3. 办事人员和有关人员 4. 商业、服务人员 5. 农林牧渔水利业生产人员 6. 生产、运输设备操作人员及有关人员 7. 军人 8. 不便分类的其他从业人员 □
婚姻状况	1. 未婚 2. 已婚 3. 丧偶 4. 离婚 5. 未说明的婚姻状况 □
医疗费用支付方式	1. 城镇职工基本医疗保险 2. 城镇居民基本医疗保险 3. 新型农村合作医疗 4. 贫困救助 5. 商业医疗保险 6. 全公费 7. 全自费 8. 其他 _____ □
药物过敏史	1. 无 2. 青霉素 3. 磺胺 4. 链霉素 5. 其他 _____ □ / □ / □
暴露史	1. 无 2. 化学品 3. 毒物 4. 射线 □ / □ / □

既往史	疾病	1. 无 2. 高血压 3. 糖尿病 4. 冠心病 5. 慢性阻塞性肺疾病 6. 恶性肿瘤 _____ 7. 卒中 8. 严重精神障碍 9. 结核病 10. 肝炎 11. 其他法定传染病 12. 职业病 _____ 13. 其他 _____ □确诊时间 年 月 / □确诊时间 年 月 / □确诊时间 年 月 □确诊时间 年 月 / □确诊时间 年 月 / □确诊时间 年 月
	手术	1. 无 2. 有：名称① _____ 时间 _____ / 名称② _____ 时间 _____ □
	外伤	1. 无 2. 有：名称① _____ 时间 _____ / 名称② _____ 时间 _____ □
	输血	1. 无 2. 有：原因① _____ 时间 _____ / 原因② _____ 时间 _____ □

家族史	父亲	□ / □ / □ / □ / □ _____	母亲	□ / □ / □ / □ / □ _____
	兄弟姐妹	□ / □ / □ / □ / □ _____	子女	□ / □ / □ / □ / □ _____
	1. 无 2. 高血压 3. 糖尿病 4. 冠心病 5. 慢性阻塞性肺疾病 6. 恶性肿瘤 7. 卒中 8. 严重精神障碍 9. 结核病 10. 肝炎 11. 先天畸形 12 其他			

遗传病史	1. 无 2. 有：疾病名称 _____ □
残疾情况	1. 无残疾 2. 视力残疾 3. 听力残疾 4. 言语残疾 5. 肢体残疾 6. 智力残疾 7. 精神残疾 8. 其他残疾 □ / □ / □ / □ / □ / □

生活环境	厨房排风设施	1. 无 2. 油烟机 3. 换气扇 4. 烟囱 □
	燃料类型	1. 液化气 2. 煤 3. 天然气 4. 沼气 5. 柴火 6. 其他 □
	饮水	1. 自来水 2. 经净化过滤的水 3. 井水 4. 河湖水 5. 塘水 6. 其他 □
	厕所	1. 卫生厕所 2. 一格或二格粪池式 3. 马桶 4. 露天粪坑 5. 简易棚厕 □
	禽畜栏	1. 单设 2. 室内 3. 室外 □

1）主观资料（subjective data，S）：包括就诊者或监护人主诉的症状、咨询问题、生活方式、既往史、家族史、遗传病史和卫生服务要求等。要求对以上情况的描述尽量贴近就诊者或监护人对问题的表述，不要表达为医生理解的意思。

167

2）客观资料（objective data，O）：包括就诊者体征、实验室检查结果、辅助检查结果、心理行为测量结果，以及医生观察到的就诊者的态度、行为等，应采用专业术语表达。

3）评估（assessment，A）：包括诊断、鉴别诊断、健康问题的轻重程度和预后判断等。诊断结果可以是明确的生物学诊断，也可以是心理问题或社会问题，还可以是不明原因的症状或主诉。主要通过对上述主观资料、客观资料的综合分析，来全面评估健康问题。

4）处置计划（plan，P）：包括针对健康问题提出的诊断、治疗、预防、保健、康复和健康教育计划。

（3）转会诊记录：会诊指某一医生为就诊者的问题请教别的医生。转诊指把患者某一问题的部分照顾责任暂时转给其他基层医生、专科医生、护士、治疗师、社会工作者等，由医生根据患者的具体情况而定。全科医生既是就诊者的首诊医生，也是协调人，需要利用各类医疗资源为就诊者服务，患者转出后，全科医生仍对其负有追踪和专注其治疗情况的责任。为了保障就诊者档案的完整性，需要设计专门的会诊记录表和双向转诊单。双向转诊单包括转出单和回转单。

（4）重点人群健康管理记录：包括《国家基本公共卫生服务规范（第3版）》要求的0～6岁儿童、孕产妇、老年人、慢性疾病患者、严重精神疾病患者和肺结核患者等各类重点人群的健康管理记录，以及中医药健康管理服务记录。

1）0～6岁儿童健康管理记录：包括新生儿家庭访视记录表、1～8月龄儿童健康检查记录表、12～30月龄儿童健康检查记录表、3～6岁儿童健康检查记录表和男女童生长发育监测图。

2）孕产妇健康管理记录：包括第1次产前检查服务记录表、第2～5次产前随访服务记录表、产后访视记录表、产后42天健康检查记录表。

3）老年人健康管理记录：主要包括老年人生活自理能力评估表。

4）慢性疾病患者健康管理记录：包括高血压患者随访服务记录表和2型糖尿病患者随访服务记录表。

5）严重精神障碍患者健康管理记录：包括严重精神障碍患者个人信息补充表和严重精神障碍患者随访服务记录表。

6）肺结核患者健康管理记录：包括肺结核患者第一次入户随访服务记录表和肺结核患者随访服务记录表。

7）中医药健康管理服务记录：包括老年人中医药健康管理服务记录表和儿童中医药健康管理服务记录表。

2. 以预防为导向的记录　全科医疗中的预防医学服务项目包括预防接种、健康检查、健康教育、危险因素筛查及评价等，以早期发现病患和危险因素，然后给予针对性的干预措施。

（1）预防接种记录：根据我国社区卫生服务"六位一体"的工作内容的安排，许多基层卫生服务机构已经承担起计划免疫的接种任务，该任务是基层预防工作的重要内容之一。在《国家基本公共卫生服务规范（第3版）》中涉及的免疫接种卡，是在2008年我国发布《扩大国家免疫规划实施方案》（卫疾控发【2007】305号）的基础上设计的，包括传统的"六苗"（即乙肝疫苗、卡介苗、无细胞百白破疫苗、白破疫苗、脊髓灰质炎疫苗、麻-风疫苗）和新增的"四苗"（麻腮风疫苗、流脑疫苗、乙脑疫苗和甲肝疫苗），各地区还可根据自身情况接种其他疫苗。该项预防服务内容的记录，不仅适用于儿童，也适用于老年人和特定的患者。

（2）健康检查记录：《国家基本公共卫生服务规范（第3版）》提供的健康体检主要用于居民首次建立健康档案，以及老年人、高血压患者、糖尿病患者、严重精神障碍患者等的年度健康检查。内容主要包括一般健康检查、生活方式、健康状况及其疾病用药情况、健康评价等。年度健康检查是指每年一次为服务对象进行全面的身体健康检查，以便早期发现疾病进行早治疗。由于疾病的进展并没有日历或年轮这样的时间规律，且不同疾病的病理特点决定了其进展速度，全面而没有目的性的检查，不仅会产生很多假阳性，还会增加受检者和社会的经济和精神负担。因此，近年来"定期健康检查（period health examination）"取代了年度全面健康检查。定期健康检查是按照疾病筛查原则，根据就医者的性别和年龄，科学地制定出个性化的疾病筛查方案，形成一个针对特定疾病应间隔多长时间检查一次的健康维护计划。

（二）家庭健康档案

家庭健康档案（family health record）是以家庭为单位，记录家庭成员和家庭整体在医疗保健活动中产生的有关健康的基本状况、疾病状态、预防保健服务利用情况等资料信息，是居民健康档案中的重要组成部分。家庭健康档案在各国建立和使用的形式不一，但以全科/家庭医学的专业特点为主，要求全科医生必须考虑患者家庭及其家庭中影响健康的各种因素，并充分利用家庭资源为患者服务。

家庭健康档案主要包括家庭基本资料、家系图、家庭评估、家庭主要问题目录及描述、家庭成员的健康档案等内容。

1. **家庭基本资料**　包括家庭成员的姓名、性别、年龄、职业、教育程度、宗教信仰、健康状况等资料，以及家庭类型、内在结构、居住情况、饮食情况、家庭收入状况等。

2. **家系图（family tree）**　是以符号绘图的形式对家庭结构、成员间关系、家庭疾病史、家庭重要事件、家庭成员的疾病间有无遗传的联系和社会资料等进行描述，是简单明了的家庭评价综合资料，便于迅速掌握家庭情况。

家系图绘制原则包括：①绘制家系图时使用的符号要尽量简单，代表各种问题的符号应尽可能无须解释，标注信息尽量简明扼要，以便马上找出所需要的信息。②绘制时可以从最年轻的一代开始向上追溯，也可以从中间开始，一般是从家庭中首次就诊的患者这一代开始，分别向上、下展开。③标准家系图应描述 3 代或 3 代以上的家人，包括夫妇双方家庭成员。④成员位置关系一般长辈在上，晚辈在下；夫妻中，男在左，女在右；同辈中，长者在左，幼者在右。⑤代表每个人的符号旁边，应标注上姓名、出生日期、是否患有慢性疾病或遗传病等资料；也可根据需要，标注家庭成员的基本情况、家庭重要生活事件、结婚和离婚日期等，若家庭成员中有死亡者，则应注明死亡年份或年龄。⑥用虚线圈出在同一处居住的家庭成员。⑦家系图绘制可一次完成，也可在照顾患者的过程中逐步完成。

3. **家庭评估（family assessment）**　是系统性家庭照顾的重要组成部分，是根据家庭有关资料对家庭结构、功能等做出评价。家庭评估的目的是了解家庭的结构和功能，分析家庭和个人存在的健康问题，找出家庭问题的根源，评价家庭内、外资源的可利用度，进而得出个体及家庭问题的解决途径。评估方法有多种，目前较常用的包括家庭圈和家庭关怀度指数测评量表。

（1）家庭圈（family circle）：是由某一患者自己绘制的关于家庭结构与家庭关系的圈形图，反映的是患者主观上对家庭的看法及其家庭关系网络。

家庭圈（图 2-7-1）的绘制方法是先让患者画一个大圈，然后在大圈内画上若干个小圈，大圈代表家庭，小圈代表患者和他认为重要的家庭成员，小圈本身的大小代表权威性或者重要性的程度，小圈之间的距离代表家庭成员之间的亲密度。绘制家庭圈一般要求患者独自完成，随后医生让患者解释图的含义或根据图中发现的问题向患者提问，从而了解患者的家庭情况和问题。家庭圈会随个人观点的改变而变化，所以，当情况变化后需要重新绘制，以便更新资料。

（2）家庭关怀度指数测评量表：该量表是一种检测家庭功能的问卷，是由美国西雅图华盛顿大学的加布里埃尔·斯米尔斯坦（Gabriel Smilkstein）于 1978 年设计的，是一种以主观方式来探讨个体对家庭功能满意程度的工具。该量表从适应度（adaption）、合作度（partnership）、成熟度（growth）、情感度（affection）和亲密度（resole）5 个方面评价家庭，因此又简称 APGAR 问卷。

APGAR 问卷由两部分组成。第一部分测量个体对家庭功能的整体满意度，包括 5 个题目，每个题目代表一项家庭功能。①适应度：主要反映家庭遭遇危机时，个人和家庭利用家庭内、外

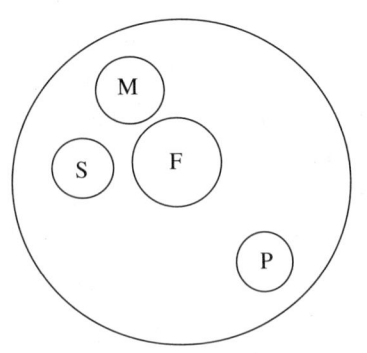

患者为 23 岁男性，很少请求家庭帮助　　患者为 25 岁女性，全家关系融洽

图 2-7-1　家庭圈

P：患者
F：父亲
M：母亲
S：姐妹

资源的情况。②合作度：主要反映家庭成员间互相分担责任和做出决定的方式。③成熟度：主要反映家庭成员在身心发展与自我实现方面如何获得家庭其他成员的支持和指导。④情感度：主要反映家庭成员间相互关爱的程度。⑤亲密度：主要反映家庭成员间共享相聚时光、金钱和空间的情况。

APGAR 问卷的第二部分是了解测试者与其他家庭成员之间的个别关系，采用开放式问答的形式，关系的评判采用多级排序法，如好、一般、不好 3 种程度。

4. **家庭主要问题目录及描述**　家庭主要问题目录中记录的问题包括影响家庭健康的生理、心理、社会、经济、行为等方面的重大事件，如家庭遗传性疾病、失业、丧偶、负债、子女教育问题。家庭主要问题目录的描述也是采用 SOAP 描述方法，详细记载家庭问题的发生、发展、处理和转归等过程。家庭问题的诊断需要征得服务对象的知情同意，家庭生活周期的划分对家庭医生实施以家庭为单位的照顾有较大帮助。家庭医生可根据家庭所处生活周期的不同阶段，对家庭提出保健指导建议，并用表格记录家庭所在生活周期出现的健康问题及干预措施等。

5. **家庭成员的健康档案**　指将健康体检表个人健康档案按家庭健康档案封面上的家庭成员顺序，依次放入家庭健康档案中。其主要内容与个人健康档案相同。

（三）社区健康档案

社区健康档案（community health record）是居民健康档案的主要内容之一，是以社区为范围的人口学特征，是居民健康水平，社区主要健康问题，社区政治、经济、文化、环境和社区卫生资源状况等信息的主要来源。这些信息的开发利用，对于制定区域卫生规划、确定社区卫生服务发展战略、指导社区卫生服务和健康管理服务的有效开展具有重要意义。

社区健康档案一般包括社区基本资料、社区卫生服务资源、社区卫生服务状况和社区居民健康状况 4 个方面内容。

1. **社区基本资料**　包括社区的自然环境、社区的经济状况、社区动员的潜力和社区人口学资料。

（1）社区的自然环境：包括社区所处的地理位置、范围、自然气候和环境状况，卫生设施及卫生条件、水源、交通等。不同社区的自然环境状况存在差别，影响社区居民的危险因素也有所不同，导致社区存在的健康问题也不同。社区健康档案中，此部分资料可用画社区地图的形式来表示。首先，绘制一张本社区所属区县的地理位置图，标明该社区的界限，以及与周边区域的接壤情况，在社区范围内标明一些重要机构（如各类医疗机构、行政机构、学校、工厂）和重要的居民区的分布情况；其次，使用文字对本社区的面积、地理环境、地形地貌及气候状况进行介绍；最后，用文字描述本社区内的行政机构的数量、医疗机构的数量和层次，以及学校工厂的分布。

（2）社区的经济状况：指社区的国民生产总值、人均国民生产总值，劳动人口的就业率和失业率，居民的人均收入水平、人均消费水平、人均住房面积，以及社区的产业情况等。

（3）社区动员的潜力：指社区内可被动员起来参与和支持社区居民健康服务活动的人力、物力、财力资源。通常，这些资源是要靠社区医务工作者或相关人员来发现或开发的。

（4）社区人口学资料：包括社区的总人口数、年龄性别构成、职业、负担人口比例、教育程度、文化构成、婚姻构成、家庭结构、家庭功能、种族特征等。我们可用数字或图表来表示人口的年龄、性别、职业、社会地位等构成及地区分布，并在对比连续调查资料的基础上，通过分析人口结构、数量、素质，对社区卫生服务的需求做出评估。

2. 社区卫生服务资源 包括社区卫生服务机构和社区卫生人力资源两部分。社区卫生服务机构是指社区内现存的、直接和间接服务于社区居民的专业卫生机构。在社区健康档案中，社区卫生服务机构状况主要介绍社区卫生服务机构数、各机构的隶属关系、各机构的负责人、各机构的管辖范围和服务人口数等。社区卫生人力资源是指社区中各类医务人员及卫生相关人员的数量、年龄结构、职称结构和专业结构等。以上资料可以用图或表格来反映。

3. 社区卫生服务状况 包括社区卫生服务需求（两周患病率、慢性疾病患病率、健康者占总人口的比例、两周患重病天数、两周卧床率、两周活动受限率、两周休工/学率）、社区卫生服务的利用（两周就诊率、两周患者就诊率、两周患者未就诊率、住院率、人均住院天数和未住院率、免疫接种覆盖率、儿童体检率、妇科检查率、孕产妇产前检查率、孕妇产后随访率、健康教育普及率）和社区卫生资源（卫生经费来源、卫生经费总费用、卫生经费占国民生产总值的比例、人均卫生经费、每千人口病床数）等资料。

4. 社区居民健康状况 包括疾病构成和疾病谱、死亡构成和死亡谱、婴儿死亡率、5岁以下儿童死亡率、孕产妇死亡率、平均期望寿命、主要疾病的发病率或患病率、主要疾病的伤残率和病死率、低体重初生儿比例、母乳喂养比例、儿童营养不良比例、吸烟率和人均吸烟量、饮酒率和人均酒精消耗量、吸毒及性行为紊乱的比例等内容。

（1）社区居民患病情况：主要包括社区居民的某病发病率、患病率和疾病谱等。疾病谱是指在社区内各种疾病的病例数占社区全部病例数的构成比，按由高到低排列即组成疾病谱，用以掌握社区居民主要的健康问题，为制订重点疾病的防治计划提供依据。

（2）社区居民死亡情况：主要包括社区居民的死因构成和死因谱等。死因构成是指某类原因的死亡人数与同期总死亡人数之比。死因谱是指按照各种死因的死亡人数占总死亡人数的比例，由高到低排出的位次。

（3）危险因素调查及评估：是指通过问卷调查、个人健康档案资料的积累或其他形式收集社区人群中危险因素的资料，并对危险因素进行评估，从而帮助服务对象及时改变不良的生活方式和行为。

二、健康档案的管理

《国家基本公共卫生服务规范（第3版）》中指出，社区卫生服务中心（站）、乡镇卫生院、村卫生室负责首次建立居民健康档案、更新信息、保存档案；其他医疗卫生机构负责将相关医疗卫生服务信息及时汇总、更新至健康档案；各级卫生行政部门负责健康档案的监督与管理。

（一）健康档案的建立

1. 健康档案的服务对象 是城乡辖区内常驻居民，包括居住半年以上的户籍和非户籍居民，以0～6岁儿童、孕产妇、老年人、慢性疾病患者、严重精神疾病患者和肺结核患者等人群为重点。

2. 建立健康档案的方式

（1）就诊居民建档：辖区居民到社区卫生服务中心（站）、乡镇卫生院、村卫生室接受服务时，由医务人员负责为其建立居民健康档案，并根据其主要健康问题和接受服务情况填写相应记录，通过门诊、电话询问和家访逐步完善个人健康档案和家庭健康档案。

（2）通过入户调查建档：家庭医生团队通过访问社区中的每个家庭，对每一位家庭成员及整个家庭做全面评估，收集个体及家庭的基础资料，建立个人及家庭健康档案。

（3）通过疾病筛查、健康体检等方式建档：通过疾病筛查、健康体检等方式，社区卫生服务中心（站）、乡镇卫生院、村卫生室组织医务人员为慢性疾病患者和高危人群建立健康档案，并根据其主要健康问题和接受服务情况填写相应记录。

（二）健康档案的归档与保管

居民健康档案所包括的资料较多，一般以家庭为单位，每个家庭建立一个档案袋，标明家庭档案编号、户主姓名、家庭住址，内装有家庭成员的个人健康档案，并填写个人编号。个人健康档案的排列顺序一般为个人一般情况、主要健康问题目录、周期性健康检查记录、接诊记录或重点管理人群的随访记录、会诊和转诊记录、辅助检查资料。为了保护患者的隐私，健康档案应只对患者个人或其健康照顾者开放，不准其他人员阅览或拿取。在患者需要转诊或会诊时，通常只书写转诊或会诊单，只有在十分必要的时候，才把相关的原始资料交给接诊医生，用完后及时收回，以防丢失。社区健康档案一般需要每年填补或更新一次，整理分析的结果应予以公布。社区卫生服务机构对社区卫生状况每年进行一次全面评价，总结成完整的社区卫生诊断报告并保存，以考核全科医生的工作业绩，同时也可作为教学和科研资料。

健康档案的存放和保管可根据规模、人员编制和人员素质情况而定，原则上由分管居住辖区的基本卫生服务部门保管，统一进行编码，采用16位编码制，编制档案唯一编码。健康档案的保管要具有必需的档案保管设施与设备，按照防盗、防晒、防高温、防火、防潮、防尘、防鼠和防虫等要求妥善保管健康档案，并指定专（兼）职人员负责健康档案的管理工作，保证健康档案完整、安全。

（三）健康档案的使用

1. 首次建档　在服务对象首次接受周期性健康体检或就诊时，为同意建立健康档案的居民建立健康档案并发放居民健康档案信息卡，以备复诊或随访时使用。

2. 复诊　复诊的居民出示居民个人健康档案信息卡，由医护人员根据信息调取健康档案并转给接诊医生。日常复诊或随访者，由到诊人员调取个人健康档案并转交给接诊医生，医生首先通过阅读健康档案熟悉患者的基本情况，了解患者既往病史，然后针对本次就诊的情况填写接诊记录、更新健康档案相关内容，最后负责健康档案的归档。对于需要转诊、会诊的患者，接诊医生应同时填写转诊、会诊记录和住院记录。

3. 随访　确定入户服务或随访对象后，由入户服务的医护人员到健康档案室调取服务对象的个人健康档案，根据本次随访情况填写相应健康档案内容。与管理对象约定下一次随访日期，记入管理随访记录表。

（四）健康档案的信息化管理

随着我国信息化建设的开展，健康档案建立与管理工作的信息化也逐渐得以实现。利用计算机及其网络建立和管理的健康档案，又称为电子健康档案（electronic health record，EHR），是以电子化方式管理的有关全人全程健康状态和医疗保健行为的信息档案，是人们在健康相关活动中直接形成的、具有保存备查价值的电子化历史记录，是医疗卫生管理和临床诊疗决策的重要依据。我国的新医改方案提出，要逐步在全国建立统一的居民健康档案，并实施规范管理。电子健康档案作为健康管理体系的核心内容，可使居民健康档案变得更加方便实用。健康档案的信息化平台建设也是将来健康档案实现无纸化管理的重要手段。

1. 电子健康档案的功能及优点

（1）内容全面、完整，可提高服务质量：电子健康档案不是简单地将传统档案所记载的各项内容输入计算机，而是记载居民日常生活中的健康相关信息，能随时随地地收集居民的健康信息，完成以居民健康为中心的信息集成。医生和健康管理工作者可以随时随地地提取有关信息，快速、全面地了解情况，同时还可以掌握动态变化的资料，以便及时处理病情。

（2）使用广泛，可提高服务效率：随着网络技术的迅猛发展，卫生领域的电子商务、电子服务应运而生，居民健康档案实现了信息传递和资源共享，能随时随地地为授权者提供所需要的基本信息；患者到任何一家机构就诊或体检，都能提取到自己的健康档案。电子健康档案的应用使全科医生接诊时间大大缩短，上、下级医院的信息交流使服务质量和效率显著提高。

（3）检索方便，可提高档案使用率：传统档案的手工检索必须先查找索引，再通过相关索引一层一层进入档案主体后才能翻阅相关内容，当查阅多个不同地区的健康档案时，不仅速度慢、劳动强度大，而且信息不够全面、集中。健康档案信息化系统特有的数据格式和集中的存储，有利于快捷输入，迅速检索查询或调用处理各种社区卫生服务信息，为临床、教学、科研等提供大量集成资料，有利于信息资源共享和交流，同时也是统计分析、卫生管理的全面、可靠的资料，可有效提高档案的利用效率。

（4）存储简单，易于保存：传统档案的保存要求必须有足够的空间，规定保存期限，同时还要解决纸张的磨损、老化及防潮、防火、防蛀等问题，要消耗大量人力、物力、财力。电子健康档案有效的存储体系和备份方案，能够实现大量存储和实时存取的统一，占用空间小，保存容量大，能永久保存。

（5）可为突发性、传染性、多发性疾病提供资料：电子健康档案可以直接、快速、准确地为突发性、传染性、多发性疾病提供资料。例如，SARS 流行期间，我们可以从电子健康档案中提取非典型肺炎所具有的症状特点，再从这些症状特点中寻找挽救患者生命的治疗方案与防止疾病扩散的有效办法。

2. 电子健康档案在使用及管理中的保障措施

（1）制定和完善相应的法律法规：通过法律手段保证健康档案的安全性、保密性，规范使用权限和安全认证机制，保证电子健康档案记录的法律效力。对所有进入和对资料进行更改的操作者进行记录或资格认证，没有得到授权的人员不得随便进入计算机档案系统，更不能对其做任何修改。

（2）实施信息的标准化：电子健康档案在建立和完善信息系统开发、信息传输全过程中应遵循国家统一的相关数据标准与规范。电子健康档案信息系统应与新农合、城镇基本医疗保险等医疗保障系统相衔接，逐步实现健康管理数据与医疗信息及各医疗卫生机构间数据互联互通，实现居民跨机构、跨地域就医行为的信息共享。

（3）将纸质档案与电子档案进行双备份：将纸质档案文件以纸质文本方式进行备份，电子档案文件以电子或影像方式进行信息传递，做好安全工作，预防电子数据丢失，以便有效地保障档案信息化建设的安全和有序开展。

（4）对电子健康档案进行保管：居民电子健康档案的数据存放在电子健康档案数据中心，实行专人管理、专机录入、专人维护，定期做好数据备份，保证数据信息的安全；居民医疗卫生服务的信息能自动汇总到电子健康档案中，档案内容能被及时更新，以确保资料的连续性。

| 第二篇 | 基本流程与技能 |

第四节 健康信息管理

一、数据库的建立

（一）数据库

数据库（database）是按照数据结构来组织、存储和管理数据的仓库。随着信息技术的发展，数据管理除了存储和管理数据外，也成为用户所需要的各种数据管理方式。数据库有很多种类型，从最简单的存储（有多种数据的表格）到能够进行海量数据存储的大型数据库系统都在各个方面得到了广泛的应用。

健康监测所获得的原始数据常列成类似于表2-7-3的二维结构。表格的第一行称为记录结构，以后每一行是一条记录，每条记录对应一个记录号，它是该记录在表中的位置序号，即第一条记录的记录号为1，第二条记录的记录号为2，以此类推。表中的每一列为一个变量（又称属性），每个字段的名称在表格的顶行列出，依次为编号、姓名、性别、年龄、文化程度、家族史、身高、体重、腰围、空腹血糖。表2-7-3记录的原始数据是一个由200例观察单位和10个变量组成的数据库。原始数据中，变量分为标识变量和分析变量两种。标识变量主要用于数据管理，包括数据的核对与增删等，是健康监测记录中不可缺少的内容，如表2-7-3中的编号和姓名是标识变量，其他均为分析变量。

表2-7-3 200名成人体检结果记录

编号	姓名	性别	年龄	文化程度	家族史	身高（cm）	体重（kg）	腰围（cm）	空腹血糖（mmol/L）
1	张某	女	51	小学	食道癌	159	61	76	5.33
2	李某	男	53	大学	糖尿病	169	76	92	6.57
3	王某	男	29	大学	无	178	104	100	5.90
4	赵某	女	28	研究生	无	174	88	91	5.04
5	周某	女	31	高中	无	161	62	82	5.34
6	吴某	男	30	初中	无	168	63	74	4.63
...	...	...	...	...	...	...	...	...	...
200	郑某	男	57	小学	无	169	75	90	8.15

分析变量又可分为反应变量和解释变量。反应变量是表示观察结果大小的变量或指标。解释变量又称为指示变量、分组变量、分类变量、协变量等。例如表2-7-3中，如果进行空腹血糖水平影响因素分析，反应变量为空腹血糖，其他分析变量为解释变量。

（二）数据录入

健康信息收集完成后的工作就是数据的录入。数据录入就是把收集到的信息录入到计算机里保存，以便下一步的分析和使用。一般情况下，在调查问卷设计阶段就已经编写了调查问卷的编码，并在调查问卷里留出空格，要求调查者按照编码手册中不同变量所规定的编码填入相应的数值。在数据录入阶段可按照完成的问卷里填写的数字，使用设计好的数据库将调查问卷收集到的信息录入计算机。

数据录入是整个健康监测过程中最枯燥的一步，且是发生错误较多的一个环节。错误主要有录入员读不懂调查问卷中手写的文字、错误的答案、编码错误、错误的编码位置、遗漏数据、重复录入数据等。因此，在数据录入前要对录入员进行培训，掌握录入要求。录入与培训内容主要包括数据库结构、调查问卷的编码、逻辑查错的设置要求、数据库文件的保存等。

录入数据时，应遵循便于录入，便于核查，便于分析的原则。便于录入是指尽可能减少录入工作量，如将表 2-7-3 原始数据录入 SPSS 数据文件形式时，文化程度用数值变量取代字符变量，可以节省录入的时间。便于核查是指一定要有标识变量，方便核查。如表 2-7-3 的 SPSS 数据文件将文化程度标识为"1= 文盲，2= 小学，3= 初中，4= 高中 / 中专，5= 大学，6= 研究生及以上"。便于分析是指每项健康监测信息最好记录成一个数据库文件，录入格式能满足各种统计分析的需要。

数据录入的程序可用一般性的计算机软件，如 Excel，也可以用 EpiData、SAS、SPSS 等软件录入数据。信息录入方式包括手工录入和数据库导入。手工录入有两种方法：①将所有的调查数据直接输入电子数据表。最好采用双份独立录入校对的方法。双份独立录入，简称为双录入，是指由两个录入员采用相同的数据库结构分别独立地录入同一份调查问卷中的健康信息记录。②应用手机、PAD、笔记本电脑终端等，通过计算机网络，在调查时就将数据传送到计算机服务器。后者的好处是可以节省由问卷到计算机的数据文件转换时间，并且在现场直接录入健康信息会提高调查双方的积极性，避免枯燥。

责任单位应当按照法律法规的规定采集、利用、管理健康信息，并遵循医学伦理学原则，保证信息安全，保护个人隐私。

二、信息的更新与整理

（一）数据核查

数据质量是一个非常重要的问题。无论信息收集和录入多么仔细，数据库中的数据错误往往在所难免。因此，数据录入后，首先要对录入数据的准确性进行核查。第一步是通过逻辑核查寻找异常值，这是数据管理的重要内容，也是数据分析前必不可少的环节。第二步是数据核对，将通过逻辑核查发现的可疑录入数据与原始数据一一核对，更正错误。

1. 逻辑核查策略 大多数异常数据都可以通过逻辑核查发现，下面介绍几种常用的逻辑核查策略。

（1）检查变量类型和性质：数据库中的变量可分为数值型变量与字符型变量。数值型变量只能包括数字、小数点和负号，个别情况也包括作为千位分隔符的逗号，数值型变量中不能含有字母或文字。有些变量有其自身特性，例如，我国的身份证号码一定为 18 位，邮政编码一定为 6 位数字。

（2）核查变量值范围：即检查每个变量的取值范围（最大值和最小值）。很多情况下，变量的大致变化范围是我们事先知晓的，超出这个范围则表示错误或值得怀疑。例如，一个人的身高不可能是负数，出生月份应该在 1 ～ 12 月，成年男性的心率大于 500 次 / 分也值得怀疑。可以通过运用统计软件的基本统计量过程，列出每个变量的最大值和最小值，如果某变量的最大值或最小值不符合该变量的取值范围，说明数据有误。

（3）有效值检查：检查观测值是否为事先定义的数值之一。例如，录入性别的信息时，事先规定用 1 表示男性，2 表示女性，如果数据文件中出现其他观测值则说明数据有误。

（4）一致性检查：检查有无前后矛盾，相关问题的逻辑是否一致。如出院日期早于入院日期，收缩压小于舒张压，男性健康监测出现卵巢疾病的记录等均不符合逻辑。

（5）唯一性检查：通常情况下，每个观察单位都设有唯一的标识号，如体检号、住院号、门诊号、调查对象编号。根据标识号检查是否存在同一个观察单位的数据两次重复录入，需按健康监测所设定的统一的纳入标准决定取舍。

（6）完整性检查：检查每一个观察单位的完整性和整个数据库的完整性。在问卷调查中，往往根据问卷的完成情况定义有效问卷，如完成 75% 的调查内容即为有效问卷。同时，需要检查每个变量在整个数据文件中的缺失比例，尤其是一些重要变量的缺失情况。

（7）交叉检查：不同来源的两个数据库中同一内容的信息应该一致。在健康监测中，经常对同一监测对象进行问卷调查和实验室检查，分别建立两个数据文件，两个文件中的监测对象的一些基本信息（如年龄、性别）应一致。我们可以从不同部门和不同途径获得健康数据，通过检查不同来源的数据的一致性，找出可疑数据。另外，可与一些权威的信息对照，比如填报的年龄有问题时可查阅出生证或身份证。

2. 信息清理　检查录入信息准确性的过程称为信息清理。信息清理的方法主要包括如下 3 种。

（1）双录入法：是通过他人重新输入数据库来检查错误的方法。当前后两次录入的数据不符时，应重新参考源文件及调查问卷，直至找到错误更正为止。可采用某些数据管理软件，如 EpiData 的 Validate（一致性检验）程序进行比较，打印出不一致的部分，并与原始问卷的内容进行对照和修改。修改后再进行校对，直至两份录入的数据完全相同。

（2）直接审阅数据库文件：通过专人目测检查数据库文件中的记录是否存在相同的格式，是否有空白数据。如果应用固定栏目格式，只要出现任何缩写形式的目录就会发现错误位置栏导致的编码错误。出现这种情况就应该重新输入正确的数据。同时，对数据中的缺失值已经进行过编码（如缺失值编码为 999）。如出现空白栏，则提示错误存在。

（3）计算机查错　①数据库设计合理编码：在健康信息录入前的计算机数据库结构的程序设计阶段，确定每一个变量特定范围内编码来确认其属性，以规定所要接受的合理编码。变量的逻辑设计包括设计合理的数据范围、逻辑跳转、自动编码、输入警告提示等。在录入数据时，数据库程序会自动检查编码的正确性。如果发生录入错误，就会发出"嘟嘟"的声响来提示录入员及时更正。②逻辑查错：在数据录入完成后，应用计算机进行逻辑检查的方法进行查错。根据上述逻辑核查策略，应用计算机反证法的程序，检查对特定问题和其他问题的回答是否存在合理。

（二）信息整理与分析

健康信息整理是将收集到的原始健康信息资料系统化、条理化，便于进一步计算统计指标和深入分析。尽管不同个体的健康信息有所不同，但作为一个群体，它们往往会有一些规律性，可以根据健康监测目的和资料的性质，按照一定的标准对收集的健康信息进行分类和汇总。信息的整理与分析过程一般包括分类、汇总和分析 3 个部分。

1. 健康信息的分类　根据所收集资料的对象的某些特征或标志，将其区分为不同类别的方法，将相同或相近的资料合为一类，将不同的资料区别开来。

分类的基本原则是 ①与健康监测目的一致：因为所收集到的资料可按不同的标准进行分类，而分类的标准根据健康监测的目的而定。②与客观实际一致：分类的基础是实际资料的性质，所以分类的标准也应与客观实际相符。③分类的界限要明确：即坚持穷尽和互斥性原则。前者是指每个个体单位在分类后都有归属，无一遗漏；后者是指分类标志做到互斥，无一重叠。

健康信息分类的基本方法如下。

（1）按属性标志进行分类：即按照反映事物属性差异较为稳定的特征标志，将个体进行分类。如按照个人的性别、职业、民族、居住地进行分类，按照某种已经被明确诊断的疾病、某种行为（吸烟、饮酒）进行分类。这种分类方法侧重于对现象的不同属性类别进行分析。

（2）按数量标志进行分类：即按照反映事物数量特征的标志将个体进行分类。如按照个体的年龄、收入进行分类，按照血压水平、血糖水平进行分类。这种分类侧重于对现象的数量特征及关系进行分析。

在实际应用中，常常把不同标志分类结合起来，从而形成分类的体系。在流行病学分析中，一般把健康问题（如疾病）按照时间（如不同年代、不同季节）、空间（不同国家、不同地区、城乡等地理区域）和人间（性别、年龄、职业、民族等人群特征）的三间分布进行分析描述。

2. 健康信息的汇总 按照健康监测的目的和要求，对分类后的资料进行汇总和编辑，使之成为能反映监测对象客观情况的系统、完整、集中、简明的材料，以便于分析处理资料。健康信息的汇总方法包括手工汇总和计算机汇总。

（1）手工汇总：是通过人工对信息资料进行汇总。一般在信息资料比较少时使用。常用的方法有画记法和卡片法。画记法是在汇总表上用画记号的方法进行分类计算，常用的记号是"正"。卡片法是把每个总体单位需要汇总的项目和数值摘录在事先准备好的卡片上，然后根据卡片进行分类和汇总计算。在汇总时可以借助算盘、计算器等。

（2）计算机汇总：是利用计算机程序对原始数据进行汇总并保留数据的过程。目前，计算机汇总已经成为最主要的汇总方法。可用于计算机汇总的软件包括 3 类：专业数据管理软件，如 Epidata、EpiInfo、Visual-Foxpro；办公软件，如 Microsoft Excel、WPS 表格；数据分析软件，如 SPSS、SAS。

3. 健康信息的分析 群体健康信息均要通过统计分析，才能得到可使用的科学合理的结果。需要运用科学的分析方法对信息资料进行分析，研究特定健康问题的现象、过程及内外各种联系，找出事物的规律，构成理论框架。

（1）信息资料的数量化：对健康管理的群体健康信息资料进行统计分析之前，必须了解数据的类型，不同类型的数据统计分析方法也不同。数据的类型主要分为数值变量和分类变量。根据类别之间是否有程度上的差别，分类变量又分为无序分类变量和有序分类变量。无序分类变量有二分类和多分类两种情况。

无论是哪种类型的资料，若以计算机对其进行统计学分析，均应对其进行数量化。数值变量可以直接使用原始数值；二分类变量一般以 0 和 1 表示。多分类变量数值化方法比较复杂，若为有序分类变量，可按等级顺序由小到大依次赋值，但排序时应慎重，要有充分的排序依据。若为无序分类变量，经常使用 1、2、3 等数字代码替代各分类，这些代码只起到标识作用，没有数量大小的关系；也可以考虑将其拆分成几个二分类的变量分别赋值。

（2）描述性分析 是将健康管理对象的一般特征和主要观察指标清晰地展示出来，使健康管理者能够掌握管理对象的特征或某项事物的存在、发生和发展情况。

1）基本特征描述 在陈述群体健康信息结果时，首先，描述健康管理对象的人口学特征，如性别、年龄别构成、职业分布特点、民族构成，使健康管理者对管理对象有清晰的了解。其次，描述某种现象或事物的特征，如糖尿病的类型，以及病情、病程的构成情况。健康管理对象的特征（或变量）可能是定性、定量或半定量的，下面分别归纳不同类型资料的描述性分析。

- 数值变量资料：首先要考察资料的分布类型，以便选择合适的指标进行统计描述。通过绘制统计图，如直方图可以粗略了解资料的分布大致属于正态分布还是偏态分布，通过正态性检验来判断是否服从正态分布。属于正态分布的资料选择算数均数、标准差来描述资料的集中趋势和离散情况，在比较观察指标单位不同或均数相差较大的两组资料时，可用变异系数表示；偏态分布的资料则通过计算中位数来反映平均水平，四分位数间距反映离散趋势；而呈几何级数增长的资料，则通过计算几何均数来反映集中趋势，用对数值标准差的反对数说明离散趋势。

- 分类变量资料：对于分类变量资料要根据研究目的来选择统计指标进行统计描述。若要反映事物发生的频率或强度，则选择率作为指标，可能发生某种现象或疾病的人口数与在观察期内新发生某种现象或疾病的例数，可以计算发生率或发病率；通过疾病普查获得受检人数和患病人数，则可以计算患病率。若需要反映事物内部各部分的构成情况，计算构成比，如性别构成、职业构成、疾病类型构成。若要显示某种现象是另一种现象或事物的几倍（或百分比），则可以计算相对比指标，如同年出生的男孩人数是女孩人数的几倍。

2）主要健康监测内容的统计描述：群体资料处理时都需要对主要观察项目进行描述性统计分析，以便了解观察的主要健康相关指标的高低及分布情况。根据健康管理内容不同，通常描述性统计分析多从疾病或健康状况、健康影响因素等方面进行描述。若管理的是某种疾病，则可以计算某病的发病率、患病率、死亡率、病死率、生存率、病型构成等；若观察的是心理、行为、生命质量等指标，则可以考虑计算心理或行为问题的发生率；若利用标准的心理行为问卷进行评价，某项心理或行为特征的得分又呈正态分布，则可以计算得分的平均值和标准差，否则利用中位数和四分位数间距；对健康指标还可以进一步描述其分布特征，如描述某种疾病的时间、地区分布、不同群体间的分布特征。通过对这些健康监测信息的分析可以了解疾病、健康状况及其分布情况，为健康风险评估提供依据。

（3）资料的统计推断：指由样本信息推断总体特征，对人群健康监测结果做出判断。这需要根据不同的健康管理的内容和设计类型，采用不同的统计分析方法。

（4）资料的表达：健康信息资料经过适当的统计学处理后，要考虑如何将统计分析结果准确、简单明了地在健康监测报告中表达出来。除了用文字表达统计分析结果外，另一类常用的工具便是统计图和统计表。统计表能客观、准确、全面、简洁地表达具体数据。统计图是将统计资料以几何图形的形式形象化地表述，常以点的位置、线段的升降，直条的长短或面积的大小等形式直观地表示事物间的数量关系。统计表和统计图的有机结合可使健康监测报告简明易读、图文并茂，使读者印象清晰。医学统计学中常用的统计图有直条图、普通线图、半对数线图、圆图、直方图、散点图和统计地图等。相互独立的数据比大小，如比较不同职业人群的某病患病率，选择直条图；对于连续性数据，可以用线段的升降表示某一事物随另一事物的变化趋势，即用普通线图表示某病患病率随时间的变化；在事物数量间相差较大的情况下，通常普通线图难以表达或难以相互比较两种或两种以上事物的变化速度，此时采用半对数线图表示；对于构成比的数据，可以采用圆面积表示事物的全部，用扇形面积表示各部分的比重，即圆图；对于数值型变量的频数分布，可以采用直方图；描述两种事物间的关系时，可以用点的密集程度和趋势表示，即散点图。

（三）信息储存

信息储存包括利用硬件和软件，以保证信息的长久保存。国家要求健康相关信息实行分级存储。责任单位按照国家统一规划，负责存储、管理工作中产生的健康信息，应当具备符合国家有关规定要求的数据存储、容灾备份和管理条件，建立可靠的健康信息容灾备份工作机制，定期进行备份和恢复检测，确保数据能够及时、完整、准确地恢复，实现长期保存和历史数据的归档管理。不得将健康信息在境外的服务器中存储，不得托管、租赁在境外的服务器。

健康信息安全是信息管理的重要环节，应该特别给予重视。信息安全是指所收集的数据受到保护，不会因为偶然的或者恶意的原因而遭到破坏、更改、泄露。信息安全的内容主要包括保证信息的保密性、真实性、完整性，以及拷贝的安全性（未经授权不得拷贝）和寄生系统的安全性。

信息安全策略主要是制定严格的规章制度和安全管理制度。信息管理的单位应建立相应的网络安全管理办法、加强内部管理，建立合适的网络安全管理系统，用于管理和授权管理。建立安全审计和跟踪体系，提高整体网络安全意识。

通过问卷调查收集的健康信息的存储，包括计算机录入后数据库文件的存档和调查问卷的保管和存放。数据库文件在录入和清理完成后要进行双备份，分别保存在不同的计算机主机相应的文件夹里。调查问卷的保存原则要保证信息档案的完整、安全，方便查阅。具体措施包括①安排一定的空间和购置必需的档案保管设施设备，保证这些存档的文件能防盗、防晒、防高温、防火、防潮、防尘、防鼠和防虫；②指定专职人员进行管理；③在放置调查问卷等纸质文件时，要考虑到便于使用的需求，如按编号摆放、建立目录卡，并留有空间以备扩充。

（四）信息更新

健康管理过程具有连续性，健康管理信息需要不断更新。应当结合服务和管理工作需要，及时更新与维护人口健康信息，确保信息处于最新、连续、有效的状态。信息更新的方式包括①通过居民主动就诊更新健康信息；②健康信息管理部门与其他公共卫生慢性疾病管理模块关联，慢性疾病患者访视信息更新后会自动更新健康管理信息；③通过访视对居民健康信息进行更新；④通过其他方式更新健康信息，如居民健康体检。

三、信息的利用

健康信息的利用应当以提高医学研究、科学决策和便民服务水平为目的，最终服务于大众健康。信息的利用应贯穿健康管理的始终，健康信息可用于服务人群健康状态的评价、健康风险的评估、疾病的诊断与预后判断、健康教育等健康管理服务效果的评估。信息的利用包括个体层面和群体层面。

（一）个体层面上的信息利用

个人信息是指在现实生活中能够识别特定个人的一切信息，如姓名、电话号码、家庭住址、身份证号。个人健康信息是个人信息的组成部分，是指一个人从出生到死亡的全生命周期中，其健康状况的发展变化情况及所接受的各项卫生服务记录的总和。

1. 个体健康风险评估和干预指导　利用个人的健康信息进行分析，评价其健康状况和主要的健康危险因素，科学地制订个人的健康管理计划，提出具体的健康改善目标和健康管理指导方案，并针对健康危险因素的发展趋势进行相应的行为生活方式干预指导。

2. 个体健康管理效果评估　个体健康信息可用来进行动态的健康管理效果评价，如心脑血管病、糖尿病等慢性疾病管理效果的评估。健康管理效果评估可分为行为影响因素评估、行为生活方式评估、健康风险评估、健康状况评估、生活质量评估，以及社会经济评估。

（二）群体层面上的信息利用

1. 群体健康风险评估和干预指导　通过定量和定性研究方法，收集管理人群健康信息资料，分析、汇总和评估特定群体的主要健康问题、危险因素和目标人群，为制订总体干预计划提供依据，提供群体健康的指导建议和相关的健康管理参考资料。

2. 群体健康管理效果评估　群体健康信息还可以提供基础数据和干预后的结果数据，通过严谨的流行病学科研设计方案，采用适宜的健康管理效果评价方法和指标，动态收集相关信息评价人群健康管理效果，以促进健康管理工作的完善和科学发展。

（三）健康信息利用遵循原则

按照国家规定，健康信息的利用应遵循以下原则。

1. 分类利用　按照健康信息化建设规划，逐步实现健康信息互联共享，服务于区域内各项健康服务和管理工作。及时、主动、依法向社会公开健康信息统计年鉴等信息。不得对外提供涉及保密的信息和个人隐私信息。

2. 授权利用　责任单位应当建立健康信息综合利用工作制度，授权利用有关健康信息。相关单位或个人需要使用健康信息相关数据时，应当向责任单位提出书面申请，双方签订数据利用协议书，明确利用数据的方式、内容和用途等，明确利用单位或个人的责任。利用单位或个人不得超出授权范围利用和发布人口健康信息，不得将获得的健康信息擅自提供给他人利用，不得用于危害公民权益、社会秩序和国家安全的用途。

3. 个人利用本人的健康信息　责任单位应当提供给本人个案健康信息的查询和复制服务，并提供安全的信息查询和复制渠道，保证个人隐私信息不被非授权渠道泄露。

第五节　健康体检服务

健康管理包括信息采集、评估分析预测、跟踪干预、总结，每个环节相互连贯，最终达到健康管理的目的。作为健康管理的基本步骤，问卷调查与健康体检是基础，是健康管理服务流程的第一步，是获得健康基本信息和评价健康干预效果的重要途径。若没有健康体检，健康评估将缺乏客观、科学的依据，健康干预将没有针对性。在整个健康管理服务的流程中，健康体检及检后的健康干预是我国当前健康管理行业的主要服务形式，健康体检机构的医护人员与健康管理师是在健康管理领域提供服务、开展研究、推动行业发展的主要专业力量。

一、健康体检的发展历史

我国在 2000 年前，体检为仅局限于就业、参军及求学等目的而进行的强制性专项体检，小规模的年度体检也归属于医疗机构门诊部实施范畴，体检的实施单位也是政府指定的非营利性医疗机构。自 2000 年以来，受发达国家，特别是美国、日本等国发展健康产业及开展健康管理的影响，以及政府对健康管理的重视和广大民众的健康意识、健康素养的进一步提高，以健康服务需求为牵引，以健康体检为主要形式的健康管理服务行业在我国兴起并得到快速发展。我国健康管理（体检）机构每年平均以约 25% 的速度增长，截至 2005 年，相关机构达到 2000 余个。在民营健康管理（体检）机构蓬勃发展的同时，公立医院的健康管理（体检）机构也迅速增加和扩大，并逐步成为行业的主体。健康体检服务主要由医疗机构内设的专门的体检科室（中心）和专业健康体检机构提供。专业健康体检机构一般具有独立的医疗机构执业许可证，设置标准参照门诊部基本标准。但是专业健康体检机构的医师多是被返聘的医院离退休人员，另外一部分由医疗机构在职医师兼职，从业医护人员队伍不稳定、流动性大，业务素质和服务水平也参差不齐，这在一定程度上影响了健康体检服务的质量。在提升健康体检机构的整体服务水平的需求背景下，催生并推动了健康管理这一新的医学学科与相关学术机构或平台的建立。2006 年，针对我国快速兴起的健康体检行业及服务产业，为引导健康管理服务规范有序发展，国家卫生部开始组织全国相关领域专家起草《健康体检管理暂行规定》。2007 年，正式成立了中华医学会健康管理学分会；同年 10 月《中华健康管理学杂志》创刊，标志着我国以健康体检为基础的健康管理作为一个学科，开始步入了正规、有序的发展轨道。

2010 年，根据卫生部颁布的《健康体检管理暂行规定》，中华医学会健康管理学分会和《中华健康管理学杂志》共同组织全国健康管理、公共卫生、临床医学、信息技术等领域的专家及健康管理（体检）机构的代表组成起草组，先后组织多次专家讨论会、专题研讨会，形成了健康体检基本项目试行稿，根据发现的问题和部分专家建议，对体检基本目录的整体构架和主要内容进行了修改和扩充；为引领和促进我国健康管理（体检）机构与行业规范有序地开展健康体检服务，中华医学会健康管理学分会、《中华健康管理学杂志》编辑委员会在组织全国健康体检专家充分论证后，发布了《健康体检基本项目专家共识（2014）》。该共识的发布极大地推动了我国健康体检行业的规范化发展，为全国各级健康管理（体检）机构的项目设计提供了科学的参考和指导。2019 年，又针对体检过程中重要异常结果的范围与管理开展了专项调研、意见征询及论证的基础上，制定了《健康体检重要异常结果管理专家共识（试行版）》。该共识将检后重要异常结果分为 A 类和 B 类。A 类是需要立即进行临床干预，否则将危及生命或导致严重不良后果的异常结果。B 类是需要临床进一步检查以明确诊断和（或）需要医学治疗的重要异常结果。2022 年，以2014 版共识为基础，融入新理念、新技术，发布了《健康体检基本项目专家共识（2022）》。该共识在对新的适宜技术及方案纳入健康体检的可行性进行探索的同时，也希望以更新的健康管理理念，满足受检者日益增长的健康管理需求，推动健康管理学科不断发展。近年来，随着学科及科技的发展，健康体检理念不断更新，新的健康体检适宜技术及方案也在不断涌现，这些新技术新理念的更新整合，必将为我国人群健康体检服务带来质的提升。

围绕健康管理（体检）机构内涵建设与学科发展的紧迫需求，2010 年开始中华医学会健康管理学分会和中国健康促进基金会联合组织开展了全国健康管理示范基地评选活动、全国健康管理（体检）机构与行业现状调查，促进我国健康体检行业由最初被动的辨病体检转变为全面"健康监测、健康评估与健康干预"的主动健康体检及检后管理服务；从单纯体检服务转变为涵盖了健康风险干预、连续监测、健康促进、慢性疾病管理的健康管理综合服务。健康管理服务机构与产业化持续增长，已成为我国公共卫生与医疗保健服务的重要组成部分，在防控慢性疾病、促进公众健康、拉动内需、促进新兴产业增长中发挥重要作用。

二、中国健康体检机构发展现状

目前国内健康体检尚未纳入基本医疗保险，年度健康体检的费用大部分由雇主单位及上级财政部门承担，小部分由有经济实力的个体自费或商业保险承担。市场上健康体检机构形式多样，根据健康体检机构的经营性质、隶属关系、商业模式等可分成专业健康体检机构、各级医院和社区卫生服务中心附属的健康体检中心和依附于其他产业的健康体检机构 3 种类型。医院和社区卫生服务中心附属的体检中心的优点是检出疾病可立即安排进一步专业检查与确诊，甚至安排及时住院治疗，缺点是部分体检人员由其他科室人员兼职，并不固定，尤其是中大型检查仪器、设备的使用与临床患者难以完全分开，部分检查区域与患者共用。当然现在多数大型医院都已经建立独立的健康体检中心，拥有体检专职人员，配备体检专用检查仪器及设备，实现了"医检分离"。独立的专业化健康体检机构是指单独设立的专门从事健康体检的相关机构，在服务与规模上具有优势。

经过 20 年的发展，健康体检机构在全国呈现多样化、规模化态势，及以公立医院为主、社会办为辅的格局，社会中独立的健康体检机构也逐步发展为集团化经营或形成独立的医疗机构。根据国家卫生健康委医疗管理服务指导中心 2019 年全国 4769 家机构的调查数据显示，公立性质的机构占 69.19%，社会办医性质占 30.81%；非营利性机构占 78.78%，营利性机构占 21.22%。其中 73.59% 依托医院，包括综合性医院、中医院、中西医结合医院、专科医院、疗养院等；独立的门诊部、健康体检机构分别占 8.47% 和 6.81%，卫生院及社区卫生服务中心分别占 3.66%、3.38%。

三、健康体检需求调查及检前注意事项

（一）健康体检需求调查

健康体检需求调查的目的是了解受检者的既往史、生活方式、以往体检情况，为设计体检项目做准备，可分为深入访谈和问卷前置两种方式。

1. **深入访谈**　适用于个人体检。用面对面交流的方式，针对受检者的健康状况、生活习惯、以往的体检结果、风险因素、所患疾病或某种疾病的遗传情况，进行详细、深入的访谈；也可以用启发式询问，帮助受检者了解自身存在的健康风险及其危害。不仅为体检项目的设计做好准备，同时为健康评估打下基础，为有针对性地开展健康干预做好了铺垫。

2. **问卷前置**　适用于群体受检者。用调查问卷的方式，根据受检群体的职业特点、生活习惯、既往体检普遍存在的问题，了解该群体普遍存在的健康风险，使体检项目的设计基本涵盖常见的健康问题和健康风险。问卷的呈现方式又分为纸质问卷和电子问卷两种。

（二）体检前注意事项

实际体检工作中，经常需要向受检者发送检前注意事项，以提醒受检者做好准备，便于体检的实施、缩短体检时间，使体检采集的信息更为真实、可靠。

1. 检查前 3～5 日饮食宜清淡，检查当日清晨空腹、禁食，可服用治疗高血压和冠心病的药。

2. 测量血压、体重，采血及腹部 B 超检查须空腹进行，做膀胱、前列腺、子宫及附件 B 超

时，需憋尿，如无尿，需饮水至膀胱充盈。

3. 做 X 线检查时，宜穿棉布内衣，勿穿带有金属纽扣的衣服、文胸；需摘去项链、手机、钢笔、钥匙等金属物品。哺乳、怀孕及准备怀孕的女性，不宜做 X 线检查。

4. 女士行经期不宜做妇科检查，不宜做尿检及粪便常规检查；妊娠、未婚女士不宜做妇科检查。

四、健康体检项目

体检项目设置遵循科学性、适宜性及实用性的整体原则，国内采用的是"1+X"的体检项目设计体系框架，"1"为基本体检项目，"X"为专项体检项目。基本体检项目是开展体检服务的基本，也是形成健康体检报告及个人健康管理档案的必需项目；专项体检项目是个性化体检项目，主要是针对不同的慢性疾病风险个体等进行筛查的项目。

（一）基本体检项目

基本体检项目包含健康体检自测问卷、体格检查、实验室检查和辅助仪器检查（表 2-7-4）。

表 2-7-4 基本体检项目

项目	主要检查内容
健康体检自测问卷	个人基本信息、健康状况及家族史、生活方式信息、运动情况调查、心理及精神压力
体格检查	
一般检查	身高、体重、腰围、血压、脉搏
物理检查	内科：肺、心脏、肝、脾等
	外科：皮肤、头颈、脊柱、四肢、关节、浅表淋巴结、甲状腺、肛诊、外生殖器（男性）、乳腺（女性）
	眼科检查：视功能（视力、色觉等）、外眼、内眼
	耳鼻咽喉科：外耳道、鼓膜、听力、鼻腔、鼻窦、咽喉
	口腔科：口腔黏膜、牙齿、牙龈、颞颌关节、腮腺
	妇科：外阴、内诊
实验室检查	
常规检查	血常规：白细胞计数、红细胞计数、血红蛋白、血小板计数
	尿液分析：尿蛋白、尿潜血、尿红细胞、尿白细胞、尿比重、尿亚硝酸盐
	粪便分析：便常规、便隐血
生化检查	肝功能：丙氨酸氨基转移酶、天门冬氨酸氨基转移酶、总胆红素、直接胆红素、间接胆红素、总蛋白、白蛋白、球蛋白
	肾功能：血尿素氮、肌酐
	血脂：总胆固醇（TC）、甘油三酯（TG）、低密度脂蛋白胆固醇（LDL-C）、高密度脂蛋白胆固醇（HDL-C）
	血糖：空腹血糖
	血尿酸
	甲状腺功能：总甲状腺激素、游离甲状腺激素、促甲状腺激素
细胞学检查	宫颈细胞学检查
辅助仪器检查	
心电图检查	十二导联心电图
放射检查	胸部正位片或正侧位片：肺部、心脏、胸廓、纵隔
超声检查	腹部超声：肝、胆、胰、脾、肾
	女性：子宫、附件

注：摘自《健康体检基本项目专家共识（2022）》。

1. 健康体检自测问卷　是开展健康体检基本项目服务的重要内容之一，问卷获取的健康信息及数据与医学检查设备获取的健康信息同等重要，是形成健康体检报告核心要素的重要内容，为开展体检后健康评估与个性化健康管理服务提供基础信息。问卷可采用多样化采集方式，包括借助远程移动终端的电子问卷与纸质问卷，填写方式可以根据受检者年龄、文化程度等采用自填或面对面询问的形式。以前全国各体检机构以自行设计问卷为主，有精简式的，也有多维度的，没有统一的版本。2019 年国家医管中心根据信息化标准，设计制定了精简版的健康自测问卷。2022 年发布的《健康体检基本项目专家共识 2022》把健康体检自测问卷列为健康体检的必备项目。内容包括个人基本信息、健康状况及家族史、生活方式信息、运动情况调查、心理及精神压力（表 2-7-5）。

表 2-7-5　健康体检自测问卷（试行）

非常感谢您填写健康体检问卷！本问卷目的在于了解您与健康相关的状况与影响因素，进而可指导您精准预防。我们充分尊重您的个人信息隐私权，任何个人或机构未经许可或授权不得获取您的个人敏感信息。请您认真回答每个问题，并在"□"相应处打√。

体检中心名称：_____　个人体检编号：_____

A 个人基本信息

A1 性别	□男 □女	A2 民族		A3 出生日期	____年____月
A4 教育程度	□研究生及以上　□大学本科或专科　□初中、高中、中专、技校 □小学及以下				
A5 婚姻状况	□未婚　　□已婚　　□离婚　　□丧偶　　□其他				
A6 职业	□国家公务员 □专业技术人员 □职员 □企业管理人员 □工人 □农民 □学生 □现役军人 □自由职业者 □个体经营者 □无业人员 □退（离）休人员 □其他，请注明_____				
A7 现家庭常驻住址	_____省_____市_____区 / 县_____街道 / 乡镇；居住时长____年				
A8 工作单位所在地	_____省_____市_____区 / 县_____街道 / 乡镇；工作时长____年				

B 健康状况及家族史

B1 近一年内，您觉得您的健康状况怎么样? □很好　□好　□一般　□不好　□很不好

B2 本人手术史：□无　□有　输血史：□无　□有　药物过敏史：_____

B3 本人疾病史：□无　□有

疾病名称（释义）	已患该病	患病时长（年）	已经用药	且遵医嘱按时服药	家族史（父母亲及兄弟姐妹）
糖尿病	□	_____	□	□是 □否	□
高血压	□	_____	□	□是 □否	□
血脂异常	□	_____	□	□是 □否	□
心脏病	□	_____	□	□是 □否	□
脑血管病	□	_____	□	□是 □否	□
恶性肿瘤	□	_____	□	□是 □否	□
其他疾病	□	_____	□	□是 □否	□

续表

C 生活方式信息

C1 您吸烟吗？	□吸烟 □不吸烟但有被动吸烟 □不吸烟且没有被动吸烟 □已戒烟
C2 现在/戒烟（6个月以上）前，您已经吸烟_____年，每日平均_____支	
C3 您过去一年饮酒吗？	□不饮酒 □已戒酒 □每月少于1次 □每月1～10次 □每月超过10次
C4 您饮酒主要种类有哪些？	□烈性酒 □啤酒 □葡萄酒、米酒或黄酒 □其他_____（不饮酒者跳过）
C5 您的饮食习惯如何？ □荤素均衡 □荤食为主 □素食为主； 且口味偏于：□多盐 □多油 □多糖 □辛辣 □清淡	
C6 您每天的夜间睡眠时长_____小时，午睡_____分钟，睡眠质量：□较好 □一般 □较差	
C7 您若是女性，请问您是否绝经？ □是（绝经年龄：____岁） □否	

D 运动情况调查

D1 最近7天内，您有几天做了剧烈的体力活动，如提重物、挖掘、有氧活动、快速骑车？ □无相关体力活动 □1～2次/周 □3～5次/周 □>5次/周
D2 最近7天内，您有几天做了适度的体力活动，如提轻的物品、以平常的速度骑车、双人网球运动？但不包括走路。 □无相关体力活动 □1～2次/周 □3～5次/周 □>5次/周
D3 最近7天内，您有几天步行，且每次至少10 min？ □没有步行 □1～2次/周 □3～5次/周 □>5次/周
D4 最近7天内，在工作日您有多久是坐着的？ 平均每天____小时____分钟

E 心理及精神压力

E1 您感觉工作/生活压力如何？	□很小 □较小 □适中 □较大 □很大
E2 您平时的心理状态如何？	□积极乐观 □平静不易改变 □非常容易受外界影响而改变 □消极低落
E3 我因一些小事而烦恼。	□没有 □有，每周____天 □不知道
E4 我在做事时很难集中精力。	□没有 □有，每周____天 □不知道
E5 我感到情绪低落。	□没有 □有，每周____天 □不知道
E6 我觉得做任何事都很费劲。	□没有 □有，每周____天 □不知道
E7 我对未来充满希望。	□没有 □有，每周____天 □不知道
E8 我感到害怕。	□没有 □有，每周____天 □不知道
E9 我的睡眠不好。	□没有 □有，每周____天 □不知道
E10 我很愉快。	□没有 □有，每周____天 □不知道
E11 我感到孤独。	□没有 □有，每周____天 □不知道
E12 我觉得无法继续自己的生活。	□没有 □有，每周____天 □不知道

2. **体格检查** 包括一般检查和物理检查两个部分。

（1）一般检查：包括身高、体重、腰围、血压、脉搏；血压、体重、腰围及体重指数等指标对评估高发慢性疾病风险如心血管疾病均有重要意义，是健康体检和健康管理的重要指标和数据。

（2）物理检查：包括内科、外科、眼科检查、耳鼻咽喉科、口腔科、妇科等。物理检查需由有相应资质的高年资医师完成。

1）内科：心、肝、脾、肺、肾。

2）外科：皮肤、头颈、浅表淋巴结、甲状腺、乳腺、脊柱四肢关节、肛门、外生殖器（男性）、乳腺（女性）。

3）眼科检查：视力、辨色力、内眼、外眼、眼压。

4）耳鼻咽喉科：外耳道、鼓膜、听力、鼻腔、鼻窦、咽喉。

5）口腔科：口腔黏膜、牙齿、牙龈、颞颌关节、腮腺。

6）妇科：外阴、阴道、子宫颈、子宫、盆腔、双附件触诊等。

3. 实验室检查 包括常规检查、生化检查。常规检查包括血常规、尿常规、粪便常规＋潜血，其中血、尿、粪便常规检查是《诊断学》（第9版）规定的检查内容，而粪便潜血试验是《NCCN结直肠癌筛查指南》推荐的筛查项目；生化检查包括肝功能、肾功能、血脂、血糖、尿酸，其中肝、肾功能是《诊断学》（第9版）规定的检查内容，而血脂、血糖和尿酸等检查项目具有较高的循证医学证据并被国内外慢性疾病风险预防指南推荐。

4. 辅助检查 包括心电图检查、放射检查、超声检查。放射检查是胸部正位片或正侧位片；超声检查包括腹部超声和女性子宫、附件超声。常规心电图检查和腹部B超检查是《诊断学》（第9版）和《健康体检管理暂行规定》（卫医政发[2009]77号）中要求设置的项目。

5. 健康体检报告核心要素 是遵循国家卫生信息标准化要求，参照电子病历首页和居民健康档案首页的设置格式，依据现行健康体检基本项目和健康体检自测问卷的主要内容而形成的体检信息摘要。内容除基本信息外，包括健康自测问卷结果，以及发现的主要健康危险因素、健康体检基本项目结果摘要、已明确诊断的主要疾病和异常、健康风险评估与风险分层等。健康体检报告首页是健康体检基本项目与健康体检产出的统一要求，是未来将健康体检纳入国家健康信息统计的基本途径。通过规范健康体检报告首页和体检信息收集与统计标准，为开展体检后管理和体检数据的挖掘和利用提供基本依据。由国家医管中心设计制定的健康体检报告核心要素见表2-7-6。

表2-7-6 健康体检报告核心要素

体检中心名称：_____ 个人体检编号：_____

姓名		性别	1. 男 2. 女	出生日期	___年__月__日
证件类型		证件号码			
民族		电话			
家庭常驻地址	_____省_____市_____区/县_____街道/乡镇				
婚姻	1. 未婚 2. 已婚 3. 离婚 4. 丧偶 5. 其他				
文化程度	1. 研究生及以上 2. 大学本科或专科 3. 初中、高中、中专、技校 4. 小学及以下				
职业	1. 国家公务员 2. 专业技术人员 3. 职员 4. 企业管理人员 5. 工人 6. 农民 7. 学生 8. 现役军人 9. 自由职业者 10. 个体经营者 11. 无业人员 12. 退（离）休人员 13. 其他				
体检日期	___年__月__日		在本机构一共体检次数		
自测问卷发现的主要疾病及健康危险因素	手术史：□有 □无 心理压力大或紧张：□有 □无 睡眠问题：□有 □无 药物过敏史：□有 □无 既往病史：□无 □糖尿病 □高血压 □血脂异常 □心脏病 □脑血管病 □恶性肿瘤 □其他				

	续表
检查结果	身高＿＿cm 体重＿＿kg 腰围＿＿cm 臀围＿＿cm 收缩压＿＿mmHg 舒张压＿＿mmHg 血红蛋白＿＿＿＿g/L 白细胞＿＿＿×10^9/L 血小板＿＿＿×10^9/L 空腹血糖＿＿mmol/L 或＿＿mg/dl 总胆固醇＿＿mmol/L 甘油三酯＿＿mmol/L 低密度脂蛋白胆固醇＿＿mmol/L 高密度脂 蛋白胆固醇＿＿mmol/L

序号	主要健康问题（健康体检结论）		
1			
2			
3			
体检类别	1. 团体 2. 个人	总费用	（元）

（二）专项体检项目

健康管理（体检）机构在保证完成基本体检项目的前提下，可根据所在地区的实际情况和健康管理机构具备的人员、技术设备等条件选择开展专项体检项目。进行专项体检项目检查时必须首先参考基本体检项目内容，以避免项目的重复检查。选择主要以我国高发慢性疾病筛查为主，主要包括慢性非传染性疾病风险筛查及健康体适能检查项目，如心脑血管病、糖尿病、恶性肿瘤、慢性阻塞性肺疾病、慢性肾病、骨质疏松。

随着工业化、城镇化、人口老龄化进程加快，我国居民生活方式和疾病谱不断发生变化。心脑血管疾病、癌症、慢性呼吸系统疾病、糖尿病等慢性非传染性疾病导致的死亡人数占总死亡人数的88%以上，为体检人群专病筛查的重点内容。在专项体检项目推荐时，可结合对应风险评估工具进行人群风险分层，更有针对性地推荐适宜技术和筛查频率。

专项体检项目分为①基础项目：是基本体检项目目录包含项目；②优先推荐项目：是临床认可度高、对专项疾病项目检查性能优异、人群依从性高且便于开展的项目；③可选项目：在进行基础项目和优先推荐项目之后，根据健康管理（体检）机构开展条件和受检者综合情况可选择进行的项目。

1. 常见慢性疾病筛查

（1）心脑血管疾病筛查　心脑血管疾病是全球的首要致死原因，据《中国心血管健康与疾病报告2023》统计，心血管病死亡是我国城乡居民总死亡原因的首位，2021年农村、城市心血管病分别占死因的48.98%和47.35%。推算心血管病现患人数为3.3亿，其中卒中患者1300万，冠心病患者1139万，心脑血管疾病是人类健康的头号杀手，必须高度重视。

1）高血压：推荐在≥18岁人群筛查。危险因素包括遗传因素、增龄、高钠低钾饮食、过量饮酒、长期精神紧张、缺乏体力活动、超重/肥胖、2型糖尿病史、血脂异常史、高血压家族史。

①基础项目：血常规、尿常规、眼底、血压、空腹血糖、血脂、尿酸、肌酐、心电图、肾脏超声、胸部正位片或正侧位片。②优先推荐项目：血钾、血钠、同型半胱氨酸、尿白蛋白/肌酐比值、糖化血红蛋白、人体成分分析、脉搏波传导速度（PWV）、踝肱指数、超声心动图、动态血压。③可选项目：血浆肾素浓度、血醛固酮、醛固酮/肾素浓度比值、24 h尿钠、24 h尿醛固酮、血管内皮功能、眼底照相、心肺功能测试、动态心电图、肾上腺CT、冠状动脉CT血管造影（冠状动脉CTA）、头颅CT、颈动脉超声、椎动脉超声、经颅多普勒、肾动脉超声、头颅磁共振成像（头颅MRI）、头颅磁共振血管造影（头颅MRA）、呼吸睡眠监测。

2）冠心病：推荐在具有冠心病危险因素的高危人群中筛查。危险因素包括增龄、男性、吸烟、超重/肥胖、冠心病家族史、高血压史、糖尿病史、血脂异常史。

①基础项目：血压、空腹血糖、甘油三酯、总胆固醇、低密度脂蛋白胆固醇、高密度脂蛋白胆固醇、心电图。②优先推荐项目：高敏肌钙蛋白、超声心动图、冠脉钙化积分、踝肱指数、颈动脉超声。③可选项目：载脂蛋白B、脂蛋白a、超敏C-反应蛋白、平板运动试验、冠状动脉CTA、PWV、血管内皮功能。

3）卒中：推荐在具有卒中危险因素的高危人群中筛查。危险因素包括吸烟、缺乏运动、肥胖、高血压史、糖代谢异常/糖尿病史、血脂异常史、高同型半胱氨酸血症史、心房颤动或其他心脏病史、颈动脉狭窄史、卒中家族史。

①基础项目：血压、空腹血糖、甘油三酯、总胆固醇、低密度脂蛋白胆固醇、高密度脂蛋白胆固醇、心电图。②优先推荐项目：动态血压、动态心电图、超声心电图、经颅多普勒、颈动脉超声。③可选项目：头颅CT、头颅MRI、头颅MRA、头颅CTA、颈部CTA。

4）其他血管性疾病：推荐在具有如下危险因素的体检人群中筛查。危险因素包括：增龄、男性、高血压史、吸烟、血脂异常史、2型糖尿病史、家族史。

①基础项目：血压、甘油三酯、低密度脂蛋白胆固醇、高密度脂蛋白胆固醇、总胆固醇、眼底。②优先推荐项目：PWV、踝肱指数、颈动脉超声。③可选项目：载脂蛋白A1、载脂蛋白B、脂蛋白a、C-反应蛋白、糖化血红蛋白、口服葡萄糖耐量试验、尿微量白蛋白或白蛋白/肌酐、血管内皮功能、动态血压、动态心电图、下肢动脉超声、下肢静脉超声、腹主动脉超声、双肾动脉超声。

（2）常见恶性肿瘤筛查　我国肿瘤登记中心发布的《2022中国肿瘤登记年报》显示，2022年我国癌症新发病例482.4万，世界人口年龄标准化发病率（世标发病率）为201.61/10万，发病首位男性和女性均为肺癌，其中发病排名前10位的分别是肺癌、结直肠癌、甲状腺癌、肝癌、胃癌、乳腺癌、食管癌、宫颈癌、前列腺癌、胰腺癌，这10种癌症占新发癌症数的78%。总死亡人数257.4万，世标死亡率96.47/10万。死亡首位男性和女性均为肺癌，在40岁以上的人群中，男性死亡率高于女性。中国癌症死亡人数前十的癌症分别是：肺癌、肝癌、胃癌、结直肠癌、食管癌、胰腺癌、乳腺癌、脑癌、宫颈癌、白血病，这10种癌症占癌症死亡总数的81%。我国整体癌症发病率仍持续上升，反映我国癌症实际负担沉重。因此，现有的体检项目中，恶性肿瘤的筛查检查项目就显得尤为必要和重要。

1）肺癌：推荐在≥40岁或具有肺癌危险因素的人群中筛查。危险因素包括吸烟、被动吸烟、合并慢性阻塞性肺疾病、环境或高危职业暴露史、肺癌家族史。

①优先推荐项目：肺部低剂量螺旋CT。②可选项目：肿瘤标志物（如胃泌素释放肽前体、神经元特异性烯醇化酶、癌胚抗原、细胞角蛋白19片段、鳞状细胞癌抗原）、肺癌相关自身抗体。

2）结直肠癌：推荐在≥40岁或具有结直肠癌危险因素的人群中筛查。危险因素包括饮食偏好红肉或加工肉类、吸烟和大量饮酒、肥胖、结直肠癌家族史、炎症性肠病史、2型糖尿病史等。

①基础项目：直肠指检、便隐血。②优先推荐项目：多靶点粪便FTT-DNA检测、免疫法定量粪便隐血、全结肠镜。③可选项目：血液Septin9基因甲基化检测、粪便SDC2基因甲基化检测、乙状结肠镜。

3）胃癌：推荐在≥40岁或具有胃癌危险因素的人群中筛查。危险因素包括增龄、高盐饮食、摄入过多腌制食品、吸烟、大量饮酒、幽门螺杆菌感染史、胃癌家族史。

①优先推荐项目：幽门螺杆菌检测、血清胃蛋白酶原、血清胃泌素-17、电子胃镜检查。②可选项目：磁控胶囊胃镜检查。

4）肝癌：推荐在≥40岁或具有肝癌危险因素的人群中筛查。危险因素包括过度饮酒、长期食用被黄曲霉毒素污染的食物、乙型肝炎病毒（HBV）和丙型肝炎病毒（HCV）感染史、非酒精性脂肪性肝炎史、肝硬化史、肝癌家族史等。

①基础项目：肝B超。②优先推荐项目：甲胎蛋白、甲胎蛋白异质体（AFP-L3）、异常凝血

酶原。③可选项目：癌胚抗原（CEA）、糖类抗原 19-9（CA19-9）、肝增强 CT 或 MRI。

5）乳腺癌：推荐在 ≥ 40 岁或具有乳腺癌危险因素的人群中筛查。危险因素包括高脂饮食、月经初潮年龄早、绝经年龄晚、不孕及初次足月产的年龄晚、营养过剩、肥胖、乳腺癌家族史。

①基础项目：外科乳腺触诊。②优先推荐项目：乳腺 B 超检查、乳腺 X 线检查、乳腺 X 线联合乳腺 B 超检查。③可选项目：乳腺 MRI 检查。

6）宫颈癌：推荐在 ≥ 25 岁女性人群中筛查。危险因素包括吸烟、初次性生活年龄过小、多个性伴侣、经济状况低下、高危型人乳头状瘤病毒（HPV）持续感染史、免疫缺陷史、HPV 相关的外阴或阴道不典型增生病史、性传播疾病史、有宫颈癌家族史。

①基础项目：宫颈细胞学检查。②优先推荐项目：HPV DNA 检测、液基细胞学检查联合 HPV 检查。③可选项目：HPV mRNA 检测、醋酸染色肉眼观察、光电宫颈癌筛查方法。

7）前列腺癌：推荐在 ≥ 60 岁或具有前列腺癌危险因素的男性人群中筛查。危险因素包括：增龄、过多摄入牛奶或相关乳制品 / 钙 / 锌、吸烟、肥胖、前列腺炎史、良性前列腺增生史、前列腺癌家族史、乳腺癌家族史等。

①基础项目：直肠指检、前列腺超声检查。②优先推荐项目：总前列腺特异性抗原（tPSA）、游离前列腺特异性抗原（fPSA）、fPSA/tPSA。③可选项目：前列腺 MRI。

（3）其他慢性疾病筛查

1）2 型糖尿病：推荐在 ≥ 40 岁或具有 2 型糖尿病危险因素的人群中筛查。危险因素包括增龄、缺乏体力活动、超重 / 肥胖、糖尿病前期史、黑棘皮病史、高血压史、动脉粥样硬化性心血管疾病史、巨大儿分娩史或妊娠期糖尿病病史、多囊卵巢综合征病史、一级亲属家族史等。

①基础项目：体重和腰围、眼底、尿常规、血压、空腹血糖、肾功能、血尿酸、血脂、心电图。②优先推荐项目：口服葡萄糖耐量试验、餐后 2h 血糖、糖化血红蛋白、糖化血清白蛋白、尿蛋白定量、尿白蛋白 / 肌酐比值。③可选项目：皮肤糖基化终产物检测、空腹和餐后 2h 胰岛素及 C 肽、脂联素。

2）慢性阻塞性肺疾病：推荐在 ≥ 35 岁人群中筛查。危险因素包括遗传、增龄、性别、烟草、燃料烟雾、空气污染、肺生长发育不良、低体重、气道高反应性、职业性粉尘感染、支气管哮喘史、慢性支气管炎史等。

①基础项目：胸部正位片或正侧位片、血常规、心电图。②优先推荐项目：肺功能检查。③可选项目：脉搏氧饱和度监测、胸部 CT、心肺功能测试、超声心动图。

3）骨质疏松：推荐在 ≥ 40 岁人群筛查。危险因素包括：增龄、女性绝经、不健康生活方式、体重过低、影响骨代谢的疾病和药物、脆性骨折家族史等。

①基础项目：血常规、尿常规、肝功能、肾功能。②优先推荐：双能 X 线吸收测定法、血清学代谢指标、血清蛋白电泳、血钙、血磷、尿钙、尿钠、超声骨密度。③可选项目：定量计算机断层扫描。

4）慢性肾病：推荐在体检人群中筛查。危险因素包括年龄 > 65 岁者、药物、偶然发现的血尿或蛋白尿、感染性疾病史、代谢性疾病史、心脑血管疾病史、免疫性疾病累及肾、肾结构异常或尿路梗阻史、肾病史、遗传性肾病家族史。

①基础项目：尿常规、血肌酐、尿素氮、肾彩超。②优先推荐项目：尿白蛋白 / 肌酐。③可选项目：半胱氨酸蛋白酶抑制剂 C、肾小管功能检测（尿 β2- 微球蛋白、尿视黄醇结合蛋白、尿 α1- 微球蛋白、尿 N- 乙酰 -β- 葡萄糖苷酶）、24 h 尿蛋白定量。

五、健康体检报告的编制与解读

（一）个人健康体检报告的编制

健康体检报告是体检机构交给受检者的体检结果，有纸质体检报告和（或）电子体检报告两种，前者便于受检者就医、开展深入的诊疗工作，后者便于受检者对信息保存、异地调阅、动态对比等。体检报告由调查问卷结果、体检所获取的生理信息、本次体检的阳性发现（或称异常发现）、体检建议等组成。

1．将调查问卷中偏离健康生活的内容，按不同维度分类小结，使受检者对自己的测试结果有清晰的认识和深刻的印象。

2．将体检所获取的生理信息分类显示，便于受检者阅读，如体格检查、实验室检查、仪器检查、特殊检查。要求各个栏目名称规范、条目全面，检验检查和部分定量的仪器检查显示正常参考值。

3．阳性发现或异常发现，是指体检中所采集到的生理信息偏离正常值或参考范围，问卷调查中发现的躯体症状和影响健康的危害因素。生理信息的阳性发现包括3种情况，①检验、检查数据达到了疾病的诊断标准，诊断明确的疾病，如高血压［收缩压和（或）舒张压 ≥ 140/90 mmHg］、糖尿病［空腹血糖和（或）餐后2h血糖］ ≥ 7.1/11.1 mmol/L）；②检验、检查结果处于正常与疾病之间，或不能成为独立的诊断标准，如空腹血糖 6.1 ~ 7.1 mmol/L；血尿酸 > 420 mmol/L，但没有痛风的症状；某项肿瘤标志物数值升高，但现有检查没有发现肿瘤；③结果虽是正常范围，但不是最佳状态，例如，乙肝五项检查结果全部为阴性，虽表示受检者没有感染乙肝病毒，但也说明受检者没有针对乙肝病毒的免疫力，最佳状态是"表面抗原抗体阳性"。问卷中的阳性发现，是指某一测量维度偏离正常范围，如疼痛、睡眠障碍、焦虑、抑郁、烟酒嗜好、体力活动不足。

4．体检建议是针对阳性发现，给受检者提出建议，包括生活方式的调整、部分生理指标的复查监测、专科的深入检查与会诊、直接接受专科治疗等。体检建议的表达应该通俗易懂，便于受检者理解、掌握、实施。给予体检建议之后，应该附有体检中心的咨询电话，以备受检者咨询并提供相应协助。

（二）个人健康体检报告的解读

体检报告的解读是通过健康管理师的分析、讲解，使受检者了解自己健康方面存在的问题、原因、危害、防治措施，为健康评估、健康教育、健康干预等后续服务的实施奠定基础。

1．**综合分析**　将调查问卷所采集的信息（历史信息）与体检所采集的生理信息（断面信息）相结合；将相关联的生理数据归类，如将血脂异常、血糖高、尿酸高、血压高、肥胖、脂肪肝等代谢问题归为一类，再了解问卷中有关遗传史，力求综合判断受检者的阳性发现产生的原因，部分受检者还需要深入访谈，切忌针对单一数据、指标提出指导建议。使受检者了解自己健康问题产生的原因、所处阶段及危害，能深刻理解体检建议，提高受检者实施健康干预计划的依从性。如将上述代谢异常指标与受检者高脂饮食、饮酒嗜好、睡眠不足、体力活动不足和高血压遗传史等相关联，协助受检者清晰地认识到患高血压病的可控制因素和不可控因素；从动脉硬化程度所显示的血管生理年龄、颈动脉超声所显示的动脉粥样硬化的类型与大小，以及心脑供血不足产生的相关症状，分析血脂异常与高血压病的关系，认识到它们共同作用对血管的损害，进而导致心、脑、肝、肾等主要靶器官的血液供应减少，产生致残甚至危及生命的疾病。

解读报告时，结合宣教挂图、心脏血管造影的胶片、临床病例，与生活实例相结合，力求通俗易懂，如把血脂异常、高尿酸血症比喻成水质硬度高、酸度高、污染重的自来水，把动脉硬化和动脉粥样硬化斑块比喻为自来水管道中的锈蚀和水垢团块，把心肌梗死、脑梗死比喻为树木或庄稼秧苗缺水枯萎。这样使受检者容易理解、记忆，也便于传诵。

如果受检者为一个小集体、单位领导、社会公众人物，或健康问题较多的个体，为其解读报告时，要借助群体动力理论（group dynamics theory），请同事、家属、单位餐厅的厨师、身边工作人员等人参加。这不仅形成了社会支持系统，而且可以相互作用、相互适应，形成群体压力、群体规范、集体凝聚力，相互支持、相互监督，共同改变不良的生活方式，共同监测疾病或生理参数，提高健康干预效果，巩固健康的生活方式。

2. **健康评估** 请参见第八章。

3. **干预计划** 只有深入了解受检者的健康风险所在，了解产生风险的原因，详细解读报告，耐心细致地分析风险因素（特别是不良生活方式）、中间风险因素（包括血糖高、血脂异常、血压高、超重与肥胖等）与疾病（冠心病、卒中、糖尿病等）之间的关系，需要干预的内容也就确定了。

（三）团体健康体检报告的编制

团体体检报告不同于个人的健康体检报告，它包括健康体检计划的实施情况、群体主要健康问题、健康问题与职业特征的关系、健康教育和健康干预的重点内容、下年度体检时的注意事项等。

1. **体检计划实施情况** 包括健康体检项目设置（按性别、年龄分层）、应到人数、实到人数、各个部门到位率、总到位率。为单位开展健康体检目标考评，进一步推动下年度健康体检工作的实施，奠定基础。

2. **主要健康问题** 将阳性发现/异常发现汇总，按发生频次排序，以发生频次最高（如前10位、前20位）的健康问题为主，说明受检群体的健康状况。特别是影响健康的慢性非传染性疾病，并分析其形成因素。

3. **主要健康问题的发生人员** 将这些人员分别列入表中，便于单位卫生部门随访、管理，为健康管理的实施提供信息保障。

（四）团体健康体检报告的解读

团体健康体检报告的解读往往采取健康讲座与个人咨询相结合的形式，使每个成员了解本单位的健康状况，自己的健康状况在团队的中的相对位置。

1. **明确本单位的健康状况** 在阐述本单位的主要健康问题时，将综合体检结果与年龄、性别相似的单位相比，与同行中的其他单位相比，与往年体检结果相比，发现本单位的健康问题，提高全体员工的健康意识和紧迫感，形成有利于开展健康促进的氛围。

2. **分析健康问题与职业的相关性** 将健康的主要问题与群体的职业特征相结合，发现其中的规律。例如，公交司售人员的泌尿系感染率高，与饮水少、常憋尿有关；IT业的工作人员消化道疾病多见，与工作压力大、生活不规律有关。为群体健康管理方案的制定、劳动条件的改善、工作流程的优化提供依据，也提高了员工的劳动保护意识。

3. **分析健康问题产生的共性因素** 了解团队的作息习惯、工作压力大小、单位食堂的烹饪习惯（如是否存在油多、盐多、肉多、辣椒多问题）、吸烟人数比例、饮酒人数比例、体力活动不足的人数比例，帮助领导与员工深刻地认识本单位产生健康问题的原因，如何最大限度地利用现有条件开展群体性体育锻炼，改善饮食习惯，改善后勤保障品质（包括饮食、锻炼器材等），为健康管理的实施奠定基础。

六、健康体检后续服务

健康体检为早期发现疾病和健康危险因素，全面分析、评估健康状况和疾病风险，实施健康干预和健康促进提供了重要的科学依据。然而，健康体检不等于健康管理，它只是健康管理流程中的一个初始环节，如果我们的工作只是停留在健康体检，那么最多也只是了解了受检者的健康状况和健康危险因素，还无法实现健康管理所要达到的维护健康的最终目标，而健康体检的后续服务，正是为了完善健康管理流程、实现健康管理目标所提出的。健康体检的后续服务内容丰富、形式多样，不同的受检者、不同的时间、不同的地点和不同的需求，可以选择不同内容和不同方式的后续服务。归纳起来，目前健康体检的后续服务主要有健康教育、健康咨询、疾病自我管理指导、就医指导服务4个方面。

（一）健康教育

健康教育是健康体检后最重要的一种后续服务方式，它提供人们行为改变所必需的知识、技术、技能与服务，使人们在面临健康管理，以及疾病预防、治疗和康复等各种健康问题时，有能力做出正确的行为抉择。其主要目的是提高人们的健康素养，改变不良行为，消除或减轻影响健康的危险因素，从而预防疾病的发生，加速疾病康复和提高生活质量，提高健康水平。可见，健康教育不仅适用于健康人群、亚健康人群和各种慢性疾病早期人群，也适用于患者人群和康复期人群，是健康管理的非常重要的手段。

1. **健康体检是健康教育的最佳时机** 从体检前体检机构的选择、体检项目的选择，到体检过程、体检报告完成、阅读体检报告，受检者与医疗机构、医务人员频繁接触，同时接收了大量医学信息，是受检者高度关注自身健康风险和疾病的时期。特别是团体体检，当体检报告分发到个人后，人们在关注自己健康的同时，常常彼此交流，对健康状况做出比较和评判。那些对自身健康风险多、疾病重的受检者就会产生较大的触动，他们需要尽快解决健康问题，更渴望相关预防知识。

2. **健康教育的内容** 就健康管理而言，健康教育重点关注影响健康的可变行为因素。这些可变行为因素构成了当前及今后很长一段时间慢性疾病的主要成因。例如，吸烟、过量饮酒、摄入过多高热量食物、体力活动不足、超重及肥胖、过度紧张及焦虑，导致高血压病、心脑血管疾病、糖尿病、血脂异常、恶性肿瘤。健康教育恰恰是针对以上行为因素，提供健康知识和技能，认识不良行为产生的危害，使个体和群体掌握卫生保健知识，提高认知水平和技能，建立追求健康生活方式的理念，并为此自愿而改善自己的行为和生活方式。

健康教育的内容分为3个层面。第一，是为改变不良生活方式和不良行为因素所做的健康教育，相当于一级预防的工作内容；第二，是针对高血压、高血糖、血脂异常、超重、肥胖等中间风险因素，开展健康教育，相当于二级预防的部分工作内容；第三，是针对已有慢性疾病的管理，为防止病情加重、出现并发症，为提高治疗的依从性、提高治疗效果、减少用药种类和剂量所开展的健康教育，相当于三级预防的部分工作内容。

3. **健康教育的方式**

（1）对于单个受检者及人数少的受检团队，最好采用一对一访谈的形式。对于企业家、单位领导，可以邀请家属、身边工作人员一同参与，可以邀请具有共同背景、共同经历、相似生活的人，可以邀请由于某种原因与其有共同语言的人（如参与特定活动、到特定活动场所的人）参加，也可以邀请具有同样生理、行为特征的人（如孕妇、酗酒者、吸烟者、吸毒者、某种疾病患者）参与，此方法即为健康教育干预理论中的同伴教育。根据体检所发现的疾病和健康危险因素，以同伴中健康危险因素多、病情重的人为例，特别是以那些已经引发严重疾病、甚至残障的人为例，客观评估受检者的健康状况，使受检者对所发现的疾病和健康危险因素高度重视，有针对性地制订健康教育计划，在实施中同伴能积极协助。

（2）对于团体体检，根据问卷调查和体检所获得的信息，分析团队中所存在的不良生活习惯、不良嗜好与职业的相关性，与团队年龄结构、性别构成的关系，与领导班子主要成员习惯的关系，与单位餐厅厨师的关系。分析不健康的生活方式产生的不良后果，营造崇尚科学健身、健康饮食、规律起居的氛围，鼓励员工之间互相监督、戒除不良嗜好。

（3）充分利用语言、文字、图形、影视、多媒体及网络等各种传播媒介，通过人际传播、大众传播、组织传播和自我传播等多种方式，选择受检者乐于接受的形式，有组织、有步骤地实施健康教育计划。

（4）不断收集来自受检者的反馈信息，及时调整健康教育计划，改进健康教育方法，最终使受检者从知晓健康信息，逐步过渡到认同健康信念，再到态度向有利于健康转变，以达到受检者自觉采纳健康行为和生活方式的目的，这是健康传播效果的最高层次，也是健康教育的最终目标。

（二）健康咨询

健康咨询是健康教育中常用的一种人际传播形式，也是健康体检后最常用的一种后续服务方式。健康咨询是健康教育者或医务工作者运用预防、医学和保健等相关知识，对来访者所提出的健康问题提供帮助的过程。几乎所有参检人员都有健康咨询的需求。通过健康咨询，可以使受检者对自己的总体健康状况、所患疾病种类及其原因、存在的疾病危险因素，以及如何应对自己的疾病和健康风险等，有一个全面、深入、准确的了解，以达到改善和维护其健康的目的。健康咨询的方式多种多样，当前最主要的有面对面咨询、电话咨询、短信咨询和网络咨询等。实施健康咨询时应注意把握以下几点。

1. 认真解读健康体检的结果，悉心听取受检者所提出的所有问题，充分了解其体检后健康状况、所发现的疾病和健康危险因素。

2. 把握健康咨询的主要内容，即解释个人健康信息和健康评估结果及其对健康的影响，协助来访者制订个人健康管理计划，提供健康指导，制订随访跟踪计划等。

3. 掌握咨询的基本技巧，如说话的技巧、倾听的技巧、提问的技巧、反馈的技巧和非语言交流的技巧。

4. 用通俗易懂的语言、简明扼要的表达、耐心细致的讲解，完整准确地传递预防和保健知识，以达到答疑解惑和传授知识，进而维护健康的目的。

（三）疾病自我管理指导

疾病自我管理指导主要是针对健康体检后已确诊患有一种或多种疾病，且不需要入院治疗的人群所实施的一种检后服务，其目的主要是增强患者的疾病自我管理和自我保健的意识和能力，提高患者对临床医生治疗方案的依从性，提高治疗效果，防止或延缓并发症的出现，减少诊疗费用。疾病自我管理的目标人群是患有特定疾病而可以院外治疗的个体，它并不以单个病例或其单次就诊事件为中心，而是关注个体连续性的健康状况与生活质量，并通过综合协调各种医疗卫生服务及干预措施来实现预期效果。做好疾病自我管理指导应注意把握以下几点。

1. 指导的形式应多种多样，以达到生动活泼、通俗易懂、便于实行的效果。如针对患者疾病，充分利用语言、文字、图形、影视、多媒体及网络等媒介，通过面对面、电话、短信或网络交流等多种形式，给予患者全方位的指导。

2. 指导的内容包括使患者对所患疾病的发生、发展、诊断、治疗、并发症和预后等有基本的认识，告知患者各种治疗的注意事项、可能出现的不良反应、治疗效果、何时进行必要的复诊等。同时，也使患者充分了解正确的自我保健，积极配合治疗。这不但可以改变疾病的转归，而且对其自身的健康状况和生活质量具有不可忽视的作用，进而使患者更加重视自我保健。

3. 保持与患者之间不间断的信息交流与反馈，这是确保指导效果的非常重要的环节。要主动、定期获取患者在疾病自我管理方面的信息，及时调整指导的内容、方法和策略，使患者能够真正掌握疾病自我管理的基本原则，有效改善患者的健康，切实提高患者的生活质量。

（四）就医指导服务

就医指导服务是健康体检后，对一部分被发现患有某种疾病且需要进一步检查或住院诊治的人群所提供的一种后续服务。健康管理师需要根据自己的专业知识，及时识别患者的就医需求，并指导患者在哪家医院、什么专科，甚至是哪位医生能最有效地实现诊疗过程。就医服务的具体内容分为以下几个方面。

1. **启动就医服务** 根据患者所患疾病的种类、病情轻重、以往治疗的效果，判断患者是否需要进一步检查或调整治疗方案，协助患者确定需要就诊的医院和专科。

2. **预约挂号与就诊** 通过网络、电话、短信、现场预约等方式，为患者预约挂号，对在普通门诊解决不了的问题，协助安排专家会诊，必要时组织协调多科会诊，协助特殊检查的预约和实施。

3. **协助住院治疗** 协助患者选择适合的医院，协助联系住院科室并安排住院床位。

七、健康体检中的风险规避

健康体检与临床医疗工作一样，具有一定的风险性，充分了解健康体检人群的特点，有效控制健康体检中的风险因素，规避健康体检中的各种风险，对减少健康体检中的投诉，确保健康体检的质量和效果，均具有十分重要的意义。

（一）健康体检中的风险种类

与健康体检相关的风险主要分医疗风险和行政管理风险两大类。

1. 医疗风险 包括体检项目选项风险、医疗风险和疾病风险。

（1）体检项目选项风险：如果不细致了解受检者的健康状况与体检需求，则可能为受检者选择了不能做或不适宜做的检查，导致受检者受损，出现医疗风险。例如，①胸部 X 线检查，少年儿童、孕妇、准备妊娠的女性不适宜接受此项检查；②妇科检查及阴式超声检查，未婚、妊娠、行经期的女性不适宜接受此项检查；③尿便常规检查，行经期的女性不适宜接受此项检查；④增加特殊检查项目要慎重，费用较高的项目，即使需要检查，也要与受检者充分协商，避免因告知不全而发生纠纷。部分有创检查，可能有潜在风险，检查前要与受检者充分沟通。

（2）医疗风险：由于体检工作，使受检者潜在的疾病或问题表现出来。①空腹来医院体检，容易出现低血糖反应；②采血时引起晕针；③原有的心血管疾病加重，如体检前未服药、检前紧张、睡眠不足、动作急，出现高血压危象、心绞痛，甚至心肌梗死；④影像学检查漏诊、误诊。受所使用仪器的分辨率、操作者的技术水平、疾病发展所处阶段等影响，制约了体检对受检者疾病的正确判断，可能存在漏诊和误诊。

（3）疾病风险：参加健康体检的人不一定都是完全健康的人群，有亚健康人群，有各种慢性疾病的早期人群，也有临床期和康复期的患者。无论是哪一类人群，在体检的过程中，由于种种原因，都有突患急症的可能性，如心脏猝死、低血糖昏迷、高血压危象和脑卒中等，这种情况并不常见，但却很重要，也是最难以控制的一类健康体检相关风险。

2. 行政管理风险 主要有环境风险、流程风险、告知风险、服务风险及意外风险。

（1）环境风险：①跌倒损伤，体检人群中老年人居多，如果卫生间湿滑，在受检者留取尿便标本时，可能会跌倒损伤；由于前列腺及子宫、附件超声检查一般需要憋尿，在膀胱极度充盈后排尿，可能会引发排尿性晕厥而跌倒损伤。②消防器材的齐备、消防通道的畅通，都是体检中心所必不可少的。

（2）流程风险 ①体检信息错误：在体检工作中，常常不同团体同时进行，每个团体又按年龄、性别、岗位、职级分层，使得每天执行的体检项目套餐种类多，极易出现错误；避免此类错误的发生，有赖于体检软件的成熟、员工对工作内容的熟练掌握，更有赖于严格的查对制度；②体检执行顺序有误：随着受检者对体检的个性化需求的增加，体检项目已经不再简单地分为餐前和餐后项目，尚有用药前后检查、有创检查等，如 ^{13}C 尿素呼气试验查幽门螺杆菌、糖耐量实验、胃肠镜检查；这些都要求体检时细心安排体检顺序，既要争取在短时间内完成，又要保证检查质量；避免因安排不周到，导致受检者多次无效往返、长时间在体检中心滞留；如采血、腹部超声检查、胃镜检查需要空腹进行，餐后 2 h 血糖、脑血管超声检查需要餐后进行，而 ^{13}C 尿素呼气实验查幽门螺杆菌需要服药前后进行；③体检报告内容有误：包括体检信息输入有误、特殊检查报告汇总有误、装订方式有误等。

（3）告知风险：因健康体检前未告知或者告知不全面，使受检者体检前准备得不充分、体检时对有些要求的理解发生偏差，而医务人员又未给予及时补救所产生的失误。如未能嘱咐高血压患者体检前应照常服药，导致体检时患者血压骤然上升；怀孕或者可能怀孕的女性在不知情的情况下接受了放射检查等。这是比较容易忽略，但却是非常重要的一类健康体检相关风险。

（4）服务风险：由于健康体检流程中某个环节的服务不到位，导致受检者不满引发投诉，如憋尿时间太长而得不到及时检查、餐厅等候时间太长导致饥饿难忍、信息录入迟缓导致情绪急躁，这是最常见，也是比较容易控制的一类健康体检相关风险。

（5）意外风险：由于健康体检场所设施陈旧不全、缺乏安全措施或其他原因所发生的意外事件，如茶炉开水烫伤、物品坠落伤人、贵重物品丢失。这主要是由于安全意识淡漠所导致的完全可以避免的健康体检相关风险。

（三）健康体检中的风险规避

健康体检中的风险规避是确保体检质量和效果的重要组成部分，应该引起所有健康体检机构管理者的高度重视。规避风险要把握以下几点：第一，要有风险意识，这样才能够及时发现风险，识别风险，从而应对风险；第二，要有风险应对措施，这样才能确保及时化解风险。第三，要有风险管理办法，风险管理办法包括建立组织、职责分工、应急流程、物质准备等，确保风险处理的顺利实施。

鉴于健康体检风险种类的不同，对各类风险的规避又有其不同的特点，除把握以上基本原则外，要规避健康体检中的风险主要还应注意以下几个方面。

1. **掌握受检者情况，制定应急预案**　首先，应充分了解和掌握受检者的健康状况、患病程度、治疗情况，以及发生疾病的风险，必要时可考虑设置专人陪检，加以重点防范。例如，对患有高血压、糖尿病、心脏病等慢性疾病患者，应了解其是否携带平时服用的药物，如没有携带，应该立即为其准备。第二，应急预案应结合本单位的实际情况，明确启动的条件、救治场所、救治设施、救治人员、救治程序、后送条件和渠道等要素，一旦发生急救情况，预案能够及时、可行和有效地得以实施。第三，健康体检场所应有独立的急救室，并配备必要的急救药品、设备和设施，选拔参与健康体检的医务人员时应考虑其是否具备应有的急救知识和技能。

2. **与受检者充分沟通，确保告知到位**　第一，要将体检前的准备工作和体检时的注意事项全面、准确、细致地告知受检者，必要时可告知受检者家属。如应告知高血压患者体检当天要正常服药，对糖尿病或其他慢性疾病患者应告知在体检当天采血后及时服药，切不可因为体检而干扰常规治疗等。第二，对有严重疾病的受检者，告知方式最好是面对面交流，并要求受检者或陪检人在告知书上签字，表示理解和认可告知书中的所有内容。

（四）健康体检中的投诉处理

健康体检所面临的对象来自社会各个阶层，因其年龄、性别、职业、性格、受教育程度等不同，受检者对体检机构的需求也不同，即使面对同样的体检服务也会有不同的反应和诉求，因此，也难免会有各种各样的不满甚至投诉。能否及时有效地处理投诉直接关系到健康体检机构的社会声誉和后续发展，因而应引起健康体检机构管理者的高度重视。健康体检中投诉的处理应该把握好以下几点。

1. **设立投诉渠道**　在体检机构内设立投诉受理办公室、投诉电话、投诉意见薄和投诉信箱，在受检者需要投诉时可供选择。

2. **明确相关内容**　应详细记录投诉内容，特别注意记录投诉事项、时间、地点、当事人、旁证人、投诉目的和需求、投诉人单位和联系方式等。

3. **组织相关调查**　将投诉的事项分门别类，由相应的责任人负责，对投诉事项进行全面调查，并根据调查结果提出初步的处理意见。

4. **反馈处理结果**　根据调查的结果，结合投诉人的目的和需求，在规定的时限内将处理意见反馈给投诉人。

5. **聘任法律顾问**　条件许可时，可考虑聘任一名法律顾问，专门提供各类投诉的处理咨询，以避免因处理不当给体检机构留下法律层面上的隐患。

（刘宝花　田京发　陈向大　王培玉）

第八章

健康风险评估

健康风险评估（health risk assessment，HRA）是健康管理的关键步骤，是依据一定的规则，根据被测对象的性质或特征，用数字来反映健康概念及健康有关的事物或现象，是将健康概念及与健康有关的事物或现象进行量化的过程。也就是说，健康管理中的健康评估侧重对个体和群体健康危险因素和健康状况的评估，预测个体未来发生某种疾病或死于某种疾病的可能性，是对健康风险的评估。目前健康风险评估从对死亡和疾病的负向评估逐步扩大到以健康为中心的正向评估，从对生物学因素的评估扩大到对心理、行为因素和生活方式因素的综合评估。

第一节 概　　述

一、健康风险评估的产生与发展

健康风险评估是在临床实践过程中发展起来的一种健康评估方法，其雏形形成于20世纪40年代，主要是对健康危险因素的评估。美国医生 Lewis C. Robbins 和 Jack Hall 在心血管疾病的预防实践工作中，总结出记录患者的健康风险有利于疾病的预防工作，开发了第一个健康风险评估工具，包括问卷表、健康风险计算方法及反馈沟通方法等，并编写了《How to Practice Prospective Medicine》一书，阐明了目前健康相关危险因素与未来健康结局之间的量化关系，从而促进了健康风险评估的广泛应用。同期 Framingham 心血管疾病研究也明确提出"危险因素"一词。

在随后几十年中，健康风险评估技术得到了长足发展。其中，美国密歇根大学健康管理研究中心是推广应用健康风险评估的先驱。20世纪80年代初，美国疾病控制中心授权密歇根大学健康管理研究中心，向全国推广健康风险评估系统，普及健康风险评估。同时，逐步建立与完善了以健康风险评估技术为基础，与行为科学相结合，以进行健康教育、提倡科学生活方式为主导，面向美国大众的健康风险评估系统。20世纪80年代末，该中心推出了以死亡率作为主要计算依据的第二代健康风险评估系统，20世纪90年代中期，随着计算机技术的成熟与普及，该中心的第三代以个人健康综合指数为主要评估指标的健康风险评估系统应运而生。同期 Framingham 心血管疾病研究建立了冠心病绝对风险预测模型，从此开始了从死亡风险评估到发病风险评估的健康风险评估历程。由于发病风险比死亡风险更容易使人们理解危险因素的作用，更有助于对危险因素进行管理从而控制疾病风险，因此，在健康管理中更具有实际意义。

目前健康风险评估已经被广泛应用于企业、医疗机构、健康管理公司等，成为健康管理、健康促进项目中必不可少的重要环节。

二、健康风险评估的相关概念

（一）风险与风险管理

1. **风险**　指未来事件发生的不确定性，基于个体的主观评估，对预期结果与实际结果的偏离程度及可能性进行的估计，当实际结果与预期结果存在差异时，就产生了风险。健康风险是指在生命过程中，因机体内外存在的各种诱发因素（如自然因素、社会因素和人自身发展的因素），导致出现疾病、伤残及造成健康损失的可能性。人类对安全保障的需求推动着对风险的认识和管理。

2. **风险管理**　指通过对风险的识别、衡量和分析，选择最有效的方式，主动地、有目的地、有计划地处置风险，以最小的成本获得最大的保障，以减少风险负面影响的决策及行动过程。风险管理的总体原则是以最小的成本获得最大的保障，主要目标是控制和处置风险，防止和减少损失的发生。风险管理的主要内容包括风险识别、风险评估和风险管理策略。

（1）风险识别：是衡量风险、控制风险的前提。运用各种方法，系统、连续地对尚未发生的潜在风险及存在的各种风险进行系统归类，分析总结出所面临的所有风险及原因。风险识别主要包括风险因素、风险的性质和后果、风险识别方法和效果。

（2）风险评估：是对风险存在及发生的可能性，以及风险可能造成损失的范围和程度进行量化估计，是风险管理的基础。风险评估是运用概率论和数理统计方法估算风险发生的概率，或风险造成损失的概率，其主要内容包括①确定风险事件在一定时间内发生的可能性，及发生概率的大小，并估计可能造成损失的严重程度；②根据风险发生的概率及损失的严重程度估计总体损失的大小；③进一步预测上述风险事件发生的频率及后果，为管理决策提供依据。

（3）风险管理策略：风险管理的本质是事前管理，主要策略包括风险预防、风险转移、风险对冲、风险补偿等，是在认识风险、分析风险的基础上，对可能的风险进行预防和控制。风险管理过程中无论采用何种策略，在风险发生的全过程，即事前、事中和事后都要进行常规总结和及时反馈，提高风险管理的效率。

（二）暴露与结局

1. **暴露**　指研究对象具有的某种特征（如年龄、性别及遗传性状）或行为（如吸烟），或研究对象接触过某种特定的物质（如粉尘、重金属），这些特征或因素称为暴露因素。暴露因素可以是有害因素，也可以是有益因素；把导致疾病或健康事件升高的暴露因素称为危险因素，把导致疾病或健康事件降低的暴露因素称为保护因素。

2. **结局**　也称为结果变量，简称结局，指随访观察中将出现的预期结果事件。结局不仅限于发病、死亡，也有健康状况和生命质量的变化；可以是终极结果（如发病或死亡），也可以是中间结局（如生理指标的变化：血糖达到一定的水平）。

3. **健康风险评估中的暴露与结局**　健康风险评估中的暴露因素主要指个体特征（如年龄）、行为生活方式（如吸烟）、生理指标（如血压、血糖水平）、遗传因素（如糖尿病家族史）等。这些暴露因素与一种或多种结局成数量关系。健康风险评估中的结局变量可以是死亡，也可以是疾病或健康状况。评估死亡情况，估算的是暴露因素与死亡率的量化关系；评估疾病情况，估算的是暴露因素与发病率的量化关系。

（三）健康风险评估

健康风险评估是指通过所收集的大量的个人健康信息，分析建立行为生活方式、生理特点、环境、遗传和医疗卫生服务等危险因素与健康状态之间的量化关系，预测个人在一定时间内发生某种特定疾病（生理疾病和心理疾病）或因为某种特定疾病导致死亡的可能性，即对个人的健康状况及未来患病或死亡危险性的量化评估。健康风险评估也称作健康危害评估，是一种分析方法或工具，目的是估计特定事件发生的可能性，而不在于做出明确的疾病诊断。健康风险评估属于健康评估方法的一种类型，是人群健康管理过程中关键的专业技术部分，是健康管理的核心，并且只有通过健康管理才能实现，是慢性疾病预防的第一步，也称为危险预测模型。

三、健康风险评估的基本原理

健康风险评估主要用于测量或评估个体生理健康、功能健康、心理健康和社会适应状态的各纬度的健康问题。健康风险评估是在收集个人健康信息的基础上，应用数理统计方法计算危险度，更为准确、具体地评价特定个体或群体当前的健康状态存在的未来发病风险的大小，并在健康风险评估报告中，借助恰当的风险沟通方式，帮助临床医生、全科医生和筛查对象更好地理解疾病绝对风险的概念，从而制定和执行适宜筛查对象当前健康状况的健康管理方案，达到提升评估对象健康水平的目的。

（一）健康风险评估的基本步骤

健康风险评估主要包括个人健康信息的收集、风险估算和风险沟通 3 个步骤或模块。

1. 个人健康信息的收集 是进行健康风险评估的基础。包括问卷调查、体格检查、实验室检查。问卷的组成主要包括①一般情况调查：年龄、性别、文化程度、职业、经济收入、婚姻状况等，②现在健康状况、既往史、家族史调查，③生活习惯调查：主要包括吸烟状况、身体活动状况、饮食习惯及营养调查、饮酒状况等，④其他危险因素：精神压力等。体格检查及实验室检查主要包括身高、体重、腰围、血压、血脂、血糖等。

2. 风险估算 是健康风险评估的核心内容，也是风险评估或预测的主要结果，指接受健康风险评估的个体获得某种不良健康状态、发生特定疾病或死亡的风险大小，通过将健康危险因素代入数理统计模型估算出具体的危险度数值以预测结局（发病或死亡），危险度通常用绝对危险度和相对危险度表示。

（1）绝对危险度（absolute risk）：也称绝对风险，是基于队列研究构建，通过随访观察暴露因素与预期结局的发生情况（如某种疾病、死亡或其他不良健康状况），估计暴露因素与结局的关系，用发病率或死亡率表示。由于发病风险比死亡风险使人们更容易理解危险因素的作用，有助于有效地采纳控制风险的措施，更具有健康管理的实际意义，因此健康风险评估已逐步扩展到以评估发生疾病为基础的风险评估。即绝对危险度是指估计未来若干年内发生某种疾病的可能性，用以估计多个危险因素对疾病的效应，用发病率表示。如 5 年发生某种疾病的绝对危险度为10%，表示 5 年内将发生被评估疾病的概率为 10%。

评估疾病绝对风险的主要目的在于确定干预措施的绝对效果。例如，如果人群平均 5 年绝对风险是 15%，就意味着在未来 5 年内，整个人群中有 15% 的人需要进行对被评估疾病的干预，也就是说，若未来 5 年内，在某一人群中采取有效的干预措施，则可能将人群被评估疾病的发病率降低 15%，比如将人群被评估疾病的发病率从 10% 降低至 8.5%。

（2）相对危险度（relative risk）：也称相对风险，健康风险评估中相对风险是指相对于同年龄同性别人群平均危险度的增减量。同年龄同性别人群平均危险度是根据人口的年龄性别发病率或死亡率计算。如果把同年龄同性别人群平均危险度定成 1，那么其他的相对危险度就是 ＞1 或 ＜1 的值。相对危险度与同年龄同性别人群平均危险度的比值，通常分为 5 个风险等级：极低风险、低风险、中等风险、高风险和极高风险。

相对危险度含义是指具有某一危险因素的个体与不具有这种危险因素的个体相比，发生某种疾病的概率之比。相对危险度是对某一个危险因素单独表示，以提示人们对某些行为（如吸烟）或某种生理异常（如高血压）进行干预。这种表述方法在人群干预疗效的评价中存在一定问题，

第二篇 基本流程与技能

因为相对风险的降低程度与患者治疗前的绝对风险水平相关。如有研究显示，血压或血脂处于人群平均水平，而心血管疾病绝对风险高的个体，其降压或降脂治疗的绝对益处是血压或血脂处于较高水平而心血管疾病绝对风险较低的个体的 2 ~ 3 倍。因此，目前相对风险评估通常是指个体危险性与同年龄同性别人群平均水平之比。

（3）绝对危险度与相对危险度的联系和区别：绝对危险度与相对危险度的联系在于评估得到的个人相对危险度乘以同年龄同性别人群的发病率 / 死亡率就是若干年后发生某种疾病或死亡的概率，即绝对危险度 = 个人相对危险度 × 同年龄同性别人群的发病率或死亡率。区别在于绝对危险度反映的是具有某些危险因素的个体未来发病的可能性或概率，是个人的发病风险；相对危险度反映的个体相对于同年龄同性别人群发病危险度的增减量，是在人群风险中的相对水平。

绝对危险度和相对危险度这两种风险表达方式通常要同时呈现给筛查者，以传达根据筛查者目前存在的危险因素计算出来的未来若干年发生某种疾病的可能性（绝对危险度），以及该危险度与同年龄同性别人群平均危险度相比的风险等级（相对危险度），在此基础上，进一步控制可改变的危险因素后风险等级可能达到的理想水平（图 2-8-1）。

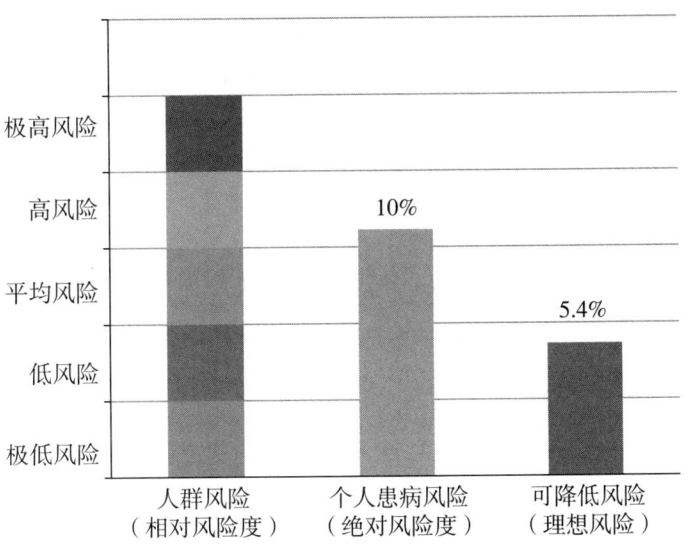

图 2-8-1 健康风险评估绝对危险度和相对危险度的表达

3. **风险沟通** 填写健康风险评估报告是风险沟通最简单最常用的方式，通过呈现个体存在的健康危险因素、疾病风险评估结果，以及有针对性的健康促进和指导信息。评估报告包括个体评估报告和群体评估报告。无论是个体评估报告还是群体评估报告都应与评估目的相对应，并应在疾病风险传达过程中，运用有利于筛查对象和医生理解的、恰当的风险沟通方式来表示健康风险评估所给出的危险度结果，将更有利于风险沟通，能更简单、直接地向筛查对象和医生传达风险程度。

个体评估报告主要包括个体健康信息汇总情况、健康风险评估结果及分析，以及有针对性的健康促进和指导信息。群体报告主要包括被评估群体的人口学特征、患病状况、危险因素总结、建议的干预措施和方法等。

第二节 一般健康风险评估

健康管理中健康风险评估主要包括一般健康风险评估、疾病风险评估和健康功能评价。其中，一般健康风险评估主要是对危险因素和潜在疾病的评估，对危险因素的评估包括生活方式 /

行为危险因素评估、生理指标危险因素评估，以及个体存在危险因素的数量和严重程度的评估，发现主要问题及可能发生的主要疾病。本节主要介绍一般健康风险评估。

一、生活方式 / 行为危险因素评估

生活方式是一种特定的行为模式，这种行为模式被个体特征和社会关系所制约，是在一定的社会经济条件和环境等多种因素的相互作用下形成的。不健康生活方式和行为如吸烟、膳食不合理及身体活动不足，是主要慢性疾病（心血管疾病、糖尿病、肿瘤、呼吸道疾病）的共同危险因素。生活方式 / 行为评估主要是通过对行为习惯（吸烟、饮酒、睡眠等）、身体活动评估、膳食状况的评估，以及心理和精神压力的评估，帮助个体识别自身的不健康行为方式，充分认识到这些行为和风险对他们生命和健康造成的不良影响，并针对性地提出改善建议，促使个体修正不健康的行为。

（一）膳食评估

膳食评估常用食物频率调查表（FFQ）、膳食日记、24 h 膳食回顾等方法调查个体在一定时间内通过膳食摄取的能量、各种营养素的数量和质量，以评估个体能量和各种营养素供给的满足程度。主要利用膳食调查数据计算平均每人每天膳食营养摄入量，用《中国居民膳食指南（2022）》和中国居民膳食营养素参考摄入量为参考标准，膳食营养摄入状况的评价内容包括以下几个方面。

1. **食物结构分析**　膳食结构和数量是否符合膳食指南的建议；特别是全谷物、深色蔬菜、牛奶、豆类是否满足要求。

2. **能量来源分析**　计算膳食中糖类、脂类、蛋白质提供的能量占全日总能量比例是否符合膳食营养素参考摄入量（DRIs）的要求。

3. **蛋白质来源分析**　膳食蛋白质中来源于动物和大豆的优质蛋白是否占 1/2 以上。

4. **营养素供应分析**　膳食提供的主要营养素如钙、铁等是否符合中国居民膳食营养素参考摄入量（DRIs）的要求，食物来源是否得当。

5. **其他**　如烹调用食盐和食用油的量是否得当。

（二）身体活动评估

通过对身体活动的强度、频率和持续时间 3 个维度的评估，了解个体的身体活动总量。常用工具有国际身体活动问卷短卷（IPAQ-S）、身体活动日记和测量仪器（计步器、心率表等）。身体活动量分为 4 个等级。

1. **静态生活方式**　也称缺乏身体活动，指 1 周中没有任何中等强度或高强度的身体活动。

2. **身体活动不足**　指 1 周中的中等强度身体活动时间少于 150 min 或高强度身体活动时间少于 75 min。

3. **身体活动活跃**　指 1 周中的中等强度身体活动时间累计达到 150 ～ 300 min，或者高强度身体活动时间累计达到 75 ～ 150 min，或中等强度和高强度两种活动相当量的组合。

4. **身体活动高度活跃**　指 1 周中的中等强度身体活动时间累计超过 300 min。

二、生理指标危险因素评估

肥胖、高血压、高血脂、高血糖等本身既是疾病状态，同时又是冠心病、卒中、肿瘤、糖尿病及慢性阻塞性肺疾病的危险因素。生理指标危险因素评估就是通过检测个体体重、身高、腰围、血压、血脂、血糖等生理指标，了解个体或人群各项生理指标的严重程度，以及同时存在的其他危险因素的数量，评估个体或人群的危险度，进行危险度分层管理，如高血压危险度分层管理、血脂异常危险度分层管理。

（一）高血压危险度分层

根据《中国高血压防治指南》，理想血压为 120/80 mmHg 以下。高血压危险度分层是当血压超过 140/90 mmHg 时，对高血压患者进行心血管疾病危险度分层，将高血压患者分为低危、中危、高危和极高危，分别表示未来 10 年内发生心、脑血管病事件的概率为 < 15%、15% ~ 20%、20% ~ 30% 和 > 30%，量化估计预后。具体分层标准包括血压升高水平、其他心血管病危险因素、靶器官损害及并发症情况（表 2-8-1）。影响高血压患者心血管预后的重要因素见表 2-8-2。

表 2-8-1　血压升高患者心血管风险水平分层

其他危险因素和病史	血压（mmHg）			
	SBP130 ~ 139 和（或）DBP85 ~ 89	SBP 140 ~ 159 和（或）DBP90 ~ 99	SBP 160 ~ 179 和（或）DBP100 ~ 109	SBP ≥ 180 和（或）DBP ≥ 110
无其他危险因素		低危	中危	高危
1 ~ 2 个其他危险因素	低危	中危	中危 / 高危	极高危
3 个以上其他危险因素，靶器官损害，或 CKD3 期，无并发症的糖尿病	中 / 高危	高危	高危	极高危
临床并发症，或 CKD4 期以上，有并发症的糖尿病	高 / 极高危	极高危	极高危	极高危

注：CKD，慢性肾脏病；SBP，收缩压；DBP，舒张压。

表 2-8-2　影响高血压患者心血管预后的重要因素

心血管危险因素	靶器官损害	伴发临床疾病
• 高血压（1 ~ 3 级） • 男性 > 55 岁；女性 > 65 岁 • 吸烟或被动吸烟 • 糖耐量受损（2 h 血糖 7.8 ~ 11.0 mmol/L）和（或）空腹血糖异常（6.1 ~ 6.9 mmol/L） • 血脂异常 TC ≥ 5.2 mmol/L（200 mg/dl）或 LDL-C ≥ 3.4 mmol/L（130 mg/dl）HDL-C < 1.0 mmol/L（40 mg/dl） • 早发心血管病家族史（一级亲属发病年龄 < 50 岁） • 腹型肥胖（腰围：男性 ≥ 90 cm，女性 ≥ 85 cm）或肥胖（BMI ≥ 28 kg/m²）	• 左心室肥厚 心电图：Sokolow_Lyon 电压 > 3.8 mV 或 Cornell 乘积 > 244（lmV·ms） 超声心动图 LVMI：男 ≥ 115 g/m²，女 ≥ 95 g/m² • 颈动脉超声 IMT ≥ 0.9 mm 或动脉粥样斑块 • 颈 - 股动脉脉搏波速度 ≥ 12 m/s（* 选择使用） • 踝 / 臂血压指数 < 0.9（* 选择使用） • 估算的肾小球滤过率 [eGFR30 ~ 59 ml/（min·1.73m²）] 降低或血清肌酐轻度升高： 男性 115 ~ 133 μmol/L（1.3 ~ 1.5 mg/dl）女性 107 ~ 124 μmol/L（1.2 ~ 1.4 mg/dl）	• 脑血管病 脑出血 缺血性卒中 短暂性脑缺血发作 • 心脏疾病 心肌梗死 心绞痛 冠状动脉血运重建 慢性心力衰竭 心房颤动 • 肾病 糖尿病肾病 肾功能受损包括 eGFR < 30 ml/（min·1.73 m²） 血肌酐升高： 男性 ≥ 133 μmol/L（1.5 mg/dl） 女性 ≥ 124 μmol/L（1.4 mg/d） 蛋白尿（≥ 300 mg/24 h） • 外周血管疾病

续表

心血管危险因素	靶器官损害	伴发临床疾病
• 高同型半胱氨酸血症（≥ 15 μmol/L）	• 微量白蛋白尿 30 ～ 300 mg/24 h 或白蛋白 / 肌酐比：≥ 30 mg/g（3.5 mg/mmol）	• 视网膜病变 出血或渗出，视乳头水肿 • 糖尿病 新诊断：空腹血糖 ≥ 7.0 mmol/L（126 mg/dl） 餐后血糖 ≥ 11.1 mmol/L（200 mg/dl） 已治疗但未控制：糖化血红蛋白（HbAlc）≥ 6.5%

注：TC，总胆固醇；LDL-C，低密度脂蛋白胆固醇；HDL-C，高密度脂蛋白胆固醇；LVMI，左心室重量指数；IMT，颈动脉内膜中层厚度；BMI，体重指数。

（二）血脂异常的危险度分层

血脂是血清中的总胆固醇（TC）、甘油三酯（TG）和类脂（如磷脂）等的总称，与临床密切相关的血脂主要是 TC 和 TG。临床上血脂检测的基本项目为 TC、TG、低密度脂蛋白胆固醇（LDC-C）和高密度脂蛋白胆固醇（HDC-C）。血脂异常的主要危害是增加动脉粥样硬化性心血管疾病（ASCVD）的发病危险，评估血脂合适水平和异常切点主要适用于 ASCVD 一级预防的目标人群（表 2-8-3）。

表 2-8-3　中国 ASCVD 一级预防人群血脂合适水平和异常分层标准（mmol/L）

分层	TC	LDL-C	HDL-C	TG	非 -HDL-C
理想水平		< 2.6			< 3.4
合适水平	< 5.2	< 3.4		< 1.7	< 4.1
边缘升高	≥ 5.2 且 < 6.2	≥ 3.4 且 < 4.1		≥ 1.7 且 < 2.3	≥ 4.1 且 < 4.9
升高	≥ 6.2	≥ 4.1		≥ 2.3	≥ 4.9
降低			< 1.0		

注：TC，总胆固醇；LDL-C，低密度脂蛋白胆固醇；HDL-C，高密度脂蛋白胆固醇；TG，甘油三酯。

根据《中国成人血脂异常防治指南》，血脂异常的危险度分层按照 LDL-C 或 TC 水平、有无高血压及其他 ASCVD 危险因素个数分成 21 种组合，并按照不同组合的 ASCVD10 年发病平均危险按 < 5%、5% ～ 9% 和 ≥ 10% 分别定义为低危人群、中危人群和高危人群（图 2-8-2）。

符合下列任意条件者，可直接列为高危或极高危人群。
极高危人群：ASCVD 患者
高危人群：（1）LDL-C≥4.9 mmol/L 或 TC≥7.2 mmol/L
（2）糖尿病患者 1.8 mmol/L≤LDL-C<4.9 mmol/L（或）3.1 mmol/L≤TC <7.2 mmol/L 且年龄≥40 岁

↓ 不符合者，评估 10 年 ASCVD 发病危险

危险因素个数 *	血清胆固醇水平分层（mmol/L）		
	3.1≤TC<4.1（或） 1.8≤LDL–C<2.6	4.1≤TC<5.2（或） 2.6≤LDL–C<3.4	5.2≤TC<7.2（或） 3.4≤LDL–C<4.9
无高血压　0~1 个	低危（<5%）	低危（<5%）	低危（<5%）
2 个	低危（<5%）	低危（<5%）	中危（5%~9%）
3 个	低危（<5%）	中危（5%~9%）	中危（5%~9%）
有高血压　0 个	低危（<5%）	低危（<5%）	低危（<5%）
1 个	低危（<5%）	中危（5%~9%）	中危（5%~9%）
2 个	中危（5%~9%）	高危（≥10%）	高危（≥10%）
3 个	高危（≥10%）	高危（≥10%）	高危（≥10%）

↓ ASCVD10 年发病危险为中危且年龄小于 55 岁者，评估余生危险

具有以下任意 2 项及以上危险因素者，定义为高危人群：
◎收缩压≥160 mmHg 或舒张压≥100 mmHg　　　　◎BMI≥28 kg/m²
◎非 –HDL–C≥5.2 mmol/L（200 mg/d1）　　　　◎吸烟
◎HDL–C<1.0 mmol/L（40 mg/d1）

注：*，包括吸烟、低 HDL-C 及男性≥45 岁或女性≥55 岁。慢性肾脏病患者的危险评估及治疗请参见特殊人群血脂异常的治疗。ASCVD，动脉粥样硬化性心血管疾病；TC，总胆固醇；LDL-C，低密度脂蛋白胆固醇；HDL-C，高密度脂蛋白胆固醇；非 -HDL-C，非高密度脂蛋白胆固醇；BMI，体重指数。1mm Hg=0.133 kPa。

图 2-8-2　ASCVD 危险评估流程图

第三节　疾病风险评估

目前健康风险评估已扩展到以疾病为基础的危险性评价。疾病风险评估（disease risk assessment）是指对特定疾病发病风险的评估。在评估中，要针对不同的个体或群体特征，有针对性地选择合适的评估方法，使评估结果更具有科学性和参考价值。相对成熟的疾病风险评估有哈佛癌症风险指数、心血管疾病的风险评估，也有新开发的一些疾病评估模型。本节主要介绍哈佛癌症风险指数和心血管疾病的风险评估。

一、疾病风险评估的步骤

疾病风险评估主要有以下 4 个步骤。第一，选择要预测的疾病：通常选择人群高发、危害严重并已有较好干预控制效果的疾病；第二，确定与该疾病发生相关的危险因素：危险因素主要来

源于流行病学的研究成果。流行病学研究在发现和确定与某种疾病相关危险因素，以及建立疾病预测模型中起着重要作用。随着医学研究的进展，新发现的危险因素及作用应能体现在预测模型中；第三，应用适当的预测方法建立疾病风险预测模型：流行病学的研究成果不同，建立疾病模型的方法也不同，一类是基于现有流行病学研究成果进行综合分析，常见方法主要有荟萃分析方法、合成分析等。另一类是基于社区的前瞻性队列研究成果，建模方法主要是 logistic 回归和生存分析法（如 COX 回归和寿命表分析法）等；第四，验证评估模型的正确性和准确性：建立的模型应该有较高的正确性和准确性，即预测结果应和实际观测结果的方向一致，有较好的相关性与敏感性。

二、疾病风险评估的方法

疾病风险评估的核心内容是危险度的计算。当确定了评估对象的预测疾病（病种）并进行风险识别后，只有选用恰当的数理统计方法建立疾病风险模型，才有可能较为准确地预测疾病的危险度。疾病危险度估算或预测方法主要有两种：单因素加权法和多因素模型法。

1. **单因素加权法**　是建立在单一危险因素与发病率基础上的单因素加权法，即将这些单一因素与发病率的关系以相对危险性表示其强度，得出的各相关因素的加权分数即为发病的危险性。

单因素加权法构建疾病风险评估模型，主要基于现有流行病学研究成果进行综合分析，常见方法主要有合成分析和荟萃分析方法等，典型代表是哈佛癌症风险指数。这些方法简单实用，能够及时补充不断被发现的新危险因素，是健康管理发展早期的主要危险性评价方法。

单因素加权法评估的发病风险用相对危险度表达，是相对于同年龄同性别人群平均危险度的增减量，即与同年龄同性别人群平均危险水平相比，个人发病风险在人群中的风险等级。

2. **多因素模型法**　是建立在多因素数理分析基础上构建疾病风险评估模型，即采用统计学概率理论的方法得出发病危险性与危险因素之间的关系模型。所采用的数理方法，除常见的多元回归外（logistic 回归和 Cox 回归），还有基于模糊数学的神经网络方法等。这类方法的典型代表是 Framingham 的冠心病模型，它是在前瞻性队列研究的基础上建立的。很多机构以 Framingham 模型为基础构建其他模型，并由此演化出适合自己国家、地区的评价模型。

多因素模型法是基于队列研究建立评估模型，因此更能准确把握危险因素与疾病的数量关系，评估结果更为准确；但这类研究周期较长、成本高，研究对象容易失访。

多因素模型法评估的发病危险性用绝对危险度表达，是估计未来若干年内发生某种疾病的可能性，即发病概率。

三、哈佛癌症风险指数

哈佛癌症风险指数是哈佛癌症风险工作小组提出的，用于预测 40 岁以上成年人重要慢性疾病和恶性肿瘤发病风险的一种疾病风险评估模型，该模型中危险因素主要选择经专家共识对恶性肿瘤的发生具有较大影响的因素，主要包括遗传因素、环境因素、膳食和生活方式行为等因素。相对危险度的计算公式如下：

$$RR = \frac{RR_{l1} \times RR_{l2} \times \cdots RR_{ln}}{[P_1 \times RR_{c1} + (1-P_1) \times 1.0] \times [P_2 \times RR_{c2} + (1-P_2) \times 1.0] \times \cdots [P_n \times RR_{cn} + (1-P_n) \times 1.0]}$$

其中，RR 为被预测个体发生某病与其同性别年龄组一般人群比较的相对危险度。RR_l 指个体存在该危险因素的相对危险度；P 为同性别年龄组人群中暴露于某一危险因素的比例；RR_c 为由专家小组对某一危险因素（包括不同分层）的相对危险度达成共识的赋值。具体步骤如下：

第二篇　基本流程与技能

（1）通过查阅文献确定所评估癌症的主要危险因素及相对危险度。选取资料时，尽可能选用基于该地区人群、大样本的重大项目研究。如评估地区资料缺失或不充分，则由专家小组成员参考其他地区相关研究资料，讨论决定。

（2）预测个体发病的相对危险度：根据上述公式计算出个体发病的相对风险，是用个体发病的相对风险与其同性别年龄组一般人群比较。根据哈佛癌症风险指数工作小组制定的风险等级评价标准确定，相对风险分为从显著低于一般人群到显著高于一般人群7个风险等级（表2-8-4）。

表2-8-4　被预测个体与同性别年龄组一般人群发病风险比较

相对风险	风险等级
＜0	极显著低于一般人群
0～	显著低于一般人群
0.5～	低于一般人群
0.9～	相当于一般人群
1.1～	高于一般人群
2.0～	显著高于一般人群
5.0～	极显著高于一般人群

（3）计算个体发病的绝对风险：个体发病的绝对风险值等于相对风险乘以同性别年龄组一般人群某病的发病率。

国外学者 Kim 采用前瞻性队列研究对哈佛癌症指数进行了验证，结果表明哈佛癌症指数对女性的卵巢癌和结肠癌，以及男性的胰腺癌均有较高的辨别能力。

四、心血管疾病的风险评估

心血管疾病是世界范围内致残和过早死亡的主要原因。该病常见于中年人，基础病理是动脉粥样硬化，其发展可历经很多年，通常在出现症状时已进入后期。急性冠心病事件（心脏病发作）和脑血管事件（卒中）通常为突然发生，常常来不及医治即告死亡。

心血管疾病预防实践的进展在极大程度上受益于对各种危险因素（如高血压、高胆固醇血症、糖尿病、肥胖）的研究。心血管疾病的发病是多种危险因素综合作用的结果，已确诊为心血管疾病及有一种或多种危险因素而处于心血管高风险者，都可通过改变危险因素减少临床事件和过早死亡的发生。

如何根据各种危险因素水平综合评估心血管疾病发病危险对心血管疾病的防治十分重要。新西兰于1993年最早引入了"综合风险"进行高血压管理，之后许多国家和地区在心血管疾病防治指南中相继采用了"综合风险"的概念，并在实际中应用。心血管疾病风险评估是一种有效鉴别高危人群的方法，是对"综合风险"的具体体现。心血管疾病发病危险评估通过对人群进行危险分层，对不同发病危险人群有针对性地进行有效干预，强调对发生心血管疾病的危险度进行多因素评估，据此决定干预方法和力度，是慢性疾病健康管理链上十分重要的一环，对早期识别、干预心血管病高危人群具有重要意义，同时风险评估本身也是一种健康管理的激励机制。

心血管疾病危险预测模型以是否发病或死亡作为因变量，以危险因素为自变量，通过 logistic 回归和 Cox 回归建立回归方程，预测个体在未来某时间内（5年或10年）心血管疾病发病或死

204

亡的可能性（即绝对危险度），方程的结果反映了个体主要危险因素的综合发病或死亡危险，也被称作综合心血管病危险（total risk）。绝对危险度是用人群的平均危险因素水平和平均发病率对Cox回归函数进行调整，如10年发病危险概率（P）的计算公式为：

$$P = 1 - S_0(t)^{\exp(f[x,M])}$$

$$f(x,M) = \beta_1(x_1 - M_1) + \cdots + \beta_p(x_p - M_p)$$

其中，β_1 至 β_p 为各危险因素不同分层的偏回归系数，$x_1 \cdots x_p$ 为每个人各危险因素的水平，$M_1 \cdots M_p$ 为该人群各危险因素的平均水平。$S_0(t)$ 为在 t 时间（如10年）的平均生存函数，即危险因素平均水平时的生存函数。

Framingham 心脏研究建立的冠心病风险预测模型是心血管疾病危险预测模型的典型代表，该模型被用于预测不同危险水平的个体在一定时间内（如10年）发生冠心病危险的概率。西方国家多以 Framingham 冠心病风险评估模型为基础，制定适合本国的心血管综合危险评估指南。由于 Framingham 心脏研究的对象是美国白种人，其预测结果并不适用于不同地区或不同民族所有人群。因此许多国家和地区也利用自己的研究队列建立了适宜本民族人群特点的预测模型。

（一）中国心血管疾病风险评估模型

1. 中国人缺血性心血管病发病风险评估　中国人群心血管病的疾病谱和危险因素流行特征与西方发达国家有明显不同，为此，国家"十五"攻关"冠心病、卒中综合危险度评估及干预方案的研究"的课题组考虑到中国是冠心病相对低发、卒中相对高发的国家，如果以冠心病发病危险来衡量个体或群体的心血管病综合危险，显然会低估其危险性，而不足以引起人们应有的重视。同时冠心病和缺血性卒中二者的主要危险因素种类基本相同，各危险因素对发病的贡献大小顺序也相同，为了更恰当地反映中国人群存在的心血管病危险，该研究依据中美心肺血管疾病流行病学合作研究队列随访资料，将冠心病事件和缺血性卒中事件合并的联合终点称为缺血性心血管病事件（即某一个体同时患冠心病和缺血性卒中事件，则仅记为1例缺血性心血管病事件）。

该研究采用 Cox 比例风险模型，预测模型的因变量为缺血性心血管病事件，年龄、收缩压（SBP）、体重指数（BMI）、血清总胆固醇（TC）、是否糖尿病（GLU）和是否吸烟等6个主要危险因素为自变量，分别拟合分性别的最优预测模型。

许多国家和地区在借鉴和引用 Framingham 模型的同时，也在积极研究和使用新的简易预测工具，该研究进一步将各连续变量危险因素转化为分组变量拟合出分性别的适合中国人群的心血管病综合危险度简易评估工具（表2-8-5，表2-8-6），该工具根据简易预测模型中各危险因素处于不同水平时所对应的回归系数，确定不同危险因素水平的分值，所有危险因素评分之总和即对应于缺血性心血管病事件未来10年发病率的绝对危险。

例如，男性，50岁，血压150/90 mmHg，BMI 25 kg/m^2，血清总胆固醇为5.46 mmol/L，吸烟，无糖尿病。评估步骤：第一步，评分，年龄50岁 =3分，SBP 150 mmHg=2分，BMI 25 kg/m^2=1分，TC 5.46 mmol/L=1分，吸烟 =2分，无糖尿病 =0分。第二步，求和，3+2+1+1+2+0=9分。第三步，查表，9分对应的10年发生心血管疾病的绝对危险为7.3%。

如果年龄超过60岁，每增加5岁，得分加1分。如果上例中的年龄为60岁，则总分为10分，绝对危险为9.7%；如果上例中的年龄为65岁，则总得分为11分，绝对危险为12.8%。

危险评估图是更便于临床应用一种简易评估工具，其按评估危险因素的不同分类定义危险水平，方格图中不同颜色表示不同风险水平等级。根据缺血性心血管病事件10年发病危险预测模型，按性别、有无糖尿病、是否吸烟、年龄、总胆固醇和收缩压等危险因素的不同分类定义危险水平，在方格图中用不同颜色表示不同的风险水平等级绘制缺血性心血管病事件10年发病危险评估图（图2-8-3，彩图2-8-3，图2-8-4，彩图2-8-4）。评估结果分为5个等级，即 < 5% 为极低度危险、5% ~ 10% 为低度危险、10% ~ 20% 为中度危险、20% ~ 40% 为高度危险、≥ 40% 为很高度危险，在图中找到各危险因素水平所对应的位置，根据该位置的颜色即可判定个体未来10年内发生缺血性心血管病的绝对危险在哪个等级。

表2-8-5　缺血性心血管病事件（IVCD）10年发病危险度评估表（男）

第一步：评分

年龄（岁）	得分
35～39	0
40～44	1
45～49	2
50～54	3
55～59	4
≥60 每5岁累加1分	

收缩压(mmHg)	得分
< 120	-2
120～	0
130～	1
140～	2
160～	5
≥180	8

体重指数(kg/m²)	得分
< 120	0
24～	1
≥28	2

总胆固醇(mmol/L)	得分
< 5.20	0
≥5.20	1

吸烟	得分
否	0
是	1

糖尿病	得分
否	0
是	1

第二步：求和

危险因素	得分
年龄	
收缩压	
体重指数	
总胆固醇	
吸烟	
糖尿病	
总计	

10年ICVD绝对危险参考标准

年龄	平均危险	最低危险
35～39	1.0	0.3
40～44	1.4	0.4
45～49	1.9	0.5
50～54	2.6	0.7
55～59	3.6	1.0

第三步：查表

总分	10年 ICVD 危险(%)
≤-1	0.3
0	0.5
1	0.6
2	0.8
3	1.1
4	1.5
5	2.1
6	2.9
7	3.9
8	5.4
9	7.3
10	9.7
11	12.8
12	16.8
13	21.7
14	27.7
15	35.3
16	44.3
≥17	≥52.6

如上文提到的例子，根据危险因素，该男性无糖尿病、总胆固醇 > 5.46 mmol/L、吸烟、BMI > 24 kg/m²，选择相应评估图，再根据年龄和收缩压水平确定危险水平的对应位置，为浅黄色，说明该个体未来10年内发生缺血性心血管病事件的绝对危险在5% ~ 10%，为低度危险。

2. **中国动脉粥样硬化性心血管疾病风险预测**　中国医学科学院阜外医院研究组基于中国动脉粥样硬化性心血管病风险预测（prediction for ASCVD risk in China，China-PAR）研究的随访数据，在2016年和2018年分别建立了心血管病10年风险和终生风险评估的China-PAR模型，并提出了适合国人的风险分层标准。

China-PAR 10年风险评估模型采用Cox比例风险模型，预测事件为非致命性急性心肌梗死、冠心病死亡、致命性或非致命性卒中；以性别、年龄、现居住地（城市或农村）、地域（北方或南方，以长江为界）、腰围、总胆固醇、高密度脂蛋白胆固醇、当前血压水平、吸烟和心血管病家族史等12个危险因素为评估因素，并首次将腰围、南北方（以长江为界）、城乡、心血管病家族史及相关危险因素的交互作用纳入模型；分别拟合分性别预测个体心血管病的10年发病风险。

健康风险评估 / 第八章

表 2-8-6 缺血性心血管病事件（IVCD）10 年发病危险度评估表（女）

第一步：评分

年龄（岁）	得分
35～39	0
40～44	1
45～49	2
50～54	3
55～59	4
≥60 每5岁累加1分	

收缩压(mmHg)	得分
＜120	-2
120～	0
130～	1
140～	2
160～	5
≥180	8

体重指数(kg/m²)	得分
＜24	0
24～	1
≥28	2

总胆固醇(mmol/L)	得分
＜5.20	0
≥5.20	1

吸烟	得分
否	0
是	1

糖尿病	得分
否	0
是	2

第二步：求和

危险因素	得分
年龄	
收缩压	
体重指数	
总胆固醇	
吸烟	
糖尿病	
总计	

10年ICVD绝对危险参考标准

年龄	平均危险	最低危险
35～39	0.3	0.1
40～44	0.4	0.1
45～49	0.6	0.2
50～54	0.9	0.3
55～59	1.4	0.5

第三步：查表

总分	10年 ICVD 危险(%)
-2	0.1
-1	0.2
0	0.2
1	0.3
2	0.5
3	0.8
4	1.2
5	1.8
6	2.8
7	4.4
8	6.8
9	10.3
10	15.6
11	23
12	32.7
≥13	≥43.1

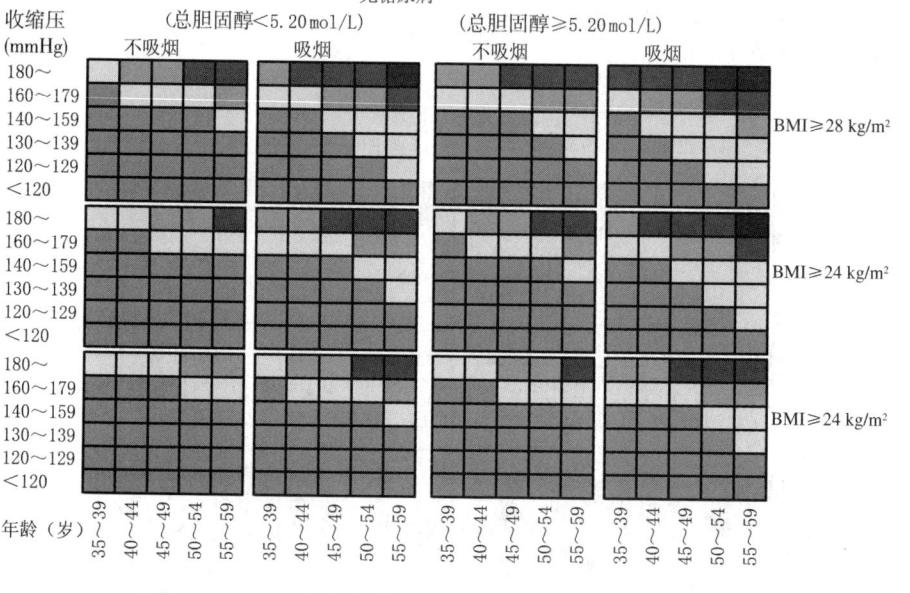

图 2-8-3 缺血性心血管病事件 10 年发病危险评估图（女）

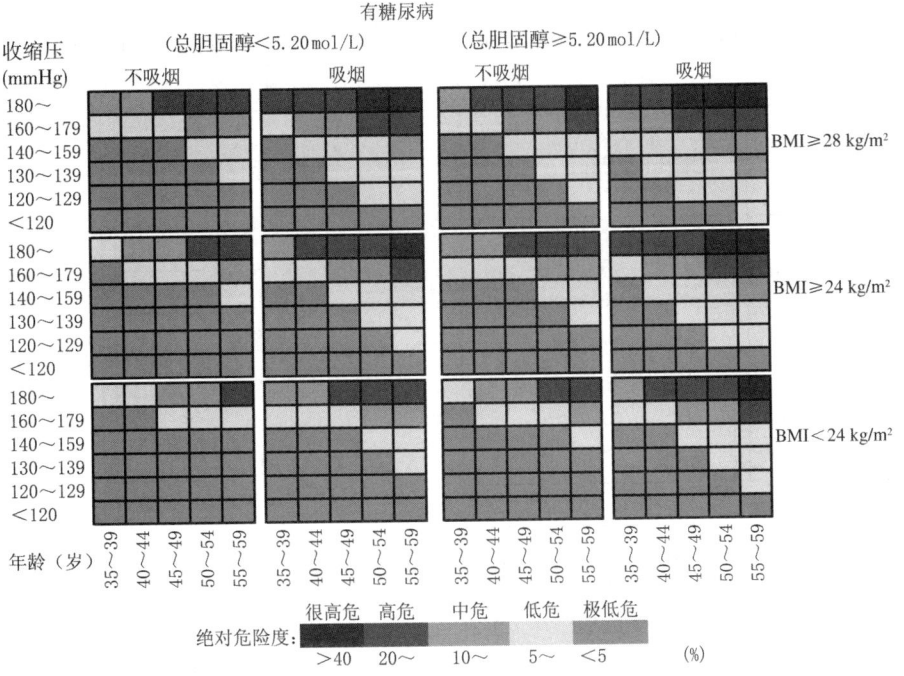

图 2-8-3　缺血性心血管病事件 10 年发病危险评估图（女）（续）

　　《中国心血管病风险评估和管理指南（2018）》旨在指导我国心血管病风险评估工作，促进基层心血管病风险评估和危险因素管理工作的开展。该指南采用 China-PAR 模型，对心血管病总体风险进行评估和分层：对 20 岁以上没有心血管病的人群，首先进行心血管病 10 年风险评估，将 10 年风险分为 ≥ 10%、5% ~ 9.9% 或 < 5%，分别划分为心血管病高危、中危或低危层级；对于 10 年风险为中危和低危层级，且年龄为 20 ~ 59 岁者，开展心血管病终生风险评估，将终身风险 ≥ 32.8% 或 < 32.8% 者划分为高危或低危层级。根据人群风险评估分层结果，针对不同风险水平的个体，制定相应的综合治疗或心血管病危险因素管理方案，以降低心血管病总体风险。具体风险评估流程和标准见图 2-8-5。

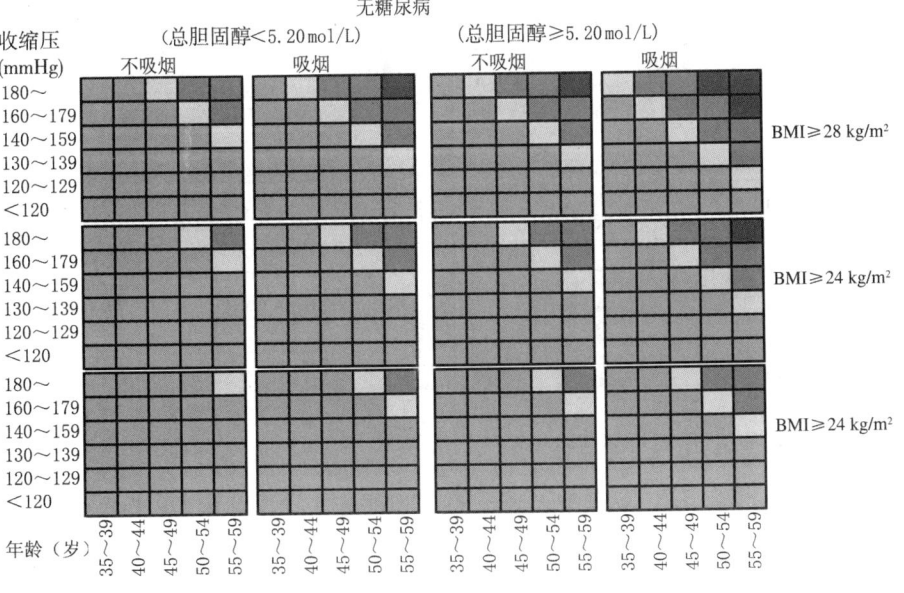

图 2-8-4　缺血性心血管病事件 10 年发病危险评估图（男）

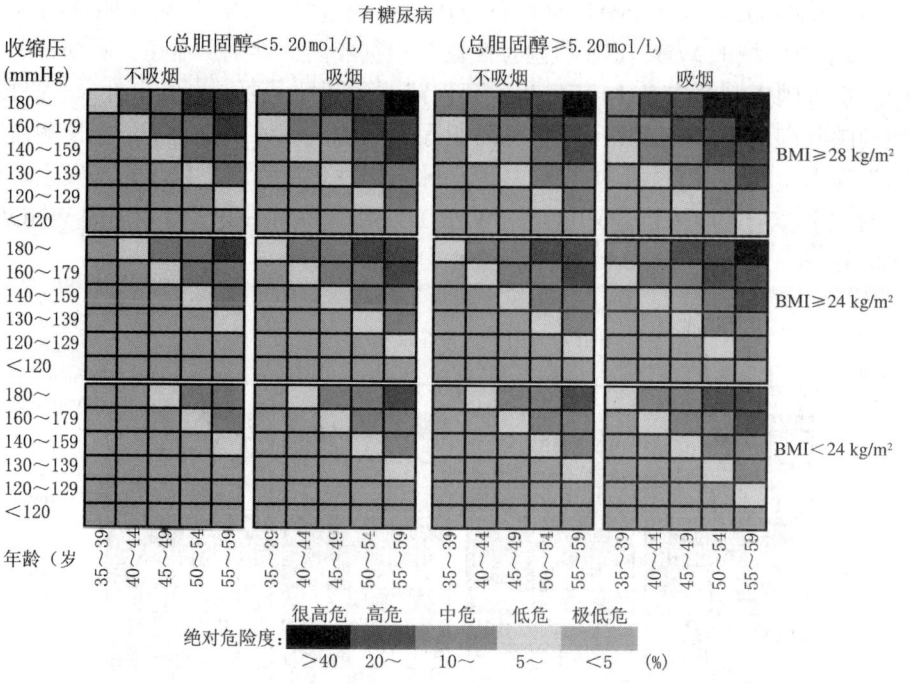

图 2-8-4 缺血性心血管病事件 10 年发病危险评估图（男）（续）

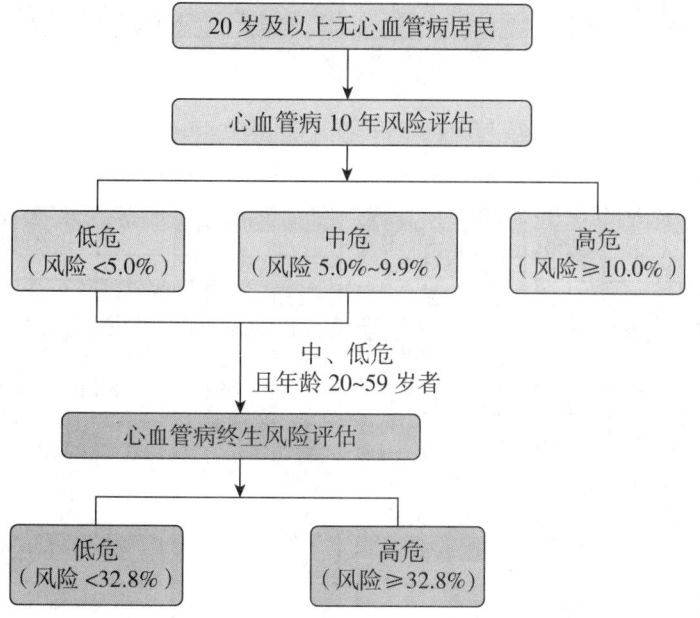

注：心血管病 10 年风险指个体在 10 年内首次发生心血管病的风险；心血管病终生风险指个体终生（至 85 岁）首次发生心血管病的风险

图 2-8-5 20 岁及以上居民心血管病风险评估流程

（二）世界卫生组织心血管病风险评估

世界卫生组织于 2008 年出版了《心血管疾病防治（心血管风险评估和管理袖珍指南)》，提供了 WHO/ISH 心血管风险预测图，主要针对具有心血管疾病危险因素，但尚无明确临床症状者，并就如何降低冠心病、脑血管疾病和周围血管疾病的首发和再发临床事件提供基于循证医学的建议，对需要采取哪些特定的预防性行动并达到何种力度也提供了指导意见。

WHO 和国际高血压学会（ISH）对具有心血管疾病危险因素，但尚无明确临床症状者给出了 14 个流行病学亚区域的 WHO/ISH 风险预测图，根据年龄、性别、血压、吸烟状况、血总胆固醇和有无糖尿病等因素判断未来 10 年发生致死性或非致死性主要心血管事件（心肌梗死或卒中）的风险。预测图共有两套。一套用于可检测血胆固醇的地区，另一套用于不能检测血胆固醇的地区。这些图为尚未诊断为冠心病、卒中或其他动脉粥样硬化疾病者提供了未来发生心血管疾病的可能风险。西太平洋中等收入国家亚区域（WPR B）风险预测图是适合我国的 WHO/ISH 风险预测图（图 2-8-6、彩图 2-8-6，图 2-8-7、彩图 2-8-7）。

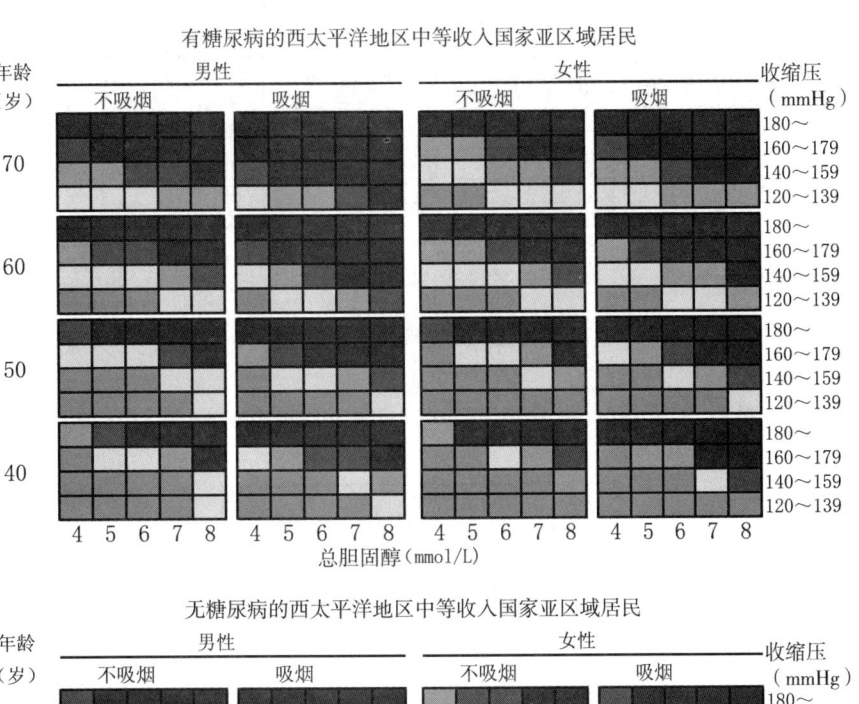

图 2-8-6　西太平洋中等收入国家亚区域 WHO/ISH 风险预测图（可测胆固醇的地区）

（根据性别、年龄、收缩压、总胆固醇、吸烟和有无糖尿病估测发生致死性或非致死性心血管事件的 10 年风险）

健康风险评估 / 第八章

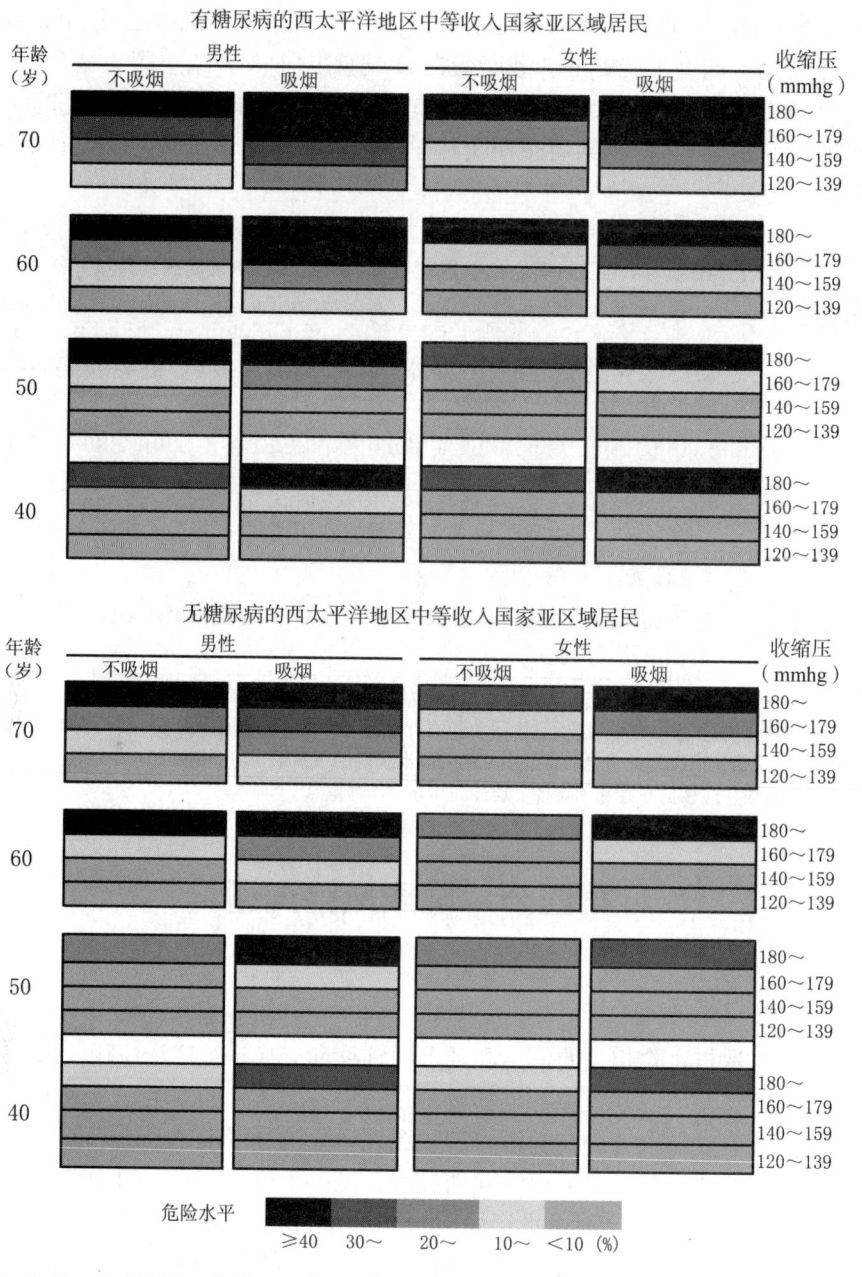

图 2-8-7　西太平洋中等收入国家亚区域 WHO/ISH 风险预测图（不可测胆固醇的地区）
（根据性别、年龄、收缩压、总胆固醇、吸烟和有无糖尿病估测发生致死性或非致死性心血管事件的 10 年风险）

　　评估步骤：以图 2-8-6 为例步骤 1，根据有无糖尿病选择适用图；步骤 2，选择男性或女性用图；步骤 3，选择吸烟者或不吸烟者框图；步骤 4，选择年龄组框图（如年龄在 50～59 岁，选择 50；如果年龄在 60～69 岁，则选择 60；余类推）；步骤 5，在该框图内，待评估者收缩压（mmHg）和血总胆固醇水平（mmol/L）交叉点最接近的单元格。根据此单元格的颜色判定 10 年心血管风险。
　　实践要点：如存在以下情况，心血管疾病实际风险可能会高于预测图所指风险。①已接受抗高血压治疗；②过早绝经；③靠近下一个年龄组或下一个收缩压分级；④肥胖症（包括中心性肥胖）；⑤静坐生活方式；⑥一级直系亲属中有早发冠状动脉性心脏病（CHD）或卒中的家族史（男性＜55 岁，女性＜65 岁）；⑦甘油三酯水平升高（＞2.0 mmol/L 或 180 mg/dl）；⑧高密

211

度脂蛋白胆固醇水平低（男性 < 1 mmol/L 或 40 mg/dl，女性 < 1.3 mmol/L 或 50 mg/dl）；⑨C- 反应蛋白、纤维蛋白原、同型半胱氨酸、载脂蛋白 B 或脂蛋白（a）或空腹血糖升高，或糖耐量低减；⑩微白蛋白尿（可使 5 年糖尿病风险升高约 5%）；⑪脉搏加快；⑫社会经济资源匮乏。

WHO 同时对有心血管风险因素者按照个体总的风险水平给出了预防心血管疾病的指导性建议（表 2-8-7）。

表 2-8-7   WHO 对有心血管风险因素者[a]预防心血管疾病的建议

心血管事件 10 年风险[c]	建议
< 10%	风险低。但低风险并不意味着没有风险。建议采取稳妥的管理方式，重点是生活方式干预[b]
10% ~	中度风险。发生致死性或非致死性心血管事件中度风险。每 6 ~ 12 个月监测一次风险状况。
20% ~	高风险。发生致死性或非致死性心血管事件高风险。每隔 3 ~ 6 个月监测一次风险状况。
≥ 30%	很高风险。发生致死性或非致死性心血管事件很高风险。每隔 3 ~ 6 个月监测一次风险状况。

注：a. 除外已诊断为冠状动脉性心脏病（CHD）、脑血管疾病（CeVD）或周围血管疾病者。

b. 应制定相应的政策措施，创造戒烟、进行身体活动和消费健康饮食的良好环境，从而推动行为改变。这些政策措施将使整个人群受益。对于低风险类别人群来说，他们可以用较低的成本获得健康效果（与个别咨询和治疗性方法相比）。

c. 如所在地区资源有限，应根据心血管风险将个别咨询和诊疗作为重点。

第四节   健康风险沟通

一、风险沟通的概念

广义的风险沟通是与风险相关的信息和观点的转移和交换，被广泛应用于医疗健康、突发公共卫生事件、食品安全、环境健康等各个领域，以避免各类风险的发生，或减少风险对人们的生命、财产或生存环境造成的损害。在健康管理领域，风险沟通（risk communication）是个体、群体及机构之间交换信息和看法的双通道的互动过程，是一个收集信息、组织信息、再现和精炼信息，并为决策服务的过程。风险沟通贯穿风险管理的全过程，起到互动和交流信息的作用，是风险管理的最重要的途径之一。在疾病的风险管理中，适宜的风险沟通方式，将有利于临床医生、全科医生、护理人员、健康管理师等医务人员向具有某评估疾病危险因素的个体较为准确地传达风险信息，从而帮助后者更好地理解经由风险估算得到的疾病风险概念和风险预测值的意义，使人们更有效地参与健康管理决策，做出更明智的健康管理决定。可以说，风险沟通既是医务人员与风险未知的个体之间传递信息的必由之路，也是连接风险估算和风险管理最重要的"桥梁"。

二、风险沟通的理论基础

目前多数国家和地区在疾病风险管理过程中存在的主要问题在于，多数患者和医生不能很好地理解疾病绝对风险。研究显示近 80% 的实际处于高风险个体过于乐观地自认为处于低风险中，同时近 20% 的实际处于低风险的个体过于悲观地自认为处于高风险中。多数人更理解相对风险的概念，如吸烟者发生心血管病事件的风险是不吸烟者的两倍，但这一信息只有知道不吸烟者心血管病事件的风险才有意义。同样，仅告知吸烟者，未来 5 年发生心血管疾病事件的绝对风险是

10%的意义并不大，只有同时告知他们，戒烟可使其风险水平降低的程度，并有相应的测量尺度测定平均改变量，才有意义。多数人对所暴露或预防的风险因素没有绝对等级的概念，因此也就不知道该如何应对这些信息。

另外，绝对风险是来自数学运算的抽象概念。患者和临床医生可以理解，药物或其他干预可降低血压或血脂的水平，但难以理解降压药或降脂药能显著降低心血管疾病的风险，尤其是这些危险因素是在正常范围内，同样也很难理解相同的药物对血压、血脂处于平均水平者的心血管疾病风险比处于较高水平者更有效。

因此，健康风险评估过程有必要引入风险沟通的概念，以帮助医患双方更准确地理解健康风险的数值含义，而风险评估的主要结果，即绝对风险和相对风险成为了风险沟通的核心指标和前提基础。只有明确筛查对象当前的风险数值和风险层级，临床医生和健康管理师才有可能制定个体化的管理方案、撰写风险评估报告，并选用适宜的风险沟通形式和策略将上述信息有效地传达给筛查对象，达到降低筛查对象的健康风险、改善健康水平的目的。

三、风险沟通的形式

在实际应用中，风险沟通的形式主要分为定量和定性形式。

（一）定量形式

绝对风险和相对风险数值是最基本的定量形式，但是由于年龄、疾病史、算术能力等个体特征的差异，医生、健康管理师和个体很难直接理解绝对风险或相对风险的数值含义。这时健康年龄、理想危险度等健康风险沟通的形式进入了研究者的视野。其中，以"心血管年龄"等为代表的健康年龄引入了对比的概念，对于情绪和认知的影响更为深刻，更受筛查者的欢迎，但它也可能夸大负面认知，其应用仍需要牢固地基于绝对风险评估的结果。

1. **理想危险度（achievable risk）** 表示健康风险降低的空间。健康风险评估的基本目标是鼓励人们修正不健康的行为，理想危险度就是假设个人已经将所有参与危险度计算的不健康行为和可控制的危险因素都修正到了预期的目标水平，再次计算出来的危险度称为理想危险度。例如，吸烟者已经戒烟，高血压患者将血压控制在130/85 mmHg以下后，再次计算得到的危险度。

2. **健康年龄** 指具有相同评估总分值的男性或女性人群的平均年龄。实际应用中通常通过计算筛查对象的评估危险度，并与同年龄同性别人群的平均危险度相比进行判断，判断依据如下：①评估危险度＝人群的平均危险度，则健康年龄等于自然年龄；②评估危险度＞人群的平均危险度，则健康年龄大于自然年龄；③评估危险度＜人群的平均危险度，则健康年龄小于自然年龄。

在疾病防治领域，国外研究者已将目光转向了在疾病绝对风险的基础上构建、整合新的疾病风险沟通工具，其中以"心血管年龄"为代表的健康年龄受到研究者的重视。Grover等建立了评估筛查对象"心血管年龄"的新的风险沟通工具。该模型以每年致死性冠心病、卒中和非心血管疾病的死亡危险为基础评估个体的期望寿命，并与同年龄同性别的平均期望寿命进行比较，计算出期望寿命的差值，称为年龄裂痕（age gap），实际年龄加上或减去该差值就得到"血管年龄"。例如，一个具备多种危险因素的人（50岁）与不具备这些因素的同年龄、同性别的人相比，期望寿命会减少5年，那么他的心血管年龄就是55岁，虽然他的实际年龄只有50岁。这种风险沟通方法，既包含了绝对风险特征（年龄裂痕的大小，age gap），又包含了相对风险特征（你的实际年龄比血管年龄，更年轻了，还是更老了？）。Framingham研究者在2008年发布的心血管综合风险预测模型中也采纳了"血管年龄"的风险沟通方法，将10年绝对风险值进行进一步转化，得到相应的"血管年龄"。

（二）定性形式

定性形式主要包括风险类别标签和图像形式。通过危险度计算，可将个体划分至低危、中危、高危等风险等级或风险类别标签，这种方法能够帮助筛查对象更直观地理解绝对风险呈现出的结果是好是坏，但是不同的类别标签可能会带来附加的心理与行为效应。图像形式（包括条形图、饼图、折线图、象形图、图标阵列等）是一种广泛使用的风险沟通形式，筛查者也更喜欢这种视觉辅助形式或者视觉图像与数字的结合形式。不同的图像形式在沟通效果上可能存在差异，如与条形图相比，当以象形图（使用人脸象形图标表示风险的图标阵列形式）展示风险结果时，筛查者感知到的风险及治疗意愿更低。

四、健康风险评估报告

健康风险评估报告是风险沟通最简单最常用的反馈评估风险的方式，通常包括个体健康风险评估报告和群体健康风险评估报告。

（一）个体健康风险评估报告

个体健康风险评估报告主要包括个体健康信息汇总情况、疾病风险评估报告（健康风险评估的结果及分析），以及有针对性的健康促进和指导信息。

1. **个人健康信息汇总报告** 呈现筛查者的个人健康信息概况。清晰地汇总筛查者的主要健康信息（包括个人疾病史、家族史、吸烟、运动情况、膳食情况）及体检指标，并与上次评估的健康信息及体检指标进行对比，作为医生或健康管理师了解筛查者健康状况及变化情况的参考依据，但并不能据此进行相关医疗诊断。

2. **疾病风险评估报告** 是评估报告的主要部分，包括单病种的评估报告。病种主要包括缺血性心血管疾病、高血压、糖尿病、恶性肿瘤等慢性疾病的疾病风险评估。报告内容包括疾病风险评估结果、危险因素状况、可改善的危险因素提示。

（1）疾病风险评估结果：是风险沟通最核心的部分，通过给筛查者展示疾病的当前风险（绝对风险度），以及该风险在同年龄同性别人群中的风险等级（相对风险度），促使改善筛查者不健康行为、控制可变的危险因素，从而降低发病危险度，图 2-8-8 所示。

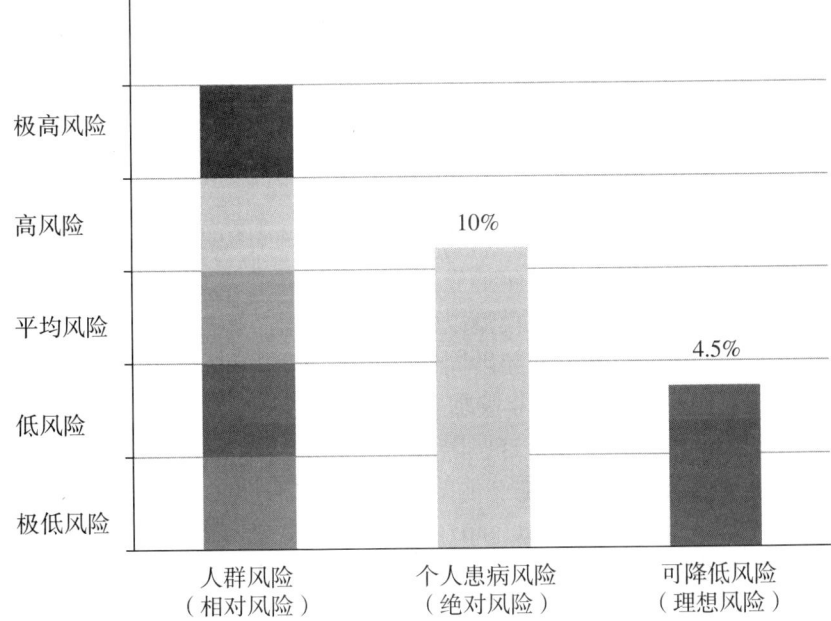

1. 您发生缺血性心血管疾病（ICVD）的风险等级为高风险。

2. 当前风险：未来10年内，您的ICVD的发病风险为10%。即未来10年，与您同等风险的100人中，有10人可能发生ICVD。

3. 理想风险：将所有可改变的危险因素控制在目标水平时的发病风险。也就是如果将现有可改变的危险因素控制到目标水平，您的发病风险可降至4.5%。

图 2-8-8 风险评估结果报告形式

（2）危险因素状况：通常用表格的形式展示与评估与疾病发病相关的危险因素，以及两次评估各危险因素的变化情况，并给出相应的参考值范围。

（3）可改善的危险因素提示：提示筛查者目前存在哪些可改善的危险因素，以有效控制或降低疾病的发病风险，并为后续个性化干预和健康指导服务提供参考依据和切入点。比如通过增加身体活动，降低体重，降低血压水平，使缺血性心血管疾病（ICVD）发病风险降低。

3. 健康促进与指导信息 主要包括健康生活方式（行为习惯）评估结果，危险因素提示信息，个体化膳食处方和运动处方，健康改善指南等。

（二）群体风险评估报告

群体风险评估报告主要包括被评估群体的人口学特征、患病状况、危险因素总结、疾病风险情况，群体健康促进指南（建议的干预措施和方法等）。疾病风险情况通常包括①人群分层（一般人群、高危人群、疾病人群）比例，②各类疾病（低危、中危、高危）比例。

（刘爱萍）

第九章

健康指导

第一节 营养指导

一、各类食物的价值

人体必需的营养素有40多种，而各种营养素的需要量又各不相同（多的每天需要数百克，少的每日仅需几微克），并且每种天然食物中营养成分的种类和数量也各有不同，所以必须由多种食物合理搭配才能组成平衡膳食，即从食物中获取营养成分的种类和数量应能满足人体的需要而又不过量，使蛋白质、脂肪和碳水化合物提供的能量比例适宜。食物可分为下面五大类。

1. **谷类及薯类** 谷类包括米面杂粮，薯类包括马铃薯甘薯、木薯等，主要提供碳水化合物、蛋白质、膳食纤维及B族维生素

2. **动物性食物** 包括肉、禽、鱼、奶等，主提供蛋白质、脂肪、矿物质、A族维生素、B族维生素和维生素D。

3. **豆类和坚果** 包括大豆、其他干豆类及花生、核桃、仁等坚果类，主要提供蛋白质、脂肪、膳食纤维、矿物质、B族维生素和维生素E。

4. **蔬菜、水果和菌藻类** 主要提供膳食纤维、矿物质、维生素C、胡萝卜素、维生素K及有益健康的植物化学物质。

5. **纯能量食物** 包括动植物油、淀粉、食用糖和酒类，主要提供能量。动植物油还可提供维生素E和必需脂肪酸。

二、《中国居民膳食指南（2022）》及膳食宝塔

人民群众采用平衡膳食，以摄取合理营养、促进健康的指导性意见。《中国居民膳食指南（2022）》是根据营养学原理，结合我国居民膳食消费和营养状况的实际情况编写的，是指导广大居民平衡膳食、获得合理营养的科学文件。其目的是帮助我国居民合理选择食物，并进行适量的身体活动，以改善人们的营养和健康状况，减少或预防慢性疾病的发生，提高国民的健康素质。《中国居民膳食指南（2022）》由一般人群膳食指南、特定人群膳食指南和平衡膳食模式，以及膳食指南编写说明3部分组成。一般人群膳食指南共有8条，适合于2岁以上的正常人群。特定人

群包括孕妇、乳母、幼儿、儿童、老年人和素食人群。各特定人群的膳食指南是在一般人群膳食指南8条的基础上进行增补形成的。《中国居民膳食指南（2022）》一般人群膳食指南内容如下：

推荐一　食物多样，合理搭配。

推荐二　吃动平衡，健康体重。

推荐三　多吃蔬果、奶类、全谷、大豆。

推荐四　适量吃鱼、禽、蛋、瘦肉。

推荐五　少盐少油，控糖限酒。

推荐六　规律进餐，足量饮水。

推荐七　会烹会选，会看标签。

推荐八　公筷分餐，杜绝浪费。

为了帮助人们在日常生活中实践该指南，专家委员会进一步提出了食物定量指导方案，并以宝塔图形表示。它直观地告诉居民食物分类的概念及每天各类食物的合理摄入范围，即每日应吃食物的种类及相应的数量，对合理调配平衡膳食进行具体指导。中国居民平衡膳食宝塔是根据《中国居民膳食指南（2022）》结合中国居民的膳食结构特点设计的，它把平衡膳食的原则转化成各类食物的重量，并以直观的宝塔形式表现出来，便于群众理解和在日常生活中践行（图2-9-1）。

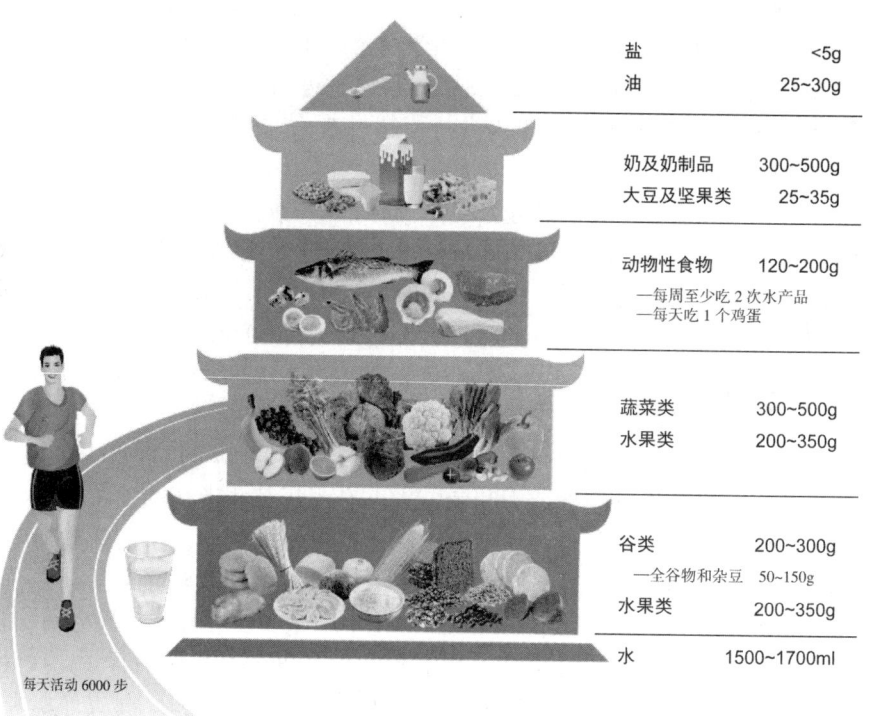

图 2-9-1　中国居民平衡膳食宝塔（2022）

食物多样是实践平衡膳食的关键，多种多样的食物才能满足人体的营养需要。膳食宝塔共分5层，包含每天应摄入的主要食物种类。膳食宝塔利用各层位置和面积的不同反映了各类食物在膳食中的地位和应占的比例。膳食宝塔建议的各类食物的摄入量是一个平均值，每日膳食中应尽量包含膳食宝塔中的各类食物，但没有必要每日都严格执行膳食宝塔中各类食物的建议摄入量，重要的是摄入量一定要经常遵循膳食宝塔各层中各类食物的大体比例。每天的膳食应包括谷薯类、蔬菜水果类、畜禽肉奶蛋、大豆坚果类等食物。每天摄取 12 种以上食物，每周 25 种以上。在一段时间内，比如一周，各类食物摄入量的平均值应当符合膳食宝塔的建议量。

1. **谷薯类食物**　位居底层，每天摄入谷薯类食物 200 ~ 300 g，其中全谷物和杂豆类50 ~ 150 g，薯类 50 ~ 100 g。谷薯类食物是人体最经济、最重要的能量来源。全谷物类和杂豆的血糖生成指数远低于精制米面。全谷物可降低糖尿病、肥胖、心血管疾病和结肠癌的发生风险。增加薯类的摄入可改善便秘。

2. **蔬菜类和水果类**　位居第二层，每天应分别摄入 300 ~ 500 g 和 200 ~ 350 g；蔬菜、水果是平衡膳食的主要组成部分，奶类富含钙，大豆富含优质蛋白。餐餐有蔬菜，每天至少摄入蔬菜 300 ~ 500 g，深色蔬菜应占 1/2。天天吃水果，保证每天摄入新鲜水果 200 ~ 350 g，果汁不能代替鲜果。蔬菜水果提供丰富的微量营养素、膳食纤维和植物化学物。

3. **畜禽肉、水产品、蛋类等动物性食物**　位于第三层，每天分别应摄入 40 ~ 75 g、40 ~ 75 g 和 40 ~ 50 g；鱼、禽、蛋和瘦肉可提供人体所需要的优质蛋白、维生素 A、B 族维生素等，有些也含有较高的脂肪和胆固醇。鱼和禽类脂肪含量相对较低，鱼类含有较多的不饱和脂肪酸；蛋类各种营养成分齐全；畜肉应选择瘦肉，瘦肉脂肪含量较低。过多食用烟熏和腌制肉类可增加肿瘤的发生风险，应当少吃。人体内胆固醇的来源主要有：一是内源性的，主要由肝合成。人体内每天合成胆固醇 1 ~ 1.2 g，是人体内胆固醇的主要来源；二是外源性的，即通过食物摄入，仅占体内合成胆固醇的 1/7 ~ 1/3。

4. **奶及奶制品、大豆及坚果类**　合居第四层，每天应吃相当于液体奶 300 g 的奶类及奶制品和 25 ~ 35 g 的大豆及坚果类。奶类提供优质蛋白、维生素 B_2 和钙。牛奶中蛋白质含量平均为3%，其必需氨基酸比例符合人体需要，属于优质蛋白。脂肪含量为 3% ~ 4%。

5. **烹调油和食盐**　推荐成人每天摄入食盐不超过 5 g，油 25 ~ 30 g，糖不超过 50 g，最好控制在 25 g 以下。

此外，2016 版膳食宝塔强调足量饮水和增加身体活动的重要性。在温和气候条件下生活的轻身体活动成年人每日至少饮水 1500 ~ 1700 ml（7 ~ 8 杯）；在高温或强体力劳动条件下应适当增加。饮水应少量多次，要主动，不应感到口渴时再喝水。建议成年人每天进行累计相当于步行6000 步以上的身体活动，如果身体条件允许，最好每天进行 30 min 中等强度的身体运动。

三、膳食指南实践应用及膳食干预

平衡膳食、合理营养是健康饮食的核心。完善而合理的营养可以保证人体正常的生理功能、促进健康和生长发育，提高机体的抵抗力和免疫力，有利于某些疾病的预防和治疗。合理营养要求膳食能供给机体所需的全部营养素，而不发生缺乏或过量的情况。平衡膳食则主要从膳食方面保证营养素的需要，以达到合理营养，它不仅需要考虑食物中含有营养素的种类和数量，还必须考虑食物合理的加工方法、烹饪过程中如何提高消化率和减少营养素的损失等问题。

营养配餐，就是按照人们身体的需要，根据食物中各种营养物质的含量，设计 1 天、1 周或1 个月的食谱，使人体摄入的蛋白质、脂肪、碳水化合物、维生素和矿物质等几大营养素比例合理，即达到平衡膳食。

（一）营养配餐的理论依据

1. **中国居民膳食营养素参考摄入量（DRIs）**　是每日平均膳食营养素摄入量的一组参考值，DRIs 是营养配餐中能量和主要营养素需要量的确定依据。DRIs 中的 RNI 是个体适宜营养素摄入水平的参考值，是健康个体膳食摄入营养素的目标。编制营养食谱时，首先需要以各种营养素的推荐摄入量（RNI）为依据确定需要量，一般以能量需要量为基础。制定出食谱后还需要以各种营养素的 RNI 评价食谱的制定是否合理，如果 RNI 相差不超过 10%，说明编制的食谱合理可用，否则需要加以调整。

2. **《中国居民膳食指南（2022）》和平衡膳食宝塔**　《中国居民膳食指南（2022）》本身就是合理膳食的基本规范，平衡膳食宝塔则是根据膳食指南量化和形象化的表达，是人们日常生活中贯彻膳食指南的工具。根据膳食平衡宝塔，我们可以很方便地编制出营养合理、搭配适宜的食谱。

3. **食物成分表**　是营养配餐工作必不可少的工具。若要开展好营养配餐工作，则必须了解和掌握食物的营养成分。学习食物成分表，我们在编制食谱时才能将营养素的需要量转换为食物的需要量，从而确定食物的品种和数量。在评价食谱所含营养素摄入量是否满足需要时，同样需要参考食物成分表中各种食物的营养成分数据。

4. **营养平衡理论**

（1）膳食中 3 种宏量营养素需要保持一定的比例平衡：膳食蛋白质、脂肪和碳水化合物为产能营养素。在膳食中，这 3 种产能营养素必须保持一定的比例，才能保证膳食平衡。若按其各自提供的能量占总能量的比例计算，则蛋白质占 10% ～ 15%，脂肪占 20% ～ 30%，碳水化合物占 50% ～ 65%。

（2）膳食中优质蛋白与一般蛋白质保持一定的比例：在膳食构成中要注意将动物蛋白、一般植物蛋白和大豆蛋白进行适当的搭配，并保证动物蛋白和大豆蛋白占蛋白质总供给量的 30% ～ 50% 或以上。

（3）保持饱和脂肪酸、单不饱和脂肪酸和多不饱和脂肪酸之间的平衡，最佳比例为 1 : 1 : 1。

（二）营养指导的一般原则

基于上述理论原则，以及当前我国膳食油多、营养指导的原则可以简化为"一多三少"，即"摄食种类多、量少、盐少、油少"。

1. **摄食种类多**　是营养平衡的最大原则。各类食物所含的营养成分不同，适当有意地增加摄食品种，粗、细粮搭配，主、副食结合，平衡使用各种肉奶蛋、海产品和蔬菜水果，才能营养互补，饮食合理。不论营养多么丰富，或者多么健康的食品，如果天天吃、顿顿吃，都会引起营养不平衡的问题。膳食指南推荐每天摄取 12 种以上食物，每周 25 种以上。在多样的食品中，应以谷类食物为主。谷类是我国居民的传统主食，南方以大米为主，北方以小麦为主。谷类是最好的能量来源，全谷类食物还提供丰富的膳食纤维。

2. **量少**　是食不过量，这是控制能量摄取，保持健康体重的关键所在。我国超重或肥胖人群增速惊人，《中国居民营养与慢性病状况报告（2020 年）》数据显示城乡各年龄组居民超重率或肥胖率继续上升，有超过一半的成年居民超重或肥胖，6 ～ 17 岁、6 岁以下儿童的青少年肥胖率分别达到 19% 和 10.4%。肥胖是多种慢性疾病共同的危险因素，控制体重是预防慢性疾病、保持健康的基础。

3. **盐少**　强调了清淡少盐膳食。《中国居民营养与慢性病状况报告（2020 年）》显示我国人均每日烹调用盐 9.3 g，仍远高于 WHO 推荐的食盐摄入量（每日 < 5 g）和《中国居民膳食指南（2022）》中食盐不超过 6 g 的建议。食盐消费和高血压有明显关系。在我国，高血压患病率由南向北呈上升趋势，与"南甜北咸"的饮食习惯相关联。因此，改变"口重"的饮食习惯，限制食盐摄入是高血压防治的核心。

4. **油少**　是减少烹调油用量。《中国居民营养与慢性病状况报告（2020 年）》显示我国人均每日烹调用油量为 43.2 g，仍远高于中国居民膳食宝塔 25 ～ 30 g 的建议推荐值。人们日常食用的烹调油包括植物油和动物脂肪，总体来说，动物脂肪中饱和脂肪酸和胆固醇含量高。高脂肪、高胆固醇膳食是高脂血症的危险因子。最近，反式脂肪酸的危害备受关注，膳食中的反式脂肪酸主要来源于油脂氢化（人造奶油）和高温烹调过程。人造奶油是植物油经氢化处理后而制成的，在此过程中，植物油的双键与氧结合变成饱和键，并使其形态由液态变为固态，同时其结构也由顺式变为反式。研究表明，反式脂肪酸可以使血清低密度脂蛋白胆固醇（LDL-C）升高，而使高密度脂蛋白胆固醇（HDL-C）降低，因此有增加心血管疾病的危险性。《食品安全国家标准预包装食品营养标签通则》（GB 28050-2011）中明确规定，食品中若含有反式脂肪酸，则必须在食品营养标签中明确标示，并指出每天摄入反式脂肪酸不应超过 2.2 g，应少于每日摄入总能量的 1%。

（三）营养食谱的编制原则

根据营养配餐的理论依据，营养食谱的编制可以遵循以下原则。

1. **保证营养平衡** 按照《中国居民膳食指南（2022）》的要求，膳食应满足人体需要的能量、蛋白质、脂肪，以及各种矿物质和维生素。不仅品种要多样，而且数量要充足，膳食既要能满足就餐者的需求又要防止过量。对于一些特殊人群，如生长儿童和青少年、孕妇和乳母，还要注意易缺营养素如钙、铁、锌的供给。

2. **各营养素之间的比例要适宜** 膳食中能量来源及其在各餐中的分配比例要合理。要保证膳食中优质蛋白占适宜比例。要以植物油作为油脂的主要来源，同时还要保证碳水化合物的摄入。各矿物质之间也要配比适当。

3. **食物搭配要合理** 注意主食与副食、杂粮与精粮、荤与素等食物的平衡搭配。

4. **膳食制度要合理** 一般应该定时定量进餐，成人一日三餐，儿童三餐以外再加一次点心，老人也可在三餐之外加点心。

5. **照顾饮食习惯，注意饭菜的口味** 在可能的情况下，既要多样化，又要照顾就餐者的膳食习惯。注意烹调方法，做到色香味俱全。

6. **考虑季节和市场供应情况** 主要是熟悉市场可供选择的原料，并了解其营养特点，尽量采用当地应季蔬菜。

7. **兼顾经济条件** 既要使食谱符合营养要求，又要使进餐者在经济上有承受能力，才会使食谱有实际意义。

（四）常见慢性疾病的营养指导

高血压、糖尿病等慢性疾病的营养指导原则是广大医护人员、健康管理工作者所熟悉的，但指导成功的例子却很少，主要的问题在于指导中只注意了低盐、低脂、膳食纤维等营养问题，忽略了追求快乐（美食）和提高生活质量这个最基本的人文需求。所以开出来的膳食处方往往是一大堆粗粮、蔬菜、水果，这样苦行僧般的饮食只能维持几天或几周，难以长久。因此，真正科学的饮食应该既考虑健康因素，又要顾及人的口味、美食需求和当地的食材、餐饮文化，这样的膳食处方才具有可行性、可操作性，才能长期推广下去。

一个健康教育中的成功例子可以供我们参考或学习。上海某社区在开展糖尿病患者的饮食指导，每个小组有 20 名患者，大部分是确诊为糖尿病半年的人。这些人基本上都接受过医师的营养指导，初步了解糖尿病需要注意的饮食营养问题。他们都根据医师的指导原则和自己的饮食习惯，在日常生活中进行了摸索，大部分人都有 5 ~ 10 种经常食用的菜肴，这些食谱既有利于血糖控制，味道又可口。每个人提供 5 ~ 10 种，20 个人加起来就有 100 ~ 200 个菜肴，足够一个人一个月的菜谱。这种患者共同学习、互相提供的食谱考虑到了患者的美食需求，可操作性强，效果比营养师制定的糖尿病食谱好得多。

1. **高血压的营养指导** 无论在发达国家还是发展中国家，高血压都是一个值得关注的严重的公共卫生问题。我国成年人高血压患病率已高达 27.5%，而且知晓率、控制率都低得惊人。除了遵循一般原则外，还要根据高血压的特点做好营养指导。2001 年美国提出了通过饮食控制终止高血压的 DASH 计划（dietary approach to stop hypertension）。DASH 膳食的主要特点是富含蔬菜、水果和低脂奶制品，如果配合低钠盐膳食，控制血压的效果更加明显。中国高血压防治指南提出了改善膳食结构以防治高血压的建议，具体包括减少钠盐、减少膳食脂肪、注意补充钾和钙、多吃蔬菜和水果、限制饮酒。酸奶中的活性物质（如三肽）及大豆蛋白有明显降低血压的效果。

2. 心血管疾病的营养指导 心血管疾病是我国居民的主要死因之一，其中卒中占40%。美国国立卫生研究院认为，做好心血管疾病的预防，可以推动肿瘤、糖尿病、慢性阻塞性肺病、肾脏病和视力障碍等五大慢性疾病的防控。高血压是心血管疾病的重要危险因子，因此，高血压患者的营养指导完全适用于心血管疾病患者的营养指导。地中海地区居民心血管疾病发病率很低，当地的膳食结构（地中海膳食模式）受到推崇，地中海膳食模式的特点是富含膳食纤维、ω-3多不饱和脂肪酸、抗氧化维生素和必需微量元素。Framingham研究证实，饮食越接近地中海膳食模式，心血管疾病的发病率越低。ω-3多不饱和脂肪酸主要来源于鱼类（如海鱼的EPA、DHA）和植物油，每周食用一次鱼产品就能起到保护心血管的作用，而且保护作用随食用频率增加而增加。

3. 糖尿病患者的营养指导 我国成年人2型糖尿病患病率高达11.9%。和非糖尿病患病人群比较，糖尿病患者死于心血管疾病的危险性高2.3倍，死于肿瘤的危险性高1.3倍。饮食治疗是糖尿病治疗的一项最重要的基本措施。荟萃分析显示，增加蔬菜水果、全麦、鱼和禽肉的摄取，减少红肉、加工食品、含糖饮料的摄取能延缓糖尿病的发生、发展。具体营养指导参照《中国糖尿病膳食指南（2017）》。

推荐一　吃、动平衡，合理用药，控制血糖，达到或维持健康体重。

推荐二　主食定量，粗细搭配，全谷物、杂豆类占1/3。

推荐三　多吃蔬菜，水果适量，种类、颜色要多样。

推荐四　常吃鱼禽，蛋类和畜肉适量，限制加工肉类。

推荐五　奶类豆类天天有，零食加餐合理选择。

推荐六　清淡饮食，足量饮水，限制饮酒。

推荐七　定时定量，细嚼慢咽；注意进餐顺序。

推荐八　注重自我管理，定期接受个体化营养指导。

4. 肿瘤患者的营养指导 肿瘤的发生是环境与遗传因素共同作用的结果，在诸多环境因素中膳食所占的比例为20%～60%，合理膳食可以预防肿瘤。总体来说，高脂（高能量）饮食增加结肠癌、乳腺癌和直肠癌的发病危险，大量饮酒与口腔癌、食管癌、肝癌发生有关。食物中存在许多致癌物，如N-亚硝基化合物、黄曲霉毒素、多环芳烃类化合物及杂环胺类化合物已被国际癌症研究中心（IARC）列入致癌物名单，在日常饮食中应尽量避免摄取。同时食物中的许多营养素能起到抗癌效果，如维生素A、C、E，微量元素硒、锌，多不饱和脂肪酸，膳食纤维。2007年世界癌症研究基金会（WCRF）发布了预防癌症的10条建议，其中6条与营养指导有关，具体如下：①多喝水，少喝含糖饮料；②多吃各种蔬菜、水果、全麦和豆类；③限制红肉（猪肉、牛肉、羊肉）摄入，避免加工的肉制品；④如果喝酒，男性每天不超过2份，女性不超过1份（一份为含乙醇10～15g）；⑤限制盐腌食品或用盐加工的食品；⑥不用膳食补充剂，预防癌症。

（马德福）

第二节　身体活动指导

一、身体活动概述

（一）身体活动的基本概念

身体活动（physical activity，PA）是指骨骼肌收缩产生的机体能量消耗增加的任何活动。身体活动涵盖的范围广泛，包括各种增加体力输出的身体活动，如日常生活中的步行、上下班骑自行车、园艺劳动、打扫房间、上下楼梯，以及跳舞、游泳、太极拳、秧歌、健身操、球类运动。

其中的"运动"是各种身体活动中的一种，指有计划、有组织、重复性的身体活动。身体活动的基本要素包括频率（frequency）、强度（intensity）、时长（timing）和类型（type），即 FITT 原则。此外，还包括身体活动总量（volume）和进度（progress），统称 FITT-VP 原则。

1. **身体活动强度**　指单位时间内身体活动的能量消耗水平或对人体生理刺激的程度，分为绝对强度（物理强度）和相对强度（生理强度）。

（1）绝对强度：也称物理强度，指身体活动的绝对物理负荷量，而不考虑个人生理的承受能力。

目前国际上反映身体活动绝对强度的常用单位是代谢当量（metabolic equivalent，MET），也称梅脱，指相对于安静休息时身体活动的能量代谢水平。1 MET 相当于每分钟每千克体重消耗 3.5 ml 的氧，或每千克体重每小时消耗 1.05 kcal（4.4 kJ）能量。根据代谢当量水平，身体活动强度可分为以下几种强度，≥ 6 METs 为高强度，3 ~ 5.9 METs 为中等强度，< 3 METs 为低强度，1.0 ~ 1.5 METs 为静态行为。

（2）相对强度：属于生理强度的范畴，更多考虑了个体生理条件对某种运动的反应和耐受能力，包括客观指标如有氧运动时的最大耗氧量百分比（VO_{2max}%）、最大心率百分比（HRmax%），主观指标如自我感知运动强度（ratings of perceived exertion，RPE）。

当人体剧烈运动时，人体耗氧量和心率可达极限水平，此时的耗氧量称为最大耗氧量（VO_{2max}），相应的心率即为最大心率（HRmax）。通常情况下，个体的最大心率的计算公式为 HRmax=220 － 年龄（岁）。一般认为当身体活动的心率达到其最大心率的 60% ~ 75% 时，身体活动水平达到中等强度。

自我感知运动强度（ratings of perceived exertion，RPE），是以个体自我感觉评价运动负荷的心理学指标，以个体在运动中主观用力和疲劳感的程度判断身体活动强度。自我感知运动强度可通过 0 ~ 10 级 RPE 量表测量（表 2-9-1），其中 5 ~ 6 级表示达到了自我感知或主观用力的中等强度活动水平。

表 2-9-1　自我感知运动强度量表

级别	感觉
0 级	休息状态
1 ~ 2 级	很弱、弱
3 ~ 4 级	温和
5 ~ 6 级	中等
7 ~ 8 级	疲惫感
9 ~ 10 级	非常疲惫

2. **身体活动时间**　指进行一次某种活动所持续的时间，包括维持一定强度或以一定节奏重复运动的时间，通常用 min 表示。身体活动时间的累计是指为达到某种身体活动目标时间，将一定时间内每一次特定的身体活动时间合计。比如，每周 5 天、每天 3 次、每次 10 min 的活动可以表示为每周 150 min。目前推荐中等强度活动以 10 min 分段累计，有条件者增加每次活动时间。

3. **身体活动频率**　是指一段时间内进行身体活动的次数，一般以周为单位。建议成年人每天进行中等强度的有氧活动；对于高强度的运动，如跑步，则建议每周至少 3 次。

身体活动频率可结合每天活动时间确定，如每周 150 min 的推荐量，其频率可以每周 5 天，每天 30 min；也可以在一周内累计，不一定每天都达到 30 min。

4. **身体活动总量**　是个体身体活动强度、频率和每次活动的持续时间，以及该活动计划历时长度的综合度量，其数值等于上述 3 个变量的乘积。

国际上常采用梅脱·分钟或梅脱·小时来度量一定时间内某项身体活动的能量消耗水平或身体活动总量。比如，一个人进行 4 梅脱的身体活动 30 min，其身体活动总量为 4×30=120 梅脱·分钟，或 120÷60=2 梅脱·小时。

（二）身体活动分类

1. 按日常活动分类　根据日常生活中身体活动的目的和时间分配，身体活动可分为职业性身体活动、交通往来身体活动、家务性身体活动和运动锻炼身体活动。

（1）职业性身体活动：通常是有劳动收入（工资）的活动，包括家政服务等职业行为。工作中的各种身体活动，由于职业和工作性质不同，工作中的体力消耗也不同。

（2）交通往来身体活动：从家中前往工作、购物、游玩地点等来往途中的身体活动，采用的交通工具不同，体力消耗也不同，如步行、骑自行车、乘公共汽车或自驾车。

（3）家务性身体活动：手洗衣服、擦地等活动消耗能量较大，做饭、清洁台面等活动能量消耗较小。

（4）运动锻炼身体活动：指职业、家务和交通往来之余有计划、有目的地进行的身体活动，属于休闲型活动。业余时间的运动锻炼或体育活动的目的更明确，活动内容、强度和时间更有计划。

2. 按能量代谢分类　身体活动的本质是肌肉收缩做功。肌肉收缩的直接能量来源是腺苷三磷酸（ATP）。ATP 的供应途径主要分为有氧代谢和无氧代谢两种过程。有氧代谢是指在氧供应充足的情况下，氧代谢形成的 ATP 足够供应肌肉剧烈运动时的能量代谢。无氧代谢是指由于氧代谢形成的 ATP 不能满足肌肉剧烈运动时的能量代谢，需要利用磷酸肌酸（CP）的无氧分解和糖的无氧酵解生成乳酸、释放能量，再合成 ATP，以供应能量代谢的需求。按照能量代谢可将运动分为有氧代谢运动和无氧代谢运动，简称有氧运动和无氧运动。

（1）有氧运动（aerobic activity）：指以躯干、四肢等大肌肉群参与为主、有节律、较长时间、能够维持在一个稳定状态，需要氧气参与能量供应的运动，也称耐力运动。如步行、慢跑、蹬自行车；以 4000 m/h 的中等速度步行，以 12000 m/h 的速度骑自行车等，均属于有氧运动。

（2）无氧运动（anaerobic activity）：指以无氧代谢为主要供能途径的身体活动，一般为肌肉的强力收缩活动，因此不能维持在一个稳定状态。运动中用力肌群的能量主要靠无氧酵解供应。无氧运动也可以发生在有氧运动末期，是抗阻力肌肉力量训练的主要形式。如举重、俯卧撑、抬重物等抗阻力肌肉力量训练；100 m 等短跑几乎全部为无氧代谢供能；长跑等有氧运动的末期冲刺阶段。

3. 按生理功能和运动方式分类

（1）关节柔韧性运动：指通过躯体或肢体的伸展、屈曲和旋转活动，锻炼关节的柔韧性和灵活性，也称作拉伸。这类活动对循环、呼吸和肌肉的负荷小，能量消耗低，可预防跌倒和外伤，提高老年人的生活质量。

（2）抗阻力运动：指肌肉对抗阻力的重复运动，具有保持或增强肌肉力量、体积和力量耐力的作用，也称为强壮肌肉活动。抗阻力运动有助于保持和促进代谢健康，对骨骼系统形成的机械刺激也有益于骨健康，使老年人可以延缓肌肉萎缩引起的力量降低、预防跌倒、提高独立生活能力。如举哑铃、俯卧撑、各种负重活动。

（3）身体平衡和协调性练习：指改善人体平衡性和协调性的组合活动，可以改善人体运动能力、预防跌倒、外伤、提高生活质量。如体操、舞蹈、单腿站立、平衡板。

二、有益健康的身体活动

有益健康的身体活动应该适度，这主要指运动的频度、时间、强度、形式和有关的注意事项。而针对不同人群、不同生理和病理状态，适度运动又有不同的内涵。但是其中基本的考虑是：①平常缺乏身体活动的人，如果能够经常参加中等强度的身体活动，他们的健康状况和生活质量都可以得到改善。②获得身体活动促进健康的有益作用不必需从事很剧烈的运动锻炼，日常生活中的身体活动也会带来健康促进效益。③增加身体活动量（时间、频度、强度）可以获得更大的健康促进效益。④不同的运动频度、时间、强度和形式促进健康的作用有所不同，综合耐力、肌肉力量和柔韧性活动和锻炼可以获得更全面的健康促进效益。⑤不同人群的运动能力、对运动的反应和适应过程以及社会属性的差异，根据个人条件，保持适度的身体活动可以降低发生运动有关的意外伤害。

（一）身体活动频度与健康效益

日常生活中经常参加中等强度身体活动人群的心血管病、糖尿病和全死因死亡率均明显低于缺乏身体活动的人群。所谓经常或规律，就是几乎每天，实际推广应用中，可以每周 5 ~ 7 天定量。这里强调规律，一方面因为平常缺乏身体活动的人，只有经过一定时间规律适度的身体活动积累，相应的健康促进效应才能显现；另一方面因为日常有适度身体活动的人，如果停止规律的身体活动，相应的健康促进效应会逐渐消失。特别值得指出，有研究观察到为了弥补工作日身体活动的不足，周末较多的身体活动也具有正面的健康效益。

（二）身体活动时间与健康效益

每天 30 min 以上，或每周 180 min，具体到运动强度的差异，强度较大时，运动时间短，强度较小时，运动时间应增加，范围在每天 15 ~ 60 min。这里不强调每次时间达到期望值，而是以每天或每周的累计时间计算。这一推荐量主要依据身体活动总能量消耗与各种健康效益的关联。

现有证据表明不同健康目标的剂量效应关系和所强调的运动内容可能不同。维持体重需要达到一个总的身体活动能量消耗值，需要 60 ~ 90 min/d 的中等强度身体活动量。不过如以降低各种慢性疾病的风险为目标，30 min 中等强度的身体活动对于体重正常或是肥胖者都有效果。

分段（10 min）累计 30 min 身体活动，其效应相当于持续 30 min 的身体活动。现有累计爬楼梯层数的证据提示男性每周 125 层楼梯，女性 85 ~ 100 层，每次至少 5 层，有助于改善心血管系统的健康水平。

（三）身体活动强度与健康效益

几乎所有有关身体活动的推荐量和指南都强调中等强度的运动（3 ~ 5.9 梅脱），比如 4 ~ 7 km/h 的快走和 < 7 km/h 的慢跑，是目前研究证据最多，最充分有效的证据，可以降低心血管病 / 糖尿病 / 结肠癌和乳腺癌等慢性疾病的风险和病死率。研究显示，不论运动时间长短，强度 ≥ 7 梅脱的活动具有更强的促进健康和预防疾病作用；强度 < 3 梅脱的活动对心血管病等慢性疾病的预防作用证据不足，但可增加能量消耗，有助于控制体重。

1. 从运动强度与健康效益的剂量反应关系上，缺乏身体活动的人增加运动量所获得健康效应最大；而身体活动较多的人增加身体活动所增加的健康效应较小，但他们获得的累计健康效应更大。

2. 中强度身体活动的推荐热能消耗数值通常为 150 kcal/d，由于体重不同，完成同样时间或距离运动的能量消耗不同，所以运动消耗 150 kcal 所需时间也不同，30 min 只是一个平均值。用心率监测运动强度，由于不同个体的基础心率的差异，因此，同样心率的运动负荷量也因人而异。

3. 从运动有益健康的作用上讲，除了一些疾病状态下对运动强度有所限制外，适宜时间和频度的各种强度运动对健康都是有益处的。因此，指导日常身体活动的基本原则之一是从事尽量多的身体活动。

（四）身体活动总量与健康效益

身体活动总量是决定健康效益的关键。另外也可以加合计算不同形式的身体活动而得到身体活动总量。10 min 以上的中等强度有氧活动和中等负荷的肌肉力量训练应作为身体活动总量的主要内容。关节柔韧性练习的强度低，通常无法记入身体活动总量。

每周 150 min 中等强度或 75 min 高强度的身体活动，即每周 8～10 梅脱·小时的身体活动总量可以增进心肺功能、降低血压和血糖、增加胰岛素的敏感性、改善血脂、调节内分泌系统、提高骨密度、保持或增加瘦体重、减少体内脂肪蓄积、控制不健康的体重增加等。这些作用的长期结果可以使冠心病、卒中、2 型糖尿病、乳腺癌和结肠癌的发病风险降低 20%～30%；也有助于延长寿命，预防高血压、骨质疏松症、肥胖症和抑郁症，增加骨密度，改善骨关节功能、缓解疼痛；对缓解健康人焦虑和抑郁症状、延缓老年人认知功能的下降也有一定帮助。身体活动量增加到每周 300 min 中等强度或 150 min 高强度（总量 16～20 梅脱·小时），可以获得更多的健康效益。

（二）有益健康的身体活动推荐量

合理选择有益健康的身体活动量（包括活动的类型强度、时间、频度和总量），应遵循的 4 项基本原则包括　①动则有益：对于平常缺乏身体活动的人只要改变静态生活方式、增加身体活动水平便可使身心健康状况和生活质量得到改善。②贵在坚持：机体的各种功能用进废退只有经常锻炼才能获得持久的健康效益。③多动更好：低强度短时间的身体活动对促进健康的作用相对有限，逐渐增加身体活动时间频度强度和总量，可以获得更大的健康效益。因此应经常参加中等强度的身体活动。不同形式的身体活动对健康的促进作用亦不同，综合有氧耐力和肌肉力量锻炼可以获得更全面的健康效益。④适度量力：以个人体质为度且要量力而行，体质差的人应从小强度开始锻炼逐步增量，体质好的人则可以进行活动量较大的体育运动。

1. **每日进行 6～10 千步当量身体活动**　人体各种身体活动的能量消耗量可以用千步当量作为尺子统一度量，如以 4 km/h 中速步行 10 min 的活动量为 1 千步当量，其活动量等于洗盘子 13 min 或慢跑 3 min。活动的千步当量相同，其活动量即相同。

千步当量可以根据体重转换为能量消耗，1 千步当量的身体活动相当于每千克体重约消耗能量 2.2 kJ（0.525 kcal），如 60 kg 体重的人从事 1 千步当量的活动，约消耗能量 132 kJ（31.5 kcal）。达到千步当量的时间短，意味着活动强度高。反之，则活动强度低。部分中等强度活动达到 1 千步当量所需时间见表 2-9-2。

健康成人每日各种身体活动的总量应达到 6～10 千步当量，其中至少应有 4～6 千步当量的中等强度有氧运动，其余活动内容还可包含体育文娱活动、改善肌肉关节功能的活动（如关节柔韧性活动、抗阻力活动）和日常生活及工作中的身体活动。

表 2-9-2　部分中等强度活动达到 1 千步当量所需时间

活动项目		强度（梅脱）	千步当量时间（min）	强度分类
步行	4 km/h，水平硬表面，下楼，下山	3.0	10	中
	4.8 km/h，水平硬表面	3.3	9	中
	5.6 km/h，水平硬表面，中慢速上楼	4.0	8	中
	6.4 km/h，水平硬表面，0.5～7 kg 负重上楼	5.0	6	中
	5.6 km/h 上山，7.5～11 kg 负重上楼	6.0	5	较高
骑自行车	＜12 km/h	3.0	10	中
	12～16 km/h	4.0	8	中
	16～19 km/h	6.0	5	较高
家务	手洗衣服	3.3	9	中
	扫地、拖地板	3.5	9	中
	和孩子游戏，中度用力（走/跑）	4.0	8	中

续表

活动项目		强度（梅脱）	千步当量时间（min）	强度分类
文娱体育	排球练习	3.0	10	中
	早操、工间操	3.5	9	中
	太极拳、乒乓球练习、上下楼	4.0	8	中
文娱体育	健身操、羽毛球练习	4.5	7	中
	网球练习	5.0	6	中
	集体舞	5.5	5	中
	走跑结合、篮球练习	6.0	5	较高
	慢跑、足球练习、轮滑旱冰	7.0	4	较高
	跑（8 km/h）、跳绳（慢）、游泳	8.0	4	较高

注　千步当量：4 km/h 中速步行 10 min 的活动量为 1 千步当量。
千步当量时间：某种活动完成 1 千步活动量所需要的时间。

2. 经常进行中等强度的有氧运动　有氧运动是促进心血管和代谢系统健康不可或缺的运动形式，但要求活动强度至少达到中等。人们日常活动的强度大多较低。中等强度活动对心肺和血管增加适度的负荷，可起到锻炼和改善其功能的作用。

推荐身体活动量达到每周 8 ～ 10 代谢当量・小时（梅脱・小时），8 梅脱・小时相当于以 6 ～ 7 km/h 速度慢跑 75 min，10 梅脱・小时相当于以每小时 6 ～ 7 千米速度快走 150 min。

若用千步当量作为参照单位，则 8 ～ 10 梅脱・小时相当于 24 ～ 30 千步当量，比如以 4 km/h 中速步行 10 min。不同活动完成 8 梅脱・小时所需时间见表 2-9-3。

选择适合个体体质的运动时间和强度。中等强度的有氧运动，以每天进行、坚持不懈为佳。如果个人或环境条件有限，可以有间断，但不应超过 2 天，每周达到 5 ～ 7 天。如果进行高强度的锻炼，频度可以更低些，建议每周至少 3 天。建议每次活动的时间应达到 10 min 以上，每天活动的总时间可以累计。

3. 积极参加各种体育和娱乐活动　锻炼身体并不意味着必须独自从事单调重复的体力负荷动作，各种大众体育活动、比赛、舞蹈、秧歌等，都是很好的身体活动形式，更有乐趣并易于坚持。休闲体育运动和文化娱乐活动可以包含、肌肉和关节活动等多种形式，同时可以在锻炼身体过程中，融入更多娱乐和文化的内容。

合理组合日常工作和生活中的身体活动内容，如广播体操，通过身体协调性、关节柔韧性练习和一定的肌肉负荷，可以改善身体的运动功能。这类组合型锻炼的目的可维持生活所必需的活动能力，也可以使机体在不利的环境和条件下，具有灵敏的反应性，能够有效地完成各种身体活动。

个人在参与体育运动和娱乐活动时，应当关注其中的身体活动内容，可把有氧耐力和肌肉力量锻炼的运动量累加后计入每周的活动量目标。

4. 维持和提高肌肉关节功能　肌肉和关节功能是生活质量的必要保障，其中肌肉功能直接影响心血管和代谢系统的健康。肌肉和关节功能随着人们年龄的增长而减退，但也与日常活动的多少有关，即用进废退。

肌肉和关节的功能活动可以分为两类：一类是针对基本运动功能的练习，如抗阻力活动，关节柔韧性活动；另一类是结合日常生活活动所设计的功能练习，如上下台阶、步行、前后踱步、拎抬重物、伸够高物、蹲起、坐起、弯腰、转体、垫脚伸颈望远。一套体操或舞蹈练习，在一定程度上也可以理解为功能性训练。

抗阻力活动指特定肌肉群参与、对抗一定阻力的重复用力过程。普通人的肌肉力量活动主要针对身体的大肌肉群，包括上肢、肩、胸、背、腰、腹、臀、下肢。阻力负荷可以采用哑铃、水瓶、沙袋、弹力带等健康器械，也可以是肢体和躯干自身的重量（如俯卧撑、引体向上）。

活动中肌肉对抗的阻力大小不同，可重复的收缩次数不同，负荷强度也不同。适宜健康成年人的阻力负荷应能重复 8～20 次，可根据个人体质情况选择。

同一组肌肉高负荷的抗阻力活动不宜连续两天进行，休息一两天可以给肌肉进行必要的恢复和修养。建议的频率为每周 2～3 次，隔日进行。抗阻力活动也可以按千步当量计算，20 min 中低负荷的抗阻力活动相当于 1～3 千步当量。

关节柔韧性活动有助于维持和提高关节功能，对一些骨关节疾病也有辅助治疗作用，但在一般关节活动中，心血管代谢的负荷达不到中等强度，对于心血管和代谢的保健作用相对有限。

5. 日常生活"少静多动" 日常活动是一个人身体活动总量和能量消耗的重要组成部分。日常居家、交通出行和工作中，有意安排尽量多的步行、上下楼和其他消耗体体力的活动，培养和保持"少静多动"的生活习惯，有助于保持健康体重。短时间的步行、骑车和上下楼梯等达到中等强度的活动也有锻炼心血管功能的作用。

建议人们在日常生活和工作中应尽可能保持较多的身体活动，不强调一定要达到中等强度，也不要求每次至少持续 10 min。

日常居家、工作和出行有关的各种活动可以根据能量消耗折算成千步当量，这些活动的千步当量数可以累加计算总的活动量。

6. 每日身体活动量的安排 每天 6 千～1 万步是针对全人群的推荐活动量，不是每个人都必须达到的标准目标值。由于个人健康、体质、能力等条件不同，可以从较低的活动量水平开始，然后再维持在一个适合个体的活动量水平。较低的活动量对于保护和促进健康有一定的作用，但在适度的前提下，更大的活动量可获得更多的健康效益。因此在"贵在坚持"和"适度量力"的前提下，针对个体确定身体活动量目标的原则是"动则有益，多动更好"。

每日 6～10 千步当量的活动量，也不意味着每日的身体活动量和内容要硬性统一或面面俱到。可以以一周为时间周期，合理安排有氧运动、体育文娱活动、肌肉关节功能活动和日常生活工作中的身体活动内容。根据个人体质条件，一周的活动量也可以在 30～60 千步当量的范围内设定目标。但不论设定的每周活动量目标高低，其中都应至少包括 24～30 千步当量的中等强度有氧运动，也就是说，当活动量目标低时，应以有氧运动的内容为主，而目标水平更高，才有可能从事更多样的活动。根据千步当量计算的一日活动举例见表 2-9-3。

表 2-9-3　根据千步当量计算的一日活动举例

一日活动例数		有氧运动	日常身体活动	肌肉关节练习	体育文娱活动	合计
1	活动内容	20 min 中速步行	15 min 拖地			
	千步当量数	2	2			4
2	活动内容	20 min 快走		20 min 肌力训练		
	千步当量数	2.7		2		5
3	活动内容	45 min 快走		10 min 关节活动		
	千步当量数	6		0		6
4	活动内容	40 min 中速步行		20 min 肌力训练		
	千步当量数	4		2		6

续表

一日活动例数	有氧运动	日常身体活动	肌肉关节练习	体育文娱活动	合计
5 活动内容	30 min 快走		2 套广播体操		
千步当量数	4		2		6
6 活动内容	30 min 中速步行	30 min 手洗衣服	20 min 肌力训练		
千步当量数	3	2	2		7
7 活动内容	25 min 慢跑		10 min 关节活动		
千步当量数	8.3		0		8
8 活动内容	20 min 中速步行	10 min 室内清扫		60 min 秧歌	
千步当量数	2	1		6	9
9 活动内容	60 min 中速步行			30 min 太极拳	
千步当量数	6			3.8	10
10 活动内容	30 min 中速自行车		10 min 关节活动	30 min 篮球	
千步当量数	4.4		0	5.7	10
11 活动内容	50 min 中速自行车	7 min 中速上下楼	20 min 肌力训练		
千步当量数	7.1	1	2		10

（三）身体活动促进健康宣教提纲

规律的身体活动有很多好处。30 min 以上的中等强度运动，例如快走，就足以产生这些有益的作用，而增加身体活动的水平，这些有益作用也会随之增强。

规律的身体活动可以：

1. 减少过早死亡的危险。

2. 降低由于心脏病或卒中死亡的危险性，这些疾病占总死亡原因的 1/3。

3. 使发生心脏病和结肠癌的危险性降低 50% 以上。

4. 使发生 2 型糖尿病的危险性降低 50%。

5. 帮助预防和缓解高血压，这种疾病涉及全世界人口的 1/5。

6. 降低腰痛发生的危险性。

7. 改善心理上的自我感觉，缓解紧张、焦虑、抑郁及孤独的感觉。

8. 帮助预防和控制危险行为，特别是在青少中，如吸烟、酒精和其他物质的使用、不健康的饮食习惯和暴力因素。

9. 帮助控制体重，与静态生活方式人群相比，发生肥胖的危险性降低 50%。

10. 帮助构建并维持健康的骨骼、肌肉和关节，改善慢性骨关节功能障碍人群的运动功能。

11. 有助于控制疼痛，如腰背或膝关节痛。

12. 带来重要的社会及经济效益，如降低社会医疗费用的负担、减少员工的缺勤和轮换、提高劳动生产率、提高学生的学习效率。

三、身体活动水平的测量方法

（一）有氧和耐力活动量的测量

1. **心率** 身体活动时的心率作为训练时运动强度的监测指标称为目标心率或称靶心率。靶心率一般为运动后的即刻心率，可以通过颈动脉或四肢动脉触摸直接测量，一般运动后即刻测量 10 s，然后乘以 6 表示 1 min 的脉率，其和运动中的心率非常接近。当然更方便的方法是采用有线和无线仪器设备监测心率。

由于心率变化与多种非运动因素有关，用心率监测运动强度，需要排除环境、心理刺激、用药或疾病等因素对运动中心率的影响，以保证运动效果和安全。

运动的目标心率通常用最大心率百分比表达，按年龄估算最大心率为 220 - 年龄，将其乘以百分数得到运动的目标心率。最大心率百分比的 60% ~ 75% 为中等强度的运动；85% 为运动强度的安全上限。

2. 代谢当量（METs） 根据步行速度查找代谢当量值，计算能量消耗。常见活动的代谢当量值见表 2-9-4。

表 2-9-4 各种活动的代谢当量（节选）

身体活动类型	身体活动内容	代谢当量（METs）	kJ (h·kg) [kcal (h·kg)]
骑自行车	< 16 km/h，一般运动、休闲、上班、娱乐	4.0	17 (4.0)
	16 ~ 19 km/h，休闲、慢、轻度用力	6.0	25 (5.9)
	19.1 ~ 22.4 km/h，休闲、中度用力	8.0	33 (7.8)
健身房锻炼	健美操（例如俯卧撑、引体向上、仰卧起坐）、大强度、重度用力	8.0	33 (7.8)
	健身操、家庭锻炼（轻或中等强度）、一般（如背部练习）、上下楼	4.5	19 (4.7)
	瘦身操	6.0	25 (5.9)
	瑜伽	4.0	17 (4.0)
	有氧运动课程教练，同时参加练习	3.0	13 (3.1)
舞蹈	一般舞蹈	4.5	19 (4.5)
	舞厅，快（例如迪斯科、民间舞、方步舞）	5.5	23 (5.5)
	舞厅，慢（例如华尔兹、狐步、慢速舞蹈）	3.0	13 (3.1)
家庭活动	清扫地毯，清扫地板	2.5	10 (2.4)
	打扫卫生，如洗汽车、洗窗户、擦地、打扫车库，重度用力	4.5	19 (4.5)
	打扫卫生，房子或小屋，一般运动	3.5	15 (3.6)
	打扫卫生，如除尘、整理、吸尘、更换床单、搬运垃圾，中度用力	2.5	10 (2.4)
	洗盘子，站立或一般运动（不分站立/走动成分）	2.3	9 (2.1)
	洗盘子，从桌上收拾盘子（走动）	2.3	9 (2.1)
	做饭或准备食物，站立或坐位或一般运动（不分站立/走动成分）	2.5	10 (2.4)
安静不动	静卧、仰卧（看电视），在床上静卧（清醒）	1.0	4 (0.9)
草坪和庭院	打扫庭院，拖拉树枝	5.0	21 (5.0)
家庭活动	安排就餐，布置餐桌（意味着走动或站立）	2.5	10 (2.4)
	做饭或准备食物（走动）	2.5	10 (2.4)
	收拾日用杂物（搬动杂物、购物不使用推车）	2.5	10 (2.4)
	搬运杂物上楼	8.0	33 (7.8)
	采购食品（不使用推车）	3.5	15 (3.6)
	采购（非日用杂品）（站立）	2.0	8 (1.9)
	采购非日用杂品（走动）	2.3	9 (2.1)
	熨烫衣物	2.3	9 (2.1)
	坐位、编织、缝纫、包装礼品	1.5	6 (1.4)

续表

身体活动类型	身体活动性质	代谢当量（METs）	kJ（h·kg）[kcal（h·kg）]
家庭活动	洗衣、折叠、挂晾、放衣物于洗衣机或烘干机内，整理手提箱（意味着站立）	2.0	8（1.9）
	收拾衣物、整理摆放衣物、收拾洗后的衣物（意味着步行）	2.3	9（2.1）
	整理床	2.0	8（1.9）
	移动家具和家庭用品	6.0	25（5.9）
	打扫车库、人行道和房屋外面	4.0	17（4.0）
	移动家庭用品、搬箱子	7.0	29（6.9）
	拆/装箱子，偶尔抬起一些东西，轻度到中等用力（站立）	3.5	15（3.6）
	整理家庭用品，中等用力（意味着站立）	3.0	13（3.1）
	和孩子游戏，轻度用力（坐位）	2.5	10（2.4）
	和孩子游戏，轻度用力（站立）	2.8	12（2.8）
	和孩子游戏，中度用力（走/跑）	4.0	17（4.0）
	和孩子游戏，重度用力（走/跑）	5.0	21（5.0）
	照看孩子：坐/跪——穿衣、洗澡、梳理、喂饭、偶尔抱起孩子，轻度用力	3.0	13（3.1）
	照看孩子：站立——穿衣、洗澡、梳理、喂饭、偶尔抱起孩子，轻度用力	3.5	15（3.6）
杂项	玩牌、下棋（坐位）	1.5	6（1.4）
	绘画或书写、赌场赌博（站立）	2.0	8（1.9）
	读书、读报（坐位）	1.3	5（1.2）
	书写或其他桌面工作（坐位）	1.8	7.5（1.8）
	谈话或打电话（站立）	1.8	7.5（1.8）
	谈话或打电话（坐位）	1.5	6（1.4）
	学习，一般运动，包括阅读和（或）书写（坐位）	1.8	7.5（1.8）
	上课，一般运动，包括记笔记或课堂讨论（坐位）	1.8	7.5（1.8）
	阅读（站着）	1.8	7.5（1.8）
演奏音乐	手风琴	1.8	7.5（1.8）
	大提琴	2.0	8（1.9）
	指挥	2.5	10（2.4）
	鼓	4.0	17（4.0）
	小提琴	2.5	10（2.4）
	吉他、古典、民间（坐位）	2.0	8（1.9）
	吉他、摇滚乐队（站立）	3.0	13（3.1）

3. **自我感知运动强度（RPE）分级** 根据表 2-9-1 自我感知运动强度量表测量，其中 5～6 级表示达到了自我感知或主观用力的中等强度活动水平。中等强度活动的自我感觉类似尽力快走

时的感觉：心跳和呼吸加快，用力但不吃力，可以随着呼吸的节奏连续说话，但不能放声唱歌。一般健康人可根据运动中的靶心率来感觉和控制强度；但对于老年人和体质较弱者，自我感知运动强度更方便实用，可结合自身体质和感觉来确定强度。

（二）肌肉力量和耐力的测量

抗阻力运动的特征常用肌肉力量（肌肉用力的能力）和肌肉耐力（肌肉持续用力或重复用力的能力）两个指标反映。

传统上用可重复3次以下的负荷测试肌肉力量，用可重复12次以上的负荷测试肌肉耐力。肌肉功能的测试需要针对特定肌群，测试结果受到收缩类型、肌肉收缩速度、测试设备、关节活动范围、动作熟练程度等因素的影响，目前没有统一的程序和标准。

1. 肌肉力量测试

（1）静力或等长力量：测试限于指定肌群和关节角度，不能全面反映肌肉力量，峰值用力常用最大主动收缩（MVC）表示。

（2）动力测试：指在有控制、良好姿势、全范围关节活动的标准下完成的动作所对抗的最大阻力，也称最大重复值（1-RM），测定值为特定肌肉或动作的特异指标。相对于传统的1-RM，现在也可以用多次重复来测量肌肉力量，如4-RM、8-RM。测定方法如下。

1）通过若干个亚极量RM作为准备活动。

2）通过4次试验确定1-RM或m-RM，每次试验间隔3～5 min。

3）初始测试重量应为受试者感觉能够完成的重量。

4）阻力逐渐增加，增加值在2.5～20 kg，直到受试者失败。所有测试都应统一动作模式和速度。

5）最后成功完成的最大重量为1-RM。

（3）等动测试：指通过专用设备，在给定活动范围内保持关节活动在一个恒定的角速度情况下测定的肌肉张力，用最大扭力或扭矩作为指标。

2. 肌肉耐力测试 指给定频率，测试重复抗阻力动作的次数，如蹲起次数。应综合阻力（重量）、时间（频率）和重复次数3个指标来衡量肌肉耐力。

（三）日常身体活动水平的测量

日常身体活动水平常见测量方法包括问卷调查、日志记录、能量消耗、仪器测量等。

1. 问卷调查 问卷可以分为自填和访谈形式，在一些人群调查中还经常采用集体讲解和个别指导结合的形式组织问卷调查。不同收集信息的形式对问卷问题的设计有不同的要求，但共同的要求是准确（效度）和可靠（信度、重复性）。现有一些问卷的比较研究可见，重复性一般均可以接受，其中步行和大强度身体活动的重复性较好。但是从准确性而言，现有问卷都不同程度地丢失某些身体活动信息，其中包含问题较多的问卷丢失信息量相对少。由于问卷设计的思路不同，不同问卷之间的可比性较差。目前有关问卷在不同月份和季节的重复性研究较少，对于干预后身体水平变化的反应性也没有深入的探讨。常用的国际身体活动问卷见表2-9-5。

表2-9-5 国际身体活动问卷（IPAQ）

重体力活动是需要您花费大力气完成，呼吸较平常明显增强的活动。中等强度体力活动是需要您花费中等力气完成，呼吸较平常稍微增强的活动。下列问题，请只考虑每次至少10 min的体力活动。

序号	问题	回答
1	最近7天内，您有几天做了重体力活动，如提重物、挖掘、快速骑车？	每周　天 □ 无相关体力活动→跳至问题3
2	在这其中一天您通常会花多少时间在重体力活动上？	每天　小时　分钟 □ 不知道或不确定

序号	问题	回答
3	最近 7 天内，您有几天做了中等强度的身体活动，如提轻的物品、以平常的速度骑车或打双人网球（不包括走路）。	每周　　天 □ 无适度体力活动→跳至问题 5
4	在这其中一天您通常会花多少时间在中等强度的身体活动上？	每天　小时　分钟 □ 不知道或不确定
5	最近 7 天内，您有几天每次步行至少 10 min？	每周　　天 □ 没有步行→跳至问题 7
6	在这其中一天您通常会花多少时间在步行上？	每天　小时　分钟 □ 不知道或不确定
7	最近 7 天内，您每天坐着的时间有多久？	每天　小时　分钟 □ 不知道或不确定

2. **日志记录**　以日志的形式记录一天中各种身体活动的情况和时间，比如以 15 min 为一段，逐段记录所从事的活动。调查时可在当天晚上回忆一天中的活动，对于运动强度的理解需要特别举例说明，比如球类活动中存在跑动、站立、跳跃、替补、暂停、休息等多种活动形式，应综合不同活动形式的强度时间才能准确反映实际的身体活动量。

3. **身体活动能量消耗的计算**　估计日常身体活动能量消耗的简便方法是根据不同活动的代谢当量、持续时间、速度或强度、体重计算。能量消耗计算举例：体重 75 kg，以 4 km/h 的速度快走 30 min，代谢当量 =3 kcal/（h·kg）（表 2-9-6），能量消耗为 75 × 3 × 30 ÷ 60 = 113 kcal。

4. **仪器测量**　心率表、计步器、加速仪、手机等很多智能设备都可用于记录运动量。在同一对象进行测量比较时，需要统一测量工具。

四、个体身体活动指导

身体活动指导从健康教育开始，落实在行为矫正。通过健康状况筛查、身体活动水平调查、运动能力评价、结合个人兴趣和生活环境，根据个人具体情况组织干预计划。寓知识教育于人与人的互动式交流之中，动员、指导和督促相结合。

个体身体活动指导主要包括 5 个方面：①评估个人健康状况，②评估个人身体活动能量和体质，③制订个人身体活动目标和计划，④制定身体活动安全措施，⑤利用运动反应评估和调整身体活动计划。这 5 方面涵盖了从身体活动前的准备，到身体活动中的反应，再到身体活动后恢复的全程。

（一）身体活动前的准备

1. **健康状况和运动能力的评估**　运动强度、时间、频度、进度和程序组织不当，可以发生心血管事件、外伤，甚至猝死。

一个日常身体活动很少的人在开始参加运动锻炼前需要进行健康状况评估或健康筛查，已经建立规律的身体活动生活方式者在参加剧烈运动时也应该做健康状况的检查，那些可能发生运动诱发心血管意外危险因素的个体更需要定期进行必要的医学检查。这些检查的结果是决定身体活动干预对象是否适宜参加运动锻炼、怎样锻炼和制订全面身体活动干预计划的关键依据。

健康状况评估或健康筛查需要收集病史、症状、体征和各种医学检查的信息，由此进一步对干预对象参加运动锻炼发生意外的风险进行评估和危险度分级，在此基础上提出身体活动的干预计划及安全保障措施。健康状况评估或健康筛查的基本程序见图 2-9-2。

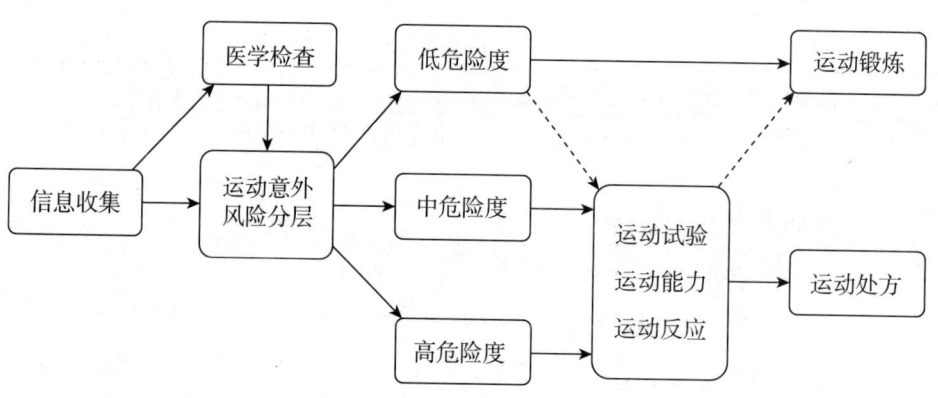

图2-9-2　健康筛查基本程序

（1）运动训练前常规体格检查：其主要目的是降低不适当运动造成运动性疾病，甚至发生意外伤害的危险。重点在于筛查与心血管健康有关的信息，以及与运动功能有关的信息。一些干预对象已经处于疾病状态，但是没有就医诊断和治疗。可以通过更深入的症状和体征询问，对此进行初步判断，并提出是否需要进一步就医的建议（表2-9-6）。

运动训练前常规体格检查包括病史、血压、脉搏、关节等一般检查，必要时做心电图、胸透和化验检查等。

表2-9-6　健康初筛问卷

一个日常很少进行身体活动的人，在决定参加运动锻炼时需要回答下列问题。

1）是否因心脏的某些疾病，有专科医生建议你限制身体活动的强度？

2）活动时是否感到胸痛？

3）在过去的一个月中，不活动时，是否有过胸痛？

4）是否有过因头晕而失去平衡，甚至失去知觉的情况？

5）有没有骨关节系统疾病，运动是否加重病症？

6）现在是否服用降压药或治疗心脏病的药物？

7）是否有其他身体理由影响你参加运动锻炼？

如上述任一问题的回答为"是"，则应建议干预对象去看医生，根据具体情况做进一步检查。必要时，请专科医生会诊，决定是否可以运动。如可以参加运动，应针对具体情况开具运动处方，患者运动处方的制定应由医生的参与，并得到医生的最后批准。

如果上述问题的回答都为"否"，可以建议干预对象开始调整身体活动量，注意逐渐增加运动量，最好先测量一下血压、对自己的运动能力和体质做一次评价，如果对运动安全还不放心，可以咨询医生。

（2）风险评估和危险度分层：根据上述问卷收集到的信息和其他临床数据可以将干预对象参加运动锻炼发生心脏意外的风险进行评估。表2-9-7和2-9-8为美国运动医学会（ACSM）推荐的分层依据，可参照它们对干预对象冠心病危险因素进行评分和危险度分层。表中所列针对不同危险度对象的措施可作为进一步制订干预计划的依据。

表 2-9-7　冠心病危险因素评分

指标	描述（每项指标记分一次）	记分
家族史	心肌梗死，行冠状动脉再通治疗，父亲或兄弟 55 岁前猝死，母亲或姐妹 65 岁前猝死	1
吸烟	现在或 6 个月之内吸烟	1
高血压	两次测量收缩压 ≥ 140 mmHg，舒张压 ≥ 90 mmHg，服用抗高血压药	1
血脂异常	LDL > 130 mg/dl 或 TC > 200 mg/dl，HDL < 40 mg/dl，服用降血脂药	1
HDL	> 60 mg/dl	–1
空腹血糖	两次测量均 ≥ 100 mg/dl	1
肥胖	BMI > 28 kg/m^2，男腰围 > 95 cm，女腰围 > 85 cm	1
生活方式	每周中等强度身体活动 < 150 min	1

注：LDL，低密度脂蛋白；HDL，高密度脂蛋白；TC，总胆固醇。

表 2-9-8　美国运动医学会（ACSM）运动意外伤害危险度分层

分层	依据	措施
低	男 < 45 岁，女 < 55 岁，表 *4 ～ 7 记分 ≤ 1	从事一般运动锻炼没有限制，无需进一步健康筛查
中	男 ≥ 45 岁，女 ≥ 55 岁，表 *4 ～ 7 ≥ 2	从事剧烈运动建议进行医学监督下的运动试验
高	具有表 *4 ～ 6 所列症状体征 1 项或 1 项以上，或已确诊心血管、呼吸、代谢疾病	需进行医学监督下的运动试验，其运动处方的制定应有临床医生参与，在确保运动计划没有安全问题之前，运动锻炼应有医学监督，之后定期访视运动锻炼情况

注：* 指本书表 2-9-5。

（3）运动试验和运动能力评估：是运动意外伤害危险度分层的重要组成部分，根据病史、症状和其他临床检查可以做出危险度初步分层，其中中危险度对象从事剧烈运动前，应通过运动试验对其运动能力进行评价，同时通过运动中的医学监测，对运动中可能暴露的心脏病理损害进行探查和诊断，评估可能发生运动诱发心血管意外的风险，并进一步明确危险度分层。低危险度对象 40 岁以上者也推荐这样做。高危险度对象参加运动训练前必须进行医学监督下的运动试验，根据试验结果和临床所见，在医生的参与下，制定运动处方。

对于有高血压症状者需要额外考虑的问题还有：①高血压常常是各种疾病的综合表现之一，因此，必要时应进行更全面的临床检查；②当除外其他病症的可能后，Ⅰ期高血压患者（血压不高于 160/100 mmHg）如果仅从事中等强度以下的运动，可以不进行运动试验；③Ⅱ期高血压患者从事中等强度运动或Ⅰ期高血压患者从事中等以上强度运动，需要进行运动试验，其运动计划的安排应获得医生的批准。

心脏意外的危害大，所以是健康筛查和危险度分层的主要考虑因素。对于运动外伤等其他意外伤害，一方面需要借助临床医生的指导，避免加重已经存在的骨关节病变，另一方面遵循有关的运动注意事项也可以降低运动外伤的风险。

2. 制订身体活动计划　身体活动的目的在于改变不利于健康的久坐少动的生活方式，减少缺乏运动和运动不足人群的比例，指导合理运动，避免运动伤害，预防和辅助治疗疾病，降低医疗费用，提高生命质量。

身体活动计划应与被指导者共同制订，使被指导者理解和接受，在执行过程中给予督促和指导。工作中可以和被指导者一起讨论计划的安排。身体活动计划主要包括下面几个方面。

（1）基本信息：身体活动计划的制订需要结合个体的身体条件、环境等因素，包括 ①身体活动史：参考过去和现在的身体活动情况，如爱好运动和经常参加运动者可选择的运动项目较多；既往不爱好运动者宜选择简单易掌握的运动项目。②体质状况：身体素质较好者可以选择负荷较大的项目，而身体素质较差者则应注意选择负荷适度的项目。③兴趣：选择个人喜爱的运动项目，有助于养成运动的习惯并长期坚持。④运动禁忌证：某些疾病患者参加一些运动时容易发生意外，如有中等以上程度骨质疏松的患者禁忌跳绳运动，因其易在突然冲击或意外中发生骨折。心血管疾病患者不宜进行过度用力及需要憋气的运动项目。⑤运动环境：根据就近的环境条件选择运动项目，如步行、慢跑和太极拳；有运动场所和运动设施的情况下，还可选择游泳、球类或健身器械等。⑥运动指导需求：无运动史者，开始运动时应有指导人员帮助其学会控制运动强度；选择需要掌握一定技能的运动项目时应有体育教练的指导；年老体弱者运动时有人陪伴可以减少发生意外的危险。

（2）身体活动目标量：根据不同需要，身体活动目标量的设定可以改变不利于健康的久坐少动生活方式、改善心肺功能、增加肌肉力量等一般健身为目标；也可以提高生存质量、控制体重、减肥、辅助控制血糖等特殊的健康促进、辅助治疗和康复为目标。

身体活动目标量的设定以个人体质为基础，体质差、高龄和有严重慢性疾病者，运动耐受力低，其身体活动目标量应建立在更具体的体质和运动能力的评价基础上。

在实现身体活动目标量的过程中，可以根据具体情况设定活动量的阶段目标，也需要根据对象的运动反应适时调整身体活动目标量。运动时间建议以一周为单位累计。强度大的活动，累计时间可以短，频度可以低；强度小的活动，累计时间相对长，频度相对高。

（3）身体活动形式：个体的身体活动形式以有氧耐力运动为主，结合抗阻力、关节柔韧性和日常生活中的身体活动。

1）有氧耐力运动：如步行、慢跑、游泳、自行车、舞蹈、游戏。从锻炼心肺功能的角度考虑，应达到相对强度中等以上；从维持体重的角度考虑，一般建议累计达到一定时间，以增加总能量消耗。有氧耐力训练强度一般应在最大心率储备（HRRmax）的 40% ~ 85%。心肺功能水平低者，有氧耐力训练强度达到 20% 的 HRRmax 也可起到锻炼心肺功能的作用。有氧耐力运动应维持一定的时间和频率，一般人需要在 20 ~ 60 min，可以 10 min 分段累计，频率每周 3 ~ 7 天。应用心率控制运动量时，应注意用药情况，特别是对心率有影响的药物，如普萘洛尔（心得安）等。此时运动中的心率不能完全反应运动强度，应结合别的指标控制运动量，可以侧重强度或时间。

2）肌力训练：其目的在于改善肌肉力量和耐力，其强度应能形成对肌肉的一定刺激，总负荷量需要根据肌肉张力的变化进行调整。肌力训练包括杠铃、哑铃、专用器械的重复操作，也可以徒手进行。

肌力训练的运动强度可以通过如下几种形式进行调整：负荷重量，重复次数，重复动作和速度或时间，在负重或抗阻力位置维持肌肉张力的时间。

3）柔韧性练习：比如伸展、屈曲、扭转肢体和躯干。

伸展练习通过拉长肌肉韧带，使关节活动到一定范围；也可以通过将肌肉韧带维持在拉长状态，使关节的灵活性和柔韧性增加。

推荐大关节每天进行静力形式伸展练习，缓慢、有控制地展开或屈曲肢体或躯干，维持最大伸展或屈曲位置 15 ~ 30 s，重复 2 ~ 4 次可以达到很好的效果。

4）日常生活中的身体活动：内容包括工作、外出往来、家务和闲暇时间的身体活动。

（4）身体活动强度和时间：有氧耐力运动一般强调中等强度，从锻炼心肺功能的角度考虑，应达到相对强度的中等强度身体活动以上，推荐每周累计锻炼时间为 150 ~ 180 min；从维持体重的角度考虑，建议总的能量消耗达到每周 1500 ~ 2000 kcal。肌肉力量和耐力锻炼的强度应能维持对肌肉的一定刺激，推荐每周 2 ~ 3 天，每次 15 ~ 20 min。

（5）身体活动进度：增加运动量者或缺乏身体活动者参加规律的运动锻炼，运动强度、时间和频度应循序渐进。身体活动进度取决于个体的体质、健康情况、年龄和运动训练目标。久坐少动者参加规律的运动锻炼，以及在日常身体活动水平基础上增加运动量者，其运动强度、时间和频率应循序渐进，可从身体活动目标量的 50% 开始，根据运动反应，逐渐增加运动量，适应期通常在几周到几个月，运动量的增加量可控制在身体活动目标量的 10% ~ 20%。身体活动进度主要包括 3 个阶段：开始阶段、适应阶段和维持阶段。

1）开始阶段：运动强度应低于目标运动强度。开始每次运动的总时间至少为 10 ~ 15 min，然后逐渐增加。开始阶段一般为 4 ~ 6 周，健康情况差的人则需要 6 ~ 10 周。

2）适应阶段：参加者以比开始阶段快的速度进行运动，运动强度在 2 ~ 3 周内逐渐增加达到目标水平。健康水平差者和老年人需要较长时间适应，建议先采用间歇有氧运动，逐渐发展到持续的有氧运动。

3）维持阶段：常在训练 4 ~ 8 个月后开始。此阶段参加者的心肺功能达到目标水平，对继续增加运动负荷不感兴趣，要求运动负荷不变。这时可增加有兴趣的体育活动，避免参加者因重复活动的乏味而放弃。

（6）意外情况和不适的预防及处理：对于在运动时和运动后可能出现的不适症状，分析可能的原因，提出及时处理的方法。

（二）身体活动中的反应

对于在身体活动时和活动后可能出现的不适症状，应针对具体情况，提出预防和应急处理的措施。

1. 体力负荷和身体活动反应 机体承受体力负荷时，心血管系统、呼吸系统、神经系统、肌肉骨骼关节系统和有关的代谢过程等都会发生反应性的变化，这些变化与体力负荷量、机体对体力负荷的适应程度、身体运动素质、健康和疾病状况等多种因素有关。测量和分析这些变化，可以了解机体对其所承受体力负荷的耐受和适应程度，并据此判断可能产生的健康效益和存在的意外伤害风险。

2. 对于发生运动伤害的高危个体 如曾发生过心血管急性事件的人，如果在日常活动水平上再增加活动量时，需要了解和观察身体活动反应情况，一旦活动中出现不适症状，要及时调整。

（三）身体活动后的恢复

1. 运动计划的调整 疲劳、恢复和适应是身体活动反应的 3 个关键环节。机体对体力负荷的急性反应，包括机体从活动疲劳到恢复的变化过程，可以表现在各种生理生化指标的变化。这种变化的良性过程会提高身体对体力负荷的适应和耐受程度；反之，急性疲劳不能完全恢复，可降低身体对体力负荷的耐受能力，连续累计可形成慢性疲劳。

预防身体活动的不耐受和可能由此引发的慢性损害，需要及时对身体活动反应做出判断，并相应调整身体活动目标量，以及活动形式、强度、时间、频率和总量等。

2. 健康状况和运动能力的再评估 一方面，随着身体活动计划的持续实施，机体的身体活动能力提高；另一方面，身体的健康和疾病状况也可能发生改变。这些变化会提高机体的运动反应和运动耐受力，也会降低机体发生运动有关意外伤害的风险。因此，针对个体的具体情况，需要定期对健康状况和运动能力进行再评估，并根据结果及时调整活动计划。

（四）身体活动伤害的预防

1. 身体活动伤害 是指身体活动时和活动后发生的疾病，如运动外伤和急性心血管事件。运动本身可以是造成身体活动伤害的一个诱发因素，也可以是一个致病因素。如已经存在冠状动脉狭窄的冠心病患者，可因运动锻炼增加心脏负荷，而发生急性心血管事件。另外，即使心脏有病，如果身体活动计划安排得合理，冠心病患者也可耐受适量的体力负荷。

常见的运动伤害是外伤，主要为关节周围的软组织和肌肉组织损伤。急性心血管事件造成的损害对健康和生命的威胁更大，但实际发生率很低。特殊环境和疾病状态还可能增加特定类型的运动伤害，如与高气温和大量出汗有关的脱水，糖尿病患者发生低血糖。

2. **身体活动伤害的影响因素**　大多数运动有关的伤害都受到身体的内在承受能力与外部体力负荷量两方面因素的影响。

心血管、呼吸、神经、代谢、骨骼等系统病变都有可能降低运动耐受力，增加发生意外伤害的概率。这些病变可能是已经确诊的疾病，也可能是潜在、尚未诊断的结构功能损害，后者常常使运动伤害显得更加意外。

把握体力负荷的度是预防运动伤害的关键，这里的度是涵盖运动强度、时间、频度和进度的综合考虑。另外，特定运动技能的熟练程度和其他有关情况也是需要考虑的影响因素。

3. **运动伤害的预防**

（1）运动处方和运动医务监督：运动处方是根据个体身体条件制订的运动锻炼强度、时间、频率和进度的计划，以及为了保证锻炼的安全有效，对运动前、中、后做出相应的自助和运动医务监督的安排和措施。

运动处方不仅仅是纸面上的锻炼计划，在其实施过程中的医学监督和随访也是不可或缺的组成部分，更是安全有效地进行运动锻炼的保障措施。

（2）运动伤害的自我保护：多数中低风险的运动锻炼者不需要医学监督，但是他们也存在发生意外伤害的可能性，预防措施主要靠自助的方式实现。高风险者从事运动锻炼，运动处方和医务监督也不可能把握所有情况下的风险，也需要学会必要的自我保护措施。

4. **运动伤害的风险和促进健康的效益**　运动锻炼可以预防疾病，但也有发生意外伤害的风险，其利弊需要综合权衡，而风险控制的目的是保证利大于弊。

虽然运动时可能发生外伤，但是这不意味着运动等于外伤，日常生活活动中同样可以发生外伤。流行病学资料显示，日常缺乏运动锻炼的人更容易发生运动外伤。一方面，适度的体力负荷通过耐力、肌肉力量、身体平衡协调能力和关节灵活柔韧性的锻炼，增加了身体抵御骨关节系统伤害的能力；而缺乏运动锻炼，肌肉无力充分吸收关节承受的负荷，使关节本身受力增加，加速了关节软骨磨损，是关节损伤的重要原因。另一方面，过度的负荷增加发生运动外伤的风险。

与运动外伤同样的道理，合理的运动计划可以改善冠状动脉的功能，降低发生心肌缺血的风险，但它不是发生心血管意外的必然原因，身体活动和健身锻炼可以更大地降低发生各种心血管意外的长期风险。

把握运动锻炼的风险与效益需要控制适度的体力负荷。同时，采取合理的运动医务监督和预防措施，是减少运动有关意外伤害的关键对策。

五、人群身体活动指导

人群身体活动指导需要从适度运动的几个基本原则出发。①日常身体活动水平评价：可使用通行的量表和其他评价方法。②动员：运动促进健康教育，纠正错误认识，为个体克服行为改变存在的困难和障碍做出安排。③健康和疾病状况的评价和运动意外伤害危险分层。④身体活动推荐水平和内容：以自愿、循序渐进、量力而行和避免意外伤害为原则。WHO 的身体活动推荐强度、时间和频度如表 2-9-9。⑤干预效果评价：如身体活动增加水平、业余体育锻炼参与率、体重变化及正常/非正常体重变化率、运动促进健康知识改变率，均可指导人群慢性疾病变化长期趋势。

| 第二篇 | 基本流程与技能 |

表 2-9-9　世界卫生组织身体活动推荐量

	有益健康	促进健康	增强身体素质	体育训练
强度	轻到中等强度	中等强度	中等到高强度	极高强度
时间	10 min 或更长，一天几次	30 min 或更长	20 min 或更长	持续时间和频度根据个人由身体素质状况而定
频度	每天	每天	一周 3 次	

（一）不同年龄段人群的身体活动指导

WHO 于 2010 年发布了《关于有益健康的身体活动全球建议》，2020 年发布了《关于身体活动和久坐行为指南》，对 5 岁以上不同人群的身体活动提供了有益健康的身体活动原则和具体运动建议，2019 年又发布《5 岁以下儿童的身体活动、久坐行为及睡眠指南》，对 5 岁以下儿童的身体活动提出了具体建议。

1. 5 岁以下儿童

（1）1 岁以下婴儿：建议每天以不同的形式进行多次身体活动，尤其推荐与地板相互作用的活动；未学会爬的婴儿，建议醒着时，每天至少以俯卧的姿势伸展。

（2）1 ～ 2 岁幼儿：建议每天以不同的形式进行身体活动，时间至少 180 min，包括中等强度和高强度身体活动。

（3）3 ～ 4 岁儿童：建议每天以不同的形式进行身体活动，时间至少 180 min，其中包括至少 60 min 的中等强度和高强度身体活动。

2. 5 ～ 17 岁青少年身体活动指南　儿童和青少年的身体活动包括在家庭、学校和社区中的玩耍、游戏、体育运动，交通往来、家务劳动、文娱活动、体育课或有计划的锻炼等。参加身体活动的目的是增进心肺、肌肉和骨骼健康，以及改善心血管和代谢健康的生物指标。有氧活动应是儿童和青少年日常自选身体活动的主要内容。

依据 WHO《关于身体活动和久坐行为指南》，对于 5 ～ 17 岁儿童和青少年进行身体活动的推荐要点为：

（1）每周平均每天至少进行 60 min 中等强度到高强度的以有氧运动为主的身体活动。

（2）每周至少 3 天进行高强度的有氧运动，以及增强肌肉和骨骼健康的训练。

（3）应该限制儿童和青少年静坐少动的时间，特别是使用电子产品的娱乐时间。

3. 18 ～ 64 岁成人身体活动指南　成年人的身体活动包括日常生活、家庭和社区环境内的休闲活动、交通往来（如步行或骑自行车）、职业活动（如工作）、家务劳动、玩耍、游戏、体育运动或有计划的锻炼等。

参加身体活动的目的是增强心肺、肌肉和骨骼功能，改善生活质量、降低慢性非传染性疾病、抑郁症风险。

身体活动对成年人健康的好处包括降低全因死亡率、心血管疾病死亡率、突发高血压、突发部位特定癌症、2 型糖尿病的风险，促进精神健康（减轻焦虑和抑郁症状）、提高健康认知水平和睡眠质量，以及预防肥胖。

对于该年龄段的身体活动指南，有 WHO 于 2020 年发布的《关于身体活动和久坐行为指南》，以及我国的《中国成人身体活动指南（试行）》。

WHO《关于身体活动和久坐行为指南》的建议有：①所有成年人都应定期进行规律的身体活动。②每周进行至少 150 ～ 300 min 中等强度的有氧活动，或 75 ～ 150 min 高强度的有氧活动，或中等和高强度两种身体活动的等量组合。③每周至少应有 2 天进行中等强度或高强度的大肌肉群参与的肌肉力量训练。④每周进行 300 min 以上的中等强度有氧运动，或超过 150 min 高强度的有氧运动，或中等强度和高强度两种身体活动的等量组合，可以获得额外的健康益处。⑤限制静坐少动的时间，进行任何强度（包括较低强度）的身体活动以减少久坐行为。中等强度到高强度的身体活动有助于减少静坐少动行为对健康的有害影响。

《中国成人身体活动指南（试行）》与WHO的建议活动量和类型基本一致，区别在于引入了"千步当量"的身体活动量指标（具体建议见本章第一节的"有益健康的身体活动推荐量"有关内容），并强调了日常生活应活跃起来。

4. 65岁以上老年人身体活动指南　65岁以上老年人身体活动包括在日常生活中，家庭和社区中的休闲时间活动、交通往来（如步行或骑车）、职业活动（如果仍然从事工作的话）、家务劳动、玩耍、游戏、体育运动或有计划的锻炼。

65岁以上老年人参加身体活动的目的是增强心肺、肌肉、骨骼的功能，降低慢性非传染性疾病、抑郁症和认知功能下降等风险。

该年龄段的身体活动指南有WHO于2020年发布的《关于身体活动和久坐行为指南》，以及我国的《中国成人身体活动指南（试行)》。

WHO发布的《关于身体活动和久坐行为指南》中对老年人的身体活动建议：①所有老年人都应进行身体活动。②每周进行至少150～300 min的中等强度有氧运动；或75～150 min的高强度有氧运动；或者中等和高强度两种身体活动的等量组合；③每周至少应有2天进行中等或高强度的所有大肌肉群参与的肌肉力量训练；④每周至少3天进行以强调平衡能力和力量训练为主的多种中等或高强度的身体活动，增强身体功能和防止跌倒；⑤每周进行300 min以上的中等强度有氧运动；或超过150 min的高强度有氧运动；或者中等和高强度两种身体活动的等量组合，都可以获得额外的健康益处；⑥限制静坐少动的时间，进行任何强度（包括较低强度）的身体活动以减少久坐行为。中等到高强度的身体活动有助于减少静坐少动行为对健康的有害影响。

《中国成人身体活动指南（试行）》对老年人的身体活动建议：对我国老年人的身体活动建议与WHO发布的指南一致。但更强调了老年人参加抗阻力锻炼和功能性锻炼的必要性，鼓励日常生活中的各种家务劳动等，并以主观疲劳程度为主要方法选择适宜的强度、量力而行。老年人身体活动注意事项包括：①老年人参加运动期间，应定期做医学检查和随访，有慢性疾病且病情不稳定者，应与医生一起制定运动处方；②感觉和记忆力下降的老年人，应反复实践动作要领，老年人宜参加个人熟悉并有兴趣的运动项目，为老年人编排的锻炼程序和体操应注意动作简单，便于学习和记忆；③老年人应学会识别过度运动的症状，运动中体位不宜变换太快，以免发生体位性低血压，运动指导者应注意避免老年人在运动中的伤害；④对体质较弱和适应能力较差的老年人，应慎重调整运动计划，延长准备和整理活动的时间；⑤合并有骨质疏松症和下肢骨关节病的老年人，不宜进行高冲击性的活动，如跳绳、跳高和举重；⑥老年人在服用某些药物时，应注意药物对运动反应的影响。如美托洛尔和阿替洛尔，会抑制运动中心率的增加，评定活动强度时应该注意。

（二）常见慢性疾病的身体活动指导

慢性疾病患者无论是年轻人还是老年人都应该限制久坐时间，任何强度的身体活动代替久坐时间（包括光照强度）均对健康有益。为减少身体活动不足对慢性疾病患者的健康危害，建议进行中等强度到高强度的身体活动。WHO《关于身体活动和久坐行为指南》对慢性疾病患者的身体活动建议包括：①所有慢性疾病患者都应该定期进行身体活动；②慢性疾病患者每周进行至少150～300 min的中等强度有氧运动；或75～150 min的高强度有氧运动；或中等强度和高强度两种身体活动的等量组合；③慢性疾病患者每周至少应有2天进行中等或高强度的所有大肌肉群参与的肌肉力量训练；④慢性疾病的老年人每周应进行多种多样的身体活动，强调功能平衡的多样化身体活动，以及每周3天或以上中等或更高强度的力量训练，增强身体功能，防止摔倒；⑤如果没有禁忌证，慢性疾病患者可以增加至300 min以上中等强度有氧运动，或者150 min以上的高强度有氧运动，或中等强度和高强度身体活动的等量组合。

1. 超重和肥胖 超重和肥胖者身体活动的目的是为提高安静代谢率，消耗能量，降低体脂率，保持或增加肌肉重量，维持体重，避免体重反弹，增强体能，预防和治疗肥胖的合并症，如高血压、冠心病和糖尿病。

（1）运动干预目标：一般肥胖患者体重减轻 5% ~ 10%，就能明显改善各种与肥胖相关的心血管病危险因素及并发症。

（2）运动方式：①大肌肉群参与的有氧运动是减脂的主要运动方式，如快走、慢跑、游泳、自行车、健美操，这类运动有助于维持机体能量平衡、增强耐力和心肺功能，并能使肥胖者的体重长期不反弹。不同个体按其肥胖程度、身体状况、个人兴趣等挑选合适的项目。严重肥胖者多伴有膝关节骨关节病，由于下肢负担重、膝关节疼痛，可以从水中的运动和自行车运动开始，还可以配合一些上肢的运动。在体重减轻和骨关节症状缓解以后，再选择其他形式的运动。②肌力训练可利用肌力训练操和运动器械进行胸腹和四肢等部位肌肉的抗阻力练习。肌力训练一方面在减脂过程中可以保持健康的体重，另一方面可以增加能量消耗、改善心血管功能，还可以丰富运动锻炼的内容。

（3）运动强度和运动时间：运动量与热能消耗有关，运动量越大，消耗的热能越多，越有助于减肥。运动强度应维持在最大心率的 65%，运动能力较差者也可低于最大心率的 65%。肥胖者的运动量原则上应高于原来的身体活动水平，推荐每天坚持 60 min 以上中等强度运动，若运动持续时间 2 h，则运动减脂效果更好。

进行力量练习时可取最大肌力的 60% ~ 80%，重复 20 ~ 30 个 / 次，每隔 24 周增加一次运动负荷。

（4）运动频率和时间安排：减脂必须长期坚持有规律的运动才能达到较好的效果而不反弹。一般有氧运动的频率是 3 ~ 5 次 / 周，最好每天 1 次，同时可隔天进行 1 次肌力训练，时间至少达到 20 min。

（5）注意事项：运动锻炼确定运动强度前需判定心脏功能状况及有无心血管系统合并症，同时，进行心血管功能负荷试验，以确定最大心率或最大耗氧量，确保运动锻炼安全而有效。

运动减肥必须持之以恒才能达到理想效果。"吃动平衡"是减肥的最佳方法，应通过生活中各种身体活动增加总身体活动水平和能量消耗，并合理安排膳食。

2. 2 型糖尿病 糖尿病患者的主要治疗措施之一是管理体重，身体活动是体重控制的必要手段。身体活动可促进肌肉摄取葡萄糖，辅助降低血糖，有助于预防和治疗与高血糖有关的并发症；改善糖尿病患者的血脂和血压水平，提高生活质量；改善心血管功能，预防和延缓糖尿病患者心血管病的发生和发展。

糖尿病患者的身体活动管理，应在全面的疾病诊断和运动能力评估的基础上，针对个体的病情、运动能力、参考并结合有关的临床治疗措施，与患者共同制订个体化的身体活动计划。

（1）运动干预目标：糖尿病患者的运动干预目标是通过运动锻炼心肺功能，改善胰岛素敏感性，控制血糖和血脂，保持或改善肌肉功能，控制病情，预防并发症。

（2）运动形式：首选大肌肉群参与的、有节律的、持续性有氧耐力运动，如散步、快走、慢跑，打球、游泳、打太极拳、爬山、骑自行车，并结合肌肉力量练习。下肢活动受限者可进行上肢和躯干肌肉练习，如俯卧撑、撑墙、引体向上、仰卧起坐。

已有糖尿病合并症时，选择合理的运动方式有助于降低发生意外伤害的风险。如合并足部溃疡者，可选择上肢运动和下肢肌力器械练习；合并肥胖者，可选择下肢负重少的骑自行车和游泳等；合并自主神经损害或使用 β 受体阻断剂者，运动中的心率和血压反应异常，因此以自觉疲劳程度量表（rating of perceived exertion，RPE）把握运动强度更可靠。此外，功能性锻炼和体育娱乐活动，可结合生活、工作的具体条件和环境来实施。

（3）运动强度和运动时间：在没有运动禁忌，即运动能力没有受到特殊限制的情况下，糖尿病患者身体活动的推荐量基本和普通人相同。日常活动较少或风险较高者宜选择适宜强度来作为身体活动目标。总活动量的设定也应以个人病情和体质为基础。

糖尿病患者的身体活动一般应达到中等强度，即最大心率的 50% ~ 70%，在身体条件允许的情况下，每周累计进行至少 150 min 的中等强度运动，有氧运动每次至少 10 min，每周累计达到 300 min 可以获得更多健康效益。

为了保持和增强肌肉代谢血糖的功能，鼓励糖尿病患者从事各种肌肉力量训练。可以从中、低负荷开始，每组肌肉练习重复 8 ~ 10 次。随着肌肉力量的增强，负荷和重复次数可以逐渐增加。当训练负荷较大时，同一组肌肉练习应隔日进行。

（4）运动的频率及时间安排：长期坚持每天或一周数日定时进行运动锻炼是糖尿病运动干预的重要部分。运动频率需根据运动强度的大小而定，通常运动频率以每周 3 ~ 5 次为宜，能坚持每天运动 1 次最为理想。如果运动强度较大，间歇可稍长，但若间歇时间超过 3 ~ 4 天，则运动效果的蓄积作用下降，已改善的胰岛素敏感性会随之消失，难以产生疗效。

（5）注意事项：糖尿病患者的病情不同，发生运动意外伤害的风险也不同，应采取不同的运动医务监督和风险控制措施。其中首要关注的问题是防止心血管意外的发生，其次预防运动低血糖。

1）增加运动量时的进度安排：增加运动量和强度时应合理安排进度，以保证运动安全。对于运动伤害风险低的患者，运动量和强度的增加一般需要 1 ~ 2 个月；风险较高的患者则需要至少 3 ~ 6 个月。

在运动量和强度增加的过程中，应定期监测患者的运动反应和病情变化，并对运动计划做出必要的调整。对于风险高者，应多做运动前评估，需要进行运动医务监督的运动适应期需更长，运动过程中应进行更频繁的随访。

2）运动低血糖的预防：糖尿病患者参加运动初期，建议由同伴陪同，并随身携带糖果备用。如在晚上运动，应增加主食的摄入，预防发生夜间低血糖。使用胰岛素的患者，在运动前应避免将胰岛素注射于运动肌肉，最好选腹部。在初次运动和改变运动量时，应监测运动前和运动后数小时的血糖水平，如运动时间长，还应考虑运动中的监测。根据监测的血糖变化和相应的运动量，可酌情减小运动前胰岛素用量或增加主食的摄入量。运动前血糖水平若小于 100 mg/L，应进食主食 20 ~ 30 g 后再运动。有些患者运动后低血糖的影响可持续 48 h，必要时应增加运动后的血糖监测。

3）运动时的足部保护：患糖尿病多年者，因微血管和神经病变，出现足部微循环和感觉障碍。除了每天检查足部之外，为避免发生足部皮肤破溃和干扰，参加运动前也应做足部检查，特别要选择合适的鞋子和柔软的袜子。病情重者建议从事足部无负重运动，如自行车、游泳、上肢锻炼。

根据足部的病变程度，可参考表 2-9-10 的原则，采取不同的措施。

表 2-9-10 糖尿病足的分期和处理

	0 期	1 期	2 期	3 期
症状体征	无异常	感觉迟钝	感觉丧失	破溃
处理	定期检查	每天检查	限制负重活动	限制下肢运动

（刘爱萍）

第三节 咨询与行为干预

健康咨询是近年来随着人们对健康关注程度的增加而兴起的一项提供有关疾病、健康、保健、医药、康复等有关信息和专业知识的服务项目。健康咨询是为满足人们对健康的需求而提供的一种健康服务形式。

一、咨询

咨询指一个有需求的个体与一个能提供支持和鼓励的个体（健康管理师、心理咨询师、医生等）接触，通过讨论使有需求的个体获得自信并找到解决问题的办法。健康咨询是临床、保健场所帮助个体及家庭改变不良行为最常用的一种健康教育方式。健康咨询的成功与否在很大程度上取决于咨询者的交流技巧。咨询是为服务对象提供各种选择，而不是强迫对方接受你认为正确的建议。

（一）健康咨询的原则

1. 热情、真诚，建立友好、信赖的关系 咨询师应对服务对象表示出关心和爱护，建立友好的关系，取得对方的信任，有助于服务对象敞开心扉谈论自己的问题。咨询者应尊重对方，能接纳服务对象的优点和缺点，对服务对象无论男女、老幼、贫富、贵贱、美丑均一视同仁、平等交流。在咨询过程中始终保持耐心、不厌其烦；在与服务对象观点相左时，本着实事求是的态度，对事不对人。

2. 保守秘密 服务对象可能会告知咨询师自己的许多隐私，咨询师一定要替服务对象保守这些秘密，不能被其他任何人知道，这是咨询者必须恪守的基本准则，也是与服务对象保持信任关系的基本条件。

3. 鉴定需求 在咨询中通过适当询问、表达关切，注意倾听，重视语言与非语言技巧的应用。咨询师通过仔细地聆听了解到服务对象存在的问题，并让他/她自己鉴定出自身存在的问题。要避免咨询师主动指出服务对象存在的问题。

4. 共情 咨询师要设身处地地理解求助者，并通过语言和非语言技巧让求助者感到自己被理解、悦纳，只有这样才能促进服务对象的自我表达、自我探索。

5. 积极关注、调动参与 对服务对象的言语和行为的积极面予以关注，从而使服务对象拥有正向价值观，善于挖掘服务对象的潜力，实事求是，既避免盲目乐观也避免过分消极。好的咨询师帮助服务对象找出各种与其所存在问题相关的因素，并鼓励服务对象自己找出最适合自己的解决问题的办法，而不要试图劝服务对象接受你的建议。

（二）健康咨询的 5A 模式

以行为评价为基础的 5A 模式（评价、劝告、达成共识、协助、安排随访）被广泛应用于健康行为指导（图 2-9-3）。5A 模式是帮助或协助个体改变行为的一系列步骤，常用于慢性疾病健康管理或其他需要长期指导行为改变的医疗卫生服务中。

1. 评估（assess） 了解服务对象的行为现状、相关知识、技能、自信心等情况。在第一次提供咨询服务时，通过交流与观察，明确服务对象的主要健康问题与服务需求，根据评估情况指导咨询服务方案。

2. 劝告（advise） 为服务对象提供危害健康的因素、行为改变的益处等信息。通过评估，发现服务对象目前存在的问题，劝导其改变不健康的行为和生活方式。

3. 达成共识（agree） 根据服务对象的兴趣、能力共同设定一个改善健康/行为的目标。调动对方的参与意识和主观能动性，共同制订行动计划。这个计划一方面是指导服务对象建立健康生活方式或遵医行为的依据，另一方面也是后期评估咨询效果的标准。

4. 协助（assist） 让服务对象找出行动可能遇到的障碍，帮助确定正确的策略、解决问题的技巧及获得社会支持的方法。根据服务对象的实际情况及时调整服务方案，先提出容易达到的目标，再逐步提出更高的目标。

5. 安排随访（arrange） 明确下次随访的事件或方式（上门、电话、电子邮件等）。在下次咨询前，应进行服务回访，听取反馈，以评估服务对象行为或健康状况改变的效果，并作为调整咨询方案和开展下一步服务的依据。

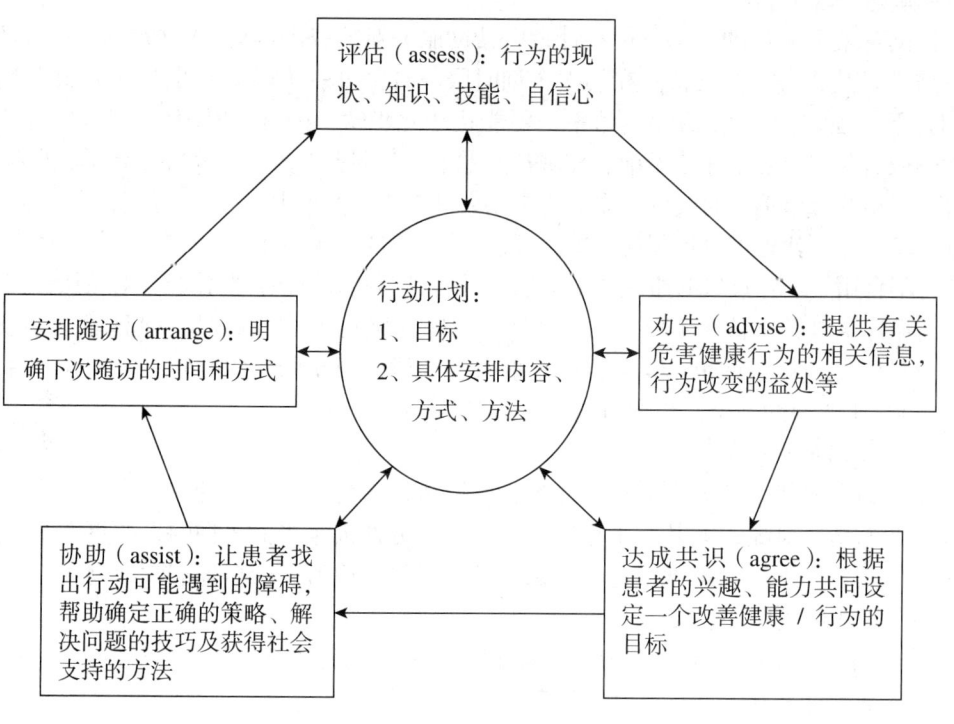

图 2-9-3　健康咨询的 5A 模式

由于 5A 模式是个闭环的模式，无论服务对象是第一次来咨询还是后续的回访，通常都需要按照评估 - 劝告 - 达成共识 - 协助 - 安排随访的顺序进行。现以减盐行为为例，介绍 5A 模式的应用。

（1）评估：初次咨询时主要通过询问了解服务对象与钠盐摄入有关的行为现状、饮食习惯，与减盐相关的知识、态度、技能、自信心等。如您的口味如何？您喜欢吃黄豆酱、甜面酱、咸菜、番茄酱、酱肉吗？您经常吃方便食品、外卖吗？您经常在外就餐吗？您自己下厨做菜吗？如何使用盐、味精、豆瓣酱等调味品？您买预包装食品时看营养标签中的钠含量吗？您知道建议成人每天吃多少盐吗？您了解哪些含盐多的食物？您了解哪些减盐技巧？您有信心控制用盐量吗？通过服务对象对上述问题的回答来评估其基本情况。如果是后续的随访，此环节也不可或缺，只是重点评估自上次咨询以来的变化。

（2）劝告：结合上述评估过程中服务对象的回答，给其提供有关钠盐相关知识及钠盐摄入过量危害健康的信息，告知其减盐的益处。例如，WHO 建议成人每天摄入少于 5 g 的钠盐；高盐食品、调味品如黄豆酱、甜面酱、咸菜、番茄酱、酱肉、香肠、味精、豆瓣酱；一些容易被忽视的隐形盐如方便面、坚果、面包、奶酪、饼干；钠盐与血压的关系是有充足的科学证据的，减少钠盐的摄入可以预防高血压，高血压患者减盐可以降低血压并在一定程度上预防脑卒中的发生。在首次咨询时，此步骤可能更倾向于"单向告知"相关知识和行为益处，但需要关注服务对象在被告知中的反馈，对于积极反馈（如认同减盐的益处）要给予鼓励，对于消极反馈（如不认同减盐的益处）要花更多的时间进行劝说。在后期随访中，此步骤可能花费得时间要比第一次少一些，

243

因为在提升知识和认知方面相对容易。

（3）达成共识：结合前面评估的结果，通过与服务对象协商，尤其通过激发服务对象自己的思考，根据服务对象的兴趣、能力共同设定一个执行减盐行为的目标。如与服务对象商量可能减盐的途径，让服务对象分析自己的情况，选择对自己来说最容易实现的一些途径，设立行为目标、用盐量目标，制订具体的减盐计划，如在家少吃咸菜、香肠、咸鸭蛋，在外就餐要求厨师少放盐，购买预包装食品时养成看营养标签中钠盐标注的习惯。在随访中此步骤需要结合服务对象的变化来明确进一步的目标。

（4）协助：就上一步的行动目标和计划，帮助服务对象找出行动可能遇到的障碍，确定应对策略、技巧，以及获得社会支持。在初次咨询时服务对象可能认识不到可能遇到的困难，但是需要给他们打下"预防针"；在后续随访中，可能花在此步骤上的咨询时间会更长，往往服务对象在某个障碍或者某些难点上止步不前。在减盐问题上，与服务对象一起分析可能面临的困难，如服务对象自己多年的习惯不容易改变，需要说服家人（配偶）做菜少放盐，需要家人一起吃口味淡的食物，点外卖、在外就餐难以控制盐量等。可以给服务对象传授一些实施技巧，如使用限盐勺、使用低钠盐、不食用菜汤；点餐时事先说明低盐，外卖订单做好备注；要让服务对象认识到减盐非一日之功，需循序渐进并坚持，不仅自己要坚持，最好有家人、朋友、同事一起结伴互相支持。

（5）安排随访：在咨询快结束时需要与服务对象明确下次随访的时间、方式（电话、电子邮件、微信等），比如预约一个月后通过电话进行随访。

（三）电话和网络咨询

现代技术的发展使得通过电话和网络进行健康咨询成为可能。患者和普通人群都可以作为电话和网络咨询的指导对象，尤其对于路途远、身体不方便前来当面咨询的人群更方便。因为咨询的人首先已经具备了学习的态度，这时如果给予一个好的解答，会对他们学习健康知识、培养健康行为起到关键的促进作用。

1. 特点 电话和网络咨询特别适用于敏感性健康问题的咨询，如艾滋病的预防和诊疗咨询、心理健康的咨询，这是基于其具有以下几个特点。

（1）经济性：通过电话和网络咨询，可以减轻路途奔波，节省时间和费用。

（2）便捷性：只要有电话和网络的支持，就可以提供健康方面或诊疗方面的咨询。

（3）匿名：被指导者可以匿名接受健康指导。

（4）可能会出现错误判断：因为指导者不能面对面地与咨询者沟通，所有信息均由被指导者通过电话或网络来提供，如果提供的信息有误，就可能会错误判断病情，因此应建议咨询者必要时及时就诊。

2. 电话和网络咨询技巧 电话和网络咨询都不是面对面的交流，表情和肢体语言不能发挥交流的作用。两者还略有不同，电话咨询一般通过声音来交流，而网络咨询通常是书面交流，因此技巧也略有不同。

（1）电话咨询技巧：由于电话咨询少了直接观察和目光接触的沟通，因此听和讲是非常重要的。声音在电话咨询中具有吸引、信服、抚慰及支持等作用。咨询师要注意以下几点。

1）语言通俗、态度友好：接听咨询电话应该语言热情友好，尽量使用服务对象能够理解的语言；其次要注意语调温和、语速中等、适当停顿，以便让服务对象说出他的主要问题。用话语表现出对服务对象的真诚，建立信任关系。

2）学会倾听并适时反馈：收集信息时要倾听对方诉说，多使用鼓励性语言，不要轻易打断对方的讲话，必要时可以适当地引导，对咨询者的讲话要适时地做出恰当的反应，明确对方要表达的内容。

3）适时记录：电话旁边应备有笔和纸，随时可以记录一些重要信息，以便能快速组织对话，并做到没有信息遗漏。

4）由浅入深：收集到一定的信息后要适度提出问题，由浅入深地引导服务对象发现问题。

5）共同分析：交谈过程中与服务对象共同分析问题症结。

6）建议性语言：提出建议时使用适当语言，切忌过分鼓动。

7）建立信心：结束咨询时要恰当运用表扬和鼓励，建立服务对象解决问题的信心。

8）对于咨询师不会回答的问题，不应勉强给予答复，应建议服务对象到专业机构及时咨询。

9）结束谈话注意礼节：电话完后必须确认服务对象是否明白，待对方确定挂电话后，再将话筒轻轻地搁上。

（2）网络咨询技巧：网络咨询是通过书面语言异地与网络用户交流的方式之一。书面语言没有动作、手势、语调、语气和语境的辅助，以及由于某些用户书面表达能力弱，因此往往不像口语表达那样轻松明白。所以除咨询的一般技巧外，还需要一些解答的技巧。

1）网络咨询解答的语言应该简洁、清晰、准确，并尽量采用规范的语言和适当的语体。

2）对于不会回答的问题，指导者不应勉强给予答复，应建议服务对象到专业机构及时咨询。

3）服务对象在网络提供的信息可能会有偏差，因此在网络咨询时咨询师给予的答复不能太绝对和肯定，应尽量想到可能发生的情况。

4）设立问答集锦。为减少咨询师对重复性问题的解答，可以将咨询解答知识库的内容制作成常见问题解答（即问答集锦）。

二、行为干预方法

（一）自我管理

当行为者本人用行为矫正法矫正自己的行为时，这个过程就称为自我管理。自我管理方法的目标是要增加现在所缺乏的行为，为行为者的将来获得积极的结果。

表 2-9-11 以饮食为例列举了一些自我管理问题中行为缺乏及行为过剩的例子。对每一种行为，目前引发的短期结果均会影响它的出现，而将来的长期结果却不会影响它出现。很多自我管理问题都存在短期结果与长期结果二者之间的矛盾。

表 2-9-11　饮食行为自我管理问题中短期结果和长期结果对比

行为现状	短期结果	长期结果
行为缺乏，如健康饮食	健康食物的价格	更健康
	准备健康食物的难度	体重减轻
	竞争行为的强化	减少便秘
行为过剩，如吃不健康食品	不健康食品的价格	蛀牙
	行为反应难度低	体重增加
		痤疮

1. 自我管理的方法

（1）目标建立：是用为自己建立目标的方法来影响将来致力于目标行为的可能性。目标建立包括写下目标行为的程度标准，以及它出现的时间范围。同时，目标建立常常与自我监督一起实施。在自我监督中，记录目标行为的出现，这将帮助你评价在取得目标的过程中的进步。

（2）前提控制法：在前提控制法中，在目标行为之前安排一些事件出现，从而影响后面目标行为的发生。

（3）行为契约：是一份写好的文件，其中包括已确定的目标行为，并对特定的时间范围所要达到的特定目标行为及其程度安排后果。

（4）安排强化和惩罚：包括没有写进契约中的相关强化或惩罚。

（5）社会支持：是出现在行为者生活中的为其他重要任务提供了目标行为的自然背景和暗示，或为目标行为的出现提供自然强化。当特意安排社会支持去辅助实现一项目标行为时，社会支持也是一种自我管理方法。

（6）自我指令及自我鼓励：是在适宜的时候，通过复诵自我指令，暗示期望行为，以此来影响自己的行为。

2. 自我调节的过程　自我管理的核心要素之一是自我调节。自我调节既是一种心理状态，也是一种心理过程，包括自我监察、自我评价、自我强化3个不同的阶段，具有递进的性质，即前一阶段是后一阶段的基础，后一阶段是前一阶段的发展。自我管理方案步骤举例见表2-9-12。

（1）自我监察：是个体仔细、周密地留意自己某种行为的表现及内心活动，获取有关自己特定行为的信息。如一位嗜酒的青年想要改变自己嗜酒的行为，首先就得自我监察，认真观察自己的喝酒行为，详细记下日常生活中喝酒的次数、酒量、行为表现及内心感受等。

（2）自我评价：是把自我监察中得到的信息与设定的评价标准加以比较并做出相应的价值判断。如上文提到的嗜酒青年对自己设定的标准是，只在周末、节假日或亲朋聚会时喝酒，而且每次不超过一定的量。当他把自我监察中观察到的行为表现与这一设定的标准进行比较，得出自己行为是否符合或在多大程度上符合这一标准的判断时，就是进行了自我评价。

（3）自我强化：即在前两个阶段的基础上，个体对自我评价的结果从认知、情感、行为倾向三方面做出相应的反应。如上文提到的嗜酒青年会因自我评价而产生认知和情绪两方面的反应，若认识到喝酒行为是可以被自己控制的，并产生对自己的满意情绪，就会使他反思自己之前的行为，即产生反馈效应，同时又会使他坚持或修正自己设定的标准以更有效地控制喝酒行为，即具有前馈效应。

表2-9-12　自我管理方案步骤举例

步骤	案例
（1）做出采用自我管理法的决定	某女大学生为了有一个满意的自我形象和长久的身体健康决定开始实行减重计划
（2）定义目标行为及竞争行为	目标行为包括：一天三顿吃食堂的饭，按时定量，保持七分饱即可；制订常规锻炼计划，一周至少锻炼4次，每次锻炼不少于40 min。竞争行为包括吃高热量零食，摄入垃圾食品，久坐不动等不良生活方式
（3）目标建立	在2个月（8周）之内减重4 kg，并维持减重后的体重
（4）自我监督	记录一日三餐饮食，不买或少买零食；列出每周锻炼计划表，每次锻炼之后在表格上记录锻炼情况等
（5）功能性评估	每周3次在同一时间段记录体重
（6）选择适宜的自我管理方法	记录与目标行为及竞争行为有关的情况，也可改变周围环境因素，如学习时，桌上放一杯水，想吃东西时以喝水代替
（7）变化评估	在每周3次同一时间段记录体重的功能性评估中，若2周内，体重没有减轻1 kg，则重新对自我管理方法评价做出必要调整
（8）重新评价自我管理方法	若在2周内，体重减轻 < 1 kg，则考虑是否在开始时就实施了不恰当的减重方法，并做出调整优化，如由体育锻炼中的日常无氧训练改为有氧与无氧训练相结合
（9）实施保持的方法	经过2个月（8周）的实践后，已达到减重目标，继续保持饮食摄入的热量和频率，以及每周4次体育锻炼；向周围人报告自己的减重成果，以激励自己坚持；保持良好的心态，养成健康的生活方式，改掉不良生活习惯

（二）认知行为疗法

认知行为疗法（cognitive behavior therapy，CBT）是由美国精神病学家贝克（A.T.Beck）教授在 20 世纪 60 年代末 70 年代初提出的一种有结构、短程、认知取向的心理治疗方法，主要针对抑郁症、焦虑症等心理疾病和不合理认知导致的心理问题。近年来，认知治疗技术已同各种行为治疗技术相结合，而形成了一种理论和实践体系——认知行为疗法。

认知是指一个人对一件事或某对象的认知和看法、对自己的看法、对人的想法、对环境的认识和对事的见解等。贝克教授称"适应不良的行为与情绪，都源于适应不良的认知"，即人的情绪来自人对所遭遇的事情的信念、评价、解释或哲学观点，而非来自事情本身。它的主要着眼点，放在患者不合理的认知问题上，通过改变患者对自己、对别人或对事物的看法与态度来改变心理问题。目前认知行为疗法已作为一种重要的治疗方式，广泛应用于 2 型糖尿病、卒中、冠心病和高血压等慢性疾病的管理，它是改变患者对疾病认知的重要方式，能纠正患者不良行为，使其自觉采纳健康的行为模式，达到控制疾病的目的。

1. **认知行为疗法的理论依据** 认知行为疗法的理论基础是认知理论和学习理论。认知理论认为人的情感、行为及其反应均与认知有关，认知是心理行为的决定因素，心理障碍的产生是由各种内部和外部的不良刺激所致，同时情绪和行为的改变也可以影响认知。认知、情绪和行为的这种相互作用可以用 ABC 理论来描述。A（activating event）代表诱发事件，如事、人、行为；B（belief）指认知，代表信念对 A 的评价、认知、理解；C（consequences）代表情绪及行为后果。该模式认为个体对事件的认知，导致了不同的情绪、行为反应，也就是说该情绪并不是直接由生活事件所决定的，而是由人们对事件本身的认知造成的。当人们不能够正确地、通过 ABC 理论认识客观世界时，就会产生精神症状，可通过改变人的认知和由认知形成的观念，纠正患者的心理障碍和消极情绪。学习理论则认为人的一切行为，包括适应性行为和习惯，都可以通过学习获得，消极反应及不良行为也可以通过学习得到矫正。因此，以学习心理学为依据，通过对学习的适当奖惩、调控患者行为，达到消除不良行为，建立良好行为的目的。

2. **认知行为疗法的特点** CBT 是一组通过改变思维或信念和行为的方法来改变不良认知，达到消除不良情绪和行为的短程心理治疗方法，此法强调认知活动在心理或行为问题的发生和转归上起着非常重要作用，并且在治疗过程中既采用各种认知矫正技术，又采用行为治疗技术，治疗具有积极、主动、指导性、整体性和时间短等特点，适用于各种心理障碍，如抑郁。该疗法操作简便，节约时间，见效快，可减少复发次数，降低复发率。其简便性取决于良好的可操作性和家庭作业式的治疗方式，即每次心理治疗后留下作业，鼓励患者用做作业的方式配合和深化治疗，从而强化治疗效果。采用引导式的教育方法，重点不在于纠正患者的不良行为本身，而在于纠正对自己、他人、周围环境及事物的不合理信念。

3. **认知行为疗法的实施** 包括 4 个环节，从认知、行为两方面进行干预。4 个环节包括形成心理定势、检视消极的自动性思想、确定失调观念、实施干预。认知方面的干预包括设想证据是否充分、设想从其他角度考虑、设想最糟会发生什么、设想自己还能做些什么。行为方面的干预包括对活动作时间安排、对活动做持续评定、布置能完成的作业。

认知行为疗法的干预要求主要包括通过改变失调思维来进行干预，力争在较短时间内完成干预过程，建立具有合作和教育特征的治疗关系，干预过程中不断进行评定，干预后个体能保持有关技能。认知行为疗法基本技术包括认知技术和行为技术。

（1）认知技术：主要包括帮助患者认知自动思维，即应用 ABC 理论向患者阐述激发事件与患者的异常反应之间存在信念的作用，从而帮助患者认知到自动思维的存在和影响；举例阐述患者的歪曲认识，从而提高其认知水平，矫正错误思想；改变患者的极端信念；帮助患者进行检验假设，帮助患者认识事实，发现自身对事物的认知歪曲和消极片面的态度；积极自我对话法，是要求患者对自己的消极思想，提出积极的想法；家庭作业法，是让患者以记笔记的形式记录自己

第二篇 基本流程与技能

的思维及自己对这些思维的分析，从而达到纠正错误认知的办法。

（2）行为技术：主要有日常活动计划，安排给患者一些能完成的活动，每天、每小时都有计划和任务，活动的难度和要求随患者的能力和心情的改善而提高；活动难易程度与感受评估技术，常与日常活动计划相结合，采用让患者填写日常活动记录的形式，使患者发现问题、分析问题并鼓励其解决问题；放松训练方法，是按照一定的顺序在音乐的配合下，指导患者一次放松一定的部位，让其充分体验紧张和放松的感受（表2-9-13）。

表2-9-13 认知行为疗法（CBT）在慢性疾病患者中的应用实例

应用CBT提高慢性疾病患者疾病认知水平和改善负性情绪		CBT对社区糖尿病患者自我管理效能及生活质量的影响
起始阶段：交流与评估	（1）建立良好的咨询关系：第1天进行。首先通过共情、劝说等形式与患者及家属交谈，取得信赖，建立友好关系，再向其介绍认知行为干预的理论及意义，以取得配合，使其认识到提高认知、参与自我管理是健康维护的主要手段，从而乐意接受这种新理念	初始阶段：通过与患者交流了解其对疾病相关知识的掌握情况、心理状态、目前对疾病治疗的信念情况，并通过讲座的形式讲述糖尿病定义、病因、发生因素，以及并发症等，建立战胜疾病的信念；与患者共情交流，耐心回答患者提出的问题，建立信任的医患关系，评估患者的生活环境、社会支持情况、问题和不良信念情况；医师耐心与患者交谈，帮助患者疏泄负性情绪，缓解抑郁、焦虑等不良情绪
	（2）评估和调查：第2～3天进行。应用疾病认知水平评价表和情绪自评量表对患者进行疾病认知水平和主观感受的评价。疾病认知水平评价表的内容包括患者对所患疾病的症状、药物治疗及饮食、运动等相关知识的了解程度，分数越高说明了解程度越高。通过抑郁自评量表（SDS）和焦虑自评量表（SAS）评定患者的情绪，为制定干预措施提供依据	
干预阶段：认知技术与行为技术	（3）认知行为干预：第4～10天进行。向患者及家属发放健康手册，如《慢性疾病康复指南》，指出患者养成良好生活习惯对防病治病的意义。采用适当的营养饮食和保持运动是健康生活的准则，每天定时进行体育锻炼可加速血液循环，提高机体免疫力，有利于加强心肺功能，还可促进消化和睡眠。利用小课堂的形式进行授课，卧床患者实行一对一床边教育。干预时间为每次30～40 min，每日干预1次，出院后继续保持联系，通过网络平台或电话通信干预，干预时间为1周	中间阶段：根据患者的评估结果设计个体化治疗方案、制订运动计划（有氧运动、快走、上下楼梯、踩自行车等）、制作饮食食谱（少进食高胆固醇食物、少喝浓茶、戒烟戒酒），帮助患者纠正不良的生活方式或习惯。医师指导患者练习调息法、肌肉放松法、冥想，布置家庭作业，每天练习3次，每次20～30 min，发放练习记录卡，并运动后在手机APP上完成打卡；每次练习完成之后询问患者自身感受，帮助患者明白目前正在发生的变化，去除消极想法并树立乐观的治疗信念。帮助患者建立新的认知模式，纠正以往认知偏差，通过行为训练改善患者的心理应激反应和转移注意力；鼓励患者分享其治疗期间的心得体会，促进患者之间相互交流，增强治疗信心
	（4）行为疗法：第11～30天进行。给每位患者发放一本《健康生活习惯记事卡》，让患者建立服药日志，养成勤记录的习惯，如记录服药的药名、剂量、次数及用药后反应；在《健康生活习惯记事卡》上，对照个人日常行为每天在表格对应项目上打钩，提醒自己按时服药、完成当天的运动量、按时作息、饮食定量，做到有规律的生活；在《健康生活习惯记事卡》上填写自测的脉搏（心率）、血压、血糖、血脂、体重等指标；让患者把个人的治病经过和感受充分表达，以文字形式写在记事卡上，供患者传阅、鞭策自己、激励他人，提升信心	
终末阶段：效果评价	（5）评价效果：课题组护士负责效果跟进，了解干预1个月后患者对疾病的认知水平有无提高和负性情绪有无改善，以评价干预是否有效。对效果不理想者，分析原因，改进措施，采取正性强化干预方法	末期阶段：总结、巩固、温习强化治疗效果，讨论患者存在的健康教育问题并给出总结性回答，通常持续6个月。

（孙昕霙）

248

健康指导 / 第九章

第四节 成瘾行为干预

一、戒烟指导

（一）烟草依赖的表现与诊断

1. 烟草依赖的临床表现 烟草依赖是一种慢性高复发性疾病，其本质是尼古丁依赖，吸烟是迅速、有效地将尼古丁摄入身体的方法。吸烟者对尼古丁产生依赖后，会表现在躯体依赖和心理依赖两方面。

心理依赖又称精神依赖，俗称"心瘾"，表现为主观上强烈渴求吸烟和强迫性觅药行为。

躯体依赖表现为耐受性增加和戒断症状，行为上表现为失去控制，具体表现为以下3方面。

（1）耐受性增加：多数吸烟者在首次吸烟时不能适应烟草的味道，因此在开始吸烟的一段时间内，烟量并不大。但随着烟龄的增加，烟量也会逐渐增多。

（2）戒断症状：吸烟者在停止吸烟或减少吸烟量后，由于体内尼古丁水平迅速下降，会出现一系列难以忍受的戒断症状，包括渴求、焦虑、抑郁、不安、头痛、唾液腺分泌增加、注意力不集中、睡眠障碍、血压升高和心率加快等，部分患者还会出现体重增加。一般情况下，戒断症状可在停止吸烟后数小时开始出现，在停用烟草后的前14天内最为强烈，之后逐渐减轻，直至消失。大多数吸烟者的戒断症状持续1个月左右，也有一些患者对烟草的渴求会持续1年以上（表2-9-14）。明尼苏达烟草戒断症状量表可以用来评价戒烟者在过去1天之内的感受，连续评分可以观察到戒烟者的戒断症状的动态变化（表2-9-15）。

表 2-9-14 烟草戒断症状及持续时间

戒断症状	持续时间
易激惹	＜4周
抑郁	＜4周
不安	＜4周
注意力不集中	＜2周
食欲增加	＞10周
睡眠障碍	＜1周
吸烟渴求	＞2周

表 2-9-15 明尼苏达烟草戒断症状量表

项目	评分	项目	评分
吸烟的冲动		焦虑	
易激惹、受挫感或生气		坐立不安	
难以集中注意力		入睡困难	
食欲增加		睡眠易醒	
情绪低落			

注：以上各项为戒烟者在过去一天中的感受，以0~4分计分。完全没有为0分，轻微为1分，中度为2分，严重为3分，非常严重为4分。

（3）失去控制：烟草依赖是一种慢性高复发性疾病，多数吸烟者在戒烟后会有复吸的经历，

249

| 第二篇 | 基本流程与技能 |

这是一种常见现象。多数烟草依赖患者知道吸烟的危害，并有意愿戒烟或控制烟量，但经多次尝试往往以失败告终，部分吸烟者甚至在罹患吸烟相关疾病后仍不能控制自己，无法做到彻底戒烟。在仅凭毅力戒烟的吸烟者中，只有不到 3% 的吸烟者能在戒烟后维持 1 年不吸烟。国外研究发现，吸烟者在戒烟成功之前，平均会尝试 6 ～ 9 次戒烟。

2. 烟草依赖的诊断及程度评估　烟草依赖的诊断主要依据可靠的吸食烟草史，临床症状与体征（戒断症状），通过实验室血、唾液或尿中的尼古丁及其代谢产物检查及烟草依赖评定量表来综合判断。按照世界卫生组织国际疾病分类 ICD-10 诊断标准，确诊烟草依赖综合征通常需要在过去 1 年内体验过或表现出下列 6 条中的至少 3 条：①对吸烟的强烈渴望或冲动感；②对吸烟行为的开始、结束的表现及剂量难以控制；③当吸烟被终止或减少时出现生理戒断状态，主要表现为坐立不安、注意力不集中、焦虑、抑郁、易激惹、失眠及心率减慢、食欲增加等；④耐受的依据，例如必须使用较高剂量的烟草才能获得过去较低剂量的效应；⑤因吸烟逐渐忽视其他的快乐或兴趣，在获取、使用烟草或从其作用中恢复过来所花费的时间逐渐增加；⑥固执地吸烟，不顾其明显的危害性后果，发现过度吸烟引起相关疾病后仍然继续吸烟。

依赖程度可根据吸烟量、戒断症状严重程度、临床评定量表得分判定。目前，临床评定量表使用较多的是 Fagerström 尼古丁依赖性评估量表（Fagerström test for nicotine dependence，FTND），借用此表对吸烟者进行烟草依赖的初步评估（表 2-9-16）。其中第 1 题和第 4 题结合起来也可以评定出吸烟严重度指数（heaviness of smoking index，HSI），≥ 4 分为重度烟草依赖。HSI 的累计分值越高，说明吸烟者的烟草依赖程度越严重，该吸烟者从强化戒烟干预，特别是戒烟药物治疗中获益的可能性越大。

表 2-9-16　Fagerström 尼古丁依赖性评估量表

（Fagerström test for nicotine dependence，FTND）

评估内容	评分			
	0	1	2	3
1. 您早晨醒来后多长时间吸第一支烟？	> 60 min	31 ～ 60 min	6 ～ 30 min	≤ 5min
2. 您是否在禁烟场所很难控制吸烟的需求吗？	否	是		
3. 您认为哪一支烟最不愿意放弃？	其他时间	早晨第一支		
4. 您每天吸多少支卷烟？	≤ 10 支	11 ～ 20 支	21 ～ 30 支	> 30 支
5. 您早晨醒来后第一个小时是否比其他时间吸烟更多？	否	是		
6. 您卧病在床时仍旧吸烟吗？	否	是		

注：0 ～ 3 分为轻度依赖，4 ～ 6 分为中度依赖，≥ 7 分提示重度依赖。

（二）烟草依赖干预

烟草依赖行为是个人、心理、社会问题共同作用的结果，因此戒烟需要个人、家庭和社会共同协作。目前针对个体采取的戒烟方法主要包括简短戒烟干预、五日戒烟法、戒烟热线干预、药物干预等，联合干预较单一干预的戒烟效果更佳。国家、社区及社会各部门也要在政策、经济、教育等领域共同发力，以加强控烟治理与健康促进。戒烟是一个递增的、阶段性的过程，预防复吸至关重要。随着我国进入移动互联网时代，基于移动通信和网络技术的新兴技术——移动健康，为提高居民戒烟意识和戒烟成功率提供了全新的视角。

1. 简短戒烟干预　国外研究表明，70% 的吸烟者每年至少在医院就诊一次，所以医生有机会接触吸烟者并向他们提供简短戒烟干预。简短戒烟干预需要医生根据吸烟者所处的行为阶段，为其提供简短的戒烟建议和帮助。戒烟咨询可以当面进行，也可以在电话、手机或网络中进行，

健康指导 / 第九章

医生可以在多个疗程中接触吸烟者，即使是短至 3 min 的干预也能明显提高戒烟成功率。

目前常以"5R"法增强暂无戒烟意愿者的戒烟动机，用"5A"法帮助有戒烟意愿者戒烟。这些步骤都很简单，一般耗时不超过 3 min（表 2-9-17）。

"5R"包括：

- 相关（relevance） 使吸烟者认识到戒烟与其自身和家人的健康密切相关。
- 危害（risk） 使吸烟者认识到吸烟的严重健康危害。
- 益处（rewards） 使吸烟者充分认识到戒烟的健康益处。
- 障碍（roadblocks） 使吸烟者知晓和预估戒烟过程中可能会遇到的问题和障碍。同时，让他们了解现有的戒烟干预方法（如咨询和药物）可以帮助克服这些障碍。
- 反复（repetition） 反复对吸烟者进行上述戒烟动机干预。

"5A"包括：

- 询问（ask）是否吸烟。
- 建议（advise）戒烟。
- 评估（assess）戒烟意愿。
- 帮助（assist）想戒烟的吸烟者进行戒烟尝试。
- 安排随访（arrange follow-up），预防复吸。

此外，以 5A 方案为基础制定的三步法更为精简，可以使医生在繁忙工作之余迅速对吸烟患者做出简短戒烟干预。其步骤包括：

- 询问（ask） 遇到每个患者都需询问其烟草使用情况。
- 帮助（assist） 告知患者戒烟的好处并适当提供戒烟药物处方。
- 转介（refer） 向患者推荐适当的资源以帮助他们实现戒烟目标。

表 2-9-17　帮助愿意戒烟者的简短戒烟干预——5A 法

措施	实施策略
策略 A1：询问（ask）——系统识别所有来访者是否为吸烟者	
确保所有患者在所有医疗机构就诊时都能够被询问并记录他们的吸烟情况	在患者的病例或电子病历中记录，例如："烟草使用：现在 曾经 从不（请圈出）"
策略 A2：建议（advise）——强烈建议所有的吸烟者必须戒烟	
使用明确、强烈及个体化的方式建议所有吸烟者戒烟	例如： （1）明确指出：吸烟可导致多种疾病，吸低焦油卷烟、中草药卷烟同样有害健康，偶尔吸烟也有害健康，任何年龄戒烟均可获益，戒烟越早越好，如"您现在必须戒烟？""当您生病了再戒烟就晚了。" （2）强烈建议：现在必须戒烟，戒烟是为健康所做的最重要的事情之一 （3）个体化劝诫：将吸烟与就医者最关心的问题联系起来，如目前的症状、对健康的忧虑、经济花费、二手烟暴露对家庭成员及他人的不良影响等
策略 A3：评估（assess）——明确患者的戒烟意愿	
评估每位吸烟者的戒烟意愿	评估吸烟者的戒烟意愿："您想试试戒烟吗？" （1）如果患者有戒烟意愿，应提供进一步的帮助 1）如果患者想进行强化治疗，应给予相应的治疗或是联系 / 推荐至戒烟门诊 2）如果患者属特殊人群（如青少年、孕妇）应考虑提供更多的相关信息 （2）如果患者明确表示这次不想戒烟，应给予适当的干预措施，以增加其在未来产生戒烟想法的可能

续表

措施	实施策略
策略 A4：帮助（assist）——提供戒烟药物及咨询治疗	
1. 帮助患者制订戒烟计划	患者戒烟之前的准备： （1）设定戒烟日，戒烟日应在 2 周之内选定 （2）告诉家人、朋友、同事自己戒烟的事情，并获得他们的理解和支持 （3）预测在即将进行的戒烟尝试中可能出现的挑战，如尼古丁戒断症状，特别是在最初的几周内 （4）处理周围与烟草有关的全部物品，使家中、工作地点等成为无烟的环境
2. 推荐患者使用戒烟药物（孕妇、少量吸烟者及青少年除外）	向患者解释药物增加戒烟成功率和减轻戒断症状的原理。一线推荐药物包括尼古丁咀嚼胶、尼古丁贴片、盐酸安非他酮缓释片及伐尼克兰
3. 向患者提供实用的戒烟咨询（如何解决问题 / 技能训练）	（1）戒断：应尽量争取完全戒断，不要在戒烟日之后再试图吸烟 （2）以前戒烟的经验：识别以前戒烟时对自己有帮助，以及有阻碍的情况 （3）在尝试戒烟前，识别吸烟诱发因素或可能遇到的问题：讨论患者戒烟时可能遇到的问题及处理方法，如避免吸烟诱惑、改变生活习惯 （4）控制吸烟欲望：改变与吸烟密切相关的生活行为习惯，如改变清晨的行为顺序，先洗漱吃饭，再上卫生间；建立一些补偿行为，可借用一些替代物，如饮水、咀嚼无糖口香糖 （5）饮酒：由于饮酒与复吸有关，因此患者在戒烟期间应该限酒或戒酒 （6）家庭中的其他吸烟者：家庭中有其他吸烟者的患者戒烟会更加困难。患者应鼓励家中其他的吸烟者共同戒烟或要求他们不在自己面前吸烟
4. 向患者提供支持	向患者提供医疗支持，鼓励患者尝试戒烟，如"我的同事和我都会帮助您戒烟的。""我推荐的治疗方法对您戒烟会有很大帮助！"
5. 向患者提供资料，包括戒烟热线的信息	通过政府或非政府组织、网络为患者提供，全国戒烟热线 400-888-5531、400-808-5531，卫生热线 12320
策略 A5：安排随访（arrange follow-up）	
安排随访，包括门诊随访和电话随访	（1）时间：第一次随访一般是戒烟后第 1 周之内，第二次随访可以在 1 月以内，应安排随访至少 6 个月，6 个月内随访次数不宜少于 6 次 （2）随访时进行的工作：识别所有患者已经出现及可能出现的问题，评估戒烟药物的效果，给予患者戒烟热线支持（400-888-5531），记录患者的吸烟情况 （3）对于已经成功戒烟的患者要给予祝贺 （4）对于仍然吸烟的患者要分析他们戒烟失败的原因并重新治疗

此外，医生需要对于已戒烟者采取措施以防止复吸。复吸多发生在戒烟后较短的时间内，但戒烟数月后甚至数年后仍可发生复吸。因此：

- 对于开始戒烟者，医生应给予充分肯定，并强调戒烟对健康的巨大益处，并帮助他们解决戒烟中遇到的问题。
- 医生应持续关注戒烟者的戒烟进程，并告知戒烟者若出现复吸倾向应主动向医生寻求帮助。
- 对戒烟成功者，医生可与他们探讨戒烟的经验，进一步巩固戒烟状态。
- 告诫戒烟成功者可能还会遇到诱导其复吸的因素，应有所戒备并加以抵制。
- 告知戒烟者如有复吸发生，应尽早报告医生以获得及时干预，不要"羞于"报告。

2. 五日戒烟法　该方法目前在国际上很流行，被大量的实践证明是有效的，而且可操作性较强。

第一日：为准备阶段。充分认识吸烟的多种危害，增强戒烟的决心。当日尽可能不要和那些仍在吸烟的人在一起。一日三餐以水果或水果汁为主食，少吃肉、鱼、鸡类食物，不要摄入咖啡、酒类及辛辣食物。睡觉前散一次步做一次深呼吸，比平时早一点时间上床休息。

第二日：开始戒烟。醒来的第一件事就是用意志力对自己再次强调"我今天选择不抽烟"。在早餐前喝一大杯水并洗澡，用湿毛巾擦皮肤，以促进血液循环，保持头脑清醒。食物仍以水果为主，避免食用油炸和肉类食品。

第三日：两天没吸烟，对瘾君子来说，会出现头痛、口感、咳嗽刺痛感、焦虑或抑郁、腹泻或便秘等不适症状。此时可以选择喜欢的运动项目，洗热水澡，多喝果汁、开水，同时让自己的精神放松。

第四日：对付"尼古丁"。重度吸烟者会"尼古丁"成瘾，可以用饮料和茶水淡化，为了避免各种饮料、茶的刺激，可以选择菊花茶或茉莉花茶替代。同时要进行适当锻炼，可选择走路、骑自行车等方式，以放松自己并增加能量消耗。

第五日：防止复吸。这时最关键的是要为自己选择戒烟而感到骄傲，要有意识地远离吸烟人群，控制自己的食量。同时丰富自己的业余生活，娱乐、看电影、运动等。

虽然五日戒烟法便于操作，但实施前仍需要做认真的心理建设和必要的物质准备，争取戒烟成功。做到从一个"五日戒烟"，到多个"五日戒烟"，从此天天都是戒烟日。

3. 戒烟热线干预 戒烟热线是世界卫生组织推荐的一项戒烟服务措施，包括主动咨询和被动咨询服务，具有灵活便捷、服务对象广、个性化、符合成本效益的优势，自 21 世纪起在国内外迅速发展。我国开通了"12320"戒烟热线服务和"400-808-5531"专业戒烟热线，通过电话咨询为吸烟者提供即时戒烟指导、帮助其处理戒断症状、并提供心理支持。

戒烟热线的基本干预周期为 3～4 周，咨询服务包括 4～5 个电话，涵盖戒烟前（1 次）、戒烟中（3 次）及戒烟后（1 次）。咨询师会首先对咨询者的吸烟行为和戒烟意愿进行评估，随后提供一系列的戒烟咨询服务，包括增强戒烟动机、帮助制订及调整戒烟计划、设立戒烟日、强化戒烟动机、防止复吸等。此外，根据需要还可增设家庭禁烟干预服务，以帮助烟民与家庭成员一起创建无烟家庭。一项 Cochrane 系统评价表明，戒烟热线可增强戒烟动机及戒烟率。提供戒烟热线可将主动咨询者的戒烟机会从 7% 增加到 10%，可将被动咨询者的戒烟机会从 11% 增加到 14%；与仅接受一次电话咨询的吸烟者相比，接受 3～5 次电话咨询的吸烟者戒烟率更高（RR：1.27，95%，CI：1.12～1.44）。此外，国内研究表明，与单一心理行为干预相比，戒烟热线联合心理行为干预的戒烟效果更好，戒烟率显著提高。今后应进一步普及戒烟热线，加强人群针对性和服务专业性，强调戒烟热线与行为心理、药物的联合干预模式，以优化戒烟服务，提高人群戒烟率。

4. 戒烟药物干预 戒烟药物可以缓解戒断症状，辅助有戒烟意愿的吸烟者提高戒烟成功率。不是所有吸烟者都需要使用戒烟药物才能成功戒烟，但医生应向每一位希望获得戒烟帮助的吸烟者提供有效戒烟药物的信息。对于存在药物禁忌或使用戒烟药物后疗效尚不明确的人群（如非燃吸烟草制品使用者、少量吸烟者、孕妇、哺乳期妇女及未成年人），目前尚不推荐使用戒烟药物。

2008 年美国卫生与公众服务部颁布的《烟草使用和依赖治疗的新版临床实践指南》推荐了 7 种能够有效增加长期戒烟效果的一线临床戒烟用药，包括 5 种烟碱替代疗法（nicotine replacement therapy，NRT）的戒烟药（尼古丁咀嚼胶、尼古丁吸入剂、尼古丁口含片、尼古丁鼻喷剂和尼古丁贴剂）和 2 种非尼古丁类戒烟药（盐酸安非他酮缓释片和伐尼克兰）。指南还推荐了 2 种二线戒烟药物，为可乐定和去甲替林，目前这两种药在临床上很少应用。我国目前的一线戒烟药物有非处方药——尼古丁贴片和尼古丁咀嚼胶；处方药——盐酸安非他酮缓释片（一种具有多巴胺能和去甲肾上腺素能的抗抑郁剂）和伐尼克兰（尼古丁乙酰胆碱受体的部分激动剂）。盐酸安非他酮缓释片和伐尼克兰存在一些禁忌证和需要慎用的情况，医生应严格依照说明书指导戒烟者使用。

5. 基于移动健康的戒烟干预 世界卫生组织将移动健康定义为通过移动通信技术，如移动电话、计算机和卫星通信等方式来提供医疗服务和信息。移动健康具有灵活便捷、范围广、个性化的优势，符合成本效益，可提高卫生公平性和可及性，为全球烟草控制，尤其是中低收入国家的烟草控制提供了新的解决办法。

（1）短信戒烟干预：戒烟短信可提供戒烟建议、戒烟鼓励，以及有效的戒烟策略和应对技巧，其有效机制可能通过作用于社会心理过程，增强吸烟者对戒烟的社会支持的感知，提高戒烟技能和自我效能，从而改善患者吸烟状况，提高长期戒烟率，这为医疗资源薄弱地区的戒烟干预提供了有效的切入点。自 2013 年起，美国近一半戒烟热线开始提供短信服务，英国也于 2014 年将戒烟短信纳入常规临床戒烟治疗。世界卫生组织联合国际电信联盟推出的"Be He@lthy，Be Mobile"项目，已帮助包括哥斯达黎加、突尼斯和印度在内的多个国家建立了用于戒烟的国家短信计划。美国国家癌症研究所还提供了 SmokefreeTXT 计划（smokefree.gov/smokefreetxt），为成年男性、女性、青少年、军人、老年人提供个性化短信戒烟服务。系统分析表明，基于手机短信的戒烟干预措施与最低限度的戒烟支持相比戒烟率更高（RR：1.54，95% CI：1.19 ~ 2.00）。一项在我国 30 个省市开展的随机对照试验表明，基于认知行为理论的"快乐戒烟"短信服务可使接受高频信息的吸烟者 4 周持续戒烟率达到 6.5%（OR：3.51，95% CI：1.64 ~ 7.55），使低频信息组达到 6.0%（OR：3.21，95% CI：1.36 ~ 7.54），而不接受短信干预的吸烟者 4 周持续戒烟率仅为 1.9%。

（2）手机戒烟软件（APP）的应用：除手机戒烟短信外，手机戒烟 APP 在提高戒烟率方面也得到了循证支持。

Smoke Free 是一项被广泛使用的手机戒烟 APP，每月有 130000 名新用户，目前下载量已超过 400 万次。该软件基于行为转变理论，界面包括"控制面板（dashboard）"：计算少花了多少钱购买香烟，以及少吸了多少支香烟；记录戒烟时间；显示戒烟依赖的健康改善情况（如脉搏率、氧气水平、一氧化碳水平）；"徽章（badges）"：向不吸烟的用户颁发虚拟徽章；"日记（diary）"：记录用户吸烟的频率、强度、位置和触发因素；"渴求（cravings）"：利用图标将用户吸烟的频率、位置、强度和触发因素实现可视化；"任务（missions）"：自戒烟日开始分配每日戒烟任务；"聊天机器人（chatbot）"：类似于短信对话界面，可向吸烟者提供戒烟循证指导。随机对照试验表明，应用完整版 Smoke Free 的吸烟者，自我报告的 3 个月连续戒烟率高于简化版 Smoke Free 的使用者，Smoke Free 的长期有效性目前也正被进一步验证。

日本金泽大学的 Akihiro Nomura 等人研发了一款戒烟手机程序"CureApp Smoking Cessation"（CASC），该软件包括患者端的智能手机应用程序 CureApp 和医生端的患者网络管理软件，并配备了移动式一氧化碳（CO）检测装置以提高戒烟治疗的效果。吸烟者可以每天花几分钟时间观看戒烟视频教程、记录戒烟日记、和人工智能（AI）护士聊天，并每天通过移动一氧化碳检查器检测呼出的 CO 浓度。戒烟医生将通过云系统跟踪患者呼出的 CO 浓度和身体状况，并在患者就诊时针对性地调整戒烟计划。随机对照试验显示，CASC 显著提高了吸烟者的持续戒烟率（CAR）（9 ~ 24 周 CAR：OR 1.73，95%CI 1.24 ~ 2.42；9 ~ 52 周 CAR：OR 1.55，95% CI 1.11 ~ 2.16），具有良好的应用价值。

（3）微信：微信自 2011 年首次发布以来，一直是我国最受欢迎的即时社交应用。微信可通过个人联系或微信群实现文本、音视频和位置信息的交换，其界面的微信公众号（包括服务号、订阅号和小程序）可通过群发推送、自动服务、一对一交流的方式传递信息，实现一对多的媒体性行为活动。

一项基于微信的戒烟干预项目（SCAMPI 计划）在 80 名中国男性戒烟者中被初步证明有效，这项计划基于行为改变框架和《中国临床戒烟指南（2015 版）》，具体的干预功能包括为用户制订的戒烟计划，记录戒烟收益的计算器；记录戒烟进度的日历，促进戒烟的游戏，提供有关吸烟危害的信息，帮助用户克服吸烟冲动的激励信息，评估用户尼古丁依赖程度和肺部健康的标准化测试，建立用户社会支持的社交平台。随机对照试验显示干预组的 6 周戒烟率高于对照组（*RR*：5，95%*CI*：1.2 ~ 21.4），参与者对该项目的满意度为 4.56（满分 5.00），未来仍需大样本长时间的随访以进一步确定其有效性。此外，浙江大学邵逸夫医院廖艳辉团队开发了基于认知行为理论（CBT）的"WeChat WeQuit"戒烟程序，以及基于 CBT 和中国临床戒烟指南的戒烟手机 APP，旨在将认知行为理论和行为改变技术融入个性化戒烟支持和社交技能培训中，以转换吸烟者与吸烟有关的思想、知识和行为，提高吸烟者自我效能及社会支持，从而将吸烟行为转变为戒烟行为。程序内容包括个性化的戒烟任务，记录每日吸烟行为、香烟消费的数目及吸入量，记录戒烟的益处，每日推送激励信息及戒烟技巧，记录健康状况（如血氧水平）。基于手机 APP 的戒烟干预在我国戒烟领域具有光明的前景，有助于提高人群控烟意识、降低人群吸烟率。

6. 戒烟联合干预　循证研究表明，药物治疗结合行为心理治疗是戒烟最有效的方法，联合治疗可以有效弥补单一治疗的局限性，帮助戒烟者解除生理上的不适感，并且增强戒烟动机。一项网状荟萃分析评价了不同戒烟干预模式的戒烟效果，结果表明联合干预效果显著优于单一干预。其中，5A+5R 联合伐尼克兰干预效果最好，其次为心理干预联合伐尼克兰。总体效果排序为：5A+5R 联合伐尼克兰 > 心理干预联合伐尼克兰 > 伐尼克兰 > 心理干预 > 尼古丁替代疗法 > 5A+5R > 常规健康戒烟干预 > 空白对照 > 干戒法。此外，一项随机临床试验表明，采用联合疗法——包括入院询问吸烟动机，应用尼古丁贴剂，出院提供免费戒烟热线、戒烟短信、线上戒烟服务及自动提醒服务，可显著提高精神障碍住院患者的戒烟成功率。利用即时通信软件 WhatsApp 及人工智能机器人（chatbot）结合尼古丁替代疗法样品（NRT-S）也可提升戒烟率。

戒烟一般要经历从"没有想过戒烟"到"完全戒烟"的过程。因此，对于戒烟干预的结果，不应简单地理解为"戒"或"没戒"，而是递增的、阶段性的"成功"过程（图 2-9-4）。多数吸烟者会经历全部或大部分的戒烟阶段，最后才完全成功戒烟。因此，专业人员要帮助每个吸烟者解决戒烟各阶段遇到的问题，最终成功戒烟。

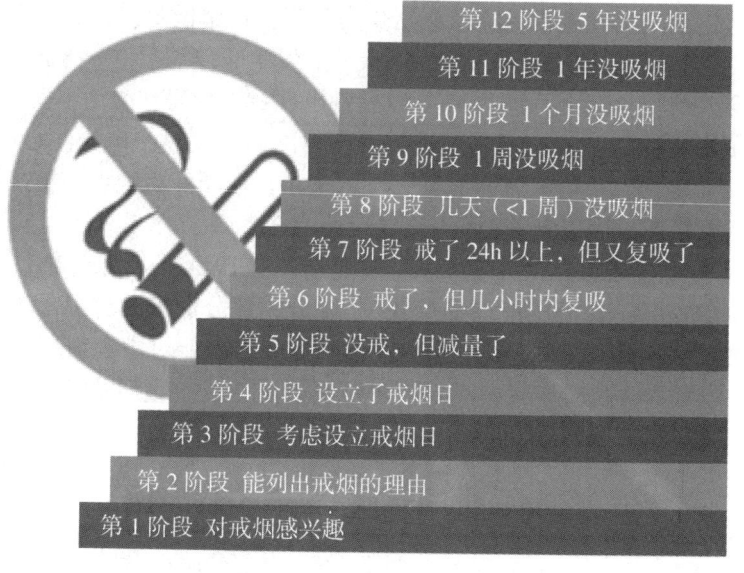

图 2-9-4　成功戒烟的 12 个阶段

二、限制饮酒指导

（一）酒精依赖患者的特点与临床表现

1. 酒精依赖患者的特点　酒精依赖是饮酒者的特殊心理生物学状态，并非由于医疗上的需要，而是为了得到饮酒后精神上的特殊快感，而持续地或周期性地出现非饮酒不可的渴望，以体验酒的心理效应，有时也是为了消除戒断造成的不快感。这种患者饮酒无法自控，在安排各种活动时首先想到的是饮酒，而且是不顾个人身体健康及不管是否对社会造成不良后果的饮酒方式。

酒精依赖患者具有以下饮酒特点，

（1）晨饮：在人们日常生活中很少有人会早晨饮酒，但是酒精依赖患者早起后第一件事就是喝酒，因为经过一夜的代谢，血中的酒精浓度下降，患者因此会出现心烦、手抖、恶心、干呕等戒断症状。为了缓解戒断症状不得不饮酒。

（2）偷喝酒：因为躯体对酒已经形成依赖，怕戒酒综合征出现而想喝或不得不喝，但又怕引起家人不满或伤害家人，所以只能偷喝，不让家人知道。

（3）独自饮酒，自斟自饮：酒精依赖患者因长期酗酒会出现人格改变，变得以自我为中心，朋友越来越少，朋友也尽可能地回避与其共饮，免得引起不必要的麻烦。而且患者怕在外喝醉后失态、让人耻笑或出意外，所以即使在外饮酒也会控制饮酒量，回家再自斟自饮喝个够，最后酒精依赖患者生活的中心就是饮酒，不会对社交保持兴趣，长此以往则越来越脱离社会。

（4）饮酒没有时间性：随酒精中毒加重及年龄的增长，其耐受性降低，酒量有所下降，为达到原来酒量期待的效果，故通过增加饮酒次数来实现，过一会儿喝一些，想喝就喝。

2. 酒精依赖的临床表现

（1）酒精依赖综合征：是指患者长时间大量饮酒，对酒精具有难以控制的渴望，早期并没有出现明显的躯体症状，当发展严重时，患者恐惧戒断症状出现，表现出强烈的饮酒渴求，导致不可控制即酒瘾。其躯体上往往存在酒糟鼻、肝大、周围神经损害等症状。精神上可表现为对酒精极度渴望，因为饮酒忽略生活中很多重要的事情，但患者对饮酒问题仅轻描淡写，甚至拒绝主动戒酒且存在强烈的抵触情绪。化验检查可能提示为血液乙醇浓度升高、肝功能异常、贫血、低蛋白血症、心肌酶升高等改变。

（2）戒断综合征：纵酒多年后，一旦中断饮酒，会出现多种临床症状，一般分为早期戒断症状和后期戒断症状。最早出现的常见症状包括焦虑不安、情绪低落、食欲缺乏、恶心、呕吐、心慌、出汗，以及手、脚、躯干的震颤，这些症状一般发生于停酒后 7～8 h。继而出现一些感知异常，如视物变形、幻视、幻听。约在 48 h 以后常出现意识障碍和激动不安。戒酒 72～96 h 为酒精依赖的后期戒断症状，往往出现震颤谵妄，常伴随出现发热、出汗、心动过速、血压升高、瞳孔散大、肝功能异常、脱水与电解质紊乱。一般来讲，戒断症状轻者病情延续 3～4 天，深睡后症状解除，重者可持续 1 周以上甚至更长。

可以通过临床酒精戒断综合征评定量表（修订版）（CIWA-Ar）来评估饮酒者的戒断反应强弱（表 2-9-18）。CIWA-Ar 评分的范围是从 0～67 分；评分低于 8 分提示为轻度戒断症状，几乎不需要使用药物干预；8～15 分提示为中度戒断症状，可能对中等剂量的苯二氮䓬类药物治疗有效；高于 15 分为重度戒断症状，需要严密监测以防止发生癫痫及震颤性谵妄（酒精戒断性谵妄）。

表 2-9-18 临床酒精戒断综合征评定量表（修订版）

症状	最严重的表现
以下 9 种症状评分范围由 0～7 组成	（0 表示无症状，7 表示症状最严重）
1. 恶心或呕吐	频繁的恶心呕吐
2. 震颤	严重震颤，即使是伸展手臂也出现
3. 阵发性出汗	大汗淋漓
4. 焦虑	急性惊恐发作

健康指导 / 第九章

续表

症状	最严重的表现
5. 触觉异常（痒、麻、虫爬蚁走感）	持续性幻觉
6. 听觉异常（对声音敏感、幻听）	持续性幻觉
7. 视觉异常（对光或颜色敏感、幻视）	持续性幻觉
8. 头痛，头部紧箍感	极度严重的头痛
9. 激越	持续踱步或者身体强烈摆动
以下这种症状评分范围由 0～4 组成	（0 表示无症状，4 表示人物或地点失定向）
10. 定向力和感知觉器官异常	

（3）酒精中毒性精神障碍：急性酒精中毒是在一次大量饮酒后产生的正常反应，患者出现情绪兴奋、话多、精力充沛、运动失调、震颤等，随着酒醒后上述症状就会消失。慢性酒精中毒患者长期饮酒后会出现精神方面的异常，常见幻觉、幻听、震颤、妄想、人格衰退，严重者出现痴呆等。反复大量饮酒常可以引起严重的抑郁症状。

（二）酒精依赖干预

目前针对酒精依赖患者的干预措施主要包括对症治疗及康复治疗。对于急性期，主要采取对症治疗以处理急性戒断症状，降低复发率。对于缓解期，则需加强心理护理以帮助患者延长戒酒时间，降低复饮率。戒酒所采用的治疗方式包括强制隔离、药物辅助、心理治疗、物理治疗等。随着互联网及移动设备技术的普及，移动健康在酒精依赖干预中的作用也得到了循证支持。此外，随着易感基因多态性研究的深入，针对酒精依赖易感基因进行的精准治疗及环境预防也有望对酒精依赖治疗提供新的思路。

1. 隔离式强制戒酒　多采用长期封闭住院治疗，医护人员把酒精依赖患者与酒强制性隔离，也可以凭借个人意志强制戒酒。由于酒精依赖患者长年饮酒，身体的依赖性很强，不少人突然戒酒后，就像吸毒的人突然没有毒品时一样，出现情绪烦躁、流汗、流涕，甚至产生幻觉等戒断反应，为了缓解这些不适症状，可能会给患者用安神镇静药物。这种做法可以暂时抑制人体对酒精的需求，在坚持隔离一段时间后，通常可以做到短期内不喝，但不少人往往刚解除隔离环境就开始复饮。

2. 药物辅助戒酒　在我国，治疗酒精依赖的临床药物多采用双硫仑（又名戒酒硫，乙醛脱氢酶抑制剂）、纳曲酮、托吡酯、巴氯芬、阿坎酸、苯二氮䓬类药物等。服用双硫仑后，即使少量摄入酒精仍会产生一系列毒性反应，比如恶心、呕吐、低血压及胸部窒息感。酒精依赖患者会避免这种反应给身体带来的不适感，从而逐渐对酒精产生厌恶感，最终达到戒酒的目的，心理学上称为厌恶疗法。

服用纳曲酮可以减弱酒精产生的快感，增强酒精的抑制作用，从而降低患者对酒精的渴求。但纳曲酮起效慢，依从性差，因而很少用于临床。

苯二氮䓬类药物能抑制中枢神经递质传递，有效地改善焦虑、镇静催眠、抗癫痫，并且起效迅速，吸收良好，虽然对治疗有效，但具有一定的成瘾性，不适合长期使用。

托吡酯是一种新型抗癫痫药，且能够降低酒精依赖患者对酒精的渴求，但对改善焦虑、抑郁情绪方面疗效欠佳，而这些负面情绪是导致复饮的主要因素。艾司西酞普兰属于选择性 5- 羟色胺（SSRIs）类抗抑郁药，对酒精依赖患者停饮后出现的焦虑、烦躁、郁闷等情绪有良好的改善，且能缓解托吡酯副作用中的紧张不安、注意力不集中等。研究表明，艾司西酞普兰合并托吡酯治疗伴焦虑抑郁症状的酒精依赖患者的疗效优于单用托吡酯，可减少患者对酒精的渴求度、降低复饮率和不良反应发生率。

257

针对酒精依赖的临床治疗药物虽然容易见效，针对性强，但它也有一系列的副作用，甚至有可能会造成某些器官的损伤。药物的作用是实现"脱瘾"，"脱瘾"只是成功戒酒的第一步，一旦停药可能复饮，因此有效的戒酒措施多以药物治疗为辅，联合其他生理、心理干预。

3. 心理治疗　戒酒是一个长期的康复过程，在治疗期间所应用的药物更多的是辅助作用，必须同时配合相关的心理治疗。酒精依赖患者的心理治疗主要通过健康宣教纠正患者的歪曲认知，提高他们对酒精成瘾的科学认识，完善其人格，矫正酒精成瘾习惯，同时营造良好的无酒社会支持环境，监督和关心患者，最后使患者能够很好地回归社会、适应社会。常用的有行为疗法、家庭社会支持治疗、团体治疗等。当然，愿意接受治疗比选择何种心理治疗更为重要。进行心理治疗的第一步是消除酒精依赖患者内心对于戒酒的抗拒。

（1）行为疗法：也称酒精咨询，患者通过定期咨询酒精干预专业人员（如医生、心理学家、社区医生、酒精顾问），认识并改变那些导致自己大量饮酒的行为，学习戒酒相关技能。注意帮助酒精依赖患者设定可达到的目标，建立强大的社会支持系统，并及时发现和处理那些可能导致复饮的事件或因素。行为疗法包括认知行为疗法、动机增强疗法、婚姻和家庭咨询服务及简短干预。

1）认知行为疗法：以患者的自我认知和反省为出发点，首先通过提出各种可能的情境，识别患者采取的行为及思维模式，并要求患者认识那些能引发自己不良行为的事件和情境。然后通过多方面的教育指导患者学习替代性的应对技能，并将这些新获得的技能应用于更广泛的情境中。应用认知行为疗法治疗酒精依赖应分不同阶段进行调整。在初期，主要使患者增强戒酒动机，树立信心。在中期，主要让患者正确认识酒精依赖并纠正其因酒精依赖导致的各种思维模式、心理问题等。在后期，则帮助患者建立正确、健康的生活模式，恢复社会功能，预防复发。

国外有团队设计了一种基于降低酗酒危害的认知行为疗法（harm-reduction treatment for alcohol use disorder，HaRT-A），并通过一项随机临床试验探讨 HaRT-A 联合纳曲酮治疗对流浪人群中酒精依赖患者的干预效果。由于流浪人群对需要定期接触临床的传统戒酒疗法依从性小，因此该法不要求患者强制戒酒或减少饮酒，而是通过提供低强度的戒酒咨询服务（包括探讨如何更为安全地饮酒），营造良好的支持环境，以逐步减少流浪人群酒精依赖患者因饮酒而造成的身心伤害，并改善患者的健康相关生活质量。结果表明，HaRT-A 结合纳曲酮可提高流浪人群中酒精依赖患者的干预效果及依从性，降低其对酒精的依赖，减少复饮率，提高患者的健康相关生活质量。

国内一项研究，利用信息 - 动机 - 行为模式（IMB）对酒精依赖患者实施健康教育。其具体策略为 ①信息干预：对酒精依赖患者面对面予以针对性知识宣教，包括专题知识讲座、知识卡片发放、播放视频、表演小组情景剧等。每位患者在住院期间共接受 4 次信息干预，每次持续时间约 30 min；②动机干预：a.无意向期，通过数据展示、视频播放、模型示范等方式，让患者认识到嗜酒的危害性或不戒酒可能带来严重后果；b.意向期，责任护士鼓励患者分享疾病诊疗的成功案例，阐述戒酒前后躯体及心理的变化，让其树立正面情绪和信心；c.准备期，依据饮酒动机与饮酒渴求的心理特点，制订切实可行的个性化的戒酒计划；d.行动期，协助并督促患者实施康复计划，注意评估效果，并结合戒酒情况不断修正康复策略；e.维持期，鼓励患者优化社会及家庭资源，发展职业技能，参与社交活动但拒绝饮酒，减轻酒精依赖；③行为技巧干预：旨在训练患者自我干预的行为技巧，内容包括对患者实施持续性的心理干预，提高其心理应对水平；对患者家属实施康复知识教育，给酒精依赖患者更多的支持和监管；若违反戒酒规定后，可在腕部戴上橡皮圈反复弹击皮肤，使患者建立条件反射，减退饮酒行为。研究结果表明对酒精依赖患者实施 IMB 健康教育能明显降低复饮率，减少躯体依赖及心理依赖，提高患者对酒精依赖的防治能力。

此外，基于认知理论模型的研究发现，认知偏差（即选择性的信息加工偏差）在各类情绪障碍的形成、维持和复发中都起着重要的作用。认知偏差主要涉及 3 个领域——注意偏差、解释偏差及记忆偏差，对认知偏差进行检测和操纵的研究范式称为认知偏差矫正（cognitive bias modification，CBM），其矫正范式也集中于 3 个方面——注意偏差矫正（即对于信息的选择性注意的矫正）、解释偏差矫正（即对个体进行训练，使其对模糊情境形成一定的解释模式）、记忆偏差矫正（即能改变个体相应的记忆模式和心理症状）。研究表明，酒精依赖患者通常表现出强烈的"酒精接近倾向"，即自动触发的接近酒精的行为倾向。戒酒后继续存在的酒精接近倾向是导致复饮的重要原因，而戒酒期间由于神经可塑性增强、认知恢复，是提供认知干预的黄金时段。一项随机临床试验针对已进行住院戒断治疗的酒精依赖者采用认知偏差矫正疗法中趋近 - 回避任务（approach-avoidance task，AAT），要求患者根据指导语控制手柄将屏幕上有关酒精和非酒精的图片放大（拉近、趋近）或缩小（推开、回避），并反复训练其回避行为，从而很好地降低了患者的复饮率，提高了酒精干预治疗的效果。该法有良好的临床前景，有望成为酒精依赖戒断疗法的常规流程。

2）动机增强疗法：动机访谈疗法是通过探索和解决酒精依赖者的关于饮酒的矛盾心理从而引发行为改变，大量研究表明动机访谈疗法在减少酒精依赖行为中具有良好效果。动机增强疗法则在短时间内进行多次咨询以建立并增强戒酒的动机。该疗法的重点是确定寻求治疗的利弊，制订改变饮酒的计划，树立戒酒的信心并掌握坚持计划所需的技能。其主要治疗方法为动机促动性交谈，其五项基本原则为表达共情、呈现差距、避免争论、化解阻抗及支持自信。

3）婚姻和家庭咨询服务：将配偶和其他家庭成员纳入治疗过程，通过从家庭成员的关系模式、冲突、权利分配等因素来诠释家庭中某位成员的嗜酒行为，从而修复和改善家庭关系，建立良好的家庭社会支持系统，从而增加戒酒的信心和决心。研究表明，与接受个人咨询的患者相比，通过家庭疗法获得强有力的家庭支持可增加患者戒酒的机会，且患者酒精相关的不良后果发生率更少，对家庭关系的满意度更高。

4）简短干预：研究表明，对于以有害或高风险的方式饮酒的年轻人，短暂的强化干预措施可能比传统的长期治疗效果更好，因为传统的长期治疗最初是为酒精依赖的成年人及饮酒史长的人所设计。简短干预要求酒精干预专家（如各级医疗服务人员、心理学家、辅导员）利用短暂的接诊或会面时间，对服务对象进行酒精使用障碍的筛查，并根据筛查结果采取饮酒健康教育、简单建议、简短咨询、转诊等不同强度的干预措施，以减少危险和有害饮酒。该法对没有严重饮酒问题的年轻人十分有效。它需要在一定场合（如医院、大学咨询中心）对年轻人进行主动筛查，以识别可能具有酒精依赖的年轻人，从而进行及时的干预。将酒精依赖筛查、简短干预和转诊治疗联合应用（SBIRT），可有效识别和减少有害饮酒行为，从而降低酒精依赖的风险。SBIRT 步骤如图 2-9-5 所示。

（2）家庭社会支持治疗：对酒精依赖患者进行制约的最好环境是家庭。因此，家庭成员应帮助患者了解酒精中毒的危害，以及树立起戒酒的决心和信心，可以通过与患者签约、制订可行的戒酒计划、定时限量地饮酒，循序渐进地戒除酒瘾。同时创造良好的家庭气氛，用亲情、温情去解除患者的心理症结，使之感受到家庭的温暖。

（3）团体治疗：可以通过采用团体人际治疗，让酒精依赖患者讲述自己饮酒的经历和故事，在治疗师的辅导及同伴的陪伴下，消除患者的孤独感，帮助建立自信心和自我认同感，从而提高戒酒的成功率。酒精依赖患者成立了多种戒酒协会或俱乐部，在组织内，通过自我教育及成员间的互相约束与帮助达到戒酒目的。这些戒酒组织中最成功的当属美国的嗜酒者匿名互戒会（alcoholics anonymous，AA）。协会里的成员都是匿名的，且要严格遵守协会的"十二个步骤和十二个传统"，从而达到戒酒的目的。循证研究表明，AA 对酒精依赖患者的长期康复有明显的效果，能够降低复饮率，并可以为酒精依赖患者节省大量的医疗费用。目前 AA 已在中国多个城市开办分会，并且与多家医院展开合作。

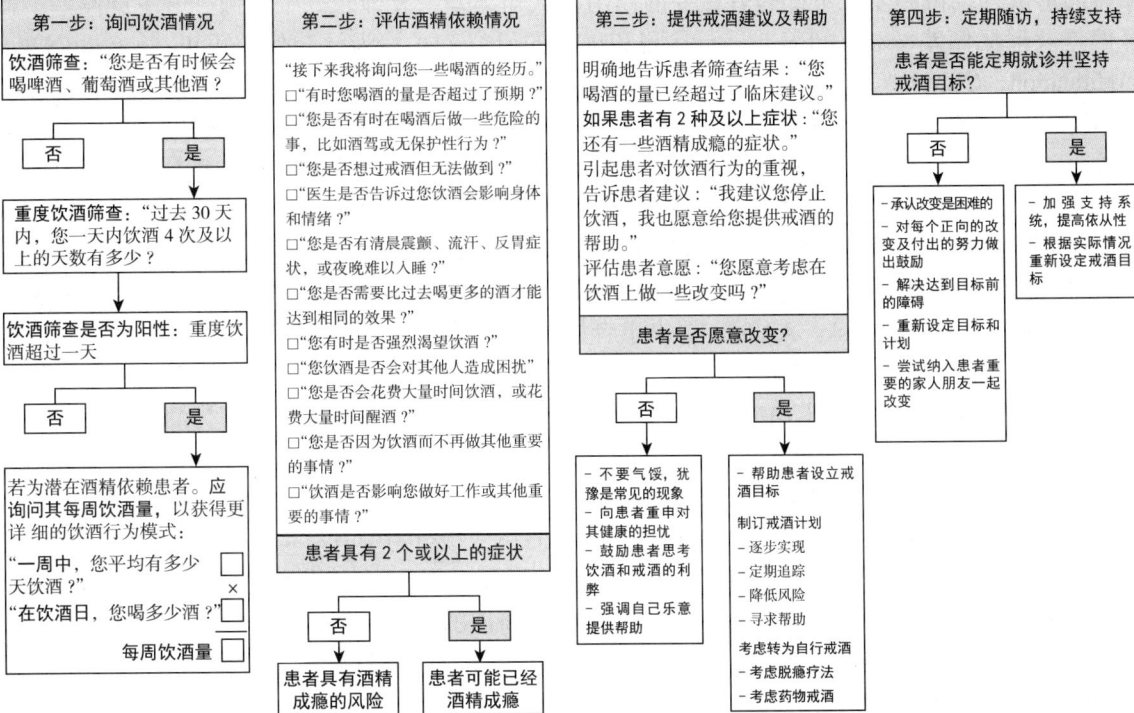

图 2-9-5　SBIRT 的步骤 [改编自《美国国家酒精滥用和酒精中毒研究所（NIAAA）临床医生指南》]

4. 物理治疗　当前针对酒精依赖的药物和心理治疗等都无法彻底解决心理渴求的问题，如何根治或有效降低酒精依赖患者对酒精的渴求是目前戒酒措施研究的重点。临床上针对神经、生物电流的物理治疗多应用于癫痫、精神分裂、抑郁等神经及精神障碍疾病。但有研究表明，一些物理治疗，比如重复经颅磁刺激、电针疗法、改良电休克治疗（MECT），对酒精依赖患者，尤其是酒精引起的精神和行为障碍患者降低酒精渴求度有一定效果。

重复经颅磁刺激（repetitive transcranial magnetic stimulation，rTMS）是在经颅磁刺激（transcranial magnetic stimulation，TMS）的基础上，于一定时间内由一组相同频率、同等强度、多个单独且连续的脉冲组成一个脉冲串的特殊方式，调节神经递质，改变大脑皮质兴奋性，具有高效性、安全性、耐受性等特点。低频 rTMS 对于焦虑、抑郁的治疗已被证实有显著疗效。多项研究表明，对酒精依赖患者在常规治疗的基础上联合 rTMS 可显著改善患者对酒精的依赖及戒断症状如焦虑、抑郁，且治疗 6 个月可显著降低患者复饮率。采用 rTMS 缓解酒精依赖患者的精神症状以降低酒精渴求及复饮率，具有良好的临床前景。但其具体治疗方式、频率、联合方案需要进一步研究。

电针疗法是在传统中医针灸疗法的基础上，结合电、针两种刺激，在针上施加微量电流以刺激身体的特定穴位，从而疏通经络、调节脏腑，达到治疗疾病的目的。电针疗法具有简单、持续、稳定、伤害性小等特点，在各种痛症及神经症的传统治疗中被广泛应用。研究表明，通过电针刺激印堂、合谷、内关、神门、百会、水沟、肾俞、足三里、三阴交等穴位可调节酒精依赖患者的内源性阿片样肽水平，减轻酒依赖患者的焦虑、抑郁症状。但是患者可能因不了解、恐惧等因素对电针产生排斥，因此需要进一步确定电针的安全性，通过宣教增强患者的依从性。

改良电休克治疗（modified electro-convulsive therapy，MECT）是在通电治疗前，先注射适量的肌肉松弛剂，然后利用一定量的电流刺激大脑，引起患者意识丧失，从而达到无抽搐发作而治疗精神病的一种方法。其治疗原理是通过给人体短时间小电流的电刺激，达到脑内神经递质的平衡，从而使精神症状减轻甚至消失。该法起效迅速、并发症少、疗效好，可改善患者认知功能，且对其记忆功能并无明显不良影响，目前已广泛用于精神分裂症等严重精神及神经疾病。研究表明，MECT 对酒精依赖患者的一系列精神及行为障碍有一定效果，但该法治疗酒精依赖的研究较少，应用范围也具有一定局限性，因此其实用性还需进一步研究。

对于酒精依赖患者而言，如果能够达到如下标准，在临床上则可视为戒酒康复成功：保持长期（3 个月至 12 个月以上）戒酒，极少再饮；能面对症状及自身存在的其他问题，并愿意做出改变；职业能力良好（能够胜任自己的工作，并能处理好一般的人际关系）；家庭（主要是夫妻）关系明显改善；患者本人能较舒服、愉快地与他人相处；自知力完整。

5. 移动健康干预　移动健康是基于互联网及移动设备（如手机）的一系列健康促进方式，具有方便快捷、覆盖范围广、符合成本效益的优势，在经济欠发达国家具有巨大的应用潜力。移动健康干预在降低不良饮酒行为，提高戒酒率的有效性得到了循证支持。对 57 项针对社区酒精依赖的数字干预进行荟萃分析，结果表明通过计算机、手机等移动设备提供基于对话的简短干预可以减少酒精依赖（中等质量的证据）。对 26 项基于网络或计算机的简短干预进行荟萃分析，结果表明移动健康干预使得年轻人平均每周饮酒量显著减少。此外，在巴西、泰国、乌拉圭等中低收入国家采取的一系列减少酒精消费的移动健康干预均显示出了良好的效果。

移动健康在酒精依赖干预领域的应用十分多样。例如，为预防酒精依赖患者复饮，威斯康星大学麦迪逊分校的健康促进系统研究中心（CHESS）开发了一个智能手机应用软件"成瘾综合健康促进支持系统（A-CHESS）"，以提高酒精依赖患者的自我效能及应对能力，增强戒酒的成功率。研究表明，使用 A-CHESS 的患者较不使用者饮酒天数更少（M = 1.39 *vs.*2.75，respectively；P = 0.003；95% *CI* 0.46 ~ 2.27），饮酒风险更少。此外，Patrick L 等开发了"基于位置的酒精使用障碍监测和干预系统（LBMI-A）"，通过提供方便快捷，不受环境、地理条件影响的手机平台，从而向酒精依赖患者提供酒精依赖自我管理及干预服务。该程序基于动机增强、复发预防及社区强化理论，评估患者的饮酒状况并通过地理位置监测确定可能饮酒的高风险地点，通过即时性联系提供社会支持、应对策略及支持鼓励，并发展患者不饮酒的多样化生活技能和策略。研究表明使用 LBMI-A 的酒精依赖患者，戒酒天数及戒酒率显著提高。其他针对特殊人群酒精依赖的移动健康干预方式，如针对 HIV 感染者的"HealthCall"、针对抑郁症患者的"DEAL"等均在减少酒精使用量及使用频率方面取得了良好的效果。移动健康干预方式的多样化对提高戒酒公平性及可及性具有重要意义。

三、药物依赖行为及其干预

（一）药物成瘾的形成及表现

药物成瘾也称药物依赖，世界卫生组织 1974 年将其定义为一种强烈渴求并反复应用药物，以获得快感或避免不快感为特点的一种精神和躯体的病理状态；或者指带有强制性地使用与觅求某种或某些药物，并于断药后不断产生再次使用倾向的行为方式。随着用药次数的增加，产生同样效果所需的药物剂量逐渐增加的现象，即产生了耐受。药物依赖性是药物与机体相互作用所造成的一种精神行为状态，同时也包括身体状态，表现出一种强迫性地需要继续或定期使用该种药物的行为和其他反应，目的是为了感受它的精神效应，或是为了避免由于停药造成的不舒适感。

药物滥用从生理和心理上破坏健康。在生理上，持续地使用药物最后会导致脑的改变。脑自身会创造使用药物的需要，不是为了药物最初所引起的改变的感觉，而是为了药物本身。在心理上，药物滥用者会因为受社会排斥感到内疚、自责而长期依赖药物。药物滥用已成为当今世界性的公共卫生问题和严重的社会问题。据统计，我国目前合成毒品（如冰毒、氯胺酮）滥用形势严峻；药物滥用的低龄化日益严重；多药滥用的情况普遍存在（海洛因、地西泮、三唑仑）；精神活性药物滥用增加，且危害严重（表 2-9-19）。

表 2-9-19　我国药物滥用现状

滥用现状	人群特点	滥用药物种类	危害
青少年药物滥用	12～25 岁青少年、无业者	阿片类、镇静催眠类	年轻化
合成毒品滥用	新发生药物滥用者	冰毒、氯胺酮（K 粉）	冰毒、氯胺酮（K 粉）
多药合并滥用	美沙酮维持治疗患者有海洛因滥用史	海洛因、地西泮（安定）、甲基安非他明（去氧麻黄碱、冰毒）、甲基苯丙胺＋咖啡因（麻谷）、复方地芬诺酯、三唑仑	危害社会治安、危及健康
精神活性药物滥用	大中学生有海洛因滥用史	复方可待因（复方止咳水）、哌替啶（度冷丁）、地西泮（安定）、吗啡、三唑仑、曲马多	心理行为异常、人格异化

1. 药物成瘾的成因

（1）药物成瘾的生物学基础：容易被滥用的药物可以作用于脑中枢产生欣快感。个人使用一种药物越多，大脑就越依赖药物带来欣快感。通过刺激欣快通路，很多药物对于大脑如同食物对于生存那么重要。持续使用成瘾药物能够改变大脑的工作方式，它们改变了生物神经传导的正常过程，这就是药物成瘾的生物学基础。

通过动物实验，人们已经发现中脑腹侧被盖区、伏隔核、前额叶皮质、扣带回前部、蓝斑、中脑导水管周围灰质等结构与药物成瘾有关。其中，中脑-边缘多巴胺系统（meolimbic dorpamine system，MLDS）是药物依赖产生的最主要的神经解剖基础，药物反复作用可使该系统不同结构（伏隔核、海马、额前皮质、腹侧被盖区、杏仁核等）的受体、神经递质等发生变化导致成瘾行为的产生。

蓝斑核（locus coeruleus，LC）是主要的阿片类身体依赖性调控部位，它是脑内最大的去甲肾上腺素能神经核，阿片受体分布密集，与吗啡成瘾密切相关；氨基酸类神经递质（如谷氨酸、氨基丁酸）通过兴奋或抑制作用在药物成瘾方面也发挥重要作用。此外，成瘾药物作用的受体，以及配体门控离子通道、G 蛋白偶联受体和电压门控离子通道等通路的改变均是药物成瘾的重要原因。电压依赖性钙通道（voltage dependent calcium channels，VDCCs）、突触可塑性的改变也是影响药物成瘾发生的重要机制。

（2）药物成瘾的社会心理学基础：药物可诱导机体产生一些情绪状态，最初的感觉是欣快。当需要时，药物会产生这些状态，如果没有药物的诱导，安宁的感觉和自然的兴奋就更难获得，快乐也越来越少。个人很难自然地获得这些状态。

药物产生生理依赖性跟它们自身的特性有关。一些药物比另一些产生生理依赖性更快。例如，海洛因会产生快速的生理依赖性，而酒精的生理依赖性就就会产生得慢一些。然而，生理依赖性并不是成瘾。有生理依赖性和心理依赖性的个人持续使用和滥用药物是因为他们心理上依赖药物。图 2-9-6 总结了药物滥用导致成瘾的社会心理原因。

2. 戒断症状　药物从机体代谢后，机体会产生药物的相反作用，这被称之为戒断症状（反弹作用）。症状往往发生在停止使用药物后（例如，镇静药物的戒断症状是焦虑，兴奋剂的戒断症状是抑郁）。这些被个人觉察到的负面影响并非药物使用、滥用或成瘾的主要威慑。实际上，使用、滥用药物或药物成瘾得以持续通常就是患者为了避免戒断症状产生的影响。

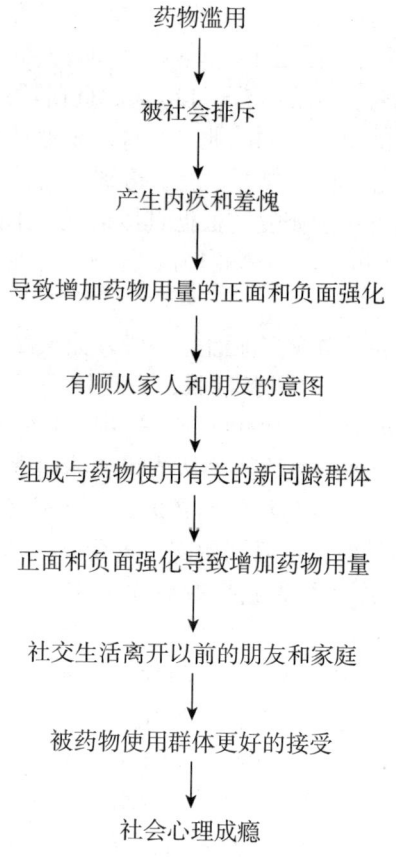

图 2-9-6　药物成瘾的社会心理过程

药物在体内代谢有半衰期，不同的药物有不同的半衰期。例如，酒精的半衰期是 30 min，可卡因的半衰期少于 90 min，安非他明的半衰期超过 4 h，美沙酮的半衰期大约为 15 h。基本上，在药物半衰期的前半阶段，药物能产生可被觉察到的正面作用（改变的意识状态）。在半衰期的后半阶段，药物使用者感觉到的是药物的负面作用（戒断症状）。

阿片类毒品的戒断症状十分明显，如渴求使用任何一种阿片类药物、恶心或呕吐、肌肉或关节疼痛、流鼻涕或流眼泪、瞳孔散大、立毛或出汗、腰痛或腹泻、打哈欠、发热、睡眠障碍。

3. 导致成瘾的主要精神药物　精神活性物质分类包括阿片类、酒精、咖啡因、大麻类、可卡因、致幻剂、尼古丁。毒品可分为五大类：阿片类（如阿片、海洛因及人工合成的杜冷丁、吗啡）、古柯类（如可卡因及其提纯物克赖克等）、大麻类（如印度大麻、北美大麻、四氢大麻酚）、中枢兴奋剂（如苯丙胺、甲基丙胺、冰毒、摇头丸）、致幻剂（如麦角酰二乙胺、仙人球毒碱、苯环已哌啶）。

（二）药物成瘾干预

药物依赖是一种慢性、复发性脑病，依赖行为的形成不仅与成瘾药物本身有关，还与个体的生理、心理，以及社会因素密切相关。因此对于药物依赖的治疗也要采取药物治疗、心理治疗、行为矫正、职业技能培训等综合措施才能达到效果，社区在药物成瘾干预中扮演重要角色。具体到特定患者时则需要进行系统评估，根据评估结果和相关的治疗原则（如美国国家药物滥用研究所和世界卫生组织制定的药物滥用治疗原则），制定适应该患者的个体化治疗方案。

根据行为学观察，目前将一个药物成瘾治疗的过程分为 4 个阶段——急性戒断期、墙壁期、早期康复期和后期康复期，每一个阶段治疗的主要目标需要根据其症状表现做相应的调整。①急性戒断期：为停药后的 1～21 天，此阶段主要是接受脱毒治疗，消除对药物躯体依赖的同时治疗合并症；②墙壁期：为停药后的 21 ～ 45 天，此阶段患者停止使用药物，产生"已经戒掉了"的错觉，其实大脑仍处于康复过程之中，所以，此阶段需要巩固第一阶段的效果，仍以生理康复为主；③早期康复期：为停药后的 45 ～ 120 天，此阶段患者的生理功能处于进一步康复中，主要是心理和社会功能方面的康复，如就业、教育和重返社会；④后期康复期：为停药后的120 ～ 180 天，患者各方面的功能已经在很大程度上得到恢复，依赖已经基本缓解，重点需要处理一些长期潜在的问题，如家庭关系的修复。根据具体情况，不同患者康复的过程各异，不一定完全按照上述过程康复。需要强调的是，成瘾作为一种慢性复发性脑病，其康复过程是一个慢性过程，其治疗应该是长期的。

1. **自然脱毒法**　指不用任何药物或其他治疗手段，让戒断症状自行消失的一种方法。由于没有使用替代药物，患者会出现明显的戒断症状，出现体毛竖起、起鸡皮疙瘩、寒战。此法简单、时间短、节省开支，不足之处是患者比较痛苦，适用于身体素质较好、年轻的轻度依赖者。

2. **药物成瘾的脱毒治疗**　指将成瘾性药物从依赖者体内逐步消除的过程，是应用各种脱毒治疗药物和（或）有关的医疗手段，对药物依赖者进行旨在减轻或消除戒断症状的治疗过程。各种药物依赖的脱毒治疗基本原则类似，主要利用交叉耐受的原理，利用具有类似作用机制的药物进行替代治疗，没有相关替代治疗药物者则采取对症治疗。阿片类药物依赖的戒断症状比较严重，一般需要住院进行脱毒治疗。药物脱毒法主要包括阿片受体激动剂替代治疗、阿片受体部分激动剂替代疗法、非阿片受体激动剂脱毒疗法、阿片受体拮抗剂治疗、中医药治疗等，其中以美沙酮替代递减疗法、丁丙诺非替代递减疗法最为常用。

3. **药物成瘾的物理治疗**　指利用各种物理手段（包括针灸、戒毒仪）减轻患者戒断症状的一种方法。此法对部分急性戒断症状和部分稽延期戒断症状的控制具有一定的辅助治疗作用。研究表明，重复经颅刺激（rTMS）干预背外侧前额叶皮质、电休克治疗均可降低药物依赖患者的心理渴求，也有研究证明了深部脑刺激、低频率电刺激（12HZ）联合多巴胺 D1 受体拮抗剂在药物成瘾动物模型中的改善效用。

4. **药物成瘾的行为心理治疗**　指药物成瘾专业干预人员采用谈话、劝导的方式，合理应用行为心理学理论及社会心理学理论等，从心理上对药物成瘾患者进行干预，增强其戒除动机，从而辅助患者缓解对药物的渴求，降低复吸率。目前常用的治疗方法包括认知行为疗法、动机强化疗法、唤起 - 消退行为学范式、权变管理等。

（1）认知行为疗法：药物脱瘾的认知行为主要通过帮助患者发现并认识那些导致自己产生药物依赖的事件或情境，如消极的心理状态、糟糕的人际关系、紧张的社会环境等，然后通过建模、角色扮演、实践等方式教授并培养患者应对这些情境的新的思维技能和行为策略，通过不断地强化与练习，从而增加患者的心理弹性，提高药物脱毒的主动性和成功率。

（2）动机强化疗法：多用于其他脱毒疗法的辅助治疗，治疗师通过与患者对话，帮助患者识别影响治疗效果的矛盾和抗拒心理，并通过积极的引导和鼓励，增强患者的自我控制能力和脱瘾的动机，从而协助患者主动进行药物脱瘾治疗。动机强化疗法通常采用一系列开放性对话，多为2 ～ 4 个疗程，从而强化患者自我管理能力及自我效能。

（3）唤起 - 消退行为学范式：又称线索暴露治疗，是指让成瘾患者长时间暴露于药物相关线索中，而不给予药物奖赏，形成新的"药物相关线索 - 无药物奖赏"神经环路，以抑制原有成瘾记忆的过程。通过想象、图片、视频、仿真器具等方式向成瘾患者提供药物相关线索，诱发患者对药物的渴求，但不提供强化物，从而消退成瘾者对药物相关线索的条件化渴求反应，最终减少复吸。基于该范式衍生的多情境消退干预方法、记忆再巩固干预方法，均被研究证明对药物成瘾患者（如海洛因、可卡因、吗啡成瘾患者）有一定的干预作用，有效缓解了药物渴求，并降低了复吸率。

（4）权变管理：是根据操作性条件反射原理，通过对药物滥用患者提供激励，促使其养成并强化脱毒的行为。该方法通常在社区、群落中进行，鼓励药物成瘾患者定期提供尿液以进行医学检验，若结果表明其在一段时间内未接触成瘾药物，则提供奖金、抽奖券、鼓励性话语等奖励，从而诱导患者不断保持脱瘾状态，最终脱瘾成功。应用权变管理治疗烟草成瘾、阿片类药物和可卡因成瘾均取得了良好的反馈。

5. 药物成瘾的维持治疗 主要针对阿片类药物成瘾患者，主要包括美沙酮维持治疗与丁丙诺啡维持治疗。

（1）美沙酮维持治疗（methadone maintenance treatment，MMT）：是指在较长时期或长期使用美沙酮来处理阿片类成瘾，以减少非法药物消耗、降低犯罪率、消除并发症、减少艾滋病及其他传染病的一种治疗措施。作为替代药物，美沙酮最重要的特点是在使用充分剂量时可以减少或消除药物成瘾患者对阿片类药物的渴求。同时美沙酮与同类药物具有交叉耐受性，可使随后使用的阿片类药物的作用降低或不能发挥作用。因此，在服用美沙酮期间可防止再使用海洛因。美沙酮具有稳定的耐受性，一旦调整至合适的剂量，可以长期服用相同剂量，很多接受维持治疗者用药 20 年，仍使用相同剂量。此外，美沙酮具有便宜、口服吸收好、药物不良反应少、比吗啡等其他阿片类药品疗效长等优点，因而适用于维持治疗。

（2）丁丙诺啡维持治疗：近年国外学者对丁丙诺啡用于阿片类依赖者维持治疗的安全性和有效性进行了大量研究，研究显示，丁丙诺啡具有患者易接受、控制阿片类症状彻底、不良反应轻微、身体依赖潜力低、停药时戒断症状轻微等特点。丁丙诺啡的副作用与其他阿片类药物相似，常见便秘、失眠、嗜睡、出汗、头痛和恶心，呼吸抑制很少见。极少数患者可能引起血压升高或诱发高血压、心动过缓和谵妄，停药或减量后可恢复正常。使用期间应该避免与高剂量的乙醇、苯二氮䓬类药物合用，否则可能引起呼吸抑制、昏迷甚至死亡。丁丙诺啡维持治疗时，应对药品进行有效管理，防止非法滥用或药品流入非法渠道。

（3）纳曲酮防复吸治疗：纳曲酮本身无任何内在生物活性，在体内与阿片受体亲和力强，可完全阻断外源性阿片类物质与阿片受体的结合，长期给予阿片类物质和纳曲酮，可阻断阿片类物质产生躯体依赖。纳曲酮用于维持治疗有 3 个优点，①作用时间较长，可维持 24 h。临床研究表明，一次服用纳曲酮 150 ~ 200 mg，可以削弱或阻断海洛因的效果达 72 h 之久；②可以口服，方便用药；③不良反应轻微，拮抗作用不产生耐药性，长期使用无严重的副作用和毒性。多数人服药后全无感觉，少数人可暂时出现胃肠道不适、焦虑、失眠。如果突然服用大剂量，有可能引起情绪恶劣、悲伤及可逆性肝功能障碍。

6. 社区戒毒与社区康复 社区在药物成瘾干预中扮演重要角色。社区戒毒与社区康复是指在政府统一领导下，整合家庭、社区、公安，以及卫生、民政等力量和资源，使吸毒人员在社区里实现戒毒或康复。然而，尽管国家投入巨大资源用于社区戒毒与社区康复人员治疗，但由于缺乏科学有效的社区管理措施，例如目前判断社区戒毒和社区康复人员是否复吸的标准主要根据患者自我报告或定期尿样抽检，结果缺乏科学依据和可信性，因此戒毒人员复吸率远高于报告结果。目前全球较为成功的社区戒毒模式之一为美国治疗社区（therapeutic community，TC）模式。TC 模式以受过培训的成功戒毒人员为主导力量，强调戒毒人员的自我管理，使戒毒者在戒毒者集中生活的社区内扮演不同角色，并通过一定等级制度参与社区管理运作，整合多方社会力量，通过社会学、心理学、行为学等多学科协作，从而促进吸毒者戒毒、防止复吸，并使其回归社会。英国的社区戒毒体系分布广泛，获取便利，所有社区戒毒机构均可为吸毒者提供免费治疗，且部分社区戒毒门诊与社会戒毒帮教组织联系紧密，从而增加了成瘾者戒毒的机会及成功率。

我国社区戒毒工作采取了多种模式。例如上海于 2003 年将社会工作引入社区禁毒服务，促进多方参与，加强禁毒社工培训；甘肃省定西市建立了"4+X"帮教模式，"4"包括成瘾者家庭成员、社区医务人员、社区民警及社区戒毒帮教人员，"X"包括卫生部门、劳动部门等辅助因素；广州市通过构建戒毒工作平台，培养禁毒专职人员及专业社工，建立健全康复人员衔接、病残人员收戒收治、康复帮扶工作 3 项机制，实现吸毒人员从入所到社会管控无缝衔接。以上戒毒工作一定程度上提高了社区戒毒的成功率，但在多部门协作、资源互通、信息共享、戒毒康复评估标准等方面仍需改进。随着信息技术的发展，将"互联网 +"、大数据、移动设备等融入社区禁毒管理模式，可提高社区禁毒智能化水平，提高服务效率和便捷性，使社区禁毒更为高效。有学者提出了一种依托互"联网 +"技术，整合政府、家庭和社工等多领域资源，利用人工智能（AI）和区块链技术辨识吸毒人员情绪并构建戒断康复证据链，从而对吸毒人员主动监测并风险预警的综合性吸毒人员智能管理系统（图 2-9-7）。该系统包括知识图谱、健康状态监测系统、智能辨识和决策、证据链和可视化 5 个功能模块，详细关系见下图（图 2-9-8）。

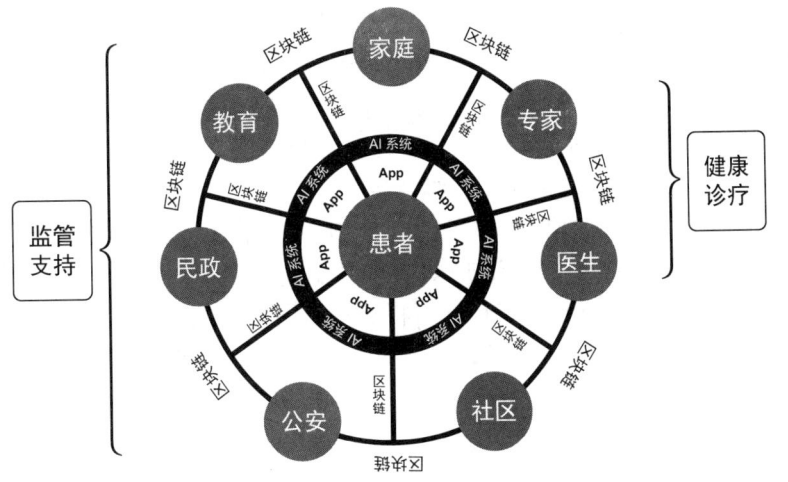

图 2-9-7 基于"互联网 +"、AI 和区块链技术构建的吸毒人员智能管理系统

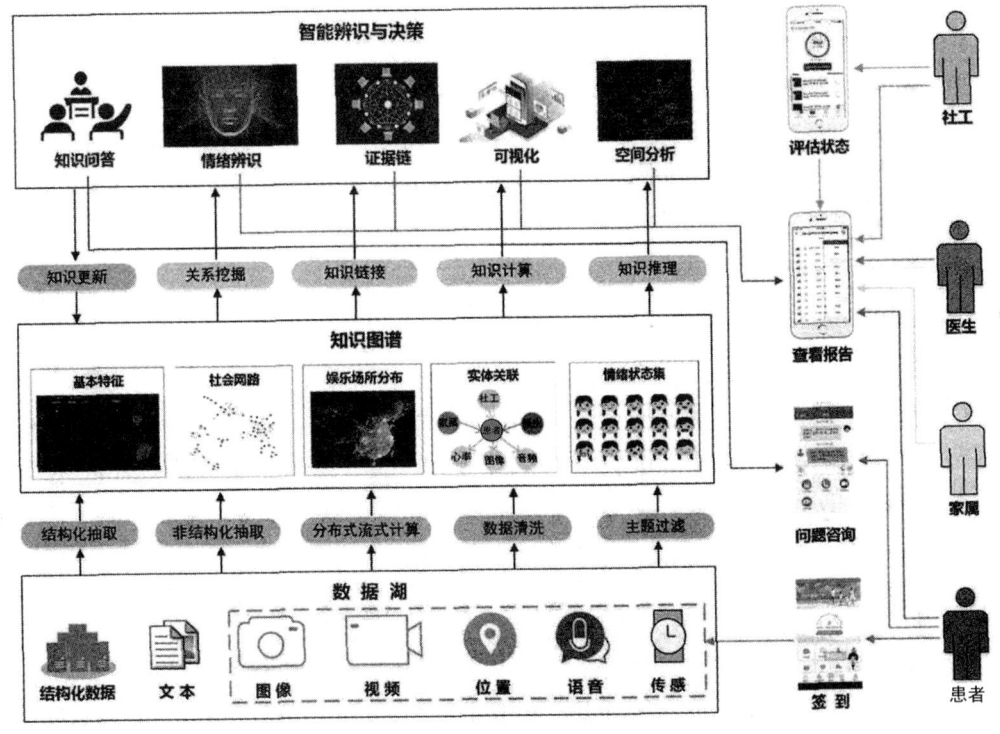

图 2-9-8 吸毒人员情绪辨识与健康风险预警预测系统

该系统通过"互联网+"技术增强了吸毒人员、吸毒人员家属、社工及社区部门的交互与沟通，利用人工智能技术定期辨识吸毒人员情绪波动，增强了吸毒人员复吸监测预警，通过构建吸毒人员康复证据链，使吸毒人员康复评估标准更为科学和可靠。目前系统在成都青羊区进行试点，已于2018年成功实现了153名戒毒康复人员的有效管理支持，帮助28人戒除毒瘾回归社会，巩固率达到18.3%。目前，吸毒人员管理从"单一司法管理"模式逐渐向"以人为核心"的多元化公共卫生管理模式转变，使"互联网+"、人工智能等新兴技术融入社区戒毒多元化管理模式具有光明前景。

（孙昕霙）

第十章

健康管理干预的效果评估

健康管理干预（health management intervention）是基于健康状况和存在的危险因素情况，采用行为改变、心理指导、药物治疗、理疗康复等多种手段，减少健康危险因素，改善疾病状况，达到降低严重疾病发病风险、促进健康的目的，健康管理干预是产生健康管理效果的核心环节。区别于疾病治疗，健康管理是将"治疗"关口前移，即针对健康的危险因素进行"干预"，减少有害因素，增加有利因素，从而降低疾病进一步发生发展的风险，维护个体健康。因此，提高健康危险因素干预措施的实施质量，切实产生干预效果，是健康管理成功的关键，也是根本目标。对健康危险因素干预过程和结果的评价，是干预措施执行情况反馈与效果评估的有效手段，反映健康管理最终成效，是健康管理流程中不可或缺的一部分。然而，目前我国健康管理的实践中，重体检、轻管理，重过程、轻效果的现象比较普遍，健康管理机构和服务者往往更加关注服务人数，而忽视干预措施，更缺乏干预效果的评价与反馈。

第一节　健康危险因素干预效果评价指标

生活方式干预（lifestyle intervention）是健康管理中最常见的干预策略，无论是健康人群还是患病人群，生活方式都是影响健康的最重要因素，且是个体自身可改变的因素，因此，生活方式干预几乎是每个被管理的个体或群体均需要的干预措施。生活方式干预的目的是促使被管理对象的健康相关行为的改变（health-related behaviour change），与健康相关的行为主要包括饮食行为、体力活动行为、作息行为、性行为，以及药物和物质滥用行为，如吸烟、饮酒。

一、生活方式与行为干预的效果评估

帮助被管理者改变不良的生活方式与行为，是健康干预的第一步，这需要通过教育、激励等方式，促使干预对象提高健康知识水平，感知到某些行为会对自身健康产生危害、行为改变后可获得益处，进而使干预对象产生较强的行为改变动机，特别要强化内在动机，才能促使个体行为得到改变并保持下去。因此，健康管理中的生活方式与行为干预包括提高健康知识、强化行为改变的信念动机、促成行为改变几个方面。

对于行为干预的效果评估，也要从健康知识、信念动机、行为改变3个角度进行评估。

①健康知识评估：可采取一般健康知识评分法，或者通过交谈了解患者对相关健康知识信息的掌握情况，采用基本健康知识掌握率、知识知晓率等评价指标进行评估；②信念动机的评估：可采用动机评估量表的方式进行测量，通过量表总评分及各维度评分，了解管理对象当下的行为改变的动机和意愿。如以戒烟为例，利用表2-10-1《戒烟动机测量评估量表》，可在不同的时点，评估戒烟者的行为动机，了解戒烟者的自我动机变化情况，反映干预效果。③行为改变的评估：个体行为是否改变可采用观察法、访谈法、记录法、问卷法获得。例如，吸烟饮酒行为的改变情况，可以由被管理者主动"报告"，也可以由其亲属观察和记录，评价指标包括行为是否改变、行为频次等，如目前是否戒烟，目前是否饮酒，以及吸烟频率、吸烟量、饮酒频率、饮酒量（表2-10-2）。

表2-10-1　戒烟动机测量评估量表

具体条目	左侧条目是否与你自身的想法符合？ 5= 非常符合；4= 符合；3= 一般符合；2= 不符合；1= 完全不符合
戒烟没有价值 / 没有益处	
我的身体很健康，不需要戒烟	
吸烟对身体无害	
我不知道如何戒烟	
烟是戒不掉的	
戒烟更省钱	
体检结果不理想	
大家都说应该戒烟	
医生要求我戒烟	
吸烟让我羞愧	
戒烟对维持良好人际关系有益	
吸烟让家人为我感到不安	
吸烟是自控力不强的表现	
吸烟容易患癌	
吸烟减少预期寿命	
戒烟使我外观改善	
戒烟消除我的口臭	
戒烟使我牙齿变白	
戒烟使我的呼吸道不适症状减轻	
戒烟降低我的血压	
戒烟后睡眠更好	
戒烟符合我的人生目标	
我想对自己的健康负责	
戒烟是对我健康最好的事	
戒烟是我自己想要做出的选择	
终身戒烟对我很重要	

| 第二篇 | 基本流程与技能 |

表 2-10-2 生活方式与行为改变评价指标

健康相关行为	个体行为干预评价指标	群体行为干预评价指标
吸烟	吸烟情况（是/否）	管理人群吸烟率（%）
	吸烟频率（天/周）	管理人群戒烟率（%）
	平均每日吸烟量（支/天）	管理人群平均吸烟量（支/人）
	已持续戒烟时间（天）	
饮酒	饮酒情况（是/否）	管理人群过量饮酒率（%）
	饮酒频率（次/周）	管理人群饮酒率（%）
	饮酒种类（种）	管理人群戒酒率（%）
	平均每次饮酒量（g）	管理人群日均饮酒量（g/d）
	过量饮酒频率（次/周）	
	过量饮酒量（g）	
身体活动	每日身体活动千步当量	管理人群经常参加体育锻炼者的比例（%）
	身体活动频率（次/周）	管理人群平均每日身体活动千步当量
	中等强度以上身体活动频率（次/周）	管理人群身体活动量达标比例（%）
	中等强度以上身体活动时间（分/周）	
饮食行为	进餐次数与时间	管理人群蔬菜水果摄入不足比例（%）
	每日蔬菜水果摄入量（g）	管理人群平均食盐摄入量（克/人）
	每日能量摄入（kcal）	管理人群中均衡性膳食模式占比（%）
	每日食盐摄入量（g）	
	膳食模式	

注 指标说明：

1. 管理人群吸烟率（%）＝管理人群中吸烟人数÷管理总人数×100%。

2. 管理人群戒烟率（%）＝管理人群中戒烟人数÷吸烟人数×100%。

3. 管理人群平均吸烟量（支）＝管理人群总吸烟量÷吸烟人数×100%。

饮酒相关指标说明：

4. 管理人群饮酒率（%）＝管理人群中饮酒人数÷管理总人数×100%。

5. 管理人群过量饮酒率（%）＝管理人群过量饮酒人数÷管理总人数×100%。

6. 管理人群戒酒率（%）＝管理人群戒酒人数÷饮酒人数×100%。

7. 管理人群日均饮酒量（g）＝管理人群总饮酒量÷天数×100%。

身体活动相关指标说明：

8. 管理人群经常参加体育锻炼者的比例（%）＝管理人群中经常参加体育锻炼的人数÷管理总人数×100%。

9. 管理人群平均每日身体活动千步当量＝管理人群身体活动总千步当量÷管理天数×100%，我们将 4 km/h 的速度步行 10 min 的运动量作为 1 千步当量。

10. 管理人群身体活动量达标比例（%）＝管理人群中身体活动量达标人数÷管理总人数×100%。

11. 管理人群蔬菜水果摄入不足比例（%）＝管理人群中蔬菜水果摄入不足人数÷管理总人数×100%。

12. 管理人群平均食盐摄入量（g）＝管理人群食盐总摄入量÷管理总人数×100%。

13. 管理人群中均衡性膳食模式占比（%）＝管理人群中符合均衡性膳食模式人数÷管理总人数×100%。

二、肥胖干预的效果评估

中国是世界上肥胖和超重人数最多的国家，中国居民营养与慢性病状况报告表明，城乡各年龄组超重肥胖率持续上升，成年居民超重肥胖率超过 50%，6～17 岁、6 岁以下儿童青少年超重肥胖率分别达 19% 和 10.4%（2020 年）。肥胖是很多慢性非传染性疾病的主要风险因素，肥胖干预是预防慢性疾病的必不可少的环节，是慢性疾病健康管理中的重要一项。肥胖干预的原则是以能量平衡为基本，体现"吃动平衡"，也就是从饮食和运动两方面进行个体干预。

肥胖干预效果的评价包括重点人群知识、态度和信念、行为评价（饮食和运动）和健康结果评价。肥胖干预健康结果的评估，主要是对身体指标的测量，如 BMI、体重、腰围、体脂肪率，可参考表 2-10-3。

表 2-10-3　肥胖干预效果的评估指标

个体肥胖干预效果评估指标	群体肥胖干预效果评估指标
腰围	管理人群超重率（%）
腰臀比	管理人群肥胖率（%）
腰围身高比	管理人群中向心性肥胖率（%）
皮褶厚度	
BMI 值	
体脂肪率	
身高别体重（儿童）	

注　指标说明：
1. 管理人群肥胖率（%）= 管理人群中肥胖人数 ÷ 管理总人数 ×100%
2. 管理人群超重率（%）= 管理人群中超重人数 ÷ 管理总人数 ×100%
3. 管理人群中向心性肥胖率（%）= 管理人群中向心性肥胖人数 ÷ 管理总人数 ×100%，根据我国标准，男性腰围 ≥ 90 cm，女性腰围 ≥ 85 cm 定义为向心性肥胖。

三、高血压患者健康管理的效果评估

高血压既是一种疾病，又是卒中、冠心病、心力衰竭、肾脏疾病等慢性疾病的主要危险因素。我国成人高血压患病人数将近 2.7 亿，高血压的发生既受遗传、年龄因素影响，又与个人生活习惯相关，因此，高血压的综合健康管理不仅包括降压治疗，生活方式干预也是不可获缺的手段。对高血压干预的评估，也应包括生活方式和行为干预评估、血压控制评估两个方面。

高血压患者的生活方式干预主要包括：①减少钠盐摄入，②体重控制和肥胖干预，③规律运动，④戒烟，⑤限制饮酒，其干预目标见表 2-10-4。

表 2-10-4　高血压患者健康管理的效果评估内容及指标

干预内容	目标	评价指标	
		个体	群体
减少钠盐摄入	每人每日食盐摄入量不超过 6 g，减少隐性盐摄入（咸菜、鸡精、酱油、包装食品等）		
减轻体重	BMI < 24 kg/m²；腰围 < 90 cm（男），< 85 cm（女）		
规律运动	中等强度运动每次 30 min，每周 5 ~ 7 次	指标参见表 2-10-2	
戒烟	科学戒烟，避免被动吸烟		
限制饮酒	每日饮酒量限制：白酒 < 50 ml（1 两），葡萄酒 < 200 ml，啤酒 < 500 ml		

干预内容	目标	评价指标	
		个体	群体
规律服药	遵医嘱，规律服药		管理人群规律服药率（%）
随访和体检	每年进行 1 次体检，除了常规检查外，每年至少测 1 次体重和腰围，进行必要的辅助检查，包括血常规、尿常规、生化检查（肌酐、尿酸、谷丙转氨酶、血钾、血糖、血脂）、心电图	随访依从性	管理人群年度体检率（%）

高血压患者的血压控制目标：一般高血压患者，血压降至 140/90 mmHg 以下，合并糖尿病或慢性肾病患者可在 140/90 mmHg 的基础上再适当降低；年龄在 65 ~ 80 岁的患者血压降至 150/90 mmHg 以下，如能耐受，可进一步降至 140/90 mmHg 以下；80 岁以上患者降至 150/90 mmHg 以下。根据以上降压目标，可在高血压干预后判断管理对象是否达标，血压达标与否是干预结果指标之一，管理人群血压控制率（达标率）是反映人群血压管理的常用指标，此外，高血压并发症的预防也是干预和管理的关键，因此，管理人群并发症发生率也应纳入到高血压健康管理效果的评估中。

管理人群血压控制率指已管理的高血压患者中，最近一次随访的血压控制达标人数的比例，反映健康管理服务对患者病情控制的效果。

管理人群并发症发生率指已管理的高血压患者中发生高血压相关并发症人数的比例。

四、糖尿病患者健康管理的效果评估

糖尿病干预应遵循综合管理的原则，包括控制高血糖、高血压、血脂异常、超重肥胖、高凝状态等多重危险因素，在生活方式干预的基础上进行必要的药物治疗，以提高糖尿病患者的生存质量和延长预期寿命。根据患者的年龄、病程、预期寿命、并发症或合并症病情严重程度等确定个体化的控制目标。2 型糖尿病的综合治疗包括降血糖、降血压、调节血脂、抗血小板、控制体重和改善生活方式等，生活方式干预是糖尿病的基础性治疗措施，应贯穿于糖尿病治疗的始终。

表 2-10-5　糖尿病患者生活方式干预的内容及目标

内容	目标
控制体重	超重 [a]/肥胖 [b] 患者减重的目标是 3 ~ 6 个月减轻体重 5% ~ 10%。消瘦 [c] 患者应通过合理的营养计划达到并长期维持理想体重
合理膳食	供给营养均衡的膳食，满足患者对微量营养素的需求。膳食中碳水化合物所提供的能量应占总能量的 50% ~ 65%；由脂肪提供的能量应占总能量的 20% ~ 30%；肾功能正常的糖尿病患者，蛋白质的摄入量可占总能量的 15% ~ 20%，保证优质蛋白比例超过 1/3
适量运动	成人 2 型糖尿病患者每周至少 150 min（如每周运动 5 天，每次 30 min）中等强度（最大心率的 50% ~ 70%，运动时有点用力，心跳和呼吸加快但不急促）有氧运动（如快走、骑车、打太极拳）；应增加日常身体活动，减少坐姿时间。血糖控制极差且伴有急性并发症或严重慢性并发症时，不应采取运动治疗
戒烟、限酒	科学戒烟，避免被动吸烟。不推荐糖尿病患者饮酒。若饮酒应计算酒精中所含的总能量。女性一天饮酒的酒精量不超过 15 g [d]，男性不超过 25 g，每周不超过 2 次

续表

目标	目标
限盐	食盐摄入量限制在每天 6 g 以内，每日钠摄入量不超过 2000 mg
心理平衡	减轻精神压力，保持心情愉悦

注：[a]超重为体重指数（BMI）24.0 ~ 28.0 kg/m²，[b] 肥胖为 BMI ≥ 28.0 kg/m²；[c] 消瘦为 BMI < 18.5 kg/m²，[d]15 g 酒精相当于啤酒 350 ml、葡萄酒 150 ml、38 度白酒 50 g、52 度白酒 30 g。

综合的糖尿病干预的效果评估，应包括：①生活方式干预效果评估（体重控制、饮食、运动、戒烟限酒、规律服药），②血糖控制评估，③血压血脂控制评估，④糖尿病并发症评估。生活方式干预评价指标如表 2-10-5 所示。能够反映糖尿病患者的血糖控制情况的指标以空腹血糖、非空腹血糖、糖化血红蛋白最为常用，根据《国家基层糖尿病防治指南（2022）》，中国成人 2 型糖尿病综合控制目标如表 2-10-6，根据控制目标，判断管理对象的各项指标是否达标，来评价个体干预效果，根据每个个体干预后的达标情况，可计算管理人群的总达标率，一般用管理人群血糖控制率（%）、糖化血红蛋白 < 7.0 人群比例（%）、血压控制率（%）、血脂异常控制率（%）几个指标来进行评估血糖、血压、血脂的综合干预效果；糖尿病视网膜病变、糖尿病肾病、糖尿病足是最常见的并发症，管理人群的以上 3 种并发症的发生率，也是评价干预效果的指标，并发症发生率越高，说明管理效果越差。

指标说明：

管理人群血糖控制率（%）指已管理的 2 型糖尿病患者中，最近一次随访的血糖控制达标人数的比例，反映健康管理服务对患者病情控制的效果。

管理人群糖化血红蛋白 < 7.0 人群比例（%）= 最近一次体检糖化血红蛋白 < 7.0 人数 ÷ 管理总人数 ×100%

管理人群血压控制率（%）= 最近一次随访血压达标人数 ÷ 糖尿病管理总人数 ×100%

管理人群血脂异常控制率（%）= 最近一次随访血脂达标人数 ÷ 糖尿病管理总人数 ×100%

管理人群糖尿病视网膜病变发生率（%）= 最近一次体检视网膜病变发生例数 ÷ 糖尿病管理总人数 ×100%

管理人群糖尿病肾病发生率（%）= 最近一次体检糖尿病肾病发生例数 ÷ 糖尿病管理总人数 ×100%

管理人群糖尿病足发生率（%）= 最近一次体检糖尿病足例数 ÷ 糖尿病管理总人数 ×100%

表 2-10-6　中国 2 型糖尿病综合控制目标

指标	目标值
血糖[a]（mmol/L）	
空腹	4.4 ~ 7.0
非空腹	< 10.0
糖化血红蛋白（%）	< 7.0
血压（mmHg）	< 130/80
总胆固醇（mmol/L）	< 4.5
高密度脂蛋白胆固醇（mmol/L）	
男性	> 1.0
女性	> 1.3

续表

指标	目标值
甘油三酯（mmol/L）	< 1.7
低密度脂蛋白胆固醇（mmol/L）	
未合并动脉粥样硬化性心血管疾病	< 2.6
合并动脉粥样硬化性心血管病	< 1.8
体重指数 [b]（kg/m²）	< 24.0

注：[a] 为毛细血管血糖，[b] 体重指数（BMI）= 体重（kg）/ 身高的平方（m²），1 mmHg=0.133 kPa。
* 来源：《国家基层糖尿病防治管理指南（2022）》。

第二节　社区人群健康管理效果评价指标

　　我国人群健康管理的落地实践，主要是以国家基本公共卫生服务项目为依托，由中央及各级政府财政出资，以社区和乡镇为管理单元，针对居民主要的健康问题，由基层医疗卫生服务机构为全体公民免费提供公共服务，服务项目覆盖了孕产妇、新生儿、婴幼儿、学龄前儿童、慢性疾病患者、老年人、精神疾病患者、肺结核患者的健康管理服务，也为一般人群提供健康教育和健康促进服务，健康管理项目分为两大类：重点人群健康管理（孕产妇、儿童、老年人）、疾病健康管理（高血压、糖尿病、严重精神障碍、肺结核）。针对以社区健康管理为主要特色的基本公共卫生项目，评估其实施效果，主要包括两方面的指标，一是服务过程指标，二是服务效果指标，前者主要反映健康管理服务的人群覆盖情况，后者主要反映健康管理所产生的人群健康效益（表 2-10-7）。

表 2-10-7　社区人群健康管理效果评价指标

健康管理服务	过程评价指标	效果评价指标
健康教育评价指标	社区举办健康教育讲座次数（次 / 年）	居民健康素养具备率（%） ≥ 18 岁成人吸烟率（%） ≥ 18 岁成人超重率和肥胖率（%） ≥ 18 岁成人过量饮酒率（%） 经常参加体育锻炼人数比例（%）
慢性疾病患者健康管理评价指标	老年人健康管理率（%） 高血压患者规范管理率（%） 2 型糖尿病患者规范管理率（%）	管理人群血压控制率（%） 管理人群血糖控制率（%） 管理人群糖尿病并发症发生率（%） 管理人群高血压并发症发生率（%）
孕产妇健康管理评价指标	早孕建册率（%） 产后访视率（%） 孕产妇系统管理率（%） 新生儿访视率（%）	剖宫产率（%） 出生缺陷发生率（%） 孕产妇死亡率（%） 新生儿死亡率（%）
儿童健康管理评价指标	0 ～ 6 岁儿童健康管理率（%）	婴儿死亡率（%） < 5 岁儿童死亡率（%）

274

健康管理干预的效果评估 / 第十章

续表

健康管理服务	过程评价指标	效果评价指标
		低出生体重率（%）
		＜6个月婴儿纯母乳喂养率（%）
		＜5岁儿童低体重患病率（%）
		＜6岁儿童贫血患病率（%）
		＜6岁儿童肥胖率（%）
服务满意度		居民满意度（%）
		供方满意度（%）

注　健康教育评价指标说明：

1．社区举办健康教育讲座次数（次／年）为社区平均每年举办的健康教育相关讲座次数。

2．居民健康素养具备率（%）=健康素养测评分数达80%的居民人数÷居民总人数×100%。

3．≥18岁成人吸烟率（%）指18岁及以上成年人中吸烟人数占比。

4．≥18岁成人超重率和肥胖率（%）指18岁及以上成年人中超重和肥胖人数占比，其中超重为体重指数（BMI）为24.0～28.0 kg/m²；肥胖为 BMI ≥ 28.0 kg/m²。

5．≥18岁成人过量饮酒率（%）指18岁及以上成年人中过量饮酒人数占比。

6．经常参加体育锻炼人数比例（%）指健康教育管理总人数中经常参加体育锻炼人数占比。

慢性疾病患者健康管理评价指标说明：

7．老年人健康管理率（%）指65岁及以上常住居民，按照国家基本公共卫生服务规范要求，年度内接受健康管理服务的人数比例。

8．高血压患者规范管理率（%）指已管理的高血压患者，年度内获得符合国家基本公共卫生服务规范要求的健康服务的情况。

9．2型糖尿病患者规范管理率（%）指已管理的2型糖尿病患者，年度内获得符合国家基本公共卫生服务规范要求的健康服务的情况。

10．管理人群血压控制率（%）指已管理的高血压患者中，最近一次随访的血压控制达标人数的比例，反映健康管理服务对患者病情控制的效果。

11．管理人群血糖控制率（%）指已管理的2型糖尿病患者中，最近一次随访的血糖控制达标人数的比例，反映健康管理服务对患者病情控制的效果。

12．管理人群糖尿病并发症发生率（%）指已管理的糖尿病患者中发生糖尿病相关并发症人数的比例。

13．管理人群高血压并发症发生率（%）指已管理的高血压患者中发生高血压相关并发症人数的比例。

孕产妇健康管理评价指标说明：

14．早孕建册率（%）指年内孕产妇中由保健人员建立保健册人数与活产数之比，其中活产数指年内妊娠满28周及以上，娩出后有心跳、呼吸、脐带搏动、随意肌收缩4项生命体征之一的新生儿数。

15．产后访视率（%）指年内产后接受过1次及以上产后访视的产妇人数与活产数之比。

16．孕产妇系统管理率（%）指年内孕产妇系统管理人数与活产数之比。其中孕产妇系统管理人数指按系统管理程序要求，妊娠至产后28天内接受过早孕检查、至少5次产前检查、新法接生和产后访视的产妇人数。

17．剖宫产率（%）指年内接受剖宫产孕产妇人数与活产数之比。

18．出生缺陷发生率（%）指年内有出生缺陷的婴儿数与活产数之比。

19．孕产妇死亡率（%）指年内每10万名孕产妇的死亡人数。孕产妇死亡指从妊娠期至产后42天内，由妊娠或妊娠处理有关原因导致的死亡，但不包括意外原因死亡者。

20．新生儿死亡率（%）指年内新生儿死亡人数与活产数之比，其中新生儿死亡指出生至28天以内死亡人数。

21．新生儿访视率（%）指接受1次及以上访视的新生儿人数与活产数之比。

儿童健康管理评价指标说明：

22．0～6岁儿童健康管理率（%）指年内接受1次及以上随访的0～6岁儿童人数比例。

23．婴儿死亡率（%）指年内一定地区未满1岁婴儿死亡人数与同年出生的活产数之比。

24．＜5岁儿童死亡率（%）指年内未满5岁儿童死亡人数与活产数之比。

25．低出生体重率（%）指年内出生体重低于2500 g的婴儿数与活产数之比。

26．＜6个月婴儿纯母乳喂养率（%）指年内纯母乳喂养的婴儿数与活产数之比。

27．＜5岁儿童低体重患病率（%）指年内未满5岁儿童中低体重儿童所占比例。

28．＜6岁儿童贫血患病率（%）指年内未满6岁儿童中贫血儿童所占比例。

29．＜6岁儿童肥胖率（%）指年内未满6岁儿童中肥胖人数所占比例。采用 WHO 2006 年生长发育标准，计算 Z 评分，对于 5 岁以下儿童，身高体重 Z 评分（WHZ）＞3 为肥胖；5～6 岁儿童，WHZ＞2 为肥胖。

服务满意度指标说明：

30．居民满意度（%）指调查中居民满意人数与调查人数之比。

31．供方满意度（%）指调查中供方满意人数与调查人数之比。

（尤莉莉）

第三篇

应用篇

第十一章

全生命周期健康管理

全生命周期是指人的生命从受精卵开始，一直到生命的终止，包括孕育期、婴幼儿期、儿童期、成年期各个阶段。各阶段按照一定顺序衔接，前一阶段的发育为后一阶段奠定必要的基础，任何阶段的发育出现障碍，都将对后一阶段的发育产生不良影响，使得各阶段的健康状况的特点不尽相同，健康管理的重点也不相同。

第一节　孕妇、乳母的健康管理

怀孕和哺乳是女性人生中的重要阶段，因此对这部分群体和个体进行健康管理非常重要。从宏观的角度来看，因为孕、产妇的健康和死亡对社会经济和医疗发展水平比较敏感，孕产妇死亡水平代表着一个国家和地区宏观社会经济发展的水平。从微观的角度来看，妇女在怀孕和哺乳期间的健康关系到上下两代人的生命和健康，此阶段的健康管理也就显得更加重要。近年来，"生命早期 1000 天"的概念受到越来越多的关注。从女性怀孕到婴儿出生后 2 岁，时间约 1000 天。这段时期内健康管理和促进在人的生命周期中有着重要的价值和意义。

一、孕妇和乳母的生理特点

妊娠是很复杂的生理过程，孕妇在妊娠期间体内会有一系列的生理调整，以适应胎儿在子宫内正常的生长发育。妊娠期，在大量激素的影响下，母体的合成代谢增加，基础代谢率升高。妊娠期女性常伴有消化功能的改变，例如恶心、呕吐、消化不良、便秘，对某些营养素如钙、铁、维生素 B_{12} 及叶酸的吸收能力增加。妊娠期胃肠道蠕动减弱，易引起胃肠胀气与便秘，妊娠晚期子宫压迫直肠可加重便秘，并可因静脉血流淤滞而出现痔疮。孕妇需要排出自身及胎儿的代谢废物，因此肾功能负担加重。妊娠期母体的体重发生明显变化，一般体重增加 11 ~ 12.5 kg。妊娠期女性的血容量及红细胞量增加。血容量的增加幅度较红细胞增加的幅度大，致使血液相对稀释，血中血红蛋白浓度下降，可出现生理性贫血。孕妇在妊娠晚期随着红细胞增生及胎儿成长更加容易出现缺铁性贫血。妊娠期血液处于高凝状态，部分凝血因子增加，血小板略有减少。同时，妊娠期间的口腔卫生特别值得注意，由于孕妇体内的雌激素、孕激素增多，内分泌系统发生很大变化，使得牙龈的毛细血管扩张、弯曲、弹性减弱，因而容易导致血液淤滞、血管壁的通透性增加，加之进食次数增多，以及孕早期频繁呕吐，为口腔中的细菌滋生创造了条件。

产后哺乳期的生理变化与妊娠期变化是连续的，开始逐步恢复至孕前状态，泌乳是这个时期的主要生理特征。妊娠晚期就可由乳房挤出少量黄色清水样乳汁，直至产后 2～3 天仍分泌初乳，以后在腺垂体催乳素的作用下，乳腺充血肿胀，分泌乳汁，并且量逐渐增多。产后 2～3 日乳房增大皮肤紧张，表面静脉扩张充血，有时可形成硬结并使产妇感到疼痛。哺乳期给胎儿哺乳有利于母体生殖器官及有关器官组织更快恢复。初乳中含有大量免疫蛋白，是新生儿早期理想的天然食物。接下来的过渡乳中乳糖和脂肪的含量逐渐增多，而蛋白质的含量有所下降。成熟乳富含蛋白质、乳糖、脂肪等多种营养素。因此，母乳是婴儿的天然食品，在正常条件下提倡母乳喂养。与此同时，哺乳期女性的心理变化也是这一时期比较显著的特征，初为人母的女性通常心理变化比较复杂，与其在妊娠期的心理状态、对分娩经过的承受能力、环境及社会因素有关。

二、孕妇和乳母的健康风险

1. 个体因素　孕妇的一些个体因素会给其健康带来风险。如孕妇先天性子宫畸形，输卵管发育不良，年龄小于 18 岁或大于 35 岁，身高 < 1.5 m，体重 < 40 kg 或 > 70 kg，有过畸形儿的妊娠史，家族有遗传病或畸形史，原因不明的 2 次以上自然流产史，以往有死胎、死产、新生儿死亡的病史，骨骼发育异常尤其是骨盆狭窄或畸形，既往或目前患内外科、妇科疾病，早孕反应很重，尿酮体阳性等。这些因素可能导致孕妇的流产、早产、异位妊娠等异常妊娠结局。对于乳母，乳房发育的异常会给哺乳过程带来健康问题。

2. 环境因素　工作和生活环境中的不良因素，如化学物质（如乙醇、吸烟、铅、镉）和物理因素（如噪音、高温、X 线）会影响孕妇健康，进而可能对胚胎或胎儿造成损害。社会文化（文化程度、贫富、宗教）、孕产妇和乳母所处的社会和家庭环境也会间接影响她们的健康。

3. 行为因素和生活方式　孕妇在妊娠期间受到创伤、感染或自身精神高度紧张等都可能引起不良的妊娠结局，常见的是流产、胎儿畸形。孕妇和乳母的不合理用药也是影响健康的突出危险因素，已有研究表明药物的性质、服用剂量、服用时间的不同可能会引起胎儿或婴儿不同的健康问题，值得引起重视。孕妇营养是妊娠期保健的重要方面，妊娠期营养不良可能导致孕妇的营养缺乏病。例如，缺乏铁、叶酸、维生素 B_{12} 容易引起营养性贫血，维生素 D 缺乏引起骨质软化病，蛋白质严重缺乏引起营养不良性水肿。营养缺乏对胎儿的影响也较为严重，可引起低体重儿、早产、围生期死亡率增加、脑发育不良、胎儿先天畸形等。

此外，合理利用已有的卫生服务是妊娠期健康的重要保障。目前医疗保健机构可以提供的服务包括计划怀孕前的体检、妊娠早期建卡、定时产前检查、异常情况及时终止妊娠、住院分娩等。近些年来随着医疗服务水平的提高，越来越提倡计划怀孕，即在怀孕前半年夫妻双方开始为怀孕做相应的准备，注意营养和生活方式、避免环境危险因素等，以最佳的身体和心理状态进入妊娠期。

4. 其他健康风险　主要有消化系统症状，即一半以上的孕妇怀孕早期会产生恶心呕吐等不适症状，因常发生于晨间，故又称晨吐，以及与孕期生理性变化相关的便秘、腰背痛、下肢及外阴静脉曲张、贫血、下肢肌肉痉挛、下肢水肿、体位性低血压、外阴阴道假丝酵母菌病、营养不良或营养过剩等问题。产褥期除痔疮和便秘以外，面临的健康问题则主要是子宫复旧不全、尿潴留、盆底肌松弛、产后忧郁症等。乳母还可能面临乳房胀痛、乳头皲裂、母乳不足、退奶等哺乳问题。

三、孕妇和乳母的健康管理

为保证孕妇、乳母及胎儿的健康，选择最佳的受孕时期是必要的。女性 < 18 岁或 > 35 岁是妊娠的风险因素，易造成难产及其他的产科合并症。有研究资料表明，25～29 岁孕产妇死亡率及新生儿死亡率最低，20～24 岁及 30～34 岁次之，因此适龄孕育是孕产妇与胎儿生存健康的保证。婚前医学检查与孕前医学检查对于了解男女双方的健康状况、进行孕前咨询与挑选受孕时期有重要意义，应予以重视。

妊娠期可以分为 3 个阶段：妊娠早期（孕 12 周之前）、妊娠中期（孕 12 周至孕 27 周）、妊娠晚期（孕 28 周至孕 40 周）

1. 妊娠早期的健康管理　孕妇的健康管理首先应该从孕妇识别早孕开始。有性生活的妇女，以往月经正常，一旦月经超期未潮，首先应该想到可能是怀孕，并及时去医疗保健机构检查确诊。确诊已经怀孕并适宜生育的孕妇，应该定期做产前检查。孕 12 周之前在医院建立档案，12 周后要定期检查，如有高危因素，如孕妇年龄过小或是高龄产妇、有不良妊娠史、有疾病遗传史、有内外妇科疾病等，应增加检查次数。通过每次产前检查和及时筛查，能够及时发现高危因素，有孕妇本人基本情况（如年龄、体重、身高）、不良孕史、内科合并症及产科并发症等。根据《孕前和孕期保健指南（2018）》，在正常情况下，推荐孕妇到医疗保健机构检查的次数为孕期的前 3 个月至少一次，27 孕周前每 4 周一次，28～36 孕周每 2 周一次，37 孕周后每周一次。有异常的孕妇应增加产前检查的次数。

妊娠早期是胚胎细胞分裂活跃、神经系统发育的关键期，也是胚胎最敏感的时期，应该避免接触有毒物质（如农药）、X 线，治疗疾病使用药物应该听从医生的建议。妊娠早期要避免工作场所和生活环境中不良因素，如噪声、辐射、高温、装修材料黏合剂。妊娠早期不应购置新家具，新家具往往会有甲醛等有机溶剂的挥发，对胎儿可能产生不利影响。在妊娠期应该避免感染疾病，治疗疾病需要在医生指导下慎重用药。边远山区或新生儿破伤风高发区，没有接受过破伤风类毒素全程免疫接种的孕妇应该到医院去注射破伤风类毒素。妊娠早期的孕妇应避免过重的体力劳动及剧烈运动，以防流产、早产，但适当运动还是必要的。

妊娠期膳食应该随着生理变化和胎儿生长发育的状况而进行合理调配。因为妊娠早期主要是胚胎发育阶段，所需要营养与妊娠前差别不大，但重要的是合理膳食。妊娠早期的膳食应以清淡、易消化、口感好为主要原则。建议每日服用适量叶酸和维生素 B_{12} 等，以预防神经管畸形的发生。孕妇要适当补充营养、保持良好心态，避免吸烟、饮酒和过量摄入咖啡因。《中国居民膳食指南（2022）》指出孕早期妇女在一般人群膳食指南的基础上，如果早孕反应严重，可少食多餐，选用清淡或适口的饮食，保证摄入含必要量碳水化合物的食物；合理补充叶酸和维生素 D，同时常吃含铁、碘丰富的食品；禁烟酒。

由于体内激素的变化，孕妇很容易出现牙龈出血、肿胀，口臭，引起的牙龈炎称为妊娠期牙龈炎。因此要重视妊娠期口腔卫生，掌握口腔保健的方法，坚持每日两次有效刷牙，饭后漱口。做好定期口腔检查和适时的口腔治疗。只要重视并做好口腔清洁保健，可以有效预防妊娠期牙龈炎的发生。妊娠期里口腔疾病发展较快，定期检查能够保证早发现、早治疗，使病灶局限在小范围。对于较严重的口腔疾病，应选在合适的时间治疗。妊娠早期治疗有可能引起早产，妊娠晚期许多药物尤其麻醉药不能使用，所以合适的口腔治疗时间是妊娠中期。

孕妇的情绪与婴儿的发育有着密切的联系。妊娠早期的过度不安可能会导致胚胎发育不良、流产并引起胎儿畸形。孕妇应该以喜悦的心情接受怀孕，学会自我心理调节，善于缓解不健康的情绪，保持稳定、乐观、良好的心态，使胎儿有一个良好安全的生长环境。

作为胎儿发育的敏感时期，孕早期各种刺激都可能会对胎儿产生影响，因此应尽量避免性交。但除性交以外，还有其他内容的性生活，如爱抚、亲吻，夫妻双方应该尽量以其他方式交流感情。

如果在妊娠早期出现早孕反应过于严重、阴道流血等，应该及时到医疗机构就诊。

2. 妊娠中期的健康管理　妊娠中期的孕妇要定期进行临床检查，包括化验、B 超等。存在高危因素的人群要进行产前诊断，可以在形态学、染色体、酶学、代谢产物和基因 5 个水平进行产前诊断，判定胎儿是否有先天性疾病，为能否继续妊娠提供科学依据。

在妊娠中期，孕妇要适当休息，每天保证充足的睡眠（8～10 h），取左侧卧位，改善胎儿的供氧。妊娠中期的每天应该做孕妇体操，可以活动关节、锻炼肌肉，缓解妊娠期身体某些部位的不适感。妊娠中期坚持每天锻炼能够松弛韧带和肌肉，使身体以柔韧而健壮的状态进入妊娠晚期和分娩期。国内外许多运动医学专家认为，正常健康的孕妇在妊娠期间能够安全地从事体育锻炼，只要没有出现异常情况就可以坚持下去。在运动过程中要注意热身、补液、适度等原则。

《中国居民膳食指南（2022）》指出妊娠中、晚期女性在一般人群膳食指南 6 条基础上，还应补充以下 4 条内容：①适当增加奶、鱼、禽、蛋、瘦肉的摄入量；②补充叶酸，常吃含铁丰富的食物，选用碘盐；③适量身体活动，妊娠期适当增重；④禁烟戒酒，愉快孕育新生命，积极准备母乳喂养。

妊娠期能量的增加是为了满足胎儿生长发育、母体组织增长、母体蛋白质和脂肪贮存及代谢增加的能量需要，但能量的摄入量与消耗量应保持平衡。妊娠中期的膳食应广泛选择和食用新鲜的乳、蛋、禽、鱼、肉、蔬菜和水果等，以保证母体和胎儿对营养素的需求。妊娠期的营养不良使胎儿的生长发育延缓，早产儿发生率及围产期新生儿死亡率增加，脑发育不全的发病率增加。但如果孕妇营养过剩、体重增加过度，易出现巨大儿，增加难产的危险性。中国营养学会 2013 年修订的膳食参考摄入量（DRIs）建议孕妇自妊娠 4 个月开始每日增加能量摄入量 1.26 MJ（300 kcal）。除了数量保证外，还要保证优质的动物及豆类蛋白质的摄入至少占 1/3 以上。妊娠期对无机盐的需要量增加，易缺乏的主要是钙、铁、锌、碘等。中国营养学会建议妊娠中期孕妇钙的每日适宜摄入量（AI）为 1000 mg，铁的 AI 为 24 mg。

在妊娠中期孕妇应加强自我监护，如数胎动、测体重、家属配合测胎心。如果出现严重的头疼、头晕、阴道出血等要及时就医。

3. 妊娠晚期的健康管理 妊娠晚期的重点是监测胎儿发育，预防妊娠并发症，做好分娩前的准备。妊娠晚期指孕 28～36 周，每 2 周去医院检查 1 次，孕 37 周以后每周检查 1 次，包括常规保健内容（产科检查和辅助检查）、骨盆测量、胎儿监测。

全妊娠期体重增长的最佳标准是 12.5 kg。妊娠晚期的营养应该在妊娠中期的基础上适当调整。妊娠晚期合理控制总热量，多食纤维食物、优质蛋白、新鲜蔬菜，补充维生素及矿物质，可少食多餐，并要监测空腹及餐后 2 h 血糖。需要增加蛋白质、必需脂肪酸的摄入，多吃动物蛋白和大豆蛋白，多吃瘦肉、海鱼等。补充钙摄入，每日需要 1200～1500 mg，可多喝牛奶、多吃鱼和虾。妊娠晚期，胎儿肝要贮存铁，孕妇需要多吃动物肝和血豆腐。妊娠晚期的热量不能补充太多，尤其是最后一个月，要适当限制饱和脂肪酸和糖类，限制肥肉和谷物的过多摄入，以免胎儿过大，影响分娩。中国营养学会 2013 年修订的膳食参考摄入量（DRIs）建议孕妇妊娠晚期钙的每日适宜摄入量（AI）为 1000 mg，铁的 AI 为 29 mg，锌的每日推荐摄入量（RNI）为 9.5 mg，碘的 RNI 为 230 μg，维生素 A 的 AI 为 770 IU，维生素 B_1 的 RNI 为 1.5 mg，维生素 B_{12} 的 AI 为 2.9 μg，维生素 B6 的 AI 为 2.2 mg，维生素 C 的 RNI 为 115 mg，维生素 D 的 RNI 为 10 mg。

一些研究表明，阴道的各种感染可能与胎膜早破、绒毛膜羊膜炎、早产、宫内窘迫、低出生体重有关，因此对筛查阴道感染阳性者可以口服敏感、毒性小的抗生素来预防多种并发症。

妊娠中、晚期可以有适当的性生活，但要注意性生活卫生，且性生活不宜过于剧烈。下列情况应尽量避免性生活：有腹痛或阴道出血等情况，或医生认为有流产或早产可能的时候；有多次流产史或早产史的孕妇；有前置胎盘等产科原因者及有严重合并症者。怀孕后性生活的原则是，不能压迫或撞击肚子，且不要给子宫以直接的强烈的刺激。夫妻双方一定要相互体谅、相互体贴，共同度过人生中的特殊时期。

4. 哺乳期的健康管理 产后 42 天内，除乳房以外产妇身体逐步恢复到怀孕前的状态，尤其是生殖器基本恢复正常。母乳是婴儿最好的食物，初乳对婴儿的健康格外重要。早期的持续的母婴接触能够增加母乳喂养的时间和效率，所以产后应该在短时间内开始哺乳，在新生儿出生后提倡"三早"，即早接触、早吸吮、早开奶。

乳母每天分泌 600～800 ml 的乳汁来喂养婴儿。当营养不足时，需动用母体营养储备来维持乳汁成分的恒定。中国营养学会推荐在哺乳 1～6 个月乳母应每日增加能量摄入 2.1 MJ（500 kCal）。哺乳期妇女摄入适量的蛋白质对维持婴儿生长发育、免疫和行为功能等十分重要，中国营养学会推荐乳母应比非妊娠妇女每日多摄入 25 g 的膳食蛋白质。膳食脂肪的种类与乳汁脂肪的成分关系密切，中国营养学会推荐乳母每日膳食脂肪供给量应以其能量占总能量摄入的 20%～30% 为宜。人乳中的主要矿物质（钙、磷、镁、钾、钠）的浓度一般不受膳食的影响。中国营养学会根据国内外资料综合考虑后，建议乳母钙的 AI 为 1000 mg，铁的 AI 为 24 mg。乳母膳食中的各种维生素都应适量增加。中国营养学会推荐乳母膳食维生素 A 的 RNI 为 1300 µg，维生素 B_1 的 RNI 为 1.5 mg，维生素 B_2 的 RNI 为 1.5 mg，维生素 B_6 的 AI 为 1.7 mg，维生素 B_{12} 的 RNI 为 3.2 ug，维生素 C 的 RNI 为 150 mg。总之，哺乳期膳食原则是保证供给足够的能量，多吃富含优质蛋白的食物，同时多吃富含膳食纤维的食物防止便秘，还要适量补充维生素和铁剂。乳母每天应多喝牛奶以补充钙。

哺乳期妇女需要注意乳房的护理，包括热敷、按摩和挤奶等，以减轻乳房胀痛和维持乳汁的继续分泌。如喂奶姿势不正确或使用肥皂水、乙醇等清洗乳房，都容易引起乳头干裂而产生疼痛，一旦发生可每次挤少量乳汁涂于乳头上。

哺乳期常常由于乳汁淤积而引起急性乳腺炎，一方面，乳汁淤积很可能导致入侵细菌的繁殖生长，而导致乳汁淤积的原因主要有乳头发育不好（过小或内陷），妨碍哺乳，而乳汁分泌过多或婴儿吸乳少、哺乳姿势不正确、乳腺管不通畅等也会造成乳汁淤积；另一方面，细菌也可能常由乳头破损、皲裂处入侵，沿淋巴管入侵是感染的主要途径。婴儿口含乳头睡觉或婴儿患有口腔炎吸乳时，细菌可直接侵入乳腺管，上行至乳腺小叶而发生感染。产后的 1 个月内是急性乳腺炎的高发期；而 6 个月后的婴儿开始长牙，这个阶段乳头也容易受到损伤，应该小心预防；而断奶期更要警惕急性乳腺炎的发生。哺乳期淤乳引起的急性乳腺炎早期要积极治疗，做好乳房按摩，对疏通乳管、消肿散结起到重要作用。伴有乳头破裂感染者应及时治疗。

哺乳期用药要谨慎，一些药物，如磺胺、四环素、阿托品、苯巴比妥，可经乳汁排出，若哺乳期妇女用量过多，可以导致婴儿中毒。

产妇产后可能会发生产后抑郁，发生在产后 6 周内，一般持续到产后 6 个月。其临床表现与一般抑郁症状类似，预后较好，以心理治疗为主。

产后 42 天以后可以对盆底肌进行针对性的康复训练。盆底肌锻炼法又称凯格尔运动（Kegel exercise），方法为做紧缩肛门的运动，每次收紧不少于 3 s，然后放松。每日 2～3 次，每次连续进行 15 min。进行盆底肌肉训练时主要兼顾 5 个方面：①强度，肌肉收缩可以产生的最大张力；②速率，最大张力和达到最大张力所需时间之比；③持续时间，肌肉收缩可以持续或重复的时间长度；④重复性，可以反复收缩达到一定张力的次数；⑤疲劳，维持肌肉收缩达到要求或预期张力产生疲劳。Ⅰ类纤维训练主要针对力度、持续时间和重复性等方面；Ⅱ类纤维训练主要针对力度、速率和疲劳等方面。

产褥期内禁止性交。产后 42 日，产妇到医院接受全面的健康检查，包括全身检查和妇科检查，同时医院将给予计划生育指导，使夫妇双方知情、选择适宜的避孕措施，原则上是哺乳者以工具避孕为主，不哺乳的可选择药物避孕。

（纪　颖）

第二节　婴幼儿的健康管理

婴幼儿（0～3岁）生长发育迅速，是人一生中身心健康成长的重要时期。同时，婴幼儿生长发育是机体各组织器官增长和功能成熟的过程。

一、婴幼儿的生理特点

婴儿出生后，前半年增长速度比后半年快，体重平均每月增长 600～800 g，后半年平均每月增长 500 g，周岁后发育基本是稳步增长，直至青春期又会出现短期内猛然加速。出生后第一年平均身长增长 25cm，前期增长的比后期增长快。从 6 个月前后开始萌生乳牙，2 岁内乳牙总数等于月龄减 4～6。同时，婴幼儿时期头围、胸围、上臂围、皮下脂肪都会有所增长。各系统器官的发育不平衡，快慢不同。神经系统发育领先，生殖系统发育较晚，淋巴系统则先快而后回缩。

婴幼儿的消化系统也在不断发育成熟，婴儿的吞咽功能已经十分成熟，双颊脂肪垫发育良好，有利于吸吮活动。出生时唾液腺发育不完善，唾液分泌少，淀粉酶含量低，因此 3 个月以下小儿不宜喂淀粉类食物，随着唾液腺的发育完善淀粉酶会不断增加。婴儿食管较短，早产儿和新生儿常因贲门括约肌松弛而发生胃内容物反流。婴儿胃呈水平位，胃容量出生时为 30～60ml，1岁时达到 250～300ml。婴儿肠道相对较长，有利于消化吸收，但因为肠移动性大且肠系膜较长，易发生肠套叠。

婴幼儿鼻腔比成人短，无鼻毛，后鼻道狭窄，黏膜柔嫩，血管丰富，易感染。鼻窦黏膜与鼻腔黏膜相连续、鼻窦口相对较大，故急性鼻炎常累及鼻窦，以上颌窦与筛窦最易感染。咽鼓管较宽、直、短，呈水平位，故鼻咽炎时易致中耳炎。婴幼儿的气管、支气管较狭小，软骨柔软，缺乏弹力组织，黏膜血管丰富，纤毛运动较差，清除能力薄弱。左支气管细长、位置弯斜，右支气管粗短，异物容易坠入右支气管内。小儿肺的弹力纤维发育较差，血管丰富，间质发育旺盛，肺泡数量较少，造成肺的含血量丰富而含气量相对较少，故易于感染，并易引起间质性炎症、肺气肿或肺不张等。婴幼儿胸廓短、呈桶状；肋骨呈水平位，膈肌位置较高，使心脏呈横位，胸腔较小而肺相对较大；呼吸肌不发达，呼吸时胸廓活动范围小，肺不能充分地扩张。小儿纵隔相对较大，纵隔周围组织松软、富于弹力，故在胸腔积液或气胸时易致纵隔移位。婴幼儿因呼吸系统的解剖特点使得呼吸量受到一定限制，但因代谢旺盛需氧量高，只有增加呼吸频率才能满足机体代谢的需要，因而年越小呼吸频率越快。小儿呼吸道的非特异性及特异性免疫功能均较差，咳嗽反射及气道平滑肌收缩功能差，纤毛运动功能也差，难以有效地清除吸入尘埃及异物颗粒，因此容易发生呼吸道感染。婴幼儿各项呼吸功能的储备能力均较低，当患呼吸道疾病时，较易发生呼吸功能不全。

婴儿出生后脑实质生长很快，第一年脑的发育尤为迅速。4 岁以前是脑的结构及功能发育最为迅速的时期，也容易受到有害因素的侵袭。出生时小脑发育较差，出生后 6 个月达到发育高峰。出生后各种感知能力发育也很迅速，包括视感知、听感知、嗅觉和味觉、皮肤感觉。运动神经的发育由上而下，由不协调到协调，由粗动作到精细动作。

婴儿出生后婴儿体内由母体传递的抗体开始逐渐消失，对各种传染病比较易感。因此，母乳喂养、营养供给和免疫接种显得非常重要。

二、婴幼儿的健康风险

1. **个体因素**　婴幼儿由于处在发育时期，具有很明显的特点，如各个系统发育不均衡，消化、呼吸系统发育不完善，这些特征与婴幼儿的健康密切相关，使得婴幼儿对一些疾病易感。

2. **环境因素**　婴幼儿主要生活在家庭环境中，与外界接触不多，因此家庭环境的洁净和亲属的情感影响着婴幼儿的发育和成长。

3. **生活方式和行为** 婴幼儿还不能作为独立的个体，所以其健康会受到家庭主体的生活方式、行为、喂养方式的影响，更多地受到母亲生活方式和行为的影响。例如，是否能够及时调整婴幼儿养育方式、及时发现不适症状、及时利用卫生服务、及时进行免疫接种。同时，需要注意健康生活方式的培养。

4. **婴幼儿的其他健康风险** 婴幼儿常见健康风险还包括以下几种。①发热：作为最常见的儿童疾病症状之一，发热会造成机体功能失调；②肥胖：可能影响智力发展，也会导致糖尿病、高血压等疾病"年轻化"；③缺铁性贫血与缺锌：婴幼儿生长发育迅速，对营养需求较高，很容易造成铁与锌摄入量的不足；④视力低下：屏幕使用时间加长、光污染、读写姿势不正确是视力低下的重要原因；⑤口腔健康：由于婴幼儿的口腔卫生习惯、饮食习惯，以及家长对婴幼儿口腔保健服务利用的忽视，特别是幼儿期夜奶行为的存在，使得婴幼儿阶段成为龋齿的高发期；⑥意外伤害：婴幼儿容易注意力分散、活泼好动，对风险缺乏识别能力，容易发生意外伤害。

三、婴幼儿的健康管理

（一）健康档案和定期体检

一般来讲，婴儿出生后应该在社区建立健康档案，详细记录婴儿出生时的情况，随访婴儿的发育情况。社区医生会给予一定的喂养指导。同时，儿童定期健康体检是系统、连续动态地对儿童健康、生长发育、保健服务的数据资料进行收集、整理、分析、评价和反馈的过程。根据儿童生长发育规律，建议婴儿在出生后 3 个月、5 个月、8 个月、12 个月时分别做体检，1～3 岁每半年做一次。检查的内容包括一般情况（包括喂养情况、生长发育情况、预防接种情况、患病情况）、体格发育测量、全身系统检查、智力筛查、血红蛋白测量。进入幼儿期后，定期的健康检查还包括口腔保健、视力保健、听力筛查等。

（二）营养

婴幼儿时期生长发育迅猛，代谢旺盛，需要足量的营养素供给。以满足正常生理功能活动和生长发育的需要。但婴幼儿消化吸收功能尚不够完善，对营养的吸收和利用受到一定限制。2013 年中国营养学会推荐婴幼儿能量每日摄入量 0～6 个月 AI 为 0.38 MJ/kg（90 kcal/kg），7～12 个月 AI 为 0.33 MJ/kg（80 kcal/kg），1～2 岁 RNI 为男童 3.77 MJ/kg（900 kcal/kg），女童 3.35 MJ/kg（800 kcal/kg），2～3 岁 RNI 为男童 4.61 MJ/kg（1100 kcal/kg），女童为 4.19 MJ（1000 kcal）。推荐的数值对个体婴幼儿差异较大，但对集体婴幼儿而言，不应低于推荐值的 90%。婴儿的蛋白质需要量用营养状态良好的母乳喂养的婴儿的需要量来衡量。中国营养学会在 2013 年建议蛋白质 0～6 个月 AI 为 9 g，7～12 个月 RNI 为 20 g，1～2 岁幼儿为每日 25 g，2～3 岁幼儿为 25 g。脂肪是体内重要的能量来源，摄入过多和过少对婴儿的生长发育都不利。中国营养学会推荐的婴幼儿每日膳食中脂肪能量占总能量的适宜比例 6 月龄以内为 48%，6 月龄～2 岁为 35%～40%，2 岁以上为 20%～35%。碳水化合物主要供给婴幼儿能量，帮助机体蛋白质的体内合成及脂肪的氧化。如能早期给婴幼儿添加适量的淀粉，可以刺激唾液淀粉酶的分泌。但如婴幼儿食物中含碳水化合物过多，则会在肠腔内发酵过强，产生大量短链脂肪酸，刺激肠蠕动而引起腹泻。无机盐是人体必需的营养物质，在婴幼儿时期具有极为重要的作用，较容易缺乏的有钙、铁、锌。维生素是维持人体生理过程所必需的一类有机化合物，几乎所有的维生素在缺乏时都会影响婴幼儿的生长发育，其中关系最密切的有维生素 A、维生素 D、B 族维生素中的硫胺素、核黄素和烟酸（尼克酸），人工喂养的婴幼儿还应该注意维生素 E 和 C 的补充，早产儿更应该注意补充维生素 E。

婴儿时期，母乳喂养是天然的喂养方式，母乳具有营养素齐全、比例合适、含有特异性免疫物质和非特异性免疫物质，可以使婴儿有效地抵御致病菌及病毒的侵袭。因此目前我国推荐在婴儿时期进行母乳喂养。断奶过渡期通常从 4 月龄开始持续 6～8 个月或更长，期间母乳照常喂养直到断奶。在婴儿4～6个月时，母乳喂养已经不能完全满足婴儿生长发育的需要，应添加断奶食物作为母乳的补充。断奶食物添加的顺序为先单纯后混合，先液体后固体，先谷类、水果、蔬菜，后鱼、蛋、肉。

（三）计划免疫（planned immunization）

中国有比较完善的儿童计划免疫程序和制度。从出生开始，就为新生儿建立了接种卡介苗、乙肝疫苗，建立计划免疫登记卡及预防接种证，婴儿期要完成脊髓灰质炎、百白破、麻疹疫苗的基础免疫。2007年12月卫生部印发了《扩大国家免疫规划实施方案》，其中涉及婴幼儿期免疫规划的疫苗有：

1. **乙型肝炎疫苗（hepatitis B vaccine）** 接种3剂次，儿童出生时、1月龄、6月龄各接种1剂次，第1剂在出生后24 h内尽早接种。

2. **卡介苗（Bacillus Calmette-Guérin vaccine，BCG vaccine）** 接种1剂次，儿童出生时接种。

3. **脊髓灰质炎疫苗（poliovirus vaccine）** 接种4剂次，儿童2月龄、3月龄、4月龄和4周岁各接种1剂次。实行"1剂脊髓灰质炎疫苗（IPV）＋3剂口服脊髓灰质炎疫苗（OPV）"的免疫程序，即儿童的4次脊髓灰质炎疫苗接种中，接种1剂脊髓灰质炎灭活疫苗，其他3次接种脊髓灰质炎减毒活疫苗。

4. **百白破混合疫苗（diphtheria, pertussis, tetanus vaccine，DPT vaccine）** 接种4剂次，儿童3月龄、4月龄、5月龄和18～24月龄各接种1剂次。无细胞百白破混合疫苗免疫程序与百白破混合疫苗程序相同。无细胞百白破混合疫苗供应不足阶段，按照第4剂次至第1剂次的顺序，用无细胞百白破混合疫苗替代百白破混合疫苗；不足部分继续使用百白破混合疫苗。

5. **白破疫苗（diphtheria-tetanus vaccine）** 接种1剂次，儿童6周岁时接种。

6. **麻腮风疫苗（measles, mumps, rubella vaccine，MMR vaccine）（麻风、麻腮、麻疹疫苗）** 目前，麻腮风疫苗供应不足阶段，使用含麻疹成分疫苗的过渡期免疫程序。8月龄接种1剂次麻风疫苗，麻风疫苗不足部分继续使用麻疹疫苗。18～24月龄接种1剂次麻腮风疫苗，麻腮风疫苗不足部分使用麻腮疫苗替代，麻腮疫苗不足部分继续使用麻疹疫苗。

7. **流脑疫苗（meningococcal vaccines）** 接种4剂次，儿童6～18月龄接种2剂次A群流脑疫苗，3周岁、6周岁各接种1剂次A+C群流脑疫苗。

8. **乙脑疫苗（vaccinum encephalitidis epidemicae）** 乙脑减毒活疫苗接种2剂次，儿童8月龄和2周岁各接种1剂次。乙脑灭活疫苗接种4剂次，儿童8月龄接种2剂次，2周岁和6周岁各接种1剂次。

9. **甲型肝炎疫苗（hepatitis A raccine）** 甲肝减毒活疫苗接种1剂次，儿童18月龄接种。甲肝灭活疫苗接种2剂次，儿童18月龄和24～30月龄各接种1剂次。

（四）体格锻炼

体格锻炼可以促进儿童生长发育、增进健康、增强体质的积极措施，充分利用各种自然因素，如空气、日光、水和肢体活动进行身体锻炼，能提高机体固有的防御能力和获得适应自然环境变化的耐受能力，提高抗病能力以预防疾病。

（五）生活习惯

卫生习惯的养成很重要。从新生儿起就可以培养每天洗澡、大便后冲洗臀部的习惯，定期剪指甲；1岁开始就可以学着自己打湿手、抹肥皂，并教会幼儿洗手的方法；1岁半后，可教幼儿用流动水洗手；2岁以后学习自己洗手，认识自己的毛巾，擦干手、脸；养成饭前便后洗手、饭后漱口、睡前勿进饮食、注意口腔卫生；自乳牙开始萌出后就应由家长用工具为婴儿进行牙齿清洁，3岁后幼儿开始逐步学习自己刷牙，但仍需家长监督。

幼儿时期开始形成一定的饮食习惯。饮食习惯与生长发育密切相关，关系到婴幼儿的营养和健康。良好的饮食习惯是幼儿均衡营养的基础，也能促进胃液分泌、消化良好，维护消化道健康，并能促进幼儿的心理健康成长。饮食习惯包括餐前准备（餐前洗手、餐后漱口、擦嘴）、定时定量进餐、不偏食挑食等。

（六）心理健康发育

婴幼儿儿心理健康是健康的起点，对以后的生长发育至关重要。婴儿初到人间，心理活动逐渐形成并得到发展。婴幼儿期母爱是首要的保健因素，母亲微笑的面孔、爱抚的动作、亲切的语言将促进婴幼儿良好的情绪、语言和运动的发育。父亲和家庭其他成员同样也应多给予婴幼儿照顾，有利于其对周围人产生信任感、安全感。同时应该尽可能提供给婴幼儿多看、多听、多动手摆弄物体的机会，促进他们认知能力的发展。与婴幼儿的语言交谈，对他们耐心地进行言语训练，有利于促进其言语功能的良好发展。早期的家庭氛围对性格的发展起着直接的作用，需要注意教育方法，培养良好性格。

（七）常见病防治

1. **维生素D缺乏性佝偻病**（vitamin D deficiont rickets） 常由内源性维生素D不足、维生素D摄入不足、生长过速、消化系统疾病等原因引起。临床表现为易激惹、夜惊、多汗，出现枕秃、方颅、前囟增大、出牙延迟，严重者可出现肋膈沟、串珠肋、鸡胸、脊柱畸形、O形或X形腿及体格发育迟缓。患病后及时就医，通常采用口服维生素D来进行治疗。该病的预防主要是补充维生素D和钙剂，提倡母乳喂养，合理添加辅食，多晒太阳，同时加强宣传工作，包括对孕妇围生期、乳儿期的佝偻病预防知识。

2. **营养不良**（malnutrition） 是营养素的严重不足或过多，以及代谢障碍造成的机体营养失调，主要表现为营养缺乏或营养过剩，营养缺乏症包括维生素缺乏、蛋白质缺乏、微量元素缺乏等，可能由摄入不足或吸收不足引起。表现为体重和皮下脂肪厚度低于正常值。发生后应该及时治疗消化道慢性疾病或急慢性感染，调整饮食，补充营养。其预防主要是通过指导母亲喂养，培养婴幼儿良好的饮食习惯，监测生长发育情况。营养过剩是机体摄取的营养素超过了本身的需要，多余部分在体内蓄积并引起病理状态。克服营养过剩的主要措施是加强普及营养学知识，宣传平衡合理营养的重要意义，建立良好的饮食习惯，避免摄入过多的营养素，安排一定的体育运动，改变不良的生活习惯。

3. **营养缺乏性贫血**（nutritional deficiency anemia） 常由于摄入不足、损失过多、吸收障碍引起。临床表现为皮肤黏膜苍白、营养不良、生长迟缓、毛发易脱落等。一般采用口服铁剂治疗，以补充铁的储存量。预防措施主要是及时添加动物类食品的辅食及铁强化食品，注意合理搭配膳食。乳母也要注意补铁。

4. **锌缺乏症**（zinc deficiency） 也通常由摄入不足、患病等原因引起。可以服用锌剂治疗。预防也主要注意添加辅食，辅食中有一定比例的动物性食品，尤其是海产品。培养孩子不挑食的习惯。

5. **龋齿和口腔健康** 龋齿是困扰婴幼儿最常见的口腔疾病。证据表明，婴幼儿早期致龋菌常由亲密的照顾者（通常是母亲）传染给儿童。随着对生命早期1000天的重视，越来越多的证据表明，婴幼儿口腔问题的早期预防是非常重要的。母亲对口腔疾病的预防、婴儿出生后就开始重视口腔清洁、喂养模式的及时转变及6月龄后减少夜奶行为、重视刷牙行为、口腔健康服务的合理利用等都将对婴幼儿口腔健康发展有至关重要的作用。

在婴幼儿的健康管理中，母亲具有重要作用，因为更多是她们来判断健康问题的出现和恶化，及时准确地提供食物、水和药物。与此同时，WHO建议卫生工作者不能仅把母亲作为命令的被动接受者，而是需要增加卫生工作者和母亲的交流，帮助母亲学习照顾婴幼儿的技巧。

（纪 颖）

全生命周期健康管理 / 第十一章

第三节　儿童青少年的健康管理

一、儿童青少年的生理发育特点

儿童的生长发育是从量变到质变的长期连续的动态变化过程，表现为儿童生长发育的阶段性和连续性；不同阶段和器官组织生长发育速度的不均衡，各系统生长模式有各自的时间顺序，但又统一协调；在正常环境下个体发育过程稳定，虽个体在群体生长发育过程中保持一定幅度的波动，呈现一定的轨迹；如果出现疾病、营养不良等不良影响，会出现生长发育迟滞；而这些阻碍因素一旦被消除，儿童会立即加速生长并恢复至正常轨迹，即"赶上生长"。但许多重要的器官、组织，以及语言发展等都存在关键生长期，若此时受到干扰，常导致永久性的缺陷、功能障碍或不完全赶上生长。

青春期通常指从第二性征出现到性成熟的生理心理发展过程，是从儿童认知方式到成人认知方式转变时期，从社会经济依赖性向成人独立性转变时期。不同个体受遗传和环境等多因素影响，进入青春期年龄不同，持续时间不同。世界卫生组织将青春期界定为 10 ~ 19 岁，但有专家认为随着性发育提前、受教育时间延长等，建议把青春期延长至 10 ~ 24 岁。

青春期早期，体格生长发育加速，以身高、体重为代表的形态指标出现第二次生长突增，即在女童 9 ~ 10 岁，男童 10 ~ 12 岁时，其生长速度（如身高每年 4 ~ 5 cm）在童年期比较平稳的基础上，突然出现快速增长的现象（每年达 10 ~ 12 cm），1 ~ 2 年后达到高峰（男性为 13 ~ 15 岁，女性为 11 ~ 13 岁），持续 3 年左右；生长速度再次减慢，在女性 17 ~ 18 岁，男性 19 ~ 20 岁时停止增长；在整个青春期，身高平均生长速度为每年 7 ~ 8 cm。身高等形态指标遵循"向心性"原则，即下肢先于上肢，四肢早于躯干，呈现自下而上，自肢体远端向中心躯干的规律性变化。大脑、脊髓、视觉器官等神经系统，在胎儿期至 6 岁前出现一个生长突增期，随后保持稳定。胸腺、淋巴结等淋巴系统有关组织、器官，在出生后头 10 年生长非常迅速，12 岁左右约达成人的 200%，其后逐渐萎缩、衰退。青春期，生殖系统功能发育骤然增快并迅速成熟，外生殖器和第二性征发育使男、女两性的外部形态特征差别更明显，到青春晚期已具备繁殖后代的能力，并通过分泌性激素，促进身体全面发育与成熟。通常以身高生长突增的起始年龄为标志，将儿童青春期发育分为早熟、适时、晚熟 3 种类型，体型分为女性特征更明显、居中和男性特征更明显 3 类。

二、儿童青少年的健康风险

2/3 的青少年和 1/3 的成年人疾病负担归因于青少年时期疾病和健康危险行为，并且大部分死亡、疾病和伤害是完全可以避免的。

青少年时期疾病具有鲜明的年龄特点，并与集体生活、学习条件密切相关。呼吸道疾病、消化道疾病、蛲虫病和佝偻病是婴幼儿期常见的疾病。学龄前期，急性呼吸道传染病仍较多，消化道疾病有所下降，肠道寄生虫病、龋齿、沙眼等患病率上升；童年期（学龄期），呼吸道和消化道疾病仍居前列，近视、龋病和脊柱弯曲异常等患病率有上升趋势，蛔虫和沙眼等在经济欠发达地区多见，溺水、交通事故等增多；青春期（中学阶段），沙眼和蛔虫感染率明显降低，近视和脊柱弯曲异常明显增多，心理行为问题较为突出，女性月经异常（包括痛经）较多见，风湿病、肾炎、肝炎、结核病、胃病等较前有所增多。

中华人民共和国成立后，特别是改革开放以来，我国健康领域取得显著成就，儿童和青少年健康水平大幅度提高。但是，随着社会经济的发展，工业化、城镇化、生态环境及生活方式改变等，儿童和青少年健康面临新的问题和挑战。

（一）青少年健康水平提高，但提高幅度低于5岁以下儿童

我国青少年的健康得到改善，1953—2010年，中国10～24岁青少年全死因死亡率出现大幅下降，下降幅度超过90.0%，但其年下降幅度低于同时段1～4岁儿童，与世界其他国家表现一致。1990—2016年，中国10～19岁青少年全死因死亡率从102.5/10万下降至41.2/10万，低于全球平均水平（78.6/10万）；其中传染病、孕产妇疾病和营养性疾病死亡率下降幅度最大，非传染性疾病和伤害的死亡率下降幅度相对较小。

（二）伤害已成为导致青少年死亡和伤残的主要原因

伤害（injury）包括道路交通伤害、溺水、跌落、中毒等非故意伤害行为，以及打架、斗殴、自伤和自杀等暴力行为。校园暴力及欺凌（school violence and bullying）是儿童青少年所面临的一种特殊形式，特指发生在校内、上下学途中、学校组织的活动中，以及其他所有与校园环境相关的暴力行为。世界卫生组织（WHO）报告显示2019年全球有440万人死于伤害，占全部死亡人数的8%。与伤害有关的道路交通伤害、他杀和自杀占5～29岁人群前五位死因中的三位。其中，道路交通伤害、溺水分别是导致5～14岁人群死亡的第二位和第六位死因；道路交通伤害、人际间暴力和自伤是导致15～29岁人群死亡的第一位、第三位和第四位死因。不同年龄男女伤害导致死亡排序略有不同。其中，道路交通伤害是10～14岁和15～19岁男性青少年首位死因；是两个年龄组女性青少年第二位和第四位死因；溺水是10～14岁组男性第三位死因；人际间暴力是15～19岁组男性青少年第二位死因；自伤分别是15～19岁男性和女性青少年的第四位和第三位死因。欺凌（bullying）是导致10～14岁和15～19岁男女青少年失能调整寿命年（disability-adjusted life years，DALYs）的前十位危险因素之一。伤害是导致我国5～24岁人群死亡的第一位死因，且死因构成比有所上升，溺水、道路交通伤害和跌落是导致10～14岁青少年前三位伤害死因；道路交通伤害、自杀和溺水是导致15～24岁青少年的前三位伤害死因。

（三）青少年传染病发病和死亡大幅度下降，流行模式发生改变。

随着我国社会经济文化的发展、人民生活和医疗卫生条件的改善，国家强化免疫规划制度的实施，我国青少年传染病发病和死亡大幅度下降，但传染病仍然威胁我国青少年健康。有研究表明80%左右的突发公共卫生事件发生在学校，并且报告事件以传染病为主。2008—2017年，我国学生法定传染病死亡率从2008年的0.21/10万下降到0.07/10万，发病率从2008年的280/10万下降到2017的242/10万，且除流行性腮腺炎和流感外，麻疹等疫苗可预防传染病的发病率持续下降。流感、流行性腮腺炎、猩红热、手足口病、其他感染性腹泻发病、肺结核等成为威胁儿童青少年健康的主要法定传染病；血液及性传播疾病（以性传播疾病为主）增加明显，并自2014年起取代狂犬病成为学生传染病首位死因；虽然近年来，艾滋病增长势头被遏制，但淋病和梅毒的发病和死亡顺位有增长趋势。

（四）近视和肥胖等学生常见病仍然威胁儿童青少年健康。

1992年卫生部、国家教委和全国爱卫会联合下发《全国学生常见病综合防治方案》要求以沙眼、肠道蠕虫感染、视力低下或近视、龋齿或其他牙齿疾病、缺铁性贫血、营养不良和肥胖等为重点，开展学生常见病、多发病的筛查、诊断和防治，是学校卫生主要工作内容，并且自2016年起国家疾病预防控制局开展了全国范围每年一次的全国学生常见病和健康影响因素监测与干预工作。

30年来，各地高度重视学生常见病防控工作，沙眼、肠道蠕虫感染检出率大幅度下降，但由于城市化进程加速和信息科学技术的发展，学生课业负担加重，学生体力活动和户外活动减少，读书写作业、看电视、看电脑和手机等近距离用眼时间和屏幕使用时间增加，睡眠时间不足，膳食结构不均衡和不健康饮食运动行为直接导致学生近视、超重肥胖高发并呈上升趋势，低龄化问题严重，乡村学生上升趋势明显，城乡差距缩小，近视、超重肥胖和脊柱弯曲异常已成为影响我国儿童青少年健康，给家庭和社会造成严重影响的重要公共卫生问题和全社会关注的焦点。与此

同时，营养不足问题尚未根本解决，出现营养过剩与营养不足并存现象。缺铁性贫血仍是我国儿童青少年中比较常见的微量营养素缺乏问题。

（五）青少年体质健康虽得以改善，但体能持续下滑趋势未得到根本遏制

随着我国社会经济的发展，我国居民膳食结构不断完善，农村义务教育学生营养改善计划的实施，国家对体育运动重视，《国家学生体质健康标准（2014年修订）》颁布以来，我国青少年体质健康状况总体水平得到很大改善。2019年全国6～22岁学生体质健康达标优良率为23.8%，初中生上升最为明显。但是，从1985—2014年7～12岁各年龄组男、女生50 m×8往返跑所用时间，13～18岁各年龄组男生1000米跑、女生800米跑所用时间延长，大学生体能也继续恶化，耐力、运动速度和下肢爆发力下降趋势。

（六）青少年心理健康问题突出，健康危险行为高发

青少年心理健康应包括以下几个内容：智力发育正常；情绪稳定，反应正常；心理特点与实际年龄相符合；行为协调，反应能力适度；与老师、父母和同学人际关系和谐适应。青少年时期是心理发育的关键时期，也是各种心理问题发生的敏感时期，2014年WHO发布的《世界青少年的健康：第二个十年的第二次机会》显示，困扰人一生的精神疾病超过半数始于14岁之前，70%始于24岁之前。随着社会经济的发展，城市化、工业化的进程加快，社会观念和家庭结构发生巨大变化，网络的普及和发展，青少年的身体发育越来越提前，而心理发育相对迟滞，心理社会能力不足，健康危险行为高发，心理健康问题严重影响青少年的健康，得到社会广泛关注。世界卫生组织（WHO）2013年全球疾病负担研究发现，中国儿童精神疾病负担占儿童总疾病负担比超过11%，其中焦虑、抑郁症、品行障碍等居前列，是最常见的心理健康问题。

健康危险行为（health risk behaviors）是指直接或间接损害青少年完好状态、健康，甚至其成年期健康与生活质量的行为，这些行为与疾病的发生、发展有着密切关系，对人类的健康和完好状态产生直接、潜在的危害。青少年时期是一些健康危险行为和健康促进行为形成的关键时期，其行为往往不是单一发生的，而是多种行为共存的，或一种行为的发生增加了另一种行为发生的可能，呈现聚集性。我国儿童青少年不良饮食和运动行为高发，有1/4的大、中学生不能保证每天吃早餐，近1/10的学生每天都摄入含糖饮料和油炸食品，一半以上的学生不能保证每周5天进行中强度体育活动；16.6%的青少年网民为网络成瘾者；烟草和酒精使用虽然呈下降趋势，但仍有6.9%的初中生使用烟草，1/4的学生饮酒；校园暴力和欺凌等相关行为也时有发生，青少年不仅要面对传统的面对面欺凌，还面临网络欺凌的困扰，给青少年身心健康及其家庭带来巨大影响，严重者导致青少年情绪障碍或者自杀等行为发生。

三、儿童青少年健康管理

（一）儿童青少年健康管理对国家发展的战略意义

儿童是人类的未来，是国家的未来、民族的希望，是社会可持续发展的重要资源，青年强则国家强。儿童青少年的健康不仅关系到其现在或成年期的健康水平，还会影响下一代人。儿童青少年时期是个体生理、心理和社会迅速发展的关键时期，是人类发展的独特阶段，是个体行为模式形成的关键时期，是一生中的"第二个机遇期"。"生命早期8 000天"作为"生命早期1 000天"的延续和补充，认为从妊娠至个体年满18岁的生命早期8 000天对个体一生的发展至关重要，此阶段得到良好发展能够为其成年后的健康发展打下坚实基础。全球加快青少年健康行动（global accelerated action for the health of adolescents，AA-HA!）中明确提出，"青少年是我们一切行动的核心，是成功实现2030年可持续发展的关键"。儿童青少年的健康不仅仅是没有疾病，还应考虑儿童青少年个体或群体的生长发育潜能是否能够得到充分发挥，他们的需求是否能够得到满足，是否培养出与其生理、心理和社会环境成功适应的能力。

第三篇 应用篇

（二）儿童青少年健康管理的实施

全世界范围内，儿童青少年有 1.2 亿人，占全世界人口的 1/5。我国 2010 年 7 ~ 19 岁儿童青少年人口数量约为 2.16 亿人，占全国总人口的 16.2%，且大部分儿童青少年学习生活在学校。因此，学校卫生管理可为儿童青少年提供全面的健康管理。《学校卫生工作条例》明确规定"学校应当建立学生健康管理制度。

1. 定义 儿童青少年健康管理（children and adolescents health management），指对儿童青少年个体或群体的健康及其健康危险因素进行全民监测、分析、评估，提供健康咨询和指导，并对影响儿童青少年健康的危险因素进行干预的全过程。因此，开展儿童青少年健康管理，以儿童青少年常见疾病防控作为重点，提高儿童青少年健康意识、培养其健康技能、改善生活和学习环境、落实综合干预措施，将健康融入其学习和生活中各个方面。

学校健康管理（school health management），作为儿童青少年健康管理重要组成部分，从管理对象来看，覆盖从托儿所、幼儿园到大学不同生长发育阶段的所有学生；从管理内容看，包括生长发育和健康监测、健康教育、学校健康服务、伤害与暴力预防控制、心理卫生服务、体育、学校营养服务、学校安全管理、学校卫生监督和法制化建设等；从政策环境看，则建立由政府主导，社会、学校、家庭、学生共同参与，协同合作的支持性环境，实现健康与教育的互惠互利，满足儿童青少年发展需求，使儿童青少年个体潜力充分发挥，实现儿童青少年与其内心、物质环境及社会环境的完好适应，促进儿童青少年的健康发展。

2. 健康管理的基本步骤

（1）信息收集，建立学生健康档案：了解儿童青少年的健康状况，才能有效地维护他们的健康。具体来说，通过体质和学生常见病健康监测和健康体检等方式收集目标人群的健康信息，建立目标人群的健康档案。健康信息包括个人一般情况（性别、年龄等）、健康状况和疾病家族史、生长发育基本情况（人体形态、功能、生理、生化、内分泌及心理、行为等指标）、生活方式和行为等。具体的健康体检指标可以参考《中小学生健康体检管理办法》（卫医发〔2008〕37 号）与《学生健康管理技术规范》（WS/T 10021-2024）等。

（2）生长发育评价与健康诊断：根据所收集的目标人群健康信息，对儿童青少年生长发育水平和健康状况进行群体和个体的评价，分析其存在的主要身心问题及影响因素。针对目标人群进行相关内容的问卷调查与定性访谈，确定该目标人群的需求重点，即优先管理（干预）项目。在此评估的基础上，可以为群体和个体制订健康计划，以那些可以改变或可控制的指标为重点，提出健康改善的目标，提供行动指南及相关的健康改善模块。

（3）健康干预：在前两部分的基础上，进一步分析儿童青少年的生长发育、疾病与健康、健康需求、学校服务、政策和环境状况、可干预的有利和不利的因素，实施优先管理（干预）项目。除学生生长发育监测、常见疾病控制与管理、教育教学过程卫生监督之外，倡导健康的生活方式，预防健康危险行为发生、开展生活方式管理也是学校健康管理的重要内容。生活方式管理是指以个人或自我为核心的健康教育活动，以生活技能为基础的健康教育和健康促进课程是其主要途径，帮助群体和个人采取行动，纠正吸烟、网络成瘾、缺乏体力活动、膳食不均衡等不良的生活方式和习惯，培养青少年良好的自我健康意识，促进其社会适应能力的提高，实现健康管理的目标。

以学校为例，健康管理步骤见图 3-11-1。

（三）开展学生健康监测和体检是儿童青少年健康管理的基础

开展健康监测和体检，全面了解儿童青少年群体和个体健康水平、健康主要影响因素及其变化趋势，是儿童青少年健康管理的第一步。

学生健康监测（students health surveiuance）指采用抽样调查的方法，确定少量监测点校和目标人群，按照统一的技术标准，对儿童青少年生长发育和常见疾病，以及影响健康的行为及环境因素等进行长期、连续和系统的动态观察，并及时反馈给相关个人和机构，用于指导制定、完善和评估干预政策和措施的过程。

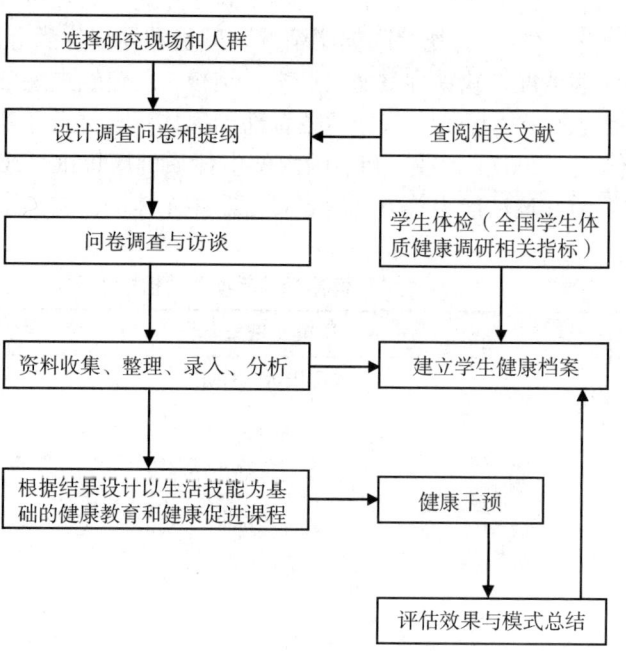

图 3-11-1 学校健康管理工作步骤

通过学校开展学生健康监测可以使我们掌握学生个体和群体的健康状况、健康危害因素及其变化趋势，了解学校教学生活环境中存在的问题及干预措施效果，这是学校卫生管理工作的必要组成成分，是评价不同地区和学校卫生工作质量的重要手段，并且可以为各级政府制定改善儿童青少年健康状况的政策、策略和措施提供科学依据。目前我国学生健康监测分为两大类，侧重点各有不同。第一类为国家教育委员会牵头，自 1985 年开始每 5 年进行一次全国学生体质与健康调研，以及每 3 年进行一次部分省市参加的全国学生体质与健康监测，主要针对形态、功能、素质和健康 5 个方面；第二类为国家疾病预防控制局主持开展，自 2017 年开始，每年一次，目前已逐渐形成覆盖所有区县大、中学生在内的全国学生常见病和健康影响因素监测，主要监测内容为学生主要常见病、学生健康危险行为、教学生活环境、学校卫生工作开展情况等。

中、小学生健康体检是指通过医学手段和方法对中小学生进行身体检查，了解他们的健康和发育状况，早期发现疾病线索、健康指标异常、功能缺陷。2007 年《中共中央国务院关于加强青少年体育增强青少年体质的意见》出台，明确提出全面实施《国家学生体质健康标准》，把健康素质作为评价学生全面健康发展的重要指标；建立和完善学生健康体检制度，使青少年学生每年都能进行一次健康检查；学校每学期要对学生视力状况进行两次监测。《健康中国行动（2019—2030 年）》明确规定到 2022 年和 2030 年，国家学生体质健康标准达标优良率分别达到 50% 及以上和 60% 及以上。

《学校卫生工作条例》规定，根据条件定期对学生进行体格检查，建立学生体质健康卡片，纳入学生档案。学校对体格检查中发现有器质性疾病的学生，应当配合学生家长做好转诊治疗。学校对残疾、体弱学生，应当加强医学照顾和心理卫生工作。因此，学校卫生管理中的学生档案，应包括学生每年一次的健康体检及主要健康影响因素发生情况，对学生体质健康达标情况、生长发育状况、疾病或异常发生情况等进行评价，并根据其主要健康影响因素发生情况给予健康指导、配合学生家长做好转诊指导，并加强医学照顾，给予心理卫生咨询等。具体内容包括以下几个方面。

1. 生长发育状况评价 通过体格测量和检查、身体素质测试，询问月经初潮 / 首次遗精年龄等评价儿童青少年生长发育和体质健康状况。

2. 疾病或异常　通过体格检查和实验室检查等了解学生超重、肥胖、消瘦和生长迟缓等营养情况，视力低下、近视、沙眼、弱视等眼健康情况，龋齿和牙周疾病等口腔疾病情况，血压、脊柱弯曲异常等内外科疾病情况。缺铁性贫血、肝炎、结核、肠道蠕虫感染等内容。

3. 学生体质健康状况的个体评价　依据《教育部国家体育总局关于实施＜国家学生体质健康标准＞的通知》（教体艺〔2007〕8号）和《国家学生体质健康标准（2014年修订）》，从身体形态、身体功能、身体素质和运动能力等方面综合评定学生个体的体质健康水平（表3-11-1）。

表3-11-1　学生体质健康标准单项测试指标和权重

测试对象	单项测试指标	权重（%）
小学一年级至大学四年级	体重指数（BMI）	15
	肺活量	15
小学一、二年级	50 m跑	20
	坐位体前屈	30
	1 min跳绳	20
小学三、四年级	50 m跑	20
	坐位体前屈	20
	1 min跳绳	20
	1 min仰卧起坐	10
小学五、六年级	50 m跑	20
	坐位体前屈	10
	1 min跳绳	10
	1 min仰卧起坐	20
	50 m×8往返跑	10
初中、高中、大学各年级	50 m跑	20
	坐位体前屈	10
	立定跳远	10
	引体向上（男）/1 min仰卧起坐（女）（女）	10
	1000 m跑（男）/800 m跑（女）	20

注：体重指数（BMI）＝体重（千克）/身高^2（米^2）。

根据学生学年总分（标准分＋附加分）评定等级，90.0分及以上为优秀，80.0～89.9分为良好，60.0～79.9分为及格，59.9分及以下为不及格。

4. **健康危险行为监测**　主要包括暴力、自杀等伤害行为，容易导致交通事故和溺水的非故意伤害行为，不健康饮食行为及静态生活方式，烟草、酒精等物质成瘾行为，以及容易导致少女怀孕及艾滋病等性病感染的不安全性行为等。除此之外，有些监测还包括学生日常卫生行为习惯，手卫生、口腔保健卫生行为、用眼行为习惯、坐立行走等容易导致传染病、近视和脊柱弯曲异常等行为。

5. **因病缺课监测**　根据学生健康监测和传染病管理相关要求，对学生因病缺课、休学和退学缺课进行登记和追踪、查阅复课证明等，具体包括疾病和症状类型、缺课和休学时间、复课证明查验等内容。

6. **学校教学生活环境监测** 对学校教学生活环境的卫生状况监测，提出整改意见，限期整改。具体内容包括学校饮用水卫生状况、消毒制度措施落实情况，食堂卫生状况及相关制度落实情况，宿舍人均居住面积、床位设置、通风等设施及卫生制度落实情况，厕所蹲位设置情况及垃圾处理等各项规章制度的落实情况等学校生活环境因素；以及教室人均面积、课桌椅、黑板、采光、照明及噪声等学校教学环境因素。

（四）加强学生常见病防控，提高学生健康素养是儿童青少年健康管理的关键

充分发挥儿童青少年生长发育潜能，加强近视、肥胖、脊柱弯曲异常防控，提高学生健康素质，培养学生自主健康意识，是学生健康管理的关键。

1. **生长发育健康管理** 包括身、心两个方面，是儿童青少年健康管理的重要内容。身体发育由形态、生理功能、运动素质共同构成；心理发育既涵盖认知、记忆、思维、想象力和创造性等智力因素，也包括气质、个性、性格、情绪、行为等非智力因素。受遗传和环境因素的影响，儿童青少年时期面临一系列生长发育问题，如生长发育迟滞、身材矮小症、性早熟、性晚熟，以及心理健康问题。除营养、疾病、体育锻炼、生活制度、环境污染等生物性因素外，家庭生活质量、学校环境、亲子情感联结和社会变革对儿童青少年生长发育的影响也应引起重视。

管理重点：通过身体测量、体格检查、体力测试、心理社会测验、问卷调查、生理和生化功能的检测等方法；监测、评估儿童青少年个体和群体生长发育的一般规律和特点，及时发现青少年存在的生长发育问题，了解遗传和环境影响因素，针对性地进行干预，发挥其生长发育潜能。

2. **常见疾病健康管理** 依托学生常见病及其健康危险因素监测和学生定期体检，建立学生健康档案，分析、评估个体和群体近视、肥胖、脊柱弯曲异常等学生常见病及静态生活方式、不良饮食习惯等危险因素发生、发展情况，及时预警，提供有针对性的健康咨询和指导，并制定相应的健康管理方案，提供健康咨询，并针对各种危险因素进行系统干预和管理，协调个人、家庭、学校和社会的行为，做好学生常见病的健康管理。

管理重点包括视力、体重、骨骼、营养和运动等健康管理，即根据《综合防控儿童青少年近视实施方案》《"十四五"全国眼健康规划（2021—2025年）》《儿童青少年近视防控适宜技术指南（更新版）》《儿童青少年肥胖防控实施方案》等相关要求，完善体检制度和体质调查制度，定期对孩子的视力、体重等进行检查，开展近视、肥胖、脊柱弯曲异常等筛查，科学评价，早期发现高危人群，实现近视、肥胖、脊柱弯曲异常筛查，预警、转诊、复诊管理；对学生进行健康教育和科学指导，提供健康咨询；对近视等视力低下儿童青少年提供视力矫治服务，对肥胖及高危人群提供个体化的营养处方和运动处方，合理优化饮食结构和规律适量的运动，开展有针对性的生活干预，对脊柱异常的儿童青少年提供专业诊疗和运动干预等服务；开展综合干预措施，减少近视、肥胖、脊柱弯曲异常的发生、延缓疾病进展，防止并发症的发生。

3. **合理营养和饮食运动行为管理** 根据儿童青少年生长发育需要、营养运动需求特点和合理膳食要求，从食品安全、合理膳食、科学运动、口腔健康、视力保护和心理健康等多个维度提出规范化要求；加强对学生饮食运动管理指导，开展营养饮食运动健康教育，引导儿童青少年、家长、学校教师员工增强营养运动与健康意识；传播健康知识和行为，形成健康生活方式；依据《关于印发营养与健康学校建设指南的通知》（国卫办食品函〔2021〕316号）等文件要求，围绕儿童青少年营养运动和膳食安排可能出现的问题进行管理，提出具体的卫生措施。

管理重点为根据不同年龄组合理营养和体力活动要求，制定和提供儿童青少年营养食谱，减少不良饮食行为，使儿童青少年至少掌握1～2项运动技能，每天户外活动至少2h，提供安全活动场所和器械，预防儿童青少年肥胖、营养不足等问题，加强中、小学校食堂和学生营养餐供餐单位的管理，满足童青少年考试、体育运动和军训时特殊的营养需求。

4. **传染病和突发公共卫生事件管理** 根据儿童青少年生长发育及集体生活方式的特点，开

展学校儿童青少年传染病及相关症状监测、分析、评价和处置，坚持多病共防。完善和落实疫情防控相关制度；健全学校突发公共卫生事件信息报告制度、疫情调查制度、健康检查制度、留观隔离制度、医校联防制度，做到早发现、早报告、早诊断、早隔离、早治疗，减少学校传染病聚集性疫情和集体食物中毒的发生，进一步完善新型冠状病毒肺炎等传染病和突发公共卫生事件应急反应机制，控制传染源，从切断传播途径和保护易感人群着手采取切实预防措施。

管理重点为传染病"两案九制"制度建设及落实，"两案"指传染病疫情防控工作方案、突发公共卫生事件应急处置预案；"九制"指传染病疫情及突发公共卫生事件报告制度，师生晨、午（晚）检制度，学生因病缺课登记追踪制度，复课证明查验制度，学生健康管理制度，应急接种制度，传染病防控健康教育制度，通风消毒制度，环境卫生检查通报制度。加强对传染病患者和高危人群个性化管理、开展新生结核菌素检查，传染病防控知识健康教育和行为指导。

5. 心理健康和行为管理　指针对儿童青少年各种常见心理、情绪和行为问题，对儿童青少年心理健康状况进行监测，了解青少年心理健康状况变化趋势，对儿童青少年进行心理健康咨询、评估、预警、诊治，对心理健康问题早期识别与干预；针对儿童青少年和家庭开展心理健康教育，提供心理健康服务，推广应用效果明确的心理干预技术和方法，提高儿童青少年心理健康水平。

管理重点为针儿童对青少年心理健康和行为问题，开展学生及其家庭行为指导和心理咨询，提供规范化、专业化的心理健康服务。教育引导儿童青少年安全合理使用电脑和智能终端设备，预防网络沉迷和游戏障碍；开展生命教育，及时发现、解决校园和家庭暴力、欺凌、自伤和自杀行为，对相关儿童青少年提供心理辅导，倡导珍视生命，保持乐观、积极向上积极心理状态，科学运动、充足睡眠、合理膳食、不吸烟、不饮酒、不吸毒；开展生活技能教育，培养建立良好的亲子关系、师生关系，同学关系，培养正确的恋爱观，减少不安全性行为的发生。学校要设立心理服务平台（如心理辅导室等），配备专兼职心理咨询师，开展同伴教育；指导疑似有心理行为问题或精神障碍的学生家长陪同学生到医疗机构寻求专业帮助；协助患有精神障碍的学生家庭和相关部门做好心理服务，建立健全病情稳定患者复学机制。卫生健康等相关机构为儿童青少年提供规范化、专业化服务，建立援助热线；开设精神（心理）科，提供儿童青少年门诊和住院诊疗服务。

（五）儿童青少年教学生活环境和教育过程健康管理

针对儿童青少年学校生活的教室、饮用水、食堂、宿舍、厕所、浴室等公共场所，以及教学、体育和劳动教育过程中可能出现的各种卫生问题进行管理，消除各种健康和安全隐患，降低传染病、食物中毒等学校突发公共卫生事件的发生，改善学生用眼卫生条件，创建良好的视觉环境，提高儿童青少年健康。

管理重点为评价学校选址和设计卫生，督导检测教室面积、采光、照明、课桌椅配置卫生，饮用水水源的消毒和安全管理，食堂、宿舍、厕所、浴室、图书馆等公共场所卫生。根据儿童青少年生长发育特点和学习中脑力工作能力的变化规律和影响因素，确保教学过程和生活作息制度卫生，确保学生睡眠充足。

（六）健康教育与健康促进是开展儿童青少年健康管理的重要基础

儿童青少年健康教育和健康促进是全面推进健康中国建设的重要基础，是大力发展素质教育、促进学生全面发展的重要举措，对坚持"健康第一、面向全体、预防为主和问题导向"四个基本原则具有重要意义；对普及健康科学知识，引导群众建立正确的健康观，形成有利于健康的生活方式、生态环境和社会环境，塑造自主自律的健康生活，预防疾病和伤害，减少过早死亡和残疾具有重要意义；为提升学生健康素养、学生健康成长和终身发展奠定基础。

重点管理内容为健康教育规划的系统化、规范化；教育的实施方法和评价模式；科学运动、食品营养健康、健康体重、用眼卫生、传染病防控知识、合理安全使用网络、充足睡眠、科学用耳、口腔保健行为等健康行为方式等健康教育核心要点知识和技能，以及生活技能等心理健康教育；开展家庭亲子教育；建立健康促进学校等，从而有力促进学校与社区、家庭的密切合作，

全生命周期健康管理 / 第十一章

为儿童青少年营造良好的学习和身心发展环境，培养健康生活方式，科学高效地开展青少年健康管理。

（七）儿童青少年健康管理的依据

1. 儿童青少年健康指标体系

（1）生命指标：反映儿童青少年出生和死亡情况，以死亡率、病死率表示。死亡率通常用年龄别（组）死亡率表示，其中婴儿死亡率和5岁以下儿童死亡率是衡量一个国家儿童健康状况和社会经济发展水平，特别是妇幼保健水平的重要指标，《中国儿童发展纲要（2021—2030)》要求婴儿和5岁以下儿童死亡率分别降至5.0‰和6.0‰以下。

（2）疾病或行为指标：反映儿童青少年疾病发生情况，可以按照病因或者症状进行不同性别、年龄及人群进行分类分析，主要指标为发病率（或罹患率）及患病率。在学校卫生管理中有因病缺课率和平均因病缺课天数等反映因病缺课的相关指标。对于某些健康危险行为，如吸烟、饮酒则使用发生率替代发病率。

因病缺课率和平均因病缺课日数是反映学生健康情况的重要指标，学校应严格落实因病缺课登记和追踪随访制度，尽可能明确疾病诊断，进行病因分类；也可根据症状统计因某症状缺课情况，及时发现传染病流行或暴发线索，如遇学生因病缺课率突然增加，需要立即查明原因，采取必要措施。

因病缺课率：常以月、周为单位，计算因病缺课的人时数或人日数占授课总时数的比率。为适应学校教学日历，可以4周代替1个月来登记和统计，故又称月病假率。

计算人日数时，通常因病缺课不足3个学时，记为半天；超过3个学时，记为1天。公式为：

$$月（周）病假率 = \frac{某月病假总人时（节或日）数}{同月授课总人时（节或日）数} \times 100\%$$

$$月（周）因病缺课率 = \frac{某月（周）因病缺课（节或天）人时数}{同月（周）授课人时（节或天）数} \times 100\%$$

平均因病缺课日数：全校（或全班）学生一学期内平均每人因病缺课日数。公式为：

$$平均因病缺课日数 = \frac{全学期因病缺课人日数}{该学期全校学生平均数} \times 100\%$$

（3）生长发育指标　通常儿童青少年时期是生长发育关键期，通常用生长发育指标评价儿童青少年个体或群体健康状况和社会发展，筛查生长发育异常。

1）体格指标：也称形态指标，包括身高、坐高、足长等长度指标；肩宽、盆宽等宽度指标；胸围、腰围、腹围、臀围和胸壁厚等围度和厚度指标。

2）生理功能指标：包括肺活量（肺功能），安静脉搏或心率等（心脏功能），收缩压、舒张压、脉压等（血管功能），背肌力、拉力、握力等（肌肉力量），台阶指数（心肺动态功能），最大耗氧量（综合反映呼吸、循环和肌肉功能），血红蛋白、白蛋白、前白蛋白、血乳酸、血（尿）肌酐、血（尿）羟脯氨酸等（血液生化水平）；各种激素和激素受体（内分泌功能）；各种细胞和体液免疫指标（机体免疫功能）等。

3）运动能力等身体素质指标：包括50 m跑（速度）；6～12岁男女生50 m×8往返跑，13岁以上男生1000 m跑，13岁以上女生800 m跑等（耐力）；立定跳远（爆发力）；6～12岁男女生屈臂悬垂或斜身引体向上，13岁以上男生引体向上，13岁以上女生1 min仰卧起坐（力量）；铅球或沙包掷远（投掷力）；10 m×4往返跑（灵敏性）；立位或坐位体前屈（柔韧性）等。

应用上述体格、生理功能和运动能力指标可大体反映个体、群体生长发育水平。还可使用下列指标来充实指标体系。

4）皮褶厚度：反映身体脂肪情况，用于营养评价。最常用指标有肱三头肌皮褶厚度、肩胛下皮褶厚度、腹侧壁皮褶厚度等。

5）身体成分：即人体组成成分，用来描述人体中脂肪、骨组织和肌肉组织占人体总质量的百分比。常用指标有体脂百分比、体脂重量、瘦体重等。

6）体型：有两类指标。一类使用某些指数，反映身体各部分比例，反映体型。如可用维尔维克指数〔(胸围+体重)/身高×100〕和体重指数（body mass index，BMI）；前者侧重反映身体的粗壮程度，后者侧重反映身体充实度。另一类属于综合评价性体型（somatotype），常用Heath-Carter法，利用身高、体重，反映骨骼、肌肉和脂肪发育等10项代表性指标，通过二维结构体型图，进行综合评价。

7）骨发育：最常使用骨龄（骨发育年龄）。

8）性发育：常使用阴毛、腋毛、乳房（女）、变声（男）、喉结（男）等指标反映第二性征发育，使用月经初潮年龄（女）和首次遗精年龄（男）等，反映性功能的成熟程度。

2. 学生健康管理相关政策依据 联合国在《联合国千年宣言（2000）》中千年发展目标（MDGs）和《联合国可持续发展目标》（SDGs）中均将儿童青少年健康发展纳入可持续发展目标中。世界卫生组织为充分发挥儿童青少年的潜力、将发展目标转变为实际行动，在2003年发布了《促进儿童和青少年健康与发育的战略方向》，为计划、实施和评价提高儿童青少年的服务覆盖率和服务质量项目，提供了一个实用的框架。

我国政府高度重视儿童青少年体质健康发展，先后下发了一系列法律、法规、制度和文件，构建了我国学校卫生与健康教育工作的法规与制度框架，使学校卫生工作的开展基本做到了有章可循、有法可依，促进了儿童青少年健康管理的规范化。其中，①1990年国务院批准教育部和卫生部颁布的《学校卫生工作条例》，是我国学校卫生工作第一部正式的行政法规，是指导、开展和评估学校卫生工作的重要依据，标志着我国学校卫生工作法制化管理的开始。《学校卫生工作条例》明确了学校卫生工作的主要任务、基本要求、管理与监督。学校卫生工作的主要任务，即"监测学生健康状况，对学生进行健康教育，培养学生良好的卫生习惯，改善学校卫生环境和教学卫生条件，加强对传染病、学生常见病的预防和治疗。"②1993年中共中央国务院发布了《中国教育改革与发展纲要》（以下简称《纲要》），强调中小学要由"应试教育"转向全面提高国民素质的轨道，培养德、智、体全面发展的建设者和接班人。要求进一步加强和改善学校体育卫生工作，动员社会各方面和家长关心学生的体质和健康；中小学要切实采取措施减轻学生过重的课业负担。③1999年中共中央国务院印发了《关于深化教育改革全面推进素质教育的决定》深刻地阐明了学校体育卫生工作在素质教育中的重要地位和独特的作用，对新时期学校体育卫生工作提出了新的更为明确的要求。"健康体魄是青少年为祖国和人民服务的基本前提，是中华民族旺盛生命力的体现。学校教育要树立"健康第一"的指导思想，切实加强体育工作，使学生掌握基本的运动技能，养成坚持锻炼身体的良好习惯。""培养学生的良好卫生习惯，了解科学营养知识。"④2007年中共中央国务院印发了《关于加强青少年体育增强青少年体质的意见》，强调青少年的体质健康水平不仅关系到个人健康成长和幸福生活，而且关系到整个民族健康素质，关系到我国人才培养的质量；要求通过全党全社会的共同努力，坚持不懈地推动青少年体育运动的发展，不断提高青少年和全民族的健康素质。⑤2019年国务院先后印发了《国务院关于实施健康中国行动的意见》和《健康中国行动（2019—2030）》，坚持预防为主、防治结合的原则，将实施中小学健康促进行动作为维护全生命周期重要内容之一，要求动员家庭、学校和社会共同维护中小学生身心健康，引导学生从小养成健康生活习惯，锻炼健康体魄，预防近视、肥胖等疾病；中小学校按规定开齐、开足体育与健康课程；将国家学生体质健康达标优良率，中小学生近视率，中小学体育与健康课程开课率，中小学生每天校内体育活动时间，学校眼保健操普及率，学校配备专兼职卫生专业人员或保健医、心理健康工作人员等纳入行动目标，同时对纳入行动目标中；还提倡将学生体质健康情况纳入对学校绩效的考核，与学校负责人奖惩挂钩，将高中体育科目纳入高中学业水平测试或高考综合评价体系；并对学生睡眠、使用电子产品、户外活动等行为提出了要求。⑥ 2021 年教育部、国家发展改革委、财政部、国家卫生健康委员会、市场监管总局等五部委联合颁发了《关于全面加强和改进新时代学校卫生与健康教育工作的意见》，明确了新时代学校卫生与健康教育工作的指导思想和基本原则。坚持"健康第一"的教育理念，把全面提升学生健康素养纳入高质量教育体系，作为学校教育重要目标和评价标准，深化学校健康教育改革，夯实学校卫生条件保障，构建高质量学校卫生与健康教育体系，促进学生身心健康、养成健康生活方式，培养德、智、体、美、劳全面发展的社会主义建设者和接班人。

3. **学校卫生标准** 学校卫生标准（school health standard）是进行学校卫生监督的重要依据。学校卫生标准是国家卫生标准的重要组成部分，经国家标准化主管部门（或者国务院有关行政部门）批准，以一定形式发布（表 3-11-2），对学生的学习生活环境、教育过程、营养、心理和行为，以及有关物理、化学和生物等因素进行科学规定，对保护儿童青少年身心健康和教学任务的顺利完成具有重要作用。

表 3-11-2 现行有效学校卫生标准

序号	标准号	标准名称	发布时间	实施时间
1.	GB 7793—2010	中小学校教室采光和照明卫生标准	2011-01-14	2011-05-01
2.	GB 28231—2011	书写板安全卫生要求	2011-12-30	2012-05-01
3.	GB 28932—2012	中小学校传染病预防控制工作管理规范	2012-12-31	2013-05-01
4.	GB 31177—2014	学生宿舍卫生要求及管理规范	2014-09-03	2015-01-01
5.	GB 40070—2021	儿童青少年学习用品近视防控卫生要求	2021-02-20	2022-03-01
6.	GB/T 3976—2014	学校课桌椅功能尺寸及技术要求	2014-12-05	2015-05-01
7.	GB/T 11533—2011	标准对数视力表	2011-12-30	2012-05-01
8.	GB/T 16133—2014	儿童青少年脊椎弯曲异常的筛查	2014-09-03	2015-01-01
9.	GB/T 16134—2011	中小学生健康检查表规范	2011-12-30	2012-05-01
10.	GB/T 17223—2012	中小学生一日学习时间卫生要求	2012-12-31	2013-05-01
11.	GB/T 17225—2017	中小学校采暖教室微小气候卫生要求	2017-11-01	2018-05-01
12.	GB/T 17226—2017	中小学校教室换气卫生要求	2017-11-01	2018-05-01
13.	GB/T 17227—2014	中小学生教科书卫生要求	2014-09-03	2015-01-01
14.	GB/T 18205—2012	学校卫生综合评价	2012-12-31	2013-05-01
15.	GB/T 18206—2011	中小学健康教育规范	2011-12-30	2012-05-01
16.	GB/T 26343—2010	学生健康检查技术规范	2011-01-14	2011-05-01
17.	GB/T 28930—2012	学生使用电脑卫生要求	2012-11-20	2013-05-01
18.	GB/T 29433—2012	学生心理健康教育指南	2012-12-31	2013-05-01
19.	GB/T 31178—2014	儿童青少年发育水平的综合评价	2014-09-03	2015-01-01
20.	GB/T 31179—2014	儿童安全与健康一般指南	2014-09-03	2015-01-01
21.	GB/T 31180—2014	儿童青少年伤害监测方法	2014-09-03	2015-01-01
22.	GB/T 34858—2017	普通高等学校健康教育规范	2017-11-01	2018-05-01
23.	GB/T 36876—2018	中小学校普通教室照明设计安装卫生要求	2018-09-17	2019-04-01

续表

序号	标准号	标准名称	发布时间	实施时间
24.	WS 219—2015	儿童少年矫正眼镜卫生要求	2015-11-08	2016-05-01
25.	WS 10014—2023	学校及托幼机构饮水设施卫生规范	2023-12-15	2024-05-01
26.	WS/T 456—2014	学龄儿童青少年营养不良筛查	2014-06-20	2014-12-15
27.	WS/T 480—2015	学生军训卫生安全规范	2015-11-08	2016-05-01
28.	WS/T 495—2016	健康促进学校规范	2016-08-23	2017-02-01
29.	WS/T 585—2018	中小学生书包卫生要求	2018-05-02	2018-11-01
30.	WS/T 586—2018	学龄儿童青少年超重与肥胖筛查	2018-02-23	2018-08-01
31.	WS/T 587—2018	学校卫生标准编写和研制总则	2018-02-23	2018-08-01
32.	WS/T 610—2018	7岁~18岁儿童青少年血压偏高筛查界值	2018-06-13	2018-12-01
33.	WS/T 611—2018	7岁~18岁儿童青少年高腰围筛查界值	2018-06-13	2018-12-01
34.	WS/T 612—2018	7岁~18岁儿童青少年身高发育等级评价	2018-06-15	2018-12-01
35.	WS/T 642—2019	普通高等学校传染病预防控制指南	2019-01-23	2019-07-01
36.	WS/T 663—2020	中小学生屈光不正筛查规范	2020-01-11	2020-06-01
37.	WS/T 773—2020	传染病疫情居家隔离期间儿童青少年近视防控指南	2020-07-28	2020-07-28
38.	WS/T 772—2020	学校传染病症状监测预警技术指南	2020-07-28	2020-07-28
39.	WS/T 10007—2023	中小学生体育锻炼运动负荷卫生要求	2023-12-15	2024-05-01
40.	WS/T 10008—2023	7岁~18岁儿童青少年体力活动水平评价	2023-12-15	2024-05-01
41	WS/T 10020—2024	中小学生健康体检质量控制规范	2024-10-11	2025-03-01
42	WS/T 10021—2024	学生健康管理技术规范	2024-10-11	2025-03-01

（星 一）

第四节 成人的健康管理

一、大学生健康管理

本节所述"大学生"是指各类高等学校在校学生，包括研究生群体。据教育部最新统计数据，我国现有普通高等学校 2700 余所，各类高等学校在校学生数达到 4100 多万，每年高等学校毕业人数超过 1000 万。大学生作为未来职业人群的中坚力量，其身心健康备受社会关注。目前，很多大学生存在身体素质低、行为生活方式不健康、心理问题突出等不良表现，亟待采取有效的策略和措施加强大学生健康管理。

（一）大学生的生理与心理特点

1. 大学生的生理特点

（1）大学生身体形态特点：大学生时期属于青春期后期，其生长发育已经过了高峰期，身高、体重、胸围、肩宽、关节、骨盆等外部形态虽有缓慢生长，但基本趋向稳定；在外形上，男、女生差别显著。男生喉结突出、声音低沉、长胡须，身材魁梧而壮实；女生乳房隆起，声音尖细，肢体柔软而丰满。该时期，大学生身体各部分的长度、宽度、围度的生长发育基本完成，各部分的受力及运动负荷接近或达到最佳水平，具有不平衡性、不稳定性、较大个体差异和地区差异等特点。据 2019 年我国第八次全国学生体质与健康监测数据结果显示，我国 19 ~ 22 岁大学生中，男生平均身高、体重和胸围分别为 173.2 cm、66.4 kg 和 87.3 cm，较 2014 年调查结果分别增长 0.81 cm、2.86 kg 和 1.54 cm；女生平均身高、体重和胸围分别为 160.8 cm、54.1 kg 和 81.6 cm，较 2014 年调查结果分别增长 0.62 cm、1.67 kg 和 0.83 cm。大学生身高大约在 25 岁之后停止增长，但肌肉开始迅速增长，体重增加。

（2）大学生身体功能特点　　大学生身体各器官系统的发育已逐渐或基本达到成熟水平。

1）神经系统：是人体发育最快，成熟最早的系统。脑组织是神经系统的中枢，脑的发育对于能否正常学习至关重要。脑的发育主要表现在脑重量及脑容量上。进入青春期后，脑的结构基本上和成人相似，脑的重量和容量也接近成人水平，但脑的发育尚未完全成熟，功能也在不断完善。大学生的脑重量及脑容量逐渐达成人水平，女性在 20 岁时脑最重，男性在 20 ~ 24 岁时脑最重。随着大脑的发育成熟，大学生的第二信号系统逐渐发育完善，其主导作用进一步增强，为思维的发展创造了良好的物质条件。

2）心血管系统：大学生心脏的形态和功能都接近成人水平，心室壁肌肉增厚，心肌纤维富有弹力，血管富有弹性，心率、脉搏减慢，每搏输出量增加，血压基本稳定。在 19 ~ 22 岁，男生脉搏频率平均约为 78 次 / 分，女生平均约为 80 次 / 分；收缩压男生平均值为 115.7 mmHg，女生为 105.9 mmHg，舒张压男生平均值为 72.4 mmHg，女生为 68.1 mmHg。神经系统对心血管功能的调节更加精确，具有很强的代偿能力和适应能力，为人体进行高强度长时间运动提供了生理保证。

3）呼吸系统：进入青春期后，随着呼吸肌、胸廓的发育，肺小叶结构逐渐完善，肺泡容积增大，呼吸能力随之增强。大学阶段学生胸廓的横径和纵径都继续增加，胸围也在不断地加大，男性的增加量大于女性的增加量。19 ~ 22 岁大学生的肺活量，男生平均值为 4016.9 ml，女生平均值为 2676.2 ml，男、女生肺活量增大的高峰期均在 21 岁。心肺功能的增强不仅满足了大学生身体发育和营养的需要，还为大学生能够从事激烈的活动和承受繁重的学习任务提供了坚实的物质基础。

4）运动系统：大学时期，随着年龄的增长，肌肉和骨骼中水分明显减少，肌纤维增粗，肌肉重量不断增加，肌力增强。与此同时，骨骼中无机盐增加，骨组织坚固性进一步增强，韧性降低，软骨逐渐骨化，20 ~ 25 岁骨化基本完成，身高不再增加。大学低年级时期，由于骨骼柔软且可塑性较大，应注意保持正确的身体姿势和身体的全面发展，避免一侧肢体或局部用力过多，造成肢体特别是脊柱出现病理性弯曲；同时，还应注意适宜的运动负荷，防止负荷过大造成骨化提前，影响身高继续增长。此外，由于关节软骨较厚，关节囊韧带伸展性大，关节周围的肌肉细长，关节活动范围大，但牢固性较差，在外力的作用下易造成骨关节脱位。随着年龄的增长，关节、韧带及肌腱的抗拉强度加大，关节的灵活性相对减弱。随着骨密度的增加，骨质坚硬，能承担更大的负荷。

5）生殖与内分泌系统：青春期形态、功能及性发育均受到内分泌的影响，中枢神经系统对内分泌系统起着调节作用。青春期后，下丘脑和垂体前叶迅速发育，并分泌和成人几乎相同的激素。在这些激素的作用下，生殖器官、肾上腺及甲状腺等均得到了迅速的生长与发育。青年中期的大学生已经基本达到性生理成熟的水平。性的成熟过程一方面表现为性器官及其生理功能的成熟，它包括生殖器的形态、功能，以及第二性征的完善化等，另一方面表现为性意识和性心理的发展。性生理成熟意味着个体生殖系统具备了生殖能力，如果 18 岁以后女生仍未来月经、男生未出现遗精，则需要到医院检查，明确病因，以排除先天性疾病，如女生可能出现处女膜闭锁、子宫缺如；男生可能出现输精管不通、生殖器畸形（如睾丸缺如）等。直接影响大学生性成熟的是脑垂体前叶分泌的性激素。第二性征的出现与性腺发育、分泌性激素密切相关。性成熟直接受性激素调控，大脑皮质对整个机体活动起调节作用。性功能成熟会产生性的需求，这是正常生理、心理现象，由于神经系统和心理意识的发展成熟，大学生完全有能力自觉地调节与控制这种需求。这一时期，大学生要正确调控性冲动引起的心理困扰，增强性适应能力，加强自身道德法治与品质修养学习，避免在两性交往中产生不安全性行为、性犯罪等。

2. 大学生的心理特点 大学时期，个体的生理发育已基本完成，但其心理发展尚未成熟。大学阶段，是大学生由未成年人迈向成年人的过渡期，是其心理发展走向健康成熟的关键时期。大学生心理健康主要体现在以下几个方面：①智力正常，②情绪健康，③意志健全，④人格完整，⑤自我评价正确，⑥人际关系和谐，⑦社会适应正常，⑧心理行为符合大学生的年龄特征。大学生的心理健康受自身个体、家庭、社会、学校环境等因素的影响。当代大学生的心理发展主要具有以下特点。

（1）智力水平迅速提高：智力水平的差异主要是由于个体在记忆力、注意力、观察力、思维力、想象力、创造力等综合能力上的不同所导致。由于神经系统的不断发展和成熟，大学生的智力已接近个体最高水平。大学生思维的灵活性和敏锐性迅速发展，思维具有独立性、批判性和创造性。除判断力之外，大学生的观察力、记忆力、注意力、反应能力等均已达到个体峰值。因此，大学生一般记忆力水平较高，思维敏捷，接受能力强。此外，通过专业训练和系统学习，大学生的抽象思维和逻辑思维能力也得到充分的发展，其分析问题和解决问题的能力日益增强。大学生经常表现出强烈的求知欲和创新精神，但由于知识和阅历还相对欠缺，思维的广阔性、深刻性和敏感性发展较慢，其智力发展并未达到真正成熟的程度。由于辨别真伪的能力相对欠缺，大学生经常会把社会问题看得过于简单，思考问题稍显主观和片面。

（2）自我意识增强与认知发展不协调：自我意识是指主体对自身机体及其状态的意识，对自己肢体活动状态的意识，对自己的思维、情感、意志等心理活动的意识，其内容包括自我观察、自我评价、自我检验、自我完善、自我监督和自我教育等。步入大学生活后，大学生迫切要求深入了解和发展自己，力图将社会的期望内化为自我的品质，并对自己做出评价。但由于社会生活的知识、能力和经验的不足，大学生们还不善于正确对待自我完善与社会发展需要的关系，往往对自己评价过低或者评价过高。大学生自我意识的要求与能力显著增强，但自我意识尚未完全成熟，往往表现为自卑、自负、逆反、封闭和依赖心理严重。一旦遭遇挫折，容易产生过激行为和强烈的自卑感，甚至出现行为失控，做出不理智的事情。大学生们常常要求得到别人的尊重和理解，但又常常不善于理解和尊重别人。大学生自我意识的发展状况，充分反映了他们正迅速走向成熟但又尚未完全成熟的心理特点。

（3）情感丰富，波动较大：大学生的情感变化主要源于内部需求结构的变化。大学生多方面需要的产生，使得其情感日益丰富而强烈。大学生充满青春活力，内心体验细腻微妙，对周围的事情体察得细致入微，比较关注自我成长，对周围环境的变化、学业的好坏、他人的评价、与他人的关系等非常敏感。在日常生活、学习和社会交往中，大学生经常表现出浓厚的情感色彩，热血来潮，容易感情用事。随着所受教育程度的提高和学校、社会环境的影响，大学生的情感也在迅速走向成熟。与成年人情绪相对稳定而言，大学生由于情感正处于迅速发展期，控制和调节情绪的能力比较弱，容易产生较大的波动，很容易表现为时而平静时而活泼，时而狂热时而消沉。大学生情绪变化起伏大，容易受周围环境变化的影响。如果处理不当，很容易陷入理智与情感的矛盾之中，内心经常感到十分苦恼，进一步发展有可能导致心理问题或心理疾病。

（4）意志力发展不稳定：意志是人类特有的心理过程，意志对心理活动和行为起调节作用。人的意志表现在行动的意识性和目的性，这是人类活动和动物活动的根本区别。为了实现目的克服困难的活动则构成心理过程中的意志过程。人的意志活动的实质，不仅在于意识到行动的目的性，而且在于主动、积极调节行动以实现目的。处于意志形成时期的大学生，意志水平发展不平衡、不稳定。大学生意志的自觉性和坚韧性已达到较高水平，但果断性和自制性的发展却相对缓慢。比如大部分大学生已能逐步自觉地确定自己的奋斗目标，并根据目标制订实施计划，克服困难，去努力实现奋斗目标，但情绪波动对其意志活动水平的影响比较明显，大学生很可能因为结果的不确定性而犹豫不决，或者因为一时冲动、心情沮丧而半途而废。

（5）性意识逐渐觉醒：大学生的性生理已经发育成熟，但大部分学生的性心理并未完全发展成熟，因此存在性生理成熟而性心理滞后的矛盾。这个时期，他们的性意识开始觉醒，感情欲望逐渐增强，但处理相关问题的知识、能力却较为欠缺。如大部分学生开始注重自我形象，关注异性并渴望获得爱情，但因为缺乏交往经验而不知如何与异性进行正常交往；有的大学生不能摆正学习与恋爱的关系，失恋后，不能正确处理爱情中的情感纠葛，承受不了压力而痛不欲生，甚至自伤、自杀；有的大学生因缺乏科学的性知识，对自身的性问题感到困惑不解和苦恼；有的大学生因为一时性冲动而产生婚前不安全、不洁性行为，有的大学生甚至因为不能控制强烈的性欲望而外出嫖娼等。这些情况如果不加以正确引导和控制，会严重影响大学生正常的学习和生活。

（6）心理发展的矛盾冲突明显：大学生心理发展除了有自我意识增强但认知发展不协调、情感丰富但波动较大、意志力发展不稳定、性生理成熟但性心理滞后等矛盾之外，还存在独立性与依赖性、封闭性与开放性、理想与现实等诸多矛盾。

大学生正处于渴望独立而不能完全独立的过渡阶段。步入大学生活后，大学生经常试图摆脱家长、老师等他人对自己的管束，但由于自身的经济条件和生活能力尚不足以自立，使得他们不能完全靠自己的能力处理各种复杂的社会问题，有时在一些问题面前束手无策，因此又希望得到家长、老师和同学等其他人的支持和帮助，表现为强烈的独立性与依赖性并存的现象。

当代的大学生大多富有朝气且思想开放，观念新颖且具有创造力，容易接受新事物。他们的自尊心较强，当其开始追求自我独特性并与别人进行比较时，又有些封闭自己，不愿意向别人吐露自己的思想和感情，但又特别渴望得到别人的理解和支持，渴望得到友谊和知己，体现出大学生开放性与封闭性的心理矛盾特征。

理想与现实的冲突是大学生自我意识矛盾最突出、最集中的表现。当代大学生大多富有理想，对未来充满了希望，父母和他人对其社会期望值也高，成就欲望强烈。但由于大学生社会知识、阅历尚浅，对现实的认识和评价会出现一些偏差，不能很好地将理想与现实结合起来，当实现理想的过程中遇到困难和挫折时，往往会产生十分强烈的挫败感，对现实感到沮丧，产生苦闷、自卑、抑郁等消极的自我体验，导致一系列心理问题。

（二）大学生健康风险

我国第七次全国学生体质监测与健康调查结果显示，当代大学生身体素质与运动能力存在不同程度的下降，肥胖检出率继续上升，视力不良检出率仍然居高不下。大学生由于个体、环境、行为生活方式和心理等原因，存在患有某些传染病和慢性非传染性疾病的风险。

1. 身体素质欠佳与视力不良 2014 年全国第七次学生体质健康调研结果显示，我国大学生身体素质继续呈现下降趋势，视力不良检出率仍然居高不下，继续呈现低龄化倾向。自教育部颁布实施《国家学生体质健康标准（2014 年修订）》以来，我国学生体质健康达标优良率总体呈上升趋势，2019 年全国 6 ～ 22 岁学生体质健康达标优良率为 23.8%，其中 13 ～ 15 岁初中生体质健康达标优良率较 2014 年上升 5.1%，但 19 ～ 22 岁大学生体质健康达标优良率仅上升了 0.2%，身体素质健康达标优良率仍然处在较低水平。

据国家卫生健康委员会和教育部权威调查数据结果显示，我国高中生视力不良率达 84%。进入大学后，由于学习任务繁重、不注意用眼卫生，长时间使用手机电脑等电子设备、读书写字姿势不端正、环境光线不足、膳食营养素摄入不足等原因，高中阶段视力良好的学生也会成为视力不良者，从而导致大学生视力不良检出率居高不下，有研究调查结果显示，我国大学生视力不良检出率高达 86% ～ 88%。视力不良主要以近视为主，其次为散光、弱视等。大学生视力不良情况不容乐观，已成为严重影响大学生健康的主要公共卫生问题，急需加强大学生用眼卫生及相关健康教育。

2. 营养不良与营养过剩 大学生由于缺乏营养知识、不懂如何平衡膳食，因此存在较多诸如挑食偏食、不吃早餐、饮食不规律、高盐高脂高糖饮食和盲目减肥等不良饮食行为习惯，导致营养不良和营养过剩现象并存。大学生营养不良主要以低体重、贫血、营养素缺乏症为主，营养过剩则以超重和肥胖为主。2014 和 2019 年全国体质与健康调研结果均显示，我国大学生各年龄组营养不良检出率均呈进一步下降趋势，但各年龄段学生肥胖检出率持续上升。多数调查研究结果显示，我国大部分地区大学生营养不良检出率为 20% ~ 46%，以轻度营养不良为主，女生高于男生；超重和肥胖检出率为 12% ~ 31%，以超重为主，男生高于女生。营养不良、营养过剩与成年期许多慢性疾病密切相关，因此，应加强大学生饮食健康教育与膳食指导，为将来的工作和生活打下良好的生理健康基础。

3. 成瘾性行为 大学生成瘾性行为主要有吸烟、饮酒、吸毒和网络成瘾等。

（1）吸烟：烟草中有毒化学物质有几百种，对人体有害的物质至少有 60 多种，包括尼古丁、烟焦油、一氧化碳和多种致癌物等。吸烟是导致肺癌、支气管炎、慢性阻塞性肺疾病及冠心病的重要病因。此外，糖尿病、卒中、类风湿性关节炎、结直肠癌、动脉粥样硬化、婴儿唇腭裂、异位妊娠等都与吸烟有关。据 WHO 预测，到 2030 年全球每年至少 1000 万人因吸烟而死亡，其中 70% 发生在发展中国家。英国学者皮托博士预测，到 2025 年，我国每年将有 200 万人死于与吸烟有关的疾病。我国有吸烟者约 3.2 亿，占世界吸烟总人数的 1/4。我国成年人吸烟率超过 25%，大学生吸烟率与成年人大致相当，70% 以上吸烟者开始吸烟的年龄在 24 岁以前，以 15 ~ 24 岁开始吸烟者最多。目前大学生吸烟率还在不断升高，因此加强大学生有关吸烟与健康的健康教育与健康管理刻不容缓。

（2）饮酒：酒精的直接毒作用可引起酒精相关性肝炎、心肌病及神经元变性等病变。长期过量饮酒可损伤大脑皮质，引起神经系统功能紊乱，如神经衰弱、注意力不集中、判断能力下降、记忆力减退、智力下降，严重时甚至出现精神错乱、平衡失调、步态不稳、指舌震颤、抑郁症。长期饮酒，酒精对口腔、咽喉、食管、胃、胰腺的刺激，易诱发炎症和溃疡，还使这些部位的癌症发生率明显提高，引发口腔癌、肝癌、胰腺癌、直肠癌等。长期过量饮酒，在生理上会增加血小板"黏性"，引起动脉硬化、高血压、心脏病和卒中等疾病，在生活中容易导致人格改变、学习和工作能力降低等情况的发生。此外，长期大量饮酒及烟酒兼嗜者可使癌症发病率成倍增加。

WHO 估计全球大约有 20 亿人饮酒，其中酒精依赖患者超过 7600 万人。酒精依赖及其引起的神经、精神、心血管、肝病，已成为全世界最严重的公共卫生问题之一。在中国，节假日、聚会饮酒已成为一种习惯。许多大学生经常在生日聚会、周末或者考试结束之后狂欢暴饮，尤其是毕业季过度饮酒的现象特别严重，由此引起肇事、交通事故、意外伤害和犯罪事件等时有发生。

（3）吸毒：我国法律规定的毒品是指鸦片、海洛因、甲基苯丙胺（冰毒）、吗啡、大麻、可卡因，以及国家规定管制的其他能够使人形成瘾癖的麻醉药品和精神药品。除了容易成瘾之外，毒品对人的中枢神经系统有高度毒性，可刺激大脑皮质，产生欣快感、眩晕、近视、听、触等幻觉，还会影响人体的生长、发育，影响消化功能，导致营养不良。吸毒使人体免疫功能下降，导致溃疡病、肝炎、败血症等疾病发病率显著上升。一次性大剂量吸食毒品会刺激脊髓，引起惊厥和神经系统的抑制，导致呼吸衰竭而死亡。此外，吸毒人员往往共同使用不洁的针头、器具注射毒品，为艾滋病的传播提供了良好的条件。那些艾滋病流行的国家，吸毒现象泛滥是其重要原因之一。我国经静脉吸毒感染者占艾滋病累计感染人数的 68%，经吸毒感染艾滋病的情况在中国也十分严峻。冰毒和摇头丸对中枢神经的兴奋作用和迷幻作用，正好满足了痛苦失意者和无聊消沉者的心理需求，因而冰毒与摇头丸对青少年的危害作用更大。

据联合国毒品监督机构 2001 年公布的年度报告显示，目前全世界有 2 亿多人在吸毒，其中有 5000 万是吸毒成瘾者，每年全世界死于吸毒者有 10 万人左右。我国大学生吸毒率虽然不高，但涉世未深的大学生一旦接触毒品，就会吸食成瘾很难戒除，不仅摧残吸毒者的精神和躯体，使其意志丧失，身体素质下降，给社会构成严重的危害，也给吸食者本身带来一生难以磨灭的痛苦和灾难。

（4）网络成瘾（internet addiction disorder，IAD）：又称病理性上网（pathological internet use，PIU）主要指个体无节制地使用网络，并对正常的生活、学习、工作和人际交往造成不良影响，引起心理、精神、躯体等一系列改变，损害身心健康。据 2021 年《中国互联网络发展状况统计报告》，截至 2021 年 6 月，我国网民总体规模达 10.11 亿，互联网普及率达到 71.6%，其中 10 ~ 29 岁网民占 29.7%，以大学生为主。互联网的飞速发展给人类社会生活带来巨大便捷的同时，也对人们的健康产生了深刻的影响。据调查，我国有网络成瘾倾向的大学生，平均每周上网时间超过 17 h，天天沉迷网络者比例超过 20%，经常通宵上网者比例超过 10%。许多大学生退学、试读和留级，与迷恋网络直播互动、网络游戏等导致学习成绩下降有关。网络成瘾已成为大学生中一个不可忽视的问题，越来越多的大学生因迷恋网络荒废学业，甚至误入歧途。

4. 传染病和寄生虫病　大学阶段，由于同学或室友们学习、生活共处一室，频繁接触，交往密切，通过空气、水、食物、土壤、虫媒、血液和接触等传播途径，很容易感染和传播各种传染病和寄生虫病。大学生容易感染的传染病和寄生虫病主要有呼吸道传染病（流行性感冒、肺结核、新型冠状病毒肺炎等）、消化道传染病（感染性腹泻、病毒性肝炎、细菌性痢疾、霍乱等）、性传播疾病（淋病、梅毒、钩端螺旋体病、艾滋病等）、日常接触传染病（沙眼、疥疮等）和寄生虫病（蛔虫病、猪肉绦虫病等）等。高等学校最常见的传染病是肠道传染病和呼吸道传染病。此外，大学生处于性活动频繁期，不注意性卫生，以及存在不洁、不安全性行为等容易感染和传播性传播疾病。

5. 运动与睡眠不足　有研究表明，经常运动不仅会降低血压、甘油三酯和低密度脂蛋白，增加高密度脂蛋白，减少骨质疏松、2 型糖尿病、心脏病、卒中、结肠癌、乳腺癌、过早死亡等发生概率，还会改善沮丧和焦虑的心情，使精力更加旺盛；反之，缺乏运动则会增加患这些疾病和过早死亡的风险。《中国居民膳食指南（2022）》提倡：坚持日常身体活动，每周至少进行 5 天中等强度身体活动，累计 150 min 以上；主动身体活动最好达到每天 6000 步。有调查结果显示，过去 7 天中，每天运动时间未超过 1 h 的大学男生约占 15%，女生约为 30%；超过 20% 的大一、大二学生，超过 35% 的大三、大四学生在过去 7 天中从未有过体育锻炼。

睡眠与心律失常、病态窦房结综合征、心绞痛发作、心力衰竭、心源性哮喘等疾病发作都有非常密切的关系。一般认为，大学生应保证每天 8 h 的睡眠时间。经常睡眠不足，会使人心情焦虑，免疫力降低，容易感冒，产生神经衰弱和胃肠道疾病，还会增加肥胖症、心脏病、糖尿病和癌症等疾病的患病风险。多数调查研究结果显示，当前我国大部分大学生每天睡眠时间不足 7 h，睡眠障碍检出率超过 20%。

大学生运动与睡眠不足的现状不容乐观，不加以控制将增加其今后患各种慢性非传染性疾病的风险。

6. 心理问题　大学生在校期间，由于在学习、人际交往、恋爱等过程中经常遇到各种问题和不适应，容易精神紧张，存在较大的心理压力。长期的精神紧张可导致神经精神系统的功能紊乱。这种紧张状态持续过久，如果不加以疏导，就会引发各种心理问题，如焦虑、抑郁、自卑、孤独、嫉妒、自我拒绝，严重者可能产生心理障碍、神经精神疾病和心身疾病等，较常见的疾病有神经衰弱、抑郁性神经症、焦虑性神经症、癔症、精神分裂症等。常见的心身疾病有消化性溃疡、心律失常、高血压等。这些疾病严重危害学生的健康和学习能力，是导致其休、退学的主要原因之一。有研究结果显示，各地大学生因患各种神经精神疾病而退、休学者占总退、休学人数的 1/3 以上，占退学人数的 60% 以上。因此，加强大学生心理健康管理，是保证大学生心身健康的重要措施。

7. 意外伤害　我国每年大约有 100 万人死于各类意外伤害，死亡率仅次于呼吸道疾病、恶性肿瘤和脑血管疾病，居第四位。在意外伤害造成的人员死亡的原因中，以交通事故、溺水、自杀和火灾为主。大学生在校期间，可能因各种原因引发一些意外伤害，常见的有触电、烫伤、打架斗殴、溺水、运动及游戏伤害（猝死、骨折等）、交通事故、实验室爆炸、火灾、自杀、中毒事件、坠楼事故和性侵害等。意外伤害事件一旦发生，必然对大学生的生理和心理造成巨大的创伤，对其正常的学习和生活均造成很大的影响。这些意外伤害虽然不可预测，但通过加强管理和防范，大多数伤害事件是可以避免的。因此，应该在大学生日常的学习和生活中加强相关的安全、防护和急救知识技能等内容的教育培训，减少意外伤害事故的发生。

8. 其他疾病　由于生物遗传因素、环境因素、不良的行为和生活方式、食品被污染等原因，大学生还可能存在患某些先天性遗传疾病、成年期常见病（高血压、高血脂、糖尿病、恶性肿瘤等）、食源性疾病等疾病的风险。

（三）大学生健康管理

1. 建立和完善大学生健康档案，加强大学生身体素质和健康状况的监测。大学生健康档案一般由其所在学校校医院建立，内容包含学生个人基本信息、入学健康体检情况、既往疾病史、过敏史、家族史、预防接种情况、一般状况（体温、身高、体重、脉搏、呼吸频率、血压、腰围、胸围、体质指数等）、生活方式（饮食习惯、吸烟、饮酒、体育锻炼情况等）、现有主要健康问题等。

目前我国大学生身体素质健康达标优良率虽然较 2014 年情况有所改善，但仍然处于较弱的水平，因此，大学生体质健康不良现状不容忽视，需进一步加强大学生身体素质的监测。教育部要求高等学校在全面实施《国家学生体质健康标准（2014 年修订）》的同时，建立学生体质健康测试中心，安排专门人员负责，每年对所有学生进行体质健康测试，根据学生体质健康状况制定干预措施，视情况采取分类教学、个别辅导等必要措施，指导学生有针对性地进行体育锻炼，提高全体学生的健康水平。

加强对大学生健康状况的监测，主要包括对大学生疾病或异常状况、因病缺课情况、不良的行为和生活方式（吸烟、酗酒、滥用药物、网络成瘾、打架斗殴、不良性行为等）、意外伤害（自杀、运动及游戏伤害、实验室实习伤害、坠楼等）和心理健康等方面的监测。

2. 合理膳食，养成良好的饮食习惯。大学生处于生长发育的终末期，其新陈代谢旺盛，消化吸收能力强，加上繁重的脑力劳动及较大的活动量，热能消耗较大，因此需要的能量和营养素也比一般从事轻体力劳动的成年人要多一些。每日膳食除了参考《中国居民平衡膳食宝塔（2022）》食用量之外，可以适当多补充一些优质蛋白、钙、铁、维生素等营养素和能量，以满足其生长发育和活动所需。

大学生要养成良好的饮食习惯，三餐饮食要规律，少吃零食，早、中、晚三餐热量占全天总热量的 30%、40% 和 30% 左右为宜，杜绝不吃早饭和暴饮暴食；食物要多样化，不挑食偏食，粗细搭配，多吃些粗粮，少吃精米白面；不经常摄入高盐、高脂肪和高热量食物，提倡低盐、低脂和低糖饮食，每天食盐摄入量不超过 5 g，脂肪摄入量不超过全天总热量的 30% 为宜，少吃含糖饮料、烟熏、烧烤和腌渍食品；注意饮食卫生，不吃不洁和变质的食物；保持合适的体重，吃动要平衡，防止营养不良和超重、肥胖的发生，同时也不要盲目节食和减肥。

3. 积极运动，拥有良好的行为和生活方式。目前我国高等学校按照教育部规定，在大一、大二阶段每周有一次时间不少于 45 min 的体育必修课，而大三、大四和研究生阶段则不安排体育必修课。故对于大一、大二的学生来说，每周尚有一次被动的体育锻炼机会，但对大三、大四的学生及研究生来说，参加体育运动完全靠自觉。尽管大一、大二的学生每周有一次体育锻炼必修课，但身体活动的时间仍然不够，还需要大学生在业余时间自觉进行体育锻炼。大学生在进行体育锻炼的时候，应当根据自己的健康状况、年龄、性别等情况来安排锻炼的时间和强度，遵循循序渐进、持之以恒和注意安全的原则。建议每周锻炼 3～5 次，每次 20～60 min，运动强度要达到最大心率的 60%～90%，可以引起出汗或感到气促即可。这样有助于增强心肺功能，预防心血管疾病，并能有效控制体重。

大学生要拥有良好的行为和生活方式。如应注意用眼卫生，养成正确的阅读、书写姿势，不躺卧看书，不在强光或昏暗的光线下看书或手机，不在行走、吃饭、坐车时看书或手机，不长时间使用电脑和智能电子产品，用眼时间超过 1～2 h，可以眺望远方几分钟或做眼保健操以缓解眼睛疲劳；在校园内推行以不吸烟，不酗酒为荣的风尚，创建无烟校园、无烟宿舍和无烟教室；如已有吸烟习惯，应戒烟；节假日、毕业聚会饮酒要量力而行，不饮酒或少饮酒；远离毒品，永远不要因好奇去尝试吸食毒品；洁身自好，自觉抵制各种不良性行为，防止不洁、不安全性行为、性侵害等行为的发生；养成良好的作息习惯，不熬夜，不沉迷于网络，不通宵玩游戏，保证每天有充足的睡眠时间，防止网络成瘾和睡眠障碍的发生。

4. 防微杜渐，预防传染病、食源性疾病和慢性非传染性疾病。大学校园里人群聚集，日常生活接触多，一旦发生传染病和食源性疾病，波及的人员众多，很容易传播和扩散，影响大学校园正常的教学秩序和师生的健康。高等学校应根据自身特点，建立应对传染病和食物中毒等疾病的应急反应机制，采取迅速而有效的应急处理措施来保证学校师生员工的健康。预防和控制传染病的传播和流行，主要从控制传染源、切断传播途径和保护易感人群着手，阻断传染病流行的 3 个基本环节，传播和流行即可逐渐终止。

预防和控制传染病的发生和发展，大学生首先要有防范意识，一旦发现自己出现有关症状时应及时到校医院就诊，并同时报告班主任或辅导老师，提醒同学保持必要的社交距离，做到早发现、早报告、早隔离、早诊断和早治疗；其次是要养成良好的个人卫生习惯，饭前便后要洗手，不饮用受污染的水和食物，不借用或合用牙刷、剃须刀、指甲刀、盥洗用具和餐具；不随地吐痰，不对着人咳嗽或打喷嚏，在流感、新型冠状病毒肺炎等呼吸道传染病流行期间应尽量少参加大型集会和集体活动，不到流行区域走动，在医院、公共交通工具等人群密集的公共场所应佩戴口罩；保持室内清洁，彻底消灭蚊、蝇、臭虫、蚤、虱、老鼠等容易传播疾病的虫媒，以切断疾病的传播途径；加强通风换气，做好粪便和污物的处理工作，防止食品被污染。此外，大学生要做好免疫接种工作，以提高自身免疫能力（如接种卡介苗预防结核病、接种乙肝疫苗预防乙型肝炎）。同时，高等学校应加强食堂卫生的监督管理，食堂从业人员、学生和教职工应实行定期健康检查制度，以便早期发现疾病，防止疾病的传播。

除了预防和控制传染病与食源性疾病之外，大学生还应加强常见慢性非传染性疾病的预防和控制，自觉提升自己的健康素养水平，改变自身不良的饮食、行为和生活方式，防止成年期疾病提前发生。

5. 加强心理辅导，预防神经精神疾病。大学生由于心理发展尚不成熟，部分学生还不能正确处理日常学习、人际交往等过程中遇到的各种困难和问题，产生许多因不适应带来的心理困扰和挫折，心情有时会感到烦恼和沮丧，进一步产生焦虑、抑郁、悲观和无助的心境，很容易产生各种心理问题甚至神经精神疾病。高等学校应设立专业的心理咨询服务和研究中心，如提供心理服务热线、APP 或微信公众号等新媒体服务手段，为学生提供专业化的个人心理咨询服务。班主任、辅导员或研究生导师应加强对学生的心理辅导和监测，多多关注和帮助解决大学生的心理异常状况。针对不同时期的大学生，加以针对性辅导，如大学低年级学生要加强思想道德教育、适应能力、学习与时间管理、创新素质培养、人际关系、压力调节、自我塑造与管理等方面的辅导，大学高年级及研究生阶段学生则应侧重加强对情绪情感、创新实践能力、求职择业生涯发展、心理素质、自我修养及学术道德与规范等方面的辅导和危机干预等工作，引导学生制订科学有效的学习计划、时间管理和个人发展规划等方案，塑造健全的人格、正确的世界观、人生观、价值观和就业观。此外，还要加强大学生性生理与性心理健康教育，开展性卫生知识、性情感与性道德教育，引导大学生发展正常的异性交往，培养大学生正确的恋爱和婚姻观，正确处理性心理问题，防止发生性伤害事件。大学生在遭遇挫折和困难自身无力解决时，应多向老师和同学寻求帮助，心情烦闷时要及时找心理医生咨询，寻求心理健康保健及正确的心理对应方式，防止情绪化和一意孤行带来严重不良后果。

6. 加强安全教育，预防意外伤害。近年来，我国大学生意外伤害事件时有发生，如大学生在操场或军训过程中猝死，校园实验室爆炸导致数名研究生死亡，大学生中毒、自杀身亡等。意外伤害具有不可预测性，因此大学校园里的意外伤害事件的发生很难完全避免。大学生、学校教职员工和管理人员应对意外伤害要有正确的认识，要引起高度的重视。只有通过加强管理，消除安全隐患，认真预防才能减少意外伤害事故的发生。一方面，对于可能存在安全隐患的场所，高等学校应主动配备各种安全器材、设备和安全管理人员（如针对运动猝死，相应场馆应配备自动体外除颤器等急救设施，容易发生火灾的实验室要配备灭火器，实验室配备安全责任人和管理员），定期对教室、实验室、宿舍、食堂等教学和生活场所设施、设备等进行安全检查，主动消除校园环境中存在的安全隐患，以及人为的不安全因素，防患于未然；另一方面，高等学校要制定和完善各种规章制度，规范大学师生的行为，使其自觉遵守安全卫生规章制度，同时建立意外伤害事故应急处理预案，加强大学生安全知识的健康教育和培训，提高师生员工的安全意识，做好自我保护，如运动前要做好热身活动，科学健身，减少运动损伤的发生；进入实验室实习要遵守实验室操作规章制度，做好安全防范工作，防止火灾、中毒或爆炸事件的发生。此外，还应加强大学生心理健康教育，加强心理辅导和沟通，防止大学生自伤、自杀等行为的发生。

二、职业人群健康管理

据国际劳工组织统计，职业人群占世界人口总数的 50% ~ 60%，年龄集中在 20 ~ 60 岁，该人群是创造社会财富、维持社会稳定和促进社会进步的中坚力量。职业人群身体处于疾病状况或亚健康状态，不仅影响其日常生活，还会使其劳动能力下降，工作效率降低，心理压力增加，容易导致工伤等意外伤害，从而导致企业缺勤率增加，生产效率降低，企业经济效益降低。因此，职业人群健康与否，直接影响一个企业或国家经济的可持续发展与稳定。加强职业人群的健康管理，对职业人群自身健康和国家经济社会安全、稳定都有着至关重要的作用。

（一）职业人群基本特征

1. **职业人群的生理特征** 职业人群在 20 ~ 25 岁时，生理功能达到一生中的鼎盛时期，此后经过一段稳定期，生理功能开始逐年下降。一般来说，30 岁之后，人体各器官系统功能开始以每年大约 1% 的速度缓慢衰减，随着年龄的增长，各种疾病患病率也逐渐升高。30 岁之后，人体肌肉开始萎缩，弹性降低，收缩力减弱，导致动作的灵活性、协调性及动作速度下降，反应能力下降，容易发生工伤；随着消化、吸收功能和运动系统功能的逐年降低，消化不良、骨质疏松和骨折等疾病的发病率会逐渐升高；随着年龄的增长，心肌细胞开始逐年萎缩，大血管和心脏弹性降低，导致心肌缺血及收缩力下降，冠状动脉出现粥样硬化，容易产生高血压和冠心病；呼吸系统功能随着年龄的增长而逐渐衰退，如肺泡壁变薄、肺泡增大、肺毛细血管数目减少，肺组织的弹性下降、呼吸肌无力，肺活量、最大通气量等指标逐渐下降，易导致慢性支气管炎、慢性阻塞性肺疾病等慢性呼吸系统疾病；由于大量神经细胞萎缩和死亡，中枢神经系统处理信息的能力降低，导致视力、听力、记忆力均减退，同时对刺激反应慢，容易疲劳且不易恢复。30 岁之后，机体新陈代谢开始变慢，基础代谢率速度下降，胰腺功能逐渐下降，胰岛素分泌量逐渐减少，易导致糖尿病；性腺功能逐渐降低，导致性欲减退；女性由于促性腺激素和黄体生成素分泌减少，卵巢功能下降，易导致闭经和更年期综合征。随着年龄的增长，免疫系统功能显著降低，免疫细胞数量减少和活性的下降，各种免疫表达及信号传送功能均下降，容易导致感染。

2. 职业人群的心理特征 职业人群处于青年中后期走向老年期的过渡阶段，心理发展趋于成熟和稳定。大多数职业人群在社会和家庭生活中处于中坚地位，一方面要承担工作和事业上的重担，另一方面肩负赡养老人和抚育子女的重任，加上生理功能开始从人生的鼎盛时期逐渐走向衰老，一旦遭遇疾病侵袭，就会使其在工作和生活中举步维艰，心理承受的压力巨大。

（1）职务紧张（job stress）：工作压力过大时又称为职业紧张或工作紧张，是指在某种职业条件下，当工作要求与个人能力、资源或需求失衡时所带来的生理和心理反应，可导致身心健康的损害。有调查研究表明，大约有40%的职业人群存在职务紧张状况。当职业人群对工作不满意时，会产生厌倦、紧张、焦虑、抑郁等负面情绪，长期处于职业紧张状况的人，其人际冲突增多，工作效率降低，缺勤率增加，甚至出现酗酒、药物滥用等状况。职务紧张不仅削弱职业人群的工作能力，而且危害其身心健康，容易诱发冠心病、高血压、消化性溃疡、神经衰弱综合征等疾病，甚至导致意外事故的发生。

引起职业紧张的主要因素有 ①工作性质：作业类型需注意力高度集中，作业内容太复杂、工作量太大、工作职责不明确等；②工作环境：工作条件差，照明不足、空气污染、空间狭小、噪音太大、高温或低温等；③人际关系：上下级关系、同事之间的关系不和谐，工作中信息沟通和交流不畅，同事之间互相不信任，工作中竞争强度大等；④组织管理：加班加点，组织管理制度和管理方式不合理，工作安排不公平，参与决策机会太少，公司政策中的冲突使人无所适从等；⑤角色特征：A型性格、年龄大、健康状况差、作业熟练程度与能力较低等。

（2）家庭、生活压力：长辈及亲朋好友对职业人群在其成长、工作、婚姻等方面的期望和态度是导致他们生活压力来源之一，如期望找到更好的学习和工作的机会，被频繁催婚或催生孩子。家庭关系不和睦是导致职业人群压力的另一重要来源，如夫妻关系不和、婆媳关系不和、亲子关系不和。经济收入压力经常会导致职业人群在住房、医疗、家庭生活消费、子女教育等方面入不敷出，与他人比较时容易产生不公平感。此外，个人生活事件的发生也会给职业人群带来生活上的压力，如结婚、离婚，家庭成员的生产、死亡都可能会影响职业人群的生理和心理状况。过度的生活压力会对职业人群的情绪造成不良影响，进而影响他们的工作积极性与工作效率。有研究表明，生活危机事件与高血压、心肌梗死、结核病、白血病、糖尿病等疾病的发生关系密切。因此，家庭和生活压力对职业人群身心健康的影响不容忽视。

（3）自身发展压力：职业人群在日常工作中经常会希望自己能获得更好的学习、工作和发展的机会，以期获得更高、更好的职位、职称或地位，实现其人生价值。但理想与现实经常存在较大差距，使得职业人群不得不调整自己的理想与规划。当自己的理想期望值短时间不能实现时，他们经常采取更换新的工作或工作场所等方式来化解自己内心的需求，由此带来的变化也会给职业人群带来新压力，比如要适应新工作、新老板、新同事、新办公环境，以及新的工作规范和期望等。同时，家人也会一同承受由此变化带来的生活中的各种矛盾和冲突。同时，随着年龄的增长，人的精力、记忆力大不如前，学习效率也明显下降，而科学技术发展日新月异，知识更新节奏加快，职业人群需要克服更多困难才能跟上时代的步伐，压力可见一斑。

（二）职业人群健康风险

职业人群的一般健康风险有不良的生活环境、社会环境（经济、卫生服务水平等）、行为和生活方式（吸烟、过度饮酒、不良的饮食习惯、运动不足等）和生物遗传因素（年龄、性别、家族遗传疾病史），会增加其患某些慢性非传染性疾病和传染病、食源性疾病、遗传性疾病等疾病的风险。此外，由于职业有害因素和职业紧张的存在，还可能存在工伤、职业病、工作有关疾病等健康风险。

1. 职业有害因素

（1）环境因素 工作环境中的职业有害因素如下。

1）生产工艺过程中产生的有害因素
- 化学因素　①有毒物质：如铅、汞、苯、氯、一氧化碳、有机磷农药；②生产性粉尘：如矽尘、煤尘、石棉尘、有机粉尘。
- 物理因素　①异常气象条件：如高温、高湿、低温；②异常气压：如高气压、低气压；③噪声、振动；④电离辐射：如 X 线、γ 线；⑤非电离辐射：如可见光、紫外线、红外线、射频辐射、激光。
- 生物因素：如附着在动物皮毛上的炭疽杆菌、甘蔗渣上的真菌、医务工作者可能接触到的生物传染性病原物。

2）工作过程中的有害因素：
- 工作作息制度不合理，如夜班。
- 精神心理性职业紧张，如机动车驾驶。
- 工作强度过大或生产定额不当，如安排的作业或任务与作业者生理状况或体力不相适应，导致过劳死。
- 个别器官或系统过度紧张，如长时间紧盯电脑工作，易导致电脑眼病。
- 长时间处于不良体位或使用不合理的工具，易导致颈椎病。
- 工作中违反安全操作规范，缺乏健康与安全相关知识，忽视自我保健等。

3）工作环境中的有害因素
- 自然环境中的因素：如夏季炎热高温易导致中暑、寒冷季节的低温易导致冻疮。
- 厂房建筑或布局不合理，如有毒工段与无毒工段安排在一个车间。
- 工作过程不合理或管理不当导致环境污染。

（2）社会因素

1）社会经济因素
- 经济全球化：企事业单位之间竞争力度加大，导致就业压力和工作压力增大。
- 国家经济实力不够：对职业环境的改善投入不足，相关的法律法规制度不健全也是影响职业人群健康的因素之一。

2）人际关系：不和谐，同事间或上下级间关系紧张，彼此缺乏信任和支持，影响情感和工作兴趣，造成工作时心情不愉快，紧张，易导致工作失误、事故或工伤。

3）文化教育水平：职工文化教育水平低，缺乏相应的有害作业防护知识，自我保护意识淡薄，不能正确采用个人防护用品等也是造成职业性病损的原因之一。

4）卫生服务水平：卫生服务是防治疾病和促进健康的有效手段。卫生服务具有两个重要功能，①保健功能，即卫生服务通过预防、治疗、康复和健康教育等措施，降低人群的发病率和死亡率，维护职业人群健康，提高其生命质量；②社会功能，即卫生服务通过提供医疗保健服务，使职业人群康复，有效地提高了生产力水平，同时消除了职业人群对疾病的焦虑和恐慌，有利于社会安定，良好的卫生服务对职业人群是一种心理支撑，有利于社会凝聚力的增强。相反，如果卫生服务和社会医疗保障体系存在缺陷，就不可能有效地防治职业人群的疾病。

（3）行为生活方式：不良的行为生活方式主要包括吸烟、酗酒、不合理饮食、缺少体力活动、滥用药物、精神紧张等。职业人群除了存在特定的职业危害因素外，日常不良的行为生活方式会也会影响职业性病损的发生和发展的进程，如吸烟会提高石棉接触者诱发肺癌的危险性，酗酒和精神紧张易导致意外伤害和工伤，高脂饮食会增加机体对二硫化碳诱发心血管病损的易感性，吸毒、不洁性行为和性乱等易增加患性传播疾病和艾滋病的风险，缺少体力活动和静坐的工作方式易增加患高血压、高血脂和代谢综合征的风险。

2. 工伤　即工作伤害，又称为职业伤害（occupational injuries），指在生产劳动过程中，由于外部因素直接作用而引起机体组织的突发性意外损伤，如因职业性事故（occupational accidents）

导致的伤亡及其急性化学物中毒等。职业伤害轻者引起误工、缺勤，影响劳动能力，重者可导致残废甚至死亡。我国职业人群每年工伤发生率约为 $134/10^5$，每年因工伤死亡人数超过 10 万人，工伤死亡率约为 $9/10^5$，工伤事故发生较多的行业是煤炭、冶金、化工、建筑、建材和机械等行业，引起工伤死亡的原因主要有坠落、起重伤害、触电、物体打击、坍塌、机械和企业内车辆伤害等。导致工伤事故的原因主要有：①生产设备质量差，缺乏日常维修和保养，缺少安全防护装置等；②安全管理制度不严，生产管理不善，劳动组织不合理和操作规程不规范等；③对职工技能培训及安全教育不够，缺乏或不使用个人防护用品等；④职工的健康状况、心理素质、应变能力较差等；⑤生产环境状况差，如布局不合理、操作空间过于狭小、照明条件差、微小气候不良，以及存在有毒有害物质和噪声。

工伤是职业人群中重要的安全和健康问题，也是在发达国家和发展中国家都存在的重要公共卫生问题之一。因生产性事故死亡和伤残所致的经济损失和社会影响巨大，因此，搞好职业安全工作，减少工伤的发生是于国于民都至关重要。

3. **职业病（occupational diseases）** 是指职业性有害因素作用于人体的强度与时间超过一定的限度，人体不能代偿其所造成的功能性或器质性病理改变，从而出现相应的临床征象，影响劳动能力。2018 年修订的《中华人民共和国职业病防治法》对职业病的定义为：企业、事业单位和个体经济组织等用人单位的职业从事者在职业活动中，因接触粉尘、放射性物质和其他有毒、有害因素而引起的疾病。职业人群接触职业有害因素是否会发展成为职业病取决于 3 个主要条件：有害因素的性质、有害因素的浓度和强度及个体的健康状况。我国法定职业病分类和目录由国务院卫生行政部门会同国家安全生产监督管理部门、劳动保障行政部门等制定调整并公布。2013 年 12 月，国家卫生和计划生育委员会、人力资源社会保障部、安全监管总局和全国总工会等 4 部门联合印发了最新的《职业病分类和目录》，将职业病分为职业性尘肺病及其他呼吸系统疾病、职业性皮肤病、职业性眼病、职业性耳鼻喉口腔疾病、职业性化学中毒、物理因素所致职业病、职业性放射性疾病、职业性传染病、职业性肿瘤、其他职业病等，共 10 类 132 种。根据《中华人民共和国职业病防治法》规定，凡属法定职业病的患者，在治疗和休息期间及在确定为伤残或治疗无效而死亡时，均应按劳动保险条例有关规定给予相应劳保待遇。

4. **工作有关疾病（work related diseases）** 一些既与工作有关，但又与职业病有区别的疾病称为工作有关疾病或职业相关疾病。工作有关疾病有 3 层含义：①职业因素是该病发生和发展的诸多因素之一，但不是唯一的病因，一般也不是直接病因；②职业因素影响了健康，促使潜在的疾病显露或加重已有疾病的病情；③通过改善劳动条件，可使所患疾病得到控制或缓解。常见的工作有关疾病有：①骨骼及软组织损伤，如建筑、煤矿、搬运工人等容易患有腰背痛、肩颈痛，主要由外伤、提重物或负重、不良体位及不良气象条件等因素引起；②心血管疾病，如高度精神紧张的作业、噪声、振动、寒冷、高温，过量接触二硫化碳、一氧化碳、氯甲烷、铅、镉等有毒有害物质，容易导致高血压、心脏病的发生；③呼吸系统疾病，如作业场所空气污染和不良的气象条件等容易导致慢性非特异性呼吸道疾病、慢性支气管炎、肺气肿或支气管哮喘；④消化道疾病，如高温作业、重体力劳动和精神高度紧张等容易导致消化不良和消化性溃疡；⑤生殖功能紊乱，如经常接触铅、汞、砷及二硫化碳等职业有害因素，容易导致女性月经紊乱、早产及流产；⑥其他疾病，如长期工作繁忙、职业紧张导致精神焦虑、忧郁和神经衰弱综合征等心身疾病；计算机从业者长期操作键盘和视频作业容易导致"鼠标手"和视力不良；教师、短视频主播、声音主播、歌手等长期用嗓，容易引起慢性咽炎和声带损伤。

5. **早期健康损害** 职业性有害因素与机体内的各种分子（如蛋白质、DNA）的交互作用导致了健康损害的早期效应。早期健康损害往往是因为职业有害因素过强或者机体反应异常所致，常见的早期健康损害有血压、血脂和血糖的升高，动脉粥样硬化加剧、肺功能下降、心率变异性下降、DNA 损伤和基因突变等。早期健康损害如果不加以积极的防治和健康监护，很容易发展成为工作有关疾病或职业病。

（三）职业人群健康管理

1. 基本资料收集

（1）一般情况调查：包括姓名、性别、出生年月、出生地、婚姻状况、受教育程度、家庭住址、现工作单位、工种、体力劳动强度、联系电话等信息。

（2）协同因素调查：包括既往职业史、既往疾病史、家族史、个人生活史、体力活动情况、社会经济状况等。职业史调查主要包括从业起止时间、工作单位、车间（部门）、班组、工种、接触职业病危害因素（危害因素的名称，接触两种以上应具体逐一填写）及接触时间等。既往疾病史包括既往预防接种及传染病史、药物及其他过敏史、过去的健康状况及患病史、是否做过手术及输血史、是否患职业病及外伤史等。家族史主要包括父母、兄弟、姐妹及子女的健康状况，是否患结核、肝炎等传染病，是否患遗传性疾病（如糖尿病、血友病），以及死亡者的死因等。个人生活史主要包括吸烟史、饮酒史、吸毒史、女工月经与生育史等。

（3）职业有害因素调查：包括职业有害因素的暴露情况调查，职业有毒有害物质浓度的检测，以及自然环境中有害因素调查，厂房建筑及其布局是否符合职业卫生标准，劳动组织和作息制度是否合理，劳动强度是否适当，是否存在职业心理紧张，个别器官或系统是否紧张或长时间处于不良体位，是否使用不合理工具，以及个人防护用品的使用情况等。

（4）职业性相关疾病检查：根据职业暴露接触史，有针对性地进行包括内科、外科、妇产科、其他专科，以及神经系统、呼吸系统、消化系统、泌尿生殖系统、造血系统、内分泌系统等常规检查，根据检查结果判断是否存在心脑血管疾病，肌肉、关节四肢、眼、耳、鼻、咽喉和口腔疾病，或其他系统疾病等。

（5）体检及实验室检查：身高、体重、血压、血脂、血尿便常规、心电图、肝肺功能检查、胸部 X 线片和一些工种特异性较强的生化检测 [如血铅或尿铅、血锌卟啉（ZPP）] 等，详情可参考我国《职业健康监护技术规范》（GBZ 188-2014）。

2. 健康风险评估 由于生物遗传因素后天不可控，故职业人群健康危险因素评估主要包括一般健康危险因素评估、职业有害因素评估和社会心理因素评估。

（1）一般健康危险因素评估：根据一般情况调查、协同因素、体格检查和实验室检查等资料进行一般健康风险评估，判断其患主要慢性非传染性疾病、传染病、家族遗传性疾病、过敏性疾病等疾病的风险。

（2）职业有害因素评估：主要包括职业有害因素的接触评估和危险度评估。接触评估的内容包括①接触人群的数量、性别、年龄分布等；②接触途径、方式等接触条件评估，如鉴定有害因素进入机体的主要途径及接触的时间分布等；③接触水平的评估，除了采用环境监测和生物监测的资料来估算接触水平外，还应注意职业人群通过皮肤污染、食物与饮水、生活环境等其他方式的接触而吸收的有害因素的剂量。接触评估的方法主要包括询问调查、环境监测和生物监测。询问调查的内容主要包括职业史、接触人群特征、接触方式、接触途径、接触时间等。环境监测必须深入现场详细了解、实际调查有害因素的种类、来源、存在的形式、形态和浓度（强度）等，确定采样点、采样方式、采样时机和采样时间，跟班观察并记录作业者的操作过程、活动范围、接触途径及接触时间等。生物监测用来反映职业人群接触职业有害因素的内剂量或生物效应剂量。直接测定生物样品中的生物标志物还是相对简单有效的评估方法。职业有害因素的危险度评价是通过对毒理学研究、工作环境监测、生物监测、健康监护和职业流行病学调查的研究资料进行综合分析，定性和定量地认定和评价职业性有害因素的潜在不良作用，并对其进行管理的方法和过程。

（3）社会心理因素评估：根据社会心理因素调查情况，评估职业人群是否存在职业危险因素知晓率低、工作紧张、人际关系不和谐、自我保护意识差等问题，以及医疗卫生服务水平是否欠缺，是否缺失相应的社会支持环境等。

3. 健康干预

（1）加强职业卫生监督，改善作业环境：《中华人民共和国职业病防治法》第八条明确规定"国家实行职业卫生监督制度"。职业卫生监督是卫生监督的重要组成部分，它是卫生行政机关对管辖范围内的用人单位执行职业卫生法规的情况所实施的卫生监督活动。开展职业卫生监督的目的，在于确保用人单位职业卫生条件处于良好的状态，预防和消除职业性有害因素对劳动者健康的损害，保证和促进职业活动的顺利进行。职业卫生监督按其性质可分为预防性职业卫生监督和经常性职业卫生监督。

预防性职业卫生监督是以职业卫生法规为依据，运用预防医学和相关学科技术，把用人单位新建、扩建、改建建设项目和技术改造、技术引进项目（统称建设项目）可能产生的职业性有害因素，控制在项目设计和生产实验阶段，从而防止职业性有害因素在用人单位正式投产后，造成生产作业场所的污染和劳动者的身心健康损害。《职业病危害项目申报办法》《建设项目职业病危害分类管理办法》等法规的颁布，为预防性职业卫生监督提供了法律依据。

经常性职业卫生监督是指卫生行政部门依据职业卫生法规，运用现代预防医学和相关学科的知识和技术，对现有用人单位生产过程、劳动过程、生产环境的卫生条件所实施的卫生监督活动。经常性职业卫生监督内容包括职业卫生组织管理的监督、对防护措施的监督及有害作业职工健康监护等。如建立健全的职业卫生档案，改革生产工艺过程，改进生产设备，对防护设施进行升级改造，降低职业有害因素的浓度或强度，减少职工接触时间，加强职工就业前健康监护和定期健康监护等。

（2）职业健康监护：是对职业人群的健康状况进行各种检查，了解并掌握人群健康状况，早期发现职业人群健康损害征象的一种健康监控方法和过程。职业健康监护的内容包括接触控制（职业性有害因素的环境监测、接触评定）、医学监护和信息管理等。我国已经颁布《职业健康监护技术规范》（GBZ 188-2014），建议参考学习。

医学监护的内容主要包括：①就业前健康检查，目的在于掌握职业人群就业前的健康状况及有关健康基础资料和发现职业禁忌证。如对拟从事铅、苯作业的工人着重进行神经系统和血象的检查，对拟从事粉尘作业的工人进行胸部 X 线检查，以确定该工人的健康状况能否适合从事该项工作。②定期健康检查，目的是及时发现职业性有害因素对职业人群健康的早期损害或可疑征象，为生产环境的防护措施效果评价提供资料。定期健康检查的时间间隔可根据有害因素的性质和危害程度，从业人员的接触方式、接触水平及生产环境是否存在其他有害因素而定。健康检查的内容应根据国家颁布的《职业病鉴定与管理办法》中的有关规定执行。③离岗或转岗时体格检查，目的是为了掌握职工在离岗或转岗时，职业性有害因素对其健康有无损害或可疑征象，为离岗从事新工作的职工和接受职工新工作的业主提供健康与否的基础资料。④职业病的健康筛检，是指应用快速、简便的实验和检查方法在职业人群中进行筛选性医学检查，以达到早期发现可疑患者，早期采取干预措施和治疗措施，或者评价暴露控制措施和其他预防措施效果的目的。

职业健康监护的信息管理主要包括建立健全的健康监护档案、对职工的健康监护资料进行健康状况分析以及对健康监护档案进行管理等。职业健康监护档案主要包括生产环境监测和健康检查两方面资料，如对每名职工设立健康监护卡，卡上的记录项目主要有职业史、既往病史、职业性有害因素接触水平、家族史、基础健康资料和日常行为生活方式等信息。健康状况分析是指对职工健康监护的资料及时加以整理、分析、评价并反馈，使之成为开展和搞好职业卫生工作的科学依据，常用的指标有发病率、患病率、平均发病工龄、病伤缺勤率等，通过统计分析，发现对职工健康和出勤率影响较大的疾病及其所在部门与工种，从而深入探索原因，采取相应的防护策略。职业健康监护档案管理是一项非常重要的工作，但我国目前对职业健康监护的管理制度尚不够完善，应加强其制度建设，完善相关的法律法规，落实相关的管理权限、责任和义务。

（3）增加体育运动：有规律的体育运动可以使老年人和青年人的死亡率降低，可以降低心血管疾病和冠心病的死亡率，可以预防和缓解高血压的发展，降低结肠癌的风险，降低非胰岛素依赖型糖尿病进一步发展的风险，降低肥胖症进一步发展的风险，减轻抑郁和焦虑的症状，可以改善与健康相关的生活质量等，除此之外，职业人群进行有规律的体育运动还可以增强员工自身的自信心，降低企事业单位的医疗费用，减少缺勤，提高工作效率等。如进行有氧运动，每周3 ~ 5天，每次20 ~ 60 min，具体有跑步、骑自行车、游泳、跳舞等。

（4）均衡营养：众多的研究结果表明，膳食结构与疾病和健康之间存在很重要的联系。如不合理的膳食可能会导致高脂血症、高血压和高血糖，进一步导致肥胖症和心血管疾病等；多摄入蔬菜水果可以降低患肺癌、胃癌、结肠癌、食管癌及口腔癌的风险，高脂饮食可以增加患前列腺癌、结肠癌的风险，大量饮酒可能会增加乳腺癌、口腔癌、食管癌、结肠癌和肝癌的风险。缺钙会导致绝经后妇女骨质疏松，会影响育龄期妇女的生育能力和妊娠结果。因此，应该控制饱和脂肪酸的摄入，增加蔬菜和水果的摄入，减少饮用酒精饮料等。同时，针对工作性质，进行适当饮食干预，如高温作业者注意补充电解质；重金属接触的人群，可以适当补充微量元素，改善机体元素平衡的紊乱。

（5）体重控制：肥胖是一种身体脂肪过多为特征的病理状态，它常常表现为体重超标。保持正常体重的策略和措施有支持健康控制体重的职业人群政策，加强在工作场所的锻炼，提供健康食品，提倡每日食物和活动的自我监测，减少饮食中的脂肪含量，增加富含高纤维营养的食品，如水果蔬菜、全麦食品。

（6）控烟与禁烟：在美国，吸烟是导致死亡的首要原因。目前，全世界每年有约600万名成年人死于与吸烟有关的疾病。因此，烟草给人类健康带来了严重的威胁。吸烟不仅可导致肺癌、喉癌、食管癌等多种癌症，还是高血压、心脏病、卒中等慢性非传染性疾病的主要原因之一。中国是个烟草大国，烟草产量及销量均居世界首位。中国吸烟人口数高达3.2亿，占世界吸烟人口总数的1/4。更为严重的是，中国烟民以2%的速度逐年递增，青少年和妇女的吸烟率也呈上升趋势。中国每年因吸烟导致死亡的人数超过100万，因二手烟暴露导致死亡的人数超过10万。全世界有40%的青少年、33%的成年男性和35%的成年女性不吸烟者遭受二手烟暴露的危害，工作场所是二手烟暴露的主要场所之一。

控烟是职业人群健康促进的基本组成部分，主要包括限制被动吸烟政策和逐步禁烟政策。美国1969年通过了《公众健康吸烟法》，禁止在电视及广播中发布香烟广告，禁止未成年人购买烟草制品。我国于1991年通过了《中华人民共和国烟草专卖法》和《中华人民共和国未成年人保护法》，1994年又通过了《中华人民共和国广告法》，均明文规定：禁止在公共场所设置烟草广告，香烟包装上必须标明"吸烟有害健康"等字样。

工作场所禁烟不仅能减少烟草对职业人群的健康危害，还可以保障企业员工、场地、产品和设备等的安全。工作场所应加大控烟力度，大力开展戒烟的健康教育，鼓励员工自觉戒烟维护自己身健康。此外还可以通过创建无烟单位，设置控烟专员，加大对违法吸烟的处罚力度，降低烟民对香烟购买的便捷性等措施，控制工作场所职业人群的吸烟率。

（7）增强自我保健：职业人群通过学习自我保健书籍，获得自我保健信息，自觉管理自己的健康，提高执业过程中的自我保护意识，同时不断改变自己不良的生活方式或饮食习惯，合理进行体育运动，提高自己的生活质量，降低医疗费用。

（8）工作压力管理：工作压力导致工作中注意力不集中，使意外伤害和创伤的危险性增加；工作压力使缺勤和换班的频率增加，最终导致企业生产力降低，成本提高；工作压力使满意度降低，反过来削弱员工的工作动力和成绩。常见的工作压力来源有个人原因、工作不适应，角色冲突、角色不明确，超负荷工作，恐惧感，有责任心，工作条件不良，人际关系紧张，有疏远感等，根据这些压力来源，可以制定相应的减压措施，如重新安排工作，调离原工作岗位，制订计划进行技能培训，改善态度和能力，减少不能胜任工作的原因，提高解决问题的能力，帮助员工消除潜在恐惧感，解决个性冲突、社会孤立等问题，提高员工的沟通能力，帮助员工学习与他人相处的技巧，帮助员工解决疏远感，提供沟通、参与的方法。

（9）职工援助项目与社会支持：职工援助项目包括为职工个人问题提供相关的心理咨询，如婚姻不和睦、临危家庭、饮酒、药物滥用、抚养费用、焦虑和抑郁、法律问题、职业问题、经济和健康；给企业主管、职工及工会代表有关员工的工作绩效问题提供咨询，在员工出现明显的个人问题之前，可以根据他们较差的工作绩效确定和寻求帮助。

社会支持指的是社会关系的功能性内容，通常包括情感支持、设备或原料的支持、认知支持、社会身份的保持和社会活动范围延伸。情感支持使人产生愉悦感，让人感到被关心和爱护，受到别人的肯定和尊重。设备或原料的支持包括提供商品和服务，如提供经济帮助、提供食物、帮忙照顾孩子，解决实际问题的帮助。认知支持则是指提供信息和建议，帮助个体理解自身所处的世界并适应外界的变化。社会身份的保持则包括通过行为反馈，建立起共同世界观的确认。社会活动范围延伸则是指社会接触和发挥作用的通路。大量的研究表明，社会支持可以缓解工作压力，帮助应付孀居和离异人员，减轻失业带来的身心效应，减轻生活常见压力和过劳对个体的影响。

（10）健康教育与健康促进：加强职业卫生与安全教育，如加强职工岗前培训，提高职业人群对职业有害因素、防护原则等相关知识的认知，自觉提高自我防护能力，进一步加强《中华人民共和国职业病防治法》等相关法律法规的宣传，提高职业卫生监督管理人员的法律意识、危害防范意识及其管理水平，动员全社会的力量，提高社会对职业卫生工作的认识及其关注程度，共同维护职业人群身心健康。

4. 职业人群中健康管理的效果评估　对职业人群进行健康干预一定时间后，应对其效果进行评估。例如，通过建设项目预评价及经常性卫生监督，观察控制职业有害因素暴露浓度或强度后，职业人群职业性病损的发病率和患病率是否有所改善，原有的职业性病损的临床表现、体征及实验室检查指标是否有所改变或好转；进行生活方式干预后，评估体重、血压等是否下降，行为是否有所改善，职业卫生相关健康知识的掌握及知信行方面的变化，职工因身体原因的病假率、缺勤率及工作效率是否有所改善，因职业伤害所致医疗费用是否有所降低。

（张华明）

第五节　老年人的健康管理

2020 年第七次全国人口普查数据显示，我国 60 周岁及以上人口达 2.64 亿，占总人口的 18.7%，其中 65 周岁及以上人口达 1.906 亿，占总人口的 13.5%，提示我国已经全面进入老龄化社会。预测显示，今后 20 年，中国老年人口比例将会进一步增加至 20% 以上，预计到 2050 年，中国老年人口将超过 4 亿，老龄化水平将达到 30% 以上。随着中国社会老龄化程度的进一步加大，老年人口的照护和健康问题越来越突出，庞大的老年群体也给养老、医疗、社会服务等方面带来巨大的压力。2015 年第四次中国城乡老年人生活状况抽样调查结果显示，我国老年人健康状况不容乐观，失能、半失能老年人约 4063 万，占老年人口的 18.3%。由于人口老龄化，慢性疾病增加正成为一种全球趋势。加强老年人健康管理，减少老年人伤残，提高老年人的生活及生命质量，已成为今后全球人口健康的重大主题。

一、老年人的基本特征

（一）老年人的生理特征

随着年龄的增长，人体各项生理功能会逐渐衰退，出现常见的衰老症状和体征。老年人生理状况的变化主要有以下几个特征。

1. **外观变化**　在老年期，皮肤的水分逐渐减少，弹性降低，皮肤开始变得粗糙，出现皱纹、老年疣、老年性色素斑及角膜老年斑等；60岁以后，大部分人的头发会不同程度地变白；老年人身高下降，表现为弯腰驼背等体征；老年人还容易出现牙齿松动脱落、语言缓慢、耳聋眼花、步履蹒跚等改变。

2. **脏器功能下降**

（1）血液、循环系统：老年人造血功能明显降低，易发生感染；老年人的心肌细胞收缩力下降，最大心率和每搏输出量随之降低，易导致心肌缺血；心肌、心瓣膜老化，使心功能明显下降；心脏传导系统老化，易发生传导阻滞；血管硬化，易患高血压、动脉粥样硬化等疾病。

（2）呼吸系统：老年人肺泡壁变薄、肺组织弹性下降、呼吸肌无力，从而导致肺呼吸功能下降，气体交换能力受损，易发生痰液潴留。伴随着抗病能力的下降，老年人易患流行性感冒和慢性支气管炎等疾病。

（3）肌肉、骨骼系统：老年人由于肌肉萎缩，其肌张力下降，伴随着肌肉体积的减小，其肌肉力量也出现下降，这些使得其动作的灵活性、协调性和速度都迅速下降；老年人对钙的吸收能力下降，容易缺钙，导致骨质软化和骨质疏松，进而发生骨折；此外，老年人的肌腱和韧带容易发生退行性改变，关节腔滑液分泌减少，易导致关节磨损、酸痛。

（4）神经系统：老年人由于神经细胞的大量减少和脑血流量的降低，其神经系统的功能出现大幅降低，包括感受器退化、中枢处理信息的能力降低、平衡能力和神经系统功能下降，表现为视力、听力下降，记忆力减退，动作协调能力下降，对刺激反应迟钝，恢复速度慢，容易疲劳等。

（5）消化系统：老年人消化功能的降低主要体现为牙齿数量减少和质量的降低，唾液分泌减少，消化液分泌减少，口腔黏膜萎缩，胃肠蠕动减慢，易导致食欲下降，发生胃肠道疾病等。

（6）内分泌与生殖系统：随着年龄的增加，老年人的脑垂体、甲状腺和肾上腺功能开始出现退化，导致其体内激素水平下降；胰腺功能逐渐下降，胰岛素分泌量也逐渐减少，易罹患糖尿病；睾丸、卵巢出现萎缩，性腺功能逐渐降低，性激素平衡失调，导致性欲减退、前列腺增生、性功能障碍等。

（7）泌尿系统：老年人肾功能逐渐降低，膀胱肌肉缺乏弹性，导致尿液不能完全被排出，容易发生尿路感染；膀胱储存能力的下降，使得老年人需要频繁地进行排尿；老年人由于神经系统功能降低，需要较长时间才会感觉要排尿，可能导致大小便失禁，这一问题在老年女性中更为常见。对于老年男性，其前列腺增生肥大，进一步影响膀胱的功能，导致排尿困难、尿失禁、慢性肾衰竭等。

（8）免疫系统：随着年龄的增长，老年人的免疫功能显著降低，表现为免疫细胞数量减少和活性下降，白细胞介素-2水平，以及T细胞增殖反应、受体表达、信号传递和细胞毒作用等均下降。由于免疫功能降低，老年人容易感染疾病，易受到恶性肿瘤的侵袭。

（二）老年人的心理特征

1. **认知能力低下**　老年人由于身体功能衰退，中枢神经系统递质的合成和代谢功能减弱，导致其感觉能力降低，如听觉、视觉、嗅觉和皮肤感觉功能均减退；动作灵活性和协调性下降，表现为反应迟钝、注意力不集中、行动笨拙等；衰老导致智力水平逐渐下降，近期记忆力水平减退，易健忘，严重者可出现老年痴呆症状；老年人远期记忆力衰退不明显，容易经常唠叨自己年轻时的事情，对新鲜事物不感兴趣。

2. **情绪波动和心理异常**

（1）抑郁和焦虑：许多老年人由于长期受慢性疾病的困扰，容易产生不安和忧郁情感。一些身患绝症的老年人，存在较为悲观的心理反应，他们一方面担心经济上的负担，另一方面担心疾病不能治愈，经常忧心忡忡，难以入睡。有的老年人经常因为家庭纠纷难以和解而忧虑，有的因为子女就业问题而苦恼。长期患病的老年人，时时受到死亡的威胁，更容易产生忧郁、悲观乃至绝望的情感，经济状况不好的老年人有时甚至会产生轻生的想法。

（2）易怒和恐惧：老年人情绪不稳定，受到疾病、心理和社会等因素的影响后，容易产生暴躁、愤怒和恐惧情绪。其长期压抑的情绪往往会因为一件小事而爆发，容易发生心肌梗死和猝死。许多老年人由于长期患病久治不愈，往往对死亡充满恐惧。某些性格内向的人到了老年可能会产生一种莫名其妙的恐惧心理，即老年恐惧症，表现为对鬼怪的恐惧、对疾病的恐惧、对食物的恐惧等。这种现象严重时，当事者会感觉心神不定、坐立不安、焦躁烦闷，甚至陷入不能自拔的痛苦境地，也会由此引起血压升高、心跳加快、食欲减退和头痛失眠等症状。

（3）孤独和失落：人到老年，由于经济、家庭、社会地位的变化，其社会交往日益减少，信息沟通渠道不够畅通，大部分时间待在家里无所事事，再加上子女工作繁忙，无暇顾及自己，缺乏子女的关心和照顾，因此很容易产生孤独感和失落感。如果失去配偶、体弱多病且独居，这种孤独和寂寞感则更甚。孤独感对老年人的身心健康是极其有害的。孤独会给人带来精神上的空虚和痛苦，因此必然会影响中枢神经系统的正常功能，使神经、体液的调节失去平衡，免疫系统的防御功能下降，容易感染疾病或加重原有疾病。有研究发现，失去配偶又极少与人交往的孤独老年人，其死亡率比常与人交往的老年人高一倍。

（4）固执和多疑：由于一生经历众多，经验丰富，随着时间的推移，老年人的世界观、人生观和价值观都逐渐成形，有了自己独特的为人处世的方式，很难改变。由于为人处世方式的差异，许多年轻人因为不了解老年人，经常会认为老年人"冥顽不化""固执己见"。有些老年人可能会觉得自己经验丰富，感觉年轻人不如自己，常常以一些老观念及自己的经验来看待周围的人和事，用自己头脑中固有的标准来衡量事物，表现为疑虑重重。一些老年人离退休后，由于职务、地位的变化，遇事特别敏感，时常怀疑别人对自己另眼看待，怀疑自己在群众心目中失去了过去的声望。还有些老年人经常过分关注自己的身体健康，总怀疑自己得了某种严重的疾病，四处求诊，即使有客观的检查结果和医生的明确解释也不能消除其疑虑，这种情况在老年女性中更为明显。这种"疑病"心理若不能被及时疏导和干预，则有可能发展成为"疑病性神经症"，严重影响老年人的身心健康和生活质量。

3. 社会适应性下降

（1）离退休综合征：老年人离退休后，社会主要关系中断，经济收入也有所降低，加之饮食起居等生活节奏发生改变，即从长期紧张而规律的职业生活，突然转到无规律、懒怠的离退休生活。老年人由于不能很快适应新的社会角色、生活环境和生活方式的变化而产生焦虑、抑郁、悲哀、恐惧等消极情绪。这些消极情绪若不能被及时调整，会严重影响老年人的身体健康。

（2）空巢综合征：指习惯热闹家庭生活的老年人因子女离开家庭后独守空巢而产生的一种适应障碍。生活在空巢环境下的老年人由于人际关系疏远而产生被分离或被舍弃的感觉，进而产生失落感和空虚感，严重者甚至出现抑郁症状。空巢老年人会出现心情沮丧、精神萎靡、思维迟钝、情绪不稳定、食欲减退、郁闷失眠等心理改变，严重者会感到烦躁和绝望，甚至出现自杀行为。

二、老年人的健康风险

（一）老年人的一般健康风险

年龄是引起老年人一般健康风险的基础。60岁以后，人体肌肉、骨骼、水分、组织等含量减少，腹部脂肪堆积，肌张力下降，血管弹性降低，血压升高，身体各部分生理功能减退、免疫力降低，记忆力、视力、听力、嗅觉、味觉等感知能力下降，容易导致骨折、感染、肥胖、高血压、糖尿病、恶性肿瘤和阿尔茨海默病等。随着消化系统功能的降低，胃肠道蠕动减慢，老年人容易消化不良和便秘。老年女性由于钙吸收率降低，骨密度下降，容易产生骨质疏松和骨折，同时由于雌激素水平的降低，容易引起妇科肿瘤，而老年男性则患前列腺增生和前列腺炎的风险较高，容易出现尿频和排尿困难等症状。吸烟、过量饮酒、不健康的饮食习惯、缺乏运动等，会增加老年人患高血压、糖尿病、肥胖、冠心病和恶性肿瘤等疾病的风险。此外，生理指标异常（如血压、血脂、血糖异常）、家族遗传史、过敏史、经济状况和社会服务水平等因素也是影响老年人疾病发生、发展的重要原因之一。

（二）老年人的疾病健康风险

1. 骨质疏松症与骨折 老年人由于体内激素水平的变化，骨量丢失，骨皮质变薄，骨小梁数目减少、变细，骨密度下降，骨脆性增加，骨折危险性增加。尤其是绝经后老年女性，骨质疏松症的发病率高达 50%，占老年性骨质疏松症比例超过 70%。人种（白种人和黄种人患骨质疏松症的危险高于黑种人）、老龄、女性绝经、母系家族史（尤其髋部骨折家族史）、低体重、性激素低下、吸烟、过度饮酒或咖啡、体力活动缺乏、饮食中营养素失衡、蛋白质摄入过多或不足、高钠饮食、钙或维生素 D 缺乏（光照少或摄入不足）、有影响骨代谢的疾病和服用影响骨代谢的药物等因素是导致老年人骨质疏松的主要原因。老龄、女性绝经、男性性功能减退是导致骨质疏松症的常见原因。有研究表明，老年骨质疏松患者发生骨折的危险性是正常人的 5 ~ 10 倍，老年女性骨质疏松性骨折的发生率为 30% ~ 40%，男性约为 13%。

2. 社区常见慢性疾病 由于年龄的原因，加上吸烟、过量饮酒、不健康的饮食习惯、缺乏运动等危险因素的存在，老年人患高血压、糖尿病、肥胖、血脂异常、冠心病、卒中、高尿酸血症、痛风、代谢综合征、慢性阻塞性肺疾病、恶性肿瘤等疾病的风险比其他成年人都要高得多。如我国 18 岁及以上成年人高血压的患病率为 23.2%，而 60 岁及以上的老年人高血压的患病率则高达 53.2%；18 岁及以上成年人 2 型糖尿病的患病率为 10.4%，而 60 岁及以上老年人糖尿病患病率则超过 20%；18 岁及以上成年人血脂异常的患病率为 40.4%，而 60 岁及以上老年人血脂异常的患病率约为 47.0%。老年人通常多种疾病同时存在，发病时症状和体征不典型，但病情进展快，病程较长，容易反复发作，多种药物的不良反应互相影响，康复较慢，容易发生并发症和后遗症。

3. 阿尔茨海默病（AD） 是一种起病隐匿的进行性发展的神经系统退行性疾病，是老年人脑功能障碍导致的以认知、行为和人格变化为特征的一种综合征。早期阿尔茨海默病患者常常表现为健忘、注意力和判断力下降，进一步发展出现定向力障碍、失语、失用、失认，语言表达与理解能力下降，生活不能自理等。阿尔茨海默病的病因迄今未明，多发于 65 岁以上的老年人，且年龄越大，发病率越高。许多研究发现，阿尔茨海默病的发生可能与家族史、头部外伤、低教育水平、甲状腺病、母亲育龄过高或过低、病毒感染等因素有关。目前，全球阿尔茨海默病患者超过 3600 万人，我国阿尔茨海默病患者约 600 万人，随着人口老龄化，预计到 2050 年，全球阿尔茨海默病患者将会超过 1 亿人，届时中国将会有超过 2000 万名阿尔茨海默病患者。因此，预防阿尔茨海默病已经成为今后老龄化社会的一大重要课题。

4. 感染性疾病 老年人由于机体免疫水平下降，对疾病缺乏足够强的抵抗力，容易感染，如容易患流感、肺炎、病毒性肝炎、尿路感染等感染性疾病。这些疾病如果不及时治疗，病情极有可能恶化，甚至导致死亡。

5. 其他疾病 老年人由于呼吸道免疫功能减退，气道对细菌或异物的清除功能及防御反应降低，再加上吸烟、大气污染、反复呼吸道感染等因素，容易导致老年性慢性支气管炎的发生；由于感染幽门螺杆菌和长期服用对胃黏膜有刺激性的药物和食物等原因，老年人容易患慢性胃炎和消化性溃疡；老年人因老龄化、免疫、遗传、代谢障碍及全身性疾病等原因，容易患老年性青光眼和白内障；很多老年人因为身体欠佳、手脚不灵活等原因，容易发生摔伤、烧伤、烫伤、触电、窒息等意外伤害；此外，老年人因为离退休、丧偶、无人探视和照顾，以及常年患各种慢性疾病等原因，容易患老年性抑郁症等。

全生命周期健康管理 / 第十一章

三、老年人健康管理

（一）健康相关信息的采集（建立和完善健康档案）

1. 基本信息采集 填写"个人基本信息表"（表3-11-3），包括老年人的姓名、性别、出生日期、身份证号、工作单位、本人电话、常住类型、民族、血型、文化程度、职业、婚姻状况、医疗费用支付方式、药物过敏史、暴露史、既往史（包括疾病、手术、外伤和输血史）、家族史、遗传病史、残疾情况和生活环境。

表3-11-3 个人基本信息表

姓名： 编号：□□□-□□□□□

性　别	0. 未知的性别 1. 男 2. 女 3. 未说明的性别		出生日期	□□□□□□□□
身份证号			工作单位	
本人电话		联系人姓名	联系人电话	
常住类型	1. 户籍　2. 非户籍	民族	1. 汉族　2. 少数民族 _____	
血　型	1. A 型　2. B 型　3. O 型　4. AB 型　5. 不详 / RH 阴性：①否　②是　③不详 □/□			
文化程度	1. 文盲及半文盲　2. 小学　3. 初中　4. 高中/技校/中专　5. 大学专科及以上　6. 不详 □			
职　业	1. 国家机关、党群组织、企业、事业单位负责人　2. 专业技术人员　3. 办事人员和有关人员 4. 商业、服务人员　5. 农林牧渔水利业生产人员　6. 生产、运输设备操作人员及有关人员 7. 军人　8. 不便分类的其他从业人员　□			
婚姻状况	1. 未婚　2. 已婚　3. 丧偶　4. 离婚　5. 未说明的婚姻状况　□			
医疗费用支付方式	1. 城镇职工基本医疗保险　2. 城镇居民基本医疗保险　3. 新型农村合作医疗 4. 贫困救助　5. 商业医疗保险　6. 全公费　7. 全自费　8. 其他 _____　□			
药物过敏史	1. 无　2. 青霉素　3. 磺胺　4. 链霉素　5. 其他 □/□/□/□			
暴露史	1. 无　2. 化学品　3. 毒物　4. 射线 □/□/□			
既往史	疾病	1. 无　2. 高血压　3. 糖尿病　4. 冠心病　5. 慢性阻塞性肺疾病　6. 恶性肿瘤 _____ 7. 卒中　8. 严重精神障碍　9. 结核病　10. 肝炎　11. 其他法定传染病　12. 职业病 _____ 13. 其他 _____ □确诊时间　年　月/□确诊时间　年　月/□确诊时间　年　月 □确诊时间　年　月/□确诊时间　年　月/□确诊时间　年　月		
	手术	1. 无　2. 有：名称① _____ 时间 _____/名称② _____ 时间 _____　□		
	外伤	1. 无　2. 有：名称① _____ 时间 _____/名称② _____ 时间 _____　□		
	输血	1. 无　2. 有：原因① _____ 时间 _____/原因② _____ 时间 _____　□		
家族史	父亲	□/□/□/□/□/□ _____	母亲	□/□/□/□/□/□ _____
	兄弟姐妹	□/□/□/□/□/□ _____	子女	□/□/□/□/□/□ _____
	1. 无　2. 高血压　3. 糖尿病　4. 冠心病　5. 慢性阻塞性肺疾病　6. 恶性肿瘤　7. 卒中 8. 严重精神障碍　9. 结核病　10. 肝炎　11. 先天畸形　12 其他			
遗传病史	1. 无　2. 有：疾病名称 _____　□			
残疾情况	1. 无残疾　2. 视力残疾　3. 听力残疾　4. 言语残疾　5. 肢体残疾 6. 智力残疾　7. 精神残疾　8. 其他残疾 □/□/□/□/□/□			
生活环境	厨房排风设施	1. 无　2. 油烟机　3. 换气扇　4. 烟囱　□		

317

第三篇 应用篇

续表

生活环境	燃料类型	1．液化气 2．煤 3．天然气 4．沼气 5．柴火 6．其他 □
	饮水	1．自来水 2．经净化过滤的水 3．井水 4．河湖水 5．塘水 6．其他 □
	厕所	1．卫生厕所 2．一格或二格粪池式 3．马桶 4．露天粪坑 5．简易棚厕 □
	禽畜栏	1．单设 2．室内 3．室外 □

注 个人基本情况表填表说明：

1. 本表用于居民首次建立健康档案时填写。如果居民的个人信息有所变动，可在原条目处修改，并注明修改时间。

2. 性别：按照国际分为未知的性别、男、女和未说明的性别。

3. 出生日期：根据居民身份证的出生日期，按照年（4位）、月（2位）、日（2位）顺序填写，如：19490101。

4. 工作单位：应填写目前所在单位的全称。离退休者填写最后工作单位的全称，下岗待业或无工作经历者需具体注明。

5. 联系人姓名：填写与建档对象关系紧密的亲友姓名。

6. 民族：少数民族应填写全称，如彝族、回族。

7. 血型：在前一个"□"内填写与ABO血型对应编号的数字，在后一个"□"内填写是否为"RH阴性"对应编号的数字。

8. 文化程度：指截至建档时间，本人接受国内外教育所取得的最高学历或与现有水平所相当的水平。

9 药物过敏史：表中药物过敏主要列出青霉素、磺胺或者链霉素过敏，如有其他药物过敏史，请在其他栏中写明名称。

10. 既往史

（1）疾病：填写现在和过去罹患的疾病，包括建档时还未治愈的慢性疾病或某些反复发作的疾病，并写明确诊时间；如有恶性肿瘤，请写明具体的部位或疾病名称；如有职业病，请写具体名称。对于经医疗单位明确诊断的疾病都应以一级及以上医院的正式诊断为依据，有病史卡的以卡上的疾病名称为准，没有病史卡的应有证据证明是经过医院明确诊断的。可以多选。

（2）手术：填写曾经接受过的手术治疗。如有，应填写具体手术名称和时间。

（3）外伤：填写曾经发生的后果比较严重的外伤经历。如有，应填写具体外伤名称和发生时间。

（4）输血：填写曾经接受过的输血情况。如有，应填写具体输血原因和发生时间。

11. 家族史：指直系亲属（父亲、母亲、兄弟姐妹、子女）中是否患过所列出的具有遗传性或遗传倾向的疾病或症状。有则选择具体疾病名称对应编号的数字，可以多选。没有列出的请在"其他"中写明。

12. 生活环境：农村地区在建立居民健康档案时需根据实际情况选择填写此项。

2. 健康体检 填写"健康体检表"（表3-11-4），主要包括以下内容。

（1）目前健康状况：主要询问和查看老年人目前有无头痛、头晕、心悸、胸闷、胸痛、慢性咳嗽、咳痰、呼吸困难、多饮、多尿、体重下降、乏力、关节肿痛、视物模糊、手脚麻木、尿急、尿痛、便秘、腹泻、恶心呕吐、眼花、耳鸣、乳房胀痛等症状，以判断是否存在某些可疑慢性疾病。

全生命周期健康管理 / 第十一章

表 3-11-4　健康体检表

姓名：　编号：□□□-□□□□□

体检日期		年　月　日	责任医生	
内容	检查项目			
生活方式	饮酒情况	开始饮酒年龄　＿＿＿＿＿岁　　近一年内是否曾醉酒　1．是　2．否□		
		饮酒种类　1．白酒　2．啤酒　3．红酒　4．黄酒 　　　　　5．其他＿＿□／□／□／□		
	职业病危害因素接触史	1．无　2．有（工种＿＿＿＿＿从业时间＿＿＿＿＿年）　　　□ 毒物种类　粉尘＿＿＿＿＿防护措施1．无　2．有＿＿＿□ 　　　　　放射物质＿＿＿防护措施1．无　2．有＿＿＿□ 　　　　　物理因素＿＿＿防护措施1．无　2．有＿＿＿□ 　　　　　化学因素＿＿＿防护措施1．无　2．有＿＿＿□ 　　　　　其他＿＿＿＿＿防护措施1．无　2．有＿＿＿□		
脏器功能	口腔	口唇　1．红润　2．苍白　3．发绀　4．皲裂　5．疱疹　□		
	视力	左眼＿＿＿＿＿右眼＿＿＿＿＿（矫正视力：左眼＿＿＿＿＿右眼＿＿＿＿＿）		
	听力	1．听见　2．听不清或无法听见　　　　　　　　　　　□		
	运动功能	1．可顺利完成　2．无法独立完成其中任何一个动作　　□		
	眼底	1．正常　2．异常　　　　　　　　　　　　　　　　　□		
	皮肤	1．正常　2．潮红　3．苍白　4．发绀　5．黄染　6．色素沉着　7．其他□		
	巩膜	1．正常　2．黄染　3．充血　4．其他＿＿＿＿＿　　　□		
	淋巴结	1．未触及　2．锁骨上　3．腋窝　4．其他＿＿＿＿＿　□		
	肺	桶状胸：1．否　2．是　　　　　　　　　　　　　　　□		
		呼吸音：1．正常　2．异常＿＿＿＿＿　　　　　　　　□		
		啰音：1．无　2．干啰音　3．湿啰音　4．其他＿＿＿＿□		
	心脏	心率：＿＿＿＿＿次／分，心律：1．齐　2．不齐　3．绝对不齐　□		
		杂音：1．无　2．有＿＿＿＿＿　　　　　　　　　　　□		
	腹部	压痛：1．无　2．有＿＿＿＿＿　　　　　　　　　　　□		
		包块：1．无　2．有＿＿＿＿＿　　　　　　　　　　　□		
		肝大：1．无　2．有＿＿＿＿＿　　　　　　　　　　　□		
		脾大：1．无　2．有＿＿＿＿＿　　　　　　　　　　　□		
		移动性浊音：1．无　2．有＿＿＿＿＿　　　　　　　　□		
	下肢水肿	1．无　2．单侧　3．双侧不对称　4．双侧对称　　　　□		
	足背动脉搏动	1．未触及　2．触及双侧对称　3．触及左侧弱或消失　4．触及右侧弱或消失□		
	肛门指诊	1．未见异常　2．触痛　3．包块　4．前列腺异常　5．其他＿＿＿＿＿＿□		
	乳腺	1．未见异常　2．乳房切除　3．异常泌乳　4．乳腺包块　5．其他＿＿＿＿＿ 　　　　　　　　　　　　　　　　　　　　　　　□／□／□／□		

319

健康体检表（续）

姓名： 编号：□□□-□□□□□

体检日期			责任医生	
内容	检查项目			
查体	妇科	外阴	1．未见异常　2．异常_____	□
		阴道	1．未见异常　2．异常_____	□
		子宫颈	1．未见异常　2．异常_____	□
		子宫体	1．未见异常　2．异常_____	□
		附件	1．未见异常　2．异常_____	□
	其他			
辅助检查	血常规		血红蛋白_____g/L，白细胞_____×10⁹/L，血小板_____×10⁹/L，其他_____	
	尿常规		尿蛋白_____，尿糖_____，尿酮体_____，尿潜血_____，其他_____	
辅助检查	空腹血糖		_____mmol/l 或_____mg/dl	
	心电图		1．正常　2．异常_____	□
	尿微量白蛋白		_____mg/dl	
	大便潜血		1．阴性　2．阳性	□
	糖化血红蛋白		_____%	
	乙型肝炎表面抗原		1．阴性　2．阳性	□
	肝功能		血清谷丙转氨酶_____U/L，血清谷草转氨酶_____U/L 白蛋白_____g/L，总胆红素_____μmol/L 结合胆红素_____μmol/L	
	肾功能		血清肌酐_____μmol/L，血尿素氮_____mmol/L 血钾浓度_____mmol/L，血钠浓度_____mmol/L	
	血脂		总胆固醇_____mmol/L，甘油三酯_____mmol/L 血清低密度脂蛋白胆固醇_____mmol/L 血清高密度脂蛋白胆固醇_____mmol/L	
	胸部X线片		1．正常　2．异常_____	□
	B超		腹部B超：1．正常　2．异常_____	□
			其他：1．正常　2．异常_____	□
	宫颈黏液涂片		1．正常　2．异常_____	□
	其他			
中医体质辨识*	平和质		1．是　2．基本是	□
	气虚质		1．是　2．倾向是	□
	阳虚质		1．是　2．倾向是	□
	阴虚质		1．是　2．倾向是	□
	痰湿质		1．是　2．倾向是	□
	湿热质		1．是　2．倾向是	□
	血瘀质		1．是　2．倾向是	□
	气郁质		1．是　2．倾向是	□
	特秉质		1．是　2．倾向是	□

全生命周期健康管理 / 第十一章

健康体检表（续）

姓名： 编号：□□□-□□□□□

体检日期	年 月 日	责任医生		
内容	检查项目			
现存主要健康问题	脑血管疾病			
	肾脏疾病			
	心脏疾病			
	血管疾病			
	眼部疾病			
现存主要健康问题	神经系统疾病			
	其他系统疾病			
住院治疗情况	住院史	入/出院日期	原 因	医疗机构名称	病案号
		/			
		/			
	家庭病床史	建/撤床日期	原 因	医疗机构名称	病案号
		/			
		/			
主要用药情况	药物名称	用法	用量	用药时间	服药依从性 1.规律 2.间断 3.不服药
	1				
	2				
	3				
	4				
	5				
	6				

（2）一般状况：包括测量体温、脉搏、呼吸频率、血压、身高、体重、腰围，计算体重指数；老年人健康状况自我评估；老年人生活自理能力自我评估（表3-11-5）；老年人情感状态评估（表3-11-6）；老年人认知功能评估（表3-11-7）。

第三篇　应用篇

表3-11-5　老年人生活自理能力评估表

该表为自评表，根据下表中5个方面进行评估，将各方面判断评分汇总后，0~3分者为可自理；4~8分者为轻度依赖；9～18分者为中度依赖；≥19分者为不能自理。

评估事项、内容与评分	程度等级				判断评分
	可自理	轻度依赖	中度依赖	不能自理	
进餐：使用餐具将饭菜送入口、咀嚼、吞咽等活动	独立完成	—	需要协助，如切碎、搅拌食物	完全需要帮助	
评分	0	0	3	5	
梳洗：梳头、洗脸、刷牙、剃须、洗澡等活动	独立完成	能独立地洗头、梳头、洗脸、刷牙、剃须等；洗澡需要协助	在协助下和适当的时间内，能完成部分梳洗活动	完全需要帮助	
评分	0	1	3	7	
穿衣：穿衣裤、袜子、鞋子等活动	独立完成	—	需要协助，在适当的时间内完成部分穿衣	完全需要帮助	
评分	0	0	3	5	
如厕：小便、大便等活动及自控	不需协助，可自控	偶尔失禁，但基本上能如厕或使用便具	经常失禁，在很多提示和协助下尚能如厕或使用便具	完全失禁，完全需要帮助	
评分	0	1	5	10	
活动：站立、室内行走、上下楼梯、户外活动	独立完成所有活动	借助较小的外力或辅助装置能完成站立、行走、上下楼梯等	借助较大的外力才能完成站立、行走，不能上下楼梯	卧床不起，活动完全需要帮助	
评分	0	1	5	10	
总得分					

表3-11-6　老年抑郁量表

姓名：_____　性别：_____　年龄：_____

选择过去一周内最适合你的答案		
1.你对你的生活基本满意吗？	是☐	否☐
2.你是否丧失了很多兴趣和爱好？	是☐	否☐
3.你感到生活很空虚吗？	是☐	否☐
4.你经常感到很无聊吗？	是☐	否☐
5.你对未来充满希望吗？	是☐	否☐
6.你是否感到烦恼无法摆脱头脑中的想法？	是☐	否☐
7.大部分时间你都精神抖擞吗？	是☐	否☐
8.你是否因觉得有什么不好的事情要发生而感到害怕？	是☐	否☐
9.大部分时间你都觉得快乐吗？	是☐	否☐

续表

10. 你经常感到无助吗?	是 ☐	否 ☐
11. 你是否经常感到不安宁或坐立不安?	是 ☐	否 ☐
12. 你是否宁愿待在家里也不愿出去?	是 ☐	否 ☐
13. 你是否经常担心未来?	是 ☐	否 ☐
14. 你是否觉得记忆力有问题?	是 ☐	否 ☐
15. 你是否觉得现在活得很精彩?	是 ☐	否 ☐
16. 你是否经常感到垂头丧气无精打采?	是 ☐	否 ☐
17. 你是否感到现在很没用?	是 ☐	否 ☐
18. 你是否为过去的事感到非常担心?	是 ☐	否 ☐
19. 生活让你感到兴奋吗?	是 ☐	否 ☐
20. 你是否觉得学习新鲜事物很困难?	是 ☐	否 ☐
21. 你觉得精力充沛吗?	是 ☐	否 ☐
22. 你觉得你的现状是毫无希望的吗?	是 ☐	否 ☐
23. 你是否觉得大部分人都比你活得好?	是 ☐	否 ☐
24. 你是否经常把小事情都弄得很糟糕?	是 ☐	否 ☐
25. 你经常有想哭的感觉吗?	是 ☐	否 ☐
26. 集中注意力对你来说很困难吗?	是 ☐	否 ☐
27. 你喜欢每天早晨起床的感觉吗?	是 ☐	否 ☐
28. 你是否不喜欢社交活动?	是 ☐	否 ☐
29. 你做决定容易吗?	是 ☐	否 ☐
30. 你的头脑还和以前一样清楚吗?	是 ☐	否 ☐

注:每个提示抑郁的回答得 1 分(问题 1、5、7、9、15、19、21、27、29 和 30 回答"否",其他问题回答"是"提示抑郁可能)。大于或等于 15 分,提示老年抑郁可能,转上级医院精神心理科处理。

表 3-11-7　简易智力状态检查量表

分　数	项　　目
5（　）	1. 时间定向力 问:今天是哪一年:_____ (1),季节:_____ (1),月份:_____ (1), 日期:_____ (1),星期几:_____ (1)
5（　）	2. 地点定向力 问:我们现在在哪里? 国家:_____ (1),城市:_____ (1),城市的哪一部分:_____ (1), 建筑物:_____ (1),第几层:_____ (1)
3（　）	3. 即刻回忆 3 个词 说:仔细听。我要说 3 个词,请在我说完以后重复。准备好了吗? 3 个词是:球 (停 1s),旗子 (停 1s),树 (停 1s)。请马上重复这 3 个词是什么? _____ (1)
3（　）	_____ (1) _____ (1)

续表

分　数	项　　目
5（　）	4. 注意力与计算力 问：从 100 减去 7，顺序往下减，直至我喊停止。100 减去 7 等于? _____（1）继续：_____（1）_____（1）_____（1）_____（1）
3（　）	5. 回忆那 3 个词 问：刚才我让你记住的那 3 个词是什么? 每个正确一分。_____（1）_____（1）_____（1）
2（　）	6. 命名 问：这是什么?（展示铅笔）_____（1）（展示手表）_____（1）
1（　）	7. 语音重复 说：我现在让你重复我说的话。准备好了吗? 瑞雪兆丰年 你说一遍 _____（1）
3（　）	8. 理解力 说：仔细听，并按照我说的做。 左手拿着这张纸（1），把它对折（1），把它放在您的右腿上（1）
1（　）	9. 阅读 说下面的句子，并按照做。（1） 闭上你的眼睛
1（　）	10. 写 说：写一个句子。 （1）
1（　）	11. 画画 说：照下图话
总分	

注：1、总分范围为 0~30 分，正常与不正常的分界值与受教育程度有关，划分痴呆标准：文盲（未受教育）≤ 17 分，小学程度（受教育程度≤ 6 年）≤ 20 分，中学（包括中专）程度≤ 22 分，大学（包括大专）程度≤ 23 分。

2、项目 1 日期和星期差 1 天可算正确。

3、项目 3 即刻回忆主试者讲 1 遍；不要求受试者按物品次序回答。为第 5 题"回忆"做准备，可让受试者重复学习最多 5 次。

4、项目 4 不能用笔算。若一项算错，则扣该项的分；若后一项正确，则得该项的分。如 100-7=93（正确，得分），93-7=88（应为 86，不正确，不得分）。但若从 88-7=81（正确，得分）。

5、项目 7 只许说一遍，只有正确、咬字清楚才记 1 分。

6、项目 8 操作要求次序正确。

7、项目 10 句子必须有主语、谓语，且有意义。

8、项目 11 只有绘出两个五边形的图案，交叉处形成一个小四边形才算对，记 1 分。

（3）生活方式：主要包括体育锻炼、饮食习惯、吸烟情况、饮酒情况及职业病危害因素接触史等。

（4）脏器功能：主要检查老年人口腔（口唇、齿列、咽部有无异常）、视力、听力和运动功能。

（5）查体：主要查看老年人眼底、皮肤、巩膜、淋巴结、心脏、肺、腹部等有无异常，下肢水肿情况、足背动脉搏动情况、肛门指诊情况等；老年女性还需进行乳腺、妇科检查（外阴、阴道、子宫颈、子宫体、附件等有无异常）。

（6）辅助检查：主要包括血常规、尿常规、空腹血糖、心电图、尿微量白蛋白、大便隐血、糖化血红蛋白、乙型肝炎表面抗原、肝功能、肾功能、血脂、胸部X线片、B超、宫颈黏液涂片等。

（7）中医体质辨识：判断老年人为何种中医体质类型（平和质、气虚质、阳虚质、阴虚质、痰湿质、湿热质、血瘀质、气郁质、特禀质）。

（8）现存主要健康问题：询问老年人目前是否存在心脑血管疾病、肾病、心脏疾病、血管疾病、眼部疾病、神经系统疾病及其他系统疾病。

（9）住院治疗情况及主要用药情况：住院治疗情况主要记录老年人住院史（包括入/出院日期、原因、医疗机构名称、病案号）和家庭病床史（包括建/撤床日期、原因、医疗机构名称、病案号）；主要用药情况（包括记录药物名称、用法、用量、用药时间及服药依从性）。

（10）非免疫规划预防接种史：记录老年人非免疫规划接种情况，包括接种名称、接种日期和接种机构。

（二）健康状况评估

根据体检和采集到的健康信息，对老年人的健康状况进行评估。

1. 及时处理并转院　在体检过程中，如发现下列情况之一，需及时处理后立即转至上级医院。

（1）心率过快（＞169次/分）或过慢（＜40次/分）。

（2）收缩压≥180 mmHg和（或）舒张压≥110 mmHg。

（3）空腹血糖≥16.7 mmol/L或≤2.8 mmol/L。

（4）症状和（或）心电图怀疑急性冠脉综合征。

（5）其他无法处理的急症。

2. 评估是否存在慢性疾病或损伤的危险因素　这些危险因素包括高盐、高热量食物摄入量多或奶制品摄入量少等不良饮食习惯，吸烟、过量饮酒、运动少和生活不规律等不良生活方式，以及视力低下、平衡能力差、步态不稳等。对存在以上可干预的危险因素者，进行健康教育和疾病危险因素干预。

3. 评估是否存在可疑疾病

（1）新发现可疑慢性疾病：如主诉为"经常感到头痛、头晕"，血压检测高于正常值者，需及时转诊，明确高血压诊断；主诉为"经常有心慌、胸口发闷发紧、心前区疼痛"，心电图检查有异常表现者，需及时转诊，明确冠心病诊断；主诉为"经常咳嗽、咳痰、行走或上楼感到憋气呼吸困难"者，需及时转诊，明确慢性阻塞性肺疾病（COPD）诊断；主诉为"经常感到口渴、想喝水、尿量增多"，血糖检测高于正常值者，需及时转诊，明确糖尿病诊断；主诉为"经常感到疲乏"，血常规检测血红蛋白低于正常值者，需及时转诊，明确贫血诊断；主诉为"经常感到关节疼痛或全身疼痛"且体格检查有异常者，需及时转诊，明确骨关节炎和骨质疏松症。症状新出现且体检无异常者，可密切观察1周后嘱其复诊；症状持续存在者，应转至上级医院就诊诊断。若已被上级医院确诊，则应纳入相应社区的慢性疾病管理；若未被确诊，则嘱其每3个月随访一次，密切观察症状变化，填写随访表。

（2）可疑慢性传染性疾病：HBsAg阳性同时有黄疸和（或）肝功能异常，应怀疑患慢性乙型肝炎，需转至传染病医院确诊。胸部X线检查有可疑活动性结核病灶者，需转至传染病医院或结核病医院确诊。

（3）可疑肿瘤：肿瘤筛查发现有意义的异常指标，转至上级医院明确诊断。

（4）可疑阿尔茨海默病：对老年人认知功能粗筛阳性者，需进行简易智力状态检查，总分达痴呆标准的老年人为可疑阿尔茨海默病患者，需转至上级医院神经科诊治；对粗筛阳性但简易智力状态检查总分未达痴呆标准的老年人，需继续观察，并预约老年人3个月后进行认知功能复查。

（5）可疑心理疾病：对老年人情感状态粗筛阳性者，提示其存在抑郁状态，需进行老年人抑郁评分检查，若≥15分，则需转至上级医院神经/心理科处理。

4. 评估目前疾病控制情况　对既往已确诊为高血压、冠心病、糖尿病、慢性阻塞性肺疾病和骨关节炎等慢性疾病的老年人，评估其目前疾病控制情况。对控制情况良好者继续进行规范的慢性疾病管理；对控制不佳者需寻找原因，调整管理方法和措施，或转至上级医院治疗。

5. 无异常发现　被评估人无基础疾病、无危险因素存在，健康体检无异常发现，生活习惯良好，可被评估为"无异常发现"。

6. 肿瘤筛查

（1）乳腺癌：①对参加管理的老年女性普及有关乳腺癌的可能危险因素，包括乳腺癌家族史、不生育、不哺乳、工作压力大、肥胖、长期服用雌激素等；②指导老年女性乳房自检方法，可固定选择每月的某一天进行检查；③每1～2年由医生行乳腺检查，必要时行乳腺X线检查；有乳腺癌家族史者每年行乳腺检查及乳腺X线检查。

（2）宫颈癌：①对于65周岁及以上初次进行健康管理的女性，建议其进行两次筛查，连续两年正常，可停止筛查；②筛查方法为宫颈刮片细胞学检查，如社区卫生服务机构无相应条件，建议定期去上级医院检查；③宫颈刮片细胞学检查发现不典型增生者，转至上级医院处理；④每年筛查一次；连续两次刮片完全正常，可3年筛查一次。

（3）结直肠癌：①每年行大便隐血检查及肛门指诊检查。②大便隐血阳性的老年人检查有无贫血，对有贫血者，转上级医院进一步检查诊治。对无贫血者，询问其有无痔疮病史，进行肛诊判断有无痔疮，如有痔疮且治疗后复查阳性，或肛诊发现肿物或存在危险因素，需转至上级医院进一步检查；如肛诊无异常发现，每周复查大便隐血（共3次）仍阳性者，需转至上级医院进一步检查。③父母在60周岁前患结直肠癌或兄弟姐妹及子女中有结直肠癌、大肠腺瘤性息肉、溃疡性结肠炎、家族性结肠息肉病病史者是结直肠癌的危险因素，应及早进行筛查。

7. 双向转诊　社区卫生服务机构应在卫生管理部门指导下，积极主动地与所在区域建立畅通、互利的双向转诊渠道和机制，使需要转诊的老年患者得到应有的专科医疗服务，避免耽误病情；同时，使经上级医院治疗好转的患者能够顺利转回社区，从而减少患者的就医负担。

（1）转诊原则：①确保患者的安全和有效治疗；②尽量减轻患者的经济负担；③最大限度地发挥社区医生和专科医生各自的优势和协同作用。

（2）转出原则：①老年人进行体检和健康评估中发现的问题超出社区卫生服务机构技术能力范围，或涉及慢性疾病的诊断、专科处理情况，社区医生要提出转诊意见，并协助转诊；②任何情况下发现老年人心率、血压、血糖变化过大，或怀疑其患急性冠脉综合征，应将其紧急转上级医院。

（3）转入原则：上级医院宜将同时符合下列情况的患者转回社区卫生服务机构，由社区医生对患者进行长期监测、随访和管理，以便减轻患者就医的各种花费和负担。①诊断明确；②治疗方案确定；③临床情况已控制稳定；④患者转回社区卫生服务机构时，上级医院医生宜向社区卫生服务机构提供详细的检查结果、诊断和管理要点。

（三）健康指导与干预

1. 随访

（1）为65周岁及以上老年人每年做一次健康评估，每次评估更新健康档案资料后，纵向比较健康状况变化。

（2）对有高血压、糖尿病等慢性疾病史的患者按相应的慢性疾病管理规范实施管理。

（3）每 3 个月电话随访存在危险因素的老年人和未被上级医院诊断的可疑慢性疾病老年人，了解目前情况、症状变化、危险因素干预情况等。

（4）与老年人建立良好的信任关系，鼓励老年人经常与医务人员交流，告诉医务人员目前的不适、目前服用的药物及保健品、目前对健康状况的困惑等，以便医务人员第一时间了解其健康变化。

2. 饮食指导

（1）普及《中国居民膳食指南（2022）》内容：食物多样，合理搭配；吃动平衡，健康体重；多吃蔬果、奶类、全谷、大豆；适量吃鱼、禽、蛋、瘦肉；少盐少油，控糖限酒；规律进餐，足量饮水；会烹会选，会看标签；公筷分餐，杜绝浪费。

（2）老年人健康饮食指导

1）少量多餐、食物制作细软，预防营养缺乏：食物多样、制作细软，少量多餐，预防营养缺乏。高龄老人、身体虚弱及体重出现明显下降的老人，应特别注意增加餐次，每天除三餐外可有 2 ～ 3 次加餐，保证充足的食物摄入量。食量小的老年人，应注意在餐前和餐时少喝汤水，少吃汤泡饭。有吞咽障碍和 80 周岁以上的老人，可选择软食，进食中要细嚼慢咽，预防呛咳和误吸；对于贫血，钙和维生素 D、维生素 A 等营养缺乏的老年人，建议在营养师和医生的指导下，选择适合自己的营养强化食品。

2）主动足量饮水，积极户外活动：老年人身体对缺水的耐受性下降，要主动饮水，每天的饮水量达到 1500 ～ 1700 ml，首选温热的白开水。户外活动能够使老年人更好地接受紫外光照射，有利于其体内维生素 D 的合成、延缓骨质疏松的发展。老年人每天户外锻炼 1 ～ 2 次，每次 1 h 左右，以轻微出汗为宜；或每天至少 6000 步。注意每次运动都要量力而行，强度不要过大，运动持续时间不要过长，可以分多次运动。

3）延缓肌肉衰减，维持适宜体重：延缓肌肉衰减的有效方法是吃动结合，一方面要增加摄入富含优质蛋白的瘦肉、海鱼、豆类等食物，另一面要进行有氧运动和适当的抗阻运动。老年人体重应维持在正常稳定水平，不应过度苛求减重，体重过高或过低都会影响健康。从降低营养不良风险和死亡风险的角度考虑，老年人的 BMI 应不低于 20 kg/m^2，最高可不超过 26.9 kg/m^2，鼓励通过营养师的个性化评价来指导和改善饮食。

4）摄入充足食物，鼓励陪伴进餐：老年人每天应至少摄入 12 种及以上的食物。采用多种方法增加食欲和进食量，吃好三餐。早餐宜有 1 ～ 2 种或以上主食、1 个鸡蛋、1 杯牛奶，另有蔬菜或水果。中餐、晚餐宜有 2 种或以上主食，1 ～ 2 个荤菜、1 ～ 2 种蔬菜、1 个豆制品。饭菜应色香味美、温度适宜。老年人应积极进行户外活动，积极主动地参与家庭和社会活动，主动与家人或朋友一起进餐，主动参与烹饪。孤寡、独居的老年人，应多结交朋友，寻找更多与他人交流的机会，如去集体用餐地点（社区老年食堂或助餐点、托老所）用餐，以促进食欲，摄入更多丰富食物。对于生活自理有困难的老年人，家人应多陪伴，采用辅助用餐、送餐上门等方法，保障营养摄入。

3. 身体活动指导

（1）老年人身体活动的原则：根据老年人的健康状况、是否患慢性疾病，以及疾病性质和程度，能动则动，贵在坚持，循序渐进，量力而行。

（2）活动形式：以有氧耐力运动为主，如快走、慢跑、游泳、太极拳、舞蹈、骑自行车、做家务；适量做一些抗阻力活动以增加肌力，如举哑铃、伸展拉力器；进行伸展、屈曲、扭转肢体和躯干的柔韧性练习，如做健身操、广播操、韵律操。

（3）活动强度和时间：一般每周 3 ～ 5 次，每次 30 ～ 60 min，强度一般以轻到中等强度为主。适宜的运动强度可用运动时的心率来评价，健康老年人运动时的适宜心率 = 170 － 年龄。

（4）注意事项：活动前需做好充分的准备活动和整理运动，避免运动时因心率骤然升高增加心脏负担，防止骤然停止运动引起晕厥。

（5）身体活动伤害的预防：较大强度的身体活动对心肺功能有更好的改善作用，但容易引起运动伤害，如在活动中或活动后发生外伤或急性心血管事件，因此需合理安排运动量，同时采取必要的防范措施，如在运动中自我监测不适症状，掌握可能发生疾病的应急处置技能，提前准备好应急用品和药物。

（6）患有疾病的老年人的运动：应根据疾病不同阶段和不同状况具体制订运动方案，另外要根据用药后对运动试验的反应来做调整，例如，治疗心脏病的药物影响运动功能 [硝酸甘油和其他血管扩张药均可改变心率和血压，D受体阻滞药如阿替洛尔（氨酰心安）、美托洛尔等对身体活动影响大]，因此，在变更用药时应调整运动方案。

4．心理健康指导

（1）告诉老年人保持良好的心情和乐观的生活态度是保持健康的精神基础，而精神压力和心情抑郁是引起高血压、糖尿病、冠心病、肿瘤等疾病的重要原因之一。

（2）维护心理健康的方法：包括帮助老年人寻求家庭和社会的关心；鼓励老年人保持乐观情绪，积极寻找生活乐趣；加强人际交流，多参与社交活动；保持良好的心情，指导宣泄和释放不良情绪的方法；鼓励老年人多读书、多学习等。

（3）关注和帮助解决心理问题：特别注意文化程度低、丧偶、独居、患慢性疾病的老年人可能存在的心理问题。对于有抑郁倾向的老年人，应尽量了解其在心理问题后的家庭和个人问题，与家属和社会配合，有针对性地对其进行心理调节。

5．预防感染 建议对所有 65 周岁及以上的老年人每年注射流感疫苗和 23 价肺炎链球菌疫苗。对于患有慢性阻塞性肺疾病、慢性心功能衰竭、慢性肾功能不全、糖尿病、脾切除术后和居住在老人院的高危老年人，强烈建议并督促其每年注射流感疫苗和 23 价肺炎链球菌疫苗。对于肿瘤患者或长期服用激素及免疫抑制剂者，需咨询肿瘤专科医师或风湿免疫专科医生后，决定是否对其进行疫苗接种。

6．预防骨质疏松

（1）对老年人进行骨质疏松危害性教育。

（2）对于有成年骨折史、缺乏体育锻炼、经常摔倒、生活不能自理、低体重（BMI $< 19 \ kg/m^2$）、早绝经（< 45 岁，包括手术绝经）或 > 1 年的闭经、摄入钙不足（不吃奶制品）、痴呆、吸烟、饮酒，以及患与骨质疏松有关的疾病或经常服用激素和免疫抑制剂等情况的老年人，建议其到上级医院行骨密度检查。

（3）预防措施：戒烟、戒酒，防止摔倒，多吃奶制品和鱼肉，进行适量负重锻炼（如跑步、跳舞、爬楼），必要时可补充维生素 D 和钙制剂，推荐服维生素 D 每日 400 ~ 800 U，钙制剂每日 1000 mg。

7．意外伤害和急症的预防与自救

（1）防跌倒、摔伤：家中日常用品放于可及处，避免登高、坠床；保持日常活动区域的地面无水渍，有防滑措施，减少障碍物，走廊安装把手，保持灯光充足；穿长短合适的衣裤和防滑鞋；合理使用出行器，必要时请他人协助保护等。

（2）预防烫伤、烧伤和触电：多向老年人宣传烫伤、烧伤和触电的预防知识。指导患者及家属正确使用热水器、电磁炉、燃气灶、电暖壶、电热毯等设备；食用热汤时温度要适宜，洗澡时水温不宜过高，时间不宜过长；尤其是有意识障碍或肢体麻痹的老人，应注意预防由热水袋、电暖壶、电热毯等设备造成的意外烫伤、烧伤和触电事故的发生。

（3）预防窒息：吞咽困难、戴义齿的老人不要食用圆形、带黏性的食物，且食物要以软质、易咀嚼为宜。给生活不能自理的老年人喂饭时宜少量多次，老年人进食时头不要后仰，以防食物或异物意外嵌顿于声门或落入气管，造成患者窒息，严重者可迅速出现意识丧失，甚至出现呼吸骤停、心搏骤停。一旦发生这种情况，千万不要叩击患者的背部，应将右手拇指关节突出点顶住老人上腹部，相当于剑突与脐之间腹中线部位，左手紧握右手，然后用力向内做 4 ～ 6 次连续快速冲击，直至食物或异物被排出为止，若食物或异物未被排出，则应立即拨打 120 或将患者紧急送往医院进行救治。

（4）预防急性心脑血管疾病：患者身边需常备急救药品，并了解急救药品的使用方法和注意事项。如患有心绞痛的老年人应随身携带硝酸甘油，患有心肺疾病的老年人家中应常备氧气装置。老年人如果外出应随身携带急救卡，卡上写明老年人的姓名、血型、主要疾病、用药情况、定点医院，以及家属的联系电话等。

（5）自救：遇到意外伤害时，要及时求助，拨打 120 或附近亲朋好友电话。有生活自理能力的老年人，平时多注意学习一些意外伤害的预防和急救措施，加强自我防护。

8. 用药指导

（1）了解老年人以往及近期的用药情况：用药后有无不良反应，近期是否使用过同类药物，避免重复和叠加用药。

（2）防止用药种类过多和用药过量：用药种类越多，越容易发生不良反应，易造成误服、忘服或多服，一次最好不超过 3 ～ 4 种；老年人用药应相对减少，一般用成人剂量的 1/2 或 3/4 即可。

（3）提高老年人用药的依从性：指导老年人采取防止漏服和错服的措施，如将剂量、次数等用大号字体标记，用小药盒把每次应服药物配好，放置在易于取用的地方；详细解释用药方法、剂量和注意事项，使其掌握正确的用药方法；长期用药者，可选择价格在经济条件可承受范围之内的药物。

（4）防止药品滥用，合理使用保健药：没弄清楚原因不可随意使用药物，不能将抗生素、激素、维生素、安眠药和泻药等当成万能药，长时间滥用会导致严重不良后果；要合理使用保健药，避免听信不良媒体和个人的虚假宣传，不过分追求新药和贵药；应根据具体疾病、个体差异等综合因素，在医生的指导下选择合适的药物。

（5 加强药品不良反应监测，确保用药安全：老年人肾功能减退，长时间用药易导致不良反应；一种药物长期使用，易产生抗药性，导致药效降低，或产生依赖形成药瘾；毒性大的药物，用药时间一定要掌握好，必要时应根据病情或医嘱及时减量或停药，以免发生严重的不良反应，确保用药安全。

9. 主要危险因素的干预

（1）吸烟：进行吸烟有害健康的教育，提出戒烟建议。如吸烟老年人有戒烟意愿时，应为其提供帮助或协助其安排戒烟计划。

（2）过量饮酒：进行健康饮酒教育，加强对过量饮酒危害的宣传教育，建议不饮酒或少量饮酒（每天啤酒不超过 200 ml 或红酒不超过 50 ml），尽量不饮烈性酒，慢性肝病患者严禁饮酒。

（3）超重和肥胖：询问既往体重变化情况，计算体重指数、测量腰围、判断是否超重或肥胖。有超重和肥胖情况者，应帮助其制订体重控制计划，协助其实施减肥。

（4）其他重要的干预措施：包括指导对心血管高危人群正确服用小剂量阿司匹林，以及对高血压、高血脂和糖尿病的预防和控制等（详见第十二章"常见慢性疾病健康管理"章节）。

（张华明）

第十二章

常见慢性疾病健康管理

第一节 高血压的健康管理

一、概念、流行病学与危险因素

原发性高血压是慢性疾病中最常见、最具普遍性和代表性的疾病。由高血压引起的心脑血管疾病在我国的疾病负担和死因顺位中均占首位。大量研究证明，高血压是引起心脑血管疾病最重要的危险因素，其并发症卒中、冠心病、心力衰竭、肾衰竭等疾病具有高度的致死率和致残率，严重危害人体健康。因此，高血压防治是当前我国慢性疾病，尤其是心脑血管疾病综合防治的重要课题和中心环节。由于高血压患病率高、与生活习惯关系密切、血压控制的方法确切而有效、预防带来的益处巨大，以及一般民众对高血压预防的重要性认识不足，因此，通过健康教育与健康促进，使民众建立健康的生活习惯、预防高血压的发生或控制、延缓其并发症，对于心脑血管疾病的健康管理和综合防治有着重要的意义。

（一）高血压的概念

高血压从病因上分为两种，一种是由其他疾病引起的、有明确的起因，称为继发性高血压，如肾实质性高血压、肾血管性高血压、内分泌性高血压、血管性高血压、药物诱发性高血压等。另一种是没有明确特定的原因、由于遗传或（和）环境因素（生活习惯）等综合原因所致的高血压，称为原发性高血压，占高血压患者的90%左右。我们在公共卫生和健康教育中通常所指的高血压就是原发性高血压，是预防和健康教育、健康管理的重点。近几十年的研究表明，高血压在遗传背景的基础上，加上不健康生活习惯的诱发而发病，生活习惯是其主要原因，即使有高血压的遗传背景，发病与否大部分取决于生活习惯。国内外大规模的流行病学研究证明，在高血压的病因中，遗传因素占30%～40%，生活习惯占60%～70%。因此，高血压在很大程度上是一种可以预防的疾病，健康教育、健康管理对高血压的预防有非常重要的意义。

（二）原发性高血压的流行现状及危害

《中国心血管病报告2023》显示，我国18岁及以上居民的高血压患病率为31.6%，高血压患病率随年龄增加而明显升高，65岁及以上人群的高血压患病率超过50%。高血压患病年轻化趋势日益显著，儿童及青少年高血压患病率为13.0%。我国高血压患病率还存在较大的地区差异，整体呈现北方高、南方低，且大城市如北京、天津、上海更高的趋势。

农村地区居民的高血压患病率增长速度较城市快，2020—2022年全国调查结果显示农村地区的患病率（33.7%）超越了城市地区（29.1%）。不同民族间比较，藏族、满族和蒙古族高血压的患病率较汉族人群高，而回、苗、壮、布依族高血压的患病率均低于汉族人群。

性别分布上，在40岁以前高血压患病率一般男性高于女性，更年期后则差别消失或女性高于男性，这可能与女性的更年期变化有关。北京的调查结果显示，高血压的患病率男性远高于女性，当两性的血压值水平相同时，男性的合并症程度比女性严重，同时还发现相同年龄的绝经女性的血压一般高于未绝经的女性，这说明妇女绝经期的内分泌失调也是引起血压升高的原因之一。

职业分布方面，多数调查结果显示，长期从事脑力劳动、工作繁重、精神高度紧张及体力活动少的人群高血压患病率高于体力劳动者，其中以脑力劳动为主的职业人群患病率最高。

高血压患者的知晓率、治疗率和控制率是反映高血压防治状况的重要评价指标。2015年调查显示，18岁以上人群高血压的知晓率、治疗率和控制率分别为51.6%、45.8%和16.8%，较1991年和2002年明显增高。不同人口学特征比较，知晓率、治疗率和控制率均为女性高于男性，城市高血压治疗率显著高于农村；与我国北方地区相比，南方地区居民高血压患者的知晓率、治疗率和控制率较高；不同民族比较，少数民族居民的高血压治疗率和控制率低于汉族。

高血压一般在开始几年或十几年没有明显症状，但高血压使血管和心脏长期处于紧张和高负荷状态，由此引起全身血管的损伤（动脉硬化）及心室肥厚，导致卒中、冠心病（心绞痛、心肌梗死等）、肾病（肾衰竭）、末梢性动脉疾患、眼底动脉硬化等并发症，严重危害人们的健康和生命。尤其值得强调的是，高血压是引起卒中的第一原因。卒中的发病率、病死率和致残率很高，对人们的健康和生命质量造成很大威胁。高血压带来了沉重的疾病负担，中国疾病预防控制中心的一项研究报告显示，2017年我国因高血压死亡的人数达254万，其中约69%为卒中死亡、54%为缺血性心脏病死亡、41%为其他心血管疾病死亡，另外，43%的慢性肾脏病死亡可归因于高血压。还有研究显示高血压是阿尔茨海默病的高危因素。

（三）原发性高血压的危险因素

目前多数学者认为，高血压的发生既受遗传因素的影响，又与个人的生活习惯有关，是二者长期相互作用的结果，其中个人的生活习惯起主要作用。在种族、遗传因素无法改变的情况下，建立健康的生活方式是预防高血压唯一有效的手段。目前比较公认的导致高血压的生活方式有高盐饮食、肥胖、体力活动过少、过量饮酒、精神高度紧张等，所以高血压的预防及健康管理应针对上述危险因素而展开。

1. 高钠、低钾膳食　人群中钠盐（氯化钠）摄入量与血压水平和高血压患病率呈正相关，而钾盐摄入量与血压水平呈负相关。INTERSALT研究发现，研究人群24 h尿钠排泄量中位数增加2.3 g（100 mmol/d），收缩压（SBP）/舒张压（DBP）中位数平均升高5～7/2～4 mmHg。膳食钠/钾比值与血压的相关性甚至更强。高钠、低钾膳食是我国大多数高血压患者发病最主要的危险因素。现况调查发现2017—2020年我国18岁及以上居民的平均烹调盐摄入量为9.3 g，符合每日摄量＜5 g水平的人群比例只有23.3%，且中国人群普遍对钠敏感。

2. 超重和肥胖　中国成年人超重和肥胖与高血压发病关系的随访研究结果发现，随着体重指数（BMI）的增加，超重组和肥胖组的高血压发病风险是体重正常组的1.16～1.28倍。近年来，我国人群中超重和肥胖的比例明显增加，35～64岁中年人的超重率为38.8%，肥胖率为20.2%。内脏型肥胖与高血压的关系较为密切，随着内脏脂肪指数的增加，高血压患病风险增加。我国人群血压水平和高血压患病率北方高于南方，与人群体重指数差异相平行。基线体重指数每增加3 kg/m^2，4年内发生高血压的危险女性增加了57%，男性增加了50%。

3. 过量饮酒　包括危险饮酒（男性41～60 g，女性21～40 g）和有害饮酒（男性60 g以上，女性 40 g 以上）。我国饮酒人数众多，18 岁以上居民饮酒者中有害饮酒率为 9.3%。每天平均饮酒 > 3 个标准杯（1 标准杯 =12 g 酒精 /0.5 两白酒 /1 两低度白酒 /1.5 两黄酒 /3 两葡萄酒 /1 易拉罐啤酒），收缩压与舒张压分别平均升高 3.5 mmHg 与 2.1 mmHg，且血压上升幅度随着饮酒量的增加而增大。限制饮酒与血压下降显著相关，酒精摄入量平均减少 67%，收缩压（SBP）下降 3.31 mmHg，舒张压（DBP）下降 2.04 mmHg。

4. 其他危险因素 高血压的其他危险因素还有遗传、性别、年龄、工作压力过重、心理因素、高脂血症、大气污染等。一项包括 13 个横断面研究和 8 个前瞻性研究的荟萃分析，定义精神紧张包括焦虑、担忧、心理压力紧张、愤怒、恐慌或恐惧等，结果显示有精神紧张者发生高血压的风险是正常人群的 1.18 倍（95%，*CI*：1.02 ~ 1.37）和 1.55 倍（95%，*CI*：1.24 ~ 1.94）。近年来大气污染也备受关注。研究显示，暴露于 PM2.5、PM10、SO_2 和 O_3 等污染物中均伴随高血压的发生风险和心血管疾病的死亡率增加。

二、风险评估与预测

（一）确定血压水平及其他心血管危险因素

诊室血压是目前诊断高血压、进行血压水平分级，以及观察降压疗效的常用方法。动态血压监测使用自动血压测量仪器，测量次数多，无测量者误差，可以测量夜间睡眠期间血压；鉴别白大衣性高血压；检测隐蔽性高血压；诊断单纯性夜间高血压。家庭血压监测可用于评估数日、数周、数月，甚至数年的降压治疗效果和长时血压变异，有助于增强患者健康参与意识；改善患者治疗依从性；适合患者长期血压监测。

（二）判断高血压的病因，明确有无继发性高血压，主要通过以下方面。

病史：家族史、病史、既往史等。

体格检查：正确测量血压和心率，测量 BMI、腰围及臀围。

实验室检查：血液分析、尿液分析、心电图等。

问卷调查：不良生活方式（吸烟、饮酒、运动、膳食等），心理。

高度可疑继发性高血压患者的特征如下：

1. 发病年龄 < 30 岁且无高血压家族史或发病年龄 > 50 岁。

2. 初发重度高血压或坚持服药情况下控制良好的血压突然难以控制。

3. 难治性高血压，需要使用 3 种或以上降压药。

4. 不合理的症状：血压波动大、发作性高血压、视物模糊、水肿、喘憋。

5. 不合理的体征：双上肢血压不对称、体检闻及血管杂音。

6. 异常的实验室检查结果：未服用或服用小剂量利尿剂即出现明显低血钾、蛋白尿、血肌酐升高等。

（三）寻找靶器官损害及相关临床情况

评估是否有靶器官损害是高血压诊断评估的重要内容，特别是检出无症状性亚临床靶器官损害，早期检出并及时治疗，亚临床靶器官损害是可以逆转的。建议采用相对简便、花费较少、易于推广的检查手段。靶器官主要包括心脏、肾脏、大血管、眼底、脑。

高血压的预后不仅与血压升高水平有关，而且与其他心血管危险因素的存在及靶器官的损害程度有关。因此，从指导治疗和判断预后的角度综合考虑，现在主张对高血压患者做心血管危险分层。高血压患者的心血管风险分层有利于确定启动降压治疗的时机，有利于采用优化的降压治疗方案，有利于确立合适的血压控制目标，有利于实施危险因素的综合管理。具体参见表 3-12-1 和表 3-12-2。

表 3-12-1　高血压患者心血管风险水平分层

其他心血管危险因素和疾病史	血压（mmHg）			
	SBP 130 ~ 139 和（或）DBP 85 ~ 89	SBP 140 ~ 159 和（或）DBP 90 ~ 99	SBP 160 ~ 179 和（或）DBP 100 ~ 109	SBP ≥ 180 和（或）DBP ≥ 110
无		低危	中危	高危
1 ~ 2 个其他危险因素	低危	中危	中 / 高危	很高危
≥ 3 个其他危险因素，靶器官损害，或 CKD 3 期，无并发症的糖尿病	中 / 高危	高危	高危	很高危
临床并发症，或 CKD ≥ 4 期，有并发症的糖尿病	高 / 很高危	很高危	很高危	很高危

注：CKD，慢性肾脏疾病；SBP，收缩压；DBP，舒张压。

表 3-12-2　影响高血压患者心血管预后的重要因素

心血管危险因素	靶器官损害	并存的临床情况
男大于 55，女性大于 65 岁；吸烟或被动吸烟；糖耐量受损（餐后血糖为 7.8 ~ 11.1 mmol/L）和（或）空腹血糖异常（6.1 ~ 6.9 mmol/L）；血脂异常 TC ≥ 5.2 mmol/L（200 mg/dl）或 LDL-C ≥ 3.4 mmol/L（130mg/dl），HDL-C < 1.0 mmol/L；早发心血管疾病家族史（小于 50 岁）；中心型肥胖（腰围男性≥ 90 cm；女性≥ 85 cm）或肥胖 BMI ≥ 28 kg/m²；同型半胱氨酸≥ 15 μmol/L	左心室肥厚；颈动脉超声 IMT ≥ 0.9 mm 或动脉粥样硬化性斑块的超声表现；血清肌酐轻度升高：男性 115 ~ 133 μmol/L（1.3 ~ 1.5 mg/dl），女性 107 ~ 124 μmol/L（1.2 ~ 1.4 mg/dl）；微量蛋白尿尿蛋白尿 30 ~ 300 mg/24 h 或白蛋白 / 肌酐比为男性≥ 22 mg/g（2.5 mg/mmol）女性≥ 31 mg/g（3.5 mg/mmol）	脑血管病：缺血性卒中、脑出血、短暂性脑缺血作；心脏疾病：心肌梗死史、心绞痛、冠状动脉血运重建、慢性心力衰竭、心房颤动；肾脏疾病：糖尿病肾病肾功能受损包括 eGFR < 30 ml/（min·1.73 m²），血肌酐升高：男性≥ 133 μmol/L（1.5 mg/dl）女性≥ 124 μmol/L（1.4 mg/dk），蛋白尿（≥ 300 mg/24 h）；外周血管疾病；视网膜病变：出血或渗出，视盘水肿；糖尿病：空腹血糖≥ 7.0 mmol/L（126 mg/dl），餐后血糖≥11.1 mmol/L（200 mg/dl），已治疗但未控制：糖化血红蛋白（HbA1c）≥ 6.5%

注：TC，总胆固醇，LDL-C：低密度脂蛋白胆固醇；HDL-C：高密度脂蛋白胆固醇；BMI，体重指数；IMT，颈动脉内膜中层厚度；eGFR：估算的肾小球滤过率。

三、诊断和治疗

（一）高血压的诊断

1．具有以下 1 项及 1 项以上的危险因素，即可视为高血压高危人群。

（1）血压测量为正常高值范围［收缩压 120 ~ 139 mmHg 和（或）舒张压 80 ~ 89 mmHg］。

（2）超重：BMI ≥ 24 kg/m² 和（或）腰围男≥ 85 cm，女≥ 80 cm。

（3）高血压家族史（一、二级亲属）。

（4）长期过量饮酒（每日饮白酒≥ 100 ml，且每周饮酒 4 次以上）。

第三篇　应用篇

（5）长期高盐饮食。

高血压诊断主要根据诊所测量的血压值，采用经核准的水银柱或电子血压计，测量安静休息坐位时上臂肱动脉部位血压。必要时还应测量平卧位和站立位血压。在未使用降压药物的情况下，非同日 3 次测量诊室血压，收缩压（SBP）≥ 140 mmHg 和（或）舒张压（DBP）≥ 90 mmHg 可诊断为高血压。

根据血压增高的水平，将高血压分为 1、2、3 级（表 3-12-3）。当患者的收缩压和舒张压在不同类别时，诊断以高类别为准。

表 3-12-3　血压水平分类和定义

分类	收缩压（mmHg）	舒张压（mmHg）
正常血压	< 120 和	< 80
正常高值	120 ~ 139 和（或）	80 ~ 89
高血压	≥ 140 和（或）	≥ 90
1 级高血压（轻度）	140 ~ 159 和（或）	90 ~ 99
2 级高血压（中度）	160 ~ 179 和（或）	100 ~ 109
3 级高血压（重度）	≥ 180 和（或）	≥ 110
单纯收缩期高血压	≥ 140 和	< 90

实验检查可以辅助判断原发性高血压的诊断和分类，评估心血管风险和预后，有利于选择正确的治疗药物。对本病患者来说，血尿常规、肾功能、尿酸、血脂、血糖、电解质（尤其是血钾）、心电图应作为常规检查项目。此外，还有一些辅助检查推荐进行：超声心动图与心电图相比，其对左心室肥厚的诊断更为敏感和可靠。

2. 胸部 X 线检查　可见主动脉，尤其是升、弓部迂曲延长，左心室增大等表现。肺水肿时可见肺门明显充血。

3. 动态血压监测（ABPM）　可观察被测试者 24 h 的血压变化，反映血压变异性。

4. 眼底检查　测量视网膜中心动脉可见增高，并随着疾病发展的不同阶段可出现不同程度的眼底变化。

5. 颈动脉超声　能诊断和判断颈动脉壁的病变，评估颈动脉粥样硬化和颈动脉狭窄的程度。

6. 其他　葡萄糖耐量试验、糖化血红蛋白、血高敏 C 反应蛋白、尿白蛋白 / 肌酐比值、尿蛋白定量等根据病情需要选择。

（二）药物治疗

1. 降压药物种类　目前常用降压药物可归纳为五大类，即利尿剂、β 受体阻滞剂、钙通道阻滞剂（CCB）、血管紧张素转换酶抑制剂（ACEI）和血管紧张素 II 受体阻滞剂（ARB）。

（1）利尿剂：降压作用主要通过排钠，减少细胞外容量，降低外周血管阻力，有噻嗪类、袢利尿剂和保钾利尿剂 3 类。各种利尿剂的降压疗效相仿，噻嗪类使用最多，常用的有氢氯噻嗪、氯噻酮、吲达帕胺等。

（2）β 受体阻滞剂：通过竞争性抑制交感神经肾上腺素能受体，降低心排血量，抑制肾素释放，减少中枢交感传出兴奋，抑制突触前儿茶酚胺释放等降低血压。常用药物有美托洛尔、阿替洛尔等。

（3）钙通道阻滞剂（CCB）：又称钙拮抗剂，抑制钙离子通过细胞膜上的 L 型钙通道进入周围动脉平滑肌细胞，降低外周血管阻力使血压下降，分为二氢吡啶类 CCB 和非二氢吡啶类 CCB，前者扩张血管作用更强，后者能够抑制心肌收缩和房室传导。二氢吡啶类 CCB 第一代以硝苯地平为代表，第二代有氨氯地平、非洛地平、尼群地平等较为常用。非二氢吡啶类 CCB 以维拉帕米和地尔硫草为代表。

（4）血管紧张素转换酶抑制剂（ACEI）：通过抑制血管紧张素转换酶（ACE）及缓激肽降解酶（同 ACE），减少血管紧张素 Ⅱ 的生成，同时抑制缓激肽的降解，促进有扩血管作用的前列腺素的释放，最终导致血管扩张，血压降低。代表药物有卡托普利、依那普利、贝那普利等。

（5）血管紧张素 Ⅱ 受体阻滞剂（ARB）：通过选择性阻断血管紧张素 Ⅱ 对受体 Ⅰ（AT-Ⅰ）的作用，导致外周血管阻力降低，血压下降。代表药物为氯沙坦钾、缬沙坦、替米沙坦、坎地沙坦酯等。

2. 降压药物应用原则

（1）个体化治疗：常用的五大类降压药物均可作为初始治疗用药，建议根据特殊人群的类型、合并症选择针对性的药物，进行个体化治疗，应根据血压水平和心血管风险选择初始单药或联合治疗。

（2）起始剂量：一般患者采用常规剂量，老年人初始治疗时通常应采用较小的有效治疗剂量。根据需要，可考虑逐渐增加至足剂量。

（3）长效降压药物：优先使用长效降压药物，以有效控制 24 h 血压，更有效预防心脑血管并发症发生。

（4）联合治疗：对血压 ≥ 160/100 mmHg（高于目标血压 20/10 mmHg 的高危患者，或单药治疗未达标的高血压患者应进行联合降压治疗，包括自由联合或单片复方制剂。对血压 ≥ 140/90 mmHg 的患者，也可起始采用联合治疗。

（5）药物经济学：终生治疗，考虑成本 / 效益。

3. 降压达标的方式 将血压降低到目标水平（140/90 mmHg）以下；高风险患者 130/80 mmHg 以下；老年人收缩压 150 mmHg 以下，可以显著降低心脑血管并发症的风险。应及时将血压降低到上述目标水平，但并非越快越好。大多数高血压患者应根据病情在 4 ~ 12 周（而非数天）将血压逐渐降至目标水平。年轻、病程较短的高血压患者降压速度可快一点儿；但老年人、病程较长或已有靶器官损害或并发症的患者，降压速度则应慢一点儿。

4. 降压药物治疗的时机 降压药物治疗的时机取决于心血管风险评估水平，在改善生活方式的基础上，血压仍超过 140/90 mmHg 和（或）目标水平的患者应给予药物治疗。高危、极高危患者，应立即开始降压药物治疗，并对并存的危险因素和合并的临床疾病进行综合治疗；中危患者，可观察数周，评估靶器官损害情况，改善生活方式，如血压仍不达标，则应开始药物治疗；低危患者，则可对患者进行 1 ~ 3 个月的观察，密切随诊，尽可能进行诊室外血压监测，评估靶器官损害情况，改善生活方式，如血压仍不达标可开始降压药物治疗。

四、健康管理方案

由于每个人的生活习惯和存在的问题都不一样，因此，慢性疾病的健康管理应强调个体化的原则。同时，生活习惯的矫正和改善，只有经过很长的时间才会体现出健康效应，所以，健康管理应重视连续的过程。在开展社区居民的高血压预防及管理时，应按照下列程序进行工作。

（一）基本健康信息收集

高血压发生的背景因人而异，有的和饮食有关，有的则以肥胖、运动不足为主，因此，查明每个个体的健康危险因素是健康管理的第一步。基本资料收集包括下列内容。

1. 一般情况 调查年龄、性别、文化程度、经济收入、婚姻状况。

2. 现在健康状况、既往史、家族史 调查接受健康管理的个体在近期（近 1 ~ 2 个月）的自报健康状况。既往病史也是必要的信息，因为高血压治疗的最终目标是预防卒中和冠心病，对于已经发生过卒中和冠心病的患者来说，血压的管理必须非常谨慎、严格，同时运动指导也应该十分慎重。家族史的调查对于遗传因素的考虑、疾病风险的评估，以及家族生活习惯特点的把握也有意义。

3. **血压测量** 社区居民定期地测量血压是高血压预防的第一步。血压测量看似简单，但是由于测量方法的不同变异非常大，为了准确地收集血压资料并准确地评估干预效果，标准化的测量方法非常重要。提倡使用标准水银血压计及膜式听诊器，并在测量前检查水银有无流失（如居民自行检测血压，电子血压计也可使用），同时应注意在测量前 30 min 内无剧烈运动、测量前 5 min 绝对安静休息、被测量者取坐位，肘部置于与心脏同一水平等事项。

4. **身高、体重、腰围的测量。**

5. **生活习惯调查**

（1）吸烟：是循环系统疾病发生的重要危险因素，从综合健康促进的立场出发，掌握吸烟的情况、实施戒烟指导非常重要。吸烟情况调查应包括是否吸烟，如吸烟，应询问吸烟量，开始吸烟的时间；对不吸烟者，还应询问以前是否吸烟，若曾经吸烟，应询问当时的吸烟量及持续时间。

（2）身体活动状况：由上班的距离、上下班交通工具、日常散步的步数及运动习惯等构成基本资料。

（3）饮食习惯及营养调查：如上所述，饮食习惯与高血压密切相关，所以掌握个体的饮食情况对高血压的健康管理十分重要。一个人的饮食习惯非常复杂琐碎，包括许多项目，主要项目有口味的咸淡，每日摄入总能量，脂肪摄入量，是否喜欢吃甜食、肥肉、零食，是否有饱食习惯等。和食盐摄入量有关的生活习惯包括，是否喜欢吃咸菜、咸鸭蛋、腌制食品；吃面条时，是否面汤全部喝掉（面汤中含盐量很高，每大碗含盐 5 ~ 6 g）；是否喜欢喝咸汤等；每日摄入总能量调查可对被检查者进行 1 ~ 3 天的营养调查，掌握总能量摄入情况，三大营养素的供能比，蔬菜、水果的摄入量；脂肪摄入量调查可询问是否喜欢吃肥肉、香肠，吃鸡肉时是否习惯连皮吃等。

（4）饮酒习惯：包括每周饮酒的次数、酒的种类、饮酒量等。大量饮酒具有增压作用，而且易于引发心血管并发症。因此，血压正常者最好不要饮酒或少饮酒，血压偏高者更应节制，已有饮酒习惯者应限制及减少饮酒量，每天酒精摄入不应超过 20 ~ 30 ml。

6. **血脂、血糖检查** 高血压预防的目的是降低卒中和冠心病的风险，而血脂、血糖是进行心血管疾病综合风险评估时的重要参数。

（二）对收集到的基本资料进行分析

对生活习惯进行评估，发现主要的危险因素，开展危险度分层，或进行心血管疾病综合风险评估与预测。

1. **对生活习惯进行评估发现主要的问题，开展相应的指导** 即从上述高血压的主要危险因素展开，但不同个体，次序各异，重点不一样。

关于口味咸淡的评估，本人的自报情况虽然有一定参考价值，但主观性较强，需调查者亲自核实（共同品尝同一食物），也可以通过客观的方法来评估，如测定 24 h 尿中钠离子含量。因为食盐 90% 经尿排出（每天摄入食盐总量 =24 h 尿中氯化钠含量 ÷90%）。理想的食盐摄入量应控制在每日 6 g 以下。但考虑中国居民饮食习惯，往往难以做到。因此，首先达到每日 10 g 以下的目标更为现实。

总能量摄入情况评估的参考标准是：理想总能量摄入 = 理想体重 × 生活强度（25 ~ 30）。这里，理想体重 =22× 身高的平方（m^2）；生活强度：极轻度（25）、中轻度（30）（一般的上班族属于此类）、中重度（35）。由于每个人的基础代谢和胃肠的吸收率不同，因此，在总能量摄入评估时，除了参考营养调查的结果外，应重点观测体重的变化。三大营养素的供能比提倡：脂肪低于 20 ~ 30%，糖类为 50% ~ 65%，蛋白质为 10 ~ 15%。

关于身体活动量，推荐每周消耗 2 000 kcal 能量，大约每天 300 kcal。对体重为 60 kg 的成年人，走 1 万步大约消耗 300 kcal 能量。因此，大概的标准是一天 9000 ~ 10000 步。有氧运动如快走、慢跑、游泳，一般会感到呼吸加快或微微出汗，脉搏数为 100 ~ 120 次 / 分。以走路为例，40 min 左右走 3 km 的速度也可视为有氧运动。

体重的评价通常采用体重指数作为反映个体超重或肥胖的指标：体重指数（BMI）= 体重（kg）/ 身高的平方（m²）。按中国人标准，成年人的正常 BMI 为 18.5 ~ 24 kg/m²，当 24 kg/m² ≤ BMI < 28 kg/m² 为超重，BMI ≥ 28 kg/m² 为肥胖。大量研究表明，BMI 的理想值是 22 kg/m²，在此数值附近，人体健康状态最佳，健康管理可依此推算被管理者的理想体重。

向心性肥胖（腹型肥胖）对机体代谢的影响更大，它可降低胰岛素的敏感性，诱发糖尿病等代谢性疾病，而且对血压的影响也更为明显，因此被认为是代谢综合征的基础病变。中国人的标准是，腰围男性 ≥ 90 cm，女性 ≥ 85 cm。

2. 高血压危险度分层 如前所述对患者进行分层。对于低危险个体，一般只进行生活方式干预，将血压控制在 120/80 mmHg 以下；对于中危险个体，在进行生活方式干预的同时，开展药物干预；对于高危险个体，不仅要进行生活方式干预加药物干预，而且要经常监测患者的心电图及脑血管的状况，预防冠心病和卒中的发生。

3. 心脑血管疾病绝对风险预测与评估 结合年龄、性别、BMI，对血压、血脂、血糖的检查结果，进行心血管疾病综合风险评估。

（三）高血压的分级管理

根据基层卫生服务机构的条件和工作人员的情况，建议在基层高血压患者长期随访中，根据患者血压是否达标分为一、二级管理（表 3-12-4）。

表 3-12-4　高血压的分级管理

项目	一级管理	二级管理
管理对象	血压已达标患者	血压未达标患者
非药物治疗	长期坚持	强化生活方式干预并长期坚持
随访频率	3 月一次	2 ~ 4 周一次
药物治疗	维持药物治疗，保持血压达标	根据指南推荐，调整治疗方案

1. 一级管理

（1）管理对象：血压已达标患者。

（2）管理要求：至少每 3 个月随访 1 次，了解血压控制情况，针对患者存在的危险因素长期坚持非药物治疗，药物治疗以维持原药物治疗方案，保持血压达标为原则。

2. 二级管理

（1）管理对象：血压未达标患者。

（2）管理要求：2 ~ 4 周随访 1 次，了解血压控制情况，针对患者存在的危险因素强化生活方式干预并长期坚持。药物治疗根据指南推荐，调整治疗方案，联合用药，尽快实现血压达标。

3. 无论是一级管理还是二级管理，应根据患者存在的危险因素、靶器官损害及伴随临床疾病，定期或不定期地进行血糖、血脂、肾功能、尿常规、血常规、心电图、超声等检查。

4. 健康干预，开展生活方式指导

（1）限制钠盐摄入量：流行病学证明钠盐摄入量和血压水平显著相关，钠盐摄入过多时，主要通过提高血容量使血压升高。限制钠盐的摄入量具有明显的降压作用，流行病学调查发现，居住在北极地区的爱斯基摩人每天的盐摄入量极低，几乎没有高血压的发生。中国人群食盐摄入量北方高于南方，高血压的患病率也呈北高南低趋势。钠盐的摄入量对血压的影响有明显的个体差异，对部分个体来说，减盐的降压效果不明显，这个问题在健康教育和健康干预中应该注意。

WHO 建议每人每天钠盐的摄入量应在 6 g 以下，但从我国居民的饮食习惯考虑，达到此目标较困难。因此建议摄入量应努力控制在 10 g 以下。限制钠盐摄入的方法包括，尽量少吃较咸的食品，如咸鱼、香肠、腌菜、咸鸭蛋；改变烹调方法，减少烹调用盐和少用含盐的调料；改变饮食习惯，如吃面条时，面汤中含盐量很高（每大碗含盐 5 ～ 6 g），如只吃面，将面汤剩下，可大幅度降低食盐的摄入量；此外，培养喝茶、喝粥的习惯，减少喝咸汤的次数。

（2）增加新鲜蔬菜、水果的摄入，补充钾、镁离子：最近美国的大规模随机对照试验（DASH 试验）表明，富含蔬菜和水果的饮食有明显的降压作用（8 周收缩压降低 7 mmHg）。新鲜蔬菜、水果富含钾、镁离子，在限制钠盐的同时，适量增加钾和镁的摄入量，能促进肾排钠，减少水钠潴留，起到预防和降低血压的作用。钾离子的降压作用还与其交感神经抑制作用、血管扩张作用有关。此外，蔬菜、水果摄入的增加，还可以增加食物纤维与植物蛋白的摄取，这也是有益健康的。

但是，对于高血压伴肾功能障碍者，大量摄入蔬菜、水果可能引起高钾血症，应予以注意。此外，水果、蔬菜的大量摄入，还可能引起摄入能量（糖分）的增加，糖尿病患者也应该注意。

（3）限制饮酒及戒酒：饮酒量和血压的关系比较复杂，适度的饮酒可降低高血压和心脑血管疾病的发生，但当饮酒量超过每日 40 ml（或 30 g）时，饮酒量和血压间呈正相关，大量饮酒者高血压的发病率约是非饮酒者的 5 倍，而且，大量饮酒还可减弱降压药的治疗效果。此外，长期大量饮酒还是卒中的独立危险因素。因此，避免长期大量饮酒是预防高血压的有效措施，而且如果已经患有高血压，减少患者的饮酒量，可减缓高血压心脏病和脑血管病变的发生和发展。一般建议将饮酒量控制在每日 30 ml，大约相当于大瓶啤酒 1 瓶或 40 度的白酒 2 两。

少量饮酒一般对高血压的发生无明显影响。但是，国内外许多研究证明，大量饮酒具有升高血压的作用，而且易于引发心血管并发症。为了预防高血压的发生及并发症出现，应做到血压正常者最好不要饮酒或少饮酒，血压偏高者更应节制，已有饮酒习惯者应限制及减少饮酒量，每天不应超过 20 ～ 30 ml［相当于 40 度白酒 1 ～ 2 两，大瓶啤酒（630 ml）1 瓶］；节假日或亲友聚会等无法回避饮酒的场合以饮葡萄酒、啤酒和低度酒为宜；有心血管疾病患者一定要戒酒。习惯性大量饮酒者，在节制饮酒后，大约两周可看到明显的降压效果。

（4）减轻体重：肥胖通过增加全身血管床面积和心脏负担，引起胰岛素抵抗而引起血压升高，尤其是中心性肥胖，上述效应更加明显。对超重与肥胖的人，减少体重 1 kg，可使收缩压降低 1.6 mmHg、舒张压降低 1.3 mmHg；此外，减少体重还可增强降压药的降压效果。

提倡家中购买体重计，养成经常测量体重的习惯。只有这样，才能敏感地意识到体重的增加。关于减肥的速度，一般认为，急速减肥对身体造成过重的负担，降低减肥者的生活质量，不容易坚持下去，而且容易反弹。合理的减肥应控制在每月 1 ～ 2 kg 为宜。饮食过量和缺乏体育运动是造成肥胖的主要原因，因此，减轻体重的方法是减少能量的摄入和积极参加体育锻炼及适当的体力劳动等。先解决摄取过量的问题，应该对本人的饮食习惯进行详细的调查，发现问题所在，如吃零食、夜宵，喜欢吃肥肉、甜点，吃饭快，吃饭过量、过饱，这些习惯均可能导致摄取过量。

日常生活中，所有的饮食都含有能量，包括饮料、水果、零食，但这些往往不易引起注意。摄入水果、零食或含糖饮料，就应相应减少正餐的摄入量。

由于脂肪提供能量较多，当饮食中所含脂肪过量，机体不能充分消耗时，多余的脂类就会在体内转化成脂肪蓄积起来，造成肥胖，引起血压升高。脂肪摄入过多，也会引起血脂紊乱，进而造成动脉粥样硬化，与高血压互为恶性循环。为了防止摄入过多热量，脂肪的摄入量应控制在总热量的 25% 以下，胆固醇限制在每日 300 mg 以下。

这些事情说起来容易，但实际行动起来却很难，尤其是坚持下去取得稳定的效果更难。它既需要健康管理人员合理的指导，又需要减肥者本人的顽强毅力和配合。

（5）适度的体力活动和体育运动：体力活动过少可引起中心型肥胖、胰岛素抵抗及自主神经调节功能下降，从而导致高血压发生。不经常参加运动者发生高血压的危险性高于经常运动的人。运动特别是适当的、有规律的体育锻炼可增加热量的消耗，减少体内脂肪蓄积，使体重降低，缓解精神紧张，减少高血压发生的概率，改善心血管系统的功能状态。此外，运动还可以增加高密度脂蛋白胆固醇（HDL-C）的浓度，改善胆固醇的代谢，预防动脉粥样硬化。

坚持适度而有规律的体育锻炼，如慢跑、骑自行车、游泳、球类运动、健美操，以及适度的体力劳动有助于减轻体重、降低血压和提高机体免疫力。我国传统的运动和医疗保健方法，如气功和太极拳，能增强体质，对高血压的防治也能起到良好的作用。高血压，尤其是合并冠心病的患者进行体育锻炼应在专业人员的指导下进行，运动量要循序渐进，从轻度运动开始，逐渐加大运动量，但决不能勉强。这里要强调的是，体力活动或运动不要拘泥于形式，任何引起体力消耗的活动均有健康效应，如散步、上楼梯、多站立。其中有氧运动对改善机体代谢功能和降低血压的效果更好。

（6）戒烟：对血压虽然没有直接影响，但吸烟是心血管疾病的三大危险因素（即高血压、高胆固醇血症、吸烟）之一，可促进动脉硬化而明显增加心脑血管疾病的患病率和死亡率。加之吸烟的致癌作用及多方面对健康的危害，因此，提倡全人群不吸烟、戒烟，减少被动吸烟，并重视从小学生开始进行吸烟对健康的危害的教育。

（7）保持良好的心理状态：人的心理状态和情绪与血压水平密切相关，紧张的生活和工作节奏，长期焦虑、烦恼等不良情绪，以及生活的无规律，容易引发高血压。因此，保持平和稳定的心理和情绪状态，适当地缓解紧张情绪，及时排除负性情绪的影响，对于预防高血压的发生和发展具有非常重要的意义。

高血压患者若情绪长期不稳定也会影响抗高血压药物的治疗效果，严重者可引发卒中或心肌梗死等并发症。因此，稳定情绪和保持平和的心态，避免不必要的精神紧张和情绪激动，尽量降低社会环境不良因素造成的恶性刺激，对于高血压的预防和遏制其发展具有非常重要的意义。有高血压倾向的人应修身养性，陶冶心情，保持良好的心理状态和情绪，养成良好的生活习惯，多参加一些富有情趣的体育和文化娱乐活动，丰富自己的业余生活。

（8）对生活方式指导效果的评估：为有效控制血压、减少或延缓并发症的发生，评估治疗效果并调整治疗方案，监测血压及其他危险因素的变化，应定期对高血压患者进行随访和评估。

随访管理的主要内容有以下几方面。

1）血压动态变化情况：指导患者定期测量血压，鼓励并指导患者测量和记录血压，分析和评价近期血压控制情况。

2）生活方式改变情况：针对患者不良生活方式和危险因素，开展健康指导干预。

3）药物治疗情况：了解药物使用情况及不良反应，评价药物治疗效果，及时调整治疗方案，提高患者的治疗依从性。

4）督促患者定期进行相关化验检查：根据管理要求督促患者定期进行相关检查，及时发现靶器官损害与并发症，及时转诊。

按照管理方案，定期对患者进行血压控制评估，及时修正和完善管理方案。按照患者全年血压控制情况，分为优良、尚可、不良3个等级。

优良：全年有3/4以上的时间血压记录在140/90 mmHg以下（≥9个月）。

尚可：全年有1/2以上的时间血压记录在140/90 mmHg以下（6～9个月）。

不良：全年有不足1/2的时间血压记录在140/90 mmHg以下（＜6个月）。

健康管理是长期、持续的管理过程，在开展生活方式指导后的一定期间，应对其实际效果进行评估，一般以2个月为宜，因为无论是营养指导还是身体活动指导，2个月都应该显示出健康效应。评估时，一方面应询问被检查者生活习惯的改善情况；另一方面检查其血压、血脂、血糖、体重的变化，并和第一次进行比较、分析，总结成功的经验和失败的教训，修正指导计划与指导方法，继续下一步的健康管理、健康促进。要强调的是，即使被管理者仅有较小的改善（生活习惯或体检指标），也要给予充分肯定并大加鼓励，以便使管理者坚持下去，取得较大的健康效应。

（马德福）

第二节　糖尿病的健康管理

一、概念、流行病学与危险因素

（一）糖尿病概念

糖尿病是由于胰岛素分泌不足和（或）胰岛素敏感性降低引起的以高血糖为主要特点的全身性代谢紊乱性疾病。在糖尿病状态下，平时以葡萄糖为基本能源的全身肌肉组织、脂肪组织和肝对葡萄糖的利用与处理发生障碍，导致血糖浓度增加。长期的高血糖损害血管系统，导致心脑血管疾病的风险增加，并引起神经病变、肾病和视网膜病等一系列病变，致残致死率高，给患者、家庭，以及社会带来巨大的健康损失及医疗经济负担。

糖尿病临床上分为 4 种：1 型糖尿病、2 型糖尿病（type 2 diabetes）、其他特殊类型糖尿病及妊娠糖尿病，其中 2 型糖尿病占糖尿病患者的 90% 以上，是慢性疾病预防与健康管理的重点之一。2 型糖尿病没有特定的病因，由遗传和不良生活方式 / 习惯相互作用引起，其中生活方式 / 习惯起着主要的作用。因此，2 型糖尿病可通过生活方式管理预防及改善。本节主要介绍 2 型糖尿病。

（二）糖尿病的流行病学特征

按照世界卫生组织（WHO）1999 年的诊断标准，2013 年全国调查中 2 型糖尿病患病率为10.4%，2015—2017 年中华医学会内分泌学分会在全国 31 个省进行的甲状腺、碘营养状态和糖尿病的流行病学调查数据显示，我国 18 岁及以上人群糖尿病患病率为 11.2%，到 2018 年糖尿病的总体患病率上升至 12.4%。2013 年的调查显示我国糖尿病流行特点表现为以 2 型糖尿病为主，糖尿病患病率男性高于女性（11.1% vs 9.6%），经济发达地区明显高于不发达地区，城市高于农村（12.0% vs 8.9%），未诊断的糖尿病比例较高。肥胖和超重人群糖尿病患病率显著增加，肥胖人群糖尿病患病率升高了 2 倍。按体重指数（BMI）分层显示，BMI < 25 kg/m^2 者的糖尿病患病率为7.8%、25 kg/m^2 ≤ BMI < 30 kg/m^2 者的糖尿病患病率为 15.4%，BMI ≥ 30 kg/m^2 者的糖尿病患病率为 21.2%。超重肥胖将来发展成糖尿病的可能性很大，因此，积极开展预防糖尿病的健康教育和健康管理十分重要。

（三）糖尿病的危险因素

2 型糖尿病的发生既受遗传因素的影响（但尚未找到特定的遗传规律或易感基因），又与环境因素有关。因此，它是在多个易感基因的遗传背景下，由不健康的生活方式 / 习惯负荷而引起，其中生活方式 / 习惯起主要作用。

近年来，膳食结构的快速变化（动物性脂肪摄入量的增加）及汽车、电脑、电视的普及引起体力活动减少和肥胖，是引起胰岛素抵抗（敏感性降低）的主要外部因素，这些因素又进一步增加胰岛素分泌的负担，最终导致糖尿病。长期快速、紧张的工作和生活节奏、精神郁闷、心理压力大等都会损害内分泌的平衡，增加糖尿病的发病风险；此外，随着年龄的增加，胰岛 β 细胞的分泌功能下降，导致胰岛素分泌不足。从健康管理的角度分为可干预的危险因素和不可干预的危险因素。

1. 可干预的危险因素

（1）生活方式危险因素：包括 ①身体活动和运动太少（亦称静态生活方式）；②膳食结构不

合理；③长期精神紧张。

（2）生理指标危险因素：包括 ①由吃动不平衡导致的超重/肥胖；②糖耐量减低，是指血糖水平介于正常血糖和糖尿病之间的中间状态；③胰岛素抵抗，是指机体对一定量的胰岛素的生物学反应低于预期正常水平的一种现象，常伴有高胰岛素血症；④高血压等。

2. 不可干预的危险因素

（1）遗传因素：2 型糖尿病的遗传易感性存在种族差异。许多研究提示，与高加索人相比，亚裔人群糖尿病的患病风险更高。在发达国家及地区居住的华人糖尿病的患病率显著高于高加索人。

（2）年龄：年龄每增加 10 岁，糖尿病患病率就升高 68%。

二、糖尿病筛查、风险评估与预测

（一）糖尿病筛查

1. 筛查对象　筛查对象为糖尿病的高危人群。《中国 2 型糖尿病防治指南》（2020 年版）对成年人糖尿病高危人群的定义为，在成年人（＞ 18 岁）中，具有下列任何一个及以上的糖尿病危险因素者，即可定义为糖尿病高危人群。其中，糖调节受损是最重要的 2 型糖尿病高危人群。糖尿病高危人群包括 ①年龄≥ 40 岁；②有糖尿病前期史 [葡萄糖耐量减低（IGT）、空腹血糖受损（IFG）或两者同时存在）]；③超重（BMI ≥ 24 kg/m²）或肥胖（BMI ≥ 28 kg/m²）和（或）中心型肥胖（男性腰围≥ 90 cm，女性腰围≥ 85 cm）；④缺乏身体活动者；⑤一级亲属中有糖尿病家族史；⑥有巨大儿分娩史或有妊娠期糖尿病史的女性；⑦有高血压史，或正在接受降压治疗者；⑧血脂异常 [高密度脂蛋白胆固醇（HDL-C）≤ 0.91 mmol/L 和（或）甘油三酯（TG）≥ 2.22 mmol/L]，或正在接受调脂治疗者；⑨动脉粥样硬化性心血管疾病（ASCVD）患者；⑩有类固醇类药物使用史；⑪ 多囊卵巢综合征（PCOS）患者或伴有与胰岛素抵抗相关的临床状态（如黑棘皮症等）；⑫ 长期接受抗精神病药物和（或）抗抑郁药物治疗和他汀类药物治疗的患者；⑬ 中国糖尿病风险评分（表 3-12-5 总分≥ 25 分）。

2. 糖尿病的筛查方法　对于具有至少一项危险因素的高危人群应进一步进行空腹血糖或任意点血糖筛查。其中空腹血糖筛查是简单易行的方法，宜作为常规的筛查方法，但有漏诊的可能性。如果空腹血糖≥ 6.1 mmol/L 或任意点血糖≥ 7.8 mmol/L 时，建议行口服葡萄糖耐量试验（OGTT），同时检测空腹血糖和糖负荷后 2 h 血糖。

（二）糖尿病的风险评估

1. 一般健康状况评估　包括生活方式和生理指标评估，对生活方式进行评估，发现主要的问题，开展相应的指导，即从上述糖尿病的危险因素展开。

2. 糖尿病风险评估　采用中国糖尿病风险评分表，对 20 ~ 74 岁普通人群进行糖尿病风险评估。该评分表的制定源自 2007 至 2008 年全国 14 个省、自治区及直辖市的糖尿病流行病学调查数据，评分值的范围为 0 ~ 51 分，总分≥ 25 分者应进行 OGTT（表 3-12-5）。

表 3-12-5　中国糖尿病风险评分表

评分指标	分值	评分指标	分值
年龄（岁）		体重指数（kg/m²）	
20 ~ 24	0	＜ 22.0	0
25 ~ 34	4	22.0 ~ 23.9	1
35 ~ 39	8	24.0 ~ 29.9	3
40 ~ 44	11	≥ 30.0	5

第三篇 应 用 篇

续表

评分指标	分值	评分指标	分值
45 ~ 49	12	腰围（cm）	
50 ~ 54	13	男性 < 75.0，女性 < 70.0	0
55 ~ 59	15	男性 75.0 ~ 79.9，女性 70.0 ~ 74.9	3
60 ~ 64	16	男性 80.0 ~ 84.9，女性 75.0 ~ 79.9	5
65 ~ 74	18	男性 85.0 ~ 89.9，女性 80.0 ~ 84.9	7
收缩压（mmHg）		男性 90.0 ~ 94.9，女性 85.0 ~ 89.9	8
< 110	0	男性 ≥ 95.0，女性 ≥ 90.0	10
110 ~ 119	1	糖尿病家族史（父母、同胞、子女）	
120 ~ 129	3	无	0
130 ~ 139	6	有	6
140 ~ 149	7	性别	
150 ~ 159	8	女性	0
≥ 160	10	男性	2

注：1 mmHg=0.133 kPa；判断糖尿病的最佳切点为25分，总分 ≥ 25 分者应进行口服葡萄糖耐量试验检查。

3. 心脑血管疾病风险预测与评估 2 型糖尿病是心脑血管疾病的独立危险因素，经常同时合并高血压、血脂异常等其他心脑血管疾病危险因素，因此应结合年龄、性别、BMI，对血压、血脂、血糖的检查结果，进行心血管疾病综合风险评估，参考有关章节。

4．对糖尿病患者，应进一步结合肾功能、眼底及末梢神经检测结果，进行并发症的风险预测与评估，包括糖尿病肾病、糖尿病视网膜病变、糖尿病神经病变、糖尿病下肢动脉病变、糖尿病足等。

三、诊断与治疗

（一）糖尿病诊断

糖尿病的典型症状是"三多一少"，即多尿、多饮、多食及不明原因体重下降、乏力。多尿是血糖升高，超过肾糖阈值，大量葡萄糖由肾排出，带走大量液体而引起。多食是大量葡萄糖自体内排出，造成体内能源物质缺乏，使患者感到饥饿。同时，由于脂肪、肌肉的分解及失水等现象，使患者消瘦、感到乏力。1999 年 WHO 根据静脉血浆葡萄糖确定的糖代谢状态分类和糖尿病诊断标准见表 3-12-6 和表 3-12-7。2011 年 WHO 建议在条件具备的国家和地区采用糖化血红蛋白（HbA1C）诊断糖尿病，诊断切点为 HbA1C ≥ 6.5%。

表 3-12-6　糖代谢状态分类（WHO 1999）

糖代谢状态	静脉血浆葡萄糖（mmol/L）	
	空腹血糖	75 g 葡萄糖负荷后 2 h 血糖
正常血糖	< 6.1	< 7.8
空腹血糖受损（IFG）	≥ 6.1 且 < 7.0	< 7.8
糖耐量低减（IGT）	< 7.0	≥ 7.8　且 < 11.1
糖尿病	≥ 7.0	≥ 11.1

注：空腹血糖受损和糖耐量减低统称为糖调节受损，也称糖尿病前期；空腹血糖正常参考范围下限通常为 3.9 mmol/L。

342

常见慢性疾病健康管理 / 第十二章

表 3-12-7 糖尿病诊断标准

诊断标准	静脉血浆葡萄糖或 HbA1C 水平
典型糖尿病症状	
加上随机血糖	≥ 11.1 mmo/L
或加上空腹血糖	≥ 7.0 mmol/L
或加上 OGTT 2 h 血糖	≥ 11.1 mmol/L
或加上 HbA1C	≥ 6.5%
无糖尿病典型症状者，需改日复查确认	

注：OGTT 为口服葡萄糖耐量试验；HbA1C 为糖化血红蛋白。典型糖尿病症状包括烦渴多饮、多尿、多食、不明原因体重下降；随机血糖指不考虑上次用餐时间，一天中任意时间的血糖，不能用来诊断空腹血糖受损或糖耐量减低；空腹状态指至少 8 h 没有进食热量。

（二）糖尿病的分型

WHO 1999 年根据病因学证据将糖尿病分为 4 种类型。

1. 1 型糖尿病 胰岛 β 细胞破坏，导致胰岛素绝对缺乏。约占糖尿病患者总数的 5%，常发生于儿童和青少年，但也可发生于任何年龄。自身不能合成和分泌胰岛素，需依靠外源胰岛素存活。发病时糖尿病症状较明显，容易发生糖尿病酮症酸中毒。

2. 2 型糖尿病 胰岛素抵抗伴胰岛素分泌相对不足，约占糖尿病患者总数的 90%，发病年龄多数在 35 岁以后。患者中约 60% 超重或肥胖，肥胖后导致胰岛素抵抗，血糖升高。无明显糖尿病酮症酸中毒倾向。有一定的家族遗传性。2 型糖尿病是糖尿病患者的主体，占全部患者的 90% 以上。

3. 其他特殊类型糖尿病 因糖代谢相关基因异常的遗传性糖尿病或其他疾病等导致的继发性糖尿病。

4. 妊娠糖尿病 指妊娠期间发生的或首次发现的任何程度的葡萄糖耐量低减。妊娠前已有糖尿病者不包括在内，它是糖尿病患者妊娠期，称为糖尿病妊娠。

（三）糖尿病治疗

国际糖尿病联盟（IDF）提出了糖尿病现代治疗的 5 个要点，在中国，这 5 点被形象地称为糖尿病防治的"五驾马车"，分别为饮食控制、运动疗法、血糖监测、药物治疗和糖尿病教育。糖尿病的防治策略强调全面治疗心血管危险因素，所以除积极控制高血糖外，还应纠正脂代谢紊乱、严格控制血压、抗血小板治疗（例如阿司匹林）、处理肥胖、戒烟和处理胰岛素抵抗等。具体的药物治疗措施是在饮食治疗和适量身体活动的基础上，根据病情选用药物治疗。

治疗糖尿病的口服药主要有 4 类：

1. 促进胰岛素分泌剂 只适用于无急性并发症的 T2DM，不适用于 T1DM、有严重并发症的 T2DM、孕妇、哺乳期妇女、大手术围手术期、儿童糖尿病和全胰腺切除术后等。又可分为两类，磺脲类（sulfonylureas，SUs）和非磺脲类，对于非磺脲类应在服药后立即吃饭。

2. 双胍类（biguanides） 双胍类药物主要用于治疗 T2DM，尤其是肥胖者的第一线用药。常用的为二甲双胍（metformin，甲福明）。

3. α 葡萄糖苷酶抑制剂（AGI） 可延迟碳水化合物的吸收，降低餐后的高血糖，可作为 T2DM 的第一线药物，尤其适用于空腹血糖正常（或不太高）而餐后血糖明显升高者。有两种制剂，阿卡波糖（acarbose）和伏格列波糖（voglibose）。注意此类药必须在吃第一口饭时同时服用，要与米、面等碳水化合物类食物一同嚼碎后服用。

4. 胰岛素增敏剂 本类药为噻唑烷二酮（thiazolidinedione，TZD）类，又称格列酮类。可用于治疗 T2DM 患者，尤其胰岛素抵抗明显者，此类药物能够增强胰岛素的敏感性，加强

343

胰岛素的功能而起到降低血糖的作用。现有两种制剂，罗格列酮（rosiglitazone）和吡格列酮（pioglitazone）。

胰岛素治疗的适应证主要有：① T1DM；② T2DM 患者经饮食及口服降血糖药治疗未能良好控制；③糖尿病酮症酸中毒、高渗性昏迷和乳酸性酸中毒伴高血糖时；④合并重症感染、消耗性疾病、视网膜病变、肾病、神经病变、急性心肌梗死、卒中；⑤因存在伴发病需外科治疗的围手术期；⑥妊娠和分娩；⑦全胰腺切除引起的继发性糖尿病。

四、健康管理方案

对高危人群和糖尿病患者，健康管理的核心是长期将血糖控制在正常范围内，因为糖尿病的所有危害和并发症都是由长期高血糖引起的。在控制血糖的同时，监测神经病变、肾功能、视网膜病变、冠心病和卒中等糖尿病的合并症，预防和延缓其发生。

生活方式管理如能将血糖控制在正常范围，则不必用药；如不能有效地控制血糖，就应该使用降血糖药；如一般的降糖药仍不能控制血糖，则应该使用胰岛素。即使在药物治疗或使用胰岛素时，也应积极开展营养指导、运动干预、减肥和心理辅导，因为它们可以加强、巩固药物治疗的效果。因此糖尿病的健康管理策略包括糖尿病教育与自我管理、生活方式管理、药物管理。

（一）糖尿病教育与自我管理

1. 糖尿病教育　每位糖尿病患者一旦确诊就必须接受糖尿病教育，可以是糖尿病教育课堂、小组式教育或个体化的饮食和运动指导，后两者的针对性更强。这样的教育和指导应该是长期的和随时随地进行的，特别是当血糖控制较差需要调整治疗方案或因出现并发症而需要进行胰岛素治疗时，具体的教育和指导是必不可少的。

糖尿病教育的形式包括定期开设教育课程。最好的糖尿病管理是团队式管理，糖尿病管理团队的主要成员应包括执业医师 [基层医师和（或）专科医师]、糖尿病教育者（教育护士）、营养师、运动康复师、患者及家属。必要时还可以增加眼科医师、心内医师、泌尿外科医师、血管外科医师、妇产科医师和心理学专家等。

2. 自我管理　指在专业人员（健康管理师）的协助下，患者承担一定的预防性与治疗性的管理任务。

（1）糖尿病自我管理的内容和要求：

1）培养和建立糖尿病患者对自己健康负责和糖尿病可防可治的信念。

2）提高糖尿病患者对治疗和随访管理的依从能力。

3）了解糖尿病目前的治疗方案和随访计划的内容及重要性。

4）了解糖尿病药物治疗的一般知识，掌握胰岛素注射技能和注意事项。

5）了解糖尿病非药物治疗的一般知识，掌握糖尿病饮食、运动干预的技能和注意事项。

6）了解血糖、血压、血脂、体重、糖化血红蛋白等指标的重要意义。

7）了解就医和寻求帮助的渠道，提高就医能力，使患者能够根据病情和需求的具体情况，恰当地选择医疗机构。

8）了解寻求糖尿病防治知识和技能的能力。

9）掌握糖尿病及其并发症的病因、发展过程和危险因素的知识。

10）掌握自我监测血糖、血压的技能和初步自我评估的能力。

11）掌握急性并发症的发病征兆、学会紧急救护的求助和基本处理方法。

（2）自我血糖监测：是指导血糖控制达标的重要措施，也是减少低血糖风险的重要手段。指尖毛细血管血糖检测是最理想的方法，但如条件所限不能查血糖，尿糖的检测包括定量尿糖检测，也是可以接受的。自我血糖监测适用于所有糖尿病患者，但对注射胰岛素和妊娠期患者，为了严格控制血糖，同时减少低血糖的发生，这些患者必须进行自我血糖监测。

（3）低血糖的预防：进行运动前、后，以及运动过程每隔 30 min 检测血糖及时发现低血糖，并对儿童和青少年糖尿病患者和监护人进行糖尿病和运动相关的教育，告知他们低血糖的紧急处理方式，是预防和及时纠正低血糖的必要措施。运动过程中要注意避免低血糖发生，运动前胰岛素或口服降糖药未减量者，运动中需注意补充糖分（如糖水或甜饮料），胰岛素注射部位原则上以腹壁脐周为佳，尽量避开运动肌群，以免加快该部位的胰岛素吸收从而诱发低血糖。运动中低血糖的发生与运动前的血糖有关，因此如果运动前血糖 < 5.6 mmol/L，应进食碳水化合物后再开始运动。对长时间的运动，可以在运动过程中进食吸收缓慢的碳水化合物以防止低血糖的发生。如果睡前血糖 < 7.0 mmol/L，预示患者夜间可能会发生低血糖，建议睡前进食一定量的碳水化合物。

（二）生活方式管理

糖尿病的生活方式管理应该遵循健康管理的一般程序，即在全面调查、收集健康信息、进行健康风险评估的基础上，开展生活方式管理。生活方式管理主要包括 5 项关键内容：合理的营养与膳食指导、增加身体活动及运动、心身休养与心理辅导、减轻体重、戒烟和避免被动吸烟。

1. 合理的营养与膳食指导 糖尿病的发生与能量摄入过多、动物性脂肪摄入过多等有密切关系。科学合理的营养与膳食指导是糖尿病预防及健康管理的基本手段。营养与膳食指导应遵循以下原则：

（1）合理控制总能量：控制总能量是糖尿病预防和膳食治疗的首要原则，目标是既要达到或维持理想体重，又要满足不同情况下营养需求。糖尿病患者能量摄入参考通用系数方法，按照 105 ～ 126 kJ/（kg·d）[25 ～ 30 kcal/（kg·d）] 计算能量摄入。再根据患者身高、体重、性别、年龄、活动量、应激状况等进行系数调整（表3-12-8）。不推荐糖尿病患者长期接受极低能量（< 800 kcal/d）的营养治疗。另外对于所有超重或肥胖的糖尿病患者，应调整生活方式，控制总能量摄入，至少减轻体重的 5%。

表 3-12-8　同身体活动水平的成人糖尿病患者每日能量供给量 [kJ/kg（kcal/kg）]

身体活动水平	体重过低	正常体重	超重或肥胖
重（如搬运工）	188 ～ 209（45 ～ 50）	167（40）	146（35）
中（如电工安装）	167（40）	125 ～ 146（30 ～ 35）	125（30）
轻（如坐式工作）	146（35）	104 ～ 125（25 ～ 30）	84 ～ 104（20 ～ 25）
休息状态（如卧床）	104 ～ 125（25 ～ 30）	84 ～ 104（20 ～ 25）	62 ～ 84（15 ～ 20）

注：标准体重参考世界卫生组织（1999 年）计算方法：男性标准体重 = [身高（cm）−100]×0.9（kg）；女性标准体重 = [身高（cm）−100]×0.9（kg）−2.5（kg）；根据我国体重指数的评判标准，≤ 18.5 kg/m² 为体重过低，18.6 ～ 23.9 kg/m² 为正常体重，24.0 ～ 27.9kg/m² 为超重，≥ 28.0 kg/m² 为肥胖。

为了日常生活中简单而有效地控制总能量摄入，提倡小碗盛饭盛菜，并使之形成习惯，国外不少社区干预证明，此方法简单而有效。此外，中华民族有不剩饭的传统，但在当今食品丰富、营养过剩的时代，为预防肥胖和糖尿病，应提倡"适当剩饭"，更不鼓励勉强把饭吃光，养成每餐七、八成饱的健康饮食习惯。

（2）合理分配碳水化合物、脂肪和蛋白质的比例，尽量做到平衡膳食。在控制总能量的基础上，合理分配碳水化合物、脂肪和蛋白质的摄入比例。建议大多数糖尿病患者膳食中碳水化合物应占总能量的 50% ～ 65%，餐后血糖控制不佳的糖尿病患者，可适当降低碳水化合物的供能比，但不建议长期采用极低碳水化合物膳食；膳食中由脂肪提供的能量应占总能量的 20% ～ 30%；蛋白质的摄入量应占总热能的 15% ～ 20%，并保证优质蛋白占总蛋白质的一半以上。

具体来说，就是提倡：①摄取多种多样的食物，每天平均 12 种以上食物，以谷类为主，粗细搭配；②多吃蔬菜、水果和薯类；③常吃大豆、豆制品和奶类；④常吃适量的鱼、禽、蛋类和瘦肉，平均 120 ～ 200 g/d，改变只吃猪肉的习惯；⑤减少烹调油用量，采用清淡少盐膳食，成年人每天食盐摄入量不超过 5 g。

关于平衡膳食的原则，参考《中国居民膳食指南（2022）》，糖尿病患者的营养食谱的编制及食品交换份法请参考有关营养专著。

（3）关于谷类食物或主食摄取的误区：在谷类食物（主要含碳水化合物）的摄取问题上，人们存在着错误认识，即认为吃谷类食物容易发胖。其实造成肥胖的真正原因是能量剩余。同样重量的食物，脂肪的能量是谷类的两倍以上，富含脂肪的食物味道好，常容易使人摄入更多的能量；也有人认为主食吃得越少越好，尤其是糖尿病患者和高危人群，认为摄入主食后会升高血糖，而想减少主食。但脑、心脏和肌肉等重要器官都主要依赖葡萄糖供能，因此主食的摄取对维持神经系统和心脏的正常功能、增强耐力、提高工作效率等有重要意义。此外，碳水化合物的摄取能刺激胰岛素的分泌，改善胰岛素抵抗，促进能量代谢平衡，长远看有利于控制血糖。以往医生在给糖尿病患者推荐的膳食中，碳水化合提供的能量仅占 20%，使患者长期处于半饥饿状态，大大降低了患者的生活质量，患者主要靠脂肪分解供能，这进一步增加了胰岛素的抵抗，反而使血糖难以控制。随着科学研究的深入，现在已改变了这种观点，对糖尿病患者逐步放宽碳水化合物的摄入量，大多数糖尿病患者碳水化合物的摄入量维持在总能量 50% ～ 65%，只是强调要选择那些生糖指数低的食物，如粗加工的大米和全麦面粉、荞麦面、豆制品、大麦粉、莜麦面（内蒙、山西等地产，学名燕麦）等，并适当增加非淀粉类如蔬菜、水果的摄入，减少精加工谷类的摄入。全谷类应占总谷类的一半以上。

（4）限制饮酒：大量饮酒（酒精含量超过 40 g/d）是高血压、卒中等心血管疾病的危险因素，同时饮酒常常伴随总能量摄入的增加，导致超重或肥胖，因此，糖尿病的预防及健康管理也应提倡限制饮酒。一般建议将男性的酒精摄入量不超过 25 g/d，女性不超过 15 g/d（15 g 酒精相当于350 ml 啤酒、150 ml 葡萄酒或 45 ml 白酒）。

2. 增加身体活动及运动 身体活动及运动可消耗血糖、减少体内脂肪蓄积，增加全身肌肉组织（尤其是骨骼肌）和肝对胰岛素的敏感性，改善机体的总代谢功能，不仅是预防糖尿病的有效措施，还对控制血糖、血脂、血压及体重均有诸多益处。

对于糖尿病的高危人群和患者，不提倡剧烈运动，因其可引起血糖升高、运动风险增加，如诱发冠心病或卒中。但太缓慢的体力活动，如 3 kg/h 以下的散步，又达不到燃烧脂肪、改善机体代谢功能的目的，因此，科学的运动指导原则是以每日散步等无氧运动为基础，加上每周 3 次以上的快走、慢跑等有氧运动。具体来说，推荐每周消耗 2000 kcal 左右能量，每天 200 ～ 300 kcal。对体重为 60 kg 的中年人，以 3.6 km/h 的速度走 100 min（9000 ～ 10000 步）才能消耗300 kcal 能量，而每天走 100 min 对于上班的人来说是不太现实的。因此，现实的目标为以每天 30 ～ 40 min 的散步为基础（约消耗 100 kcal 能量），加上每周 3 ～ 4 次的快走或慢跑（有氧运动），每次用约 30 min 走完 3 km（速度为 6 km/h），一般会感到呼吸加快或微微出汗，脉搏在100 ～ 120 次 / 分，消耗能量约 150 kcal。成年人进行体育锻炼，运动量要循序渐进，从轻度运动开始，逐渐加大运动量，但决不能勉强。

有条件的话，每周 3 ～ 4 次游泳或在水中走也效果很好，每次约 30 min，运动的强度以脉搏数控制在 100 ～ 120 次 / 分为宜。

为了便于坚持和掌握好运动量，有学者总结了上述糖尿病患者"1、3、5、7 运动原则"，即保证每天运动 1 次；每次运动不少于 30 ～ 60 min；每周 3 ～ 5 次以上，运动时心率数值不超过"170- 年龄"。

糖尿病运动治疗禁忌证包括糖尿病酮症酸中毒、空腹血糖（FPG）大于 16.7 mmol/L、糖尿病增殖性视网膜病、肾病 [肌酐（Cr）> 1.768 mmol/L]、严重心脑血管疾病（不稳定性心绞痛、严重心律失常、一过性脑缺血发作）、合并急性感染的患者。《中国糖尿病运动治疗指南》的推荐意见中提出：糖尿病的运动治疗需掌握其适应证及禁忌证。糖尿病的运动处方应针对患者的个体情况进行个性化的制定，做到因人而异。糖尿病患者运动处方的制定、并发症的处理等过程需要包括康复医师、糖尿病专科医师、运动治疗师在内的专业人员的指导，糖尿病运动治疗应贯穿于糖尿病全过程。糖尿病运动需监测运动强度，运动实施的状况，患者机体对运动的反应，包括血糖水平、心肺的反应等，以及用药的变化，运动后的恢复期监测。糖尿病的运动治疗计划的调整应遵循由少至多，由轻至重，由稀至繁，有周期性，适度恢复的原则。

3. **减轻体重** 超重（BMI 24 ~ 27.9 kg/m²）、肥胖（BMI ≥ 28 kg/m²）及中心型肥胖（成年人腰围男性 > 90 cm，女性 > 85 cm）是糖尿病最重要的危险因素。超重和肥胖人群糖尿病发病风险高，患糖尿病的相对危险性随 BMI 增长而增长，肥胖进一步增加 T2DM 患者的心血管疾病发生风险。肥胖的主要危害是产生胰岛素抵抗性，导致胰岛素作用不足，结果使全身肌肉组织（尤其是骨骼肌）、脂肪组织和肝对葡萄糖的利用与处理发生障碍，引起血糖升高。中心型肥胖更容易引起胰岛素抵抗性及代谢紊乱，被认为是代谢综合征的基础病变。因此，控制超重和肥胖、保持理想体重是糖尿病的预防及健康管理的关键。此外，控制体重对糖尿病患者的代谢相关指标，如血压、血脂，同样具有改善作用。

超重和肥胖糖尿病患者的短期减重目标为 3 ~ 6 个月减轻体重的 5% ~ 10%，对于已经实现短期目标的患者，应进一步制订长期（例如 1 年）综合减重计划。

膳食能量过量和缺乏运动是造成肥胖的主要原因，因此，减轻体重的方法是减少能量的摄入和积极参加体育锻炼及适当的身体活动。首先，应该解决摄取过量的问题，改变相关的饮食习惯，如吃零食、吃夜宵、喜肥肉、吃甜点、吃饭快及吃饭过量等习惯，均可能导致摄取过量。其次，为了加强体重管理，应提倡家中购买体重计，养成经常测量体重的习惯。只有这样，才能随时控制体重。最后，减肥速度不宜过快，急速减肥容易反弹，体重减轻 3% ~ 5% 是体重管理的基本要求，也可根据患者的具体情况，制定更严格的减重目标（例如减去基础体重的 5%、7%、15%）。

通过 6 个月的强化行为生活方式干预达到体重减轻目标的患者，应进一步制订长期（至少 1年）的综合减重维持计划，至少每个月由医师或健康管理师随访 1 次，持续监测体重，跟踪饮食及运动情况。

4. **心身休养与心理辅导** 近年来 40 岁左右的高层管理人士、商人、实业家，由于平时生活节奏紧张、工作压力大，因此体检时发现糖尿病。还有一些工作要求高但自主权小的工作（如中层管理者），心理压力也较大，成为糖尿病、高血压等病的高发人群。因此，在对生活节奏紧张人群开展健康教育时，要劝他们正确认识事业、功名与健康的利害关系，除特殊情况外，保证每晚上 12 点以前睡觉（最好 11 点前），每周至少休息 1 天，每年至少休 1 周以上的长假 1 次，以便心身得到最起码的休养。

糖尿病合并症多，损害多个重要器官，目前无有效的病因疗法，必须长期对症治疗，且治疗依赖于患者对每天每餐饮食的控制，往往要求患者改变多年的生活方式/习惯，导致患者生活质量下降。因此，一旦患上糖尿病后，患者都会产生不同程度的心理问题。常见的有过分焦虑和否认心理。焦虑情绪会加重患者的心理压力，引起血糖升高，反过来会进一步增加焦虑情绪，形成恶性循环。此时，应向患者讲解糖尿病的科学知识（必要时使用抗焦虑药物），只有当血糖长期得不到有效的控制，才出现合并症，若血糖控制得好，可大大地延缓合并症的发生，十几年甚至几十年不损害重要器官的功能。

糖尿病患者常见的另一个心理问题是否认心理。原因是患者在开始时感受不到明显的症状，又不太了解其长远危害。否认心理虽然开始对血糖控制没有直接影响，但它可以导致对健康管理和治疗的不依从，使血糖不能得到及早、有效的控制。对否认心理的人也应该用科学知识进行健康教育，并且推荐找专业临床心理医生，做认知心理治疗和辅导，使患者正确对待疾病，积极配合健康管理与临床治疗。

5. 戒烟和避免被动吸烟　吸烟对糖尿病虽然没有直接影响，但吸烟和糖尿病都是心血管疾病的主要危险因素，能明显增加心脑血管疾病的患病率和死亡率，加之吸烟的致癌作用及多方面对健康的危害，因此，提倡全人群不吸烟、戒烟，减少被动吸烟。

（三）药物管理

糖尿病的防治策略强调全面治疗心血管危险因素，所以除积极控制高血糖外，还应纠正脂代谢紊乱、严格控制血压、抗血小板治疗（例如阿司匹林）、处理肥胖、戒烟和处理胰岛素抵抗等。具体的治疗措施以饮食治疗和适量活动为基础，根据病情选用药物治疗。糖尿病的医学营养治疗和运动治疗是控制 2 型糖尿病高血糖的基本措施，生活方式干预是糖尿病治疗的基础，在膳食和运动不能使血糖控制达标时，应及时采用药物治疗，如血糖控制不达标（HbA1c ≥ 7.0%）则进行药物治疗。二甲双胍、α- 糖苷酶抑制剂或促胰岛素促泌剂可作为单药治疗的选择，其中二甲双胍是单药治疗的首选。在单药治疗疗效欠佳时，可开始二联治疗、三联治疗或胰岛素多次注射。具体药物管理方案请遵医嘱剂量服用。

（四）效果评价指标

糖尿病管理效果评价指标主要有 2 个：血糖和糖化血红蛋白（HBA1c）。

1. 血糖　血糖值受饮食、运动及应激等影响而产生较大幅度的变化，一般以安静空腹时的检查值为标准，正常值为 6.1 mmol/L（110 mg/dl）以下；但是，餐后高血糖也与糖尿病合并症的进展有关，因此，餐后 2 h 的血糖也是血糖管理的目标，正常值为 7.8 mmol/L（140 mg/dl）以下；另一方面，低血糖的管理也比较重要，一般当血糖低于 3.3 mmol/L（60 mg/dl）时，会出现饥饿感、头痛头晕、恶心、出汗等症状，这在节食减肥者、服用降糖药物和注射胰岛素的患者中尤其常见。所以，在开展血糖的管理时，高血糖和低血糖的管理都很重要。近年来，各大医药公司研发了一些自己测血糖的简易仪器，测的是全血，比到医院测定（血浆）的血糖值要稍稍低一些。

2. 糖化血红蛋白（HBA1c）　指与葡萄糖结合而糖化的血红蛋白占总血红蛋白的百分比。血糖值升高时 HBA1c 就会增多，而且一旦发生糖化就不会逆转，直到红细胞（寿命 120 天）崩溃为止，因此 HBA1c 反映的是过去 1 ~ 2 个月血糖的平均水平，正常范围为 4.3% ~ 5.8%，6.5%以上基本可以诊断为糖尿病；但是，由于正常人与糖尿病的 HBA1c 值在分界点有一定重合，此外，HBA1c 比例还受贫血、血液病等的影响，贫血时也会下降，所以 6.5% 以下时也不能否定糖尿病的可能性（但上述两种情况在人群中的比例不高）。

血糖值很不稳定，且受诸多因素影响，需要频繁测定，其上下波动常常引起患者情绪的波动和焦虑；而 HBA1c 反映的是过去 1 ~ 2 个月血糖的平均水平，测量一次可代表过去近 2 个月的血糖控制情况，因此，在已确诊的糖尿病患者的健康管理中，可使用 HBA1c 作为监测血糖控制的指标，测定次数少，患者的焦虑也轻，是非常方便而有效的方法。此外，HBA1c 也是人群糖尿病调查的较好指标（不受饮食影响），在先进国家已被广泛使用。目前在我国，由于对它的认识不足、价格比血糖测定高，因此还未被广泛使用。

（刘爱萍）

常见慢性疾病健康管理 / 第十二章

第三节 血脂异常的健康管理

一、概念、流行病学与危险因素

（一）血脂异常概念

血脂是血清中胆固醇（cholesterol，C）、甘油三酯（triglyceride，TG）和类脂的总称，与临床密切相关的是胆固醇和甘油三酯。胆固醇和甘油三酯是疏水分子，必须与血液中的蛋白质和其他类脂（如磷脂）一起组合成亲水性的球状巨分子复合物——脂蛋白，才能在血液中被转运，所以，血脂异常通常是指血中胆固醇 [总胆固醇（TC）、低密度脂蛋白胆固醇（LDL-C）]、甘油三酯（TG）水平升高，或高密度脂蛋白胆固醇（HDL-C）降低。既往采用高脂血症或高脂蛋白血症的概念，主要是指总胆固醇（TC）、低密度脂蛋白胆固醇（LDL-C）、甘油三酯（TG）水平升高。近年来，又因血浆中高密度脂蛋白（HDL-C）降低也是一种血脂代谢紊乱，为全面准确地反映血脂代谢紊乱状态，统称为血脂异常。

《中国成人血脂管理指南》（2023年）对我国人群血脂成分合适水平及异常切点的建议基于多项对不同血脂水平的中国人群动脉粥样硬化性心血管疾病（atherosclerotic cardiovascular disease，ASCVD）发病危险的长期观察性研究结果，包括不同血脂水平对研究人群10年和20年ASCVD累积发病危险的独立影响；也参考了国际范围内多部血脂相关指南对血脂成分合适水平的建议及其依据（表3-12-9）。

表3-12-9 中国ASCVD一级预防人群血脂合适水平和异常分层标准 [mmol/L（mg/dl）]

分层	TC	LDL-C	HDL-C	非-HDL-C	TG
理想水平		< 2.6（100）		< 3.4（130）	
合适水平	< 5.2（200）	< 3.4（130）		< 4.1（160）	< 1.7（150）
边缘升高	≥ 5.2（200）且 < 6.2（240）	≥ 3.4（130）且 < 4.1（160）		≥ 4.1（160）且 < 4.9（190）	≥ 1.7（150）且 < 2.3（200）
升高	≥ 6.2（240）	≥ 4.1（160）		≥ 4.9（190）	≥ 2.3（200）
降低			< 1.0（40）		

注：ASCVD，动脉粥样硬化性心血管疾病；TC，总胆固醇；LDL-C，低密度脂蛋白胆固醇；HDL-C，高密度脂蛋白胆固醇；非-HDL-C，非高密度脂蛋白胆固醇；TG，甘油三酯。

（二）血脂异常的流行病学特征

近几十年来，中国人群的血脂水平逐步升高，血脂异常患病率明显增加。2018年全国调查结果显示，成人血清总胆固醇平均为4.8 mmol/L，高胆固醇血症的患病率为8.2%；甘油三酯平均为1.7 mmol/L，高TG血症的患病率为13.1%；高密度脂蛋白胆固醇平均为1.19 mmol/L，低HDL-C血症的患病率为33.9%。中国成人血脂异常总体患病率高达35.6%，较2002年呈大幅度上升。人群血清胆固醇水平的升高将导致2010—2030年我国心血管病事件约增加920万例。我国儿童青少年高胆固醇血症患病率也有明显升高，预示着未来中国成人血脂异常及相关疾病负担将继续加重。提示ASCVD潜在危险人群基数庞大，迫切需要血脂异常的早期预防、及时干预和长期管理。

（三）血脂异常的危险因素

从健康管理角度，危险因素分为可干预的危险因素和不可干预的危险因素。

1. 可干预的危险因素

（1）生活方式危险因素　①饱和脂肪（奶油、动物脂肪）的过度摄取：血清总胆固醇的

349

80% ~ 90% 来自体内肝的合成，而从摄入食物中吸收的仅占 10 ~ 20%，有些食物尽管胆固醇含量较低，但进入机体后，能增加体内胆固醇的合成，其中饱和脂肪酸（动物脂肪，黄油）是使体内合成胆固醇升高的主要原因。②吸烟：烟草中的尼古丁可刺激交感神经释放儿茶酚胺，促进脂质释放导致血游离脂肪酸含量增加和血甘油三酯浓度上升。③饮酒：当男性摄入酒精量大于 20 g/d，女性摄入酒精量大于 10 g/d 时会影响其血脂水平。④缺乏运动：摄入热量高于消耗，易导致体内的血脂、血糖升高，长期将导致糖代谢紊乱；高脂、高糖等不合理的饮食结构，也会造成 TG、TC 和 LDL-C 含量的直接升高。而高纤维素、低油、低脂肪食物摄入是血脂异常的保护因素。

（2）生理指标危险因素：主要是吃动不平衡导致的超重/肥胖，肥胖导致体内 TG、LDL-C 的含量增加，HDL-C 含量下降，胰岛素抵抗导致血脂异常。

2. 不可干预的危险因素

（1）年龄：超过 45 岁的男性、超过 50 岁的女性（绝经期后）随年龄的增加，血脂异常的患病率呈现上升趋势，在 50 岁以前，男性血脂异常的患病率明显高于女性，而 50 岁以后女性血脂异常的患病率明显高于男性，男性血脂异常的患病率高于女性考虑与男性社会压力较女性高相关，更年期后女性患病率明显升高，考虑与雌激素水平下降导致肝 3- 羟基 -3- 甲基戊二酸单酰辅酶 A 还原酶（HMG-CoA）的活性增强相关，HMG-CoA 是胆固醇合成过程中的限速酶，雌激素对其活性有抑制作用。

（2）遗传因素：部分血脂异常患者存在一个或多个遗传基因缺陷。由遗传基因缺陷所致血脂异常多具有家族聚集性，有明显遗传倾向，临床上统称为家族性血脂异常。

二、血脂异常筛查、风险评估与预测

（一）血脂异常筛查

早期检出血脂异常个体，监测其血脂水平变化，是有效实施 ASCVD 防治措施的重要基础。

为了及时发现血脂异常，《中国成人血脂异常防治指南》（2016 年修订版）建议 20 ~ 40 岁成年人至少每 5 年测量 1 次血脂（包括 TC、LDL-C、HDL-C 和 TG）；建议 40 岁以上男性和绝经期后女性每年检测血脂；ASCVD 患者及其高危人群，应每 3 ~ 6 个月测定 1 次血脂。因 ASCVD 住院患者，应在入院时或入院 24 h 内检测血脂。

血脂检查的重点对象为：①有 ASCVD 病史者；②存在多项 ASCVD 危险因素（如高血压、糖尿病、肥胖、吸烟）的人群；③有早发性心血管病家族史者（指男性一级直系亲属在 55 岁前或女性一级直系亲属在 65 岁前患缺血性心血管病）；④皮肤或肌腱黄色瘤及跟腱增厚者；⑤有家族性高脂血症患者。

（二）血脂异常的风险评估

根据《中国成人血脂异常防治指南》（2023 年），血脂异常治疗决策的基础是进行总体心血管危险评估，主要是依据 ASCVD 发病危险采取不同强度的干预，这也是血脂异常防治的核心策略。

在进行 ASCVD 危险评估时，已诊断 ASCVD 者直接列为极高危人群；符合如下条件之一者直接列为高危人群：① LDL-C ≥ 4.9 mmol/L（190 mg/dl）；②年龄在 40 岁及以上的糖尿病患者；③ CKD 3 ~ 4 期符合上述条件的极高危和高危人群不需要按危险因素个数进行 ASCVD 危险分层。不具有以上 3 种情况的个体，在考虑是否需要调脂治疗时，应按照图 12-1 的流程进行未来 10 年间 ASCVD 总体发病危险的评估。血脂异常的危险分层按照 LDL-C 或 TC 水平、有无高血压及其他 ASCVD 危险因素个数分成 21 种组合，并将不同组合的 ASCVD10 年发病平均危险按 < 5%、5% ~ 9% 和 ≥ 10% 分别定义为低危、中危和高危。

同时对于年龄 < 55 岁的年轻人群还增加了对危险因素水平升高的长期风险、ASCVD 终生

（余生）风险的评估，以识别中青年中 ASCVD 余生风险为高危的个体，以利于对 ASCVD 的早期预防和早期干预。如果具有以下任意 2 个及以上危险因素者，其 ASCVD 余生风险为高危：①收缩压 ≥ 160 mmHg 或舒张压 ≥ 100 mmHg；②非 -HDL-C ≥ 5.2 mmol/L（200 mg/dl）；③ HDL-C < 1.0 mmol/L（40 mg/dl）；④ BMI ≥ 28 kg/m²；⑤烟（图 3-12-1）。

符合下列任意条件者，可直接列为高危或极高危人群。

极高危：ASCVD 患者

高危：①LDL-C≥4.9 mmol/L 或 TC≥7.2 mmol/L，②糖尿病患者（年龄≥40 岁），③ CKD 3 ～ 4 期

↓ 不符合者，评估 10 年 ASCVD 发病危险

危险因素个数*		血清胆固醇水平分层（mmol/L）		
		3.1≤TC<4.1（或）1.8≤LDL–C<2.6	4.1≤TC<5.2（或）2.6≤LDL–C<3.4	5.2≤TC<7.2（或）3.4≤LDL–C<4.9
无高血压	0～1 个	低危（<5%）	低危（<5%）	低危（<5%）
	2 个	低危（<5%）	低危（<5%）	中危（5% ～ 9%）
	3 个	低危（<5%）	中危（5% ～ 9%）	中危（5% ～ 9%）
有高血压	0 个	低危（<5%）	低危（<5%）	低危（<5%）
	1 个	低危（<5%）	中危（5% ～ 9%）	中危（5% ～ 9%）
	2 个	中危（5% ～ 9%）	高危（≥10%）	高危（≥10%）
	3 个	高危（≥10%）	高危（≥10%）	高危（≥10%）

↓ ASCVD10 年发病危险为中危且年龄小于 55 岁者，评估余生危险

具有以下任意 2 项及以上危险因素者，定义为 ASCVD 高危：

◎收缩压≥160 mmHg 或舒张压≥100 mmHg　　◎BMI≥28 kg/m²

◎非 –HDL–C≥5.2 mmol/L（200 mg/dl）　　◎吸烟

◎HDL–C<1.0 mmol/L（40 mg/dl）

注：*，包括吸烟、低 HDL-C 及男性 ≥ 45 岁或女性 ≥ 55 岁。慢性肾病患者的危险评估及治疗请参见特殊人群血脂异常的治疗。ASCVD，动脉粥样硬化性心血管疾病；TC，总胆固醇；LDL-C，低密度脂蛋白胆固醇；HDL-C，高密度脂蛋白胆固醇；非 -HDL-C，非高密度脂蛋白胆固醇；BMI，体重指数。1mmHg=0.133 kPa

图 3-12-1　动脉粥样硬化性心血管病发病风险评估流程图

三、临床分类与治疗

（一）血脂异常的诊断及临床分类

血脂异常从病因上分为两类，即继发性高脂血症和原发性高脂血症。

继发性高脂血症指由于其他疾病所引起的血脂异常。如肥胖、糖尿病、肾病综合征、甲状腺功能减退、肾功能衰竭、肝病、系统性红斑狼疮、糖原累积症、骨髓瘤、脂肪萎缩症、急性卟啉病、多囊卵巢综合征。此外，非生理状态（如酗酒、口服避孕药、利尿剂、糖皮质激素）也可能引起继发性血脂异常。

| 第三篇 | 应用篇 |

另一类是原发性血脂异常,即未找到引起血脂异常的明确病因,往往是由于遗传因素或环境因素,以及不良生活方式所致,可判定为原发性。在原发性血脂异常患者中,有些存在单一或多个遗传基因的缺陷,有明确的家族聚集性,临床上称为家族性高脂血症,主要是家族性高胆固醇血症、家族性混合型高脂血症、家族性高甘油三酯血症等,患者往往在青少年期就出现高脂血症。

WHO 制定了高脂蛋白血症表型分型,主要基于各种血浆脂蛋白升高的程度不同分型,共分为 Ⅰ、Ⅱa、Ⅱb、Ⅲ、Ⅳ、Ⅴ 6 型,其中临床上常见的是 Ⅱa 和 Ⅱb 型。Ⅱa 型血脂测定呈 TC 升高、TG 正常;Ⅱb 型血脂测定呈 TC 和 TG 均升高。这种分型法有利于指导临床诊断和治疗,但所需的检测项目繁多,个别类型的确诊需要复杂的技术和昂贵的设备。因此,对于临床治疗和社区预防,进行血脂异常的简易临床分型即可,即将血脂异常分为高胆固醇血症、高甘油三酯血症、混合型高脂血症和低高密度脂蛋白血症(表 3-12-10)。

表 3-12-10 血脂异常的临床分类

	TC	TG	HDL-C	相当于 WHO 表型
高胆固醇血症	增高			Ⅱa
高 TG 血症		增高		Ⅳ、Ⅰ
混合型高脂血症	增高	增高		Ⅱb、Ⅲ、Ⅳ、Ⅴ
低 HDL-C 血症			降低	

注:TC,总胆固醇;TG,甘油三酯;HDL-C,高密度脂蛋白胆固醇;WHO,世界卫生组织。

(二)血脂异常的治疗

1. **血脂异常的治疗原则** 根据《中国成人血脂异常防治指南》(2016 年修订版),血脂异常的治疗原则包括:

(1)临床上应根据个体 ASCVD 危险程度,决定是否启动药物调脂治疗。

(2)将降低 LDL-C 水平作为防控 ASCVD 危险的首要干预靶点,非 -HDL-C 可作为次要干预靶点。

(3)调脂治疗需设定目标值:极高危者 LDL-C < 1.8 mmol/L,高危者 LDL-C < 2.6 mmol/L,中危和低危者 LDL-C < 3.4 mmol/L。

(4)LDL-C 基线值较高不能达目标值者,LDL-C 至少降低 50%。极高危患者 LDL-C 基线在目标值以内者,LDL-C 仍应降低 30% 左右。

(5)临床调脂达标,首选他汀类调脂药物。起始宜应用中等强度他汀,根据个体调脂疗效和耐受情况,适当调整剂量,若胆固醇水平不能达标,则与其他调脂药物联合使用。

2. **血脂异常治疗**

(1)生活方式干预治疗:血脂异常明显受饮食及生活方式的影响,饮食治疗和生活方式改善是治疗血脂异常的基础措施。无论是否进行药物调脂治疗,都必须坚持控制饮食和改善生活方式。良好的生活方式包括坚持心脏健康饮食、规律运动、远离烟草和保持理想体重。生活方式干预是一种获得最佳成本 / 效益和风险 / 获益的治疗措施。

(2)药物治疗:调脂药主要包括两大类,①降低血总胆固醇和低密度脂蛋白为主的药物,主要是 HMG-CoA 还原酶抑制剂(他汀类),如洛伐他汀、辛伐他汀、普伐他汀、氟伐他汀。②降低甘油三酯为主的药物,主要是贝丁酸类,如非诺贝特、苯扎贝特、吉非罗齐。两类药物又都具有增高高密度脂蛋白的作用。但这些药物都具有不同程度的副作用,必须在医生指导下应用。血脂具体治疗达标值见表 3-12-11。

表 3-12-11 不同 ASCVD 危险人群降 LDL-C/ 非 -HDL-C 治疗达标值

危险等级	LDL-C	非-HDL-C
低危、中危	< 3.4 mmol/L（130 mg/dl）	< 4.1 mmol/L（160 mg/dl）
高危	< 2.6 mmol/L（100 mg/dl）	< 3.4 mmol/L（130 mg/dl）
极高危	< 1.8 mmol/L（70 mg/dl）	< 2.6 mmol/L（100 mg/dl）

注：ASCVD，动脉粥样硬化性心血管疾病；LDL-C，低密度脂蛋白胆固醇；非-HDL-C，非高密度脂蛋白胆固醇。

四、健康管理方案

由于每个人的生活习惯和存在的问题都不一样，因此，慢性疾病的健康管理应强调个体化的原则。由于生活习惯的矫正和改善，只有坚持很长时间才会体现出健康效应，所以，健康管理应重视连续的过程。在开展社区居民的血脂异常预防及管理时，应按照下列程序进行工作。

（一）基本健康信息收集

血脂水平除受遗传、性别、年龄等不易改变的因素影响外，常取决于与脂质代谢有关的可调整和改变的因素，如膳食、生活方式和环境。因此，查明每个个体的健康危险因素是健康管理的第一步。主要收集以下基本资料：

1. **一般情况调查**　年龄、性别、文化程度、经济收入、婚姻状况。

2. **现在健康状况、既往史、家族史调查。**

3. **血脂测定**　血脂水平受膳食等多种因素的影响，血脂测定前的最后一餐，应忌用高脂膳食且不能饮酒，空腹 12 h 以上取静脉血检测。应包括测定血清 TC、HDL-C 及 TG 水平，对于血清 LDL-C 水平，按照上述方法进行。

首次检验如发现血脂异常，应在其后的 2 ~ 3 周内进行复查，若仍属异常，即可确诊为血脂异常。

4. **血压、身高、体重、腰围的测量。**

5. **生活习惯调查**　主要包括①吸烟状况；②身体活动状况；③饮食习惯及营养调查：其中要着重调查脂肪（尤其是饱和脂肪酸含量高的食物——黄油和动物脂肪、胆固醇）的摄入状况，以及是否有吃零食、吃夜宵的习惯；是否喜欢吃肥肉和油炸食品；④饮酒状况。

6. **血糖测定。**

7. **动脉粥样硬化的检查**　血脂异常是动脉粥样硬化最重要的危险因素。因此患病时间较长的患者要进行冠状动脉造影及颈动脉内中膜厚度检查以了解动脉粥样硬化的情况。

（二）血脂异常患者的治疗性生活方式管理

针对血脂异常的主要危险因素，开展治疗性生活方式管理，主要包括合理营养与膳食指导、身体活动指导、控制体重指导、戒烟指导。

1. **合理营养与膳食指导**

（1）膳食治疗的原则和目的：血浆脂质主要来源于食物，并可随膳食结构的改变而增加或减少，因此膳食疗法是治疗血脂异常的基础。

健康人最佳营养需要，可从符合营养素供给量标准（DRIs）的膳食中得到满足。因此，血脂异常的膳食治疗首先应以满足人体生理需求，维持身体健康和保持体重为原则。在平衡膳食的基础上，力争达到中国营养学会推荐的建议每月摄取量（RDA），同时针对血脂异常的临床类型，全面考虑各种营养素对血脂作用的相互影响，制定相应的膳食谱，以达到调节血脂的目的。

（2）膳食治疗的主要内容及目标：《中国成人血脂异常防治指南》（2016 年修订版）提出的治疗性生活方式改变（therapeutic life-style change，TLC）的建议见表 3-12-12，主要是减少饱和脂肪酸和胆固醇的摄入量，限制总热量和增加身体活动以达到热量平衡，并注意增加植物固醇和可

第三篇　应用篇

溶性纤维，同时为防治高血压还应减少食盐摄入量。

表 3-12-12　生活方式改变基本要素

要素	建议
限制使 LDL-C 升高的膳食成分	
饱和脂肪酸	＜总能量的 7%
膳食胆固醇	＜ 300 mg/d
增加降低 LDL-C 的膳食成分	
植物固醇	2 ～ 3 g/d
水溶性膳食纤维	10 ～ 25 g/d
总能量	调节到能够保持理想体重或减轻体重
身体活动	保持中等强度锻炼，每天至少消耗 200 kcal 热量

注：LDL-C，低密度脂蛋白胆固醇。

（3）合理膳食结构和膳食习惯：在合理控制总能量的基础上，合理分配碳水化合物、脂肪的摄入比例。建议每日膳食中碳水化合物提供的能量占总能量的 50% ～ 65%，脂肪提供的能量占总能量的 20% ～ 30%。碳水化合物摄入以谷类、薯类和全谷物为主，选择富含膳食纤维和低升糖指数的碳水化合物替代饱和脂肪酸，饱和脂肪酸摄入量应小于总能量的 10%，高胆固醇血症者饱和脂肪酸摄入量应小于总能量的 7%，反式脂肪酸摄入量应小于总能量的 1%。

合理的膳食习惯应保持热量均衡分配，饥饱不宜过度，不要偏食，切忌暴饮暴食或塞饱式进餐，改变晚餐丰盛和入睡前吃夜宵的习惯。应食用富含维生素 C 的食物（新鲜蔬菜和水果等）、富含膳食纤维的食物（蔬菜、豆类、粗粮等）、含优质蛋白的食物（鸡蛋清、瘦肉、脱脂奶等）、富含 n-3 不饱和脂肪酸的食物（三文鱼、沙丁鱼、金枪鱼等海水鱼类）；不吃或少吃动物内脏、肥肉、各类高胆固醇食物、甜食和纯糖类食物；少饮酒，最好不饮；减少食盐的摄入。

（4）生胆固醇指数与食物的选择：研究表明，80 ～ 90% 的血清总胆固醇来自体内肝的合成，而从摄入食物中吸收的仅占 10 ～ 20%，图 3-12-2 显示了血清总胆固醇的来源及影响体内合成的因素。因此，选择食物时，不应只简单地关注膳食中胆固醇的含量，更应该关注生胆固醇指数（衡量食物摄入后引起血胆固醇的一项生理指标），有些食物尽管胆固醇含量很低，但进入机体后，能增加体内胆固醇的合成，选择生胆固醇指数低的食物更有助于控制血胆固醇水平。常见食物生胆固醇指数与胆固醇含量的比较见表 3-12-13。

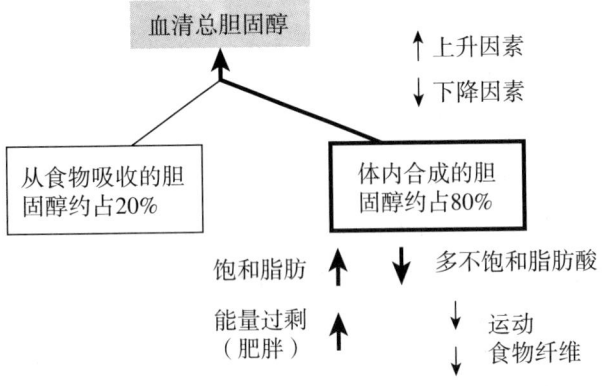

图 3-12-2　血清总胆固醇的来源

常见慢性疾病健康管理　第十二章

表 3-12-13　食物生胆固醇指数、胆固醇含量和饱和脂肪酸含量的比较

食品名称（100 g）	生胆固醇指数（mg/dl）	胆固醇含量（mg）	饱和脂肪酸（g）	多不饱和脂肪酸（g）
黄油	64.4	210	51.4	2.4
巧克力	23.0	16	20	1.2
猪肉（五花）	17.4	60	15.5	3.9
鸡蛋（全）	12.1	430	3.1	1.6
牛肉（五花）	10.3	70	7.6	0.5
猪肝	6.1	250	0.8	0.8
鸡肉（腿）	5.5	95	3.9	2.3
鱼肉	2～3	50～70	1～3	2～4
豆腐	-0.4	0	0.9	2.5
豆油	-17.4	1	14.0	57.4

2. 身体活动指导　适量有规律的身体活动，能增加机体的能量消耗，减少体内脂肪的蓄积，使体重下降。适度身体活动有助于改善人体脂质代谢，使血胆固醇、甘油三酯、低密度脂蛋白和极低密度脂蛋白水平降低，而使高密度脂蛋白水平升高，从而有利于减少冠心病等发病的危险。因此，坚持长期规律的身体活动不仅对血脂有明显的调节作用，也有利于提高人体素质，降低心血管疾病的综合风险。

单纯血脂异常而无其他合并症者，应保持中等强度的活动量，即指每天通过身体活动能消耗 200～300 kcal 热能，如每天快走 3～5 km。对于合并其他慢性疾病者，应自行掌握身体活动量，以活动时不感觉疲劳为原则。除了常见的体育运动（如慢跑、快走、骑自行车、游泳、球类运动、健美操）外，更强调的是，身体活动不必拘泥于形式，任何引起体力消耗的身体活动均有健康效应，散步、上楼梯、站立、家务劳动等。

身体活动量要循序渐进，从轻度活动开始，逐渐加大活动量，决不能勉强，如果身体活动后感觉头昏、心悸、气促、虚弱等，说明活动量过大，应减少活动量。

建议每周 5～7 天、每次 30 min 的中等强度有氧运动，并不强制要求每次时间达到期望值，而是以每天或每周的累计时间计算，能够持之以恒。对于 ASCVD 患者应先进行运动负荷试验，充分评估其安全性后，再进行身体活动。

3. 控制体重指导　肥胖可引起一系列激素与代谢紊乱，以产生胰岛素抵抗为主，而中心型肥胖更易引起胰岛素抵抗和代谢紊乱，从而直接或间接对血脂代谢产生不良影响。目前中心型肥胖已被认为是代谢综合征的基础病变。高甘油三酯血症和低高密度脂蛋白血症也是代谢综合征的常见类型，因此控制体重是防治血脂异常的主要目标。

饮食过量和缺乏身体活动是造成肥胖的主要原因，因此控制体重的主要原则是减少能量摄入和积极增加身体活动。长期控制能量摄入和增加能量的消耗是肥胖症的基础治疗。通过严格限制能量的摄入使膳食供能量低于机体实际消耗量，以造成机体能量的负平衡。对能量的控制要循序渐进，逐步降低。减少每日食物总能量（每日减少 300～500 kcal），改善饮食结构，增加身体活动，可使超重和肥胖者体重减少 10% 以上。维持健康体重，有利于血脂控制。

改变不良的膳食习惯（如不吃早餐，午餐和晚餐特别是晚餐进食过量；爱吃零食、甜食；进餐速度过快；爱吃肥肉；暴饮暴食，偏食）是控制能量摄入以达到控制体重的关键。同时保持长期营养素分配比例均衡，有利于维持体重，并恢复其正常生理功能。另外，提倡家中购买体重计，养成经常测量体重的习惯。

4. 戒烟指导 大量的动物实验和流行病学及临床研究均表明，吸烟对血脂代谢的影响是负面的，可使血胆固醇、甘油三酯水平升高，HDL-C 水平下降。除此之外，吸烟对健康的危害是多方面的，因此，倡导全人群不吸烟、戒烟，以及减少被动吸烟。血脂异常者尤其必须戒烟。可以选择戒烟门诊、戒烟热线咨询及药物来协助戒烟。

（三）药物治疗指导

血脂异常防治建议提出血脂异常的治疗原则：最主要目的是为防治冠心病，因此，应根据是否已有冠心病或冠心病危症，以及有无心血管危险因素，结合血脂水平，进行全面评价，以决定治疗措施及血脂的目标水平。

药物治疗必须在医生指导下应用，无论是否进行药物调脂治疗都必须坚持控制饮食和改善生活方式。根据血脂异常的类型及其治疗需要达到目的选择合适的调脂药物。需要定期地进行调脂疗效和药物不良反应的监测，将降低 LDL-C 作为首要目标。

（四）评价效果指标

健康管理的核心是长期、连续的过程，因此，开展生活方式管理一定时期后，应进行效果评估（与健康管理的工作程序一致：收集信息、资料分析与评估），评估指标包括血脂控制情况、体重变化情况，生活习惯的改变情况等，通过与管理前的指标进行对比分析，修正管理计划和方案，继续下一步的健康管理、健康促进。要强调的是，各指标的改善状况，无论大小，都应给予充分的肯定，并鼓励被管理者坚持下去，以取得更大的健康效应。

（刘爱萍）

第四节　肥胖的健康管理

一、概念、流行病学与危险因素

（一）肥胖概念

肥胖指身体内脂肪过度堆积和（或）分布异常，体重增加，是遗传和环境等多因素相互作用引起的全身慢性代谢性疾病。肥胖发生的根本原因在于营养素的能量代谢失衡：营养素摄入过多，摄入的营养超过机体代谢需要，多余的能量便转化为脂肪贮存体内而引起肥胖。肥胖是多种疾病（如 2 型糖尿病、高血压、血脂异常、缺血性心脏病）发生的危险因素，对人类健康构成了严重威胁。肥胖根据病因具有以下分类。

1. 遗传性肥胖 主要指遗传物质（染色体、DNA）发生改变而导致的肥胖，这种肥胖极为罕见，常有家族性肥胖倾向。

2. 继发性肥胖 主要指由于脑垂体 - 肾上腺轴发生病变、内分泌紊乱或其他疾病、外伤引起的内分泌障碍而导致的肥胖。

3. 单纯性肥胖 主要是指排除由遗传性疾病、代谢性疾病、外伤或其他疾病所引起的继发性、病理性肥胖，而单纯由于营养过剩所造成的全身性脂肪过量积累。

（二）肥胖的流行病学特征

《中国居民营养与慢性病状况报告（2020 年）》显示，超重率和肥胖率呈上升趋势，全国 18 岁及以上成人中超重 / 肥胖人群占一半，6 ~ 17 岁儿童、青少年超重 / 肥胖率为 19.0%；而 2015 年的报告显示 18 岁以上成人超重率为 30.1%，肥胖率为 11.9%，6 ~ 17 岁儿童、青少年超重率为 9.6%，肥胖率为 6.4%。

超重 / 肥胖造成的并发疾病与死亡风险密切相关，成为可预防疾病及失能的首要原因。

常见慢性疾病健康管理 / 第十二章

（三）肥胖的危险因素

肥胖的发生发展既受遗传因素的影响，又与个人的生活方式有关，是二者长期相互作用的结果，其中个人的生活方式起主要作用，肥胖的危险因素主要包括以下几个方面。

1. 遗传因素 有研究认为，双亲中一方为肥胖，其子女肥胖率约为50%；双亲中双方均为肥胖，其子女肥胖率上升至80%。

2. 不健康生活方式

（1）能量摄入过多：营养素及能量摄入过多，超过机体的需要，剩余部分便转化成脂肪储存于体内，导致肥胖。

（2）膳食结构失衡 ①脂肪比例失衡：膳食中脂肪（尤其是动物性脂肪）摄入增加是发生肥胖的重要原因。研究表明脂肪（特别是动物性脂肪）能提高食物的能量密度（能量密度指一定体积的食物或膳食所产生的能量），导致过度的能量摄入，超过能量消耗的脂肪并不被机体氧化，而是在体内储存，使能量正平衡，引起体脂增加。动物脂肪（主要为饱和脂肪酸）摄入过多，除了可能导致肥胖外，还可增加高脂血症和动脉粥样硬化发生的风险。②碳水化合物摄入增加：美国国家健康与营养调查（NHANES）显示随着脂肪供能比下降、碳水化合物摄入量上升，肥胖的检出率加速增长。③其他营养素：由于谷类、新鲜蔬菜和水果等食用偏少而致膳食纤维摄入不足与肥胖发生也有一定关系。在谷类、蔬菜和水果中，含有大量不被人体消化吸收的膳食纤维，膳食纤维被摄入后，极易吸收水分并迅速膨胀，不仅使人的饱腹感来得快、保持时间长，而且释放出来的能量少，起着防止能量摄入过多，预防肥胖保持体重的作用。

（3）不健康饮食行为：饮食行为不健康也是影响肥胖发生的重要因素。如经常性的暴饮暴食、喜食零食、夜间加餐。

（4）身体活动不足：长期久坐，缺乏身体活动，能量消耗不足，导致体内的脂肪堆积，体重增加，是引起肥胖病的重要危险因素。

（5）饮酒：饮酒过量会增加肥胖的风险，男性酗酒使肥胖的发病风险高于女性。

（6）吸烟：肥胖者的吸烟率高于无肥胖者，且吸烟次数与肥胖发生呈正相关。

3. 社会环境因素 随着经济收入的增加，购买力和消费力在一定程度上提高，食物的选择更加丰富；同时社会竞争压力大、工作生活节奏快；使得居民膳食模式和进食模式发生了巨大变化，应酬增多，在家就餐时间减少，同时在外就餐和购买加工食品、快餐食品的频率日益增加，这些食品的脂肪含量过高。另外，社会、文化和心理因素等也可能影响肥胖的发生。

二、肥胖的诊断和筛查

（一）肥胖的诊断

肥胖的诊断主要根据体内脂肪积聚过多和（或）分布异常。肥胖的分类有多种，按脂肪的分布可分为全身性（均匀性）肥胖、中心型（向心性）肥胖等。中心型肥胖指脂肪主要在腹壁和腹腔内蓄积过多，中心型肥胖者发生代谢综合征的危险性较均匀性肥胖者明显增高。反映肥胖程度的指标主要包括以下两种。

1. 体重指数（BMI） BMI是计算身高别体重指数，与身体总体脂肪密切相关，BMI= 体重（kg）/ 身高的平方（m²）。使用BMI的目的在于消除不同身高对体重指数的影响，以便于人群或个体间比较。

《中国心血管病预防指南（2017）》和《中国2型糖尿病防治指南（2020年版）》将超重标准设为BMI ≥ 24 kg/m²、肥胖标准为BMI ≥ 28 kg/m²。

筛查体重通过测量体重和身高，计算BMI将评估结果分为：体重过低、体重正常、体重超重、体重肥胖。中国成人BMI分级标准见表3-12-14。

第三篇　应　用　篇

表 3-12-14　中国成人体重指数（BMI）分类建议

分类	BMI（kg/m²）
体重过低	< 18.5
体重正常	18.5 ~ 23.9
超重	24.0 ~ 27.9
肥胖	≥ 28

2. 腰围（WC）　是另一个被用来反映肥胖程度的指标，指腰部周径的长度（经肋弓和髂嵴之间腰最细部位的水平周长）。目前公认腰围是衡量脂肪在腹部蓄积（即中心型肥胖）程度最简单、实用的指标。筛查中心型肥胖通过测量腰围，中国成人中心型肥胖分类见表 3-12-15。

表 3-12-15　中国成人中心型肥胖分类

分类	腰围（cm）
中心型肥胖前期	85 ≤ 男性腰围 < 90
	80 ≤ 女性腰围 < 85
中心型肥胖	男性腰围 ≥ 90
	女性腰围 ≥ 85

应注意肥胖并非单纯体重增加，若体重增加是肌肉发达，则不应认为肥胖；反之，某些个体虽然体重在正常范围，但存在高胰岛素血症和胰岛素抵抗，有易患 2 型糖尿病、血脂异常和冠心病的倾向，因此应全面衡量。

（二）肥胖症的筛查

根据 BMI、腰围和中国成人肥胖分类及相关疾病的危险度，肥胖症的筛查及防治流程如图 3-12-3。

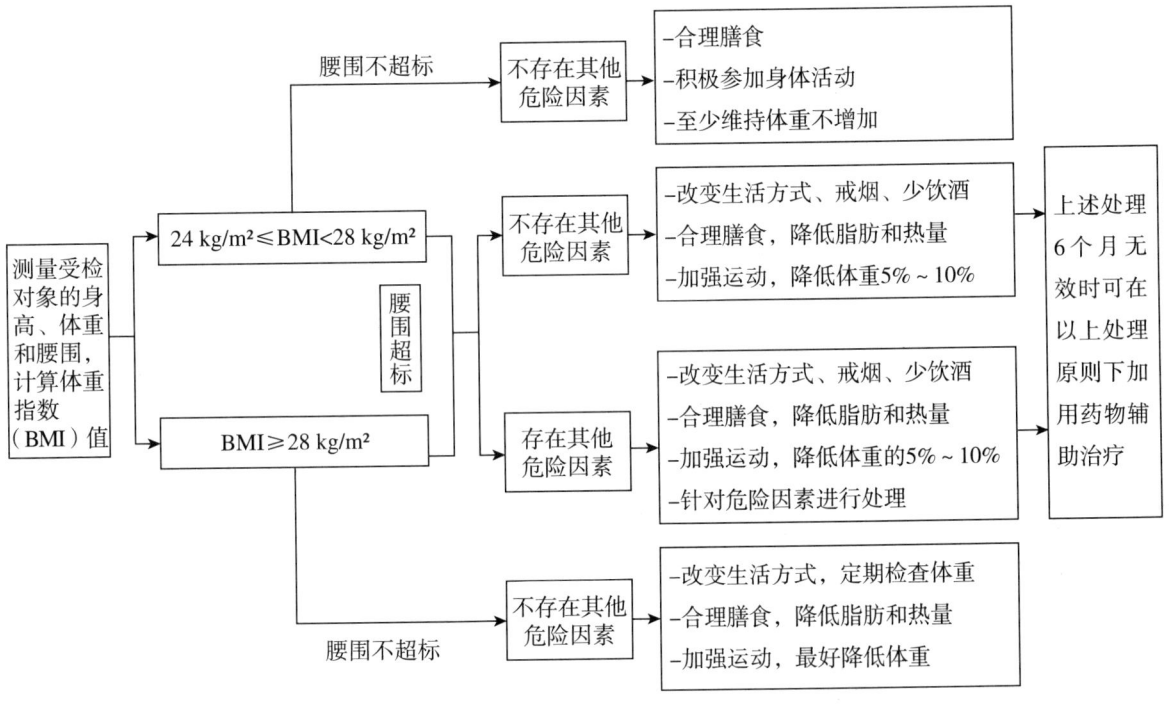

图 3-12-3　肥胖症的筛查及防治流程

358

（三）肥胖的风险评估与预测

防治肥胖的目的不仅是控制体重，更重要的是通过控制超重和肥胖以减少相关慢性疾病的发病率。

1. 中国成人超重和肥胖的体重指数和腰围与相关疾病危险的关系　中国肥胖问题工作组根据我国人群大规模测量数据，汇总分析了体重指数与相关疾病患病率的关系，提出以体重指数、腰围的分类标准，评估相关疾病的危险度，评估结果分为增加、高、极高（表 3-12-16）。

表 3-12-16　中国成人超重和肥胖的体重指数和腰围界限值与相关疾病危险的关系

分类	体重指数（BMI）/（kg/m²）	腰围 /cm		
		男：< 85 女：< 80	男：85 ~ 95 女：80 ~ 90	男：≥ 95 女：≥ 90
体重过低	< 18.5			
体重正常	18.5 ~ 23.9		增加	高
体重超重	24 ~ 27.9	增加	高	极高
体重肥胖	≥ 28	高	极高	极高

2. WHO 肥胖发生相关疾病或症状的相对危险度　WHO1998 年发布《肥胖：预防和管理全球流行病报告》显示肥胖与相关疾病等危险度见表 3-12-17。

表 3-12-17　肥胖症发生肥胖相关疾病或症状的相对危险度[*]

危险性显著增高（相对危险度大于 3）	危险性中等增高（相对危险度 2 ~ 3）	危险性稍增高（相对危险度 1 ~ 2）
2 型糖尿病	冠心病	女性绝经后乳腺癌，子宫内膜癌
胆囊疾病	高血压	男性前列腺癌
血脂异常	骨关节病	结肠直肠癌
胰岛素抵抗	高尿酸血症和痛风	多囊卵巢综合征
气喘	脂肪肝	生育功能受损
睡眠中阻塞性呼吸暂停	背下部疼痛	麻醉并发症

注：* 相对危险度是指肥胖者发生上述肥胖相关疾病的患病率是正常体重者对该病患病率的倍数。

三、肥胖治疗

肥胖的适宜治疗目标是强调合理的减轻体重，减少肥胖并发症的风险，并对出现并发症的患者进行针对性的治疗。

生活方式改善为减肥的起点，详见健康管理方案。药物治疗只是生活行为方式治疗的辅助法，不应单独应用。

《中国超重 / 肥胖医学营养治疗指南》（2021）建议药物减重的适应证为：① BMI ≥ 28 kg/m²；② BMI ≥ 24 kg/m² 合并以下情况之一的患者：①合并高血糖、高血压、血脂异常和非酒精性脂肪性肝病；②合并负重关节疼痛；③肥胖引起呼吸困难或有睡眠呼吸暂停综合征。经过 3 个月的生活方式干预仍不能减重 5%，在生活方式和行为干预的基础上推荐应用药物进行减重治疗。

常用减重药物分为如下几大类。

1. 非中枢性作用减肥药 奥利司他是胃肠道胰脂肪酶、胃脂肪酶的抑制剂，减慢胃肠道中食物脂肪水解过程，减少对脂肪的吸收，促进能量负平衡从而达到减重效果。常见不良反应有轻度消化系统副作用，如肠胃胀气、大便次数增多和脂肪便，需关注是否影响脂溶性维生素吸收等，已有引起严重肝损害的报道。本药尚需长期追踪及临床评估。

2. 中枢性作用减肥药 主要通过下丘脑调节摄食的神经递质，如儿茶酚胺、氟西汀。可引起不同程度口干、失眠、乏力、便秘、月经紊乱、心率增快和血压增高等副作用。老年人及糖尿病患者慎用。高血压、冠心病、充血性心力衰竭、心律不齐或卒中患者禁用。

3. 兼有减重作用的降糖药物 肥胖与 2 型糖尿病之间关系密切，部分降糖药物有一定的减重作用，可在肥胖的 2 型糖尿病患者中使用。如二甲双胍促进组织摄取葡萄糖和增加胰岛素敏感性，能使肥胖的 2 型糖尿病患者体重不同程度地减轻，也可减轻其他降糖药对体重的不良影响。另外，胰高血糖素样肽 1（GLP-1）受体激动剂艾塞那肽和抑胃肽 1（GIP-1）类似物利拉鲁肽在控制血糖的同时有减轻体重的作用，其减重作用与抑制食欲，缓解胃内容物排空有关。

下列情况不宜应用减肥药物：①儿童，②孕妇、乳母，③对该类药物有不良反应者，④正在服用其他选择性血清素再摄取抑制剂。

四、健康管理方案

（一）肥胖的预防

肥胖大多数是由外因引起的，因而从理论上讲应该是可以预防的，但在实际生活中由于不良习惯很难改变，行之有效的预防措施又难以坚持，因此预防的效果往往不是很大。关于预防措施，首要的任务是在公众中宣传肥胖对人类健康的危害，教育、指导居民合理平衡膳食的可操作方法，改掉不良饮食习惯、生活习惯，多参加户外活动和体育锻炼。许多成人肥胖始于童年，因此对于肥胖的防治应从儿童时期抓起。

总之，无论是成年人还是儿童青少年，肥胖的预防主要有 3 种形式：普遍性预防、选择性预防和针对性预防。

1. 普遍性预防 面向全部人群，以降低肥胖发生率和患病率为目标，通过改变不健康的生活方式和体重监测预防肥胖：①改善膳食结构；②增加身体活动；③减少吸烟、饮酒；④自我监测体重，防止体重增加过快；定期检查与肥胖相关疾病的危险因素，及早发现高血压、高血糖、血脂异常等隐患，及时采取干预措施。

2. 选择性预防 面向肥胖高危人群，即超重和有肥胖、2 型糖尿病、高血压家族史及其他危险因素的人群，如戒烟、低出生体重、静坐式工作的人群，以降低肥胖患病率为目标。重点预防肥胖程度进一步加重，预防出现与肥胖相关的并发症。预防控制目标是增加高危人群关于肥胖相关知识和技能，主要措施包括：①增强自我管理意识，强调监测体重的重要性和必要性；②开展健康教育和健康促进，提高肥胖相关知识、改变观念、态度和行为；强调环境或生活方式对肥胖发生发展的促进作用，了解只有通过合理膳食、增加身体活动才能有效预防肥胖。③在社区、学校、工作场所进行筛查，早期发现高危个体。

3. 针对性预防 面向肥胖症和（或）伴有并发症的患者，以预防体重进一步增加及降低体重相关疾病的患病率为目标，以减少或消除发生并发症的危险因素。对肥胖并伴有并发症的患者，重点是预防体重进一步增加，并对已出现的并发症进行疾病管理，如自我监测体重、制订减重目标、指导相应的药物治疗方法。主要措施包括 ①开展健康教育和健康促进：强化肥胖可进一步加重相关疾病的风险，增强减重信念，如肥胖相关讲座、同伴交谈会；②为患者创造减重氛围：争取家人配合，在家人的帮助下减重成功；③监测肥胖相关的危险因素：在医务人员指导下做好体重自我监测，记录膳食情况、身体活动及体重和生理指标的变化等，采取综合干预方法实施减重计划，并定期随访。

常见慢性疾病健康管理 / 第十二章

（二）肥胖的健康管理

由于肥胖发生的根本原因在于长期机体能量摄入量超过消耗量而导致脂肪在体内沉积，因此其防治的中心环节是通过调节机体的营养素摄入和能量消耗而达到维持能量代谢平衡的目的。因此，肥胖症的治疗应强调以营养、行为治疗为主，在合理营养的同时应坚持规律地进行身体活动。

1. 膳食指导　控制总热能摄入量。通常在目标能量摄入的基础上每日减少能量摄入500 ～ 1000 kcal（男性为 1200 ～ 1400 kcal/d，女性为 1000 ～ 1200 kcal/d），或推荐摄入量减少总能量的 1/3，其中碳水化合物摄入占每日总能量的 55% ～ 60%，脂肪摄入占每日总能量的 25% ～ 30%，蛋白质摄入占每日总能量的 15% ～ 20%。

在食物种类的选择上，应多吃蔬菜、水果、谷类食物、奶类和瘦肉，少吃肥肉等油脂含量高的食物，一日三餐食物总摄入量应控在 500 g 以内。为防止饥饿感，可吃纤维含量高的食品，或市场上出售的纤维食品。减少食物摄入量和种类，但应注意保证蛋白质、维生素、无机盐和微量元素的摄入量达到供给量标准，以便满足机体正常的生理需要。同时为了达到减肥目的，还应改掉不良的饮食习惯，如暴饮暴食、吃零食、偏食。

2. 身体活动指导　长期低强度身体活动（如散步）与高强度身体活动一样有效。这一点很重要，因为大多数肥胖者不习惯于身体活动，并会中断这种充满活力的养生法。而低强度活动如散步，骑自行车较容易坚持，常是肥胖者首选的运动疗法，通常的做法是，运动疗法和节食法并用会取得更有效的减重效果。建议进行中等强度的有氧运动，并循序渐进地增加身体活动量。

3. 治疗指导　大多数肥胖者通过控制膳食，减少总能量摄入，增加身体活动，体重可明显减轻。通过行为疗法体重减少仍不理想者，可考虑药物辅助减重。

（1）减肥药：通过抑制进食，抑制脂肪合成与吸收，促进能量代谢的调节等环节发挥作用。

（2）非药物疗法：是我国传统医学在治疗肥胖中所表现出的独到之处。主要有针刺疗法、耳穴贴压法、艾灸疗法、指针减肥法、推拿按摩法等多种方法，用于治疗单纯性肥胖症有一定疗效。

（3）外科疗法：适用于严重的病态性肥胖者。外科治疗肥胖主要有两种方式：一种是胃肠外科手术，目的是减少和限制消化道食物营养成分的吸收，包括减少胃容量（胃成形术、胃分隔术等）、减少食物有效吸收（胃分流手术、空回肠短路手术）和肠道分流等手术方术。另一种外科手术疗法是局部脂肪切除术，适合腹型或臀型肥胖者。这种手术降低体重的效果显著，但是需要饮食控制等治疗方法的配合，否则切除脂肪的部位可能会再次发生脂肪沉积。

综上所述，饮食控制和运动疗法仍是目前治疗肥胖最为有效的方法。

（刘爱萍）

第五节　冠状动脉粥样硬化性心脏病的健康管理

一、概念、流行病学与危险因素

（一）冠心病的概念

冠状动脉粥样硬化性心脏病，简称冠心病，是指由于冠状动脉发生粥样硬化引起管腔狭窄或闭塞，导致冠状动脉供血不足，心肌缺血、缺氧或坏死的一种心脏病，也称缺血性心脏病。根据冠状动脉病变的部位、范围、血管阻塞的程度和心肌血供不足的发展速度、范围和程度的不同分为不同的临床类型。其中以心绞痛和心肌梗死最常见。近年临床趋于将本病分为以下两大类：

1. 慢性心肌缺血综合征（chronic ischemic syndrome）　包括隐匿型冠心病、稳定型心绞痛和缺血性心肌病等。

2. 急性冠状动脉综合征（acute coronary syndrome，ACS） 包括非 ST 段抬高性 ACS（NSTE-ACS）和 ST 段抬高性 ACS（STE-ACS）两大类。前者包括不稳定型心绞痛（unstable angina pectoris，UAP）、非 ST 段抬高心肌梗死（non-ST segment elevation myocardial infarction，NSTEMI），后者主要是 ST 段抬高心肌梗死（ST-segment elevation myocardial infarction，STEMI）。

（二）冠心病的流行病学特征

心血管疾病是全球死亡的主要原因。2019 年，估计有 1790 万人死于心血管疾病，占全球死亡总数的 32%。其中，85% 死于心脏病和卒中。

《中国卫生健康统计年鉴 2022》显示，2021 年中国居民冠心病死亡率继续 2018 年以来的上升趋势，城市居民为 135.08/10 万，农村居民为 148.19/10 万，农村地区冠心病死亡率上升明显，到 2016 年已超过城市水平。无论是城市地区还是农村地区，男性冠心病死亡率均高于女性。

我国早期流行病学研究表明：①与高发国家相比，我国冠心病流行率仍属较低水平，而卒中发病率较高；②发病率和死亡率逐年增加：在多数西方发达国家人群冠心病及卒中发病率呈下降趋势时，我国人群冠心病及卒中发病率却呈增加趋势。

（三）冠心病的危险因素

冠心病是多种危险因素共同作用所致的慢性疾病。影响冠心病的危险因素主要有年龄、性别、种族、地理环境、血清胆固醇升高、血压升高、吸烟、糖尿病、肥胖、胰岛素抵抗、饮酒、性格类型和社会因素等。在冠心病诸多的危险因素中，高血压、高胆固醇血症和吸烟是冠心病的 3 个主要而独立的危险因素。从健康管理的角度分为可干预的危险因素和不可干预的危险因素。

1. 可干预的危险因素

（1）生活方式危险因素

1）吸烟：是冠心病的重要危险因素。吸烟与冠心病之间存在明显的剂量 - 反应关系。美国、英国、加拿大和瑞典 1200 万人年的观察结果表明，男性中吸烟者的总死亡率、心血管病发病率和死亡率比不吸烟者高 1.6 倍。吸烟者致死性和非致死性心肌梗死的相对危险性较不吸烟者高 2.3 倍。Framingham 研究指出，吸烟可增加冠心病发病率；每天吸烟数量大于、等于和小于 20 支者，发生冠心病的危险性分别是不吸烟者的 7.25、2.67 和 1.43 倍。长期吸烟使血管内皮损伤，在其他危险因素协同作用下加速动脉粥样硬化进程。长期吸烟可降低冠状动脉内皮细胞依赖性血管扩张功能，增加血小板聚集，增高纤维蛋白原，并促使凝血因子水平增高，从而导致并加重冠状动脉粥样斑块的形成。

2）不合理膳食：常指进食过多的高热量、含较多动物性脂肪、糖和盐的食物；蔬菜水果摄入不足。这些不合理膳食常导致肥胖，进而使促进动脉粥样硬化的因素如血压、血脂和血糖水平升高，增加了心血管疾病发病和死亡的危险。

3）缺乏身体活动：身体活动降低冠心病发作危险的机制包括 ①身体活动能促进机体燃烧糖和脂肪并有助于保持理想体重，②降低血压，③增加体内氧的水平，④减轻压力，⑤增强心肌和骨骼功能，促进血液循环和增强肌肉张力。身体活动还可降低发生其他疾病（如癌症）的危险。身体活动多的人通常感觉心情愉快，睡眠更好，精力更充沛，有较强的自信心，注意力能够集中。

4）其他：脑力活动紧张，经常有工作压迫感；性情急躁、好胜心和竞争性强、不善于劳逸结合的 A 型性格者等也与冠心病有关。

（2）生理指标危险因素

1）肥胖：一般认为肥胖对冠心病的影响是通过其他危险因素起中介或放大作用而体现的。随着体重的增加，血压、血 TG、血糖、血胰岛素等促进动脉粥样硬化的因素，其水平均升高，而保护因素 HDL-C 水平则下降，从而增大了心血管疾病发病和死亡的危险。肥胖是否不依赖于血压 / 血糖和血脂而独立起作用，尚不肯定。但肥胖作为一个可变因素，在预防实践中有重要意义。

常见慢性疾病健康管理 / 第十二章

2）高血压：国外对 9 个前瞻性研究资料的荟萃分析结果表明。血压与冠心病的发病呈直接、连续、独立的的关系；舒张压升高 5 mmHg，发病的危险性至少增加 21%；舒张压升高 10 mmHg，危险性增加 37%。Framingham 对男性 18 年的随访研究也表明，高血压者冠心病发病率比血压正常者高出 2.5 倍。国内研究也报道，高血压、高血脂和吸烟这 3 个危险因素中的两个或两个以上因素同时存在时，其致冠心病的协同作用是单一因素作用的 4～9 倍。血压升高可导致血管壁结构改变，加速动脉和小动脉粥样硬化，其血管壁的阻塞和斑块的破溃比血压正常者可提早 20 年。高血压除本身即为动脉粥样硬化主要因素外，继发的左室肥厚会使心脏急性事件发生率显著增高。

3）血脂异常和高胆固醇血症：人群的长期观察和大量动物实验结果，已证明血脂异常能引起心脏和大血管硬化性疾病。Framingham 研究肯定了导致动脉粥样硬化的因素有血脂、血压、血糖和纤维蛋白原。冠心病日后发病与 LDL-C 升高呈正相关，与 HDL-C 升高呈负相关，而 TC/HDL-C 值升高是评价动脉粥样硬化危险的有效指标。血浆甘油三酯是否为冠心病危险因素一直存在争论。Framingham 研究结果至少可以肯定高 TG 伴低 HDL-C 时，冠心病危险性明显增加。高 TG 血症可引起 HDL-C 降低，低密度 LDL 升高，三者在代谢上联系密切，称为粥样硬化性脂蛋白表型或脂质三联症，是具有高度致粥样硬化的脂质紊乱状态。另外，高 TG 血症及脂质交换还可生成富含胆固醇酯的颗粒，后者也有较强的致动脉粥样硬化的作用，与冠心病关系密切。因此，高甘油三酯血症不仅是 TG 的问题，而可能是脂质代谢紊乱的标记。高甘油三酯血症常伴有凝血功能缺陷，后者在冠脉综合征中起重要作用。

4）糖尿病：患者最常见的并发症之一是冠心病，冠心病也是糖尿病患者的主要死亡原因。Framingham 研究显示，男女两性各年龄组糖尿病患者心血管病发病率都高于非糖尿病患者，调整年龄、收缩压、每日吸烟支数、血清胆固醇水平，以及有无心电图示左室肥厚后，男性糖尿病患者发生血栓性脑梗死、冠心病和心血管病死亡率是对照组的 2 倍，女性为 3 倍。

2. 不可干预的危险因素

（1）遗传因素：冠心病家族史在冠心病发病中具有重要作用，是独立的危险因素。家族中有在年轻时患冠心病者，其近亲得病的机会是无这种情况者的 5 倍。亲属关系越近，患病时间越早，亲属患冠心病的危险性越高。

（2）年龄：40 岁以后冠心病患病率明显上升。Framingham 研究发现绝经女性冠心病发病率是非绝经女性的 2 倍。

总之，冠心病发生和发展是多因素相互作用的结果。在冠心病诸多因素防治当中，应重视早期动脉粥样硬化诊断并及时加以控制，有效控制高血压和糖尿病，戒烟，合理调整血浆脂质水平，在女性应积极纠正绝经期后性激素失衡及代谢紊乱。

二、冠心病风险评估与预测

《中国成人血脂异常防治指南》（2023 年）将 LDL-C 或 TC 水平和高血压作为危险分层的重要参数，同时结合其他 ASCVD 危险因素的个数分成 21 种组合，并按照不同组合的 ASCVD 10 年发病平均危险按 < 5%、5%～9% 和 ≥ 10% 分别定义为低危、中危和高危。ASCVD 发病风险评估简化为简易流程图（图 3-12-1）。

三、冠心病的健康管理方案

（一）冠心病一级预防

自 20 世纪 50 年代以来，冠心病已成为危害人类健康的主要慢性非传染性疾病。其不仅给个体带来痛苦，影响生活质量，而且给家庭和社会造成了沉重的负担。冠心病一级预防是针对尚未发生心血管病的人群采取干预措施，旨在减少人群总体的行为危险因素，并积极治疗高危个体防止其发展为疾病，即：改变不健康行为习惯（戒烟限酒、合理饮食、规律运动、保持心理平衡）；定期检测血压、血脂、血糖、体重，发现异常及时进行纠正，将它们控制在目标范围内。因此，预防策略应通过健康教育、环境干预或立法减少不利于健康的行为，促进危险因素的转变，冠心病危险因素中除性别与家族史外，其他危险因素都可以治疗或预防。

1. 改变不健康行为习惯

（1）不吸烟：联合国世界卫生组织已将每年的 5 月 31 日定为"世界无烟日"。应采取各种措施向无烟社会迈进，例如，禁止青少年吸烟，提倡中年人戒烟，劝告老年人少吸或吸低毒烟。尤其有高血压病家族史、肥胖、脑力劳动者更须严格戒烟，广大医务工作者应带头戒烟，并做戒烟的倡导者。

（2）合理膳食：避免超重和肥胖。管住自己的嘴，控制总能量，除尽量避免摄入过多的含动物脂肪的食物外，还要适当减少精制主食量，并增加非精致米面的比例，总量控制八成饱，不要暴饮暴食。保持低盐和高纤维素饮食习惯，多食用蔬菜、水果和豆制品，避免体重增加和体内胆固醇的异常增高。《中国居民膳食指南（2022）》推荐每日摄入量：盐小于 5 g，奶类 300 g，蔬菜 300 ～ 500 g，水果 200 ～ 350 g，禽蛋类 120 ～ 200 g，谷薯类 200 ～ 300 g。合理的膳食可以增加纤维素、维生素、钾等摄入量，降低血脂和改善心血管健康。

（3）适量有氧运动：可降低安静时的血压，改善心肺功能，同时调节紧张情绪。

中低强度的运动在控制血压、改善心肺功能方面比高强度运动更有效。每日 30 min，每周至少做 3 ～ 5 次的运动可以有效改善心血管健康，重在长期坚持。对工作忙碌的年轻群体，每周 2 次较大强度的运动比完全没有运动的个体较少发生心脑血管疾病。

适量运动加合理膳食有助于控制体重。每日总热量摄入应量出为入，即摄入的总热量不超过每日活动消耗的总热量，以维持健康的体重。

步行是很好的有氧代谢运动，减重瘦身，利于睡眠，对调节血脂、预防动脉粥样硬化有很好的作用。每天应坚持步行不少于 1 h，6000 步。

高危人群在开始较大强度的运动之前，需咨询临床医生并接收相应医疗处置。运动处方的制定遵循身体活动的 FITT-VP 原则。健康人的运动处方原则同样适用于心血管患者群，但要注意根据情况及时调整处方。

（4）其他：包括乐观的生活态度，良好的睡眠等。

2. 定期检测血压、血脂、血糖、体重，发现异常及时纠正

（1）降低血压：目前强调在抗高血压治疗时需同时注意控制其他危险因素，因为血压升高易伴有高血脂、高血糖、纤维蛋白原升高，以及心电图不正常。

（2）降低血清胆固醇：实验表明，只有维持较长时间的理想胆固醇水平，才能达到预防冠心病发病或不加重冠心病的目的。建议主要通过非药物途径在人群中预防血脂升高。首先，应广泛开展健康教育，血清总胆固醇水平与冠心病有极显著的相关性。当总胆固醇在 5.2 ～ 6.21 mmol/L（200 ～ 239 mg/dl）或（和）LDL-C 为 3.4 ～ 4.1 mmol/L（130 ～ 159 mg/dl）时，可采取非药物的干预，总胆固醇 ≥ 6.24 mmol/L（240 mg/dl）的高胆固醇血症者，应在医生指导下采取药物和非药物两种降脂措施。

（3）降低血糖：2 型糖尿病患者常合并代谢综合征的一个或多个组分，如高血压、血脂异常、肥胖。伴随着血糖、血压、血脂等水平增高及体重增加，2 型糖尿病并发症的发生风险、发展速度及其危害等将显著增加。对 2 型糖尿病合理的治疗策略应该是综合性的，包括降糖、降压、调脂、抗凝、控制体重和改善生活方式等治疗措施。降糖治疗包括非药物治疗（饮食控制、合理运动、血糖监测、糖尿病教育）和应用降糖药物等综合性治疗措施。

（4）控制体重：主要是减少热量的摄入和增加运动量，超重和肥胖者应减少热量。但通过极低的热量摄入或完全饥饿以达到迅速减重的方法，是不可取的。

常见慢性疾病健康管理 / 第十二章

此外，因为冠状动脉粥样硬化始于儿童及青少年时期，故冠心病的预防应从儿童开始。重点应注意不使儿童过胖或超重，预防血压升高，阻止儿童成为烟民，对有血脂异常及早期心血管病家族史的儿童，每年检查血脂水平，培养儿童运动意识。

（二）冠心病二级预防

冠心病的二级预防主要是针对已经患有各种类型冠心病的患者进行危险因素干预，目的是使患者能够早期诊断和早期进行合理治疗，预防病情恶化或复发，防止心血管事件复发和心力衰竭。其目的在于降低冠心病的致死率和致残率，改善生存和生活质量。

冠心病二级预防措施包括非药物干预（治疗性生活方式改善和运动康复）、药物治疗和心血管危险因素的综合防控，这些措施相结合有助于最大程度改善患者的预后。

美国心脏协会和美国心脏病学会（AHA/ACC）于2011年再次更新了《冠心病和其他粥样硬化性血管疾病的二级预防指南》，将名称改为《冠心病和其他动脉粥样硬化性血管病患者的二级预防及降低风险治疗指南》，主要从12个危险因素方面简洁、明了地给出了冠心病及动脉粥样硬化性疾病二级预防的临床指南建议（表3-12-18）。

表3-12-18　美国心脏协会和美国心脏病学会（AHA/ACC）冠心病及其他动脉粥样硬化性血管病二级预防建议
（2011年更新版）

推荐分级和证据水平的推荐措施	
1. 吸烟 目标：彻底戒烟，且远离烟草环境	（1）每次就诊均询问抽烟情况：Ⅰ（B） （2）建议吸烟者戒烟：Ⅰ（B） （3）评估吸烟者戒烟的自愿性：Ⅰ（B） （4）通过咨询及规划协助戒烟：Ⅰ（B） （5）安排随访，制订专门的戒烟计划，或药物疗法［包括尼古丁替代治疗和安非他酮（抗抑郁药）］：Ⅰ（B） （6）强调避免在工作时和在家中暴露于烟草环境：Ⅰ（B）
2. 血压控制 目标：< 140/90 mmHg，若为糖尿病或慢性肾病患者，则< 130/80 mmHg	（1）所有患者：开始或维持健康的生活方式，包括控制体重，增加体力活动，饮酒适量，减少钠盐摄入，增加新鲜水果、蔬菜和低脂乳制品的摄入：Ⅰ（B） （2）血压≥ 140/90 mmHg 的患者：如果可以耐受，加用降压药物，首选 β受体阻滞剂和（或）血管紧张素转移酶抑制剂（ACEI），必要时可加用其他药物如噻嗪类以达到目标血压：Ⅰ（A）
3. 血脂控制 目标：低密度脂蛋白胆固醇（LDL-C）< 100 mg/dl；高危人群的 LDL-C 降为 70 mg/dl 是合理的； 若甘油三酯≥ 200 mg/dl，则非高密度脂蛋白胆固醇（HDL-C）应< 130 mg/dl；高危人群的非HDL-C 达 100 mg/dl 是合理的	Ⅰ级 （1）所有患者都应测定空腹脂质谱，应根据需要进行降脂治疗，并在出院前启动以下建议：Ⅰ（B） （2）强烈建议所有人改变生活方式，包括日常身体活动并控制体重：Ⅰ（B） （3）开始饮食治疗，减少饱和脂肪酸（占总热量的比例< 7%）、反式脂肪酸和胆固醇（< 200 mg/d）的摄入：Ⅰ（B） （4）除了治疗性的生活方式改变外，在没有禁忌证或记录的不良反应的情况下，还应使用他汀类药物：Ⅰ（A） （5）应使用足够剂量的他汀类药物，将 LDL-C 降至 100 mg/dl，并至少降低 30% 低密度脂蛋白胆固醇：Ⅰ（C） （6）甘油三酯值为 200 mg/dl 的患者应服用他汀类药物，将非高密度脂蛋白胆固醇降至 130 mg/dl：Ⅰ（B） （7）如果甘油三酯≥ 500 mg/dl，为预防胰腺炎，应在降低 LDL-C 治疗前使用贝特类或烟酸以改善其不良反应预防急性胰腺炎：Ⅰ（C）Ⅱ级 （1）如果使用他汀类药物治疗（包括高剂量和高效价他汀类药物的试验）不能达到目标，用胆汁酸螯合剂或烟酸降低药物治疗是必要的：Ⅱa（B）

365

推荐分级和证据水平的推荐措施	
3．血脂控制 目标：LDL-C ＜ 100 mg/dl；高危人群的 LDL-C 降为 70 mg/dl 是合理的； 若甘油三酯 ≥ 200 mg/dl，则非 HDL-C 应 ＜ 130 mg/dl；高危人群的非 HDL-C 达 100 mg/dl 是合理的	（2）对于不耐受他汀类药物的患者，使用胆汁酸螯合剂和（或）烟酸类强化降低 LDL-C 的治疗是必要的：Ⅱa（B） （3）用他汀类药物治疗高危患者，将 LDL-C 降低到 70mg/dl 是合理的：Ⅱa（C） （4）对于风险极高且甘油三酯为 200 mg/dl 的患者，非 HDL-C 目标为 100 mg/dl 是合理的：Ⅱa（B） （5）对于不能耐受或不能通过他汀类药物或胆汁酸螯合剂达到目标 LDL-C 的患者，可考虑使用依泽替米贝和（或）烟酸：Ⅱb（C） （6）对于在接受适当他汀类药物治疗期间非高密度脂蛋白胆固醇持续升高的患者，使用烟酸或贝特类治疗（B）或鱼油（C）是合理的：Ⅱb （7）为降低心血管疾病危险，鼓励以鱼或鱼油胶囊的形式增加 ω3 脂肪酸摄入（1 g/d）：Ⅱb（B）
4．身体活动 目标：30 min/d，每周 7 天（最少每周 5 天）	（1）所有患者建议进行身体活动情况和（或）运动试验的风险评估，以指导治疗和预后Ⅰ：（B） （2）鼓励每天进行 30 ～ 60 min 的适当强度有氧运动（如快走），尽可能多地进行活动，最好是每天进行，并在日常生活中增加身体活动（例如工作、园艺、家务活中的步行时间）以改善心肺健康，并将患者从最不健康、最不活跃的高危人群中移出（最低 20%）：Ⅰ（B） （3）临床医生应建议患者报告并评估与运动相关的症状：Ⅰ（C） （4）鼓励每周至少两天进行阻力训练：Ⅱb（C）
5．体重控制 目标：BMI：18.5 ～ 24.9 kg/m²；腰围：男性 ＜ 90 cm，女性 ＜ 85 cm	（1）每次就诊均评估 BMI 和（或）腰围，如超标，则鼓励患者通过体力活动、降低热量摄入和运动来维持或降低体重，以保持或达到 18.5 ～ 24.9 kg/m² 的目标 BMI：Ⅰ（B） （2）如果女性腰围（髂嵴处水平测量）≥ 85 cm，男性 ≥ 90cm，则首选生活方式调节，并侧重于体重管理：Ⅰ（B） （3）初始的体重降低目标应该是减少体重的 5% ～ 10%，成功以后，如果需要，可以尝试进一步降低体重：Ⅰ（B）
6．糖尿病控制 目标：HbA1c ＜ 7%	（1）与患者的初级护理医师或内分泌专家配合，共同进行糖尿病护理：Ⅰ（C） （2）建议对所有糖尿病患者开始改变生活方式，包括日常身体活动、控制体重、血压控制和血脂：Ⅰ（B） （3）二甲双胍是一种有效的一线药物治疗，如果没有禁忌证，也可能有用：Ⅱa（A） （4）治疗期间根据个体低血糖风险对降糖干预强度进行个体化调整是合理的：Ⅱa（C） （5）开始药物治疗干预使糖化血红蛋白达到目标可能是合理的：Ⅱb（A） （6）可以考虑将 HbA1c 的目标值定为 ≤ 7%：Ⅱb（C） （7）对于有严重低血糖病史、寿命有限的患者可以考虑降低 HbA1c 目标的严格程度预期，晚期微血管或大血管并发症，或广泛的共病，或尽管进行了密集的治疗干预，目标还是很难实现：Ⅱb（C）
7．抗血小板及抗凝治疗	（1）除非有禁忌证，对所有冠心病患者建议服用阿司匹林 75 ～ 162 mg/d：Ⅰ（A） ● 对于阿司匹林不耐受或过敏的患者，建议服用氯吡格雷 75 mg/d：Ⅰ（B）

常见慢性疾病健康管理 / 第十二章

续表

推荐分级和证据水平的推荐措施	
7. 抗血小板及抗凝治疗	（2）急性冠状综合征（ACS）或经皮冠状动脉介入治疗（PCI）术后患者需要氯吡格雷联合用阿司匹林：Ⅰ（A） ● 为了治疗 ACS，患者在 PCI 期间接受裸金属支架或药物洗脱支架的患者，应给予氯吡格雷 75 mg/d，普拉格雷 10 mg/d，或替加雷诺 90 mg，每天两次，至少持续 12 个月：Ⅰ（A） （3）对于接受冠状动脉旁路移植术的患者，在术后 6 h 内开始服用阿司匹林，以降低静脉移植物闭塞。给药方案为 100 ～ 325 mg/d，持续用药 1 年是可行的：Ⅰ（A） （4）对颅外颈动脉或椎动脉粥样硬化、有缺血性卒中或暂时性脑缺血发作（TIA）患者，终身采用治疗：单用阿司匹林（每天 75 ～ 325 mg），或单用氯吡格雷（每天 75 mg），或阿司匹林加缓释剂潘生丁联用（每天两次，分别为 25 mg 和 200 mg）：Ⅰ（A） （5）对于有症状的下肢动脉粥样硬化性外周动脉疾病患者，使用阿司匹林（每天 75 ～ 325 mg）或氯吡格雷（每天 75 mg）应该开始并继续服用：Ⅰ（A） （6）建议抗血小板治疗优先于华法林或其他维生素 K 抗凝治疗：Ⅰ（A） （7）如果出血的发病风险超过支架术后噻吩吡啶治疗的预期益处，早期中止（如 12 个月）是合理的：Ⅱa（C） （8）PCI 术后，每天使用 81 mg 阿司匹林是合理的，而不是更高的维持剂量：Ⅱa（B） （9）对于接受冠状动脉旁路移植术的患者，氯吡格雷（75 mg/d）对阿司匹林不耐受或过敏的患者是一种合理的治疗：Ⅱa（C） （10）阿司匹林对无症状下肢外周动脉疾病患者的益处并不明显：Ⅱb（B） （11）患者可考虑阿司匹林 75 ～ 162 mg/d 和氯吡格雷 75 mg/d 的联合治疗冠状动脉疾病稳定：Ⅱb（B）
8. 肾素 - 血管紧张素 - 醛固酮系统阻滞剂应用	ACEI （1）所有左室射血分数 ≤ 40% 及高血压、糖尿病或慢性肾病的患者，除非有禁忌证，均需开始并持续 ACEI 治疗：Ⅰ（A） （2）其他所有患者均可以考虑使用 ACEI：Ⅰ（B） 血管紧张素受体拮抗剂（ARB） （1）有心力衰竭或左室射血分数 ≤ 40% 的心肌梗死患者，如不能耐受 ACEI 则可应用 ARB：Ⅰ（A） （2）其他不能耐受 ACEI 者可考虑使用 ARB：Ⅰ（B） （3）收缩性心力衰竭患者，ARB 联合 ACEI 类使用尚未得到充分证实：Ⅱb（B） 醛固酮拮抗剂 （1）心肌梗死后患者，若无明显肾功能不全，已经接受 ACEI 和 β- 受体阻滞剂治疗的患者、左心室射血分数为 40%，患有糖尿病或心力衰竭，应用醛固酮阻断剂：Ⅰ（A）
9. β 受体阻滞剂应用	（1）所有左室收缩功能不全（射血分数 40%）患者均应使用 β- 受体阻滞剂治疗心力衰竭或既往心肌梗死，除非有禁忌（使用应限于卡维地洛、美托洛尔琥珀酸或比索洛尔，已被证明能降低死亡率）：Ⅰ（A） （2）所有曾有心肌梗死或急性冠脉综合征但左心室功能正常的患者均应开始 β 受体阻滞剂治疗，并持续 3 年：Ⅱa（B） （3）无心力衰竭或心肌梗死病史的左室收缩功能不全患者给予 β 受体阻滞剂治疗是合理的：Ⅱa（C） （4）β 受体阻滞剂可能被认为是所有其他冠心病或其他血管疾病患者的慢性疗法：Ⅱa（C）

367

推荐分级和证据水平的推荐措施	
10. 流感疫苗接种	（1）心血管病患者应进行流感疫苗接种：Ⅰ（B）
11. 抑郁	（1）对于近期接受过冠状动脉搭桥手术或心肌梗死的患者，如果患者能够与他们的初级保健医生和精神病专家合作，则可进行抑郁症筛查：Ⅱa（B） （2）抑郁症的治疗并没有被证明能改善心血管疾病的预后，但可能增加其他临床收益：Ⅱb（C）
12. 心脏康复	（1）应推荐急性冠脉综合征、冠状动脉搭桥术后或 PCI 术后有适应证的患者在出院前或第一次随访时进行综合的门诊心脏康复：Ⅰ（A） （2）应推荐过去 1 年内确诊为急性冠脉综合征、既往接受过冠状动脉旁路搭桥术或 PCI 术（A 级证据）、慢性心绞痛（B 级证据）和（或）周围血管病变（A 级证据）且有适应证的门诊患者进行综合的门诊心脏康复治疗：Ⅰ （3）对于低危患者，以家庭为基础的心脏康复计划，可以代替由中心进行管理的计划：Ⅰ（A） （4）对既往有心力衰竭病史、目前临床状态稳定的门诊患者来说，以运动为基础的综合性心脏康复项目可能是安全、有益的：Ⅱa（B）

注　以上冠心病一、二级防治内容可归纳为 ABCDE 防治法（国际循环 http://www.icirculation.com），即：

A：阿司匹林（aspirin）、血管紧张素转换酶抑制剂（ACEI）、血管紧张素受体拮抗剂（ARB）

B：β受体阻滞剂（β-blocker）、控制血压（blood pressure control）、控制体重指数（BMI control）

C：戒烟（cigarette quitting）、降胆固醇（cholesterol lowering）、中医药（chinese medicine）

D：合理饮食（diet）、控制糖尿病（diabetes control）、复合维生素（deca vitamin）

E：运动（exercise）、教育（education）、情绪（emotion）。

（刘爱萍）

第六节　卒中的健康管理

卒中（stroke）是由于脑部血管的突然破裂或血管内发生阻塞引起的以急性脑组织损伤为特点的一组脑血管疾病，其包括出血性卒中和缺血性卒中。卒中是严重危害中国国民健康的重大慢性非传染性疾病，是我国成人单病种致死、致残的首位病因，具有高发病率、高致残率、高死亡率、高复发率、高经济负担五大特点。随着社会人口老龄化及城镇化进程的加速，卒中危险因素流行趋势明显，卒中疾病负担日益增加。根据国内外经验，卒中可防可控。对卒中的危险因素进行积极有效的干预和管理，可以明显降低卒中发病率，减轻卒中疾病负担。卒中又称"中风"，中风一词出自《灵枢·邪气藏府病形篇》，因本病起病急骤，变化迅速，与自然界变化迅速的风邪特性相似，所以古人以风类比。

一、概念、流行病学与危险因素

（一）卒中的概念

卒中起因于脑部血管病变的脑组织缺血或出血，脑血管病变的原因主要有以下几种：动脉硬化，高血压伴发的脑动脉病变，颅内血管发育异常，血管炎症，颅脑损伤、手术、穿刺等，血液病、糖尿病、家族性高胆固醇血症等，药物中毒、药物过敏等药物影响，心律失常、瓣膜病变、心肌梗死等，血管性肿瘤、肿瘤并发血管病变等。

常见慢性疾病健康管理 / 第十二章

（二）卒中的流行病学特征

据最新数据，2019 年全球有 1.01 亿例卒中患者，卒中导致了 655 万例死亡，2021 年，卒中导致的伤残调整寿命年为 1.6 亿，是造成全球伤残调整寿命年的第四大原因。在 1220 万例发生卒中的患者中，有 763 万例为缺血性卒中（62.4%），341 万例为颅内出血（27.9%），118 万例为蛛网膜下腔出血（9.7%）。

卒中是我国成人致死、致残的首位病因。中国是最大的发展中国家，人口约占世界总人口的 1/5，卒中现患人数高居世界首位。在过去 30 年中，我国心血管疾病谱的变化巨大，主要表现为风湿性心脏病（风心病）减少，而动脉粥样硬化性心血管病（包括缺血性心脏病和缺血性卒中）增加。1990 年导致国人死亡的前 2 位原因是下呼吸道感染和新生儿疾病，2010 年前 2 位转为卒中和缺血性心脏病，与 1990 年相比，2019 年我国的心血管疾病死亡人数由 240 万增加至 460 万，其中卒中的死亡人数由 138 万增加至 393 万，年龄标化发病率从 221.5/10 万降低至 200.8/10 万，年龄标化死亡率从 211.4/10 万降低至 127.2/10 万。

（三）卒中的危险因素

临床实践证明，卒中一旦发生，多数患者治疗效果不满意，可完全恢复正常者只占少数。因此，探讨卒中的危险因素，做好有针对性的预防工作，是减少卒中发生的根本措施。根据国内外大量研究资料发现，卒中的主要危险因素包括先天特征（如基因、性别、年龄），生理学特征（如血压、动脉疾病史、凝血缺陷），行为特征（如吸烟、饮酒、饮食），社会学特征（如社会阶层），环境特征（如气温）等。除了这些传统公认的危险因素，近年来还研究发现了众多比较新的危险因素，如血中同型半胱氨酸水平、血尿酸水平、左心室肥厚、胰岛素抵抗、雌激素、炎症。

1. **高血压**　是导致发生卒中的最首要的、可改变的危险因素。70% ～ 80% 的卒中患者都有高血压病史。长期持续的高血压主要损伤小动脉，可使脑内小动脉硬化，形成微动脉瘤，当血压突然升高时破裂出血；或使血管腔狭窄，血管扭曲变形而形成缺血性梗死。无论是收缩压还是舒张压增高，都可增加脑出血和脑血栓形成的危险性。降压可以有效地降低卒中的发生率。研究表明，舒张压降低 5 mmHg，卒中发生的危险性将减低约 40%，每年可预防 50 万卒中患者死亡。

2. **血脂异常**　特别是高胆固醇血症，低密度脂蛋白升高是卒中的又一可控制的危险因素，与动脉粥样硬化的发生密切相关，使卒中危险度明显升高。

3. **糖尿病**　是脑血管病的重要危险因素，糖尿病可引起脂肪代谢障碍，促进动脉粥样硬化的发生和发展，使小动脉管腔狭窄致脑梗死形成。糖尿病患者脑血管病变比非糖尿病患者高 2 ～ 4 倍。血糖的良好控制可防止微血管病变。值得注意的是，很多糖尿病患者在卒中发生前未得到糖尿病的诊断。卒中时血糖越高，预后越差。糖尿病患者卒中病死率为非糖尿病患者的 4 倍。卒中造成糖尿病患者残废或死亡，这种现象在我国比西方国家更为严重。

4. **心脏病**　与卒中相关的心血管疾病，如脑供血动脉狭窄和心房纤颤是卒中的非常重要的危险因素，其他还有心肌病、心律失常或间隔缺损。

5. **吸烟**　经常吸烟是一个被公认的缺血性卒中的危险因素。吸烟量与颅外颈内动脉粥样硬化程度呈正相关。动脉内有反应过强性内皮细胞，烟雾中的一氧化碳可以使这种细胞肌球蛋白收缩，血管通透性升高，加速动脉硬化，增加发生卒中的危险性。吸烟几乎可以使缺血性卒中发生的危险加倍，使蛛网膜下腔出血的危险增加 3.5%。

6. **饮酒**　酒精可直接作用于脑血管平滑肌引起血管痉挛，还可通过使血小板增多导致脑血流调节不良、心律失常、高血压、高血脂，这些均可增加脑血管病的发生。

7. **颈动脉狭窄**　国外研究发现，65 岁以上人群中有 7% ～ 10% 的男性和 5% ～ 7% 的女性颈动脉狭窄大于 50%。

8. **肥胖**　能够增加多种疾病的发生，如高血压、高脂血症、2 型糖尿病、冠心病、卒中、睡眠性呼吸暂停和呼吸障碍。

9. **高同型半胱氨酸血症** 研究表明，高同型半胱氨酸血症与卒中发病有相关关系。一般认为空腹半胱氨酸血浆水平在 5 ~ 15 μmol/L 是正常的，达到 16 μmol/L 以上即提示有高同型半胱氨酸血症。

10. **不良饮食习惯、生活方式** 研究表明，饮食和行为方式与中青年卒中关系密切，频繁在外就餐、肥胖均为中青年卒中的危险因素。

11. **缺乏体力活动** 不活动是与吸烟或高血压同等强度的卒中危险因素。运动可使内源性胆固醇合成减少，升高高密度脂蛋白胆固醇，有规律的运动可防止血管老化，抗自由基和抗血栓形成。

12. **遗传因素** 父、母亲的卒中史是后代卒中发生的独立危险因素。分子生物学研究表明，卒中是多基因性疾病，由遗传因素和环境因素相互作用引起。卒中的基因防治工作尚在探索之中。

二、卒中风险评估与预测

近年来，国内外学者开发了多个卒中的风险评估与预测工具，如表 3-12-19，汇总了典型的卒中风险评估模型量表 / 工具及相关危险因素，《中国脑血管病临床管理指南（2019）》重点推荐使用改良弗明汉卒中量表（Framingham stroke risk profile，FSRP）、汇集队列方程、卒中风险测评应用程序、PREDICT 评分、缺血性心血管病 10 年发病危险度评估表、脑血管功能积分、China-PAR

表 3-12-19　各种卒中风险评估量表 / 工具涵盖危险因素一览表

	改良FSRP	汇集队列方程	卒中风险测评应用程序	PREDICT评分	缺血性心血管病10年发病危险度评估表	中国多省市队列研究评估量表	国人卒中终生风险评估量表	脑血管功能积分	China-PAR风险预测模型
男性	✓	✓	✓	✓		✓	✓		✓
高龄	✓	✓	✓	✓	✓	✓	✓	✓	✓
糖尿病	✓	✓	✓		✓	✓	✓		✓
吸烟	✓	✓	✓	✓		✓	✓		✓
收缩压	✓	✓	✓	✓		✓			✓
降压治疗	✓	✓	✓	✓		✓			✓
治疗后收缩压	✓								
总胆固醇		✓	✓		✓	✓	✓	✓	
高密度脂蛋白胆固醇		✓	✓			✓	✓		✓
种族	✓	✓	✓						
卒中/冠状动脉粥样硬化性心脏病家族史			✓	✓					✓
地域差异			✓	✓					
心房颤动	✓		✓						
心血管疾病	✓		✓						
左心室肥厚	✓		✓						
体重指数					✓		✓	✓	
腰围			✓						✓
腰臀比			✓						
饮酒			✓						
压力			✓						
缺乏运动			✓						
膳食习惯			✓						
认知障碍或痴呆			✓						
记忆力下降			✓						
脑外伤史			✓						
降脂治疗				✓					
抗栓治疗				✓					
脑血流检测									✓

注：来源《中国脑血管病临床管理指南（2019）》。

风险预测模型、国人卒中终生风险评估量表等工具进行卒中发病风险的评估，并用于后续治疗和健康管理流程。

（一）改良弗明汉卒中量表模型

此模型最早始于1967年，为研究心血管病发病危险的预测模型，用于个体发病危险的评估。其后又开发了各种基于不同预测模型的评估工具。1991年Wolf等结合Framingham子代研究开发了新的预测模型，此模型基于Cox比例风险回归模型，研究人群主要为来自美国马萨诸塞州弗明汉地区的5209名30～74岁的美国白人居民，根据吸烟、年龄、糖尿病史、心血管病病史、收缩压（SBP）、心房颤动及左心室肥厚共7项预测因子，并赋予分值权重，为每个受评的个体予以建立积分，然后计算出每个分值段的10年卒中发病率，建立卒中发病率与风险积分值对照表，最后风险综合评分被用来预测未来10年卒中发病的风险。由于抗血压治疗是影响卒中的重要因素，1994年，D'Agostino等根据抗高血压药物的治疗情况，对危险积分规则进行调整，即对高血压患者的收缩压水平按照有无进行药物的治疗分别制定不同积分，建立了改良FSRP，提高了该量表对卒中风险的预测能力。2001年，美国心肺血管研究所专门组织专家组，对美国的几项前瞻性研究资料进行了比较，得出结论，改良FSRP对中国人发病危险存在明显的低估，用于大多数美国成年人较好，而用于西班牙裔、亚裔、老年美国人误差较大。

（二）卒中预后评定工具（stroke prognostic instrument，SPI-Ⅰ和SPI-Ⅱ）

SPI-Ⅰ量表为短暂性脑缺血发作（TIA）患者一般在90天内首次发生卒中的预测模型，SPI-Ⅱ量表为TIA患者2年内再次发生卒中或者死亡的风险预测模型。1991年，Keman等制定了SPI-Ⅰ量表来评估卒中患者的远期复发风险，总分为11分，包括影响短暂性脑缺血发作后发生缺血性卒中或者死亡的5个因素，分别为糖尿病、年龄>65岁、本次事件为卒中而非TIA、重度高血压、冠心病，并赋予分值，再根据患者的得分情况分为3组：低危组、中危组、高危组，三组患者在90天内发生卒中或死亡的风险分别为10%、21%和59%。SPI-Ⅰ量表推行之后，部分研究者认为样本量少且随访时间较短不够精确，于是，2000年，Keman等在SPI-Ⅰ量表的基础上制定了SPI-Ⅱ量表，该量表将年龄从65岁提到了70岁，且增加了充血性心力衰竭和卒中史2个危险因素，并将高血压降为了1分。根据SPI-Ⅱ量表评分进行风险分层分为3组，分别为低危组、中危组、高危组，三组患者2年内的死亡或卒中风险的不同风险级别相应为16%、24%及42%。SPI-Ⅱ量表较SPI-Ⅰ量表的样本量大且随访时间长，故评定TIA患者预后方面SPI-Ⅱ量表优于SPI-Ⅰ量表（表3-12-20）。

表3-12-20　卒中预后评定工具

风险因素	SPI-Ⅰ	SPI-Ⅱ
充血性心力衰竭	-	3
既往卒中史	-	3
糖尿病	3	3
卒中（非短暂性脑缺血发作）	2	2
年龄>65岁	3	-
年龄>70岁	-	2
重度高血压	2	1
冠心病	1	1
总分	11	15

注　重度高血压：收缩压≥180 mmHg和（或）舒张压≥100mm Hg；SPI-Ⅰ量表：0到2分为低危组，3到6分为中危组，7到11分为高危组；SPI-Ⅱ量表总分为15分，0到3分为低危组，4到7分为中危组，8到15分为高危组。

第三篇 应用篇

（三）ABCD 评分系统

2005 年，Rothwell 等对 209 例疑似或者确诊的短暂性脑缺血发作（TIA）患者进行队列研究后提出了总分为 6 分 ABCD 评分法，以预测 TIA 后 7 天内卒中的风险。其中评估因素包括年龄、血压、临床特点、症状的持续时间；而后研究发现，ABCD 评分小于 5 分的患者 TIA 发作后 7 天内卒中发生率为 0.4%，5 分的患者为 12.1%，而 6 分的患者则高达 31.4%。2007 年，Johnston 等对 4809 例 TIA 患者进行了 ABCD 评分系统验证，提出 ABCD（2）评分法，其将糖尿病史加入了 ABCD 评分系统中，形成包括年龄、高血压、临床表现、症状持续时间及糖尿病 5 个因素的评分模型，并且对卒中发生风险分层。该评分模型与 ABCD 评分系统相比（AUC=0.62），此评分法具有更高的预测价值（AUC=0.83），并在此后相关研究中得到验证，如 Galvin 等对 16 项验证 ABCD（2）评分有效性的研究（总样本量为 6282388 例卒中患者）进行了荟萃分析，其中 14 项研究对 TIA 后 7 天内的卒中发生风险进行了验证，11 项研究对 TIA 发作后 90 天内的卒中风险进行了验证，结果显示 ABCD（2）评分在 TIA 后 7 天内无论是对低、中、高危组的卒中风险都具有较好的预测价值。2010 年，Merwick 等提出了 ABCD（3）评分量表，其使用欧洲和北美的多中心数据库（共 3886 例患者，其中包括 2654 例推论人群及 1232 例验证人群），在 ABCD（2）评分法基础上加入了 7 天内 TIA 病史，总分为 9 分。同年，Merwick 等又在 ABCD（3）评分模型基础上加上同侧颈动脉狭窄 ≥ 50%（2 分）及弥散加权成像（DWI）检查出高信号（2 分），如此便形成了总分为 13 分的 ABCD（3）-I 评分，进一步提高了 TIA 后卒中风险预测的准确性。张晓丹等通过对 186 例 TIA 患者 90 天内卒中发生率随访后，采用接受者操作特性曲线（ROC 曲线）对 ABCD（3）、ABCD（2）和 ABCD（3）-I 评分系统进行比较，结果显示 ABCD（3）-I 评分法在预测 TIA 进展为卒中的阳性率上，明显优于 ABCD（2）评分法和 ABCD（3）评分法。

（四）心房颤动患者缺血性卒中发生风险与抗凝出血风险评估量表（CHA2DS2）

该量表共包括两个评分系统，分别为传统的 CHADS2 评分及欧洲指南推荐使用的 CHA2DS2-VASc 评分（表 3-12-21）。CHADS2 评分量表是一种简单易行，操作性强，目前广泛应用于神经内科临床实践，对非瓣膜性心房颤动患者发生缺血性卒中风险进行评估和危险分层管理的评分量表。该量表于 2001 年由 Gage 等根据既往数据，将美国卒中预防及心房颤动研究（stroke prevention in atrial fibrillation，SPAF）评分系统和心房颤动研究（atrial fibrillation investigators，AFI）评分系统结合起来改良后提出，其可量化非瓣膜性心房颤动患者发生卒中的风险，并可以帮助选择抗凝药物治疗，此量表评分共计 6 分，包括 5 个危险因子，即年龄 ≥ 75 岁、高血压病、糖尿病、心力衰竭，以及既往有缺血性卒中或者 TIA 病史。2006 年美国心脏病学会及欧洲心脏病学会心房颤动指南指出，建议使用 CHADS2 评分量表对非瓣膜性心房颤动患者发生卒中风险进行分层。低危组建议可给予阿司匹林进行治疗或不予治疗；中危组建议给予阿司匹林或 1 种口服的抗凝药物治疗；高危组建议给予抗凝治疗。2009 年，Lip 等在 CHADS2 评分量表基础上结合年龄 65 ~ 74 岁、血管疾病及女性这 3 个危险因素，提出了 CHA2DS2-VASc 评分，该量表共计 9 分。其将危险因素划分成了两大类，即主要危险因素与非主要危险因素，主要危险因素为卒中史及年龄 ≥ 75 岁，并增加了卒中史评分的比重，且将年龄分成了两个档，而其余即为非主要危险因素。2012 年欧洲心脏病学会（European society of cardiology，ESC）在《欧洲心脏杂志》发布了心房颤动管理指南，推荐使用 CHA2DS2-VASc 量表。CHADS2 评分量表操作简单易行，可筛选出需要进行抗凝治疗的对象，而 CHA2DS2-VASc 量表虽在临床操作中较为复杂，但却更能筛选出真正低危且不需要进行抗凝治疗的心房颤动患者。2018 年，Chao 等使用 CHA2DS2-VASc 评分对中国台湾人群中 310039 名未接受抗血栓治疗的低风险心房颤动患者进行了 3 种方法预测，即基线 CHA2DS2-VASc 评分、随访 CHA2DS2-VASc 评分及 Delta CHA2DS2-VASc 评分，并对基线、随访和 Delta CHA2DS2-VASc 评分在预测缺血性卒中方面的准确性进行了分析和比较，根据 C 指数和净重新分类指数评估，结果显示 Delta CHA2DS2-VASc 评分是缺血性卒中的

常见慢性疾病健康管理　第十二章

显著预测指标，其表现优于基线或随访 CHA2DS2-VASc 评分。在这项队列研究中，研究者证实了 CHA2DS2-VASc 评分不是静态的，大多数心房颤动患者在出现缺血性卒中之前会发展 ≥ 1 个新的卒中危险因素，反映了由于年龄的增长和事件并发症的增加，抗凝治疗心房颤动中卒中发生风险是一个动态的变化过程。

表 3-12-21　CHADS2 评分系统

风险因素	CHADS2 评分	CHA2DS2-VASc 评分
年龄 ≥ 75 岁	1	2
高血压病	1	1
糖尿病	1	1
心力衰竭	1	1
缺血性卒中或者 TIA 病史	2	2
年龄 65 ~ 74 岁	–	1
血管疾病	–	1
女性	–	1
总分	6	9

注　CHADS2 评分：总分为 6 分，高危（≥ 2 分）、中危（1 分）和低危（0 分）；CHA2DS2 -VASc 评分：总分为 9 分，高危（≥ 2 分）、中危（1 分）和低危（0 分）。TIA，短暂性脑缺血发作。

（五）Essen 卒中风险评分量表（ESRS）

ESRS 是一种简单易操作的 9 分量表，此量表来源于比较氯吡格雷和阿司匹林治疗高危缺血性事件患者的一项国际多中心随机双盲试验（CAPRIE 研究），是针对非心源性缺血性卒中患者评估其复发风险的常用预测工具。对 19185 例动脉粥样硬化疾病患者进行 1 ~ 3 年的随访，其中包括年龄、吸烟、心脏病、高血压、糖尿病、卒中或短暂性脑缺血发作（TIA）病史等常见的危险因素，结果提示随着 Essen 评分的增高，卒中的复发风险随之增加，Essen 量表评分 ≥ 3 分者，年卒中复发风险 > 4%。目前许多研究表明，ESRS 对急性缺血性卒中（AIS）的远期（≥ 1 年）复发风险具有较好的预测能力，国内孟霞等、陈云霞等、焉双梅等分别验证了 ESRS 对 TIA、缺血性卒中 NIHSS 评分 ≤ 3 分与 > 3 分的 1 年复发风险，对缺血性卒中患者复发风险及对 AIS 患者 1 年复发风险的预测价值（表 3-12-22）。

表 3-12-22　Essen 卒中风险评分量表

风险因素	分值
年龄 65 ~ 75 岁	1
年龄 >75 岁	2
吸烟	1
周围动脉疾病	1
高血压	1
糖尿病	1
既往心肌梗死	1
其他心血管疾病（除外心肌梗死和心房颤动）	1

373

续表

风险因素	分值
既往卒中或 TIA 病史	1
总分	9

注：0～3分为卒中复发低风险患者，3～6分为卒中复发高风险患者。TIA，短暂性脑缺血发作。

（六）RRE-90 评分 /TeleStroke Mimic（TM）评分 /ABC- 卒中评分（ABC-Stroke Score）

RRE-90 评分是 2009 年由美国神经病学学院的研究者基于回顾性研究提出的一个基于网络的评分量表，此量表最初制定的主要目的是用于预测首次缺血性卒中后 90 天内再发生卒中的风险。TM 评分是在 2014 年由 Ali 等提出的一个基于回顾性研究制定的用于预测远程卒中评估期间的缺血性卒中模拟（SM）的模型，2018 年也在更广泛人群验证了其外部有效性。ABC- 卒中评分是 Hijazi 等在 2016 年基于生物标志物开发的用于预测心房颤动患者发生卒中的风险评分模型，其包括年龄、心脏生物标志物 N- 末端片段 B 型利钠肽（NT-proBNP）、心肌肌钙蛋白高敏感性（cTn-hs）和既往卒中 /TIA4 个变量。

（七）国人缺血性心血管病（ischemic cardio vascular disease，ICVD）10 年发病危险评估

1981 年，来自中美政府合作项目"中美心肺疾病流行病学合作研究"（简称"中美队列"）首次采用国际标准方法进行横断面研究和前瞻性研究，开发了针对国人的 ICVD 10 年发病危险评估模型，并开发了用于评估的在线计算器平台（http://my.Americanheart.org/evriskcalculator）。由中国医学科学院阜外心血管病医院流行病学研究室负责的队列，纳入了年龄、性别、种族、收缩压、舒张压、总胆固醇、高密度脂蛋白、糖尿病史、吸烟及是否接受降压治疗等变量，预测国人未来 10 年 ASCVD 的发生风险，该模型也成为当前预测国人 ICVD 10 年发病风险的常用工具，后续的许多研究都对该模型在不同人群中的应用进行了分析和验证。

（八）中医特色相关的卒中风险评估模型

在上述众多的卒中健康风险评估模型中，多是以现代医学中卒中的危险因素作为变量，我国传统医学从卒中的病因病机、症候类型、体质等与疾病的发生发展的关系入手亦做了大量研究。在 1999 年，吴大嵘等就通过采用非条件和 kli：k2i 配对的条件 Logistic 回归的分析方法，对 221 例卒中患者的临床中医证候特征进行比较分析，建立急性期卒中血瘀证的证候预测模型，并采用临床调查的结果对模型进行验证，结果显示 Logistic 回归模型的 ROC 曲线下面积为 0.9738，说明该模型对急性期卒中血瘀证具有较好的预测作用。其后如李壮苗等通过采用 ABCD（2）评分，按分值分为低危组（0～3分）、中危组（4～5分）和高危组（6～7分），并用"中医体质量表"对患者进行体质判定分析不同体质的卒中先兆证患者发生脑梗死的风险，结论显示不同体质的卒中先兆证患者可能存在不同的脑梗死风险，痰湿质最高，其次是阴虚质，临床可针对患者体质开展卒中先兆证的干预。董致郅等通过探讨 TIA 早期风险预测工具 ABCD（2）评分在评估卒中先兆证者发生卒中转化中的价值，并分析 ABCD（2）评分与中医证型的关系，结果显示卒中先兆证中风痰内盛、瘀血阻络证有较高的发生卒中风险，故研究者认为实践中应将中医辨证与神经科量表评价结合起来，对卒中先兆的高危人群进行准确识别，积极干预，防止发生卒中转化。因此在中医"治未病"理论的指导下构建融合中医体质、证候及危险因素等具备中医特色的风险评估系统，建立风险预测模型对指导卒中患者的一、二级预防具有深远意义。

三、诊断与治疗

（一）评估与诊断

急性缺血性卒中的评估和诊断包括病史和体格检查、影像学检查、实验室检查、疾病诊断和

病因分型等。

1. 病史和体征

（1）病史采集：询问症状出现的时间最为重要，若于睡眠中起病，应以最后表现正常的时间作为起病时间。其他包括神经症状发生及进展特征，血管及心脏病危险因素，用药史、药物滥用、偏头痛、痫性发作、感染、创伤及妊娠史等。

（2）一般体格检查与神经系统检查：评估意识状态、气道、呼吸和循环功能后，立即进行一般体格检查和神经系统检查。

（3）应用卒中量表评估病情严重程度：常用量表有①美国国立卫生研究院卒中量表（national institutes of health stroke scale，NIHSS），是目前国际上最常用的量表；②中国卒中患者临床神经功能缺损程度评分量表（1995）；③斯堪的纳维亚卒中量表（Scandinavian stroke scale，SSS）。

（4）在住院诊治期间，应根据患者具体情况择机进行认知功能及情感状态评估。通常可采用简易智力状态检查量表（mini-mental state examination，MMSE）和蒙特利尔认知评估量表（Montreal cognitive assessment，MoCA）评估认知功能。

2. 脑病变与血管病变检查

（1）脑病变检查

1）平扫 CT：急诊平扫 CT 可准确识别绝大多数颅内出血，并帮助鉴别非血管性病变（如脑肿瘤），是疑似卒中患者首选的影像学检查方法。

2）多模式 CT：灌注 CT 可区别可逆性与不可逆性缺血改变，因此可识别缺血半暗带。对指导急性脑梗死溶栓治疗有一定参考价值。

3）常规 MRI：常规 MRI（T1 加权、T2 加权及质子相）在识别急性小梗死灶及后循环缺血性卒中方面明显优于平扫 CT。可识别亚临床缺血灶，无电离辐射，不需碘造影剂。但有费用较高、检查时间稍长及患者本身的禁忌证（如有心脏起搏器、金属植入物或幽闭恐惧症）等局限。

4）多模式 MRI：包括弥散加权成像（DWI）、灌注加权成像（PWI）、水抑制成像和梯度回波、磁敏感加权成像（SWI）等。DWI 在症状出现数分钟内就可发现缺血灶并可早期确定大小、部位与时间，对早期发现小梗死灶较常规 MRI 更敏感。梯度回波序列 / 磁敏感加权成像可发现 CT 不能显示的无症状性微出血，但对溶栓或抗栓治疗的意义研究结果不一致，尚待更多证据。PWI 可显示脑血流动力学状态。CT 灌注、MR 灌注和弥散成像可为选择适合再灌注治疗（如静脉溶栓、血管内取栓及其他血管内介入方法）的患者提供更多信息，弥散 - 灌注不匹配（PWI 显示低灌注区而无与之相应大小的弥散异常）提示可能存在缺血性半暗带。然而，目前常规用于选择静脉溶栓患者的证据尚不充分，正在进行更多研究。

（2）血管病变检查：颅内、外血管病变检查有助于了解卒中的发病机制及病因，指导治疗方法的选择，但在急性缺血性卒中起病早期，应注意避免因此类检查而延误溶栓或血管内取栓治疗时机。常用的检查包括颈动脉双功能超声、经颅多普勒超声（TCD）、磁共振脑血管造影（MRA）、高分辨磁共振成像（HRMRI）、CT 血管造影（CTA）和数字减影血管造影（DSA）等。

颈动脉双功能超声对发现颅外颈部血管病变，特别是狭窄和斑块很有帮助；TCD 可检查颅内血流、微栓子及监测治疗效果，但其局限性是受操作技术水平和骨窗影响较大；MRA 和 CTA 可显示颅内大血管近端闭塞或狭窄，但对远端或分支显示有一定局限；HRMRI 管壁成像一定程度上可以显示大脑中动脉、颈动脉等动脉管壁特征，可为卒中病因分型和明确发病机制提供信息。DSA 的准确性最高，仍是当前血管病变检查的金标准，但主要缺点是有创性和有一定风险。

3. 实验室检查及选择

对疑似卒中患者应进行常规实验室检查，以便排除类卒中或其他病因。所有患者都应做的检查：①血糖、肝肾功能和电解质；②心电图和心肌缺血标志物；③全血计数，包括血小板计数；④凝血酶原时间（PT）/ 国际标准化比值（INR）和活化部分凝血活酶时间（APTT）；⑤血氧饱和度。由于人群中出现血小板异常和凝血功能异常的概率低，结合患者临床特点及病史判断没有显著出血倾向时，在血液化验结果回报之前，开始静脉溶栓治疗，可以显著缩短入门 - 进针时间（door-to-needle time，DNT），且未影响安全性。但是，临床实践中一定要在充分评估获益与风险、征得患者知情同意后再做决定。部分患者必要时可选择的检查：①毒理学筛查，②血液酒精水平，③妊娠试验，④动脉血气分析（若怀疑缺氧），⑤腰椎穿刺（怀疑蛛网膜下腔出血而 CT 未显示或怀疑卒中继发于感染性疾病），⑥脑电图（怀疑痫性发作），⑦胸部 X 线检查。

4. 诊断标准 ①急性起病；②局灶神经功能缺损（一侧面部或肢体无力或麻木，语言障碍等），少数为全面神经功能缺损；③影像学出现责任病灶或症状 / 体征持续 24 h 以上；④排除非血管性病因；⑤脑 CT/MRI 排除脑出血。

5. 病因分型 对急性缺血性卒中患者进行病因 / 发病机制分型有助于判断预后、指导治疗和选择二级预防措施。当前国际广泛使用急性卒中 Org10172 治疗试验（TOAST）病因 / 发病机制分型，将缺血性卒中分为大动脉粥样硬化型缺血性卒中、心源性栓塞型缺血性卒中、小动脉闭塞型缺血性卒中、其他明确病因型缺血性卒中和不明原因型缺血性卒中。

6. 诊断流程 急性缺血性卒中诊断流程应包括如下 5 个步骤。①是否为卒中？排除非血管性疾病。②是否为缺血性卒中？进行脑 CT/MRI 检查排除出血性卒中。③卒中严重程度？采用神经功能评价量表评估神经功能缺损程度。④能否进行溶栓治疗？是否进行血管内治疗？核对适应证和禁忌证。⑤结合病史、实验室、脑病变和血管病变等资料进行病因分型（多采用 TOAST 病因分型）。

【推荐意见】①按上述诊断流程处理疑似卒中患者；②对疑似卒中患者应行头颅平扫 CT 或常规头 MRI（T1WI/T2WI/DWI）检查；③进行必要的血液学、凝血功能和生化检查应尽量缩短检查所需时间；④应行心电图检查，有条件时应持续心电监测；⑤运用神经功能缺损量表评估病情程度，择机评估卒中后认知障碍及情感障碍；⑥在不影响溶栓或血管内取栓的情况下，应行血管病变检查，必要时根据起病时间及临床特征行多模影像学评估，以决定是否进行血管内取栓治疗。

（二）一般处理

1. 呼吸与吸氧

【推荐意见】①必要时吸氧，应维持氧饱和度＞ 94%。气道功能严重障碍者应给予气道支持（气管插管或切开）及辅助呼吸。②无低氧血症的患者不需常规吸氧。

2. 心脏监测与心脏病变处理

【推荐意见】①脑梗死后 24 h 内应常规进行心电图检查，根据病情，有条件时进行持续心电监护 24 h 或以上，以便早期发现阵发性心房颤动或严重心律失常等心脏病变；②避免或慎用增加心脏负担的药物。

3. 体温控制

【推荐意见】①对体温升高的患者应寻找和处理发热原因，如存在感染应给予抗感染治疗；②对体温＞ 38℃的患者应给予退热措施。

4. 血压控制

（1）高血压：约 70% 的缺血性卒中患者急性期出现血压升高，原因主要包括病前存在高血压、疼痛、恶心呕吐、颅内压增高、意识模糊、焦虑、卒中后应激状态等。多数患者在卒中后 24 h 内血压自发降低。病情稳定而无颅内高压或其他严重并发症的患者，24 h 后血压水平基本可反映其病前水平。

目前，针对卒中后急性期是否应该立即降压、降压目标值、卒中后何时开始恢复原用降压药及降压药物的选择等问题的研究进展不多，尚缺乏充分、可靠的研究证据。由于发病后 48 h 或 72 h 内启动降压治疗的获益尚不明确，美国心脏学会 / 美国卒中学会推荐对收缩压

≥ 200 mmHg 或舒张压≥ 110 mmHg、未接受静脉溶栓及血管内治疗、无需紧急降压处理的严重合并症的患者，可在发病后 24 h 内将血压降低 15%。中国急性缺血性卒中降压试验（the China anti hypertensive trial in acute ischemic stroke，CATIS）结果显示强化降压组无明显获益，但可能是安全的。

对接受静脉溶栓治疗的患者，血压控制目标较为一致，近来的 ENCHANTED 研究提示，接受 rt-PA 静脉溶栓治疗的患者，积极将收缩压控制在 130 ~ 140 mmHg 是安全的，且可以减少溶栓患者颅内出血的发生率，不过并不能改善预后。

对于接受血管内治疗患者的血压管理，尚无高水平临床研究。AHA/ASA 推荐对未接受静脉溶栓而计划进行动脉内治疗的患者，手术前应控制血压水平≤ 180/110 mmHg。血管开通后对于高血压患者控制血压低于基础血压 20 ~ 30 mmHg，但不应低于 90/60 mmHg。我国推荐接受血管内取栓治疗的患者术前血压控制在 180/105 mmHg。有研究发现，与血压绝对值相比，血管内治疗后 24 h 内血压变异性与出血转化有密切关系，提示维持血管内治疗后血压稳定对降低症状性颅内出血有重要作用。

（2）卒中后低血压：卒中后低血压很少见，原因有主动脉夹层、血容量减少及心排血量减少等。应积极查明原因，给予相应处理。

【推荐意见】①缺血性卒中后 24 h 内血压升高的患者应谨慎处理。应先处理紧张焦虑、疼痛、恶心呕吐及颅内压增高等情况。血压持续升高至收缩压≥ 200 mmHg 或舒张压≥ 110 mmHg，伴有严重心功能不全、主动脉夹层、高血压脑病的患者，可给予较快速降压治疗，并严密观察血压变化，避免不良反应。可选择经静脉给予抗高血压药物，建议使用微量输液泵给予抗高血压药物，避免使用引起血压急剧下降的药物。②准备溶栓及桥接血管内取栓者，血压应控制在收缩压 < 180 mmHg、舒张压 < 100 mmHg。对未接受静脉溶栓而计划进行动脉内治疗的患者血压管理可参照该标准，根据血管开通情况控制术后血压水平，避免过度灌注或低灌注，具体目标有待进一步研究。③对接受 rt-PA 静脉溶栓的患者早期降压治疗是安全的（收缩压 130 ~ 140 mmHg），可以降低颅内出血的发生率，但并不能改善患者的功能预后。④卒中后病情稳定，若血压持续≥ 140/90 mmHg，无禁忌证，可于起病数天后恢复使用发病前服用的抗高血压药物或开始启动降压治疗。⑤卒中后低血压的患者应积极寻找和处理原因，必要时可采用扩容升压措施。可静脉输注 0.9% 氯化钠溶液纠正低血容量，处理可能引起心排血量减少的心脏问题。

5. 血糖

（1）高血糖：约 40% 的患者存在卒中后高血糖，对预后不利。目前公认应对卒中后高血糖进行控制，但对采用何种降血糖措施及目标血糖值仅有少数随机对照试验。SHINE 研究结果显示，与常规降血糖治疗（80 ~ 179 mg/dl）相比，强化降血糖治疗并不能改善患者预后，同时增加了低血糖的发生风险。

（2）低血糖：卒中后低血糖发生率较低，尽管缺乏对其处理的临床试验，但因低血糖直接导致脑缺血损伤并加重水肿而对预后不利，故应尽快纠正。

【推荐意见】①血糖超过 10 mmol/L 时可给予胰岛素治疗。应加强血糖监测，可将高血糖患者的血糖控制在 7.8 ~ 10.0 mmol/L；②血糖 < 3.3 mmol/L 时，可给予 10% ~ 20% 葡萄糖口服或注射治疗，目标是达到正常血糖。

（三）特异性治疗

特异性治疗包括改善脑血液循环、使用他汀类药物及神经保护等。

1. 改善脑血液循环

（1）静脉溶栓：静脉溶栓治疗是目前最主要的恢复血流的措施，药物包括重组组织型纤溶酶原激活剂（rt-PA，阿替普酶）、尿激酶和替奈普酶。阿替普酶和尿激酶是我国目前使用的主要溶栓药，现认为有效抢救缺血半暗带组织的时间窗为 4.5 h 内或 6.0 h 内。

（2）血管内介入治疗：包括血管内机械取栓、动脉溶栓、血管成形术。

（3）药物治疗：包括抗血小板、抗凝、降纤、扩容、扩张血管、其他改善脑血液循环药物、他汀类药物、神经保护药物。

2. **其他疗法** 如高压氧和亚低温治疗。

3. **传统医药** 如中成药和针刺。

（四）急性期并发症及其他情况的预防与处理

急性期并发症包括脑水肿与颅内压增高、脑梗死后出血性转化、癫痫、肺炎、排尿障碍与尿路感染、深静脉血栓形成和肺栓塞、压疮、营养支持、卒中后情感障碍、卒中后认知障碍等并发症的处理。

五、健康管理方案

（一）卒中健康管理模式

1. **医院—社区协同的卒中健康管理模式** 由医院和社区协同对居民进行健康调查，评估健康风险，制定针对性的健康管理措施来规避危险因素，运用上下联动的方式对社区卒中高危人群实施系统化、个性化的健康管理模式。黄凯帆等对社区卒中高危人群实施医院-社区协同的健康管理模式，增强了居民对卒中疾病的认知，帮助居民形成健康的生活行为习惯。黄远桃等的研究显示，湖南省脑科医院联合社区服务中心对长沙市4个街道社区进行了4年的卒中防治筛查工作，共筛查8000例目标人群，开展疾病预防干预，获得了良好的社会效益，表明构建医院-社区协同的健康管理模式对卒中高危人群的防治具有较好效果。

2. **信息化健康管理模式** 采用信息化健康管理模式，不但能够更全面完整地为卒中高危人群的健康管理路径提供基础数据和参考依据，还能帮助卒中高危人群形成健康的行为习惯，降低卒中发病率。哈提米汗·买买提等对卒中高危人群进行了为期2年的"互联网+"健康管理干预，有效改善了卒中高危人群的生化指标、膳食结构及生活方式，对卒中防治具有重要意义。

3. **中西医结合健康管理模式** 中医的拔罐、刮痧、放血疗法在卒中高危因素如高血压、糖尿病、高血脂的治疗中取得理想的效果。黄蓉等通过构建卒中西医结合"治未病"健康管理模式，以中医健康教育小组形式对卒中高危人群进行健康管理，发挥中医药特色优势，从而达到对慢性患者人群积极干预的作用，使健康资源增值。张琦等的研究表明，通过中西医结合健康管理宣教、功法导引术、穴位按摩等可改善卒中高危人群的心血管健康指标，是一种有效的干预模式。

4. **健康管理师主导的自我健康管理模式** 健康管理师作为专业人员，能够对人群或个人进行健康和疾病的监测、分析、评估及健康维护和健康促进。自我健康管理强调患者要关注自身健康问题，参与制订与疾病相适应的自我管理目标，从而减少卒中患者的危险行为，提高其自我效能，改善其功能结局和生活质量。张桂芳等的研究中，把卒中患者的健康教育交由专业的健康管理师负责，能够提高患者治疗的依从性，减少不健康的生活行为。王丽的研究表明，健康管理师对伴有高血压的卒中高危患者实行科学管理，能有效控制危险因素，帮助患者将血压指标控制到正常范围内，预防卒中及其他血管不良事件的发生，显著提高了患者护理满意度。

（二）卒中健康管理的内容

1. **用药管理** 糖尿病、高血压、高脂血症是卒中的高危因素，一旦确诊需终身服药。利用药物控制高血压、糖尿病、脂代谢异常、心脏病等卒中的高危因素，能够显著降低卒中的发生风险，但我国高血压病患者的服药依从性普遍较低。据统计，在高血压人群中服药率仅为24.8%，血压控制在正常范围内的只有5.8%。卒中高危人群的用药管理帮助患者正确用药，提高服药依从性，保证疾病防治效果。

2. **饮食管理** 饮食管理的目的是稳定患者的血压、血糖、血脂及控制体重，健康的饮食习惯可预防或延后相关疾病的发生。根据卒中高危人群存在的与饮食相关的危险因素，制定科学合理、个性化的饮食方案，利用限盐勺、控油瓶等工具帮助患者限制高盐、高脂饮食。健康的饮食习惯帮助规避卒中高危因素，降低卒中发病率。

3. **生活方式管理** "早戒烟少喝酒、多运动控体重"。吸烟是卒中的高危因素之一，戒烟能够快速有效地降低心血管疾病程度和卒中的发病风险，还可改善卒中预后，降低复发。研究显示过量的酒精摄入可增加 20% 的卒中风险，增加 16% 的卒中相关死亡率。男性每日所摄入的酒精含量应 < 25 g，女性减半，不提倡通过少量饮酒的方法预防心脑血管疾病。对卒中高风险人群加强控制体质量，BMI 指数 ≥ 24 kg/m² 即为超重，肥胖者应提高疾病风险意识，科学运动，将体重控制在合理范围内，减少卒中的发病风险。

4. **心理干预及健康教育** 在卒中的各种危险因素中，心理因素占据非常重要的位置。卒中患者面对突然的疾病变化，容易产生悲观情绪，甚至丧失对生活的信心，进而影响患者的治疗及后续康复。健康教育的干预对提高卒中高危人群疾病预防的依从性也极其重要，干预对象主要有健康人群和卒中高危人群，教育内容包括卒中相关危险因素、卒中先兆症状、卒中发病症状和急救常识等，能够增强卒中高危人群的自我管理意识。

（三）卒中健康管理流程

中国脑血管病临床管理指南中推荐，卒中健康管理按照风险评估的结果，分为低危、中危、高危人群分别管理（图 3-12-4）。

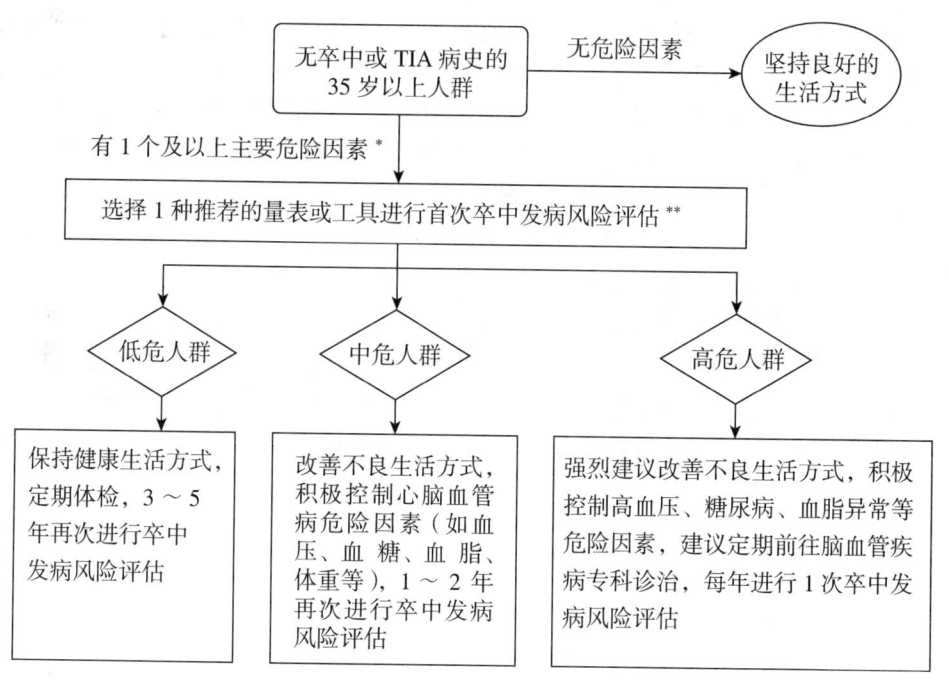

图 3-12-4　首次卒中发病风险评估及管理流程

注　*：主要危险因素包括性别、年龄、高血压、糖尿病、高密度胆固醇血症、心房颤动、吸烟、卒中 / 冠状动脉粥样硬化心脏病家族史、BMI 等；**：推荐的量表或工具详见推荐意见。

* 来源《中国脑血管病临床管理指南（2019）》。

ITA，短暂性脑缺血发作。

（尤莉莉）

第三篇 应用篇

第七节 高尿酸血症与痛风的健康管理

一、概念、流行病学与危险因素

（一）高尿酸血症与痛风的概念

痛风（gout）为嘌呤代谢紊乱和（或）尿酸排泄障碍所致血尿酸增高的一组异质性疾病，常伴有肥胖、冠心病、血脂异常、高脂血症、糖耐量减低及 2 型糖尿病，并且可显著加重动脉粥样硬化的发展，使痛风患者心肌梗死、卒中、周围血管梗死的发生率显著增高。其临床特点是高尿酸血症、痛风性急性关节炎反复发作、痛风石沉积、特征性慢性关节炎和关节畸形，常累及肾引起慢性间质性肾炎和肾尿酸结石形成。

高尿酸血症（hyperuricemia）是引起痛风重要的生化基础，但是痛风的患病率远低于高尿酸血症。人体尿酸来源有两个途径，外源性占 20%，来自富含嘌呤或核蛋白食物在体内的消化代谢；内源性占 80%，是由体内氨基酸、磷酸核糖和其他小分子化合物合成的核酸所分解而来。从食物摄取或体内合成的嘌呤最终代谢产物是尿酸。正常人体内尿酸值平均为 1200 mg，每天产生约 750 mg，消除 500 ~ 1000 mg。约 2/3 是以游离尿酸钠盐形式由肾经尿液排出，其余 1/3 由肠道排出或被肠道内细菌分解，这部分尿酸的排泄方式在肾功能不全时有重要代偿意义。

肾排泄尿酸有赖于肾小球过滤，近端肾小管再吸收、分泌和分泌后再吸收，最终尿酸的排泄量仅占肾小球滤过的 6% ~ 12%。正常人每天产生的尿酸与排泄的尿酸量维持在平衡状态，此时血尿酸保持稳定水平。如尿酸产生增加、肾排泄尿酸不足、内源性嘌呤代谢紊乱等则导致高尿酸血症的发生。当血尿酸超过饱和浓度，尿酸盐晶体析出可直接黏附、沉积于关节及周围软组织、肾小管和血管等部位，趋化中性粒细胞、巨噬细胞。细胞与晶体相互作用后释放致炎症因子 [如白细胞介素（IL）-1b、IL-6] 及金属蛋白酶 9、水解酶等，引起关节软骨、骨质、肾及血管内膜等急慢性炎症损伤。高尿酸血症和痛风可分为原发性和继发性两大类。

1. 原发性高尿酸血症和痛风

（1）特发性尿酸增多症：绝大多数发病原因不明，10% ~ 20% 的患者有阳性家族史，仅 1% 左右的患者由先天性酶缺陷引起，如家族性幼年高尿酸性肾病、次黄嘌呤鸟嘌呤磷酸核糖基转移酶（HPRT transferase）缺陷、磷酸核糖焦磷酸合成酶（PRPP）活性增高、Ⅰ型糖原累积症、遗传性果糖不耐受症。

（2）尿酸产生过多：与高嘌呤饮食、酒精过多摄入、高糖饮食、核酸代谢增强相关，常合并代谢综合征的临床表现或疾病。

2. 继发性高尿酸血症和痛风

继发性高尿酸血症和痛风患者可由肾病、血液病及药物等多种原因引起。继发性高尿酸血症和痛风的病因有以下几个方面。

（1）某些血液病，如急慢性白血病、红细胞增多症、多发性骨髓瘤、溶血性贫血、淋巴瘤及恶性肿瘤化疗或放疗后，都可因尿酸生成过多致高尿酸血症。

（2）各类肾病，由于肾功能不全、肾小球疾病造成尿酸排泄减少而使尿酸增高。

（3）服用某些药物，常见为利尿剂（如氢氯噻嗪、呋塞米）、复方利血平片、吡嗪酰胺等抗结核药物、抗帕金森病药物、维生素 B_{12}、烟草酸、细胞毒性化疗药物、免疫抑制剂等。

（4）有机酸产生过多，抑制尿酸排泄，如乳酸中毒、糖尿病酮症酸中毒、过度运动、饥饿、酒精。

（5）代谢综合征和胰岛素抵抗，脂代谢紊乱使血脂增高，增高的血脂使体内酮体增多，肾小管对尿酸的排泌受到竞争性抑制而排出减少；糖尿病致高血糖损害肾功能从而导致尿酸排泄减

380

少；胰岛素能刺激靶器官对阴离子（如尿酸）的再吸收，因此胰岛素抵抗和高胰岛素血症使尿酸重吸收增加。

（二）高尿酸血症与痛风的流行特征

痛风在世界各地均可发病，发病率的高低受环境、饮食习惯、种族、遗传、诊断标准和统计方法等多种因素的影响，各国报道差异较大。高尿酸血症的流行总体呈现逐年升高的趋势，且有一定的地区差异，南方和沿海经济发达地区较同期国内其他地区患病率高，与该地区人们摄入较多含嘌呤高的海产品、动物内脏、肉类食品及大量饮用啤酒等因素有关。痛风多见于中、老年人，患病率随年龄的增加而升高。近年来随着经济条件的改善，饮食结构的改变，生活节奏的紧张，高尿酸血症和痛风的发病有显著的年轻化趋势。痛风的患病率男性远高于女性。

亚洲地区在20世纪50年代以前高尿酸血症和痛风的发病率很低（部分原因是人们对痛风的诊断和认识不足），是一种罕见病，但第二次世界大战后，随着各国经济水平的提高，痛风在世界各国的发病率逐年上升，同时发病有明显年轻化的趋势。

据统计，20世纪80年代，欧美地区高尿酸血症发病率为2%～18%，痛风的发病率为0.2%～1.7%。日本在第二次世界大战以后，随着饮食结构的变化，动物蛋白及脂肪的摄入增多，高尿酸血症和痛风的患者有显著增多趋势，推测痛风发病率为0.5%。中华医学会内分泌学分会发布的《中国高尿酸血症与痛风诊疗指南（2019）》指出，我国成人高尿酸血症的患病率为13.3%，痛风的患病率在1.1%。国家风湿病数据中心（Chinese Rheumatism Data Center，CRDC）网络注册及随访研究的阶段数据显示，截至2016年2月，基于全国27个省、市、自治区100家医院的6814例痛风患者有效病例发现，我国痛风患者平均年龄为48.28岁（男性47.95岁，女性53.14岁），男女比例为15∶1。超过50%的痛风患者为超重或肥胖。男女发病诱因有很大差异，男性患者最主要为饮酒诱发（25.5%），其次为高嘌呤饮食（22.9%）和剧烈运动（6.2%）；女性患者最主要为高嘌呤饮食诱发（17.0%），其次为突然受冷（11.2%）和剧烈运动（9.6%）。目前，高尿酸血症的发病率在我国直线上升，由它所引起的多种并发症日益危害着人民的身体健康。高尿酸血症和痛风是遗传和环境因素（包括生活方式）共同作用的结果，其中生活方式起着重要的作用。因此，可以通过生活方式管理进行预防及改善。

（三）高尿酸血症与痛风的危险因素

1. 性别与年龄　性别和年龄与高尿酸血症和痛风的发病密切相关。痛风发病大部分在30～70岁，痛风最高的发病年龄组男性在50～59岁，女性在50岁以后。男女比例为20∶1，即95%的痛风患者是男性。但近年来高尿酸血症和痛风的发病有年轻化的趋势。

2. 超重与肥胖　肥胖的人易发生高尿酸血症和痛风，体重与高尿酸血症呈明显相关。有研究显示，男性患者肥胖发生率为9.1%～16.3%，青年时期体重增加是临床痛风发生的危险因素。高尿酸血症患者中消瘦者仅占2.6%。肥胖度即使不高，内脏脂肪的蓄积程度与血清尿酸值也呈正相关。

3. 过量饮酒　酗酒是促进痛风发病最重要的因素之一。酒类可以促进痛风的发生、发展。其原因是：①饮酒常伴食富含嘌呤的食物；②酒精可刺激人体内乳酸合成增加，而乳酸可抑制肾排泄尿酸的功能；③酒精可直接增快人体内嘌呤合成的速度，使其产量增加；④某些酒类，尤其是啤酒在发酵过程中可产生大量嘌呤，对痛风患者很不利。饮酒对痛风的影响还与酒的种类有关。其中，啤酒与痛风发病的相关性最强，每天摄入12盎司（约335 ml）啤酒者痛风的风险为不饮酒的1.49倍。烈酒也可增加痛风的发病风险，而适量饮用红酒并不增加痛风的发病率。

4. 三高膳食（高蛋白、高脂肪、高嘌呤膳食）　痛风原因之一是由于嘌呤（purine）代谢紊乱导致尿酸生成增多所引起的，因此，过多食用富含嘌呤的食物会增加痛风和高尿酸血症的易感性。富含嘌呤的食物包括各类家禽，如猪肉、牛肉、羊肉、鸡肉、鸭肉、鹅肉，以及动物内脏尤其是脑、肝、心等。近几十年来，使个体易患痛风和高尿酸血症的饮食和生活方式变得越来越普遍。

5. 高糖摄入 含糖软饮料是工业化生产带来的新型痛风危险因素。含糖软饮料可显著增加血尿酸，且较烈酒更明显，与啤酒相当，不含糖饮料与血尿酸水平无相关关系。果汁摄入的总量与痛风发病率呈正相关。

6. 剧烈运动 过度的体育锻炼或者是由于过量运动，会导致尿酸浓度升高，引起痛风性关节炎发作。肥胖患者为达到快速减肥的目的而过量运动时，常会引起痛风发作。长期从事专业运动训练的特殊群体，高尿酸血症及痛风的发生率明显高于普通人群。

7. 紧张和应激 长期精神紧张和心理压力也会造成尿酸代谢紊乱，精神刺激和应激可诱发痛风发作。

8. 工作生活环境 以静坐为主的脑力劳动者与体力劳动者血尿酸含量有很大差异。在高收入的人群中，高尿酸血症患病率远远高于一般收入和低收入的体力劳动者。某些药物的长时间应用也会引起痛风和高尿酸血症。

9. 其他因素 有高尿酸血症者比血尿酸正常者更易发生高血压等心脑血管病、肥胖、高血脂和糖尿病，同时，高血压等心脑血管病、糖尿病、高脂血症和肥胖也是高尿酸血症和痛风的危险因素。

二、临床特点

痛风常突然发病，没有任何前驱症状，夜间入睡时无任何感觉，睡到半夜，脚趾关节突然疼痛、发红、肿胀，步行困难，疼痛逐渐加强，到凌晨到达高峰，疼痛剧烈，难以忍受，天亮后逐渐缓解，此后夜间重复发作，一般持续 2～3 天后疼痛逐渐缓解，1～2 周后症状彻底消失。但如不予降尿酸的治疗，那么再发的可能性很高。根据病程，痛风可分为 4 个阶段。

（一）无症状高尿酸血症

无症状高尿酸血症指仅有血尿酸波动性或持续性增高，而临床尚未出现急性痛风性关节炎或尿酸性肾结石。《2018 版欧洲抗风湿病联盟（EULAR）痛风诊断循证专家建议更新》推荐采用新的痛风及高尿酸血症分期方法，将无症状期进一步分为无症状高尿酸血症期（无晶体沉积）和无症状单钠尿酸盐（monosodium urate，MSU）高尿酸血症。

高尿酸血症的临床分型应依据 24 h 尿尿酸排泄量（UUE）和肾尿酸排泄分数（FEUA），同时结合临床及家族史进行综合判定。综合判定的分型可分为：(1) 肾排泄不良型：UUE ≤ 600 mg/[d · (1.73 m²)] 且 FEUA < 5.5%；(2) 肾负担过多型：UUE > 600 mg/[d · (1.73 m²)] 且 FEUA ≥ 5.5%；(3) 混合型：UUE > 600 mg/[d · (1.73m²)] 且 FEUUA < 5.5%；(4) 其他型：UUE ≤ 600 mg/[d · (1.73 m²)] 且 FEUA ≥ 5.5%。

（二）急性痛风性关节炎

急性痛风性关节炎好发于下肢单关节，典型发作时起病急骤，数小时内症状发展至高峰，关节及周围软组织出现明显的红、肿、热、痛，疼痛剧烈。

典型特点表现如下：①大多数患者首次发作常在深夜熟睡时突然发生，以发作迅速的剧痛性关节炎起病，发作前可有短暂轻微的"扭伤"、足跟痛或刺痛等先兆，发病数小时内受累关节即出现红、肿、热、痛及功能障碍；②首次发作通常累及单关节，全身伴发症状轻，最常见的受累部位是第一跖趾关节，其次为四肢远端关节及大关节，中轴关节及四肢近端大关节很少累及；③发作呈自限性，多于数天或 2 周内自行缓解，受累关节局部皮肤脱屑和瘙痒；④关节局部损伤（如外伤）、穿鞋过紧、走路过多、外科手术、饱餐、饮酒、脱水、过度疲劳、受冷、受潮和感染等都可能是诱发因素；⑤秋水仙碱可迅速缓解关节症状。

（三）痛风性关节炎发作间歇期

两次痛风性关节炎发作之间的时期称为间歇期。间歇期无症状，随时间推移，两次关节炎间歇期缩短，症状持续时间延长，最终无法完全缓解，出现慢性痛风性关节炎，并逐渐破坏关节。

大多数患者在半年至 2 年内出现第 2 次发作。

（四）慢性痛风及慢性痛风性关节炎

绝大多数患者因未长期坚持控制高尿酸血症，更多关节受累，痛风发作变得频繁，对药物治疗的反应变差，发作时间可能持续更长，逐渐进展为慢性、双侧受累、多发性关节炎，最终出现关节畸形，在关节附近肌腱腱鞘及皮肤结缔组织中形成痛风结节或痛风石（tophus），并出现高尿酸血症的并发症，如痛风性肾病。

长期高尿酸血症患者可出现肾损害，包括慢性尿酸盐肾病、肾结石等。同时，部分高尿酸血症患者肾结石的症状早于关节炎的发作。痛风及高尿酸血症患者结石成分主要为尿酸结石和草酸钙结石。酸性尿及尿酸浓度增加呈过饱和状态为尿酸结石形成的两个主要因素。另外，肥胖、代谢综合征、慢性腹泻、糖尿病也是尿酸结石形成的危险因素。

未经治疗的患者首发症状 20 年后约 70% 可出现痛风石，痛风石大小不一，小如芝麻，大如鸡蛋或更大，常出现于第一跖趾、耳廓、前臂伸面、指关节、肘关节等部位。关节内大量的痛风石可造成关节骨质破坏、关节周围组织纤维化、继发退行性改变等，表现为持续关节肿痛、压痛、畸形、关节功能障碍。

三、诊断及治疗

（一）痛风的诊断

1. 实验室检查项目

（1）血尿酸（blood uric acid）测定：正常嘌呤饮食下，非同日两次空腹血尿酸水平超过 420 mmol/L，诊断为高尿酸血症，由于血尿酸存在较大波动，应反复监测。

（2）尿尿酸（urine uric acid）测定：限制嘌呤饮食 5 日后，24 h 尿尿酸排出量 > 600 mg，可考虑为尿酸排泄过多型；24 h 尿尿酸排出量 < 600 mg，可考虑为尿酸排泄减少型；但不能排除两种情况同时存在。在正常饮食情况下，24 h 尿尿酸排泄量以 800 mg 进行区分。此项检查目前不作为常规检查。

（3）关节液检查：急性期关节滑囊液偏振光显微镜下可见双折光的针型尿酸钠晶体，具有确诊价值。

（4）影像学检查：可采用传统 X 线、普通 CT、MRI、超声或者双能 CT 检查（表 3-12-22）。

表 3-12-22　各种影像学检查的痛风性关节炎特征

检查方法	优点	缺点	特征性显示
传统 X 线	便宜，特异度高	敏感性低	受累关节骨软骨缘有圆形或不整齐穿凿样透亮缺损
普通 CT	快	费用较高，不能直接显示 MSU 沉积	灰度不等的斑点状痛风石影像
MRI	能够检测到皮下和深部组织的痛风石	费用较高，不能直接显示 MSU 沉积	T1 和 T2 影像中呈低至中等密度的块状阴影
超声	增加痛风临床诊断的特异性，能够检测到皮下和深部组织的痛风石	受操作者水平影响较大，敏感性低，无症状高尿酸血症患者可能存在异常	双轨征
双能 CT	可以直接显示 MSU	费用较高，未被广泛使用	尿酸盐晶体沉积

注：MSU，无症状单钠尿酸盐。

2. 诊断标准 1963 年以来，美国、欧洲及相关学术机构至少已有 9 种痛风诊断标准（或称作分类标准）相继提出。而 1977 年美国风湿病学会（ACR）制定的痛风诊断标准、2015 年 ACR 和欧洲抗风湿联盟（EULAR）被广泛认可（表 3-12-24）。关节穿刺液镜检发现 MSU 作为诊断金标准。对于有或曾有急性关节炎时存在心血管疾病和高尿酸血症的男性成人患者，若具有经典"痛风足"组征，应考虑痛风的临床诊断。传统"痛风足"典型临床征象包括：①足或踝关节的单关节炎（尤其是第一跖趾关节）；②既往曾有类似急性关节炎发作；③关节肿痛症状出现急剧；④关节局部红斑。

表 3-12-24　2015 年美国风湿病学会 / 欧洲抗风湿联盟（ACR/EULAR）联合公布痛风分类标准

项目	内容	评分（分）
临床特点	受累关节分布：曾有急性症状发作的关节 / 滑囊部位（单或寡关关节）[a]	
	● 踝关节或足部（非第一跖趾关节）关节受累	1
	第一跖趾关节受累	2
	受累关节急性发作时症状：①皮肤发红（患者主诉或医生查体），②触痛或压痛，③活动障碍	
	● 符合上述 1 个特点	1
	● 符合上述 2 个特点	2
	● 符合上述 3 个特点	3
	典型急性发作：①疼痛达峰 < 24 h；②症状缓解 14 天；③发展间期完全缓解；符合上述 ≥ 2 项（无论是否抗炎治疗）	
	● 首次发作	1
	● 反复发作	2
	痛风石证据：皮下灰白色结节，表面皮肤薄，血供丰富；典型部位：关节、耳廓、鹰嘴滑囊、手指、肌腱（如跟腱）	
	● 没有痛风石	0
	● 存在痛风石	4
实验室检查	血尿酸水平：非降尿酸治疗中，距离发作 > 4 周时检测，可重复检测；以最高值为准	
	● < 240 mmol/L（< 4 mg/dl）	−4
	● 240 ~ 360 mmol/L（4 ~ 6 mg/dl）	0
	● 360 ~ 480 mmol/L（6 ~ 8 mg/dl）	2
	● 480 ~ 600 mmol/L（8 ~ 10 mg/dl）	3
	● ≥ 600 mmol/L（≥ 10mg/dl）	4
	关节液分析：由有经验的医生对有症状关节或滑囊进行穿刺及偏振光显微镜检查	
	● 未做检查	0
	● 尿酸钠晶体阴性	−2
影像学检查	有或曾有症状的关节或滑囊处尿酸钠晶体的影像学证据：关节超声"双规征"[b]，或双能 CT 的尿酸钠晶体沉积[c]	
	● 无（两种证据）或未做检查	0

常见慢性疾病健康管理 / 第十二章

续表

项目	内容	评分（分）
	● 存在（任一证据）	4
	痛风相关关节破坏的影像学证据：手/足X线存在至少一处骨侵蚀（皮质破坏，边缘硬化或边缘突出）[d]	
	● 无或未做检查	0
	● 存在	4

注：存在至少一次外周关节或滑囊的肿胀、疼痛或压痛可以使用这个分类标准进行诊断；如果采用偏振光显微镜检查证实（曾）有症状关节或滑囊或痛风石中存在尿酸钠晶体，可以确定患者的痛风诊断；如果没有条件接受关节穿刺检查，可根据临床表现计分，累计≥8分者可临床诊断痛风；[a] 外周关节或滑囊发作肿胀、疼痛和（或）触痛；[b] 透明软骨表面的不规则强回声，且与超声探头角度无关，如在改变超声探头角度后"双规征"消失，则为假阳性；[c] 通过80kV和140kV两个能量进行扫描，采用特定软件进行物质分解算法，将关节及关节周围的尿酸钠晶体涂上绿色伪色，需鉴别甲床、亚毫米、皮肤、运动、射线硬化和血管伪影与尿酸钠沉积的区别；[d] 骨侵蚀需除外远端趾间关节和"鸡翼征"。

（二）痛风的治疗

改善生活方式是治疗痛风及高尿酸血症的核心，特别是对于早期发现的患者。痛风治疗的总原则是合理的饮食控制，充足的水分摄入，规律的生活制度，有效的药物治疗，定期的随访复查。治疗的目标是促进晶体溶解和防止晶体形成，合理的综合治疗能提高其生命质量，减少并发症的发生，改善预后。

1. 药物治疗 在治疗过程中，避免滥用抗菌药物、长效糖皮质激素；要规范使用降尿酸药物等。西药治疗包括高尿酸血症的治疗和急性痛风性关节炎的治疗。痛风属于中医"痹症"范畴，常见证型有脾虚湿浊、湿热蕴结、痰瘀阻滞、肝肾阴虚等，经中医辩证给予健脾祛湿、清热化湿、化痰祛瘀、补益肝肾等治疗。

（1）降尿酸药物治疗的建议 对于符合以下临床情况的痛风患者可以开始药物降尿酸治疗（需要注意降尿酸药物的不良反应）：①痛风性关节炎发作2次/年；②痛风性关节炎发作1次且同时合并以下任何一项，有痛风石、泌尿系结石、慢性肾脏病3期以上。

对于以下患者建议结合专科医生意见决定是否行降尿酸治疗。痛风性关节炎发作1次合并以下任何一项：①年龄＜40岁，②血尿酸＞480 mmol/L，③合并高血压、糖耐量异常或糖尿病、血脂紊乱、肥胖、冠心病、卒中、心功能不全患者。

对于无症状高尿酸血症患者（无关节炎发作、无引起高尿酸血症明确病因），建议进行非药物治疗，观察随诊，6～12个月效果不佳者，可考虑转诊。不建议基层医生加用降尿酸药物治疗。

（2）降尿酸治疗原则：血尿酸目标水平为血尿酸水平＜360 mmol/L。对于痛风石、慢性关节炎病等患者，血尿酸水平应＜300 mmol/L。长期治疗的过程中，不建议血尿酸水平＜180 mmol/L。所有降尿酸药物应从小剂量起始，每4周左右检测血尿酸，并酌情缓慢递增剂量直到血尿酸达标。长期服药时，应规律随访，定期（3～6个月）检查，稳定在正常水平时可逐渐减量。急性发作期不调整剂量。

（3）促进尿酸排泄药：常用药物有苯溴马隆，能抑制尿酸在肾小管的重吸收，促进尿酸排泄，降血尿酸作用较强。该药不应用于痛风石或尿路结石的患者。用药过程中须监测尿pH值，使尿pH值维持在6.2～6.9，并多饮水，以利于尿酸排出。其余不良反应包括偶有轻度胃肠道反应、过敏性皮炎、肝功能受损等。

（4）抑制尿酸生成药：常用药物有别嘌醇和非布司他。别嘌醇主要通过抑制嘌呤代谢中黄嘌呤氧化酶而抑制尿酸的生成。建议使用前进行HLA-B*5801基因检测，因检测阳性者用别嘌醇后发生皮疹及肝酶水平升高的概率较阴性者明显升高，检测阳性者应避免使用别嘌醇。不良反应为过敏、肝功能损伤和血象抑制。非布司他的作用机制与别嘌醇相同，但因其具有独特的非嘌呤分子结构，能更特异性地抑制黄嘌呤氧化酶。非布司他的常见不良反应包括肝功能异常、胃肠道反应、皮疹和心血管系统的不良反应等。

（5）碱化尿液药物：常用药物有碳酸氢钠，能碱化尿液的 pH 值至 6.2 ～ 6.9，由此提高尿酸盐的溶解性，进而减少尿酸盐结晶形成及有利于尿酸排泄。切忌过度碱化，尿 pH 值过高增加磷酸钙和碳酸钙等结石形成风险。

（6）急性痛风性关节炎的治疗：急性发作期患者可卧床休息，患肢制动，局部冷敷，并尽早给予药物控制炎症（越早使用，镇痛效果越好）。根据《中国高尿酸血症与痛风诊疗指南（2019）》，痛风急性发作期，推荐尽早使用小剂量秋水仙碱或非甾体消炎药（NSAIDs），对上述药物不耐受、疗效不佳或存在禁忌的患者，或是痛风急性发作累及多关节、大关节或合并全身症状的患者推荐全身应用糖皮质激素，这时用药不要超过一周。对于严重的急性痛风发作（疼痛、多关节炎或累及 ≥ 2 个大关节者），建议使用 2 种或以上镇痛药治疗，但不建议口服 NSAIDs 和全身糖皮质激素联用。

秋水仙碱是痛风急性发作时首选药物之一，通过降低白细胞趋化和吞噬作用及减轻炎性反应而起止痛作用。该药应在痛风发作 36 h 内开始使用。在合并有肾功能不全的患者，应注意调整药物剂量。该药胃肠道不良反应发生率高且容易导致患者因不良反应停药。

NSAIDs 是一类通过抑制前列腺素合成酶从而消除炎症的药物，是有效的镇痛药物，包括吲哚美辛、布洛芬、萘普生、双氯芬酸、萘丁美酮、美洛昔康、依托考昔、塞来昔布和罗非昔布等。该类药物作为治疗痛风急性发作的一线用药，疗效确切，且患者耐受良好，相对较安全。最常见的不良反应为胃肠道不适及溃疡。

严重急性痛风发作伴有较重全身症状，秋水仙碱或非甾体消炎药无效，或不能耐受或有禁忌时，可采用合用肾上腺皮质激素类药物。此类药能迅速缓解急性发作，但停药后容易复发。

此外，高尿酸血症和痛风常与糖脂代谢紊乱、肥胖、动脉硬化等聚集发生，应积极进行降脂、减重及改善胰岛素抵抗等综合一体化治疗。

2. 非药物治疗

（1）限制嘌呤摄入：患者应长期控制外源性嘌呤摄入，减少尿酸的来源，并增加尿酸的排泄，以降低血清尿酸水平，从而减少痛风急性发作的频率和程度，防止并发症。传统的低嘌呤饮食观念需要更新，不能单纯以嘌呤含量来选择食物，目前强调每日饮食嘌呤含量控制在 200 mg以下。根据病情，限制膳食中嘌呤的含量。在急性期应严格限制嘌呤摄入少于 150 mg/d，可选择嘌呤含量低的食物，以奶制品、蛋类、蔬菜、水果、细粮为主。在缓解期，视病情可限量选用嘌呤含量中等的食物。其中肉用量 60 ～ 90 g/d，用煮过汤的熟肉代替生肉。另外可自由选用含嘌呤低的食物，禁用含嘌呤高的食物，但是不提倡长期采用严格限制嘌呤的膳食。嘌呤含量高的食物有豆芽、香菇、海鲜、动物内脏、啤酒等；含嘌呤较高的食物有豆类、肉类等；含嘌呤较少的食物有五谷类、奶类、蔬菜等。常见动物性食物及植物性食物的嘌呤含量见表 3-12-25、表 3-12-26。

表 3-12-25　常见动物性食物的嘌呤含量（mg/kg）

食物名称	嘌呤含量	食物名称	嘌呤含量	食物名称	嘌呤含量
鸭肝	3979.0	鸡胸肉	2079.7	牛肉干	1274.0
鹅肝	3769.0	扇贝	1934.4	黄花鱼	1242.6
鸡肝	3170.0	基围虾	1874.0	驴肉加工制品	1174.0
猪肝	2752.1	河蟹	1470.0	羊肉	1090.9
牛肝	2506.0	猪肉（后臀尖）	1378.4	肥瘦牛肉	1047.0
羊肝	2278.0	草鱼	1344.4	猪肉松	762.5

常见慢性疾病健康管理 / 第十二章

表 3-12-26 常见植物性食物的嘌呤含量（mg/kg）

食物名称	嘌呤含量	食物名称	嘌呤含量	食物名称	嘌呤含量
紫菜（干）	4153.4	内酯豆腐	1001.1	大葱	306.5
黄豆	2181.9	花生	854.8	四季豆	232.5
绿豆	1957.8	腰果	713.4	小米	200.6
榛蘑（干）	1859.7	豆腐块	686.3	甘薯	186.2
猴头菇（干）	1776.6	水豆腐	675.7	红萝卜	132.2
豆粉	1674.9	豆浆	631.7	菠萝	114.8
黑木耳（干）	1662.1	南瓜子	607.6	白萝卜	109.8
腐竹	1598.7	糯米	503.8	木薯	104.5
豆皮	1572.8	山核桃	404.4	柚子	83.7
红小豆	1564.5	普通大米	346.7	橘子	41.3
红芸豆	1263.7	香米	343.7		

（2）合理饮食：更新和树立正确的饮食观念，饮食管理不能代替药物治疗，但可能减少药物剂量。饮食建议需明确告知患者避免、限制和鼓励的食物种类。适量限制蛋白质供给可控制嘌呤的摄取。其供给量为 0.8 ~ 1.0 g/（kg·d）或 50 ~ 70 g/d，并以含嘌呤少的谷类、蔬菜类为主要来源，优质蛋白可选用不含或少含核蛋白的乳类、干酪、鸡蛋等。尽量不用肉、鱼、禽类等，如一定要用，可经煮沸弃汤后食少量。痛风患者伴有肥胖时，若长期严格控制蛋白质摄入，不能食用肉类、海鲜、豆类时，可造成体内蛋白质缺乏，应适当补充牛奶、奶制品等，以保证机体对蛋白质的需要。饮食建议见表 3-12-27。

痛风性肾病患者应根据尿蛋白的丢失和血浆蛋白水平适量补充蛋白质；但在肾功能不全，出现氮质血症时，应严格限制蛋白质的摄入量。脂肪可减少尿酸排泄，应适量限制，可采用低量或中等量，为 40 ~ 50 g/d，占总能量的 20% ~ 25%，并用蒸、煮、炖、卤、煲、灼等用油少的烹调方法。碳水化合物有抗生酮作用和增加尿酸排泄的倾向，故应是能量的主要来源，占总能量的 55% ~ 65%。但果糖可增加尿酸的生成，应减少其摄入量。

表 3-12-27 高尿酸血症和痛风患者的饮食建议

饮食建议	内容
避免摄入	动物内脏，甲壳类，浓肉汤和肉汁，酒（急性发作期和慢性痛风石者）
限制摄入	红肉；鱼；含果糖和蔗糖的食物；酒（尤其是啤酒和烈性酒），酒精总量男性 < 28 g/d，女性 < 14 g/d
鼓励摄入	脱脂或低脂奶制品（300 ml/d），鸡蛋 1 个 / 天，新鲜蔬菜 500 g/d，低生糖指数谷物（粗粮、豆类），饮水 > 2000 ml/d（包括茶和咖啡）

（3）限制饮酒和刺激性食物：酒精可使体内乳酸增多，抑制尿酸排出，并促进嘌呤分解使尿酸增高，诱发痛风发作，故不宜饮酒。啤酒中含有较多嘌呤，同时能量也比其他酒类较高，可使体重增加，因此应避免饮用啤酒。此外，强烈的香料和调味品，如辛辣调味品也不宜食用。茶、可可和咖啡可适量食用。

（4）多饮水：保证液体入量充足，有利于尿酸排出。入液量应保持 2000 ~ 3000 ml/d，以维持一定的尿量，促进尿酸排泄，防止结石生成。可在睡前或半夜饮水，以防止夜尿浓缩。可多选用富含水分的水果和食品，并设法使尿液呈碱性。但若伴有肾功能不全，水分应适量。

387

（5）充足的维生素和矿物质：各种维生素，尤其是 B 族维生素和维生素 C 应足量供给。碱性环境下尿酸盐易溶解，钠、钾、钙、镁等元素在体内氧化生成碱性离子，故称为碱性食物。多供给富含矿物质的蔬菜和水果等成碱性食物，有利于尿酸的溶解与排出。但由于痛风患者易患高血压、高脂血症和肾病，应限制钠盐摄入，通常用量为 2 ~ 5 g/d。

（6）体重管理：痛风患者多伴有超重或肥胖，应控制能量摄入尽量达到或稍低于理想体重，体重最好能低于理想体重的 10% ~ 15%。超体重者应减重，减少能量应循序渐进，切忌猛减，否则体脂分解过快会导致酮症，抑制尿酸的排出，诱发痛风症急性发作。

（7）适当运动：对于肥胖患者，有必要进行运动疗法的指导。应事先进行心功能评价，避免过度运动，选择适当的体重目标（BMI < 25 kg/m^2），每天在餐后 1 h 进行轻度运动。有氧运动虽然对血清尿酸值没有影响，但是可减少体脂、改善轻度高血压、增加高密度脂蛋白、改善糖耐量等，改善高尿酸血症的各种合并症症状。

对于痛风性关节炎患者，①痛风性关节炎急性发作期：指导患者进行合理休息与关节周围肌肉等长收缩锻炼；②痛风性关节炎非急性发作期：指导患者进行运动锻炼及关节功能康复训练；③关节功能受限严重的患者，建议到康复科就诊，指导关节周围肌肉训练和关节活动度训练。

（8）缓解紧张：应适当缓解患者的精神压力，避免应急状况。

四、健康管理方案

（一）不同人群的高尿酸血症及痛风健康管理

痛风的预防与治疗要个体化和分阶段，在不同阶段预防策略和治疗方法也不尽一样，应按照如下方针进行：对于一般人群和高危人群主要进行生活方式管理；对于急性期患者，主要是消炎、止痛等对症治疗，可使用秋水仙碱、非甾体抗炎药、糖皮质激素；对于发作间歇期和慢性期患者的治疗目的是维持正常水平的血尿酸，可使用促排尿酸的药物、抑制尿酸生成药物，但间歇期和慢性期的患者同时也都需生活方式的指导。

在进行痛风相关健康常识、健康行为的干预活动时，应强调以下几点。①避免发作诱因并保持生活规律、平稳，如应避免高嘌呤饮食、酒精、外伤、劳累、寒冷、应激、手术、腹泻、脱水；②尽量避免使用升高尿酸的药物；③定期督促监测血尿酸水平；④坚持服药监督（用药依从性）/ 药物不良反应监测；⑤监控血压、血糖、血脂等危险因素，并按照慢性疾病管理规范严格管理；⑥心理支持、树立疾病治疗信心；⑦定期随访，保持良好的沟通。

1. 健康人群 包括希望保持健康身心、积极响应，且不存在危险因素的人群。他们已经认识到健康的重要性，但相关健康知识可能不足，可以为这类人群通过发放宣传单、开展讲座、推送微信公众号等方式普及痛风及高尿酸血症知识，如痛风的症状、危险因素、营养知识、预防措施。

2. 高危人群 高尿酸血症和痛风的高危人群包括中老年肥胖男人、有痛风家族史者、高血压等心脑血管病患者、糖尿病与高脂血症等代谢性疾病患者等。

（1）健康教育：针对高危人群开展积极的健康教育与咨询，促使他们养成健康的生活方式，了解高尿酸血症与痛风的危险因素对健康的危害，积极预防高尿酸血症等慢性疾病的危险因素。

健康教育具体内容包括：①高尿酸血症与痛风的流行病学；②高尿酸血症与痛风的危害；③高尿酸血症与痛风的病因及危险因素；④高尿酸血症与痛风的发病进程及危害；⑤痛风饮食及尿酸监测教育；⑥高危因素为肥胖，减肥的必要性。

（2）早期筛查：早期发现高尿酸血症最简单而有效的方法是血尿酸浓度检测。对人群进行大规模的血尿酸普查可及时发现高尿酸血症，这对早期发现及早期防治痛风有十分重要的意义。在目前尚无条件进行大规模血尿酸检测的情况下，至少应对下列人员进行血尿酸的常规检测：① 60 岁以上的老人，无论男、女及是否肥胖；②肥胖的中年男性及绝经期后的女性；③有痛风家族史的成员；④高血压、冠心病、脑血管病（如脑梗死、脑出血）患者；⑤糖尿病患者；⑥原因未明的关节炎，尤其是中年以上患者，以单关节炎发作为特征；⑦肾结石，尤其是多发性肾结石及双侧肾结石患者；⑧长期喜欢食肉类，并有饮酒习惯的中年以上人群。

凡属于以上所列情况中任何一项，都应进行有关痛风的实验室检查，以便及早发现高尿酸血症与痛风。因血尿酸存在较大波动，如果首次检查正常，也不能轻易排除痛风及高尿酸血症的可能性。应定期复查，至少每年健康体检1次，提高对高尿酸血症与痛风早期发现率。

3. 高尿酸血症患者 其健康管理总体原则为合理控制饮食，摄入充足水分，生活规律，适当体育运动，有效药物治疗，定期健康体检。预防目标是通过积极控制血尿酸水平，减少或避免痛风性关节炎的发作，缓解或避免关节功能的损害；减少体内尿酸水平，减轻肾负荷，保护肾功能，避免肾进一步被药物及尿酸损害，减缓肾功能恶化的速度，减少心血管事件发生风险。具体步骤如下。

（1）参考高危人群的健康教育内容，科普高尿酸血症的危害及相关危险因素，引导患者养成并维持良好的生活方式。

（2）树立正确的降尿酸目标，尿酸降低的范围因人而异。尿酸控制目标为 360 mmol/L，小于 300 mmol/L 有利于控制痛风的症状和体征。每3个月检测一次血尿酸，并观察痛风或相关并发病的发生。

（3）调整饮食结构是痛风预防和管理的核心，也是痛风的营养治疗的重要内容。具体内容详见前面的非药物治疗。

（4）进行全身健康管理，高尿酸血症常伴发其他生活方式病，如肥胖（中心型肥胖）、高脂血症、糖耐量异常、高血压、代谢异常综合征，因此应注意是否有其他合并症，尤其是心血管疾病，应定期进行心电图、血糖、血脂检查。为监测药物副作用，还应定期进行末梢血流图、肝功能、肾功能等检查。目前美国心脏病协会已经把高尿酸血症列为动脉粥样硬化性心血管疾病的危险因素及动脉硬化的促进因子。

4. 已有痛风性关节炎、痛风石性痛风性关节炎、尿酸性肾病、尿酸盐性肾病的患者，通过积极控制血尿酸水平，减少或避免痛风性关节炎的发作，缓解或避免关节功能的损害；降低体内尿酸水平，减轻肾负担，保护肾功能，避免肾进一步被药物及尿酸损害，减缓肾功能恶化的速度，减少心血管事件的发生风险。

（二）高尿酸血症及痛风的社区健康管理

社区和基层医疗卫生机构在进行高尿酸血症及痛风的健康管理时，主要承担的任务为慢性疾病管理和长期随访，包括确诊高尿酸血症及痛风患者的综合管理、危险因素去除（主要指综合管理基层可干预的因素）和预防教育、典型急性痛风及其他并发症的发现和初步处理等工作，可干预因素主要包括饮酒、肥胖、不良的饮食习惯（如摄入盐过多及高热量、高嘌呤食物过多）、不良的生活习惯（如运动少、生活不规律）、血压/血糖/血脂等危险因素的管理等。

对于诊断不明，特别是怀疑感染性关节炎、难以控制的痛风急性发作和重症痛风或高尿酸血症出现急慢性并发症者，应及时转诊到专科医生或上级医院，待诊断明确或病情平稳后由社区医生继续随访。高尿酸血症及痛风的社区管理流程见图3-12-5。

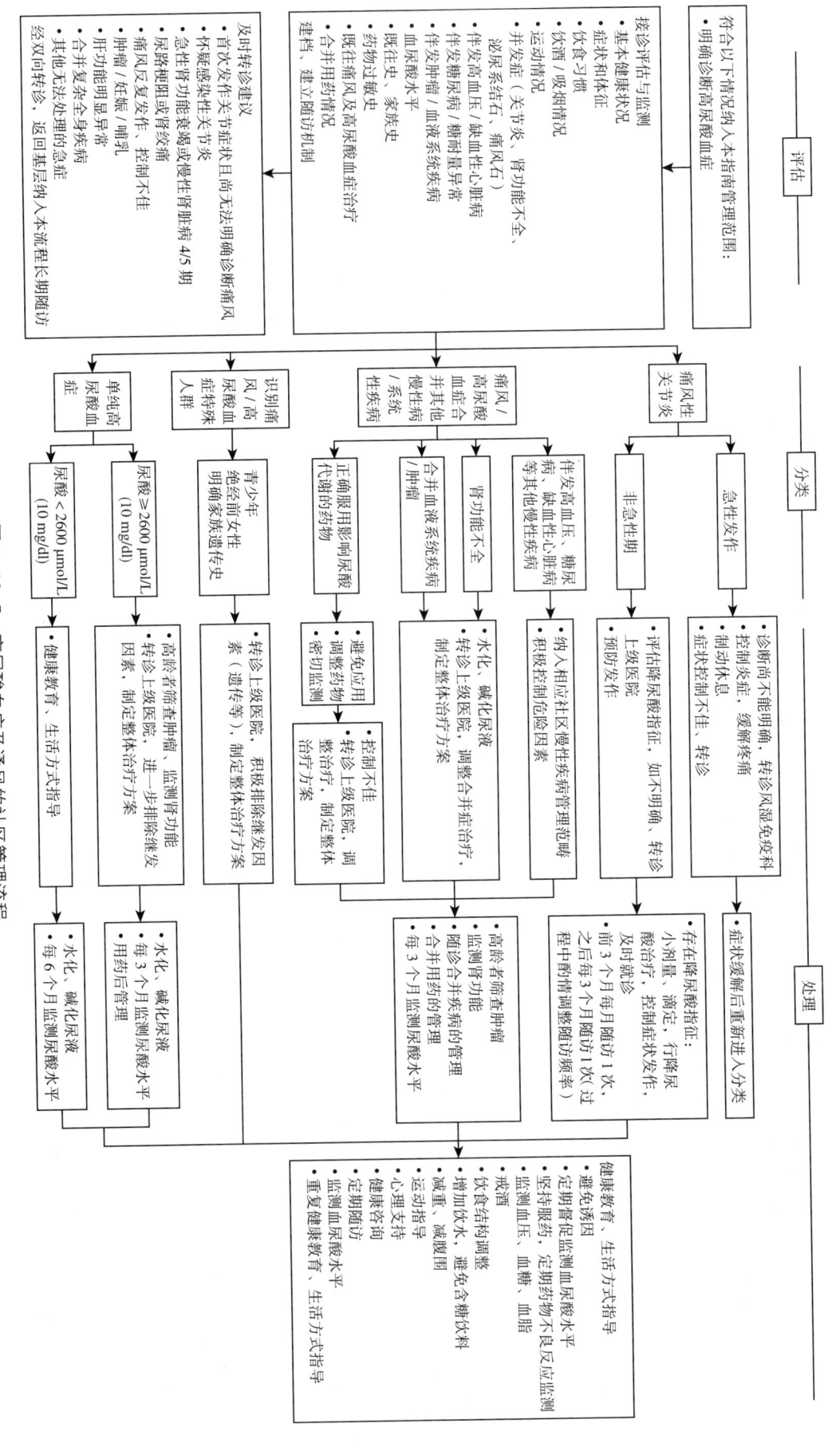

图 3-12-5 高尿酸血症及痛风的社区管理流程

常见慢性疾病健康管理 / 第十二章

第八节 慢性阻塞性肺疾病的健康管理

一、概念、流行病学与危险因素

（一）慢性阻塞性肺疾病的概念

慢性阻塞性肺疾病简称慢阻肺（chronic obstructive pulmonary diseases，COPD），以气流受限为特征，且气流受限不能完全逆转。气流受限常常渐进发展并伴有气道对毒性颗粒或气体有异常的炎症反应。COPD 是呼吸系统常见疾病之一。由美国国立心肺血液研究所、美国胸科学会、欧洲呼吸病学会和世界卫生组织共同制定的慢性阻塞性肺疾病全球倡议《COPD 诊断、治疗与预防全球策略（global initiative for chronic obstructive lung disease，GOLD）（2022 年版）》[下文简称《Gold（2022 年版）》]中 COPD 的定义为：COPD 是一种可以预防和治疗的常见病，以持续存在的呼吸道症状和气流受限为特征，由于显著暴露于有害颗粒物或气体造成的气道和（或）肺泡异常所引起。

此外，《GOLD（2022 年版）》新增了以下 4 个定义：早期 COPD、轻度 COPD、年轻人中的 COPD 和 COPD 前期。

1. **早期 COPD（early COPD）** "早期"一词的意思是"接近一个过程的开始"。因为 COPD 可以在生命早期开始并且需要很长时间才能在临床上表现出来，所以识别"早期"COPD 很困难。此外，与最终导致 COPD 的初始机制相关的生物学"早期"应与临床"早期"区分开来，后者反映了对症状、功能限制和（或）注意到的结构异常的初始感知。因此，建议"早期 COPD"一词仅用于"生物学"讨论。

2. **轻度 COPD（mild COPD）** 一些研究使用"轻度"气流受限作为"早期"疾病的替代指标。这种假设是错误的，因为并非所有患者都是从成年早期的正常肺功能峰值开始的，所以他们中的一些人可能永远不会遭受就气流受限的"严重程度"而言的"轻度"疾病。此外，"轻度"疾病可以发生在任何年龄，并且可能会随着时间的推移而进展或不发生。因此，不建议使用"轻度"来鉴定"早期"COPD。

3. **年轻人中的 COPD（COPD in young people）** 与受试者的实际年龄直接相关。鉴于肺功能在 20～25 岁达到峰值，建议对 20～50 岁的患者考虑"年轻人中的 COPD"这一诊断。值得注意的是，这可以包括以下患者：在成年早期从未达到正常肺功能峰值者和（或）肺功能早期加速下降者。年轻人的 COPD 可能对健康产生重大影响，并且经常未被诊断或治疗。

4. **COPD 前期（pre-COPD）** 该术语最近被提议用于识别各年龄段中有或没有可检测到的结构和（或）功能异常的呼吸道症状的个体，在没有气流受限的情况下，以及随着时间推移可能（或不）发展为持续性气流受限（即 COPD）的个体。

COPD 表现为气流阻塞，常常伴有对吸入刺激物（烟草的烟雾、粉尘）的非特异性支气管反应，如慢性和喘息性支气管炎，呼出气流呈现明显而进行性的下降。COPD 通常发病较隐匿，可历经数年不被觉察。疾病初起表现为肺泡及气道的无症状性炎性改变，进而出现生理变化，通过简单的肺流量检查可发现第 1 秒用力呼气量（forced expiratory volume in the first second，FEV_1）占其用力肺活量（forced vital capacity，FVC）的比率下例，FEV_1 绝对值减少，导致肺膨胀过度。如果仅依赖于体征和症状来发现 COPD，则当患者丧失 50% 以上肺功能时才能得出诊断。

（二）慢性阻塞性肺疾病的致病机制

COPD 主要以外周气道、肺实质和肺血管中增加的巨噬细胞为特征，同时还伴有活化的中性粒细胞和淋巴细胞，后者包括细胞毒性 T 细胞（Tc_1）、辅助性 T 细胞（Th_1）、Th17、固有淋巴细胞（ILC_3）。急性加重期较稳定期炎症反应更为明显。一些患者也可能出现嗜酸性粒细胞、Th_1 或

391

ILC$_2$ 细胞增加，尤其是临床上和哮喘有重叠时。所有这些炎症细胞和上皮细胞及其他结构细胞一起释放多种炎症介质。炎症介质水平增高，吸引循环中的炎症细胞，放大炎症过程，诱导结构改变。氧化应激可能是 COPD 重要的炎症放大机制。氧化应激的生物标志物（如过氧化氢、8- 异前列腺素）在 COPD 患者呼出气冷凝液、痰、体循环中浓度升高。氧化剂由香烟及其他吸入颗粒刺激产生，并通过巨噬细胞和中性粒细胞等活化的炎症细胞释放出来。COPD 急性加重时，氧化应激进一步加重。

（三）慢性阻塞性肺疾病流行特征

COPD 是一种常见、多发、高致残率和高致死率慢性呼吸系统疾病。近年来，世界各国对 COPD 都给予高度重视，原因在于 COPD 患病率居高不下，且有逐年增高的趋势。据世界卫生组织估计，COPD 在全球疾病死亡原因当中位列第三，占总死亡人数的 6%，仅次于缺血性心脏病（16%）和卒中（11%）。

2015 年，全球共有 1.745 亿人患 COPD，320 万人死于 COPD，较 1990 年增加了 11.6%，而死亡人数的增加，主要受全球人口增长和老龄化的影响。1990—2015 年，COPD 患病率增加了 44.2%，年龄标化患病率下降了 14.7%。2018 年中国成人肺部健康研究调查结果显示，我国 COPD 患者约有 1 亿人，20 岁及以上成人 COPD 患病率为 8.6%，40 岁以上人群患病率高达 13.7%，提示我国 COPD 发病呈高发态势。根据全球疾病负担调查，COPD 是我国 2016 年第五大死亡原因，2017 年第三大伤残调整寿命年的主要原因。

COPD 流行与吸烟、地区和环境卫生等有密切关系。吸烟者患病率远高于不吸烟者。北方气候寒冷患病率高于南方。工矿地区大气污染严重，患病率高于一般城市。随着年龄增长，COPD 患病率逐渐增高。20 岁及以上成人患病率为 8.6%，40 岁以上则达 13.7%，60 岁以上人群患病率已超过 27%。男性患病率（11.9%）高于女性（5.4%）。COPD 给患者带来巨大的生理、心理上的痛苦，患者劳动能力下降，生活质量降低，给家庭带来沉重的负担。

（四）慢性阻塞性肺疾病危险因素

引起 COPD 的危险因素包括个体易感因素及环境因素两个方面，两者相互影响。个体的遗传因素可增加 COPD 发病的危险性。支气管哮喘和气道高反应性是 COPD 的危险因素，气道高反应性可能与机体某些基因和环境因素有关。目前认为主要的危险因素包括吸烟、职业接触粉尘和烟雾、空气污染、童年时期频发呼吸系统感染、高龄、低教育程度、低体重、先天对哮喘易感人群及 α- 抗胰蛋白酶缺乏。其中 80% ~ 90% 因吸烟所致（包括主动和被动吸烟），初次吸烟年龄、吸烟数量及目前吸烟状况是重要的决定因素。具有 COPD 家族史、过敏史、气道高反应或哮喘病史、早产儿及幼年反复气管肺感染史、生活水平低下、吸烟和有害物质职业接触史的人群，均属于 COPD 的易感人群或高危人群。除上述因素外，气候变化，特别是寒冷空气，自主神经功能失调、老年人性腺及肾上腺皮质功能衰退、维生素缺乏等对 COPD 的发病也有一定影响。

1. **吸烟** 为 COPD 重要发病因素。吸烟者 COPD 患病率是不吸烟者的 2.21 倍，吸烟数 ≥ 20 包 / 年的人群 COPD 患病风险是不吸烟人群的 1.95 倍。60 岁以上的吸烟者患病率超过 40%，且患病风险随着吸烟时间和数量的增加而增加。与非吸烟者相比，吸烟者的呼吸道症状和肺功能异常的发生率高，FEV$_1$ 的年下降率快，吸烟者死于 COPD 的人数较非吸烟者为多。被动吸烟也可能导致呼吸道症状及 COPD 的发生。孕妇吸烟可能会影响胎儿肺的生长及其在子宫内的发育，并对胎儿的免疫系统功能产生一定影响。

2. **职业性粉尘和化学物质** 职业性粉尘及化学物质（烟雾、过敏原、工业废气及室内空气污染等）的浓度过大或接触时间过久，可导致与吸烟无关的 COPD 发生。接触某些特殊的物质、刺激性物质、有机粉尘及过敏原能使气道反应性增加。

3. **空气污染** 高浓度空气污染物细颗粒物（PM2.5）是 COPD 患病的重要危险因素，PM2.5 浓度超过 35 μg/m³ 时，COPD 患病危险度明显增加。化学气体如氯、氧化氮、二氧化硫，对支气管黏膜有刺激和细胞毒性作用。空气中的烟尘或二氧化硫明显增加时，COPD 急性发作显著增多。其他粉尘如二氧化硅、煤尘、棉尘也刺激支气管黏膜，使气道清除功能遭受损害，为细菌入侵创造条件。木材、动物粪便、农作物残梗、煤炭等，以明火或在通风功能不佳的火炉中燃烧，可导致严重的室内空气污染，是导致 COPD 的重要危险因素。烹调时产生的大量油烟和生物燃料产生的烟尘与 COPD 发病有关，生物燃料所产生的室内空气污染可能与吸烟具有协同作用。

4. **感染** 呼吸道感染是 COPD 发病和加剧的重要因素。病毒感染可能对 COPD 的发生和发展起作用；肺炎链球菌和流感嗜血杆菌可能为 COPD 急性发作的主要病原菌。儿童期重度下呼吸道感染和成年时的肺功能降低及呼吸系统症状发生有关。慢性支气管炎增加发生 COPD 的可能性，可能与急性加重的次数和严重程度有关。

5. **遗传** COPD 有遗传易感性，已知的遗传因素有 α-1 抗胰蛋白酶（AATD）缺乏。AATD 是一种蛋白酶抑制剂，重度 AATD 缺乏与非吸烟者的肺气肿形成有关。国际 COPD 遗传学联盟最新的研究发现 82 个与 COPD 有关的基因位点，不同的基因与 COPD 的不同病理或临床特征关联，从遗传基因的角度支持 COPD 存在异质性。

6. **社会经济地位** 较低的社会经济地位（低教育程度、低收入水平）与患慢性阻塞性肺疾病的风险增加有关。然而，目前尚不清楚这种模式是否反映了暴露于室内外空气污染物、拥挤、营养不良、感染或其他与低社会经济地位相关的因素。

7. **年龄和性别** 年龄是 COPD 的危险因素，年龄越大，COPD 患病率越高。COPD 患病率在男女性别之间的差异报道不一致，但是，有文献报道女性对烟草烟雾的危害更敏感。

8. **低体重指数** 低体重指数也与 COPD 的发病有关，体重指数越低，COPD 的患病率越高。吸烟和体重指数对 COPD 存在交互作用。

二、风险评估

《GOLD（2022 年版）》中指出，任何有呼吸困难、慢性咳嗽或咳痰、反复下呼吸道感染病史和（或）暴露于该疾病危险因素史的患者都应考虑 COPD。COPD 的评估目标是确定气流受限的水平、疾病对患者健康状况的影响及未来事件的风险（如急性加重、住院或死亡），并给予指导治疗。以往 COPD 的严重程度是根据肺功能来分，肺功能级别不同的患者发生急性加重的频率、住院率及病死率是不一样的，但对于特定的个体，肺功能并不是衡量患者呼吸困难、运动耐力和健康状态的可靠指标。为了能确定个体化的治疗目标，我国《慢性阻塞性肺疾病诊治指南（2021 年修订版）》提出应根据患者的临床症状、肺功能受损程度、急性加重风险，以及合并症 / 并发症等情况进行综合分析，其目的在于确定疾病的严重程度、患者健康状况及未来不良事件的发生风险。

（一）筛查

我国《慢性阻塞性肺疾病基层诊疗指南（2018 年）》明确了 COPD 高危人群的定义，同时《慢性阻塞性肺疾病诊治指南（2021 年修订版）》推荐采用中国 COPD 筛查问卷（Chinese Chronic obstructive pulmonary disease screening questionnaire，COPD-SQ）（表 3-12-28）进行筛查。符合以下 1 个及以上的人群均属于 COPD 高危人群：

1. 年龄 ≥ 35 岁。
2. 吸烟或长期接触"二手烟污染"。
3. 患有某些特定疾病，如支气管哮喘、过敏性鼻炎、慢性支气管炎、肺气肿。
4. 直系亲属中有 COPD 家族史。
5. 居住在空气污染严重地区，尤其是二氧化硫等有害气体污染的地区。
6. 长期接触粉尘、有毒有害化学气体、重金属颗粒等工作。
7. 在婴幼儿时期反复患下呼吸道感染。

8．居住在气候寒冷、潮湿地区，以及用燃煤、木柴取暖。

9．维生素 A 缺乏或者胎儿时期发育不良。

10．营养状况较差，体重指数较低。

表 3-12-28　中国慢性阻塞性肺疾病（COPD）筛查问卷（COPD-SQ）

问题	选项	评分标准	得分
1．您的年龄	40～49 岁	0	
	50～59 岁	4	
	60～69 岁	8	
	70 岁	11	
2．您吸烟总量（包·年） =每天吸烟（包数）×吸烟（烟龄）	从不吸烟	0	
	1～14.9 包·年	2	
	15～29.9 包·年	4	
	30 包·年	5	
3．您的体重指数（kg/m^2） =体重（公斤数）/身高的平方（米^2）	< 18.5 kg/m^2	7	
	18.5～23.9 kg/m^2	4	
	24～27.9 kg/m^2	1	
	28 kg/m^2	0	
4．没感冒时您是否常有咳嗽？	是	5	
	否	0	
5．您平时是否有气促？	没有气促	0	
	在平地急行或爬小坡时感觉气促	3	
	平地正常行走时感觉气促	6	
6．您目前使用煤炉或柴草烹饪或取暖吗？	是	1	
	否	0	
7．您父母、兄弟姐妹及子女中，是否有人患有支气管哮喘、慢性支气管炎、肺气肿或者慢阻肺？	是	3	
	否	0	
如果您的总分 16，您需找医师进一步检查，明确是否患慢阻肺		总分	

（二）COPD 的综合评估

《GOLD（2022 年版）》在 2011 版基础上，提出改进后的 ABCD 评估工具，如图（3-12-6）所示。在修订后的评估方案中，患者应进行肺活量测定，以确定气流限制的严重程度，还应该评估呼吸困难严重程度或综合症状。最后，应记录其中度和重度加重史（包括既往住院史）。数字（1～4 级）代表气流限制的严重程度，而字母（A～D 组）表示有关的症状负担和恶化风险，可用于指导治疗。

1．**症状评估**　可采用改良版英国医学研究委员会（modified British medical research council, mMRC）呼吸困难问卷（表 3-12-29）对呼吸困难严重程度进行评估，或采用 COPD 患者自我评估测试（COPD assessment test，CAT）进行综合症状评估（表 3-12-30）。

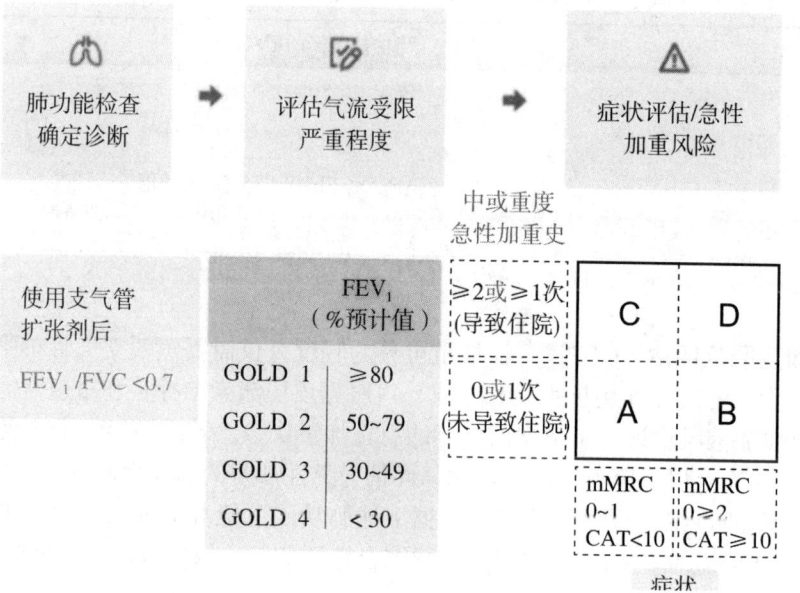

图 3-12-6　慢性阻塞性肺疾病（COPD）综合评估

FEV$_1$，1 秒用力呼气量；FVC，用力肺活量；mMRC，改良版英国医学研究委员会

表 3-12-29　改良版英国医学研究委员会（mMRC）呼吸困难问卷

呼吸困难评价等级	呼吸困难严重程度
0 级	只有在剧烈活动时才感到呼吸困难
1 级	在平地快步行走或步行爬小坡时出现气短
2 级	由于气短，平地行走时比同龄人慢或需要停下来休息
3 级	在平地行走 100 m 左右或数分钟后需要停下来喘气
4 级	因严重呼吸困难以至于不能离开家，或在穿衣服、脱衣服时出现呼吸困难

表 3-12-30　慢性阻塞性肺疾病（COPD）患者自我评估测试（CAT）

序号	症状	评分	症状
1	我从不咳嗽	0 1 2 3 4 5	我总是咳嗽
2	我肺里一点痰都没有	0 1 2 3 4 5	我有很多痰
3	我一点也没有胸闷的感觉	0 1 2 3 4 5	我有很严重的胸闷感觉
4	当我在爬坡或爬一层楼梯时没有喘不过气的感觉	0 1 2 3 4 5	当我上坡或爬一层楼时，会感觉严重地喘不上气
5	我在家里的任何活动都未受到 COPD 的影响	0 1 2 3 4 5	我在家里的任何活动都很受 COPD 的影响
6	尽管有肺病但我仍有信心外出	0 1 2 3 4 5	因为我有肺病，所以没有信心外出
7	我睡得好	0 1 2 3 4 5	因为我有肺病所以睡得不好
8	我精力旺盛	0 1 2 3 4 5	我一点精力都没有

2. 肺功能评估　可使用 GOLD 分级，按照气流受限严重程度进行肺功能评估，即以 FEV$_1$ 占预计值的百分比为分级标准（表 3-12-31）。

表 3-12-31　慢性阻塞性肺疾病（COPD）患者气流受限分级

分级	肺功能 $FEV_1/FVC < 0.7^*$
轻度	$FEV_1 \geqslant 80\%$ 预计值
中度	$50\% \leqslant FEV_1 < 80\%$ 预计值
重度	$30\% \leqslant FEV_1 < 50\%$ 预计值
极重度	$FEV_1 < 30\%$ 预计值

注：* 吸入支气管扩张剂后的 FEV_1；FEV_1，1 秒用力呼气量；FVC，用力肺活量；

3. 急性加重风险评估　COPD 急性加重可分为轻度（仅需要短效支气管扩张剂治疗）、中度 [使用短效支气管扩张剂并加用抗生素和（或）口服糖皮质激素治疗] 和重度（需要住院或急诊、ICU 治疗）。急性加重风险评估是依据前一年的急性加重次数，若上一年发生 2 次及以上中 / 重度急性加重，或者 1 次及以上因急性加重住院，评估为急性加重的高风险人群。

4. 稳定期 COPD 综合评估与分组　依据上述肺功能分级和对症状及急性加重风险的评估，即可对稳定期 COPD 患者的病情严重程度进行综合性评估，并依据该评估结果选择稳定期的治疗方案。

5. COPD 合并症的评估　在对 COPD 患者进行病情严重程度的综合评估时，还应注意患者的各种全身合并症，如心血管疾病（包括外周性血管疾病）、骨骼肌功能障碍、骨质疏松症、焦虑 / 抑郁、睡眠呼吸暂停综合征、恶性肿瘤、代谢综合征、糖尿病、胃食管反流等慢性合并症，治疗时应予以兼顾。

三、诊断与治疗

（一）诊断

COPD 的诊断应根据临床表现、危险因素接触史、体征及实验室检查等资料，并排除可引起类似症状和持续气流受限的其他疾病，综合分析确定。肺功能诊断标准为：使用支气管扩张剂（吸入沙丁胺醇）后一秒用力呼气量 / 用力肺活量（forced expiratory volume in one second/forced vital capacity，FEV_1/FVC）< 70%，除外其他可导致气流受限的疾病后，可诊断为 COPD。肺功能检查是目前检测气流受限公认的客观指标，是 COPD 诊断的"金标准"，也是 COPD 的严重程度评价、疾病进展监测、预后及治疗反应评估中最常用的指标。

COPD 的诊断主要靠医师的问诊，患者安静时无呼吸困难症状，但与几年前相比，很难进行某项体育活动，感到活动后憋气，或者上下楼梯时感到呼吸困难，此时应考虑 COPD，进一步进行呼吸功能检查，特别是吸烟者更应如此。轻症患者稳定期很少求医，直至活动后出现呼吸困难才来就诊，呼吸道感染常会引起肺功能恶化，使病情加重。

1. 肺功能评估　COPD 诊断需要进行肺功能检查。使用支气管扩张剂后，$FEV_1/FVC < 0.70$ 证实存在持续性气流受限。对于气流受限程度，采用肺功能严重度分级，即 FEV_1 占预计值的 80%、50%、30% 为分级标准。COPD 患者肺功能分为 4 级，依次为轻度、中度、重度和极重度。

在新型冠状病毒肺炎（corona virus disease 2019，COVID-19）流行期间，肺功能测定应仅限于需要紧急确诊和（或）为介入、外科手术评估肺功能的患者。肺功能检查可使 COVID-19 传播风险增大，而只做最必要的检查就能在一定程度上减少飞沫、气溶胶传播风险。

2. 主要症状及体征

（1）慢性咳嗽：通常为首发症状。初起咳嗽呈间歇性，早晨较重，以后早晚或整日均有咳嗽，但夜间咳嗽并不显著。也有部分病例虽有明显气流受限但无咳嗽症状。

（2）咳痰：咳嗽后通常咳少量黏液性痰，少数病例咳嗽不伴咳痰。

（3）气短或呼吸困难：这是 COPD 的标志性症状，早期仅于劳动时出现，后逐渐加重。

（4）喘息和胸闷。

（5）全身性症状：如体重下降、食欲减退、外周肌肉萎缩和功能障碍、精神抑郁和（或）焦虑。

（6）体征：COPD 早期体征可不明显。随疾病进展，可出现桶状胸、呼吸变浅，频率增快，肺叩诊呈过度清音，两肺呼吸音减低，肺部干、湿啰音等体征；低氧血症者可出现黏膜及皮肤发绀，伴右心衰竭者可见下肢水肿、肝大。

（7）其他危险因素：具有吸烟史及（或）环境职业污染接触史和（或）咳嗽、咳痰或呼吸困难史者均应进行肺功能检查。

《GOLD（2022 年版）》强调（表 3-12-32），任何有慢性咳嗽、咳痰或伴有呼吸困难，或伴有引起 COPD 的有害颗粒和气体的接触史（吸烟、职业暴露和空气污染等）的患者都应被考虑患有 COPD 的可能性。反复的下呼吸道感染、COPD 家族史、低体重儿等因素是诊断 COPD 的关键指标，在疾病诊断病因方面也需重视。

表 3-12-32　诊断慢性阻塞性肺疾病（COPD）的主要线索（GOLD，2022）

线索	内容
1. 呼吸困难	进行性加重（逐渐恶化），通常在活动时加重，持续性存在
2. 慢性咳嗽	可为间歇性；反复喘息
3. 慢性咳痰	可为任何类型慢性咳痰
4. 复发性下呼吸道感染	
5. 接触危险因素	吸烟；家中烹调时产生的油烟或燃料产生的烟尘
COPD 家族史	低出生体重；儿童呼吸道感染等

注：年龄 > 40 岁，具有的危险因素越多，则 COPD 的可能性就越大，但并不是诊断 COPD 所必需的，确诊需有肺功能检查结果。

（二）治疗

1. COPD 稳定期的治疗　COPD 稳定期治疗目的在于缓解症状，提高活动耐受性，改善健康状况，预防疾病进展，防止 COPD 急性加重，以降低病死率。

（1）药物治疗：COPD 的药物治疗用于减轻症状，降低急性加重的频率和严重程度，并改善运动耐量和健康状况。《GOLD（2022 年版）推荐治疗方案个体化，并根据症状的严重程度、急性加重风险、副作用、合并症、药物可用性和成本，以及患者的反应、偏好和使用各种给药装置的能力进行指导。其具体措施是先进行病情的评估，将 COPD 患者分为 A、B、C、D 4 组，不同组别采用不同的治疗方案，同时根据并发症情况再给予相应的治疗。

长效 β₂ 受体激动剂和长效抗胆碱能药物均优于二者的短效制剂，即短效 β₂ 受体激动剂和短效抗胆碱能药物。吸入支气管扩张剂优于口服制剂。茶碱类药物疗效较差、不良反应较多，一般不推荐应用，除非缺乏其他可长期应用的支气管扩张剂。联合使用不同作用机制和作用时间的支气管扩张剂，与增加单一支气管扩张剂药量相比，可以增加支气管扩张的程度并降低不良反应的风险。在 COPD 稳定期治疗中，无抗生素应用指征，除非治疗感染性 COPD 急性加重和其他细菌感染。长期吸入糖皮质激素（ICS）推荐用于严重和非常严重的 COPD 患者，以及经常发生急性加重并且长效支气管扩张剂不能控制症状的患者。不推荐 ICS 长期单一口服、吸入治疗。COPD 稳定期不推荐长期口服糖皮质激素。

（2）非药物治疗：稳定期的非药物治疗中所有患者均须戒烟，适当进行运动锻炼，并根据当地情况选择流感疫苗和肺炎球菌疫苗接种。

1）呼吸康复：综合评估属于 B、C 和 D 组患者是否还须接受肺康复训练。呼吸康复对慢性呼吸道疾病患者是一种非常有效的治疗方法，是疾病长期管理的核心组成部分。呼吸康复能够提高运动能力、减轻呼吸困难症状、增加肌力和耐力（包括周围肌和呼吸肌）、改善情绪（缓解恐惧和焦虑），并增强患者的控制感、提高与健康相关的生活质量和减少住院率。中度至重度COPD 稳定期或 COPD 急性加重出院后的患者接受呼吸康复，可减少住院率。轻度 COPD 患者应根据症状推荐呼吸康复，向 COPD 患者提供居家呼吸康复，以代替常规护理。

2）营养治疗：对于 COPD 患者，少吃碳水化合物，多吃脂肪能使呼吸更顺畅。应限制简单碳水化合物的摄入，包括蔗糖、糖果、蛋糕和饮料。每天摄入 20 ~ 30 g 纤维，至少吃两次富含蛋白质的食物，以帮助维持呼吸肌功能。长期规律的优质蛋白饮食（瘦肉、鸡蛋、牛奶等）有助于提高 COPD 患者抗病力和促进肌肉功能恢复，但营养不良则可能加速病情恶化。建议多摄入牛奶、鸡蛋、奶酪，肉、鱼、家禽、坚果和干豆或豌豆。

3）健康生活方式及危险因素控制：建议患者改善不良的生活方式，并进行危险因素控制，如戒烟；减少职业粉尘暴露和化学物质暴露，加强呼吸防护；减少生物燃料接触，使用清洁燃料，改善厨房通风；降低儿童时期的重度下呼吸道感染；适量运动；保持心理平衡。

4）外科手术：对于保守治疗无效的晚期肺气肿患者，手术或支气管镜介入干预是有益的。对存在巨大肺大疱的特定人群可以考虑肺大疱切除术，通过减少对临近正常肺组织的压迫，减轻呼吸困难、改善肺功能和提高运动耐量。是否适合行肺大疱切除术需综合考虑整体健康状况、肺功能、肺大疱病变程度、手术获益 / 风险等。

2. 急性加重期治疗　COPD 急性加重期是指患者以呼吸道症状加重为特征的临床事件，其症状变化程度超过日常变异范围并导致药物治疗方案改变。COPD 急性加重是 COPD 病程的重要组成部分，急性加重可使患者症状加重，降低生活质量，加快肺功能下降速率，增加急诊就诊次数、住院率和病死率，加重家庭和社会经济负担。治疗方案参照中华医学会呼吸病学分会《慢性阻塞性肺疾病诊治指南（2021 年修订版）》及中华中医药学会 2019 年颁布的《慢性阻塞性肺疾病中医诊疗指南》。

四、健康管理方案

COPD 的疾病健康管理需要根据其发病的危险因素及加重的诱导因素，对慢性支气管炎或慢性肺气肿患者进行肺功能、严重度、运动能力、主观呼吸功能障碍程度、心理状态等的评定分级之后，制定个体化健康管理方案，进行有效的药物治疗、心理疏导、健康教育、饮食指导，以及保持呼吸道通畅、重建生理性的呼吸模式、适当的运动和心肺功能锻炼等康复治疗。

基于健康管理理念下的 COPD 社区综合管理方案针对疾病的不同阶段，包括健康人群、高危人群、轻症患者、中重度患者和急性发作患者等采取防治相结合的策略，对 COPD 的多种危险因素在各阶段进行整体干预而非仅针对某个危险因素；建立个体 COPD 档案，根据档案对个体的疾病发展进行连续性分析，并给予相应的疾病健康管理方案。

（一）不同人群的 COPD 健康管理

1. 健康人群　包括希望保持健康身心、积极响应，且不存在危险因素的人群。他们已经认识到健康的重要性，但相关健康知识可能不足。可以为这类人群通过发放宣传单、开展讲座、推送微信公众号等方式普及 COPD 相关知识，如 COPD 症状、危险因素、预防措施。

2. 一般危险人群　存在以下情况：有危险因素（吸烟、职业性粉尘和化学物质等）的接触史、既往史、其他呼吸疾病家族史。应为这类群体定期给予健康与疾病危险性评估，并制定健康管理方案，提供 COPD 相关知识，并指导其改变不良健康行为。主要健康管理内容为劝导戒烟及避免接触有害物质（粉尘、烟雾、有害颗粒、有害气体等）、远离受污染环境、改善炉灶和厨房通风环境等。

3. **高危人群** 指年龄超过 40 岁；常年大量吸烟或长期接触"二手烟"污染；患有某些特定疾病，如支气管哮喘、过敏性鼻炎、慢性支气管炎、肺气肿；从事高危险职业（矿工、木材造纸、裁缝、建筑和运输、化工业和食品加工业、皮革业、橡胶业）；直系亲属中有 COPD 家族史；居住在空气污染严重地区，尤其是二氧化硫等有害气体污染的地区；维生素 A 缺乏或者胎儿时期肺发育不良者；营养状况较差，体重指数较低的人群。为这类人群建立健康档案，给予疾病危险性评估和健康管理方案，并定期做肺功能检测。健康管理主要内容包括本人有哪些主要危险因素、如何降低风险、何时到医院就诊或急诊、了解 COPD 的主要临床表现等。

4. **COPD 患病人群** 根据症状评价、肺功能检测、BODE 指数（即体重指数、气流阻塞、呼吸困难、运动耐力）的综合指数进行综合判断。患病人群需要在生活和行为方式上进行全面改善，降低风险水平，延缓疾病的进程，提高生存质量。为这类群体建立疾病档案，并给予相应的健康管理措施。COPD 患者疾病和健康管理方案内容应包括早期干预、稳定期治疗、急性加重期治疗与呼吸衰竭抢救，加强药物、教育、康复等综合方案。

（1）一级预防：戒烟是最有效、最经济的手段；临床劝戒、宣教支持、治疗外的社会支持；针对香烟依赖治疗的药物；预防和控制职业因素，改善环境卫生，处理"三废"，消除大气污染，以降低发病率。

（2）二级预防：利用健康教育提高患者应付疾病的能力和技巧；采取药物治疗、氧疗、呼吸康复和肺的手术治疗等措施改善症状和（或）减少并发症，对于有症状的患者，支气管扩张剂是其主要的治疗药物。推荐使用包括长效吸入 β_2 受体激动剂和 M 受体阻断剂，如氟替卡松 / 沙美特罗复合制剂和噻托溴胺，可以延缓患者肺功能下降。适当体育锻炼，增强体质，提高抗病能力和预防复发。

（3）三级预防：对于急性加重期及呼吸衰竭的患者，应根据急性加重程度，结合患者 COPD 的严重程度、合并症情况和以往加重频度与严重程度，对患者进行针对性的治疗。应以控制感染和祛痰、镇咳为主；伴发喘息时，加用解痉平喘药物；预防和处理各种合并症。

（4）康复护理：对于 COPD 患者，在护理时应注意以下问题。发热、气促、剧烈咳嗽者要适当卧床休息。吸烟患者戒烟，避免烟尘和有害气体。冬天外出戴口罩和围巾，预防冷空气刺激及伤风感冒。COVID-19 疫情期间，遵循基本的感染防控措施，减少外出，佩戴口罩（COPD 患者由于存在基础疾病所致呼吸困难表现，不推荐佩戴 N95 口罩，根据目的、活动场所不同选择佩戴普通民用口罩、一次性医用口罩或医用外科口罩）。

（二）COPD 社区健康管理

COPD 社区健康管理是指有效利用社区卫生资源，以 COPD 患者、高危人群和健康人群为健康管理对象，以社区、家庭、个体为管理单位，为 COPD 患者提供支持性药物治疗和依从性干预，可改善患者的症状，控制病情加重，促进肺功能改善，提高患者的活动耐力和生活质量。社区健康管理可同时调动社区、家庭和个体的积极因素，从生物、心理、社会层面对 COPD 患者进行健康管理，增加支持性干预的依从性和干预效果。COPD 社区健康管理内容包括肺功能康复、支持性心理行为干预、中医健康管理、患者自我管理、随访和评估。

1. **肺功能康复** 是改善呼吸困难、健康状况和运动耐力的最有效的治疗策略。肺功能康复方案最好持续 6 ~ 8 周。干预内容包括肺功能康复知识健康教育、呼吸操（缩唇呼吸、腹式呼吸）训练、呼吸训练器应用、四肢肌力训练、有氧耐力训练、步行速度训练等。此外还包括合理膳食，保持营养均衡摄入，保持心理平衡。肺功能康复能改善 COPD 稳定期患者的通气功能，提高运动能力（6 min 步行距离）和生存质量。

2. **支持性心理行为干预** 主要内容包括心理支持、认知疗法、合理情绪疗法、行为矫正等。COPD 患者因长期患病常存在焦虑、抑郁、悲观、失望等负性情绪、不健康的生活行为方式，对治疗的依从性较差，并缺乏相应的应对方式，影响了患者的康复和生活质量，生存率下降。应用认知心理行为干预、合理情绪疗法等可以缓解 COPD 患者的焦虑、抑郁情绪，提高其持续性药物治疗、肺功能康复、长期氧疗的依从性和戒烟率，形成健康的行为方式。对抑郁患者，症状轻者可采用认知行为疗法（CBT）进行心理疏导纠正其负面的、不正确的认知；症状重者，需评估可能与抑郁相关的功能损害和（或）伤残及其程度和持续时间，并请心理卫生专科协助治疗。

3. **中医健康管理** 对 COPD 患者进行中医健康状态评估，体质辨识或辨证。指导患者进行呼吸保健操、缩唇呼吸、腹式呼吸等肺康复锻炼，选择个性化运动方式（如散步、导引、太极拳、八段锦、五禽戏），合理控制运动量、运动时间和运动频率。根据证候分型、体质辨识和食物性味归经等综合评估给予膳食指导。参照中华中医药学会 2019 年颁布的《慢性阻塞性肺疾病中医诊疗指南》（T/CACM1319-2019），根据患者辨证分型合理选择中药和中医非药物疗法。

4. **患者自我管理** 提倡 COPD 患者自我管理，也可以成立自我管理小组等互助组织，与其他患者交流经验。在专业人员的指导下，认识 COPD 的危害，获得戒烟、调整饮食、适当运动、保持心情愉快等保健知识，学习吸入性药物的使用方法和注意事项，开展患者呼吸康复训练，增强防治 COPD 的主动性及药物治疗的依从性，提高与医师沟通的能力和紧急情况下寻求医疗帮助的能力，提高 COPD 的管理效果。参加健康教育，提高防治知识知晓率。提高医疗依从性，遵医嘱执行检查和治疗，定期随访，执行干预行为，并提高医嘱执行率、干预行为知晓率。

5. **随访和评估** 一旦确诊 COPD，即纳入患者分级管理，定期对患者进行随访与评估。建议对重度以上 COPD（FEV_1 占预计值的百分比 < 50%）每 6 个月检查一次，对轻度 / 中度 COPD（FEV_1 占预计值的百分比 ≥ 50%）每年检查一次。检查内容应包括以下方面：吸烟状况，肺功能（FEV_1 占预计值的百分比）是否下降，患者了解其疾病及自我管理的能力，急性加重频率（每年两次或以上为频繁加重，考虑专科医生转诊），运动耐量，BMI（过高或过低，或随时间变化，为不良预后指标，考虑饮食干预），疾病的心理影响（采用量表工具量化焦虑或抑郁程度，并提供治疗）；并发症（出现肺源性心脏病等并发症，为不良预后指标，应转诊专科医生）。

（李昕璇　史宇晖）

第十三章

常见恶性肿瘤的健康管理

恶性肿瘤简称为癌症，从组织学上分为上皮性癌、非上皮性肉瘤及白血病。它的特征是细胞变异丧失正常调控，增殖失控，出现无节制生长和异常分化，并发局部组织浸润和远处转移，侵袭其他脏器，最终导致机体衰亡，严重威胁人类健康。恶性肿瘤的预防和控制是当今各国面临的重要公共卫生问题之一。

第一节 概　　述

一、流行病学

《2023 中国肿瘤登记年报》显示，我国每年新发癌症病例约 406.4 万，死亡人数约 241.4 万，发病率及死亡率呈现逐年上升趋势。随着我国人口老龄化和工业化、城镇化进程不断加快；慢性感染、不健康生活方式的广泛流行和环境污染、职业暴露等因素的逐渐积累，我国癌症防控形势仍将十分严峻。目前癌症已成为城市死因的第一位、农村死因的第二位。癌症全人群发病构成比前五位为肺癌、结直肠癌、胃癌、肝癌和女性乳腺癌；死因构成比前五位为肺癌、肝癌、胃癌、食管癌、结直肠癌。

在过去的十多年里，中国癌症生存率呈现逐渐上升趋势，2019—2021 年中国癌症的 5 年相对生存率约为 43.7%，和 10 年前相比我国癌症生存率总体提高约 10 个百分点，但是和发达国家相比还有很大差距。中国癌症谱和发达国家存在差异，中国预后较差的消化系统癌症如肝癌、胃癌和食管癌等高发，而欧美发达国家则是以甲状腺癌、乳腺癌和前列腺癌等预后较好的癌症高发。虽然中国消化系统癌症发病水平在逐渐下降，但近年来随着医疗水平的提高、居民防癌意识的加强和对健康体检需求的增加，既往发病率相对较低的甲状腺癌、前列腺癌等癌症的发病率上升明显。

我国部分恶性肿瘤死亡率出现明显下降，而与生态环境、生活方式相关的肿瘤死亡率则呈现持续性增长势头。我国城乡居民的肿瘤发病、死亡构成正在发生变化，部分恶性肿瘤死亡率出现明显下降，肿瘤构成日益趋向发达国家的肿瘤死亡模式。我国恶性肿瘤变化的趋势有 3 个特征：①食管癌、胃癌、宫颈癌、鼻咽癌死亡率及其构成呈明显下降趋势，其中宫颈癌下降幅度最大；②与环境、生活方式有关的肺癌、肝癌、结直肠癌、乳腺癌、膀胱癌死亡率及其构成呈明显上升趋势，其中肺癌和乳腺癌上升幅度最大，过去30年分别上升了465%和96%。

肿瘤的发生和行为/生活方式、环境和遗传等因素密切相关。因此，行为改变和生活方式管理不仅是预防高血压、糖尿病等慢性疾病的有效方法，也是预防和控制恶性肿瘤的重要手段，是健康管理师的基本任务之一。

二、危险因素

大量研究表明，恶性肿瘤的危险因素除了人口老龄化外，更主要的是人们的行为/生活方式、环境暴露和遗传因素。恶性肿瘤是这些因素交互作用的结果。遗传因素在恶性肿瘤的发病中起着重要的作用，近十几年，在肿瘤的遗传易感性方面，有不少新的发现，对肿瘤的诊断和风险评估有一定参考意义。欧洲三国（瑞典、丹麦和芬兰）双生子研究显示的遗传因素在各种肿瘤中所占的比例见表3-13-1。但是，遗传因素仍然是无法改变的。因此，肿瘤的预防只能依靠控制及消除行为/生活方式、环境暴露等危险因素。遗传因素以外的恶性肿瘤主要危险因素包括下面几类。

表 3-13-1　常见恶性肿瘤遗传因素的效应

恶性肿瘤	遗传因素的比例（95%CI）
胃癌	28%（0～51%）
大肠癌	35%（10～48%）
胰腺癌	36%（0～53%）
肺癌	26%（0～49%）
乳腺癌	27%（4%～41%）
子宫颈癌	0（0～42%）
子宫体癌	0（0～35%）
卵巢癌	22%（0～41%）
前列腺癌	42%（29%～50%）
膀胱癌	31%（0～45%）
白血病	21%（0～54%）

1. **吸烟**　就总死亡率而言，男性22%和女性5%与吸烟有关。癌症总死亡率的30%与吸烟有关，其中吸烟与肺癌的关系尤为密切，80%以上的男性肺癌和45%的女性肺癌与吸烟有关。其他癌症如膀胱癌、喉癌、口腔癌、胃癌、肝癌、胰腺癌等也与吸烟有关。研究表明，吸烟与乳腺癌、结肠癌也可能有关。吸烟每年导致180万例癌症死亡，其中60%发生在低收入和中等收入国家。

2. **不健康饮食、缺乏体力活动与超重和肥胖**　不健康饮食、缺乏体力活动，以及由二者引起的超重和肥胖，是仅次于吸烟的第二个重要的可引起恶性肿瘤的危险因素。约1/3的恶性肿瘤与此有关，如超重和肥胖与子宫内膜癌、结直肠癌和乳腺癌有关。研究显示，40%的子宫内膜癌归因于超重和肥胖；26%的结、直肠癌和19%的乳腺癌死亡归因于超重、肥胖和缺少体力活动。此外，水果和蔬菜摄入量低可使结、直肠癌，食管癌和胃癌的危险性增加；动物脂肪的摄入量高可使乳腺癌、结肠癌和前列腺癌的危险性增加；油炸、烟熏食物，腌制食物含有致癌物质；霉变食品含黄曲霉毒素，其致癌作用均极强。

3. **过量饮酒**　少量饮酒指酒精摄入小于每日25g，相当于50度白酒50g以下，啤酒750ml以下，葡萄酒250ml以下。过量饮酒一般指每次酒精摄入大于75g，且每周饮酒4次以上。少量饮酒对健康有一定的益处。但过量饮酒可明显增加心血管疾病、卒中和恶性肿瘤的危险性。2002

年过量饮酒造成全球 230 万人过早死亡（包括酒后事故与伤害等），占全球疾病负担的 4.4%。过量饮酒可以导致肝硬化，继而发展为肝癌，并与口腔癌、咽癌、喉癌、食管癌、乳腺癌和直肠癌有关，并会加重吸烟的危害。过量饮酒每年导致 35 万癌症患者死亡。

4. 感染 全球有 1/5 的恶性肿瘤是由慢性感染引起的，我国则高达 40% 以上。与恶性肿瘤密切相关的感染有乙肝病毒感染和丙肝病毒感染，它们是肝癌发生的最主要危险因素，幽门螺杆菌感染与胃癌密切有关，不安全性行为引起的人类乳头瘤病毒感染是导致女性宫颈癌的重要原因，血吸虫感染与膀胱癌有关，EB 病毒感染与鼻咽癌有关等。

5. 职业有害因素 职业中的致癌物质每年至少导致 15 万癌症患者死亡。目前，有 20 余种职业化学物质被定为致癌物，如石棉、砷及砷化合物、联苯胺、苯，所致恶性疾病主要有肺癌、膀胱癌和白血病等。物理因素如紫外线和电离辐射也可引起多种恶性肿瘤，如白血病、恶性淋巴瘤、皮肤癌。

6. 城市空气污染 是致癌的重要原因，尤其是肺癌，10% 的肺癌由空气污染引起。

7. 家庭使用固体燃料产生的室内烟雾 室内燃煤做饭和取暖所产生的烟雾是我国恶性肿瘤的重要原因，是不吸烟女性患肺癌的原因之一。

8. 心理社会因素 人格、生活事件、情绪、应对方式和社会支持等心理因素与癌症的易感性有关，在癌症的发展阶段发挥了作用。心理因素作用于中枢神经系统，应激因素则可改变神经内分泌和免疫系统的功能，促使物理或化学因素诱发机体罹患肿瘤。C 型人格、重要情感丧失（亲人死亡、离别等）、负性情绪的压抑和不表达、消极压抑的应对方式是癌症发生、发展的重要因素。而性格开朗、乐观，积极应对生活事件，良好的社会支持则能提高免疫力，有助于减少癌症的发病，改善癌症转归。

目前，常见恶性肿瘤的主要危险因素见表 3-13-2。

表 3-13-2　常见恶性肿瘤的危险因素

恶性肿瘤	危险因素
肺癌	吸烟，绿色蔬菜、水果摄入不足，职业致癌因素，大气污染，室内空气污染，被动吸烟，遗传因素
胃癌	幽门螺杆菌感染，高盐食品（腌制食品），蔬菜摄入不足，吸烟，遗传因素
肝癌	丙型肝炎病毒感染，乙型肝炎病毒感染，黄曲霉毒素，饮酒，吸烟
大肠癌	动物性饱和脂肪摄入过多，蔬菜摄入不足，缺乏体力活动，溃疡性结肠炎，息肉病，腺瘤，遗传因素
食管癌	饮酒，爱吃过热的食品，吸烟，亚硝胺，霉菌
乳腺癌	妊娠次数和生产次数少，无哺乳经历，高龄初产，初潮早（早于 12 岁），绝经晚（晚于 55 岁），肥胖，高脂饮食，过量饮酒，乳腺良性病史，遗传因素
子宫颈癌	人乳头瘤病毒、Ⅱ型单纯疱疹病毒、人类巨细胞病毒感染，性生活年龄早，性伙伴多，吸烟，蔬菜摄入不足，宫颈炎
卵巢癌	妊娠次数和生产次数少，遗传因素
前列腺癌	高脂饮食（特别是动物性饱和脂肪摄入过多），遗传因素，激素分泌过多
甲状腺癌	促甲状腺激素（TSH）水平高，摄碘过量或缺碘，放射性损伤，不良情绪，遗传因素
胰腺癌	吸烟，糖尿病，慢性胰腺炎病史，遗传因素
胆道癌	胆石症，妊娠次数和生产次数多（胆囊癌）
白血病	电离辐射，职业性接触苯、甲苯、氯乙烯等化学因素，遗传因素，人类 T 淋巴细胞白血病病毒
膀胱癌	吸烟，染料（如苯胺），遗传因素

三、恶性肿瘤的预防

GLOBOCAN2018 数据显示，中国癌症标化发病率为 201.7/10 万，世界平均水平为 197.9/10 万，中国癌症标化发病率位居全球第 68 位；同时，中国癌症标化死亡率为 130.1/10 万，世界平均水平为 101.1/10 万，中国癌症标化死亡率位居全球癌症死亡率第 12 位。由此可见，中国癌症的死亡率较高。行为/生活方式的改变和环境暴露的控制是恶性肿瘤预防与控制最根本的措施。因此，世界卫生组织于 2007 年启动了全世界范围的抗癌行动计划，目标是：①预防可预防的疾病，②治愈可治愈的疾病，③为所有癌症患者提供姑息治疗，④管理和监测成果。

（一）一级预防

恶性肿瘤的主要危险因素有吸烟、由不健康饮食和缺乏体力活动引起的超重和肥胖、感染及职业危害等，这些因素是可以避免的，通过改变行为/生活方式，即通过不吸烟、健康饮食、增加体力活动和控制体重、减少酒精摄入、针对人乳头瘤病毒（HPV）和乙型肝炎病毒（HBV）感染接种疫苗、控制职业危害等，可以避免 40% 以上的恶性肿瘤。

1. 控制吸烟 吸烟是全世界恶性肿瘤的单一最大可预防因素。一些国家及地区的实践已证实，控制吸烟可减少大约 30% 的总癌症和 80% 以上的肺癌死亡，同时控制吸烟还可减少慢性肺病、卒中、缺血性心脏病和肺结核等疾病发生。现在如果全球使烟草消费减半，2025 年以前将防止 2000 万 ~ 3000 万人，2050 年前将防止 1.7 亿 ~ 1.8 亿人死于烟草所致疾病。因此，控制吸烟应是恶性肿瘤预防与控制的主要策略，也在减轻我国总疾病负担方面举足轻重。

发展中国家过去几十年肺癌死亡人数一直在上升，如果控制吸烟，则可以使恶性肿瘤的死亡人数大幅度减少。不吸烟就是避免了最大的致癌危险因素。肺癌是我国癌症防治的重中之重，主要预防手段就是控制吸烟。我国的控烟策略主要包括以下几个方面。

（1）加强烟草控制中的综合性立法建设：如提高烟草制品的税率，禁止各种直接或间接的烟草广告及赞助、促销活动，提高烟草警示程度，扩大禁烟的公共场所，禁止向未成年人销售香烟等。

（2）制定完整的传播策略：通过媒体开展强有力的控制吸烟健康教育。

（3）开展综合性社区干预活动：控制烟草流行（如创建无烟家庭、无烟学校及无烟单位，开展戒烟竞赛活动，开展社区健康促进项目）。

控烟措施主要包括两方面：①吸烟者个人戒烟，②创造不利于吸烟的环境。

2. 合理膳食、增加体力活动、控制体重 从世界范围看，饮食不合理、缺乏体力活动，以及由二者引起的超重和肥胖，是仅次于吸烟的第二个重要的、可避免的引起恶性肿瘤发生的危险因素。合理的饮食结构、良好的饮食习惯和合理的加工烹调是饮食防癌的重要内容。由于增加蔬菜和水果的摄入可降低食管、口腔、胃、结直肠、前列腺及喉等部位的癌症风险，美国从 1991 年开始推行 1 天 5 份蔬菜和（或）水果计划（five a day）。

我国营养学会《中国居民膳食指南（2016）》倡导：①食物多样，谷类为主；②吃动平衡，健康体重；③多吃蔬果、奶类、大豆；④适量吃鱼、禽、蛋和瘦肉；⑤少油少盐，控糖限酒；⑥杜绝浪费，兴新"食尚"。

2004 年世界卫生大会通过了《饮食、身体活动与健康全球战略》。该战略的目的是通过指导发展个人、社区、国家和全球各级可持续行动的实施环境，促进和保护健康。这些行动将减少与不健康饮食和缺乏身体活动有关的疾病的发病率和死亡率。该战略就饮食对人群和个体的建议是：①实现能量平衡和健康体重；②限制来自总脂肪的能量摄入，将脂肪消耗从饱和脂肪转向不饱和脂肪并逐渐消除反式脂肪酸；③增加水果、蔬菜、豆类、未加工的谷物和果仁的摄入；④限制摄入游离糖；⑤限制所有来源的盐（钠）的摄入和确保食盐碘化。

饮食和身体活动既单独又联合影响健康。饮食和身体活动对健康的影响通常是相互作用，特别在肥胖方面，但身体活动有着独立于营养和饮食的额外健康效应。身体活动是能量消耗的一个主要决定因素，是改善个人身体和精神健康的一个基本手段。该战略建议个人在整个生命过程中从事适量身体活动，大多数日子里至少进行 30 min 中等强度的身体活动。

3. 控制感染　感染乙肝病毒可使肝癌危险性增加 40 倍。我国乙肝病毒的感染率达 60%，乙肝病毒的携带率大于 10%，是造成慢性肝炎、肝硬化及肝癌的主要原因。控制乙型肝炎最有效的预防措施是为新生儿接种乙型肝炎疫苗，切断母婴传播，并保证输血安全。另外，人乳头瘤病毒（HPV）感染与宫颈癌密切相关，全面控制 HPV 感染即可大幅度降低宫颈癌发病率。我国于 2002 年将乙型肝炎疫苗纳入国家免疫规划。HPV 疫苗于 2017 年在中国大陆获准上市。

4. 消除职业危害　随着经济的发展，我国职业危害及由此导致的恶性肿瘤呈严重态势。目前我国职业病中职业性肿瘤共有 11 种。

（1）石棉所致肺癌、间皮瘤。

（2）联苯胺所致膀胱癌。

（3）苯所致白血病。

（4）氯甲醚、三氯甲醚所致肺癌。

（5）砷及其化合物所致肺癌、皮肤癌。

（6）氯乙烯所致肝血管肉瘤。

（7）焦炉逸散物所致肺癌。

（8）六价铬化合物所致肺癌。

（9）毛沸石所致肺癌、胸膜间皮瘤。

（10）煤焦油、煤焦油沥青、石油沥青所致皮肤癌。

（11）β- 萘胺所致膀胱癌。

《职业性肿瘤的诊断》（GBZ 94—2017）对已确认的致癌物质规定了职业接触限值。当前应禁止和控制致癌性物质的生产和使用；尽量将致癌物质用非致癌物质或危害较少的物质替代；加强卫生监督和监测，使生产环境的暴露浓度控制在法定卫生标准以下。对经常接触致癌因素的职工，要定期体检，及时诊治。

（二）二级预防

恶性肿瘤的早期发现、早期诊断及早期治疗是降低死亡率及提高生存率的主要策略之一，如现有的技术方法应用得当，可使恶性肿瘤死亡率降低约 1/3。

恶性肿瘤早期发现有两个组成部分。

（1）教育和帮助人们认识恶性肿瘤的早期征兆，以及立即针对这些症状寻求医疗。全人群应该注意的肿瘤十大症状。①身体任何部位的肿块，尤其是逐渐增加的肿块；②身体任何部位的非外伤性溃疡，特别是经久不愈者；③不正常的出血或分泌物，如中年以上妇女出现阴道不规则流血或分泌物增多者；④进食时胸骨后闷胀、灼痛、异物感和进行性吞咽困难；⑤久治不愈的干咳、声音嘶哑和痰中带血者；⑥长期消化不良、进行性食欲减退、消瘦而原因不明者；⑦大便习惯改变或有便血者；⑧鼻塞、鼻衄，单侧头痛或伴有复视者；⑨黑痣突然增大或有破溃出血者；⑩无痛性血尿者。

（2）筛检规划用于在征兆可发觉之前查明早期癌症或癌症前期患者。筛检是早期发现恶性肿瘤的重要途径之一。一些常见恶性肿瘤，例如宫颈癌、乳腺癌、结肠直肠癌和胃癌，早期发现并给予最佳治疗，治愈率很高。因此进行筛检非常有意义，比如 WHO 推荐通过子宫颈涂片开展子宫颈癌的细胞学检测，乳房 X 线照相筛检乳腺癌，胃镜及 X 线钡餐检查筛检胃癌，便潜血检查筛检结直肠癌，甲胎蛋白和 B 超检查筛检肝癌，前列腺特异抗原（PSA）检测前列腺癌等。具体筛查指南见各肿瘤小节部分。

（三）三级预防

癌症一旦发生，多数患者需要手术治疗，还需要配合放射或化学治疗，部分患者需要康复和支持疗法。治疗的目的是治愈癌症患者，延长生命和提高生活质量。因此，必须注重对患者确诊后和术后的心理疏导以提高生命质量。治疗上要求对癌症患者提供规范化诊治方案和康复指导，同时进行生理、心理、营养和体力活动指导，主要治疗方法是外科手术、放射疗法和化疗。依靠成像技术（超声波、内镜或X线摄影术等）和实验室（病理学）检查做出准确诊断，对于适当治疗至关重要。

对慢性患者进行姑息镇痛疗法，90%以上的癌症患者可实现缓解疼痛和其他问题的目标。注意临终关怀，提高晚期恶性肿瘤患者的生存质量。

（四）心理社会干预

癌症对患者造成的心理压力远比生理压力大，焦虑、恐惧、绝望、抑郁、愤怒，以及失去治疗信心等心理反应都会影响治疗效果和生存质量。对癌症患者，积极进行心理干预，可以使患者改善情绪，通过神经-内分泌-免疫系统的作用，增强机体的免疫力，提高患者的抗病能力，使患者的生存质量提高。

1. **行为治疗** 包括渐进性肌肉放松、催眠、生物反馈、主动放松和指导性想象等，用于减轻癌症患者的化疗副作用和患者痛苦。

2. **认知治疗** 癌症患者的不良情绪反应可能来自不正确的预测、误解和错误的信念。因此，医务人员不仅要向患者介绍癌症的相关知识和治疗方法，而且要教会患者如何合理地安排生活，以改善患者的自我价值、与别人交往的能力，接受对生活有意义的改变，减轻悲伤，提高生活质量。

3. **个体支持治疗** 个别心理治疗能减轻癌症患者在知道诊断后所出现的苦恼和挫折情绪，减轻患者焦虑和抑郁。

4. **团体支持治疗** 对癌症患者集中进行干预，讲解相关健康、医疗和营养知识，如何与医生、护士配合，能改进患者的态度，改善对医院的适应性与相互关系，增加对肿瘤知识和死亡的认识，以及对自我概念的认识。

5. **提高患者的应激管理能力** 社会支持可使患者得到很大的支持，尤其是情绪上的支持。同时要做好患者家属的心理支持工作，为患者建立强有力的家庭支持系统。同时要帮助患者消除抑郁和焦虑状态，对治疗保存乐观的态度。

（五）肿瘤患者的营养支持

肿瘤患者常因情绪波动、病情进展及抗肿瘤治疗等而产生许多不良反应，最常见的是食欲缺乏、味觉异常。若伴有恶心、呕吐，消化、吸收不良，则应及时采取措施，否则会产生营养不良，患者体重下降、抵抗力减弱，导致感染，甚至发展成恶病质。因此在抗肿瘤治疗前、中、后各时期必须重视患者的饮食营养护理。只有提供合理且充足的营养，才能增强机体的抵抗力，提高其对治疗的耐受性，保证治疗计划顺利完成，尽快康复。所以饮食护理是肿瘤治疗中的重要环节，应根据不同年龄、不同性别、不同病种，针对不同治疗措施给予相应的调理。肿瘤患者的营养不良是一种恶性循环，由于食欲缺乏、摄食减少，引起体力活动减少，全身衰弱，消化吸收功能下降，进一步造成厌食，最终导致体重下降，全身衰竭。所以，通过营养治疗，纠正或改善患者的营养状况，提高机体的免疫功能和抗病、抗癌能力，改善生活质量，避免焦虑不安，使患者在精神和心理上充实愉快。另外，营养治疗是癌症患者总的治疗计划中不可缺少的一部分。

营养治疗可提高患者对手术治疗的耐受性，减少术后感染，加速伤口愈合，也可提高患者耐受化疗和放疗的能力，减少治疗的毒性和副作用。癌症患者最主要的问题是营养障碍，改善患者的营养是抗癌治疗中最重要的措施。合理调配癌症患者的饮食，可提高机体抵抗力，有利于患者的治疗和康复。对于肿瘤患者的饮食、营养，总的原则是高蛋白、高热量并辅之以适当的维生素和矿物质。要定期对患者进行营养状态评价，包括生化测定，以便及时制定和随时修正补充饮食护理方案。

（1）多摄入易消化吸收的蛋白质食物：如牛奶、鸡蛋、鱼类、豆制品，有助于提高机体抗癌力。其中牛奶和鸡蛋可改善放疗后蛋白质紊乱。鱼、蛋、肉类（猪、牛、羊肉和禽肉）及豆类是蛋白质和 B 族维生素的主要来源。一日两次，每次摄入两个鸡蛋、50 ~ 75g 肉类，以及豆制品若干，可基本满足患者蛋白质的需要。各种乳制品是维生素 A、B 和 D 及钙的主要来源，也可提供一定量的蛋白质。每日两次，每次相当于一杯牛奶（或酸奶）或半杯炼乳。

（2）摄入适量糖类，补充热量：进行大剂量放射治疗的患者，其体内的糖代谢遭到破坏，糖原急剧下降，血液中乳酸增多，不能再利用；而且胰岛素功能不足加重。所以补充葡萄糖的效果较好，另外，宜多吃米、面、马铃薯等含糖丰富的食物以补充热量。

（3）多摄入有抗癌作用的食物：如甲鱼、蘑菇、黑木耳、大蒜、海藻、芥菜及蜂皇浆。

（4）摄入富含维生素的食物：维生素 A 和 C 有阻止细胞恶变和扩散增加上皮细胞稳定性的作用，维生素 C 还可防止放射损伤的一般症状，并可使白细胞水平上升；维生素 E 能促进细胞分裂，延迟细胞衰老；维生素 B1 可促进患者食欲，减轻放射治疗引起的症状。因此，应多吃含上述维生素丰富的食物，如新鲜蔬菜、水果、芝麻油、谷类、豆类及动物内脏。

（5）放疗和化疗的患者一般宜进食凉食、冷饮，但有寒感的患者，则宜进食热性食物。

（6）饮食多样化：注意色、香、味、形，促进食欲；烹调食物多采用蒸、煮、炖的方法，忌食难消化的食品，禁饮酒。

（7）各部位肿瘤手术后引起咀嚼、吞咽、消化吸收困难及特殊营养素缺乏者，可根据情况给予不同饮食及补充所缺乏的营养素，必要时给予复方营养素饮食，以增强患者抵抗力。

四、《健康中国行动（2019—2030 年）》之癌症防治专项行动

2019 年 7 月 15 日，国务院发布了《健康中国行动（2019—2030 年）》，全面落实健康中国战略。行动方案中设立了 15 个重大专项行动，其中癌症防治行动主要针对癌症预防、早期筛查及早诊早治、规范化治疗、康复和膳食指导等方面提出相关建议，并提出社会和政府应采取的主要举措，提出到 2022 年和 2030 年，总体癌症 5 年生存率分别不低于 43.3% 和 46.6%；癌症防治核心知识知晓率分别不低于 70% 和 80%；高发地区重点癌种早诊率达到 55% 及以上并持续提高；基本实现癌症高危人群定期参加防癌体检。

围绕健康中国行动指导意见，经国务院同意，国家卫生健康委员会等部门于 2019 年 9 月 23 日联合印发了《健康中国行动——癌症防治实施方案（2019—2022 年)》，强调癌症防治全方位整体推进，并坚持预防为主、防治结合的方针。本行动主要针对癌症预防、早期筛查及早诊早治、规范化治疗、康复和膳食指导等方面给出有关建议，提出 8 项主要行动。

1. **危险因素控制行动** 一方面强调健康知识普及和健康行为形成，倡导居民养成健康文明的生活方式；另一方面强调健康支持性环境建设，为居民提供健康安全的生活和工作环境。我国癌症的主要危险因素有慢性感染（如乙型肝炎病毒感染、人乳头瘤病毒感染、幽门螺杆菌感染、EB 病毒感染）、吸烟、饮酒、不健康饮食、缺乏体育锻炼等，政府和老百姓将共同努力，营造全民抗癌、践行健康生活方式的社会氛围。肿瘤危险因素的前瞻性队列研究将为科学开展危险因素控制行动及评估行动方案的效果提供证据支持。

2. **癌症防治能力提升行动** 以促进防治资源均衡布局为目标，建设并完善国家癌症中心、区域癌症中心和省级癌症中心，强化各级癌症防治机构职责，整体带动区域内癌症防治水平提升。截至目前，中国已建立近 30 家省级癌症中心和 100 余家市级癌症中心 / 肿瘤医院，在各省（区、市）的癌症防控工作中起到中流砥柱的作用。中央政府和地方政府将进一步密切合作，不断完善国家、省、市三级癌症防控网络，上下联动、横向拉动，充分发挥各部门的优势资源，分层次、分重点地开展癌症防控工作。

3. **癌症信息化行动** 借力信息化，推进肿瘤登记工作的扩面提标，促进信息资源的共享利

用，推进癌症大数据应用研究，为循证决策提供依据。肿瘤登记点将覆盖全国 850～1000 个县区，逐步实现肿瘤登记工作的省级代表性，为全国及各省级肿瘤防控工作提供决策依据。同时，疾病负担的描述性研究及各种干预性措施的评估性研究都将大大提高我国癌症防控工作的科学性、目标性和有效性。

4. 早诊早治推广行动　以制定推广技术指南、扩大覆盖面及受益人群、健全筛查长效机制为重点，推进癌症筛查与早诊早治工作向纵深发展，力争癌症早期发现、早期诊疗，控制日益上升的癌症死亡率。大规模、前瞻性的癌症筛查和早诊早治研究队列和随机对照试验也将为科学、有效、经济地开展早诊早治提供技术支撑。

5. 癌症诊疗规范化行动　加强癌症诊疗规范化管理，做好患者康复指导、疼痛管理、长期护理和营养、心理支持，完善诊疗质控体系，优化诊疗模式，提高诊疗效果，延长患者的生存期，提高生活质量。全国多中心临床大数据的建立及前瞻性临床研究的开展将为提高我国临床工作的效率和质量提供技术指导。

6. 中西医结合行动　加快构建癌症中医药防治网络，提升癌症中医药防治能力，特别要发挥中医"治未病"作用，强化癌症中医药预防及早期干预。

7. 保障救助救治行动　采取综合医疗保障措施，鼓励商业保险及公益慈善组织参与，畅通临床急需抗癌药的进口渠道及注册审批，完善医保药品目录动态调整机制，切实提高抗癌药物可及性，减轻群众就医负担。

8. 重大科技攻关行动　加强癌症相关学科建设，聚焦高发癌症发病机制、防治技术等关键领域，强化基础前沿研究、诊治技术和应用示范的全链条部署，同时加强科研成果转化和推广应用，打造以癌症防治为核心的健康产业集群。

第二节　肺癌的健康管理

一、流行状况

肺癌（lung cancer）为原发于支气管、肺的癌，绝大多数起源于支气管黏膜上皮，包括鳞癌、腺癌、小细胞癌和大细胞癌等机构。肺癌是当今世界上严重威胁人类健康与生命的恶性肿瘤之一。根据国际癌症研究机构（International Agency for Research on Cancer，IARC）发布的《2020年全球癌症统计报告：全球 185 个国家 / 地区 36 种癌症发病率和死亡率的估计》，2020 年全球新增肺癌患者 220.67 万例，死亡 179.61 万例，分别占全部癌症发病和死亡人数的 11.4% 和 18.0%，其中，男性年龄标化后肺癌发病率和死亡率分别为 31.5/10 万、25.9/10 万，均居于首位；女性标化发病率和死亡率分别为 14.6/10 万和 11.2/10 万，均居于第 2 位，仅次于乳腺癌。

20 世纪 70—90 年代，我国肺癌的死亡率由 7.09/10 万上升到 17.54/10 万，增加了约 1.5 倍。2004—2010 年，肺癌始终居我国恶性肿瘤死亡率第 1 位。根据国家癌症中心 2019 年最新发布的全国癌症统计数据，2015 年我国新发肺癌病例约 78.7 万例，其中男性 52.0 万例，女性 26.7 万例，占全部恶性肿瘤发病人数的 20.0%，发病率为 57.26/10 万，其中男性发病率和女性发病率分别为 73.9/10 万和 39.8/10 万，城市地区的发病率为 59.7/10 万，农村地区为 54.2/10 万，城市和农村地区的肺癌发病率均位列恶性肿瘤的第 1 位；因肺癌死亡人数约 63.1 万例，其中男性 43.3 万例，女性 19.7 万例，占全部恶性肿瘤死亡人数的 27.0%，死亡率为 45.87/10 万，其中男性死亡率（61.5/10 万）高于女性（29.4/10 万），居首位。

GLOBOCAN2020 数据显示，中国肺癌发病数和死亡数分别占全球的 37.0% 和 39.8%。在我国，肺癌所带来的疾病负担仍非常严重。肺癌的发病率随年龄增长而上升，40 岁以前发病少，40岁以后发病率逐渐增加，一般 65～70 岁死亡率达到高峰。其发病存在明显的城乡差别，城市发病率高于农村。城市越大，肺癌的发病率与死亡率越高。这表明吸烟、环境污染、职业危害等因素在肺癌发病中起着重要作用。

我国肺癌病例的发现以临床晚期居多。《中国肺癌筛查与早诊早治指南》（2021 年）提到，2012—2014 年，中国Ⅲ～Ⅳ期肺癌的占比为 64.6%。我国肺癌年龄标化 5 年生存率在 2003—2015年略有上升，但仍不超过 20.0%，总体 5 年生存率偏低。肺癌患者的生存时间与其临床诊断发现的早晚密切相关。研究显示，肺癌 5 年生存率随着诊断分期的升高而降低，Ⅰ期的 5 年生存率为55.5%，而Ⅳ期仅为 5.3%。国内外证据表明，对肺癌高风险人群进行低剂量螺旋 CT（low-dose spikal computed tomography，LDCT）筛查，可以早期发现肺癌，改善预后，降低肺癌死亡率。从2005 年起，我国相继开展多项包含肺癌筛查在内的国家重大公共卫生服务专项，如农村癌症早诊早治项目和城市癌症早诊早治项目，逐步建立起我国肺癌筛查和早诊早治工作网络，切实提高了我国居民肺癌筛查参与率和早诊率，降低了死亡率。

二、危险因素

1. **吸烟** 是公认引起肺癌最主要的危险因素。西方人群中 80% 以上的肺癌可归因于吸烟。近期我国一项基于 50 万人的前瞻性队列研究显示，男性吸烟者患肺癌的相对危险度为 2.51。吸香烟的危险性比吸雪茄、烟斗烟、竹筒水烟等都要高，吸不带过滤嘴烟或高焦油烟的危险性比吸过滤嘴烟或低焦油烟者高。开始吸烟的年龄也是一个重要的影响因素，开始吸烟的年龄越早，患肺癌的风险越大。Lee 等对以日本人群为研究对象的 26 项研究进行荟萃分析，结果显示，吸烟者患肺癌的风险为不吸烟者的 3.59 倍（$RR=3.59$，$95\%CI$：$3.25 \sim 3.96$）。关于中国人群吸烟与肺癌的 26 篇病例对照研究荟萃分析结果显示，吸烟者患肺癌的风险为不吸烟者的 2.77 倍（$OR=2.77$，$95\%CI$：$2.26 \sim 3.40$）。吸烟量与肺癌的剂量反应关系也已被流行病学研究所证实。Chen 等的研究显示，吸烟量 < 15 支 / 天、15 ～ 24 支 / 天、≥ 25 支 / 天者患肺癌的风险分别为不吸烟者的 1.90 倍（$RR=1.90$，$95\%CI$：$1.72 \sim 2.10$）（GRADE：低）、2.68 倍（$OR=2.68$，$95\%CI$：$2.49 \sim 2.89$）和 3.59 倍（$RR=3.59$，$95\%CI$：$3.22 \sim 3.99$），患病风险呈线性趋势（$P < 0.0001$）。

二手烟暴露是肺癌的危险因素。Sheng 等对 1996—2015 年发表的以中国人群为研究对象的20 项随机对照试验进行荟萃分析，结果显示，工作场所二手烟暴露者患肺癌的风险为无暴露者的1.78 倍（$OR=1.78$，$95\%CI$：$1.29 \sim 2.44$），家庭二手烟暴露者患肺癌的风险为无暴露者的 1.53 倍（$OR=1.53$，$95\%CI$：$1.01 \sim 2.33$）。

2. **衰老和慢性疾病** 肺癌发病率随年龄增长而上升。慢性肺部疾病（如慢性阻塞性肺疾病、弥漫性肺纤维化、肺结核）、糖尿病、血脂异常等可能对肺癌的发生有促进作用。沈丹对 1995—2015 年发表的关于 COPD 与恶性肿瘤关系的 9 篇病例对照研究进行荟萃分析，结果显示，在不吸烟人群中，COPD 者发生肺癌的风险增加 46.0%（$OR=1.46$，$95\%CI$：$1.26 \sim 1.70$）。

3. **职业性暴露** 目前已有 9 种工业物质被 WHO 国际癌症研究机构列入致肺癌物质名单，包括砷和某些砷的化合物、石棉、二氯甲醚和氯甲醚、铬及铬酸盐、芥子气 / 焦油、煤的燃烧产物、矿物油和氯乙烯。与肺癌发生相关的职业主要有铸造工人、橡胶生产工人、电焊工人、建筑工人、油漆工人、石油提炼工人、煤矿开采工人等。

4. **环境污染** 尤其是空气污染与肺癌发生密切相关。全球约 8% 的肺癌死亡可归因于细颗粒物（平均直径小于 2.5 μm，PM2s）。厨房内的油烟和煤烟污染是引起不吸烟妇女患肺癌的原因之一。Hosgood 等对 25 个病例对照研究的 10 142 个病例和 13 416 个对照进行荟萃分析，结果显示，家庭用煤会显著增加肺癌发病风险（$OR=2.15$，$95\%CI$：$1.61 \sim 2.89$）。在非吸烟女性中，有煤烟暴露者肺癌的发病风险为无煤烟暴露者的 2.93 倍（$OR=2.93$，$95\%CI$：$1.40 \sim 6.12$）。Zhao等对中国人群研究的荟萃分析显示，室内煤烟暴露可使肺癌风险增加 1.42 倍（$OR=2.42$，$95\%CI$：

第三篇　应 用 篇

1.62 ～ 3.63），使女性肺癌发病风险增加 1.52 倍（OR=2.52，95%CI：1.94 ～ 3.28）。近年来，室内装修所用石材、油漆、地板胶、塑料饰物、黏合剂等是造成室内污染的主要原因。

5. 遗传因素　肺癌具有家族聚集性。近年遗传学和表观遗传学对肺癌的研究逐渐深入，目前已知癌基因 RAS、$mycRb$ 和抑癌基因 $p53$、BAF 复合物等均与肺癌的发生有关。肺癌患者中通常存在 RAS、$p16$ 等 DNA 甲基化状态异常、组蛋白修饰异常。Hu 等在较大规模的中国人群 GWAS 中证实，5p15 和 3q28 为肺癌易感位点，并且在 13q12.12 和 12q12.2 区域鉴定的 3 个新的遗传位点（rs753955、rs17728461 和 rs36600），分别使肺癌风险增加 18.0%（OR=1.18，95%CI：1.13 ～ 1.24）、20.0%（OR=1.20，95%CI：1.14 ～ 1.27） 和 29.0%（OR=1.29，95%CI：1.20 ～ 1.38）（GRADE：中）。Dong 等在随后的针对中国汉族人群肺鳞癌的 GWAS 中发现了一个新的遗传位点（rs12296850），该位点可降低 22.0% 的肺癌发病风险（OR=0.78，95%CI：0.72 ～ 0.84）。

6. 一级亲属（first-degree relative，FDR）肺癌家族史　是肺癌发生的危险因素。一项对 28 项病例对照研究的荟萃分析显示，对于 FDR 患有肺癌者，其肺癌发病风险显著增加（RR=1.88，95%CI：1.66 ～ 2.12）。不同 FDR 患肺癌对个体的影响也不同，其中父母患肺癌者发生肺癌的风险为父母未患肺癌者的 1.60 倍（OR=1.60，95%CI：1.36 ～ 1.87），兄弟姐妹患肺癌者发生肺癌的风险为兄弟姐妹未患肺癌者的 1.78 倍（OR=1.78，95%CI：1.57 ～ 2.03），子女患肺癌者发生肺癌的风险是子女未患肺癌者的 1.95 倍（OR=1.95，95%CI：1.57 ～ 2.44）。

7. 其他危险因素　国内外研究表明，微量元素摄入和营养状况对肺癌的发生有影响。此外，女性肺癌发生被认为与雌激素有关。

三、筛查

1. 低剂量螺旋 CT 筛查（LDCT）　目前在全球发表的肺癌筛查指南或共识中，均推荐采用 LDCT 作为筛查手段，对 I 期肺癌具有良好的筛查效果。Sadate 等对 2018 年之前发表的在吸烟大于 15 包 / 年的人群中进行 LDCT 肺癌筛查随机对照试验的荟萃分析显示，与对照组相比，筛查组肺癌特异性死亡率降低 17.0%（RR=0.83，95%CI：0.76 ～ 0.91），总死亡率降低 4.0%（RR=0.96，95%CI：0.92 ～ 1.00）。与 X 线检查相比，LDCT 可明显增加 I 期肺癌检出率，同时降低肺癌相关的死亡率。LDCT 用于肺癌筛查有较高的灵敏度和特异度。一项中国的随机对照试验显示，LDCT 用于肺癌筛查的灵敏度为 98.1%（95%CI：88.4% ～ 99.9%），特异度为 78.2%（95%CI：76.8% ～ 79.6%）。

《中国肺癌筛查与早诊早治指南（2021）》建议肺癌高危人群应符合以下条件之一，并建议在 50 ～ 74 岁的人群中开展肺癌筛查。

（1）吸烟：吸烟包年数 ≥ 30，包括曾经吸烟包年数 ≥ 30，但戒烟不足 15 年。

（2）被动吸烟：与吸烟者共同生活或同室工作 ≥ 20 年。

（3）患有 COPD。

（4）有职业暴露史（石棉、氡、铍、铬、镉、镍、硅、煤烟和煤烟尘）至少 1 年。

（5）有父母、子女或兄弟姐妹确诊肺癌。

肺癌具体筛查流程见图 3-13-1。

2. 风险预测模型　可以预测个体在未来一段时间内发生肺癌的概率，从而识别出肺癌高危人群。美国国立综合癌症网络（NCCN）在 2020 年发表的肺癌筛查指南中建议使用 Tammemägi 肺癌风险计算器来帮助量化人群中肺癌发生的风险，6 年内 1.3% 的肺癌风险阈值被认为与美国预防医学工作组（USPSTF）相似。Tammemägi 等使用 PLCO 和 NLST 数据，比较了基于 USPSTF 和基于 PLCOm2012 模型判定肺癌高风险人群时的筛查收益。结果显示，如果以 0.0151 作为风险模型的阈值，相较于 USPSTF，PLCO（prostate，Lung，colorectal and ovarion）m2012 有较高的

410

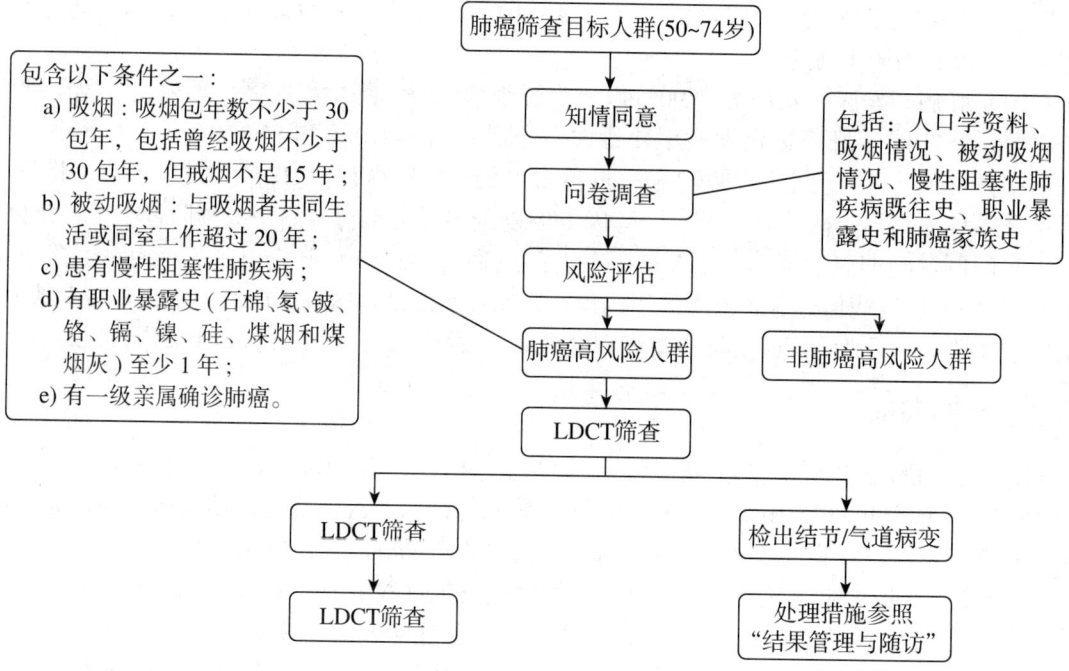

图 3-13-1　肺癌筛查流程

吸烟包年数 = 每天吸烟的包数（每包 20 支）× 吸烟年数；一级亲属指父母、子女及兄弟姐妹（同父母）；

LDCT，低剂量螺旋 CT

灵敏度（71.2%，95%*CI*：67.6% ~ 74.6%；80.1%，95%*CI*：76.8% ~ 83.0%；*P* < 0.001）和较高的阳性预测值（3.4%，95%*CI*：3.1% ~ 3.7%；4.2%，95%*CI*：3.9% ~ 4.6%；*P* < 0.001）。基于模型的判定标准能够更加精准定位肺癌高风险人群，筛查目标人群减少 8.8% 的同时，检出肺癌的比例提高 12.4%。但是我国目前尚无类似数据，因此如何更有效地利用风险预测模型来判定肺癌高风险人群，还需要进一步的研究。

第三节　肝癌的健康管理

一、流行状况

原发性肝癌简称肝癌，主要包括起源于肝细胞的肝细胞癌、起源于肝内胆管细胞的肝内胆管癌和肝细胞胆管细胞混合癌，肝细胞癌占 85% ~ 90%。肝癌的发生发展是一个多基因突变、多信号通路的癌变过程，大多遵循从慢性肝炎、肝硬化、肝硬化增生结节、低级别不典型增生结节（low-grade dysplastic nodules，LGDN）、高级别不典型增生结节（high-grade dysplastic nodules，HGDN）、早早期肝癌、早期肝癌、进展期肝癌这一过程，这是一个多步骤从分子到临床的演变过程。中国原发性肝癌年龄调整发病率呈逐年下降趋势，但肝癌发病人数占全球的 55%，肝癌所导致的疾病负担仍呈上升趋势，患者 5 年生存率无显著性提高。肝硬化和未抗病毒治疗的慢性乙型肝炎是中国肝癌的主要病因。

根据国际癌症研究机构（International Agency for Researchon Cancer，IARC）发布的《2020年全球癌症统计报告：全球 185 个国家 / 地区 36 种癌症病症发病率和死亡率的估计》，2020全球新增肝癌患者 90.57 万例，死亡 83.02 万例，分别占全部癌症发病和死亡人数的 4.7% 和8.3%，占全球发病和死亡顺位的第 6 位和第 3 位，主要发生在亚洲地区。其中，男性年龄标化后肝癌发病率和死亡率分别为 14.1/10 万、12.9/10 万；女性标化发病率和死亡率分别为 5.2/10 万和 4.8/10 万，均居于前列。

我国是肝癌高发区，发病类型 90% 以上为肝细胞肝癌，恶性程度高，预后差。我国肿瘤登记数据显示，2015 年肝癌标化发病率和死亡率分别为 17.64/10 万和 15.33/10 万。在恶性肿瘤发病顺位中位列第 4 位，死亡位列第 2 位。肝癌常见的危险因素包括 HBV、HCV 感染，黄曲霉毒素感染及各种原因导致的肝硬化等。危险因素的复杂多样为推行肝癌一级预防带来了一定困难。此外，我国肝癌晚期患者居多，治疗效果差、复发率高，2015 年肝癌患者 5 年相对生存率仅为 12.1%。我国肝癌发病地区分布沿海高于内地，东南和东北部地区高于西北、华北和西南部地区。其发病率和致死率男性均高于女性，发病率城市高于农村，但致死率农村高于城市。

二、危险因素

90% 以上肝癌病因学较为明确，包括肝硬化、HBV 感染、HCV 感染、非酒精性脂肪肝病（non-alcoholic fatty liver disease，NAFLD）和糖尿病等，以及致癌物的长期暴露，如黄曲霉毒素和马兜铃酸。此外，肝癌家族史可显著增加病毒感染人群的肝癌发病风险。

1. **肝硬化** 各种原因导致的肝硬化是肝细胞癌发生过程中最重要的环节，85% ~ 95% 的肝细胞癌具有肝硬化背景。慢性 HBV 相关肝硬化患者肝癌年发生率为 3% ~ 6%，是我国肝细胞癌的首要病因，HCV 相关肝硬化患者肝癌年发生率为 2% ~ 4%。与 HBV 和（或）HCV 相关肝硬化相比，酒精性肝硬化患者发生肝细胞癌的绝对风险低 2 ~ 3 倍。肝硬化进展为肝细胞癌的风险受年龄、性别、病因、肝癌家族史和糖尿病等相关因素影响。在肝硬化患者中，年龄较大、男性、合并血小板计数低（$< 100 \times 10^9$/L）和食管静脉曲张者发生肝细胞癌的概率更高。

2. **慢性感染** 全球范围内 HBV 感染是肝细胞癌的首要病因，尤其是在东亚和非洲国家。我国国家癌症中心对 1823 例肝细胞癌患者的病因分析结果显示，86.0% 为 HBV 单纯感染，6.7% 为 HBV 和 HCV 混合感染。研究显示，乙型肝炎表面抗原（hepatitis B surface antigen，HBsAg）为阴性的隐匿性 HBV 感染者，肝细胞癌发生风险较非 HBV 感染者增加，调整后的相对危险度（relative risk，RR）为 2.86（95%CI：1.59 ~ 4.13）。具有肝癌家族史的 HBV 感染者有更高的肝细胞癌风险。一项对 22 472 名我国台湾地区居民随访（16.12±2.89）年的研究显示，在 HBsAg 阴性人群中，无肝癌家族史者肝细胞癌累积发病率为 0.62%，伴肝癌家族史者为 0.65%；但在 HBsAg 阳性人群中，无肝癌家族史者肝细胞癌累积发病率为 7.5%，伴肝癌家族史者肝细胞癌累积发病率高达 15.8%。

在北美，59%（95%CI：3% ~ 79%）的肝细胞癌归因于 HCV 感染。在我国，HCV 单独感染仅占肝细胞癌全部病因的 1.7% ~ 2.5%，HCV 合并 HBV 感染者占 6.7%。在 HCV 感染者中，肝细胞癌风险增加的因素包括男性、年龄较大、合并人类免疫缺陷病毒或 HBV 感染、糖尿病和长期饮酒等。肝癌家族史也能增加 HCV 感染者的肝细胞癌发病风险。

3. **酒精性肝病、NAFLD 或伴糖尿病** 酒精性肝病是欧美国家肝细胞癌的主要病因，仅次于 HCV 或 HBV 感染。一项病例对照研究显示，单纯酒精性肝硬化、HCV 或 HBV 相关肝硬化进展为肝细胞癌风险的 OR 值分别为 4.5（95%CI：1.4 ~ 14.8）、15.3（95%CI：4.3 ~ 54.4）和 12.6（95%CI：2.5 ~ 63.1），而酒精性肝病伴有慢性 HCV 或慢性 HBV 感染等 2 个或以上因素者 OR 值高达 53.9（95%CI：7.0 ~ 415.7）。吸烟、肥胖和糖尿病等与酒精之间存在交互增强肝细胞癌风险的关系。一项荟萃分析显示，戒酒后肝细胞癌患病风险每年可下降 6% ~ 7%，但降至非饮酒者的风险等级则需 23 年（95%CI：14 ~ 70）。

NAFLD 是目前全球最常见的肝病，正在成为肝细胞癌的重要病因。我国一项社区人群前瞻性队列研究中，只有肝功能异常即谷丙转氨酶 ≥ 80 U/L 的 NAFLD 患者，发生肝细胞癌的风险较对照组增加了 4.41 倍（95%CI：1.40 ~ 13.96）。NAFLD 伴糖尿病患者发生肝细胞癌的风险比正常人高 1.8 ～ 2.5 倍，在各种族中均是肝细胞癌发病和预后的独立因素。

4. **致癌物暴露** 饮食中黄曲霉毒素 B1（aflatoxin B1，AFB1）暴露是造成撒哈拉以南非洲、东南亚和中国部分农村地区肝细胞癌高发的重要原因，国际癌症研究机构（International Agency for Research on Cancer，IARC）于 1987 年将其列为 I 类致癌物。AFB1 本身的直接致癌作用存在争议，但研究显示，AFB1 与 HBV 感染之间存在很强的交互作用。

马兜铃酸（aristolochic acid，AA）存在于马兜铃属及细辛属等植物中，是很多中草药方的常见成分。2012 年 AA 被 IARC 列为 I 类致癌物。对肝细胞癌的基因组特征分析提示，亚洲肝细胞癌患者中具有 AA 特征性突变的比例远高于欧美患者，尤其是我国台湾地区患者高达 78%。在乙型肝炎患者中，AA 暴露与肝细胞癌风险之间存在剂量反应关系。

其他化学因素包括氯乙烯、六氯苯、苯并芘等有机致癌物可诱导肝癌形成，长期接触除草剂等农药、长期饮用污染水、相关职业暴露人群肝癌发生风险较高。

5. **其他因素** 心理社会因素（如长期负性情绪）、性激素、长期服用某些药物（如抗癫痫药、降压药、解热镇痛药）等可能与肝癌相关。

三、筛查

1. **腹部超声（ultrasonography，US）** 由于操作简便、灵活、无创和价格低，腹部 US 被很多国家的指南推荐作为肝癌的筛查方法。总体来讲，对于直径 < 2 cm、2 ～ 3 cm、4 ～ 5 cm 和 > 5 cm 的肝癌，腹部 US 诊断的灵敏度分别为 39% ～ 65%、76%、84% 和 90%。多普勒超声不仅可以看到病变内的血液供应，还可以识别病变与血管之间的关系。超声造影使肝占位性病变内的血流动力学变化可视化，并有助于鉴别诊断各种肝占位性病变的性质，提高腹部 US 诊断肝癌的灵敏度和特异度。

2. **多排螺旋 CT、MRI** 是诊断肝癌及临床分期最重要的工具。动脉期明显的异质性增强，门静脉期和（或）实质平衡期显示出肿瘤增强程度降低，快速洗入和洗出的增强模式是肝癌的 CT 影像特征。有学者对 407 例肝硬化患者进行的前瞻性监测（4 ～ 6 个月 1 次）显示，在发现的 43 例肝癌患者中，增强 MRI 检出率为 86%，明显高于腹部 US（27.9%）；而假阳性的比例明显低于腹部 US（分别为 3.0% 和 5.6%）；74.4%（32/43）的患者为早早期肝癌（单个结节 < 2 cm）。因此，与腹部 US 相比，在极高肝细胞癌危险的肝硬化患者中，进行增强 MRI 监测，可提高早早期肝细胞癌的检出率。但是，直径 ≥ 2 cm 的肝癌，CT 与 MRI 诊断的灵敏度相似。增强 MRI 是否能取代腹部 US 检查作为肝癌极高危人群监测工具，还需要深入研究。

3. **AFP、DCP、AFP-L3** 随着医学影像学的发展，早期肝癌诊断比例不断增加，甲胎蛋白（AFP）诊断肝细胞癌的价值也有所下降。AFP 水平与肿瘤大小有关，肿瘤直径 < 2 cm、2 ～ 5 cm 和 > 5 cm 的肝癌中，AFP 正常（< 20 ng/ml）的比例分别为 50% ～ 70%、30% ～ 50% 和 20% ～ 30%。因此，大多数指南已不再将 AFP 作为肝细胞癌诊断的必备指标。但是，AFP 与腹部 US 联合检查，可提高肝细胞癌诊断的灵敏度。由 32 项研究组成的荟萃分析（13367 例）表明，单独腹部 US 发现肝细胞癌的灵敏度低于腹部 US 联合 AFP（*RR*：0.88，95%*CI*：0.83 ～ 0.93）。

DCP 也称维生素 K 缺乏或拮抗剂 II 诱导的蛋白质（protein induced by vitamin K absence or ant agonist II，PIVKA- II），1984 年首次报道在肝细胞癌患者中血清 PIVSKA- II 升高。包括 31 个研究的荟萃分析显示，临界值为 40 mAU/ml 时，PIVKA- II 诊断肝细胞癌灵敏度为 66%，特异度为 89%。PIVKA- II 和 AFP 的形成机制不相同，两者之间无相关性，在 AFP 阴性的肝细胞癌患者中，PIVKA- II 诊断肝细胞癌的 AUC 为 0.86。因此，AFP 与 PIVKA- II 联用，可提高对肝细胞癌的早期检出率。

AFP-L3 是 AFP 的岩藻糖基化变异体，慢性肝炎和肝硬化患者的 AFP 主要成分为 AFP-L1，肝癌患者的 AFP 主要成分为 AFP-L3。荟萃分析显示，AFP-L3 诊断肝细胞癌的总体灵敏度和特异度分别为 48.3%（45.9% ~ 50.7%）和 92.9%（91.6% ~ 94.0%）。

《原发性肝癌的分层筛查与监测指南（2020 版）》中肝癌筛查推荐意见如下：

1．腹部 US 联合血清 AFP 是肝癌监测的一线工具（A1）。

2．血清 AFP 联合 AFP-L3 及 PIVKA- Ⅱ检测，可提高早期肝癌的检出率（B2）。

3．肝癌极高危人群中，增强 MRI 显著提高早早期肝癌的检出率。

肝癌高危人群的分层筛查和监测流程见图 3-13-2。

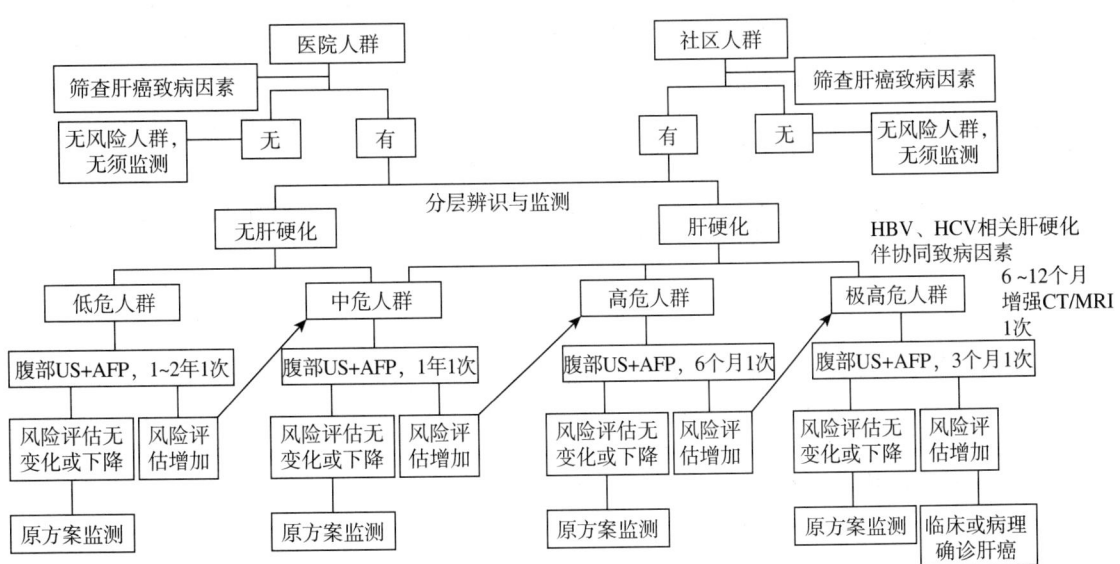

图 3-13-2　肝癌高危人群的分层筛查和监测流程

HBV，乙型肝炎病毒；HCV，丙型肝炎病毒；US，超声检查；AFP，甲胎蛋白

第四节　胃癌的健康管理

一、流行状况

胃癌（gastric cancer，GC）是指来源于胃黏膜上皮细胞的恶性肿瘤，主要是胃腺癌。根据国际癌症研究机构（International Agency for Research on Cancer，IARC）发布的《2020 年全球癌症统计报告：全球 185 个国家 / 地区 36 种癌症发病率和死亡率的估计》，2020 年全球新增胃癌患者 108.91 万例，死亡 76.88 万例，分别占全部癌症发病和死亡人数的 5.6% 和 7.7%。其中，男性年龄标化后胃癌发病率和死亡率分别为 15.8/10 万、11.0/10 万；女性标化发病率和死亡率分别为 7.0/10 万和 4.9/10 万，均居于前列。其中，超过 70% 的胃癌新发病例在发展中国家，约 50% 的病例发生在亚洲东部，主要集中在中国。

根据 2018 年中国癌症数据报告，我国胃癌新发病例 41 万例，其中男性新发病例 28.8 万，女性新发病例为 12.2 万，其发病率在恶性肿瘤中高居第 2 位，占 10.79%。我国胃癌发病率、死亡率的地区分布由高到低依次为中、东、西部地区，北方高于南方，农村高于城市；男性均高于女性；以 55 ~ 70 岁为高发年龄段。

目前我国发现的胃癌约 90% 属于进展期，而胃癌的预后与诊治时机密切相关，进展期胃癌即使接受了外科手术，5 年生存率仍低于 30%，而早期胃癌治疗后 5 年生存率可超过 90%，甚至达到治愈效果。但我国早期胃癌的诊治率低于 10%，远低于日本（70%）和韩国（50%）。

常见恶性肿瘤的健康管理 / 第十三章

二、危险因素

（1）胃癌发病与饮食来源息息相关，水土含硝酸盐过多、微量元素比例失调及化学污染均通过饮食途径参与胃癌的发病。流行病学研究显示，经常食用霉变食物、咸菜、腌制烟熏食物，以及过多摄入食盐，都可增加胃癌的发病风险。

（2）幽门螺杆菌（Helicobacter pylori，Hp）感染者胃癌发病率明显高于普通人群，胃癌高发区人群 Hp 感染率高。1994 年，世界卫生组织将 Hp 感染定为人类 I 类致癌原。

（3）胃癌有明显家族遗传倾向。

（4）胃息肉、胃溃疡、残胃炎、慢性萎缩性胃炎及异型增生、肠上皮化生等均为胃癌癌前病变危险因素。

（5）统计学分析显示，在胃癌风险人群中，年龄、性别、Hp 抗体、血清胃蛋白酶原（pepsinogen，PG）、血清胃泌素 17（gastrin-17，G-17）是与胃癌发生最相关的 5 个因素。

三、筛查

（一）筛查对象

根据《中国早期胃癌筛查流程专家共识意见（草案）（2017 年）》，我国 40 岁以上人群胃癌发生率显著上升，因此建议以 40 岁为胃癌筛查的起始年龄，且符合下列任意一条者，将其作为筛查对象人群：①胃癌高发地区人群；②Hp 感染者；③既往患有慢性萎缩性胃炎、胃溃疡、胃息肉、手术后残胃、肥厚性胃炎、恶性贫血等；④胃癌患者一级亲属；⑤存在胃癌其他风险因素（如摄入高盐、腌制饮食，吸烟，过度饮酒）。

（二）筛查方法

1. 血清学筛查

（1）血清胃蛋白酶原（PG）检测：PG 是胃蛋白酶的无活性前体。PG 是反映胃体胃窦黏膜外分泌功能的良好指标，可被称为血清学活检。PG 有两种亚型：PG I 和 PG II，当胃黏膜发生萎缩时，血清 PG I 和（或）PGR（PG I 与 PG II 的比值）水平降低。有研究认为，将 PG I ≤ 70 μg/L 且 PGR ≤ 3 作为针对无症状健康人群的胃癌筛查界限值，具有较好的筛查效果。

（2）血清胃泌素 17（G-17）检测：G-17 是由胃窦 G 细胞合成和分泌的酰胺化胃泌素，主要生理功能为刺激胃酸分泌、促进胃黏膜细胞增殖与分化，它在人体中的含量占有生物活性胃泌素总量的 90% 以上。有研究表明，血清 G-17 水平升高，可以提示存在胃癌发生风险。有研究认为，血清 G-17 联合 PG 检测可以提高对胃癌的诊断率。

（3）Hp 感染检测：目前认为 Hp 感染是肠型胃癌（占胃癌绝大多数）发生的必要条件，但不是唯一条件。胃癌的发生是 Hp 感染、遗传因素和环境因素共同作用的结果，环境因素在胃癌发生中的作用仅次于 Hp 感染。因此，在胃癌的筛查流程中，Hp 感染检测成为必要的筛查方法之一。具体方法有血清 Hp 抗体检测和尿素呼气试验（UBT）。

（4）血清肿瘤标志物检测：血清胃癌相关抗原（monoclonal gastric cancer 7 antigen，MG7-Ag）是我国自主发现的胃癌肿瘤标志物，MG7 抗原表达在胃癌前疾病、胃癌前病变和胃癌的阳性率分别为 40.5%、61.0% 和 94.0%，且胃癌前病变 MG7 抗原的假阳性率仅为 12.8%，可能提示胃癌的高风险。

2. 内镜筛查

（1）电子胃镜筛查：尽管胃镜及活检是目前诊断胃癌的金标准，但是胃镜检查依赖设备和内镜医师资源，且检查费用相对较高，具有一定痛苦，患者接受度较差。而且早期胃癌的发现更依赖于检查者的内镜操作经验、电子或化学染色和放大内镜设备。因此，首先采用非侵入性诊断方法筛选出胃癌高风险人群，继而进行有目的的内镜下精查是更为可行的筛查策略。

415

第三篇 应 用 篇

（2）磁控胶囊内镜筛查：由于胃腔较大，常规的被动式小肠胶囊内镜不适合胃部疾病的诊断，目前应用成熟的技术是磁控胶囊内镜（magnetically-controlled capsule endoscopy，MCE），是将胶囊内镜（CE）技术和磁控技术成功结合的新一代主动式胶囊内镜，具有全程无痛苦、便捷、诊断准确度高的优点。

3. **新型胃癌筛查评分系统**　近期，国家消化系统疾病临床医学研究中心（上海）开展了一项全国120余家医院参加的大数据、多中心临床研究，统计学分析显示，在胃癌风险人群中，年龄、性别、Hp抗体、PG、G-17是与胃癌发生最相关的5个因素，分别予以不同的分值，可反映胃癌的发生风险。在上述研究的基础上，建立了新型胃癌筛查评分系统（表3-13-3），该评分系统包含5个变量，总分0～23分，根据分值可将胃癌筛查目标人群分为3个等级：胃癌高危人群（17～23分），胃癌发生风险极高；胃癌中危人群（12～16分），有一定胃癌发生风险；胃癌低危人群（0～11分），胃癌发生风险一般。5000余例的验证队列筛查结果证实，采用新型评分系统筛查胃癌的效能有显著提高。

表3-13-3　新型胃癌筛查评分系统

变量	分值	变量	分值
年龄（岁）		性别	
40～49	0	男	0
50～59	5	女	4
60～69	6	Hp抗体	
＞69	10	阴性	0
G-17（pmol/L）		阳性	1
＜1.50	0	PGR	
1.50～5.70	3	≥3.89	0
＞5.70	5	＜3.89	3
总分			0～23

注：G-17，血清胃泌素17；Hp，幽门螺杆菌；PGR，血清胃蛋白酶原（PG）Ⅰ和PGⅡ的比值。

4. **早期胃癌筛查的建议流程**　采用新型胃癌筛查评分系统，可以显著提高筛查效率，对胃癌发生风险最高的人群采取内镜精查策略，从而提高早期胃癌诊断率，同时可针对相对低风险人群采取适合的随访策略，节约医疗资源。参考国内外的既往胃癌筛查方法，结合国内最新的临床证据，建议推荐的早期胃癌筛查流程如图3-13-3。

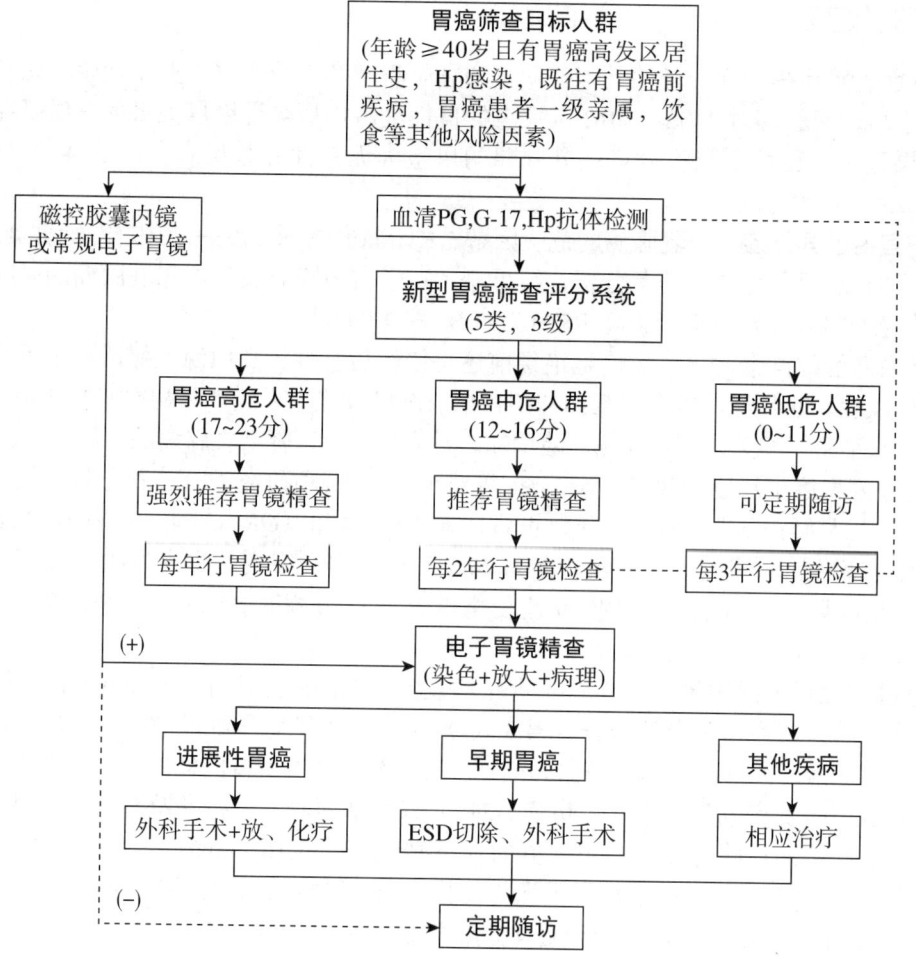

图 3-13-3　早期胃癌筛查流程

PG，血清胃蛋白酶原；G-17，血清胃泌素 17；Hp，幽门螺杆菌；ESD，内镜黏膜下剥离术

第五节　乳腺癌的健康管理

一、流行状况

根据国际癌症研究机构（International Agency for Research on Cancer，IARC）发布的《2020年全球癌症统计报告：全球 185 个国家 / 地区 36 种癌症病症发病率和死亡率的估计》，2020 年全球新增乳腺癌患者 226.14 万例，死亡 68.50 万例，分别占全部癌症发病和死亡人数的 11.7% 和6.9%。女性标化发病率和死亡率分别为 47.8/10 万和 13.6/10 万，均居于首位。

2020 年中国女性乳腺癌发病率为 59.0/10 万，居全国女性恶性肿瘤发病谱首位。2020 年中国女性乳腺癌死亡率为 16.6/10 万，居全国女性恶性肿瘤死亡谱第 4 位。2015 年我国女性乳腺癌新发病例约 30.4 万例，占女性全部恶性肿瘤发病人数的 17.1%；死亡病例约 7.0 万例，占女性全部恶性肿瘤死亡人数的 8.2%。中国妇女乳腺癌的发病率和死亡率处于世界较低水平，但近年来，随着我国人口老龄化的加速，工业化、城市化及生活方式的改变，女性乳腺癌疾病负担日益加重。根据国家癌症中心 2023 年我国癌症报告，2000—2016 年乳腺癌发病率与死亡率均呈上升趋势。

二、危险因素

1. 良性乳腺疾病 部分良性乳腺疾病（如乳腺囊肿和乳腺上皮不典型增生）患者的乳腺癌发病风险增高。李红等对 2002—2012 年发表的良性乳腺疾病与乳腺癌关系的 7 项研究进行荟萃分析，结果显示，良性乳腺疾病者患乳腺癌的风险为无良性乳腺疾病者的 2.24 倍（*OR*：2.24，95%*CI*：1.23 ~ 4.09）。

2. 子宫内膜异位症 是乳腺癌的危险因素。Kvaskoff 等对 1993—2019 年子宫内膜异位症和乳腺癌关系的 20 项研究进行荟萃分析，结果显示，子宫内膜异位症者患乳腺癌的风险为无子宫内膜异位症者的 1.04 倍（*RR*：1.04，95%*CI*：1.00 ~ 1.09）。

3. 高内源性雌激素水平 无论是绝经前还是绝经后女性，高内源性雌激素水平均会增加乳腺癌的发病风险，而月经、生育因素如初潮较早或绝经较晚，未经产与初次妊娠的年龄较高和流产又与激素水平密切相关，使乳腺癌风险增加。母乳喂养可以降低乳腺癌的发病风险。

4. 乳腺癌家族史和基因突变 Nindrea 等对纳入的 10 项研究进行荟萃分析，结果显示，有乳腺癌家族史人群患乳腺癌的风险为正常人群的 3.34 倍（*OR*：3.34，95%*CI*：2.68 ~ 4.15）；*BRCA* 基因突变增加乳腺癌发病风险。具有 *BRCA1/2* 致病性突变的患者发生乳腺癌、卵巢癌和其他恶性肿瘤的风险增加。对于 *BRCA1* 突变携带者，≤ 70 岁时乳腺癌累积风险为 55% ~ 70%，*BRCA2* 突变携带者的相应累积风险为 45% ~ 70%。

5. 肥胖和生活方式因素 世界癌症研究基金会和美国癌症研究所在 2018 年发布的《饮食、营养、身体活动与癌症预防全球报告（第 3 版）》中汇总了肥胖与绝经前或绝经后女性乳腺癌发病风险的相关证据，大量流行病学证据和剂量 - 反应关系分析支持同样的结论，即肥胖会增加绝经后女性乳腺癌的发病风险。此外，陶苹等对纳入的 27 项研究进行荟萃分析，结果显示，有饮酒史人群患乳腺癌的风险为无饮酒史人群的 1.16 倍（*OR*：1.16，95%*CI*：1.01 ~ 1.32）。美国卫生与公众服务部于 2014 年系统汇总了吸烟与乳腺癌发病风险的相关证据，纳入 22 项队列研究和 27 项病例对照研究，结果显示，曾经吸烟使乳腺癌发病风险升高 10%。吸烟时间长（20 年或以上），每天吸烟量多（20 支或以上），则使乳腺癌发病风险增加 13% ~ 16%。

三、筛查

建议 40 ~ 45 岁女性每年进行 1 次乳腺 X 线检查，对致密型乳腺（腺体为 c 型或 d 型）推荐与 B 超检查联合。46 ~ 69 岁女性每 1 ~ 2 年进行 1 次乳腺 X 线检查，对致密型乳腺推荐与 B 超检查联合。70 岁或以上女性每 2 年进行 1 次乳腺 X 线检查。对乳腺癌高危人群（一级亲属中有绝经前患乳腺癌史，既往有乳腺导管或小叶不典型增生或小叶原位癌的患者，既往行胸部放疗者），建议在 40 岁前应除接受一般人群乳腺 X 线检查外，还可以应用 MRI 等影像学手段筛检，推荐每年 1 次。

（一）乳腺癌高风险人群

符合下列 3 项中任意 1 项的女性为乳腺癌高风险人群。

1. 有遗传家族史，即具备以下任意一项者 ①一级亲属有乳腺癌或卵巢癌史；②二级亲属中有 2 人及以上 50 岁前患乳腺癌；③二级亲属中有 2 人及以上 50 岁前患卵巢癌；④至少 1 位一级亲属携带已知 *BRCA1/2* 致病性遗传突变或自身携带 *BRCA1/2* 致病性遗传突变。

2. 具备以下任意一项者 ①月经初潮年龄 ≤ 12 岁；②绝经年龄 ≥ 55 岁；③有乳腺活检史或乳腺良性疾病手术史，或病理证实的乳腺（小叶或导管）不典型增生病史；④使用雌孕激素序贯法治疗时间不少于半年；⑤45 岁后乳腺 X 线检查提示乳腺实质（或乳房密度）类型为不均匀致密型或致密型。

3. 具备以下任意两项者 ①无哺乳史或哺乳时间 < 4 个月；②无活产史（含从未生育、流产、死胎）或初次活产年龄 ≥ 30 岁；③仅使用雌激素治疗时间不少于半年；④流产（含自然流产和人工流产）≥ 2 次。

注：一级亲属指母亲、女儿以及姐妹；二级亲属指姑、姨、祖母和外祖母。

（二）乳腺癌筛查起始年龄和筛查频率

筛查起始年龄对于一般风险人群，推荐从 45 岁开始进行乳腺癌筛查，对于高风险人群，推荐从 40 岁开始进行乳腺癌筛查。乳腺癌筛查频率对于一般风险人群，推荐每 1～2 年进行 1 次乳腺癌筛查，对于高风险人群，推荐每年进行 1 次乳腺癌筛查。

（三）具体筛查指南

乳腺癌筛查措施包括乳腺 X 线筛查、乳腺超声筛查、乳腺 X 线检查联合乳腺超声筛查和乳腺核磁筛查。具体筛查指南如下：对于一般风险人群，可考虑单独使用乳腺 X 线进行筛查或单独使用乳腺超声进行筛查；对于致密型乳腺的一般风险人群和高风险人群，推荐使用乳腺 X 线检查联合乳腺超声进行筛查；对于 *BRCA1/2* 突变携带者，可考虑使用乳腺 MRI 筛查，但不推荐作为筛查的首选方法。具体筛查流程见下图（图 3-13-4）。

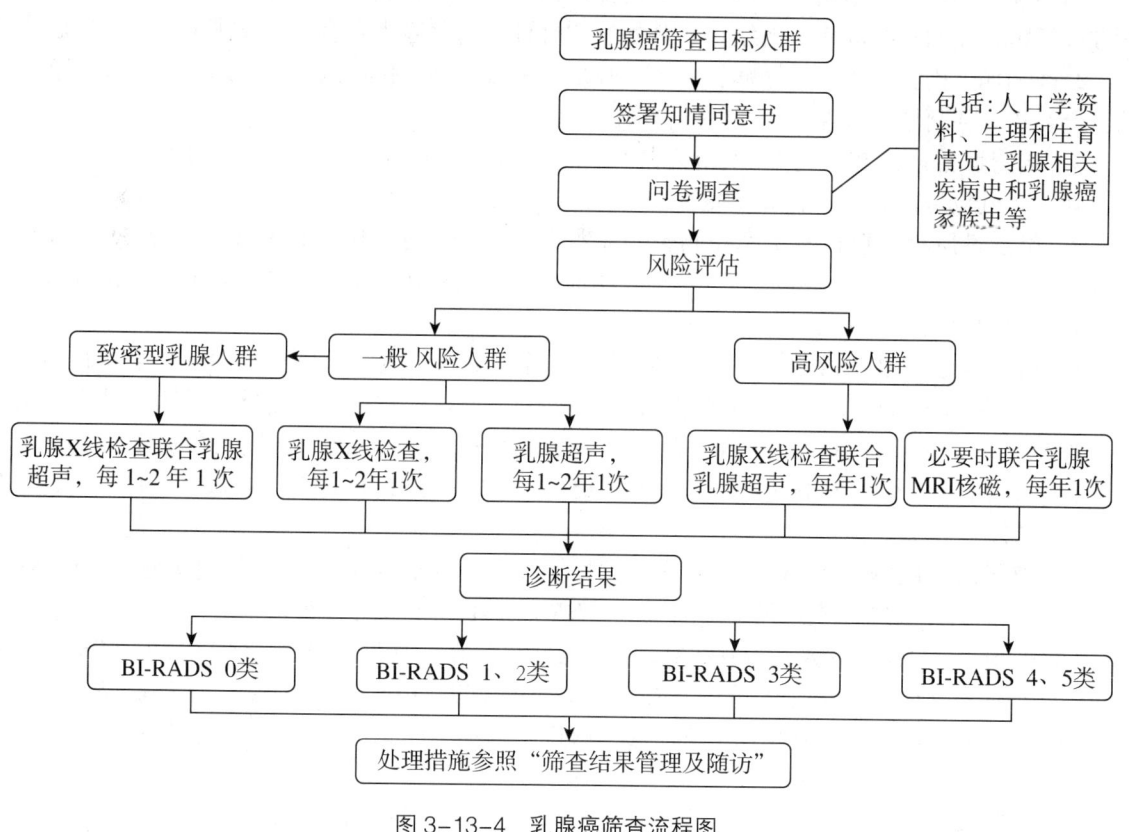

图 3-13-4　乳腺癌筛查流程图
BI-RADS，乳腺影像报告和数据系统

第六节　结直肠癌的健康管理

一、流行状况

根据《中国结直肠癌筛查与早诊早治指南（2020）》，中国结直肠癌新发病例 38.8 万例，其中男性 22.5 万例，女性 16.3 万例，占全部恶性肿瘤发病人数的 9.9%。2015 年中国结直肠癌死亡病例 18.7 万例，其中男性 11.0 万例，女性 7.8 万例，占全部恶性肿瘤死亡人数的 8.0%。从性别上看，男性高于女性。从地域来看，城市高于农村地区，东部地区高于中部和西部地区。从年龄上看，结直肠癌发病率在 25 岁之前处于较低水平，25 岁之后快速上升，80 ～ 84 岁达到高峰。结直肠癌死亡率在 30 岁之前处于较低水平，30 岁之后快速增长，85 岁后达到高峰。

2000—2014 年我国的结直肠癌发病率和死亡率均呈现上升趋势。在结直肠癌发病率方面，2000—2014 年城市地区男性和女性的年增长率分别为 1.9% 和 0.7%，而农村地区相应年增长率分别为 5.3% 和 4.5%；在结直肠癌死亡率方面，2000—2014 年整体的年增长率为 0.9%，其中男性年增长率（1.3%）高于女性（0.2%），农村地区年增长率（2.6%）高于城市地区（0.5%）。2003—2015 年全国 17 个肿瘤登记地区的数据显示，结直肠癌 5 年相对生存率从 47.2%（95%CI：46.1% ～ 48.3%）升高至 56.9%（95%CI：56.2% ～ 57.5%）。上海市和浙江省嘉善县等长江中下游地区是我国结直肠癌高发地区，其结直肠癌生存率也呈逐渐升高趋势。

二、危险因素

结直肠癌的病因尚不明确，但大量的研究证据表明结直肠癌的发生发展是由遗传、环境和生活方式等多方面因素共同作用的结果。其中有明确证据的危险因素有结直肠癌家族史、炎症性肠病、红肉和加工肉类摄入、糖尿病、肥胖、吸烟、大量饮酒。保护因素有服用阿司匹林、膳食纤维、全谷物、乳制品的摄入，合理的体育锻炼。

1. **结直肠癌家族史**　对 63 项研究共 928 万人的荟萃分析发现，一级亲属患结直肠癌的人群，其发病风险是普通人群的 1.76 倍。

2. **炎症性肠病**　包括溃疡性结肠炎和克罗恩病，与结直肠癌发病风险增高有关。Jess 等开展的一项荟萃分析纳入了 8 项研究，结果表明溃疡性结肠炎患者的结直肠癌发病风险是普通人群的 2.4 倍（95%CI：2.1 ～ 2.7）。

3. **红肉和加工肉类摄入**　世界癌症研究基金会和美国癌症研究所于 2018 年发布的《饮食、营养、身体活动与癌症预防全球报告（第 3 版）》指出，红肉和加工肉类摄入与结直肠癌发病存在剂量反应关系，其中加工肉类每日摄入量每增加 50g，红肉每日摄入量每增加 100g，结直肠癌发病风险分别增加 16%（$RR = 1.16$，95%CI：1.08 ～ 1.26）和 12%（$RR = 1.12$，95%CI：1.00 ～ 1.25）。

4. **糖尿病和肥胖**　Chen 等综合分析了来自东亚和南亚地区的 19 个队列研究的个体数据，发现糖尿病患者结直肠癌发病风险增加 41%（$HR = 1.41$，95%CI：1.26 ～ 1.57）。2018 年 WCRF/AICR 报告显示，体重指数（BMI）每增加 5 kg/m^2，结直肠癌发病风险增加 5%（$RR = 1.05$，95%CI：1.03 ～ 1.07），并且结肠癌（$RR = 1.07$，95%CI：1.05 ～ 1.09）较直肠癌（$RR = 1.02$，95%CI：1.01 ～ 1.04）的发病风险升高更多；腰围每增加 10 cm，结直肠癌发病风险增加 2%（$RR = 1.02$，95%CI：1.01 ～ 1.03）。

5. **吸烟和大量饮酒**　吸烟对结直肠癌发病风险的影响呈现剂量反应关系，吸烟量每增加 10 支 / 天，结直肠癌发病风险升高 7.8%（$RR = 1.08$，95%CI：5.7% ～ 10.0%）。McNabb 等综合分析了来自 5 项病例对照研究和 11 项巢式病例对照研究的数据，发现与偶尔饮酒或不饮酒者相比，少量饮酒（< 28 g/d）者的结直肠癌风险不会增加，大量饮酒（> 36 g/d）者的结直肠癌发病风险比值比（OR）为 1.25（95%CI：1.11 ～ 1.40）。

三、筛查

直肠癌筛查建议所有人群从 50 岁开始进行一次粪便隐血试验或 DNA 检查，如检查结果为阴性，建议每年 1 次粪便隐血试验或 DNA 检查；如检查结果为阳性，根据受检者的身体状况，建议行肠镜、钡剂灌肠检查或 CT 结肠成像检查，如检查结果为阴性，建议每 5 年进行 1 次肠镜、CT 结肠成像或钡灌肠检查；乙状结肠镜、气钡双重对比造影和 CT 结肠成像如有显著阳性发现，需要进行结肠镜检查。如果条件允许，患者愿意接受有创检查，应该鼓励进行可同时检出早期癌变和腺瘤性息肉的检查（包括部分或全部内镜和影像检查）。有结直肠癌家族史的人群（只有 1 个一级亲属 60 岁前诊断为结直肠癌或进展性腺瘤或者 2 个一级亲属患结直肠癌或进展性腺瘤），推荐从 40 岁开始或比家族中最早确诊结直肠癌者的年龄提前 10 年开始，每 5 年进行 1 次结肠镜检查。

（一）高危人群

基于结直肠癌相关危险因素构建风险评估模型，有效识别结直肠癌高危人群，对提高人群筛查效果和效率具有重要意义。目前国内外学者开发了大量结直肠癌风险评估模型，其中最常被纳入模型的风险因素主要包括年龄、性别、一级亲属结直肠癌家族史、BMI 和吸烟史等，然而大多数模型对于结直肠肿瘤的预测能力较为有限，表现为受检者工作特征曲线下面积为 0.61 ~ 0.70。根据《中国结直肠癌筛查与早诊早治指南（2020）》推荐，散发性结直肠癌高危人群的定义，应综合个体年龄、性别、BMI 等基本信息，结直肠癌家族史、肠息肉等疾病史，以及吸烟、饮酒等多种危险因素来进行综合判定。此外，为提高风险预测效能，可结合粪便潜血试验和其他实验室检查结果，并结合适用人群的实际情况，考虑纳入风险等级较高的其他因素，以最终确定结直肠癌高危人群的判定标准。而不具有以下风险因素者，可被判定为"一般风险人群"：

（1）一级亲属有结直肠癌病史（包括非遗传性结直肠癌家族史和遗传性结直肠癌家族史）。

（2）本人有结直肠癌病史。

（3）本人有肠道腺瘤病史。

（4）本人患有 8 ~ 10 年不愈的炎症性肠病。

（5）本人粪便潜血试验阳性。

（二）筛查起年龄

推荐中、低风险人群在 50 ~ 75 岁接受结直肠癌筛查，高风险人群在 40 ~ 75 岁接受结直肠癌筛查。如 1 个及以上一级亲属罹患结直肠癌，推荐接受结直肠癌筛查的起始年龄为 40 岁或比一级亲属中最年轻患者提前 10 岁。具体筛查周期推荐每 5 ~ 10 年进行 1 次高质量结肠镜检查，每年进行 1 次免疫化学法粪便隐血试验（FIT）检查。

（三）结直肠癌筛查和早期诊断工具选择

结肠镜是结直肠癌筛查的金标准。免疫化学法粪便隐血试验（FIT）适用于结直肠癌筛查，其对结直肠癌诊断的灵敏度较高，但对癌前病变灵敏度有限。

在当前的研究和临床实践中，结肠镜是结直肠癌筛查普遍应用的金标准。内镜医师在可视镜头下可以完整地检视整个结直肠的情况，对于发现的可疑病变可以取组织活检进一步明确病理诊断。研究显示，与未筛查相比，结肠镜筛查可以降低 56% 的发病风险（$RR = 0.44$，95%CI：0.22 ~ 0.88），以及 57% 的死亡风险（$RR = 0.43$，95%CI：0.35 ~ 0.53）。尽管结肠镜筛查是结直肠癌筛查的金标准，但由于检查具有侵入性且需要充分的肠道准备，在人群组织性筛查中，我国人群结肠镜筛查的参与率依然欠佳，如何进一步提升居民的结肠镜筛查参与率是未来需要解决的关键问题。

高质量的结肠镜检查是保证筛查效果的关键。目前较为公认的高质量结肠镜检查标准包括：①良好的肠道准备率，应 > 85%；②盲肠插镜率 > 95%；③退镜时间应至少保证 6 min；④腺瘤检出率应该 > 20%，其中男性 > 25%，女性 > 15%。

FIT 的主要技术原理是通过特异性的抗体检测粪便标本中的人体血红蛋白，进而提示可能的肠道病变。FIT 阳性者需要进行结肠镜检查以明确诊断。

第七节　宫颈癌的健康管理

一、流行状况

根据国际癌症研究机构（International Agency for Research on Cancer，IARC）发布的《2020

年全球癌症统计报告：全球 185 个国家 / 地区 36 种癌症发病率和死亡率的估计》，2020 年全球新增宫颈癌患者 56.98 万例，死亡 31.14 万例，分别占全部癌症发病和死亡人数的 3.2% 和 3.3%。女性标化发病率和死亡率分别为 13.3/10 万和 7.3/10 万，均居于第三位。女性 0 ~ 74 岁累积发病风险为 1.39%。其中发展中国家占全球的 80%。西方发达国家由于宫颈癌筛查的普及，宫颈癌发病率缓慢下降。

宫颈癌由高危型人乳头瘤病毒（HPV）持续感染引起，是唯一可通过三级预防措施得到有效控制的肿瘤。但一些中低收入国家由于缺少高质量的筛查且覆盖率低，宫颈癌仍是主要的公共卫生问题。为了改变这种健康不公平性，2018 年世界卫生组织（WHO）首次提出"消除宫颈癌全球行动"倡议，并于 2020 年 11 月正式启动"加速消除宫颈癌全球战略"，提出到 2030 年达到"90-70-90"目标（即 90% 的女孩在 15 岁之前完成 HPV 疫苗接种，70% 的妇女在 35 岁和 45 岁之前各接受一次高精度的筛查，90% 的筛查阳性和宫颈癌变确诊病例得到有效治疗），才有望在本世纪末全球实现公共卫生问题层面的宫颈癌消除（即发病率降低至 4/10 万以下）。

我国宫颈癌每年新发病例达 13.15 万，死亡人数每年约 5.3 万，约占全部女性恶性肿瘤死亡人数的 18.4%。我国宫颈癌的分布主要集中在中西部地区，农村高于城市、山区高于平原地区。宫颈癌可发生于任何年龄的妇女，20 岁以前罕见，40 ~ 60 岁为发病高峰，60 岁以后呈下降趋势。我国宫颈癌发病率存在民族差异，居前 3 位的是维吾尔族（17.27/10 万）、蒙古族（15.72/10 万）和回族（12.39/10 万）。大数据分析提示，我国宫颈癌病理类型主要是鳞癌，占比超过 75%，鳞、腺癌之比为 10.6∶1。

二、危险因素

宫颈癌是常见的妇科恶性肿瘤之一，其危险因素包括生物学、行为学、遗传易感性等方面。

1. **HPV 感染**　目前研究已经确认宫颈癌是感染性疾病，HPV 感染是超过 90% 的宫颈癌的病因，被公认为宫颈癌发病的首要因素，而且有研究提示 HPV 感染在宫颈癌的发病过程中起着诱发和启动的作用。HPV 感染的主要途径为直接接触感染：①与 HPV 感染者有性接触的人超过 2/3 可被感染，平均 100 天时感染性最强，故在有不洁性交史的人群中最易感染 HPV；②母婴传染：可能在分娩过程中胎儿经过感染 HPV 的产道或在出生后与母亲密切接触而感染；③间接物体传染：这一传播途径是极其少见的，只有和尖锐性湿疣患者共同生活，共用浴具才会发生。

2. **宫颈炎**　近年来，流行病学研究和实验研究强有力的证据表明，炎症途径的过度活化在宫颈癌的发生中起重要作用。炎性条件下过度表达调控环氧合酶 -2（COX-2）的诱导型同工酶，高水平 COX-2 的表达与宫颈癌密切相关，宫旁浸润和淋巴结转移的早期宫颈癌发病率更高。宫颈慢性炎症将使子宫颈表面柱状上皮替换原有鳞状上皮，从而进一步发展为宫颈癌。

3. **行为生活习惯**　女性年龄较小不具有发育成熟的生殖系统，宫颈黏膜对外来的影响因素，如细菌、病毒、致癌物抵抗力较弱，易导致鳞状上皮化生、原位癌、浸润癌等的发生。过早地进行性生活、过早结婚、过早生育、人工流产次数增加、性伴侣人数过多等情况，增加 HPV 的感染机会，使患宫颈炎症甚至是宫颈癌的风险大大增加。第一次怀孕年龄较晚或少子女、未婚则是宫颈癌的保护因素。吸烟与女性宫颈癌发生密切相关，吸烟女性患宫颈癌的比例是非吸烟女性的 1.98 倍，吸烟者的宫颈黏液中能分离出比血浆中浓度更高的可的宁和尼古丁等致癌物质，而尼古丁可导致基因甲基化而诱导癌症的发生，而且在吸烟女性的宫颈黏膜中检查出烟草中所特有的亚硝胺等物质，且被动吸烟者宫颈黏液中烟草相关致癌物质含量高于主动吸烟者，因此，吸烟是宫颈癌和癌前病变的主要因素之一。

三、筛查

宫颈癌是可通过早期筛查予以彻底防治的癌症；及早进行宫颈癌筛查可有效防治宫颈癌。我国健康筛检建议有 3 年左右性生活（不晚于 21 岁）至 70 岁且保留子宫颈的妇女，应每年进行 1次巴氏涂片筛检，或每 2 年进行 1 次液基细胞学检查；30 岁及以上妇女，宫颈细胞学检查连续3 年以上正常（或阴性）且没有任何异常（或阳性）细胞学发现的者，可以每 2 ～ 3 年筛检 1 次（除非有宫内己烯雌酚暴露史，HIV 阳性或免疫受损）。联合应用高危型 HPV DNA 检测者，可每3 年进行 1 次巴氏涂片和液基细胞学筛检。60 ～ 70 岁妇女，宫颈细胞学检查连续 3 次以上正常（或阴性）且没有异常（或阳性）细胞学发现者，细胞学检查联合 HPV DNA 检测的频率，不应多于每 3 年 1 次。

1. **细胞学检查筛查**　巴氏涂片法是最早用于宫颈癌筛查的检测方法，美国 Papanicolaou 于1943 年发表论文，提出了巴氏涂片和染色方法，自此开启了以细胞学检查作为子宫颈癌筛查的基本方法。研究显示对 35 ～ 64 岁女性每 3 年进行 1 次细胞学筛查，可减少 80% 的宫颈癌发生。现在巴氏涂片法已改进为液基细胞学检查方法和子宫颈细胞学 Bethesda 报告系统来加强对结果判断的标准化质量控制。但由于细胞学检查的灵敏度低（仅为 50% ～ 70%）和重复性差，假阴性率高，因而需要通过增加筛查频率来弥补细胞学检查灵敏度不足的问题，尽管如此，也未能使筛查出的高级别子宫颈病变［指子宫颈上皮内瘤变（CIN）Ⅱ 及以上病变，CIN Ⅱ +］减少。

2. **HPV 检测筛查**　HPV 是公认的宫颈癌前病变及宫颈癌的主要致病因素，可根据其致病力分为中低危型和高危型，不同亚型对宫颈癌的危险程度不同。80% 有性生活的女性一生中会感染HPV，但绝大多数（特别是 30 岁前的年轻女性）在 1 ～ 2 年内经自身免疫可清除病毒，只有高危型 HPV 持续感染者，有可能在未来发生子宫颈癌。大约 70% 的子宫颈癌与 HPV16 和 18 型感染相关，其中 50% 与 HPV16 型相关，20% 与 HPV18 型相关。

HPV 检测主要基于分子生物学技术，包括核酸杂交、聚合酶链反应（polymerase chain reaction，PCR）杂交捕获和基因芯片等方法。美国 FDA 批准的已商品化的 HPV 检测方法有Hybric Capture 2（杂交捕获法）、Cervista（酶切信号放大法）、Cobas 4800（实时荧光定量 PCR 法）和 Aptim（RNA 反转录扩增法）。《预防宫颈癌：WHO 宫颈癌前病变筛查和治疗指南（第 2 版）》明确推荐高准确性的 HPV DNA 检测作为初筛方法，有条件的地区要尽快过渡到 HPV DNA 检测。

第八节　前列腺癌的健康管理

前列腺癌（prostate carcinoma）是发生于前列腺的恶性肿瘤，其病理类型以腺癌（腺泡腺癌，占 95% 以上）为主，前列腺导管腺癌、尿路上皮癌、鳞状细胞癌、腺鳞癌相对少见。前列腺癌是老年男性泌尿生殖系统常见的恶性肿瘤之一，其发病率和死亡率分别位列全球男性恶性肿瘤发病和死亡谱的第二位和第五位，在欧美国家男性中分别居首位和第三位，在中国男性中分别居第六位和第七位。

一、流行状况

国际癌症研究机构（International Sgency for Tesearch on Cancer，IARC）发布的《2020 年全球癌症统计报告：全球 185 个国家 / 地区 36 种癌症病症发病率和死亡率的估计》，2020 年全球新增前列腺癌患者 141.43 万例，死亡 37.53 万例，分别占全部癌症发病和死亡人数的 7.3% 和3.8%。男性标化发病率和死亡率分别为 30.7/10 万和 7.7/10 万，居发病率第二位和死亡率第四位。0 ～ 74 岁男性累积发病风险为 3.86%。在全球超过一半的国家（185 个国家 / 地区中的 10 个），前列腺癌发病在男性所有癌症中所占比例最高，尤其是美洲、欧洲北部和西部、澳大利亚 / 新西兰和撒哈拉以南非洲地区。在全球 46 个国家，前列腺癌是男性癌症死亡的首要原因，主要分布在撒哈拉以南非洲、加勒比海地区。

我国男性前列腺癌发病率虽较欧美国家低，但近年来，随着我国人口老龄化的加剧等，前列腺癌的发病率和死亡率呈明显上升趋势，疾病负担日益加重。GLOBOCAN2020 数据显示，中国前列腺癌发病数和死亡数分别占全球前列腺癌发病数和死亡数的 8.2% 和 13.6%。前列腺癌严重威胁我国男性人群身心健康，是我国重要的公共卫生问题之一。

前列腺癌患者的生存时间与其临床诊断时恶性肿瘤分期密切相关。我国前列腺癌初诊病例以临床中晚期居多，临床局限性病例仅为 30%，导致我国前列腺癌患者的总体预后较差。2003—2015 年，我国前列腺癌年龄标化 5 年生存率从 53.8% 上升到 66.4%，但与发达国家男性前列腺癌总体 5 年生存率相比仍有较大差距。美国监测、流行病学和最终结果数据库 2010—2016 年数据显示，临床局限性前列腺癌患者在接受标准化治疗后 5 年生存率接近 100%，而转移性前列腺癌患者 5 年生存率仅为 30%。由于前列腺癌发病隐匿、进展较慢，因此，对高风险人群进行前列腺癌筛查，发现早期前列腺癌患者并予以规范化治疗，是改善我国前列腺癌患者预后的重要手段。

二、危险因素

1. 年龄　我国 40 岁以下、40 ～ 49 岁、50 ～ 59 岁、60 ～ 69 岁和 70 岁及以上年龄组前列腺癌粗发病率分别为 0.02/10 万、0.78/10 万、6.3/10 万、51.8/10 万和 152.2/10 万。由此可见，从 40 岁开始，年龄别发病率随着年龄的增加而增加，50 岁后发病率上升趋势明显，70 岁及以上达到高峰。

2. 家族史和乳腺癌易感基因（breast cancer susceptibility gene，BRCA）突变　2016 年一项在北欧国家（丹麦、芬兰、挪威和瑞典）开展的研究显示，同卵双胞胎发生前列腺癌的家族性风险为 38.0%（95%CI：33.9% ～ 42.2%），异卵双胞胎为 22.0%（95%CI：18.8% ～ 25.7%），前列腺癌具有显著的遗传性。此外，一项队列研究结果表明，BRCA1 突变者的前列腺癌发病风险是一般人群的 2.35 倍 [标化发病率比（standardized incidence ratio，SIR）= 2.35，95%CI：1.43 ～ 3.88]，BRCA2 突变者前列腺癌发病风险是一般人群的 4.45 倍（SIR = 4.45，95%CI：2.99 ～ 6.61）。另外，2019 年的一项荟萃分析结果表明，一级亲属中有女性乳腺癌患者的患前列腺癌的相对风险是无女性乳腺癌家族史者的 1.18 倍（RR = 1.18，95%CI：1.12 ～ 1.25）。

3. 前列腺炎和良性前列腺增生　2019 年发表的一项荟萃分析结果表明，有前列腺炎病史的男性患前列腺癌的风险是无前列腺炎病史者的 2.05 倍（OR = 2.05，95%CI：1.64 ～ 2.57）。来自中国台湾省的一项病例对照研究表明，与未患前列腺炎或良性前列腺增生的人群比较，仅患前列腺炎的患者发生前列腺癌的比值比为 10.5（OR = 10.5，95%CI：3.36 ～ 32.7），仅患良性前列腺增生的患者发生前列腺癌的比值比为 26.2（OR = 26.2，95%CI：20.8 ～ 33.0），同时患前列腺炎与良性前列腺增生的患者发生前列腺癌的比值比为 49.2（OR = 49.2，95%CI：34.7 ～ 69.9）。另外，长期慢性细菌或病毒（如人乳头瘤状病毒、人类巨细胞病毒）感染，会增加前列腺癌发生的风险。

4. 膳食相关因素　高糖、高脂肪饮食可能是前列腺癌的诱发剂。此外，研究证实维生素 A、类胡萝卜素、维生素 D、维生素 E 可能与前列腺癌的发生呈负相关。亚洲国家（如日本、中国）居民膳食结构中豆类食品的比例较高可能是其前列腺癌发病率较低的重要饮食因素之一。饮酒或吸烟与前列腺癌的风险关系证据不足。

三、筛查

（一）高危人群

预期寿命 10 年以上且符合下列条件之一的男性，在充分知晓筛查获益和危害后，可结合专科医师建议决定是否进行前列腺癌筛查。

1. 年龄 ≥ 60 岁。

2. 年龄 ≥ 45 岁且有前列腺癌家族史。

3．携带 *BRCA2* 突变且年龄 ≥ 40 岁。

（二）筛查频率和起止时间

已接受筛查且预期寿命 10 年以上的男性，推荐每 2 年检测 1 次血清前列腺特异性抗原（PSA）。建议从 60 岁开始前列腺癌筛查，有以下条件之一的男性，可停止筛查。

（1）PSA < 1.0 ng/ml 的 60 岁及以上男性停止筛查。

（2）年龄 ≥ 75 岁的男性结合个人健康状况选择是否停止筛查。

（3）预期寿命 < 10 年者停止筛查。

（三）筛查指南和技术

推荐首选 PSA 检测作为前列腺癌筛查手段，PSA 的临界值为 4.0 ng/ml。不推荐单独使用正电子发射断层扫描 / 计算机断层扫描（positron emission tomography/computed tomography，PET/CT）、超声或磁共振成像进行前列腺癌筛查，不推荐单独使用直肠指检（digital rectal examination，DRE）进行前列腺癌筛查，推荐 DRE 在 PSA 初检阳性时作为辅助检查。前列腺癌具体筛查流程见图 3-13-5。

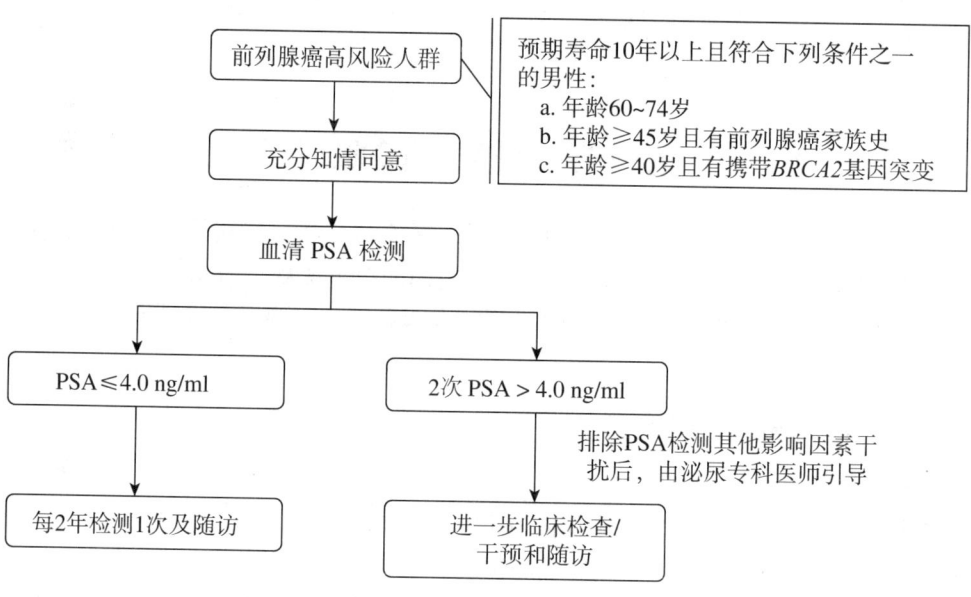

图 3-13-5 前列腺癌筛查流程
BRCA，乳腺癌易感基因；PSA，前列腺特异性抗原

（马德福）

第十四章

健康保险与健康管理

第一节　健康保险概述

健康保险是我国医疗保障体系的重要组成部分，关系广大人民群众的健康，健康保险具有独特的风险特点和经营要求，需要专业化经营，需要专门的监管法规，因此，我国于 2006 年 9 月 1 日起实施《健康保险管理办法》，2019 年 10 月修订发布新的《健康保险管理办法》，并于 2019 年 12 月 1 日起开始施行。

一、健康保险的概念、特点和分类

（一）健康保险的概念

新版《健康保险管理办法》中健康保险（health insurance）的定义为"保险公司对被保险人因健康原因或者医疗行为的发生给付保险金的保险，主要包括医疗保险、疾病保险、失能收入损失保险、护理保险及医疗意外保险等。"《英汉保险词典》把健康保险定义为一种"对疾病或意外事故导致的人身伤亡提供保障"的保险。《人身保险辞典》将健康保险定义为"补偿疾病或身体伤残所致的损失保险"，它是当因身体伤残、疾病导致费用损失时，提供一次性给付或定期给付的各种保险的统称，包括意外保险、疾病保险、医疗费用保险，以及意外死亡残废保险。

总结以上定义，我们认为健康保险是指以人的身体为保险标的，保证被保险人在疾病或意外事故所致伤害时的费用或损失获得补偿的一种保险，它还包括因年老、疾病或伤残需要长期护理而给予经济补偿的保险，主要有以下两层含义：①承保的保险事故是疾病和意外伤害事故两种；②承保的危险是因疾病（包括生育）导致的医疗费用的开支损失和因疾病或意外伤害致残导致的正常收入的损失。它分广义和狭义两种，广义的健康保险是指参保人在保险期间，因疾病、分娩、残疾或死亡等健康异常时，出现经济损失，保险人按照合同约定给予经济补偿，包括直接损失（如因就医支付的医疗费用而带来的经济损失）和间接损失（如工资收入损失、生活费用损失，以及提供预防、保健、康复等服务费用）。狭义的健康保险通常称为"医疗保险"，主要指补偿医疗费用损失，包括疾病医疗保险和意外医疗保险。

（二）健康保险的特点

健康保险涉及保险服务供方、需方和医疗机构三方，三方关系具有特殊性。

1．保险管理方有确定补偿费用损失的权力，但缺乏服务成本、补偿费用标准和相关技术信息。

2．服务需求方有现实补偿愿望和消费权，但缺少在市场上购买合理服务的选择权和消费意识。

3．医疗机构是服务提供方，既决定服务费用，又决定服务提供质量，是医疗保险管理中风险控制的关键方，但缺少积极参与管理的利益机制。

以上健康保险的特点使经营管理单纯强调控制需方的需求和补偿费用，而服务提供方游离于经营风险管理、利益共享范围之外。只注重约束或控制供给方服务提供总量或总费用，未赋予消费者购买服务的更多权利和提供相关信息，未形成需方市场对供给方长期、有效制约和监控。另外，过于注重判断诊疗过程中发生费用的合理性，忽视调动供方的积极性及经营全过程各环节的风险控制。

由于健康保险以人的身体为保险标的，因此一般认为健康保险属于人身保险。但人身保险还包括人寿保险和意外伤害保险，故健康保险的特征也表现为其与人寿保险、意外伤害保险相比较而言具有的特殊性，包括保险标的、保险事故具有特殊性，承保的风险具有变动性且难以测定，承保标准复杂，保险费率厘定的依据是平均保额损失率，多为短期保险；兼具补偿性和给付性，实行成本分摊。

（三）健康保险的分类

1．按保障内容划分

（1）医疗保险：是指按照保险合同约定为被保险人的医疗、康复等提供保障的保险。医疗保险主要用于保障医疗费用损失，包括普通医疗保险、住院医疗保险、门诊医疗保险、手术医疗保险、综合医疗保险、高额医疗费用保险等。

（2）疾病保险：是指发生保险合同约定的疾病时，为被保险人提供保障的保险，包括重大疾病保险和特种疾病保险。

（3）失能收入损失保险：是指以保险合同约定的疾病或者意外伤害导致工作能力丧失为给付保险金条件，为被保险人在一定时期内收入减少或者中断提供保障的保险。

（4）护理保险：是指按照保险合同约定为被保险人日常生活能力障碍引发护理需要提供保障的保险，主要形式是长期护理保险。

（5）医疗意外保险：是指按照保险合同约定发生不能归责于医疗机构、医护人员责任的医疗损害，为被保险人提供保障的保险。

2．按投保方式划分，健康保险分为个人健康保险和团体健康保险。

3．按保险期限划分，健康保险可以分为短期健康保险和长期健康保险。

4．按承保标准划分，健康保险可以划分为标准体健康保险、次标准体健康保险和特殊疾病健康保险。

5．按续保条件划分，健康保险可以分为不可续保健康保险、保证续约健康保险、条件性续保健康保险。

6．按组织性质划分

（1）商业健康保险：是双方自愿的方式。

（2）管理式医疗：是美国健康保险主要采用的形式。

（3）社会健康保险：采用国家立法强制实施。

（4）自保计划：由雇主为雇员提供。

二、健康保障体系

1．**健康保障体系的构成**　健康保障体系一般由社会医疗保险、商业健康保险和个人负担组成。每个国家的健康保障体系不同，英国采用国家（政府）医疗保险模式，德国采用社会医疗保险模式，美国采用商业健康保险模式。

2. 中国的健康保障体系 由社会医疗保险、商业健康保险组成。社会医疗保险是国家通过立法形式强制推行的医疗保险制度，以保障人民的基本医疗服务需求为目的，国家实施的基本医疗保障制度。商业健康保险是被保险人根据自身健康保险的需求，在市场上自由选择保险公司，通过与其签订保险合同，获得健康保险保障，以被保险人自愿为基础，由商业保险公司提供的健康保障形式。2020 年 2 月，《中共中央国务院关于深化医疗保障制度改革的意见》颁布，明确提出中国健康保险体系是以基本医疗保障为主体、其他多种形式补充保险和商业健康保险为补充的多层次医疗保障体系。基本医疗保障包括职工基本医疗保险、新型农村合作医疗和城镇居民基本医疗保险。商业健康保险由医疗保险、疾病保险、失能收入损失保险、护理保险以及医疗意外保险组成。并强调要强化基本医疗保险、大病保险与医疗救助三重保障功能，促进各类医疗保障互补衔接，提高重特大疾病和多元医疗需求保障水平。完善和规范居民大病保险、职工大额医疗费用补助、公务员医疗补助及企业补充医疗保险。加快发展商业健康保险。

三、社会医疗保险

（一）社会医疗保险的特点

1. 普遍性 疾病风险是每个人都不可避免的，因此其覆盖对象应是全体公民。

2. 复杂性 疾病的种类繁多，每种疾病又因个体差异而表现各异，因此，防范疾病风险比其他风险更难。医疗保险涉及保险服务供方、患者和医疗机构等多方之间的复杂的权利义务关系，它不仅与国家的经济发展有关，还涉及医疗保健服务的需求和供给。因此，社会医疗保险是一种最为复杂和困难的社会保险。

3. 费用难以控制性 疾病风险每个人都会遭遇，但疾病风险的次数和每次医疗费用是不同的，费用无法控制。

4. 短期性与经常性 疾病的发生是随机的、突发性的，因而社会医疗保险提供的补偿是短期的、经常性的。

（二）社会医疗保险的基本原则

1. 强制性原则 社会医疗保险是国家立法，强制实施。在国家法律规定范围内应该投保的单位和个人必须参加保险，并按规定缴纳医疗保险费，不允许自愿。

2. 普遍性原则 保险对象为全体劳动者和社会成员。社会医疗保险是遵循社会共同承担责任和分担风险的原则，其政策由政府制定，谋求社会多数人的利益。

3. 保障性原则 参加社会医疗保险的成员具有获得基本医疗保障的权利，同时有与权利相对应的义务。

4. 补偿性原则 参加社会医疗保险的成员遭遇疾病风险时给予合理的经济补偿。

5. 共济性原则 社会医疗保险是通过社会力量举办，大家共同筹集保险费用，由社会保险机构统一调剂，互助共济，支付保险金和提供服务。

6. 专项基金原则 社会医疗保险的基金来自专项保险费收入，基金按照"现收现付"的原则筹集并根据"以收定支、收支平衡"的原则支付。

（三）我国社会医疗保险的历史、现状与发展趋势

1. 我国社会医疗保险的历史 自 1883 年德国政府颁布世界上第一部《疾病保险法》至今已有 140 多年的历史。我国社会医疗保险起步较晚，1989 年国家决定在四平、丹东、黄石、株州 4 市进行医疗保险制度单项改革试点，在深圳、海南进行社会保障制度综合改革试点，1992 年 8 月 1 日深圳市开始全面实施公费医疗和劳保医疗一体化的城镇职工医疗保险制度；1994 年国务院在"两江"进行"统筹结合"医疗保险模式试点；1996 年国务院扩大试点；1998 年 12 月国务院颁布国发 [1998] 44 号文，标志着开始在全国全面推行城镇职工医疗保险制度。

2. 我国社会医疗保险的现状 国务院 1998 年 12 月 25 日颁发了《国务院关于建立城镇职工

基本医疗保险制度的决定》（国发〔1998〕44号）（以下称《决定》），要求在全国范围内建立覆盖全体城镇职工的基本医疗保险制度，标志着在我国实行了40多年的公费、劳保医疗保障制度将被新的社会医疗保险制度所取代。从而我国开始实施"统账结合"的城市职工医疗保险制度改革探索。2016年1月《国务院关于整合城乡居民基本医疗保险制度的意见》（以下简称《意见》）发布。《意见》指出整合城镇居民基本医疗保险（以下简称城镇居民医保）和新型农村合作医疗（以下简称新农合）两项制度，建立统一的城乡居民基本医疗保险（以下简称城乡居民医保）制度。

目前全国大部分地市已经建立基本医疗保险制度，截至2021年底，基本医疗保险参保人数达136 424万人，参保覆盖面稳定在95%以上。其中参加城镇职工基本医疗保险人数达35 422万人，参加城乡居民基本医疗保险人数达101 002万人。一些地方实施了大额医疗费用补助办法，半数以上地区出台了公务员医疗费用补助政策，一些地区还建立了企业补充医疗保险制度，有些地区正在研究建立社会医疗救助制度，基本建立多层次的医疗保障体系。

尽管我国社会医疗保险取得了阶段性成果，但还存在一些问题。目前，我国人口老龄化程度加剧，人口疾病谱发生变化、慢性疾病呈高发态势等原因都导致医疗费用持续上涨。当前我国社会医疗保险面临的问题主要是医疗保险机构、患者、医疗机构三者之间关系难以调和；仍有部分城乡居民还没有参加基本医疗保险，覆盖面有待提高；各项基本医疗保险的待遇水平还不高，部分大病、重病患者医疗负担较重；城乡、区域之间医疗保障制度缺乏统筹协调；医疗保险管理服务水平和能力有待加强；现行基本医疗保险比较注重疾病治疗，而忽略预防保健和健康维护的作用等。

3. 我国社会医疗保险的发展趋势

（1）以"人人享有基本医疗"为目标原则，加大基本医疗保险的社会人群覆盖面，提高社会人群尤其是弱势群体的参保率，逐步向全民过渡。

（2）按照"以收定支、收支平衡"的原则，完善基金监管机制，保持基金平衡。

（3）以"相互补充，协调发展"为原则，促进商业医疗保险与基本医疗保险的结合。

（4）按照"小政府、服务型政府"的要求，加快医疗机构改革，打破行政垄断，鼓励医疗机构竞争。

（5）医疗保险原则由保"大病"向"保大顾小"过渡。许多疾病不一定需要住院，但长期需要门诊治疗，累计年门诊医疗费用金额较大，坚持"保大顾小"原则是真正实现全民医疗保险的内在动力。

（6）完善医保支付方式，控制医保费用过快增长。

（7）保障范围由单纯医疗服务向医疗、预防、康复服务过渡。

随着医学模式的转变和疾病谱的改变，急性传染病不再是危害人们身体健康的祸首，慢性疾病已对人们的身体健康构成严重威胁。德国和法国法定的医疗保险，其保障是全方位的，具体保障内容有预防（含接种）、孕妇保健、医疗、康复、疾病津贴、生育津贴、死亡津贴等。我国社会医疗保险保障的内容仅局限于医疗，而且是基本医疗，这是与我国经济发展水平相适应的，我国要达到发达国家医疗保险的保障水平，还有漫长的路程要走，但逐渐增加预防保健和康复的内容并不是完全不可能的。如个人医疗账户积累到一定金额后超额部分可以用于支付预防保健费用，预防保健投入少产出大，加强预防保健既有利于降低发病率，真正从源头上保障参保人群的身体健康，又降低医疗费用支出。又如将康复服务纳入医疗保险保障范围，可以大大缩短医院住院天数；康复期转到社区康复中心或家庭病床，可以降低医疗费用，同时可促进社区医疗服务双向转诊目标的实现。我国已有越来越多的城市将预防接种、健康体验、康复、老年护理和家庭病床等项目纳入了医疗保险保障范围。随着我国经济社会快速发展，医疗保险保障范围由单纯提供医疗服务向医疗、预防、康复等综合服务过渡，逐渐与国际接轨，已是势不可挡。

四、商业健康保险

（一）商业健康保险的分类

1. 根据投保人的数量分类，可以分为个人健康险和团体健康险。

2. 根据投保时间长短分类，可以分为短期健康险和长期健康险。

3. 根据保险责任分类，可以分为医疗保险、疾病保险、失能收入损失保险、护理保险和医疗意外保险等。

（二）商业健康保险的特点

商业健康保险与社会医疗保险相比较有以下不同。

1. **服务提供的范围不同**　社会医疗保险主要包括基本药物、基本治疗、基本检查和基本服务的基本医疗服务；而商业健康保险是根据投保人的需求和缴费能力提供范围广、程度高的综合性保障。

2. **实施的方式不同**　社会医疗保险是政府强制实施的，规定范围内的对象都必须参加，缴费数量和保障范围由政府确定。商业健康保险是非强制性的，保险合同是完全建立在双方自愿的基础上，保险人可以选择被保险人，投保人也可根据自身情况、费率、不同险种的责任范围及保险人的服务水平自由选择保险人。

3. **保险费率计算方法**　不同社会医疗保险费率是根据不同地区的医疗消费水平和经济承受能力来确定的；而商业健康保险是以不同风险的保额损失率为基础计算的。

4. **给付方式不同**　社会医疗保险给付方式一般是费用型的，对其保障范围内的对象在规定范围内的实际花费予以报销；而商业健康保险的给付可以是费用型、定额给付型，也可以是提供服务型。

5. **经营目的不同**　社会医疗保险的经营目的是通过对社会成员提供广泛、必要、基本的医疗保障，来促进社会的福利；而商业健康保险经营目的是达到利润最大化，因此，为了达到此目的其通过推出最好的产品，提供最好的服务。

社会医疗保险和商业健康保险各有其特点，因此，新的医改方案中提出积极发展商业健康保险，商业健康保险要与"健康中国"战略相融合，不仅提供医疗保障，也要促进客户健康。鼓励商业保险更多地参与到多层次医疗保险体系的建设中，鼓励商业保险成为基本医疗保险发展的重要参与者、产品的主要提供者，鼓励商业保险机构开发适应不同需要的健康保险产品，进一步丰富产品供给。鼓励企业和个人通过参加商业保险及多种形式的补充保险解决基本医疗保障之外的需求。

（三）我国商业健康保险的历史、现状与发展趋势

商业健康保险是商业保险经营的重要领域和新的增长点，是社会保障体系的重要组成部分，对于丰富和完善医疗保障体系，促进和谐社会的构建具有重要作用。近年来，随着我国社会医疗保险体制不断深入和居民收入水平的不断提高，商业健康保险保持良好的发展势头，逐渐走上了专业化发展道路，增强了有效供给能力和满足社会需求的能力，跃上了新的发展平台。

1. **我国商业健康保险的历史**　商业健康保险属于商业保险中人身保险的一个项目，我国的商业健康保险是从 1982 年开始出现的，至今已经有 40 多年的历史了。我们可以将商业健康保险的发展分为健康保险的萌芽阶段、初步发展阶段、快速发展阶段和专业化发展阶段 4 个阶段。

（1）萌芽阶段（1994 年以前）：1982 年国内恢复保险业务后，中国人民保险公司开始经营人身险，险种主要是简易人身保险、养老年金保险和团体人身意外伤害保险。同时，经上海市政府批准，中国人民保险公司上海分公司经办了"上海市合作社职工医疗保险"，并经 1982 年的试点后于 1983 年 1 月实施。据现有资料显示，这是我国国内恢复保险业务后第一笔健康保险业务。1985 年，中国人民保险公司开始在部分地区试办附加医疗保险和母婴安康保险，当年保费收入 1

178万元。1991年10月，中国人民保险公司在国内率先开办中小学生和幼儿园儿童住院医疗保险，年底时有近200万中小学生、幼儿参保。到1992年年底，累计医疗保险基金达到2 369万元。随后太平洋保险公司开办了大学生平安附加住院医疗保险，平安保险公司也于1993年推出了24个团体医疗保险产品，1994年推出了5个个人医疗保险产品。

这一时期人民生活水平和收入虽然得到一定程度的提高，但普遍缺乏保险意识，同时在城镇地区，国家实行公费和劳保医疗制度，基本上由国家、企业包揽职工医疗费用；在广大农村地区，旧的农村合作医疗制度依然能够发挥一定的作用，农民的收入水平还比较低，农民购买商业健康保险的能力有限。因此总体而言，社会大众对商业健康保险的需求不大。保险市场是以财产保险为主，产、寿险混业经营，健康保险只是作为一种附属品来经营。保险公司经营比较粗放，商业健康保险的有效供给能力非常有限。保险公司由于经验数据匮乏、产品开发技术不成熟、风险控制经验欠缺，提供的健康保险大多是费用型医疗保险产品，保险人根据被保险人实际发生的医疗费用进行一定补偿，责任比较简单，保障水平有限，且只局限于在局部地区为团体提供医疗保障，业务量很小。

（2）初步发展阶段（1994-1998年）：进入20世纪90年代后，国家开始逐步推行社会主义市场经济改革，国民经济继续保持高速增长的态势，人民生活水平不断提高，收入大幅度增加。在解决了基本的温饱问题后，社会大众开始追求生活质量，越来越关注身体的健康。

从社会医疗保障制度改革来看，公费和劳保医疗制度的弊端日益突出，医疗费用持续大幅上涨，国家和企业已不堪重负。为了控制医疗费用的不合理增长，减轻国家和企业的负担，各地开始探索并逐步试行新的医疗保障制度。1994年，镇江市和九江市被国务院确定为职工医疗保障制度改革的试点城市，推行社会统筹和个人账户相结合的社会医疗保险模式，1996年，试点扩大到近40个城市。传统的公费、劳保医疗制度被打破，新的社会医疗保险制度正在探索之中，这为商业健康保险的发展提供了较大的空间。

从保险业内部来看，保险市场的竞争主体增多，"人保"一统天下的格局不复存在。产寿险分业经营被提上议事日程并逐步实施，中国平安人寿保险股份有限公司、中国太平洋人寿保险股份有限公司快速发展，泰康人寿保险有限责任公司、新华人寿保险股份有限公司相继成立，友邦保险集团也在部分地区开展业务并引入个人营销员制度，客户在保险公司和产品方面有了更多的选择。

随着我国保险市场竞争主体的增加，各保险公司在提高服务水平的同时，也积极吸取国外经验，积极开发新产品。1995年，我国首次推出个人附加定期重大疾病保险，提供了包括癌症、卒中、心肌梗死、冠状动脉搭桥手术、尿毒症、瘫痪和重要器官移植在内的7种重大疾病保障。此后，各家寿险公司相继推出了多款重大疾病保险产品，从保险费规模来看，重大疾病保险成为商业健康保险市场的第一大险种。

这一时期，居民的收入不断提高，购买保险的能力随之得到提高。经济成分多元化，旧的社会医疗保险体系处于改革之中，国家在政策上意识到商业保险在社会保障中的补充作用，如党的十四届三中全会通过的《中共中央关于建立社会主义市场经济体制若干问题的决定》中指出："建立多层次的社会保障体系……发展商业性保险业，作为社会保险的补充"。居民对健康保险的有效需求得到提高。但健康保险核保、理赔技术相对较弱。在这个时期，虽然各家保险公司都或多或少地经营着健康保险业务，在健康保险的专业化经营方面仍然是一片空白，健康保险的核保、理赔基本上沿用寿险的方法。

（3）快速发展阶段（1998-2004年）：1998年11月26日，全国城镇职工医疗保险制度改革会议在北京召开。12月25日，国务院颁发了《国务院关于建立城镇职工基本医疗保险制度的决定》（国发〔1998〕44号），全面推行社会基本医疗保险制度的改革，这标志着在我国实行了40多年的公费、劳保医疗保障制度即将被新的社会医疗保险制度所取代。新的社会医疗保险制度的指导思想是"低水平、广覆盖",实行社会统筹和个人账户相结合的医疗保险模式。

社会医疗保险改革为商业健康保险留下了广阔的发展空间。由于参加社会医疗保险的员工若生病住院需要自负相当高的比例,因此一些经营效益较好的单位开始考虑建立职工补充医疗保险。同时,国家在政策上鼓励企业和个人在参加基本医疗保险的基础上投保商业保险,《国务院关于建立城镇职工基本医疗保险制度的决定》中提出,"……超出最高支付限额的医疗费用,可以通过商业医疗保险等途径解决"。财政部也下发了关于企业建立职工补充医疗保险的文件,企业补充医疗保险费在工资总额 4% 以内的部分,可从应付福利费中列支。这些都为商业健康保险的发展提供了契机。

随着健康保险需求的增加,健康保险产品也呈多样化的发展趋势。除了先前的重大疾病保险外,定额给付型医疗保险、住院费用型医疗保险、与社会基本医疗保险制度衔接的高额医疗保险,以及包括住院和门诊医疗的保障综合型医疗保险等产品纷纷出现。进入 2000 年后,健康保险需求急剧增加,"保证续保"、非传统门诊医疗保险产品开始出现,有的寿险公司开始推出分红型重大疾病保险,有的公司开始通过银行渠道销售健康保险产品,有的寿险公司还开始与社会医疗保险进行衔接开展补充医疗保险业务,并开拓农村健康保险市场,我国健康保险业务得以快速发展。

这一时期,健康保险业务增长迅速,健康保险产品更为丰富,不论是主险还是附加险、个人险还是团体险、短期险还是长期险,均得到不同程度的发展,保障更充分,形成了以寿险公司为主的健康保险市场格局。商业医疗保险开始进入农村市场,并且进行了一些探索和试点,在部分领域有一定的突破,比如管理农村基本医疗保险业务。出现了与基本医疗保险制度衔接的补充医疗保险产品,并很快在各地得以推广。在这一阶段,分红型健康保险被要求停售,健康保险逐步回归于健康保障的功能上来。社会大众对健康保险需求很大,但保险公司的有效供给不足。2001年国务院发展研究中心市场经济研究所与中国保险学会等共同组织的"中国 50 城市保险市场调研"结果显示,在未来 3 年里,有 49.9% 的城市居民考虑购买商业保险,其中健康保险的预期购买率达到预期消费者总数的 77%,成为未来 3 年里中国城市居民最希望购买的商业保险产品,这与目前健康险保费收入占全部保费收入不到 10% 的地位很不相称。

(4)专业化经营阶段(2004 年至今):2002 年,中国保监会大力推广健康保险专业化经营理念。同年,中国保监会主办首届商业健康保险发展论坛,宣传专业化经营理念,扩大健康保险的行业影响。2004 年以来,健康保险专业化经营理念被业界广泛认同,是专业化经营实质推进的时期。特别是中国保监会积极推动健康保险行业走专业化经营道路。2002 年年底,中国保监会颁布《关于加快健康保险发展的指导意见》,以正式文件形式鼓励保险公司推进健康保险专业化经营。

2004 年,中国保监会批准中国人民健康保险股份有限公司、中国平安人寿保险股份有限公司、昆仑健康保险股份有限公司、阳光健康保险集团股份有限公司和正华健康保险股份有限公司5 家专业健康保险公司筹建,新公司不以经营寿险业务和财险业务为主,而专注于健康保险业务,在市场竞争中专注探索健康保险专业化经营模式,推进中国特色的健康保险专业化经营道路。

2005 年,中国人民健康保险股份有限公司、中国平安人寿保险股份有限公司、瑞福德健康保险股份有限公司(由阳光健康保险集团股份有限公司更名而来)、昆仑健康保险股份有限公司 4家专业健康保险公司顺利开业,我国健康保险专业化经营迈出实质性步伐。

2006 年 6 月,国务院下发的《国务院关于保险业改革的若干意见》(国发〔2006〕23 号)中明确提出,"统筹发展城乡商业养老保险和健康保险,完善多层次社会保障体系。大力推动健康保险发展,支持相关保险机构投资医疗机构;积极探索保险机构参与新型农村合作医疗管理的有效方式,推动新型农村合作医疗的健康发展"。该文件明确指出,商业保险是社会保障体系的重要组成部分,并要求加强对健康保险等专业公司的扶持力度,促进商业健康保险的发展。

2006 年 9 月,中国保监会颁布《健康保险管理办法》(保监会令 2006 年第 8 号),这是健康保险第一部专门化监管规章，该办法统一财险公司、寿险公司、专业健康保险公司在健康保险业务经营上的监管标准，为多种主体的公平竞争提供制度保障；明确了健康保险在经营管理、产品管理、销售管理、负债管理方面的基本监管要求，规范健康保险市场，维护投保人的合法权益，促进健康保险可持续发展。同时，《健康保险管理办法》（保监会令2006年第8号）贯穿了推进健康保险专业化经营的基本思想，设定了经营健康保险的专业化条件、明确支持保险公司加强与医疗机构深层次合作、管控医疗服务质量、强化健康管理服务等发展方向。

在这一专业化经营阶段时期，健康保险业务的增长速度有所回落，但业务质量相对得到提高，公司更加注重产品的内含价值。健康保险产品更为丰富，不论是主险还是附加险、个人险还是团体险、短期险还是长期险，均得到不同程度的发展，保障更充分。形成了寿险公司、财产险公司，以及专业健康保险公司等多种形式经营主体共同经营健康保险的格局，但专业健康保险公司刚刚起步，市场依然以寿险公司为主，寿险公司经营的健康保险业务占全部健康保险业务的90%以上。

2008年后，随着"新医改"的启动，鼓励商业健康保险发展成为了国家战略，相关文件密集出台，商业健康保险开始在人病保险、税优健康险和参与长期护理保险试点等领域探索。

2009年中共中央《关于深化医药卫生体制改革的意见》中提出：积极发展商业健康保险。鼓励商业保险机构开发适应不同需要的健康保险产品，简化理赔手续，方便群众，满足多样化的健康需求。

2014年10月，《关于加快发展商业健康保险的若干意见》是国家层面部署商业健康保险发展的纲领性文件，对商业健康保险的发展路径给予了全面指导，要求到2020年，基本建立市场体系完备、产品形态丰富、经营诚信规范的现代商业健康保险服务业。

2016年10月国务院发布《"健康中国2030"规划纲要》指出，到2030年现代商业健康保险服务业进一步发展，商业健康保险赔付支出占卫生总费用比例显著提高。

2019年10月，中国保监会颁布了《健康保险管理办法》（银保监会令2019年第3号），自2019年12月1日起施行。原中国保险监督管理委员会2006年发布的《健康保险管理办法》（保监会令2006年第8号）同时废止。

2. 我国商业健康保险的现状　目前，我国商业健康保险快速发展。国家卫生健康委员会2021年7月13日发布的《2020年我国卫生健康事业发展统计公报》显示，2020年全国卫生总费用预计达72 306.4亿元。其中政府卫生支出占30.4%，社会卫生支出占41.8%，个人卫生支出占27.7%。人均卫生总费用5 146.4元，卫生总费用占GDP的比例为7.12%。另外，2021年国家基本公共卫生服务项目人均基本公共卫生服务财政补助标准从2018年69元提高至79元。同期，我国总保费为44 900.17亿元，我国商业健康保险的总保费为8 447亿元，健康险以同比增速3.4%。但值得注意的是，保险行业健康险整体保费增速正在趋于放缓，与去年同期的15.7%比较来看相差甚远。国际经验显示，一个成熟的保险市场，健康险保费收入占总保费的比例一般要在30%左右，我国商业健康保险仍有很大的发展空间。

虽然近年来我国商业健康保险在不断快速发展，但是仍存在参保率低及逆向选择风险，实际保障功能尚不足，缺乏数据支撑、区域内恶性竞争，专业化经营战略定位不明，供给不能及时满足需求，社保经办持续亏损，管理机制亟待完善等问题。

我国商业健康保险发展存在的不足和问题，具体来说，主要有以下几点。

第一，专业化经营理念认识还不够清晰，专业化经营模式仍待改进。健康保险的发展必须走专业化经营道路。但是一些保险公司在战略层面对专业化经营认识不够。

第二，数据基础建设相对滞后。经验数据缺乏是困扰我国健康保险发展的老问题，经过十余年的积累发展，却依然没有明显改观。可见，问题的核心不是保险公司缺乏数据，而是保险公司缺乏数据积累和数据分析的能力。数据是风险管理的基础，是健康保险专业化经营的依托，没有强大有效的数据库，健康保险专业化难以取得实效。

第三，与医院合作模式尚未取得实质性突破。由于我国医疗资源分布严重不均，保险公司与病源充足的大医院谈判能力有限，很难建立可以影响医院医疗行为和医药费用的深层次合作机制；保险公司还主要依靠报销患者的医疗单据进行理赔，没有实现对医院的直接供款，没有形成"风险共担、利益共享"的利益联系纽带，难以介入医疗服务过程，难以控制医疗费用。我国保险公司还没有一张覆盖广、效率高、可控制的合作医院网络，在这一点上，商业健康保险甚至已经落后于社会医疗保险，后者的社保定点医院已经初步成形。

第四，客户服务有待改进提高。由于过去健康保险主要依赖于寿险，在产品销售、核保、健康管理、医疗服务等许多客户服务环节，还没有体现出健康保险投保人的要求，还没有完全落实"以人为本"原则。此外，投保人对健康越来越关心，但是保险公司的健康管理服务水平有待提高。

第五，社会医疗保险保障水平与商业医疗保险发展空间失衡。作为社会医疗保险的必要补充，商业医疗保险的发展空间在于6个方面：①社会医疗保险中规定的个人自付比例部分和医疗费用超封顶线部分，包括门诊、住院起付标准以下个人自付部分，统筹基金支付需个人按比例自付部分，门诊、住院大额医疗互助支付需个人按比例自付部分，超封顶线部分；②社会统筹医疗保险不保的特殊药品；③社会统筹医疗保险不保的诊疗项目，如健康体检护理费用、高科技移植手术费用；④社会统筹医疗保险不保的医疗服务设施和非指定医疗机构；如康复治疗、陪护费、急救车费、高级床位费、私人诊所、特需病房；生活水平的提高和对健康的关注，必然引发护理、看护、私人门诊、健康咨询、好的病房环境等消费需求；⑤收入补贴型和护理津贴型费用；⑥社会统筹医疗保险的未覆盖人群，包括非就业群体或职工家属，如幼儿、学生、老年退休人员、个体业主、乡镇企业职工及农民。

三、我国商业健康保险的发展趋势

随着宏观环境的不断改善、人民生活水平的不断提高和健康保障意识的不断增强，我国商业健康保险发展迎来了难得的发展机遇。在未来的发展过程中，我国健康保险将沿着以下方向发展。

1. **健康保险专业化经营进程将不断推进**　商业健康保险对服务要求更高，专业性更强，需要投入更多的人力、物力。专业化是健康保险发展的核心，如果没有了专业化经营，商业健康保险就成了无源之水。因为医疗保险具有设计方面多（保险人、投保人、被保险人、医疗服务提供者）、风险类型多、风险控制难度大等特点，专业化要求很强，专门的健康保险公司可以专注于提高服务质量，促进业务发展。在未来几年里，健康保险专业化经营进程将在不断探索中快速推进，这不仅表现在专业化经营理念的不断强化，专业经营主体的增加和相关专业法规和管理办法的出台，从业人员资格和市场准入专业标准的规范，同时表现在健康保险核心竞争力的不断增强及战略地位的不断提高。随着健康保险专业化进程的不断推进，我国健康保险的盈利能力和战略地位将逐步提高，健康保险发展的核心竞争力将日益增强。

2. **医疗服务提供者和保险机构之间将逐步建立战略利益联盟**　风险控制是保险公司盈利能力的根本保证，我国商业健康保险的发展一直受阻于赔付率较高的问题，其原因就在于缺乏有效的医疗风险控制机制，影响了保险公司的盈利能力。一方面，一些公司尚未建立专门的健康保险核保核赔制度，缺乏健康保险的核保核赔资格认证体系，难以控制道德风险的发生。对医疗风险的控制则更难。另一方面，由于目前保险公司和医院之间缺乏有效的控制关系，难以形成利益共享、风险共担的合作机制，保险公司难以介入到医疗服务选择的过程之中，无法针对医疗服务内容进行合理性认定，难以控制医疗费支出的风险。正是由于专业化程度较低，风险控制能力薄弱，造成部分公司部分险种赔付率较高，影响了健康保险的盈利能力，也影响了部分保险公司经营健康保险的积极性。促进保险公司和医院建立"风险共担、利益共享"的合作关系，这不仅是突破健康险发展瓶颈的重要措施，更是完善我国商业健康保险发展机制的必要条件，对完善健康保险的风险控制体系和长远发展大有益处。

3. 健康保险从"事后理赔"向"事先预防、事中干预"转变，从围绕保单"费用保障"转向关注客户"身心健康" 未来的发展中，商保机构需积极整合资源，形成差异化竞争策略，为客户提供"健康保险＋健康服务"，提供慢性疾病管理、就医管理、病后康复等全方位的医疗支持服务，从"保疾病"到"促健康"。商保机构可充分发挥商业健康保险联系客户、医疗机构、健康管理机构和护理机构的独特地位作用，通过对健康服务业的资本投资和战略合作，构建涵盖"预防 - 治疗 - 康复 - 护理"、实现"保险＋医养"的整合型医疗保健服务，有效延伸健康险保障空间、服务空间和投资空间，成为健康服务业快速发展的有力促进者。

4. 进一步丰富产品供给 健康保险产品将逐步实现差异化、多元化，产品体系将不断完善。我国地域辽阔，人口众多，各地经济发展水平的不平衡导致了保险市场不均衡，呈现出明显的需求差异性。为了更好地发展健康保险产品体系，满足社会大众多元化的健康保障需求，目前有些保险公司已经开始根据自身的业务规模和管理水平，积极拓展健康保险新的业务领域，逐步完善健康保险产品体系。一些保险公司为使推出的健康险产品切实满足市场需求，为市场所接受，他们在市场调研的基础上，尽可能掌握不同地区、不同收入层次、不同年龄群体对商业健康险的需求状况，摸清市场的真实需求，并在市场细分的同时，根据自身实力确定目标市场，开发切合市场需求的新型健康保险产品，同时采取一系列措施扩大健康保险的社会影响，扩大健康保险的有效需求。随着人们健康保障需求的不断丰富，差异化、多元化的健康保险产品将不断推出，健康保险的产品体系将逐步完善。

第二节　健康管理与健康保险

一、健康保险行业中健康管理的含义

健康管理在健康保险中的含义与卫生服务行业中有些细微差别，是保险管理与经营机构在为被保险人提供卫生服务保障和医疗费用补偿的过程中，利用卫生服务资源或与医疗、保健服务提供者的合作，所进行的健康指导和诊疗干预管理活动。

2020 年 9 月银保监会办公厅下发的《关于规范保险公司健康管理服务的通知》提出：保险公司提供的健康管理服务，是指对客户健康进行监测、分析和评估，对健康危险因素进行干预，控制疾病发生、发展，保持健康状态的行为，包括健康体检、健康咨询、健康促进、疾病预防、慢性疾病管理、就医服务、健康教育等。

健康管理强调事前和事中的风险控制，使健康保险从传统的事后控制向事前、事中控制发展，从而有效地控制风险发生的概率和大小。即通过一级预防（建立健康生活方式）降低发病；通过早发现、早诊断，早治疗的二级预防措施，降低人群医疗费用；通过第三级预防，减轻减缓病程，提高生活质量。

按照服务方式的不同，健康管理服务可以分为 5 类，即内容服务、工具服务、咨询服务、干预服务和数据服务。内容服务和咨询服务负责为客户提供健康管理信息；干预服务负责健康管理方案的沟通与执行；数据服务为客户建立专业的健康档案，记录检查、疾病、医疗等信息；工具服务指开发专业健康设备及设计健康管理程序。

根据客户健康风险状况进行风险分类，可以将人群分为低风险人群、高风险人群和理赔人群 3 类。低风险人群包括未发生理赔且健康风险较低的客户，低风险人群的需求主要是健康促进类服务；高风险人群指在保险期间出现了重病前症（指可明确诊断的、和重病的发生有关联的疾病、生理指标或体征异常的病症）的客户，保险公司需要针对具体的健康风险因子或前病症帮助客户进行疾病管理；理赔人群即已经发生理赔的人群，对于此类人群，保险公司提供健康管理服务的目的在于减少个案赔付和二次赔付的风险。

二、健康保险中实施健康管理的意义

健康保险中通过对亚健康群体与慢性患者开发新险种，并为其提供专业化的健康管理服务，既能充分体现健康保险在国家保障体系中的作用，又能满足居民对健康保险多样化的需求。改变目前国内保险公司、注重发生事故后被动地进行费用偿付管理的现状，转向事前、事中、事后的全程管理，主动为客户提供健康管理服务。实施健康管理的作用具体表现在以下几个方面。

1. **预知风险因素**　健康管理是对个人及人群的健康危险因素进行全面管理的过程。健康管理与社会医疗保险结合的新模式重视从源头上预防、发现并控制疾病，通过建立健康档案、定期体检、健康教育等方式来维护居民的健康，引起居民对自身健康的关注，减少或推迟健康问题的发生，真正实现三级预防的目标。入保前的健康体检和健康告知可广泛收集客户的健康资料，同时应用健康风险评估方法对客户现有的健康状况做出科学的评估，对将来的罹患重大疾病的客观预测，及早发现健康的危险因素，并对健康危险因素进行分级，按风险因素的不同级别，制定不同的费率标准，避免选择带来的盲目性。

2. **降低慢性疾病发病率及其并发症发生率**　当前，慢性非传染性疾病成为危害居民健康的主要原因，而最好的应对方法就是对健康危险因素的预防控制。哈佛大学公共卫生学院疾病预防中心的研究表明，通过有效地改善生活方式，80%的心脏病与糖尿病、70%的卒中及50%的癌症是可以避免的，个人的不健康危险因素是可以控制并降低的。因此，通过主动为客户提供健康促进、预防保健、康复指导等专业化的多种健康管理服务，不仅可增强客户的健康意识，减少或降低其健康危险因素的影响；同时，通过建立健康的生活方式，提高防病能力，可从根本上降低疾病发病率和并发症发生率。

3. **有效地降低医保基金支出负担，增强医保可持续性**　健康管理与社会医疗保险结合有助于管控参保人的疾病风险，促使医保机构占据医疗费用控制的主导地位，同时丰富对医保基金的风险管控方式。由于健康风险存在多发性、易变性，而医疗服务提供中也存在诸多不确定性，现有的医疗保险防控措施仅仅局限在事后补救，风险控制效果很不理想。健康管理通过预防疾病发生，延缓疾病发展，降低疾病的发生率。它通过提供健康指导与诊疗干预，加强参保人对健康常识和相关医疗机构的了解，缓解医患双方信息不对称，同时提高诊疗的合理性，避免过度诊疗；通过开展优质的健康风险评估、咨询与指导服务，减少不必要的诊疗行为，从而减少医疗费用支出。因此，投入较少的资金进行健康管理，可以达到降低社会医保基金支出负担，增强医保可持续性的效果。

4. **有利于道德风险的控制**　从重视单纯治疗向防治结合转变，提高患者的主动性，使患者尊重医生，尊重医生的劳动，积极与医生配合，敢于承担一定的风险，使自己的疾病得到治疗，身心健康得到更大的保障，加强医患互动，使医生与患者彼此更加理解、尊重、信任，从而改善医患环境，实现互动双赢的局面。从而有利于道德风险和医疗资源过度消费的控制。

5. **有助于增强居民保健意识，提高居民健康素养**　健康管理与社会医疗保险结合有助于引导居民关注自身健康，提高居民健康素养。导致慢性疾病的危险因素有很多，如环境危险因素，心理、行为危险因素，生物遗传危险因素，医疗卫生服务中的危险因素等。其中，行为危险因素最为重要。目前普遍认为，不健康的饮食、体力活动不足、吸烟和过度饮酒是造成多种慢性疾病的主要危险因素，而这些危险因素都可以预防和控制，属于可以改变的因素。健康管理通过强调个人选择行为的重要性来指导居民培养健康习惯，改掉不良习惯，建立健康的生活方式，从而提高居民的健康素养，减少疾病发生的风险。

6. **有助于发展基层卫生服务，完善卫生服务体系**　健康管理与社会医疗保险结合有助于发展基层卫生服务机构，完善卫生服务体系。政府对基层卫生服务机构的重视，对基本投入和公共卫生服务经费的增加及对医改政策的扶持，促使基层卫生服务机构近年来获得了较大发展。但是卫生资源分配不均的现象并没有发生根本性的转变，基层卫生服务机构资源缺乏的现象仍然存在。社会医疗保险除了将基层卫生服务机构作为医保定点机构，支付其提供的基本医疗服务项目外，还可以将健康管理融入基层医疗卫生服务机构。通过社会医疗保险支付给基层卫生服务机构以开展健康管理服务，能够直接增加基层卫生服务机构在这一项目上的资源配置权力，使得社区卫生服务机构的健康管理项目在资金和管理上得到落实，达到提高居民对社区基层卫生服务的信任感和参与度的目的，更好地发挥基层卫生服务机构应有的功能，促进基层卫生服务机构的健康发展，从而建立经济、高效、层次化的卫生服务体系。

总之，对于健康保险而言，健康管理不仅可以减少参加者的疾病发生机会，而且对保险公司而言，也可以降低赔付率，降低公司的经营风险。因此在健康保险中实施健康管理具有重要的意义。

三、健康管理基本策略在健康保险中的应用

健康管理的基本策略是通过评估和控制健康风险，以达到维护健康的目的，分为生活方式管理、需求管理、疾病管理、灾难性病伤管理、残疾管理和综合的群体健康管理。

（一）需求管理在健康保险中的应用

1. 需求管理在健康保险中的形式 在我国当前的医疗大环境下，由于许多客观原因，可能导致一些不必要的医疗费用的产生。当人们购买了商业健康保险时，保险公司会根据保费的多少提供相应的服务，当然不可能照单全收，这样不仅刺激消费，造成不必要的医疗资源浪费，更会增加赔付。

需求管理在健康保险中的形式多种多样。如对参保人员开展预约挂号服务、对参保人员开展就诊陪同服务、对参保人员开展就医指导、为参保人员提供专家咨询、对参保人员预留住院床位、对参保人员住院探望、对参保人员代办出院手续。具体分为发病前的健康管理和发病后的健康管理。

发病前的健康管理主要是对人群进行健康教育，实行健康干预。商业保险公司可以发放健康教育手册、举办健康教育讲座、提供合理的健康生活的方式等手段进行需求管理。南京市鼓楼区卫生局与东南大学公共卫生学院合作开展了社区慢性疾病复合式干预工程——"粗粮馒头"行动计划，对南京某区 3 000 名 45 岁以上的中老年人体检后，发现在这些人群中，高血压的患病率竟占 44.3%，血脂异常率、糖尿病的患病率也都分别高达 50.12% 和 8.7%，其中又以"三高"（高血压、高血脂、高血糖）患者为主。慢性非传染性疾病如心脑血管疾病、癌症、内分泌系统疾病及精神病都可以提前进行健康干预，从而减低发病率。保险公司可以参与到类似的工程中，为他们提供后续的服务，对他们产生的医疗费用进行理赔。

发病后的健康管理主要是通过在制定保险合同时规范条款来制约高额医疗费用的产生。制度管理的执行力具有合法性，在健康保险中，通过限制用药、规定限额门诊、指定定点医疗医院、使用专用病历等方式对人群的医疗需求进行约束。比如金水宝，该药只是具有保健作用，很多人会认为该药能治百病，而金水宝价格比较贵，在社会医疗保险中都是限制用药。健康保险中只有慢性肾炎、恶性肿瘤、肺衰竭的患者才可用这种药，通过对药品的限制，控制了不必要的药费的产生。在企业补充医疗健康保险中，必要时需要限制每日的医疗费用，规定急性病给予 3 天量，一般性疾病给予 7 天量，并且规定必须在二级以上医院就诊，这些条款的约束有效地控制了医疗费用的发生。

2. 需求管理在健康保险中的意义 人群对健康管理的需求是非常大的，在目前健康管理并没有普及的时候，商业保险公司提供的健康保险产品在无形之中起到了管理医疗费用的作用。健康保险的介入能使需求管理得到科学、合理、有序的发展。

人群对医疗保健服务的渴望是无限的，健康保险通过可能发生的无限需求转变为有限，从而得到控制的，避免了不必要的浪费。这样不仅能提高人群的身体素质，达到全民健康的目的，更能扩大健康保险的规模。在以盈利为目的的商业保险公司，降低风险，提高收益率是首要任务，由此可见需求管理应用于健康保险的迫切性，需求管理能促进健康保险的发展，健康保险也能制约健康管理的运作。

（二）慢性疾病管理在健康保险中的应用

众所周知，目前中国社会普通民众最需要的保险产品是"在已有社医保保障基础上的门诊、住院费用补偿报销型保险"。而在这一系列保险需求中，与普通民众联系最紧密的、理赔需求发生频率最高的、保险公司赔付风险最大的，恰恰是含有慢性疾病赔付责任的健康险保险产品。虽然保险公司在产品开发环节可以通过条款设计来规避部分赔付风险，但这些措施只能起到"治标不治本"的作用。在健康险整个理赔服务过程中，大力开展疾病管理，尤其是慢性疾病管理能起到清本正源的效果。因为所有健康险从业者都知道，慢性疾病的赔付占据了所有赔付总额的50%以上。慢性疾病管理在健康险中应用的主要目的是"通过各医疗机构的低成本高效益的疾病管理和相应的医疗保险补偿机制，减低医疗费用，提高卫生保健的质量，降低保险公司赔付风险"。其实，商业保险公司、医疗机构是可以通过疾病管理这一平台找到共同合作的基础，即"共享风险、共享收益和共享信息"。

医疗保险业的管理者都明白一个事实，即一小部分人不合比例地用去了大部分的医疗费用。管理者也花了很多时间来试图找出那些可能会导致高费用的人以采取措施来减少他们的医疗费用。传统的方法是建立一个"警戒"机制。当一个患者的费用报销超过一定额度时，就要对此人进行费用控制。可是，往往这时已经晚了，因为此时患者要么已经开始好转，不会再有太多的花费；要么情况已经变得很差，节省医疗费用的余地已经很小。近年来，由于健康风险评价及健康管理技术的发展，已经可以在早期鉴别确认高危人群，可以有的放矢地进行早期的预防性费用控制。

健康管理在健康或医疗保险业的应用主要是通过健康管理减少投保人的患病风险来减少赔付费用。健康管理的费用自然是从投保费用中支付。无论是商业保险（通过保险公司），还是自我保险（企业自己进行保险业务的管理）均是如此。对于投保人，这种办法提高了个人的健康水平，减少了患病的风险；对于保险行业，这种办法有效地减少了医疗费用的支出，增加了收益。因此，这是一种双赢的办法。

在健康险日常工作中，通常会采取以下3种慢性疾病健康管理措施：

1. **信息和随访** 协助建立参保客户健康档案，定期随访；高危人群定期监测血压、血脂、血糖等心脑血管疾病高发诱因。

2. **健康教育** 针对烟、酗酒、高血压、不平衡饮食、肥胖、静坐习惯和精神压力等危险因素，开展健康教育。

3. **慢性疾病患者管理** 协助开展高血压患者分级管理，1型和2型糖尿病患者管理，慢性阻塞性肺疾病患者管理，骨关节疾病患者管理。

（三）灾难性病伤管理在健康保险中的应用

灾难性病伤管理作为疾病管理中的一种，其地位相对比较特殊。因为灾难性病伤的发生概率较低，但医疗费用较高，对患病个人及家庭造成的物质及精神损失巨大，对健康险的持续、稳定发展也是最大的风险隐患所在。由于灾难性病伤的发生基本上不可预见，所以它的健康管理工作重点在于"预防及早期发现"，这一点对于保险公司来说尤为重要。一旦灾难性病伤已经发生，则此时再采取的任何健康管理措施都不能起到"亡羊补牢"的作用。

通常，保险公司会采用以下4种管理措施用于健康险中的灾难性疾病管理。

1. 用既往灾难性疾病发病风险预估，通过多种渠道对参保人进行相关知识宣导教，力求在疾病发生早期发现。

2.灾难性病伤管理为癌症等灾难性病伤患者及其家庭提供各种医疗服务,具备高度专业化的疾病管理,解决相对少见和高价的问题。

3.通过帮助协调医疗活动和管理多维化的治疗方案,灾难性病伤管理可以减少花费和改善治疗效果。

4.综合利用患者和家属的健康教育,患者自我保健的选择和多学科小组的管理,使医疗需求复杂的患者在临床、财政和心理上都能获得最优化结果。

(四)群体健康管理在健康保险中的应用

在进行群体健康管理时,可以采用以下方法:健康维护组织(health maintenance organization,HMO)、优先选择提供者组织(perferred provider organizations,PPO)、专有提供者组织(exclusive provider organizations,EPOs)、定点服务计划(point of service,POS)、按人头包干、按项目付费、按日给付。

1.群体健康管理在健康保险中的形式 针对不同的人群,健康保险可以做出不同类型的产品来适应人群的要求。地域不同、年龄不同、工作类型不同、性别不同的人群对健康管理的需求也有所不同。

(1)城市和农村人群的健康管理区别:城市人群更需要健康的生活方式,还有对意外保险的需求。健康保险针对这点可以为城市居民进行健康干预,以预防为主,减少慢性疾病和灾难性疾病的发生。除了医疗方面的健康促进,还能帮助他们建立良好的生活习惯,培养优雅的生活习性,减少意外的发生。

而农村人群发生重大恶性肿瘤的概率更大,农民参加的健康保险,主要针对农民住院产生的费用进行理赔,同时还能帮助农民了解更多的医学常识,进行健康教育,及早发现潜在的风险,减少日后医疗服务的需求。而在保险公司的赔付中,住院赔付的比例通常很高,通过对群体进行健康管理能有效地降低医疗成本,避免医疗服务的浪费,从而降低健康保险的赔付率。

(2)一般工作类型与特殊工作人群的健康管理区别:保险公司所承保的人群有个体也有单位,职业类别不同的人群,费率有所不同。例如普通办公室白领,风险低,但是长期坐办公室容易造成颈椎病等慢性疾病;文教系统的被保人群由于职业原因会导致静脉曲张等职业病;公安、船厂等高危险性的工种,意外和工伤的发生率很高,他们对于意外保险的需求更多。健康保险针对不同工作类型的人群的需求,制定不同的保险产品,有所侧重地提供理赔服务,把保险理赔做到有的放矢。

(3)年龄和性别不同的人群健康管理区别:在一般人寿保险中,带病投保的人群和60周岁以上老年人都属于免责范围,而在健康保险中,这类人群都能参保。0~18岁未成年人多发支气管炎、哮喘等常见疾病,还有新生儿的先天性疾病,这类疾病一旦发生,将产生高额的医疗费用,单位购买的企业补充医疗保险是承担这类责任的,专业的理赔人员提供合理建议,推荐合适的医疗服务机构和医生帮助其尽早康复。而中老年人对慢性疾病和恶性疾病的健康管理需求更为强烈,对中老年人进行合理的健康宣传并正确引导他们合理饮食、健康生活方式能提高人群身体素质,减少对医疗服务的渴求,减少医疗支出,控制保险金的赔付。

男、女的生理结构差异产生男、女特有的疾病。男性多发前列腺疾病,通过对其进行健康宣导,如戒烟、戒酒,多运动、少坐,提高自身免疫力能控制这类疾病的发生。女性的常见妇科病也能通过定期的妇科检查及早发现及早治疗。很多保险公司已经推出女性特有的健康保险产品,能为女性提供定期的检查项目避免大病的发生。花很少的钱,除了能让客户满意,提高自己的品牌效应,更主要的是减少了将来可能发生大病而产生的医疗费用和服务费用。

2.群体健康管理对健康保险的意义 不难发现,群体健康管理本身反映了健康管理的内涵。不同的群体承载着不同的健康管理模式。针对不同人群类别,对其自有的特点合理规划,健康教育和健康干预的侧重点不同，这样能提高人群的素质，引导他们形成属于自己并符合其需要的健康生活方式，以绿色生活为主题，降低发病率，提高保险产品的利润空间。

宏观上来说，人群身体素质的提高，能更有效地发挥自己的能力，无论是在工作岗位上还是学习生活中，提高效率，提高产能，增强国力。同时，随着健康管理在不同人群类别中的普及，健康保险的需求也随之增加，这样商业健康保险在国内的影响力更大，完善社会医疗保险中不能普及的地方，促进人群对健康保险的消费能力，有利于保险公司自身的发展和国家经济的繁荣。

（巢健茜）

第十五章

健康管理服务营销

　　20多年来，尽管我国健康管理师的职业资格鉴定几经变化，健康管理服务业却一直在不断向前发展。在市场化服务过程中，健康管理服务机构需要把握健康管理的市场特点、服务定位，以及市场需求细分，开发出让健康消费者接受并能够有效促进其行为改变的健康服务产品，并正确引导消费者购买服务以实现其商业价值。本章所介绍的市场营销和社会营销相关知识将有助于健康管理师科学地了解市场和目标客户，以及健康管理机构如何做好服务营销。

第一节　市场营销和社会营销基本概念

　　营销（marketing）是一门现代市场管理学科，经过几十年的发展，经历了从理智营销到情感营销，再到精神营销的上升过程。而营销的对象已超越了具体的产品、服务、个人和组织，扩大到模糊的观念、经历、体验和地理区域。随着营销对象和空间的不断拓展，以及营销观念和手段也在不断创新和变化，而变化最大的领域当推专业服务。专业服务营销既不同于传统的货物营销，也不同于普通的服务营销，而且难度更大。

　　由于宏观环境的变化，特别是物联网时代带来的环境改变，越来越多的服务型企业将进入专业化服务领域，通过运用社会公益价值推广企业的商业服务解决方案，使企业快速进入现代服务业。健康管理服务营销是有意识地劝说消费者接受健康行为或改变不健康行为的理念和行为。在这个意义上，健康管理营销是服务营销与社会营销的集合，它和商业营销是一样的目的，都是追求对于消费者行为的成功影响和改变。与此同时，作为一个健康消费者来说，健康消费与任何消费一样，都是建立在"要么获得快乐，要么摆脱痛苦"的满足生理与心理需求上而产生的购买行为。本节将介绍市场营销和社会营销的有关知识，作为理解健康管理服务营销的基础。

一、市场营销

（一）市场营销的概念及发展

　　市场营销是一个社会及管理过程，在这一过程中，个人或群体通过创造有价值的产品或服务，并与他人交换来满足自身的需求。

　　1. 4P营销理论　在20世纪60年代学者提出市场的4P营销理论。

（1）产品（product）：重视产品的功能特点，把产品的功能作为第一位，也是4个策略中最优先考虑的。

（2）价格（price）：根据不同的市场定位，制定不同的价格策略，产品的定价依据是企业的品牌战略，注重品牌的含金量。

（3）渠道（place）：企业注重与经销商的管理，让经销商与消费者建立关系网络，在合作上强调双赢，这也拓宽了销售渠道，建立了多种合作。

（4）促销（promotion）：企业通过注重销售行为的改变来刺激消费者，以短期的行为（如让利、买一送一、营销现场气氛）促成消费的增长，吸引其他品牌的消费者或导致提前消费来促进销售的增长。

4P营销理论是站在企业的立场，注重对产品的推销，是从管理的角度处理市场营销问题。产品策略，主要是企业向目标市场提供各种产品来实现，注重产品的质量和生产。定价策略，指企业按照市场规律的价格浮动来制定产品价格，用以达到实现营销的目的，在价格上针对不同的人群、区域来制定不同的价格，包括打折促销、补贴等方式的运用。渠道策略指建立多个销售渠道，与各个区域分销商合作，拓宽销售渠道，建立多个合作关系，从而达到互利共赢的最终目的。促销策略主要是指企业以各种传播方式、销售行为来刺激消费者，以此让消费者产生想要购买的欲望。至今为止，4P营销理论模型仍然是营销决策实践中一个非常有效的指导理论。

后来，在传统"4P"的基础上又增加了物理特征（physical evidence）、人（people）与服务过程（process of service）3个要素。物理特征因素，主要针对服务产品无形、不可感知的特征，其基本思路是借用一些有形产品作为佐证来弥补服务由于无形而使客户对服务缺乏"实质"性感受的弊端，以增强消费者对服务的印象。

2. 4C营销理论　随着市场竞争日益加剧，互联网的出现使传播速度越来越快，传统的4P营销理论越来越受到新事物的挑战。1990年，美国学者罗伯特·劳特朋（Robert Lauterborn）教授提出了与传统营销的4P相对应的4C营销理论，具体表现为产品（product）向顾客（consumer）转变，价格（price）向成本（cost）转变，渠道（place）向便利（convenience）转变，促销（promotion）向沟通（communication）转变。4C营销理论以消费者需求为基本导向。

（1）客户（consumer）：即客户的欲望和需求，以客户为中心，注重需求评估。根据顾客的需求来提供产品。同时，企业提供的不仅仅是产品和服务，更重要的是由此产生的客户价值（customer value）。

（2）成本（cost）：即客户欲望和需求的满足成本，以减少交换成本来促进交换。不单是企业的生产成本，还包括顾客的购买成本，后者不仅包括其货币支出，还包括其为此耗费的时间、体力和精力，以及购买风险。

（3）便利性（convenience）：是为消费者提供最大的便利，包括售前、售后等各项服务，让顾客在购买的过程中充分享受到便捷，时刻把消费者的需求放在首位，考虑顾客的体验与感受。

（4）沟通、交流（communication）：即企业应该与消费者建立双向、有效的沟通。不再是企业单向进行促销，而是可以在与消费者的沟通过程中根据顾客的需求，找出让企业和消费者实现共赢的方式。

4P营销理论和4C营销理论还是存在着关联的，从顾客对产品的需求角度思考如何制造商品，从顾客花费成本的角度考虑定价，从如何为消费者提供更多便利的角度来确定企业的各项服务，从与顾客的沟通中考虑企业促销的方法。

作为营销的基本理论，4P和4C营销理论的综合运营模式，已经被大部分企业所采用并认可，在营销实践中被广泛地应用。

3. 4R营销理论　网络时代的到来，使企业的营销环境发生了根本性的变化，迫切需要新的营销理论来补充和发展之前的营销理论，以适应日益发展的营销环境。21 世纪初，艾略特·艾登伯格在《4R 营销》一书中提出 4R 营销理论。4R 营销理论以关系营销为核心，重在建立顾客忠诚。它既从厂商的利益出发又兼顾消费者的需求，在更高层次上以更有用的方式在企业与顾客之间建立起有别于传统关系的新型互动型关系。

（1）关联（relevancy）：指企业以种种方式在供需之间形成价值链，与顾客建立长期的、较为固定的互需、互助、互求的关联与关系。

（2）反应（reaction）：即市场反应速度，指企业对瞬息万变的顾客需求迅速做出反应，快速满足顾客需求的营销策略与能力。

（3）关系（relation）：指关系营销，它是以系统论为基本思想，将企业置身于社会经济大环境中来考虑企业的营销活动，认为企业营销是一个与消费者、竞争者、供应者、分销商、政府机构和社会组织发生互动作用的过程。通过建立、维护和巩固企业与顾客及其他利益群体的关系的活动，以诚实的交换及履行承诺的方式，使企业的营销目标在与各方的协调关系中得到实现。

（4）回报（reward）：指企业通过贯彻营销思想，以满足顾客需求为前提，在顾客满意、社会满意和员工满意的基础上来实现企业满意，企业满意在很大程度上取决于企业的回报。

美国科特勒咨询机构依据数字化为背景在美国学者唐·舒尔茨（Tang Schultz）的基础上提出了另一版本的 4R 营销理论。

（1）消费者数字画像与识别（recognize）：以往对目标消费者的整体分析，大多通过样本推测与定性研究，而数字化时代最大的变化在于可以通过大数据追踪消费者的网络行为，如对 cookie 的追踪、支付数据对购物偏好的追踪，这些行为追踪形成大数据的用户画像。

（2）数字化覆盖与到达（reach）：追踪消费者的手段在数字时代发生了变化，如 AR、VR、社交媒体、APP、搜索，智能推荐、O2O、DSP。如何将信息精准地传递给客户，如果想在广泛的信息传递中找到目标客户及其所在的社群，都需要数字化的手段。

（3）建立持续关系的基础（relationship）：如何在营销投资后转化为客户资产，最关键的一步在于数字营销"是否与客户建立了持续关系的基础"，而很多社群的建立，可以保证企业在"去中介化"的情境中与客户直接发生深度联系和互动。比如，如何构建流量池、客户池，如何构建私域流量，均属于这个范畴。好的营销和坏的营销最重要的一点是有没有客户资产。

（4）实现交易与回报（return）：数字化营销的最终目的是实现交易得到回报。通过数据监测客户，监测他/她进入到电商平台或者数据化平台的所有行为，运用数据智能来做消费者运营——"洞察消费者心理""影响消费者行为""衡量消费者变化"，实现数据赋能的消费者运营，使企业得到回报。

4. 营销 4D 理论 移动互联时代，人们的认知和行为逐渐发生改变——媒体多元化、信息碎片化、活动社群化。《移动互联营销：从 4P 时代到 4D 时代》的营销 4D 理论提供了营销新视角，是将大数据、物联网、区块链、虚拟现实等新技术融合应用于营销领域的新思维、新理念、新方法和新工具。营销 4D 理论的构成要素包括关注用户的真正需求（demand）、向客户快速传递价值（deliver）、跟客户保持动态沟通（dynamic），以及基于大数据的决策（data）。

（1）需求（demand）：包括了解用户需要、符合用户需求的产品和服务、超出消费者最高期望。聚焦用户需求策略指利用网络环境收集和整理消费者信息，了解、预测和创造消费者需求。其特征是"我了解消费者"为核心竞争力。

（2）数据（data）：充分挖掘分析网民的网络痕迹、行为数据、交易数据等，预测消费者行为。Data 强调通过大数据挖掘分析，为了解、预测和创造用户需求提供支撑。

（3）传递（deliver）：将产品的各项价值更加便利地传递给客户。要求企业以消费者为中心，在有效识别消费者需求的基础上，快速响应，将产品价值传递给顾客。

（4）动态（dynamic）：适应多对多、立体化的动态沟通机制。随着社交网络的出现，沟通已

第三篇　应用篇

不再是企业与消费者之间一对一、点对点的静态沟通机制，转而演变为多对多、立体化的动态沟通机制。

4D营销理论是在传统营销模式面临多重挑战的大背景下提出来的，充分发辉人的创造性、创新力及创意智慧，其本质是用新兴科技的手段提升营销的精准度和转化效率。

从4P→4C→4R→4D，营销理论的内涵在根据社会的变化不断改变，4种理论不是互相替代的关系，而是完善与发展的关系。可以预见的是，随着市场环境的变化及营销理论研究的深入，还会出现更新的市场营销理论。传统营销注重的是规模经济，卖得越多越好，新的营销强调社群经济，卖给对的人，而不是所有人。移动时代发展、产业转型升级、消费特点变革，要求管理人员从新的视角来审视和思考品牌与用户的关系，策划和开展更为有效的移动互联营销，在此基础上借助大数据、平台化、跨行业等互联网思维重塑企业经营管理模式和价值传递渠道，通过社会化渠道管控全面建设和强化企业的运营能力，使企业初步具备全渠道销售能力，并通过协同线上线下业务、优化运营模式实现营销模式的互联网转型，形成全渠道价值链。

（二）市场营销的内涵

第一，市场营销是一个管理过程，它通过精心制订的计划而不是冒险的行动，来实现所期待的目标。有关营销计划的内容后文将详述。

第二，市场营销计划是基于一个特定客户群的需要、欲望或需求而制定的。人类需要是指人们所感受到的缺乏或匮乏状态。它不仅包括生理需要，如食物、衣服或特定的生存温度，也包括社会需要，如对亲密忠诚和慈爱仁义的情感需要，还包括像自我实现这样的个人需要。这些需要并不是营销人创造出来的，它们是人类的天性。欲望指经过文化和个体特性塑造过人类需要。欲望是用能够满足需要的实物来描述的。人类的欲望是无穷无尽的，但资源却是有限的。因此，人们希望在他们所能支付的范围内，买到质量最好、最能满足他们需求的产品。当欲望以购买力做后盾时，就变成了需求专业营销人士的任务之一，就是全面详尽地了解客户的需要、欲望和需求。专业营销人士对消费者和消费者好恶进行市场调查，分析他们的行为。他们观察消费者使用自己的产品和其他竞争产品的情况，并训练销售人员随时注意未得到满足的客户需要。

第三，市场营销定义的核心是交换这一概念，或者说是通过向他人提供产品或某项服务以换取自己所需要的产品或服务的过程。就是消费者通过自己有价值的东西换取对方有价值的东西。这一交换过程的价值在于客户从服务中获得的利益与自身付出的价值之比。简单地说，收益是解决问题的关键。

第四，市场营销的范围是选定的目标市场，而不是全部市场里的全部需求。专业营销人士最基本的任务之一，是从潜在市场中挑选出目标市场，这一决定将取决于市场的大小、潜在利润、公司的任务及其他基础因素。

第五，有效的市场营销是客户导型的，而不是公司导向型的。市场营销的关键是按照目标市场的需求和愿望制订计划，而不是以公司的销售兴趣为方向。一家公司向目标市场提供不能够满足它需求的产品或服务的行动注定是要失败的。同样，一家健康顾问公司不顾客户之间的差异性，向所有客户提供相同的健康改善建议也是不可行的。

第六，提供使客户满意的服务，是取得市场长期成功的关键所在。客户的满意度将通过客户对某一服务的期望与实际接受到的服务之间的差异计算。在专业健康管理服务领域竞争充分的未来，客户无疑有很多选择。一旦他们对某一项服务不满意，就会找其他的专业服务提供者，即使他们对你的服务满意，下次仍有可能选择别的专业服务提供者。

第七，与客户建立良好的关系，是获得客户长期满意的重要因素。

二、社会营销

（一）社会营销的概念

社会营销（social marketing）一词最早出现于 1971 年，是由著名的营销学教授菲利普·科特勒提出的："社会营销是通过设计、实施和控制有计划的运动来影响社会观念的接受程度，并采用产品设计、定价、沟通、分销和市场研究的技术。"在其后的研究探索中，科特勒将社会营销的涵义不断完善，在其《社会营销——变革公共行为的方略》一书中，社会营销逐渐演变为社会变革管理科学，具体指设计、实施和控制变革运动，实现在一个或几个目标接受者群体中提高某种社会观念或实践的接受程度的目的。社会营销利用市场细分、消费者调查、产品概念开发和测试、针对性交流、便利设施、鼓励手段和交换理论的概念，追求目标接受者反应程度的最大化。

从以上两个定义中可以看出，科特勒将社会营销的目的确定为社会观念的改变，另一位在社会营销领域非常有影响的教授 Andreasen 曾对此提出过质疑，他更强调行为的改变，于是在 1995 年他提出了一个定义，"社会营销是应用商业市场营销技术去分析、计划、执行及评价那些旨在影响目标受众自愿行为的项目，以提高个人或个人所在社会的福利。"2002 年，科特勒等在《社会营销——提高生活质量的方法》一书中又给出了最新的定义："社会营销是通过使用市场营销的原理与技术来影响目标受众，让他们自愿地接受、拒绝、改变和放弃某种行为，从而促进个人、集体或社会整体的利益。"

2011 年 Nancy R. Lee 和 Philip Kotler 进一步定义社会营销，它是一个使用营销原则和技术来影响目标受众行为的过程，这将造福于社会和个人。这一战略导向的学科依赖于创造、沟通、传递和交换，对个人、客户、合作伙伴和整个社会都有积极价值的产品。同年，Alan Andreasen 教授也更新了定义，社会营销应用商业营销概念和工具，影响目标受众的自愿行为，以改善他们的生活或他们所属的社会。至此，两位教授在社会营销的定义上基本达成了一致。

（二）社会营销的特征

从上述定义的演变中，可以看到社会营销的几个特征。

1. **社会营销的目的是社会变革**　社会营销的最终目的是行为变革，其关注点是影响受众的行为，但是这里的行为变革，不同于一般的行为改变，关注的是大范围内的公共行为，即具有一定规模的人群的行为。

社会营销在两个方面改变了人们的行为。第一，改变人们的认知和价值观、知识和理念的传播获得受众的认同。从浅层次的知识的获取到深层次的价值观的认同需要一个过程，这是整个行为改变的基础。第二，在受众的认知和价值观改变的基础上，改变人们的行为，这里包括短期的行为改变，但更重要的是长期行为的改变和习惯的养成。这不仅仅涉及个体行为的改变，更重要的是社会规范的变化，个体的改变才可能持久。

2. **社会营销是市场营销的方法在社会学领域的应用**　社会营销是传统的市场营销理论在社会领域的应用，因此在商业领域所采用的社会营销的原理和技巧，都可以在社会营销中得到广泛的应用，比如交换理论、顾客导向、市场研究、目标群体的行为分析、市场细分，是社会营销用来进行社会行为变革的最强有力的武器，是社会营销区别于其他社会变革方法最为鲜明的特征，也是社会营销比其他社会行为变革方法更为有效的基础。

3. **社会营销以目标群体的自愿行动为准则**　社会营销是通过以目标群体为导向，借鉴商业营销手段，帮助和促使目标受众自愿的变革行为，其目的是促使受众建立对于变革行为的兴趣并持续该行为。社会营销的实施以目标群体自愿为原则，主体可以是政府企业或者是非营利组织。这与传统的通过政治手段、法律手段和经济手段等社会变革策略不同，社会营销可以在一定程度上弥补国家强制行为而不能够触及的方面，从而推动社会进步。

4. **社会营销以提高人群和社会的整体利益为目标**　商业营销强调以顾客需要为导向，提出满足消费者需求，包括承担企业的社会责任，其最终目的是提高企业的声誉，提升品牌的知名度，最终达到盈利的增加。而社会营销的重要特点是不以盈利为目的，而以提高人群和社会的整体利益为目标。因此，社会营销的产品总是表现为符合集体和社会共同利益的观念或者行为，例如环境保护关乎全球的人类生存问题，教育问题与社会的发展息息相关。

（三）社会营销的目的

与销售商品和服务的商业营销类似，社会营销的工作是改变人们的行为。通常希望目标受众会行使下列四种行为中的一种：①接受一种新行为；②拒绝一种潜在行为；③调整一种目前的行为；④放弃一种旧行为，也可以建立一种改变人们看法（教育或信息）和价值观（态度或感觉）的标准。这些标准的建立不是最终目的，而是为人们行为的改变做准备。

社会营销最富有挑战性的地方在于，它依赖于自愿接受，而不是依赖于法律的、经济或者强制性手段。在许多案例中，社会营销工作者不能从他们所提倡的行为改变中得到直接的或者立竿见影的回报（表 3-15-1）。

表 3-15-1　社会营销要素案例

健康问题	肥胖	糖尿病	高血压
目标受众	BMI > 30 的肥胖者	空腹血糖 > 7 的患者	> 120/80mmHg
提倡的行为	BMI 在 18 ~ 24	每天监测血糖	每天测血压
接受新行为	合理膳食与运动	合理膳食与运动，正确用药	合理膳食运动
拒绝潜在行为	过量摄入高热量食物	不吸烟、饮酒，坚持运动	高盐饮食习惯
调整目前行为	提高运动能耗水平	定期到医院看医生	坚持用药
放弃旧行为	缺乏体力活动	不监测血糖	不喜欢运动
营销策略	产品：体重管理服务	价格：监测血糖者送血糖仪	促销：送血压计
回报	管理体重使健康风险降低	降低并发症发生风险，降低巨额医疗费用开支风险	预防心脑血管疾病发生风险

（四）社会营销与市场营销的区别与联系（表 3-15-2）

表 3-15-2　社会营销与市场营销的区别与联系

	社会营销	市场营销
主要受益点	个人 社会和政治领导人 专业人士 整个社会	营销组织机构 市场商品生产者
结局类型	增加个人和社会福利的行为 知识、态度、规范、价值观和消费者自我形象在一定程度上影响行为决策 满足感可能延迟 获益往往是长期的	购买行为 对产品的态度和形象 消费者自我形象 影响购买的社会规范和价值 即时获得满足感 获益往往是短期的
服务对象特征	往往社会经济地位较低，人群特点更加多样化，是更需要社会服务的群体，更难以接触到	社会经济地位较高、与媒体的联系更加紧密，更容易接触到

健康管理服务营销 / 第十五章

续表

	社会营销	市场营销
服务对象特征	通常按心理特征和与产品的关系或参与程度进行细分	通常按心理特征和人口特征，以及与产品的关系或参与程度进行细分
自愿交换	包括权衡经济和非经济社会成本和收益 更加重视非货币交换 营销组织的成本通常可以获得补贴 期望有关社会产品的完整信息，在充分知情条件下进行选择	可能包括权衡社会成本和收益，主要针对消费者 更加重视货币兑换 期望有关商业产品的信息是真实的，但偏向于对推销产品有利的信息
市场角度	产品是无形的，且更复杂 竞争更加多样化，且无形 经济因素（例如购买力）不那么重要	产品更加有形 竞争更加有形和明确 经济因素（例如购买力）往往更为重要

第二节 健康管理服务产品与用户消费行为

随着在市场学的研究中对产品的内涵与外延的理解不断加深，人们把产品分为核心产品、实际产品和附加产品 3 个层次。尽管服务的市场营销与货物有相似之处，但两者之间有一些本质的不同。专业服务提供者要想获得成功，必须能够认识到这些差别及这些差别对营销带来的影响。

一、健康管理服务产品

（一）健康管理产品的 3 个层次

传统的营销理论认为产品整体概念包含核心产品、有形产品和附加产品这三个层次，健康管理产品同样存在这样的层次区别。

1. **核心产品（core product）** 处于产品层次平台中心的是核心产品。核心产品使我们能够找到类似"消费者能从产品中获得何种利益？""期望的行为能够满足什么需要？"这样的问题。核心产品不是期望的行为，也不是健康管理师积极推广的有形物品和服务；它是目标群体在进行期望的行为时所能体验到的利益，是目标群体认为对他们最有价值的利益。

2. **实际产品** 仅仅围绕着核心产品的实际产品，就是社会营销者努力进行推广的特别的行为方式。例如，每天运动半小时，半年进行一次全身体检。为了获得构成核心产品的利益，实际产品是必需的。

3. **附加产品（augmented product）** 这一产品层次包括了健康管理师们随同期望行为一起推广的所有有形物品和服务。虽然附加产品可以看做是备选的，但在有些情况下，他们却是必不可少的。附加产品不但可以为行为变革提供激励、清除障碍，甚至维持行为变革效果，而且是使健康管理得以"有形化""品牌化"的重要途径，从而使健康管理营销和服务产品更具吸引力和号召力。

健康管理师在实际工作中必须对服务产品的 3 个层次进行划分和分析，针对不同的产品层次做出对应的营销策略。比如，在核心产品层次，要从消费者的角度进行考虑，决定突出哪些潜在的利益，消费者能否感知这些利益，期望行为所带来的利益同与其竞争的旧行为方式造成的成本的对比如何。

（二）健康管理服务有别于其他产品的特点

服务之所以区别于货物，在于它有以下几个特点。

447

1. 服务是无形的 指在客户购买健康管理服务前，不能够看到、摸到、品尝到，而需要一个长期的互动方式才能够体验到服务对健康带来的收益。这往往需要消费者自己的行为改变才能够有效，否则，所有的服务都会因为体验不到而大打折扣。

2. 服务是不可分割的 因为服务是无法与服务提供者分离的，客户对健康管理师的印象，从专业程度、形象衣着到谈吐风度，都将影响他对服务质量的判断。这种不可分割性一直延伸到健康管理服务机构的呼叫中心客服人员，他们通常是客户第一次接触服务的直接回应者，对客户的第一印象起了决定性的作用。

3. 服务是可变化的 由于服务是无法与人分离的，同一个健康管理师向不同客户提供的服务可以是不同的。最优秀的服务人员也会有特别不顺的时候。人类的这些疏忽无法避免，为了减少损失，需要使用一些措施使出错率降到最低。如对慢性疾病未来风险的预测服务是通过科学的预测模型、标准的数据库和健康管理平台的方式来提供健康数据运算及量化个人管理处方，以帮助健康管理师正确地找到客户的管理目标，避免健康管理师人工分析可能出现的失误。健康管理师应该做的是，提前预见到错误最容易发生的地方，并及时采取解决方案与措施，尽可能应用专业化的健康管理平台，以避免失误造成的客户损失。然而，即使是最好的预防系统也不能够完全杜绝出错。因此，健康管理师同样应该用一些补救措施来维持遭受损失的客户对你的信任，如迅速将错误的原因客观地告诉客户并进行补偿性服务，让客户理解并感觉到遭受的服务损失最小化。化抱怨为友情是客户资源管理中最需要重视的一个环节。

4. 服务是易损的 指服务不可能像物品一样被储藏起来，以后再销售。如专业培训讲座会有未到课的消费者进行再次收费，老师的服务价值在讲课过程中，随着时间流逝而消失。服务的易损性还有其他的含义。比如，尽管患者知道主刀医生已经千百次成功地完成心脏手术，但依然不能完全放心，因为根本问题在于这一次他是否能成功地实施手术。服务易损性还表现在服务会随着需求的波动而波动。当需求稳定时，服务提供者将持续提供相同的服务，这对他来说相对容易；当需求大幅度波动时，连贯地提供满足各种需求的服务对专业服务人士来说就比较困难。例如，在流感期间医生不可能给每个患者足够的时间和充分的个人关注。

在健康管理服务过程中，从本质上说，健康管理师是在销售自己的表现，而不是服务产品本身。因为，服务产品是标准化地去满足稳定部分的（基本）需求，在满足个性化（波动）需求方面是需要医生、健康管理师自身在服务中不断体现。

5. 客户满意标准是不同的 在购买一个产品之前，消费者能够知道自己购买的物品质量如何。比如，一个人在滑雪时膝盖受了伤，随即进行了手术治疗，这样一来他不可能知道自然恢复是否会更好。在某些情况下，客户永远也不会清楚他所购买的服务是否是最佳选择。在这方面，如果一个参加健康管理的对象在健康管理师的教育下，非常清楚他（她）目前的健康需求应该是控制体重和戒烟，只要服务对象在参与服务过程中达到了体重的控制目标，显而易见，他（她）的健康受益是客户的满意标准。同时，另外一个参加健康管理的对象由于自我健康行动不依从，而体重没有明显改善，这个客户将表示非常不满意。尽管主体责任是客户的行动力不足，但他还是会认为这个体重管理项目是有问题的。

6. 客户的参与度非常重要 当消费者购买一个物品时，他既不会考虑该物品的生产周期，也不会考虑制作它的工人。然而，当消费者购买健康服务时，客户本人就在"工厂"里，亲自观察"产品"生产的全部工序。健康管理师所提供服务的每一步都会影响客户对服务质量的总体印象，这被称做"瞬间真实"。服务提供者应把握住每一个瞬间真实，向客户传达一个完整的总体印象。

（三）健康管理服务产品的主要提供方及其内容

目前，我国健康管理服务主要由以下 5 类组织机构提供。

1. 医院提供以健康体检和慢性疾病管理为主的健康管理服务 医院除发挥传统的治病救人功能外，其功能扩大到健康管理领域，如预防、保健、康复、健康教育和健康咨询。许多综合性医院利用齐全的医疗检测设备、多学科专家诊疗力量和患者的医疗大数据资源成立了规模较大的体检机构，开展健康体检和慢性疾病管理服务。

2. **疾控系统提供以疾病预防为主的健康管理服务** 《国家基本公共卫生服务项目》实施以来，政府大力加强公共卫生服务体系建设，国家各级疾病预防与控制中心针对区域内人群层面传染病控制、有毒有害因素的卫生监督、非传染病危险因素干预等方面开展疾病防控工作。其中，建立居民健康档案、慢性疾病患者健康管理、老年人健康管理、健康教育、儿童健康管理、孕产妇健康管理、严重精神障碍患者管理、结核病患者健康管理、中医药健康管理等服务，基本覆盖了居民生命全过程。

3. **健康管理公司提供的一对一全方位健康管理服务** 健康管理公司作为健康管理机构，从遗传、生活习惯、饮食、生活环境、职业行为等方面出发，对个体身体状况进行跟踪预测、对疾病早期进行预警。健康管理公司对企业或个人进行疾病与健康评估，然后分析每一个体的疾病风险因素，并提供健康指导，对于亚健康、高危、患病群体，提供跟踪健康管理服务。

4. **健康保险公司提供保险赔偿方式的健康管理服务** 健康保险公司针对客户需求，开发专业的健康保险产品，每个产品都配备相应的健康管理服务，实现科学的健康保障。目前国内健康保险公司主要通过与独立的第三方健康管理机构进行合作，以购买外包服务项目为主，自建服务项目为辅的方式，向客户提供健康管理服务。健康保险公司的健康管理服务不同于以往通过保险赔偿来保障客户健康的方式，而是通过为客户提供健康调查和健康监测服务，掌握客户的健康状况和家族病史，进行个案分析，做出客观的健康评估，为客户提供一份有针对性的个人或家庭健康发展状况报告。在健康报告的基础上，设计科学、全面的健康规划，改善个人或家庭的不良生活方式，提高健康生活质量。客户可了解到自己患慢性疾病的风险，及时采取控制措施，以预防和减少慢性疾病的发生。对已患病的客户，健康保险公司通过对危险因素的控制，减少并发症及致残的可能，控制和降低医疗费用，减轻家庭负担，达到提高客户生活质量的目的。

5. **保健系统提供以特殊人群保健为主的健康管理服务** 我国市级以上政府机构和一些企事业单位内部都设有保健办公室，编配一定数量的保健医师和专职健康管理人员，负责本辖区、本行业或本单位的领导干部和职工的医疗保健工作。制定保健计划，并利用当地的医疗卫生资源，为保健对象及时进行诊治、定期体检、健康评估、健康咨询、健康宣教及健康干预等，达到保障其身体健康，从而提高工作效率的目的。

二、用户消费行为

（一）健康管理服务用户的需求特征

1. **需求的被动性** 健康管理是以疾病预防为目标的服务，尽管人们的健康观念在发生改变，但是重治疗轻预防的健康观还是广泛存在的。尤其针对慢性疾病的健康管理，由于慢性疾病缓慢的病程、危害的潜在性，在发病之前人们往往缺乏对疾病危害和痛苦的体验，因此不被人们所重视，自然就不会主动选择未病先防的健康管理服务。同时，即便对于一些有主动需求的客户，他/她自己也不能像购买普通商品时明确知道自己需要多少，以及需要哪些健康管理服务，而在很大程度上依赖于健康管理师的推荐和健康理念营销所产生的效果。

2. **需求的不确定性** 人们是否需要服务及服务的内容，不以个人主观愿望为主导，取决于客户是否有发生疾病的健康风险，以及通过健康体检和健康风险评估分析出潜在疾病风险的程度来确定健康管理计划，而且该计划随着健康行为的改善而发生变化。

3. **需求的差异性** 客户的需求都是个性化的，不同细分群体的需要通常不同，即便是同一细分市场中的个体的健康管理服务需求也是存在差异性的，因为每个人的健康观念、行为矫正难度和外在压力都是不一样的。同时，随着个体对疾病的认知、对待健康的观念、个人努力程度的不同，在健康管理服务过程中的需求也会发生变化。

4. 需求的发展性 健康管理服务的需求不是一成不变的，随着服务不断深入，个体的需求也会随之发展。

5. 需求的外部关联性 健康管理服务不仅满足个人需求，也会影响企事业单位或其他工作场所的更多群体，同时，个人对健康管理服务的利用和对健康管理计划的遵从也会受到周围人和所在群体的影响。

6. 需求的广泛性 每个人都有健康管理服务的需求，在不同的人生阶段需求有所不同，但是普遍存在。由于我国慢性非传染性疾病患病率高，不良的生活方式在人群中广泛存在，因此针对慢性疾病的管理需求普遍存在，且以中老年群体的需求最为突出，但在近年发病年轻化的趋势下，在青年人群体中存在巨大的潜在需求。

7. 需求的超前性和滞后性 以疾病预防为目标的健康管理服务本身具有超前性的特征，投资发生在发病之前。这种消费模式在发达国家比较普遍，但在发展中国家普遍难以接受，因此表现为滞后性。

8. 需求的重复性 人们一旦患上了高血压、糖尿病、冠心病等疾病，虽然可以通过健康管理服务得到控制与康复，但是随着年龄的增长，始终面临着疾病复发的风险，因此需要健康管理服务不断重复。

（二）健康产品用户类型

健康产品的用户可分为 5 种类型。

1. 习惯型 这种用户通常具备一定的健康知识，具有积极的健康观念，重视自身健康，习惯于在健康管理师的帮助指导下，改善自己的运动与营养膳食行为，并且形成了一定的服务依赖。对健康的投资和自身努力带来积极的改变，形成正反馈，从而使消费健康产品的习惯养成并形成良性循环。有经验的、受用户信赖的健康管理师对促进用户形成持续的消费行为非常有效。

2. 经济型 这种用户由于经济条件限制，特别重视投入成本，尤其是经济成本，对健康服务价格敏感，低成本的健康管理服务对他们更具有吸引力。

3. 理智型 理智型用户通常在货比三家的基础上才做出决策，对自己所要选择的服务机构和服务产品进行反复比较，深思熟虑，十分慎重。他们往往会选择那些具有丰富健康管理经验和成功案例的机构的服务产品。

4. 盲目型 盲目型用户的消费通常是冲动的，没有经过太多考虑，这类用户通常缺乏应有的健康知识，没有相应的购买和消费经验，往往是受到广告和健康管理师的诱导而购买了某种健康服务。如何在短时间内触动这类用户显得尤为重要，但是为了避免消费的一次性，需要通过真诚有效的服务真正打动用户，从而持续消费。

5. 躲避型 这类用户的核心特征是没有把健康放在首位，忽视或者回避自身的健康问题，或者由于存在较多顾忌，如害怕领导知道自己的健康问题而影响工作，因而不愿意参加健康体检和健康管理项目。

第三节　健康管理服务营销实践

市场学原理与技术包括很多方面，如消费者定位、交换理论的应用、内外环境评估、市场细分、市场研究及成形研究的应用、综合的计划与管理系统。本节将结合健康管理服务营销的实践介绍其中几种技术的应用。

一、整合 7P 的营销组合

对任何健康管理服务的提供者来说，获得长期利润的关键是向客户提供满意的服务，并从中促进双方的交流以建立进一步合作的可能性。在对某一健康服务产品进行营销时，我们按照最大限度满足客户的原则，组织并利用该公司的所有的市场力量。因为可控制的市场力量变化繁多，不同的组合适合于不同的人群，这就是著名的7P营销组合。这些P是指产品、价格、分销、促销、物理特征、流程、人员。

1. **产品**　指企业为满足目标市场的需求，向它提供的商品或服务组合。如，针对"三高二病"人群的高血压、冠心病、糖尿病、卒中、肺癌、阿尔茨海默病预防与控制的健康管理服务产品，包括健康体检、疾病风险评估、危险因素干预处方、健康监测、健康改善的膳食组合（保健食品、膳食处方）、运动干预组合（运动指导与监测）等。按照目标对象的不同提供不同层次的服务组合（表3-15-3）。

表3-15-3　健康管理产品组合案例

产品类别	案例	目标客户	服务内容
单项服务	体重管理	超重肥胖人群	量化膳食与运动过程、能量平衡
综合服务	代谢综合征管理	"三高"人群	以控制血脂、血压、血糖为目标的治疗性生活方式干预
全面服务	糖尿病管理	糖尿病患者	健康教育、医疗需求管理、用药依从性管理、膳食干预、运动干预、健康监测、行为改变

2. **价格**　是指为获得某项服务产品，消费者支付的金钱及其他非金钱代价，如时间、交通的便利程度及是否能讨价还价等因素。看完病后，医生会列明所有的诊疗费用，当患者投保了健康险，医疗费用部分由保险公司承担时，患者的开销将在一定程度上减少。但对患者来说，看病的成本并不只是花钱，比如，患者可能开车穿越了整个城市来看病，或他们不得不在拥挤的候诊室里花费额外的时间填写复杂的表格。在消费者眼里，所有这些因素都增加了去该诊所看病的成本。

3. **分销**　包括公司所做的一切使消费者能获得其提供的服务的努力。对于健康管理机构来说，这意味着在其客户进行商业往来的所有大城市里建立服务中心。同时，为了使人们更便利地接受健康管理师提供的健康指导服务，服务机构可延长工作时间，使用免费热线电话，或者建立专业网站允许客户在任何时间下载信息。

4. **促销**　指一系列在目标市场上宣传服务的特征及优点，并说服消费者购买的活动。可以采用传统的促销方式，如在电视或杂志上做广告，也可以举办有关健康管理的免费学习班，在互联网时代更要重视网络营销。促销的方式是多种多样的，关键是要保证各种促销活动向公众展示一致的产品形象和核心信息。

5. **物理特征**　弥补了专业性服务作为无形商品无法被公众直接感知的不足。无论是健康服务中心还是健康管理机构，消费者都希望能从一些物理特征上推断出服务质量。很多情况下，最直接的物理特征是该健康服务中心的环境及其装潢设备。很显然，如果一家健康服务中心位于小商业街上，用塑料折叠椅当办公设备，办公室里到处散放着时尚杂志，没有人会认为这家健康服务中心主要致力于健康管理服务事业，一些将需要对自己和家庭成员及企业员工实施健康管理的潜在客户，也将就此止步。

6. **流程**　是一个健康服务机构如何有效地进行健康管理服务。流程可以十分复杂，也可以非常简单；可以是发散式的，也可以是集中统一的。比如，健康管理三步曲，健康评估、健康指导、健康干预就是一个标准化的生活方式疾病干预的服务流程。

7. **人员**　很重要，特别是在专业健康管理服务营销中，因为服务是无形商品，而客户总是希望能通过一些可感知因素来推断服务的质量和价值。很显然，服务提供者是直接与服务相关的可感知因素，比如，医生、护士、健康管理师、营养师或健康顾问。但有时客户也会通过观察其他消费者的选择来决定自己的选择。例如，一些患者喜欢找在他们看来专门治疗自己这类病症的医生那里就诊。女患者可能更愿意选择专为妇女看病的女医生就诊，因为在患者眼里，女医生是她认为最合适的人选。显而易见，经过国家专业机构职业培训并获得国家认证的健康管理师是未来专业化健康管理服务所具有公信力的人力资源。

综上所述，健康管理机构的营销部门必须设计出正确的市场营销组合，以满足目标客户的不同需要。他们需要通过市场调查来洞悉并了解如何进行正确的市场营销组合。然而，在竞争环境中真正的难点在于，当你发现了正确的营销组合时，它又开始了新的变化。竞争者们可以通过服务流程、服务特性或价格来改变客户的期望值。这意味着健康管理服务提供者必须不断地改善自己的服务输出。

二、目标市场的选择

市场细分揭示了机构所面临的细分市场机会。因此，机构需要决定选择哪些细分市场作为营销目标。

1. 无差异营销　机构仅向市场提供一种产品而且只使用一种营销组合，努力去吸引尽可能多的客户。在无差异营销中，对构成市场整体的各个细分市场之间的差异忽略不计。它把市场看成一个集合，关注的是所有客户需求的共性而不是需求间的差异。机构努力把服务和营销方案设计得能够吸引最大数量的客户。使用这种营销方式的例证是向所有客户推销一种计算机软件的健康科技机构，或者向所有客户提供同一种健康干预工具的健康管理机构。

无差异营销常用的抗辩理由是成本经济。提供有限种类的服务可以降低服务成本、调研成本、促销成本及培训成本。然而，由于淡化了个体化差异性需求的服务，成本降低通常伴随着消费者满意度的降低。这也会给竞争对手把服务拓展到被机构忽视的细分市场的机会，并在这些细分市场上建立地位。当然，关键是看机构的经营定位。

2. 差异化营销　服务机构在几个细分市场上从事经营，分别为每个细分市场设计有效的产品营销组合。在差异化营销中，机构决定在两个或更多的细分市场上经营，但为不同的细分市场设计了单独的服务或营销方案。通过提供花样多变的服务与营销，机构希望在每个细分市场上都增加销售额而且更牢地站稳脚跟。机构希望，随着自己在不同细分市场的位置更加稳固，客户对它在专业领域的地位更加认同。另外，由于服务的设计满足了客户的需要，机构希望获得更大的客户忠诚度及更多的重复采购。

与无差异营销相比，差异化营销的净效果是服务机构总收入的增长。但是服务机构不得不投入更加多的资金用于服务设计、市场调查、宣传推广及培训上。

3. 集中营销　服务机构仅在一个细分市场上经营，而且开发完美的产品和营销组合。当决定把市场划分为有意义的细分市场，而且将其主要营销努力投入到其中一个细分市场上时，这种营销战略便是集中营销。服务机构集中精力为一个特定的细分市场提供服务，而不是把精力分摊到很多细分市场。通过集中营销，服务机构通常能成为一个特定细分市场上被追逐的宠儿，而且地位稳固。它能详细地了解该细分市场的消费者需求和行为，进而通过专门化的服务条款和推销措施获得经济效能。

三、自我定位与竞争优势定位

（一）发展客户导向的自我定位

不管一家企业如何推销自己的健康管理服务，它是否能获得市场成功直接取决于它的客户导向程度。发展客户导向的自我定位，是任何想在市场上有所作为的健康服务机构的首要任务。市场营销不能像烹调一样照着菜谱一步步地来，它是一个思考的过程，是如何接近市场和客户的方法。

以客户的健康为中心的健康管理机构应该着眼于外部而不是内部企业。着眼于内部企业意味着该企业的重心始终放在自己身上，它所提供的服务是基于自己职员的优势和兴趣，而不是现有客户或潜在客户的需求。他希望客户能主动上门，而不会积极地迎合客户。着眼于外部的企业所要做的第一步是确定目标市场，将注意力集中在客户需要上，协调对客户有影响的所有市场活动，基于客户价值和客户满意同客户建立长期的良好关系，赢得长期利润。

建立客户导向的自我定位，对企业来说是一项艰巨的任务。企业必须通过市场调查，系统地研究客户需要、短缺、感觉、偏好及客户的满意情况。企业必须根据市场信息，不断地长期提高自己的服务水平以更好地满足客户需要。健康服务人士经过选拔并通过培训，确立为客户服务（而不是为上司服务）的信念。客户导向的自我定位要求企业友善地与客户打交道，从负责应答的电话接线员到帮助客户解决实质问题的健康服务人员，都必须在工作中保持友好的态度。以客户为中心的健康服务机构将同客户一起工作而不是为客户工作。

（二）竞争优势定位

专业健康服务机构一旦确定了目标市场，它必须对自己推出的服务进行"定位"。一项服务的位置是由目标消费者定义的，即相对于其他与之竞争的服务，该服务在消费者心目中所占据的位置。

健康消费者每天都收到大量的产品和服务信息。为了简化购买程序，客户把不同的服务分成组或在心中对各种服务和机构进行定位。一项服务的位置是在与它的竞争对手相比较后，消费者对该服务持有的一组复杂的理解、印象和感觉。消费者对服务定位或许与营销人员的帮助有关，也可能是消费者独立理解出来的。但是营销人员必须要花力气去帮助客户来理解你的定位。机构必须对市场上存在的竞争对手的位置进行比较分析，然后才能够决定如何对自己的服务进行定位。定位工作由3个步骤组成：

第一，确定一组可能的竞争优势，以此确定公司的市场位置。

客户通常选择那些能给他们带来最大价值的服务。赢得并且保持客户的关键是比竞争对手更加理解客户的需求和购买程序，给他们带来更大的价值。向客户提供比竞争对手更多的利益，公司往往能够获得竞争优势。比如，应用核心技术形成一组针对目标人群所提供的健康改善服务，其改善效果的可量化性会使得客户感觉到利益的所在，比竞争对手仅仅提供定性健康改善服务要有优势得多了。

第二，选择适当的竞争优势。

如果一家健康服务机构已经非常幸运地发现了几个潜在的竞争优势，它现在必须决定开发几项优势，以及确定开发哪几项。公司需要避免至少3种主要定位错误。第一，定位过低，或者根本就不对公司定位。第二，定位过高，让消费者对公司产生一个过于狭隘的印象。第三，公司避免定位混乱，让消费者对公司产生混乱。

一家专业健康管理机构可以通过很多方式使自己和竞争对手区别开来，包括服务地点、服务质量、特殊人群（老年人群、企业人群、儿童人群）、使用的核心技术（市场唯一性）、价格、健康管理师的良好风度、服务产品的组合、与众不同的属性。

第三，有效的宣传，推出选择的市场定位。

健康管理服务机构完成了市场定位，它必须采取有力措施向目标客户宣传自己预期的定位。服务机构的所有营销组合必须支持自己的定位战略。

四、产品的定价程序

菲利普·科特勒把商业部门营销过程中的定价过程分成6个步骤，分别是：①选择定价目标；②确定需求；③估计成本；④分析竞争者成本价格和提供物；⑤选择定价方法；⑥确定最终价格。

（一）产品定价的营销作用

产品的价格直接影响目标群体的接受成本，价格的高低是否合理在一定程度上决定了社会营销运动的成败。因此，产品定价是营销者必须重点关注的关键环节。在进行产品定价之前，健康管理师需要了解价格在营销中所起的作用。简单来说，定价的营销作用体现在下面3个方面：

1. 影响获得产品的难易程度 产品的价格是产品接受者必须付出的成本。健康管理师通过不同的定价水平，能直接影响目标群体获得社会产品的能力。对于收入有限的目标群体来说，社会产品的价格越高，获取产品的难度较大；价格越低，越容易获得。

2. 提示产品定位 在信息不对称的情况下，目标群体往往觉得自己难以判定服务产品的质量水平，因此他们往往倾向于把产品价格作为产品质量的标志，认为价格高意味着产品的质量和声誉较高，而价格低的产品会具有较差的质量。对于免费派送的产品，目标群体更会认为其价值是不值一提的。利用目标群体的这种心理，健康管理师可以通过适当的服务产品的定价来暗示其定位。对适合定位于高档次的产品，制定较高的价格；对于适合定位低档次的产品，制定较低的价格甚至免费提供。

3. 实现管理要求 由于产品一般都存在价格弹性，健康管理师可以利用这一点，通过定价来实现对目标群体产品需要的管理。在需求不足时，通过降低价格来刺激目标群体的消费欲望；在需求过于旺盛，超过了服务机构的供应能力时，通过提高价格来控制需求。对于一些具有负面作用的产品，健康管理师可以通过营销其定价水平来达到降低消费的目的。比如，在倡导禁烟和禁酒运动中，健康管理师呼吁增加对香烟或酒的征税以提高其价格的原因就是如此。在这种情况下，试图通过提高目标群体从事某种行为的价格来暂时或永久性地阻止这一行为。

（二）目标群体的价格敏感

为了确定服务产品的定价目标，健康管理师需要对目标群体的价格敏感度进行分析。只有了解他们对社会产品的价格敏感度，才能准确地预测他们对于不同定价的反应，进而做出正确的定价决策。那么，应如何分析客户的价格敏感度呢？纳格尔和霍尔顿指出了影响价格敏感度的9个因素，勾画出分析产品价格敏感度的主要维度。

（1）独特价值效应。产品越是独特，客户对价格越不敏感。

（2）替代品知名效应。客户对替代品知之越少，他们对价格的敏感度越低。

（3）难以比较效应。如果客户难以对替代品的质量进行比较，他们对价格就不敏感。

（4）总开支效应。开支在客户收入中所占比例越小，他们对价格的敏感度越低。

（5）最终利益效应。与产品所能带来的利益相比，其成本越低，客户对其价格越不敏感。

（6）成本分担效应。若产品的一部分成本能由其他方来承担，则购买者的价格敏感度降低。

（7）累积投资效应。如果该产品是和以前购买产品配套使用的，客户对价格较不敏感。

（8）价格质量效应。如果客户认为某种产品的质量更好、声望更高或是更高档的，客户对价格的敏感度就越低。

（9）储存效应。如果客户无法储存商品，他们对该商品的价格敏感度就低。

除了利用这些效应对目标群体的价格敏感度进行大概的分析之外，社会营销者还可以通过目标群体调查和店内试验购买等方法预测目标群体对于社会产品的价格敏感度。

（三）确定价格目标

定价需要实现一定的目标，通常的目标可能有：①实现利润最大化，②收回成本，③实现服务的目标群体人数最大化，④社会平等，⑤减少市场需求。

（四）选择定价方法

明确了定价目标之后，接下来就可以确定具体的价格。定价时需要考虑4个因素：成本、需求、竞争者的价格和目标群体对价格的敏感度。成本往往决定了最低价，特别是当健康管理服务者有意收回全部成本的时候。与成本决定最低价相对应，需求的情况决定了产品所能索要的最高价。在最低价和最高价之间，要考虑竞争者的价格、目标群体对价格的敏感度。健康管理师根据这 4 个因素中的一个或几个来选定定价方法，以解决定价的问题。

总体来说，有 3 类定价方法可供选择。

1. 成本定价法（cost-based pricing） 在成本定价法中，价格取决于服务产品的成本和一个期望的或者确定的利润率或投资回报率。两种最常见的成本定价法是成本加成定价法和投资回收定价法。在成本加成定价法中，健康管理师希望确定合适的价格水平，在此价格水平上的销售能在回收成本的基础上获得一定比例的回报；在投资回收定价法中，营销者计算出能在项目投资资本的基础上带来一定回报率的价格。

2. 竞争定价法（competitive-based pricing） 通过竞争定价法确定的价格更多的是受竞争性产品或者服务的价格驱动，参照竞争对手的价格水平来制定自己的产品价格，从而使自己的价格比竞争对手的更具优势。例如，一家参加防止溺水社会营销引导的救生衣生产厂商，提供特别的折扣券来使自己产品与未经过权威部门认证的、更便宜的救生衣在价格上相仿。

比较常用的竞争定价法是随行就市定价法，就是按照类似产品平均的价格水平定价。如果要实行这种定价方法，在定价之前需要对其他机构的相同或类似产品所收取的价格来进行调查。

3. 价值定价法（value-based pricing） 这种定价方法是对目标接受者价格敏感度进行准确分析，并评估目标群体在不同价格水平上的需求，然后根据社会营销的目标来确定产品的价格。定价的关键是必须掌握目标群体对特定产品的价值认知情况。这种定价方法制定出的价格会随着产品的质量、款式、规格等的不同而有所变动，产品的价格不会是最高的，也不一定是最便宜的，但一定是能让目标群体感觉到产品是"物有所值"甚至"物超所值"的。当然，所制定出来的价格并不完全反应产品质量、成本等方面的差异。比如，在同一家戒毒治疗中心，对采用进口药物和国产药物的治疗方案收取不同的价格，而这两种方案的实际成本和治疗效果可能是相同的。

五、健康管服务理营销的特殊问题

正因为健康管理营销与有形商品的市场营销有上述不同，健康管理服务提供者不能想当然地认为，有形商品市场营销的方法和技巧自动适用于健康服务领域。下述 10 个问题是健康管理营销所特有的，正是这些问题使健康管理营销变得更加困难。

（一）对第三方的责任

完善的市场营销致力于最大限度地满足目标市场的需要和欲望。但健康管理提供者要受到一些限制，健康管理师通常不能像传统的有形商品营销人那样尽一切努力去满足消费者。健康管理师应清醒地意识到，在向他的直接客户提供服务时，他也服务于第三方"客户"，如服务购买人——保险公司、政府、企业机构，过度地讨好直接客户必然导致重要的第三方对服务提供方的不信任，甚至会导致法律纠纷。作为健康保险机构的第三方健康管理服务提供者，按照合同条款承担着客户的管理服务。特别是在客户的医疗需求方面如果过度满足客户的需求，必然会导致保险公司成本的无为加大，带来双方的不信任。

（二）客户的不确定性

在购买产品的过程中，人们面对着各种各样的不确定性，而在购买健康管理的情况下，这一点尤为突出。健康管理的购买者很难对提供的服务做出准确评估。即使在服务提供完毕之后，他们依然不是很清楚服务的质量到底如何。这种结果的不确定性导致了客户在购买前，以及在整个交易过程中的焦虑情绪，这种焦虑情绪被称做"认知分歧"。健康管理提供者的必要工作之一，就是缓解客户的焦虑情绪，并使他们确信自己的选择是正确的。有 3 种方法可以达到这一目标：

1. 教育客户 如"肥胖是引起冠心病、糖尿病、癌症等慢性疾病的主要危险因素，控制体重需要科学的方法，在健康管理师的指导下'科学饮食、有效运动'是减肥过程中十分重要的服务。"

2. 在客户做出购买决定后，立即强化客户的信心 "参加了健康体重管理项目，你就朝着健康迈出了第一步，下一步就是在专业人员的指导下积极地行动，你的目标一定能够实现。比如某某客户6个月的体重管理，已经降低了3 kg。"

3. 提供担保 "如果你购买了健康体重管理项目并按照服务流程完成了全部的阶段，如果体重没有达到目标，我们将客户支付的费用全额退回。"

客户的不确定性为健康管理提供者带来了巨大的挑战。教育客户在健康管理营销领域里扮演了一个相当重要的角色，这一任务在其他领域的市场营销中是没有的。因为，客户的健康知识是由经过专业培训和教育的医生和有国家认证的专业健康管理师提供的，他们的建议往往十分有效。

在做出任何重要决定之后，人们通常都会产生认知分歧。客户会对自己的决定不自信，从而怀疑他是否做了一个明智的选择。客户会去参验健康管理师的执照或其他一些证书。为了缓解客户的这种紧张情绪，健康管理师必须是由国家认证的健康管理师和医生担任。医生在客户做出购买决定之后立即支持并强化客户的信心。

重要的是，健康管理提供者可以提供一定的担保，以使客户能放心大胆地做决定。由于医生的担保理由来自于双方的配合，特别是客户的执行力上，因此，一个承诺往往是约束双方的力量。

（三）经验的关键作用

尽管买方对选择健康管理师的标准不很明确，但有一点是立即会考虑到的，即健康管理师在以往类似情况下的经验。人们更愿意使用在本行业中工作过、熟悉本行业情况的医生和健康管理师。为了赢得客户，健康管理师须向公众证明自己是经验丰富的从业人员。这给健康服务人士提出了新的挑战。一个经过专业培训和几年行业实践的健康管理师将会成为中国健康服务市场非常宝贵的资源，丰富的经验是这个行业中最具有价值的人力资源。

（四）有限的差异化程度

市场营销商通常会努力地使自己的产品区别于其他竞争者的产品，他们希望目标市场能看到自己产品的独到和优越之处。这种区分通过生产出确实有独到之处的产品，通过广告和推销来宣传自己的产品有不同凡响的特性来完成。使自己的产品在同类产品中脱颖而出，对大多数营销人来说是很困难的，对健康服务营销人来说更是如此。你很难证明某医院的视力检查优于他们的竞争对手，或一家医院体检中心的体检结果会比另外一家医院体检中心的体检结果要优越许多。即使一项服务确实与众不同，它也可能很难赢得客户，因为客户是否能认识到它的独到之处仍然有很大的不确定性。因此，医院体检中心将越来越清楚地看到，只有通过健康管理服务才能够形成忠诚客户人群效应。

（五）维持质量管理

一般说来，保持高质量管理水准对服务业营销人来说是一项艰巨的任务，尤其是在健康管理领域。服务跟产品不一样，产品由现代化生产线直接产出，并由机器进行抽样统计以检测产品的质量标准。在人力集中的健康服务领域，质量检测机器已无能为力，服务机构只能雇用品行良好的员工，并劝告他们努力工作。

许多专业机构组织都坦言，他们所提供的服务的质量在一定程度上取决于客户的行为和态度。顾问和医生的建议只会对听从他们意见的客户有帮助，而不肯合作的客户不但自身的问题得不到解决，也会对健康管理提供者的信誉造成负面影响。

（六）让医生也成为销售者

在购买健康服务之前，客户喜欢和医生或健康管理师见面以结识他们。这是客户减少所购商品不确定的一种手段。对健康管理机构来说，仅仅雇用全职的推销人员向素未谋面的客户推销他们的服务是不明智的，即将为某一客户提供健康服务的实际工作者（医生/健康管理师）有必要

健康管理服务营销 / 第十五章

参与服务的销售过程。

（七）专业服务人士要分配出时间做市场营销

健康管理专家按小时向客户收取费用，对他们来说，工作时间就意味着收入。但推销自己服务的时间是不包括在内的，这就是许多健康管理服务公司不愿意花费工作时间进行市场营销的原因。而且，即使专业服务人士决定投入大量时间做好市场营销工作，他们仍需仔细考虑时间的分配问题，即如何安排好现有客户、未来潜在客户和一般公共关系之间的时间投入比例。很明显，要求专业服务人士同时兼任专家与营销人，引起了很多时间管理上的问题。

（八）处理紧急问题的压力

另一个与时间分配相关的问题是，在很多情况下，客户很晚才通知健康服务人士需要服务，这使得健康服务人士必须在无暇准备的情况下提出解决问题的办法。客户又总是希望健康服务人士提早完成工作，这些突如其来的要求经常会占用健康服务人士进行市场营销的时间。因此，要求健康服务人士在应付好现有客户的所有要求的同时，积极地按步骤完成市场营销计划是非常困难的。

（九）对广告的意见冲突

每一个健康服务提供者必须决定自己是否要做广告；如果答案是肯定的话，在多大的范围内做广告。尽管一位内科医生可能会认为为医疗服务做广告是非专业化的表现，其他医生，尤其是外科整形大夫，事实上却在依赖花样繁多的广告吸引客户。在多大范围内做广告的决定，以及对广告种类的选择取决于很多因素，如目标市场的情况、健康服务人士希望建立的公众形象及现有的竞争程度。

（十）有限的市场营销知识背景

很多专业服务提供者并不具备制订市场营销计划，以及做出营销决策的知识背景。专业学校也不提供在健康管理方面对健康管理师有指导意义的营销课程。对于医生及健康管理师来说尤其如此。结果有些健康管理提供者不得不自学成才，通过听讲座、看书、与其他人交流信息，以及自己在这方面的心得体会来获取知识。另外一些则雇用市场营销商来处理这方面的问题。后一种办法尽管在宏观上解决了问题，却无法解决服务提供者和服务本身是无法分割的这一事实。所以，无论健康管理师还是医生都必须掌握市场营销的基本知识，因为最终是他们而不是他们雇用的营销商创造了企业的形象。

（孙昕霙）

第十六章

医学伦理与职业道德

第一节　医学伦理基础知识

一、医学伦理的定义

医学伦理学（medical ethics）是研究医学道德的科学，是一般伦理学原理在医疗实践中的具体运用，是运用一般伦理学的道德原则来解决医疗实践和医学科学发展中人们相互之间、医学团体与社会之间关系而形成的一门学科。医学伦理学是医学与伦理学相互交叉形成的一门边缘学科，既是规范伦理学的一个分支，又是医学的组成部分。医学伦理学的概念来源于医德学，即关于医务人员职业道德的本质和发展的科学。但医学伦理学不同医德学，其研究和适用的对象，不仅仅限于医务人员，还包括与医学事业有关的其他工作人员，如从事卫生政策及卫生行政工作的管理人员、涉及人的生物学研究的科研人员、从事药品生产经营的医药人员；其研究内容不但包括医务人员的职业道德，也包括医学道德现象所涉及的一切伦理问题，如医德理论、医德规范和医德实践。

二、医学伦理的基本原则

（一）医学伦理基本原则的含义

医学伦理基本原则是指反映某一医学发展阶段及特定社会背景之中的医学道德的基本精神，调节各种医学道德关系均必须遵循的根本准则和最高要求。

（二）我国当代医学伦理基本原则的内容

1. **防病治病，救死扶伤**　这是社会主义医疗工作的基本内容和核心任务。防病治病从宏观层面指明了医学工作必须承担的医学道德责任。这就要求医务工作者树立和形成由传统义务论与现代公益论整合而成的全新的医德义务观，正确认识和处理对患者、对健康人群、对生态环境、对每个人全面健康需求等多重义务之间的关系，以促进全民健康目标的实现。

救死扶伤是临床医学服务的首要道德职责，即所有临床医务人员都应把患者的生命和健康放在首位，为患者谋利益。

2. **实行社会主义人道主义**　医学人道主义是指在医学领域内，特别是医务人员与患者的关系中，表现为医务人员同情和关心患者、尊重患者的人格与权利、维护患者利益、珍视人的生命价值和生命质量的一种伦理思想。医学人道主义的核心是尊重患者的生命和人格、平等权利和生命价值。社会主义人道主义要求对人民的生命加以敬畏和珍爱，对人的尊严予以理解和维护，对患者的权利给予尊重和保护，对患者的身心健康给予同情、关怀和帮助，以人为本，对人民疾病之苦实施彻底的人道主义救助。

3. 全心全意为人民身心健康服务 这是社会主义医德原则的最高要求，是社会主义医德的价值目标，也是医务人员必须坚持的根本宗旨。为人民身心健康服务也体现了现代"生物 - 心理 - 社会"医学模式对医疗卫生服务工作的内在要求。

以上 3 个方面相互支撑、相互作用，其中"防病治病、救死扶伤"是手段，"实行社会主义人道主义"和"全心全意"是理念，"为人民身心健康服务"是目标。

（三）国际通用的医学伦理原则

1. 尊重原则 尊重，在医学 / 生命伦理领域已经成为一个基本的原则。在本质意义上是指尊重一个人的自主性。广义的尊重原则是指医患双方交往时，医务人员应尊重患者及其家属的人格、尊严和自主性。狭义的尊重原则是强调医务人员对患者自主性的尊重。

尊重原则具有道德合理性并能够成立的基础是患者享有人格权。所谓人格权，是指一个人生下来即享有并应该得到肯定和保护的权利。尊重原则实现的关键是医方对患方的尊重，同时也要求患方对医方的尊重。

尊重原则还要求医务人员尊重患者的自主性，保证患者能够自己做主，理性选择诊治决策。医务人员应尊重患者的自主性，保证患者充分知情、自主选择诊治方案，这是自主原则的理论前提和内在根据。尊重自主权是指对患者自主（自主知情、自主同意、自主选择等）权利的尊重和维护，也就是对患者知情同意权的尊重和维护。

2. 不伤害原则 希波克拉底誓言中的"不伤害"早已成为医学伦理的基本原则，是指在道德上负有不给他人造成伤害的义务。不伤害原则要求医务人员在诊疗护理过程中，不使患者受到生理上和心理上的伤害的伦理原则。这是卫生保健人员应该秉持的最基本原则，是一个道德底线。不伤害原则对医方的具体要求是：①强化以患者为中心的动机和意识，坚决杜绝有意和责任伤害；②恪尽职守，千方百计防范无意但却可知的伤害及意外伤害的出现，不给患者造成本可以避免的身体上、精神上的伤害和经济上的损失；③正确处理审慎与胆识的关系，经过风险 / 治疗、伤害 / 受益的比较评价，选择最佳诊治方案，并在实施中尽最大努力，把不可避免的伤害控制在最低限度内。

3. 有利原则 也称为仁爱原则，它是指在积极的意义上负有促进他人的健康与福利的义务，指医务人员要把有利于患者健康放在首位，切实为患者谋利益的伦理原则。有利原则包括两个层次，低层次是不伤害患者，高层次是为患者谋利益。不伤害原则为有利原则规定了底线、奠定了基础。在医学实践中，有利原则对医务人员的要求是：①首先考虑患者利益，真诚地关心思考促进以患者健康为核心的患者利益，维护患者的生命健康，当患者利益与科学利益、医生利益发生冲突时，应将患者利益放在首位；②努力提高业务能力，准确诊断、有效治疗，努力使患者受益，包括预防疾病和损伤、促进和维护健康，照料那些不能治愈的患者，提高患者的生命质量，努力预防或减少难以避免的伤害；③为患者提供最优化服务，全面权衡利害得失，选择受益最大、伤害最小的医疗决策；④坚持公益原则，将有利于患者同有利于社会公益有机统一起来。

4. 公正原则 指医务人员公平合理地分配和实现人们的医疗和健康利益的伦理原则。公正原则应该体现在两个方面，即人际交往公正和资源分配公正。人际交往公正对医方的要求是与患方平等交往和对所有患者一视同仁，即平等待患。资源分配公正要求以公平优先、兼顾效率为基本原则，优化配置和合理利用医疗资源。

第二节 健康管理伦理

一、健康管理伦理的定义与基本原则

（一）健康管理伦理的定义

健康管理伦理指个人、团体、国家在健康管理中应该遵守的行为准则和规范，以及个人、团体、国家对公共健康应该承担的道德责任。健康管理伦理是医学伦理的重要组成部分和丰富发展。

（二）健康管理提供者与服务对象之间的关系特点

健康管理提供者不只是传统意义上的医务工作者，而是广义的卫生保健人员。健康管理提供者与其服务对象之间的关系与传统的医患关系有相似之处，也有不同。

健康管理的服务对象，可能是个体，也可能是群体。他们可能是患者、健康人，或处于亚健康状态的人。与患者就医后便建立了医患关系不同，健康管理提供者与服务对象之间关系的建立，可能是健康管理提供者主动建立的，也可能是服务对象主动建立的。健康管理提供者与其服务对象之间的关系可以说是传统的医患关系的扩展。这种关系具有以下 4 个特点。

1. **健康管理提供者和服务对象之间的信息不对称**　正如医生和患者之间存在信息不对称，使得患者在医患关系中往往处于依赖性和弱势地位。健康管理提供者通过专门的学习和训练获得专业的知识和技能，而大多数患者或民众通常并没有掌握这类知识和技能。即使有少数人拥有一定的健康保健知识，也不如健康管理提供者掌握得那么全面与系统。因此，由于知识掌握上的不对等，健康管理提供者和服务对象之间存在严重的信息不对称，而对信息掌握的不对称客观上使服务对象处于需要帮助的地位，完全或部分地依赖于健康管理提供者，而健康管理提供者则在这种关系中处于主导地位。在这种情况下，患者 / 服务对象不得不依赖和信任健康管理提供者，并假定他们是能够胜任的，是为"我"的健康着想的。从这个意义上说，服务对象给予健康管理提供者的信任要求这个职业的从业人员秉持较高的职业道德，也就是通常所说的职业精神 / 专业精神。

2. **健康管理提供者和服务对象之间是平等、尊重与被尊重的关系**　健康管理提供者通过健康监测、健康风险评估和分析、健康指导、健康危险因素干预及指导等方式，为其服务对象提供健康管理服务，二者之间有服务关系，也有管理与被管理的成分。但是，在人格上，健康管理提供者与服务对象之间是完全平等的。无论服务对象是个体还是群体，健康管理提供者不能因其性别、年龄、身体状况、职业、民族、国籍、宗教信仰、价值观等方面歧视服务对象，而应以尊重对方的方式，并为其提供健康管理服务。

3. **健康管理提供者和服务对象之间是信托关系**　《新千年医师职业精神：医师宪章》的首要规定即是要求医生把患者的利益放在首位。"不仁不可托，不智不可任，不廉不可信"，这种信托关系要求医务人员在道德品格和行为上真正值得患者托付。

健康管理提供者代表的是一个职业。从事此职业的个体，背后依托的是职业的神圣，与专业技能上的胜任。健康管理过程也是一种建立信托关系（fiduciary relation）的过程，即服务对象依托健康管理提供者获得有关自身健康管理的知识和行动指南。这种将服务对象的利益放在首位的要求在健康管理行业中依旧适用。

4. **健康管理提供者和服务对象之间有部分契约关系**　之所以说健康管理提供者和其服务对象之间有部分契约关系，是因为服务对象和健康管理提供者是两个具有独立人格的个体，他们之间的职业关系是自愿建立的，并且这种关系可随双方的意愿而终止；他们具有不同的信念、价值和利益目标。因此，尽管在专业知识和技能上健康管理提供者具有优势，但他 / 她必须尊重服务对象的意愿，尊重其自主性和自我决定。但这种关系又不同于一般商业上的契约关系，它在本质上不是基于财产利益关系，而是一种伦理关系；在健康管理服务中，如果过度强调契约性质容易导致医学的法律主义，忽视伦理道德因素的作用。体现在具体的健康管理工作中，尤其在采取某些干预措施时，必要时可通过管理提供者与服务对象签署书面协议的方式来完成。

（三）健康管理伦理的基本原则

健康管理伦理的原则受到医学伦理学基本原则的引导，是相关原则在健康管理中的具体表现。健康管理中的伦理要求包括如下 5 个方面。

1. 以人为本、以健康为中心　健康管理提供者应尊重服务对象，正确判断、及时处理服务对象的相关健康问题。按照尊重的原则，健康管理提供者应该把服务对象看成一个理性的、有尊严的人善加对待。无论是个体的服务对象，还是群体的服务对象，都应通过知情同意的手段，以适宜的方式进行健康管理。由于健康理念有时与社区、种族和风俗等相关，也与其教育程度等相关，在制订健康干预计划和实施干预时，以服务对象能接受的方式进行。遇到对方不能接受的情况，如劝阻吸烟、酗酒等不良行为时，不宜强制和操之过急。当服务对象是一个企业和一个社区人群时，也应该考虑到此因素，同时辅以健康教育等手段，达到健康管理的目的。

2. 保护服务对象的隐私　作为从事对人群或个人健康和疾病的监测、分析、评估，以及健康维护和健康促进的专业人员，其服务的一个特点就是需要了解服务对象尽可能多的信息，并进行全程管理。以健康调查为例，既需要进行生物学调查（年龄、体重、血、尿）、个人医学史（家族病史、既往疾病史、预防接种情况、生长发育史、婚姻生育史）、行为习惯及生活方式（吸烟、饮酒、运动、饮食、睡眠等）、心理因素（个性、情绪、压力、紧张度等），也需要了解社会环境因素（工作性质、居住条件、经济收入、家庭关系等）、医疗服务水平（当地社会保障水平、个人健康意识、医疗投资及医疗技术水平）等若干信息，其中含有大量的个人信息。在民主化进程得到提高、个人权益保护意识日渐提高的今天，尤其在信息化的时代，保护服务对象的隐私已成健康管理工作巨大的课题和挑战。因此，健康管理提供者应重视对服务对象的隐私保密。如果健康管理提供者将服务对象的隐私，随意泄露给保险公司或某些商家，将严重损害健康管理行业的诚信和荣誉，最终导致管理提供者和被管理者双方损失惨重。

3. 公平原则　在健康管理领域，公正原则要求健康管理咨询服务在价格和内容等方面也要体现公正，谨防其成为为少数人服务的行业。要求在服务中运用尊重和不歧视原则，充分保护在健康方面处于弱势的群体，以帮助其提高健康水平、生命质量为目标，而不对其过往的行为横加指责和评判。健康管理的最终目标应是提高全民健康水平，因此健康管理服务对象应有权平等地享有健康管理服务。

4. 避免过度诊疗原则　不伤害原则要求健康管理提供者坚守为服务对象的健康和福利服务的原则，在工作中向他们提供必要的咨询，做出合理的风险／受益评估。在可能发生对服务对象或公众造成致命伤害的情况下，即使与尊重原则发生冲突，不伤害原则也是需要优先遵守的。健康管理服务不应加重健康管理对象的经济和心理负担，不应为增加经济效益而任意增加体检项目，应避免重复检查等。

5. 有利原则　要求健康管理提供者在采取行动前，必须充分考虑自己采取的健康管理活动和健康干预是否确实能够对服务对象有利；只有在可能获得的利益超过可能导致的风险的情况下，方可采取这一行动。也就是说，"热心肠的好心人"还需要有合理的行为手段才能办成好事，否则就是"好心办坏事"。换句话说，健康管理提供者要确保自己的健康干预、健康促进行为确实能够对服务对象带来健康利益，确实能够解除他们的疾苦。在这里，按照亚里士多德的话说，医生和卫生保健人员需要"实践智慧"，理性地权衡治疗和干预活动伴随的风险和受益，确保受益大于风险。总之，健康管理服务提供者应维护服务对象的利益，使之利益最大化，健康干预还应帮助健康管理对象树立并提高健康意识水平，有助于提高健康管理效果。

二、健康管理的规范及权利义务

（一）健康管理伦理关系

1. 健康管理伦理关系的含义　健康管理的伦理关系一般是指在健康管理过程中健康管理提供者与服务对象所建立的各种关系。

2. 健康管理伦理关系的内容　健康管理伦理关系包括健康管理机构及健康管理提供者与社会人群的关系，健康管理提供者与服务对象的关系，健康管理提供者之间的关系，健康管理提供者、服务对象与社会的关系。

（二）健康管理伦理规范

1. 健康管理伦理规范的含义　健康管理伦理规范是指在健康管理实践中，健康管理提供者与服务对象双方应共同遵守的行为准则，是医学伦理学的丰富和发展。

2. 健康管理伦理规范的作用　健康管理伦理规范旨在规范健康管理服务提供者与服务对象双方的行为，协调健康管理提供者与服务对象间的关系，实质是为了提高健康管理质量。在健康管理提供者与服务对象关系中，健康管理提供者往往处于主导地位，是主要道德责任方，服务对象处于接受服务地位，是次要的责任方。因此，健康管理提供者的道德水平决定着社会对健康管理行业的评价，直接影响着健康管理的发展。

3. 健康管理伦理规范的内容

（1）健康管理提供者应遵守的规范：以人为本、文明管理；增进责任、积极主动；尊重个性、保护隐私；加强修养、提高水平；健全机制、规范制度；有效评价、完善监督；服务社会、保障健康。从健康管理的各个环节看，强化健康管理机构及相关服务人员的伦理观念，开展人性化的健康管理服务，有利于健康管理机构及人员与健康管理服务对象的沟通，提高健康管理效果。

（2）服务对象应遵守的规范：与时俱进、科学理念，重视权利、履行义务，配合管理、体现主体，彰显责任、实践健康。

（3）健康管理提供者与服务对象应共同遵守的规范：双方平等、互相尊重，遵守法律、实践规范，相互信任、相互依托，良好合作、健康和谐。

（三）健康管理中的相关权利及义务

权利和义务既是一个法律概念，也是一个伦理概念。法律上权利和义务的概念以法律义务为依据，伦理上权利和义务的概念以道德为依据。本节所阐述的权利和义务，有的有法律基础，有的只是伦理学层面的探讨。不管是法律层面还是伦理层面，都要求权利和义务有根据、有理由，也就是能够得到道德上的辩护，使它令人信服。

1. 健康管理中的权利

（1）健康管理中的权利含义：健康管理中的权利一般是指在健康管理过程中健康管理提供者和服务对象应有的权利和必须保障的利益。在健康管理实践中，无论健康管理提供者还是服务对象，凡是脱离和超出社会现实的权利，都是不可能得到伦理支持的。

在健康管理中重视服务对象和健康管理提供者双方的权利和义务，其目的在于使社会人群更好地恢复健康、维护健康、促进健康。健康管理提供者的权利和义务关系具有双向的性质，服务对象的权利一般就是健康管理提供者的义务。反之亦然。

（2）健康管理中的权利内容：在健康管理的服务过程中，健康管理提供者和服务对象之间由于掌握的医学知识、所处地位、职责的不同，在健康管理关系中承担不同的责任并享有相应的权利。

1）健康管理提供者在健康管理中的权利：①有被服务对象尊重的权利。②按照国家对此职业所赋予的职业权利，了解和收集与服务对象健康管理相关的信息。③有参加培训和进修的权利，维持专业胜任。④享有劳动保护的权利。⑤获得与自己的工作相应的报酬的权利。⑥向相关部门提出建议的权利。⑦恰当地使用干涉权和拒绝权等。

2）服务对象在健康管理中的权利：①合理的、平等的健康权。享受平等的医疗保健服务，是社会人群的最基本的权利和正当要求。服务对象享有被尊重的权利。②知晓健康管理相关措施及进程的权利。在健康管理中，服务对象有权要求健康管理提供者告知有关自身的治疗、保健等干预措施及其进程，以便做出选择和决定。有权获得完整的关于自身健康的相关信息；有权获得与自己相关的健康风险因素评价结果。③保护自身正当利益的权利。服务对象在健康管理中一旦发现自己医疗保健的权利、名誉、身体等受到损害，有权提出批评和意见，终止损害。有权拒绝健康管理提供者提出的健康干预计划，并有权知道拒绝干预之后的后果。有权自主做出决定，不受他人干扰。④要求保护秘密和隐私的权利。健康管理提供者享有为服务对象提供医疗卫生保健服务的特殊职权，可以获得服务对象身体、心理甚至隐私等信息；服务对象为了诊治疾病而信任健康管理提供者，将必要的个人信息告诉对方，服务对象有权要求健康管理提供者保守秘密，有权要求对自己和健康管理提供者的谈话和记录等健康信息和隐私保密。⑤要求赔偿健康损害的权利。健康管理提供者在健康管理中因违反规章制度，提供健康干预等方面出现的过失或过错，造成了服务对象身心损害等不良后果，服务对象有权追究健康管理提供者的责任，得到相应的赔偿。

2. 健康管理中的义务 健康管理提供者与服务对象的权利与其必须承担的义务相对应的。健康管理提供者和服务对象在享有一定权利的同时，必须承担相应的义务才能保证健康管理的正常进行。

（1）健康管理提供者在健康管理中的义务：包括对服务对象的义务和对社会的义务。

1）健康管理提供者在健康管理中对服务对象的义务：①为服务对象提供健康保健服务的义务。健康管理提供者需要维持自己专业上的胜任力和服务能力，运用所掌握的健康知识和技能尽最大努力为服务对象提供健康保健服务，这是健康管理提供者对服务对象义不容辞的义务和责任。②为服务对象解除痛苦的义务。健康管理提供者要同情、理解服务对象，千方百计为服务对象解除躯体和精神方面的痛苦。③对服务对象进行健康教育的义务。健康管理提供者要以服务对象和社会利益为重，及时告知与服务对象相关的监测信息、健康状况的评估结果。与服务对象共同设定干预计划和措施。对服务对象进行及时、科学的健康教育，提高服务对象的健康素养。④尊重服务对象，为服务对象保守秘密、保护隐私的义务。在健康管理过程中，健康管理提供者应该保守服务对象因为健康原因而提供的隐私、秘密；对特殊服务对象的病情及预后保密；尊重服务对象的人格和深思熟虑后做出的决定。⑤满足服务对象正当要求的义务等。健康管理提供者在健康管理中对服务对象的有关健康的正当要求和建议应该尽量满足。

2）健康管理提供者在健康管理中对社会的义务：①面向全社会、全人群的预防保健义务。健康管理提供者要面向社会，主动宣传普及医药卫生知识，提高大众自我保健和预防疾病的能力。②提高全人群生命质量的义务。医务人员要为人民群众提供医疗保健、健康咨询、计划免疫等服务，关注特殊人群的健康管理、临终关怀等医学、社会问题，提高人民群众的生命质量。③推进健康事业发展的义务。健康管理提供者在健康管理中还要兼顾全人群整体健康，在服务对象因个人健康原因而危害社会利益时，健康管理提供者要以社会利益为重，说服服务对象个人利益服从社会利益。

（2）服务对象在健康管理中的义务 在健康管理中，服务对象的各项权利必须得到保障。但服务对象的权利是与相应的义务对应的，服务对象在关注自身权利实现的同时也要明确自身在健康管理中的义务。服务对象在健康管理中的义务包括①保持和恢复健康的义务：服务对象首先要明确个人的健康是对家庭、社会责任的体现。个人应该努力消除或远离导致疾病发生或影响健康的重要因素。遵守与健康管理提供者共同制订的健康干预计划，与健康管理提供者合作，共同对抗健康风险。建立科学的生活方式，养成良好的生活习惯，促进健康，做好自己健康的"第一责任人"。②承担相关费用的义务：根据我国国情，每个服务对象在健康管理中都要承担相应的医药、保健费用，以支持健康管理事业的发展，维护自身健康。③支持、配合健康管理提供者的健康管理工作的义务：服务对象在健康管理中必须遵守相关的规章制度，尊重健康管理提供者的人格，配合健康管理提供者的工作，如实地向健康管理提供者告知相关信息。关心自己的健康状况及健康风险对他人和社会的影响，尤其是传染病患者有义务了解传播的途径，采取相应措施防止进一步的传播。参与各种卫生防疫和环境治理活动。

第三节　健康管理职业道德

一、职业道德基础知识

（一）职业道德的概念

道德指以一种特定形式调整个人与社会之间关系的行为规范的总和。道德是由一定社会的经济基础所决定的，以善恶为评价标准，以法律为保障并依靠社会舆论和人们内心信念来维系，调整人与人、人与社会及社会各成员之间关系的行为规范的总和。

职业道德（professional ethics）是一般道德在职业行为中的反映，是社会分工的产物。所谓职业道德，就是人们在进行职业活动过程中，一切符合职业要求的心理意识、行为准则和行为规范的总和。它是一种内在的、非强制性的约束机制。它是用来调整职业个人、职业主体和社会成员之间关系的行为准则和行为规范。通常来讲，职业道德有广义与狭义之分。

广义的职业道德是指从业人员在职业活动中应该遵循的行为准则，它涵盖了从业人员与服务对象、职业与职工、职业与职业之间的关系。

狭义的职业道德是指在一定职业活动中应遵循的、体现一定职业特征的、调整一定职业关系的职业行为准则和规范。从业人员在特定的职业活动中形成了特殊的职业关系，包括与服务对象之间的关系、职业之间的关系、同一职业内部人与人之间的关系，以及从业人员、职业与国家之间的关系。

（二）职业道德的本质

1. **职业道德是生产发展和社会分工的产物**　由于社会分工，人类的生产就必须通过各行业的职业劳动来实现。随着生产发展的需要和科学技术的不断进步，社会分工越来越细。分工不仅没有把人们的活动分成彼此不相联系的独立活动，反而使人们的社会联系日益加强，人与人之间的关系越来越紧密，越来越扩大。现今社会生活中各种各样的职业，形成了不同人之间错综复杂的职业关系，这种与职业相关联的特殊社会关系，需要有与之相适应的特殊道德规范来调整，职业道德就是作为适应并调整职业生活和职业关系的行为规范而产生的。可见，生产的发展和社会分工的出现是职业道德形成、发展的历史条件。

2. **职业道德是人们在职业实践活动中形成的规范**　人们在各种各样的职业活动实践中，逐渐地认识人与人之间、个人与社会之间的道德关系，从而形成了与职业实践活动相联系的特殊道德心理、道德观念、道德标准。由此可见，职业道德是随着职业的出现，以及人们的职业生活实践形成和发展起来的，有了职业就有了职业道德，出现了一种职业就随之有了关于这种职业的道德。

3. **职业道德是职业活动的客观要求**　职业活动是人们由于特定的社会分工而从事的具有专门业务和特定职责，并以此作为主要生活来源的社会活动。它集中体现着社会关系的三大要素：职责、职权、利益。

（1）职责：每种职业都意味着承担一定的社会责任。如完成岗位任务的责任，承担责权范围内的社会后果的责任。职业者的职业责任的完成，既需要通过具有一定权威的政令或规章制度来维持正常的职业活动和职业程序，强制人们按照一定规定办事，也需要通过内在的职业信念、职业道德情感来操作。人们以某种态度来对待和履行自己的职业责任，就使职业责任具有道德意义，成为职业道德责任。

（2）职权：每种职业都意味着享有一定的社会权利。职权不论大小都来自于社会，是社会整体和公共权力的一部分，如何承担和行使职业权利，必然联系着社会道德问题。

（3）利益：每种职业都体现和处理着一定的利益关系，职业劳动既是为社会创造经济、文化效益的主要渠道，也是个人的主要谋生手段，因此，职业是社会整体利益、职业服务对象的公众利益和从业者个人利益等多种利益的交汇点、结合部。如何处理他们之间的关系，不仅是职业的责任和权利所在，也是职业内在的道德内容。

总之，没有相应的道德规范，职业就不可能真正担负起它的社会职能。职业道德是职业活动自身的一种必要的生存与发展条件。

4. 职业道德是社会经济关系决定的特殊社会意识形态　职业道德作为一种社会意识形态，深深植根于社会经济关系之中，决定于社会经济关系的性质，并随着社会经济关系的变化而发展着。

（三）职业道德的作用

职业道德在每个人的职业生涯中都有着极其重要的意义。随着社会主义市场经济的发展，道德教育问题已成为国家和社会十分关注的重要问题。要紧密结合社会主义市场经济的新要求，努力加强社会主义道德教育，不断提高全体公民的思想道德素质。职业道德是社会道德体系的重要组成部分，它一方面具有社会道德的一般作用，另一方面又具有自身的特殊作用，其具体表现在：

1. 调节职业交往中从业人员内部及从业人员与服务对象之间的关系。

职业道德的基本职能是调节职能。它一方面可以调节从业人员内部的关系，即运用职业道德规范约束本行业内部人员的行为，促进行业内部人员的团结与合作。如职业道德规范要求各行各业的从业人员，都要团结、互助、爱岗、敬业、齐心协力地为发展本行业、本职业服务。另一方面，职业道德又可以调节从业人员和服务对象之间的关系。如医生怎样对患者负责，教师怎样对学生负责。

2. 职业道德有助于维护和提高本行业的信誉。

一个行业的信誉是指该行业及其产品与服务在社会公众中的被信任程度。提高行业的信誉主要靠产品质量和服务质量，而从业人员职业道德水平高是产品质量和服务质量的有效保证。若从业人员职业道德水平不高，就很难生产出优质的产品、提供优质的服务。

3. 职业道德促进本行业的发展。

行业的发展有赖于高的经济效益，而高的经济效益源于高水平的员工素质。员工素质主要包含知识、能力、责任心 3 个方面，其中责任心是最重要的，而职业道德水平高，则从业人员责任心就强，因此，职业道德能促进本行业的发展。

4. 职业道德有助于提高全社会的道德水平。

职业道德是整个社会道德的主要内容。职业道德一方面涉及每个从业者如何对待职业和工作，同时也是一个从业者生活态度、价值观念的表现，是一个人的道德意识、道德行为发展的成熟阶段，具有较强的稳定性和连续性。另一方面，职业道德也是一个职业，甚至一个行业全体人员的行为表现，如果每个行业、每个职业全体从业者都具备优良的道德，对整个社会道德水平的提高就会发挥重要作用。

（四）职业道德的基本要求

1. 爱岗敬业　通俗地说就是"干一行爱一行"，它是人类社会所有职业道德的一条核心规范。它要求从业者既要热爱自己所从事的职业，又要以恭敬的态度对待自己的工作岗位，爱岗敬业是职责，也是职业发展的内在要求。

爱岗就是热爱自己的本职工作，并为做好本职工作尽心竭力。爱岗是对从业者工作态度的一种普遍要求，即要求职业工作者以正确的态度对待各种职业劳动，努力培养热爱自己所从事工作的幸福感、荣誉感。

敬业就是用恭敬严肃的态度对待自己的职业。任何时候用人单位只会倾向于选择那些既有真才实学又踏踏实实工作，持有良好工作态度的人。这就要求从业者只有养成干一行、爱一行、钻一行的职业精神，专心致志搞好工作，才能实现敬业的深层次含义，并在平凡的岗位上创造奇迹。一个人如果看不起本职岗位，心浮气躁，好高骛远，不仅违背了职业道德规范，而且失去了自身发展的机遇。虽然社会职业在外部表现上存在差异性，但只要从业者热爱自己的本职工作，并能在自己的工作岗位上兢兢业业工作，终会有机会创造出一流的业绩。

爱岗敬业是职业道德的基础，是社会主义职业道德所倡导的首要规范。爱岗就是热爱自己的本职工作，忠于职守，对本职工作尽心尽力；敬业是爱岗的升华，就是以恭敬严肃的态度对待自己的职业，对本职工作一丝不苟。爱岗敬业，就是对自己的工作要专心、认真、负责，为实现职业上的奋斗目标而努力。

2. **诚实守信**　就是实事求是地做事，不弄虚作假。在职业行为中最基本的体现就是诚实劳动。每一名从业者，只有为社会多工作、多创造物质或精神财富，并付出卓有成效的劳动，社会所给予的回报才会越多，即"多劳多得"。

守信就是要求讲求信誉、信守诺言。要求每一名从业者在工作中严格遵守国家的法律、法规和本职工作的条例、纪律。要做到秉公办事，坚持原则，不以权谋私；要做到实事求是，信守诺言，对工作精益求精，注重产品质量和服务质量，并坚决抵制弄虚作假、坑害人民的行为。

3. **办事公道**　指从业者在办理事情或处理问题时，要站在公正的立场上，按照同一标准和同一原则办事的职业道德规范。即处理各种职业事物要公道正派、不偏不倚、客观公正、公平公开。对不同的服务对象要一视同仁、秉公办事，不因职位高低、贫富亲疏的差别而区别对待。

4. **服务群众**　是指听取群众意见，了解群众需要，为群众着想，端正服务态度，改进服务措施，提高服务质量。做好本职工作是服务人员最直接的体现。要有效地履职尽责，必须坚持工作的高标准。工作的高标准是职业发展的客观需要，是强烈的事业心、责任感的具体体现，也是履行岗位责任的必然要求。

5. **奉献社会**　是社会主义职业道德的最高境界和最终目的。奉献社会是职业道德的出发点和归宿。奉献社会就是要履行对社会、对他人的义务，自觉地、努力地为社会、为他人做出奉献。当社会利益与局部利益、个人利益发生冲突时，要求每一个从业者要把社会利益放在首位。

奉献社会是一种对事业忘我的全身心投入，这不仅需要有明确的信念，更需要有崇高的行动。当一个人任劳任怨，不计较个人得失，甚至不惜奉献自己的生命从事某种事业时，他更关注这一事业对人类、对社会的意义。

二、健康管理基本职业守则

健康管理从业者除了要遵守上述职业道德的基本要求外，还要遵守如下职业守则。

1. 健康管理提供者不得在性别、年龄、职业、民族、国籍、宗教信仰、价值观等方面歧视个体或群体服务对象。

2. 健康管理提供者首先应该让个体或群体服务对象了解健康管理工作的性质、特点，以及个体或群体服务对象自身的权利和义务。

3. 健康管理提供者在对个体或群体服务对象进行健康管理工作时，应与其对工作的重点进行讨论并达成一致意见，必要时（如采取某些干预措施时）应与个体或群体签订书面协议。

4. 健康管理提供者始终严格遵守保密原则，具体措施包括：①健康管理提供者有责任向个体或群体服务对象说明健康管理工作的相关保密原则，以及应用该原则时的限度。②在健康管理工作中，一旦发现个体或群体服务对象有危害自身或他人的情况，必须采取必要的措施，防止意外事件发生（必要时应通知有关部门或家属），应将信息暴露限制在最低范围之内。③健康管理工作中的有关信息，包括个案记录、体检信息、信件、录音、录像和其他资料，均属专业信息，应在严格保密的情况下进行保存，不得泄露。④健康管理提供者只有在服务对象同意的情况下才能对工作或危险因素干预过程进行录音、录像。在因专业需要进行案例讨论，或采用案例进行教学、科研、写作工作时，应隐去可能会据此辨认出服务对象的有关信息。

（刘宝花）

健康管理相关法规

参考文献

1．王培玉，袁聚祥，马骏．预防医学．4 版．北京：北京大学医学出版社，2018.
2．王培玉．健康管理学．北京：北京大学医学出版社，2012.
3．郭娇．健康管理学．北京：人民卫生出版社，2020.
4．李晓松．卫生统计学．8 版．北京：人民卫生出版社，2020.
5．陈明华．医学伦理学．北京：人民卫生出版社，2020.
6．孙长颢．营养与食品卫生学．8 版．北京：人民卫生出版社，2017.
7．卓志．健康保险学．北京：中国财政经济出版社，2017.

中英文专业词汇索引

2 型糖尿病（type 2 diabetes） 340

B

比值比（odds ratio，OR） 29
百分位数（percentile，P_x） 42
白破疫苗（diphtheria-tetanus vaccine） 285
百白破混合工作疫苗（diphtheria，pertussis，tetanus vaccine，DPT vaccine） 285
比（ratio） 46
变异（variation） 38
变异系数（coefficient of variation，CV） 44
标准差（standard deviation） 44
病例对照研究（case control study） 28
病理性上网（pathological internet use，PIU） 303
病死率（fatality rate） 21
不稳定型心绞痛（unstable angina pectoris，UAP） 362

C

参数（parameter） 38
抽样调查（sampling survey） 22
COPD 患者自我评估测试（COPD assessment test，CAT） 394

D

队列研究（cohort study） 24
大众传播（mass communication） 74
蛋白质（protein） 92
电子健康档案（electronic health record，EHR） 172
定期健康检查（period health examination） 169

代谢当量（metabolic equivalent，MET） 222
动脉粥样硬化性心血管病（atherosclerotic cardiovascular diseases，ASCVD） 249
胆固醇（cholesterol，C） 349

E

儿童青少年健康管理（children and adolescents health management） 290

F

发病率（incidence rate） 20
发病密度（incidence density，ID） 26
非 ST 段抬高心肌梗死（non-ST segment elevation myocardial infarction，NSTEMI） 362
分半信度（split-half reliability） 162
分类变量（categorical variable） 39
风险沟通（risk communication） 212
符合率（agreement） 35
弗明汉卒中量表（Framingham stroke risk profile，FSRP） 370

G

归因危险度（attributable risk，AR） 26
概率（probability） 39
高尿酸血症（hyperuricemia） 380
个人健康档案（personal health record） 166
工作有关疾病（work related diseases） 309
构成比（proportion） 45
归因危险度百分比（attributable risk percent，AR%） 27

过程评价（process evaluation） 85

甘油三酯（triglyceride，TG） 349

H

宏量营养素可接受范围（acceptable macronutrient distribution ranges，AMDR） 102

患病率（prevalence rate） 20

J

几何均数（geometric mean） 42

极差（range，R） 43

急性冠状动脉综合征（acute coronary syndrome，ACS） 362

疾病风险评估（disease risk assessment） 202

脊髓灰质炎疫苗（poliovirus vaccine） 285

集中趋势（central fendency） 41

计划免疫（planned immunization） 285

家庭健康档案（family health record） 169

家庭评估（family assessment） 169

家庭圈（family circle） 169

家系图（family tree） 169

甲型肝炎疫苗（hepatitis A raccine） 285

健康保险（health insurance） 426

健康档案（health record） 166

健康管理（health management） 3

健康管理干预（health management intervention） 268

健康教育（health education） 59

健康危险行为（health risk behaviors） 289

健康相关行为的改变（health-related behaviour change） 268

健康信念模式（health belief model，HBM） 60

进度（progress） 222

绝对危险度（absolute risk） 197

均数（mean） 42

K

跨理论模型（transtheoretical model，TTM） 62

可耐受最高摄入量（tolerable upper intake，UL） 102

克龙巴赫 α 系数（Cronbach's α coefficient） 162

卡介苗（Bacillus Calmette-Guérin vaccine，BCG vaccine） 285

L

累积发病率（cumulative incidence rate，CI） 26

灵敏度（sensitivity，Sen） 34

类型（type） 222

理想危险度（achievable risk） 213

流脑疫苗（meningococcal vaccines） 285

流行病学（epidemiology） 19

率（rate） 45

M

麻腮风疫苗（measles，mumps，rubella vaccine，MMR vaccine） 285

慢性心肌缺血综合征（chronic ischemic syndrome） 361

慢性阻塞性肺疾病（chronic obstructive pulmonary diseases，COPD） 391

1 秒用力呼气量（forced expiratory volume in the first second，FEV_1） 391

N

内部一致性信度（internal consistency reliability） 162

尿尿酸（urine uric acid） 383

P

匹配（matching） 28

嘌呤（purine） 381

频率（frequency） 222

频数分布表（frequency distribution table） 40

普查（census） 22

Q

强度（intensity） 222

学生健康监测（students health surveiuance） 290

群体传播（group communication） 73

R

人际传播（interpersonal communication） 69

认知行为疗法（cognitive behavior therapy，CBT） 247

S

似然比（likelihood ratio，LR） 34

社会网络（social network） 67

社会支持（social support） 68

筛查（screening） 33，156

膳食营养素参考摄入量（dietary reference intakes，DRIs） 101

伤害（injury） 288

社会认知理论（social cognitive theory） 63

社会营销（social marketing） 445

社区健康档案（community health record） 170

生存率（survival rate） 21

生活方式干预（lifestyle intervention） 268

时长（timing） 222

实验流行病学（experimental epidemiology） 31

数据库（database） 174

数值变量（numerical variable） 39

死亡率（mortality rate） 21

四分位数间距（quartile range，Q） 43

ST 段抬高心肌梗死（ST-segment elevation myocardial infarction，STEMI） 362

算术平均数（arithmetic mean） 42

适宜摄入量（adequate intakes，AI） 102

身体活动（physical activity，PA） 221

T

特异度（specificity，Spe） 34

碳水化合物（carbohydrate） 94

同质（homogeneity） 38

推荐摄入量（recommended nutrient intakes，RNI） 102

体重指数（body mass index，BMI） 296

统计量（statistic） 38

痛风（gout） 380

痛风石（tophus） 383

W

网络成瘾（internet addiction disorder，IAD） 303

维生素 D 缺乏性佝偻病（vitamin D deficient rickets） 286

无序分类变量（unordered categorical variable） 39

无氧运动（anaerobic activity） 223

X

现况研究（prevalence study） 21

相对危险度（relative risk，RR） 26，197

循证医学（evidence-based medicine，EBM） 36

效度（validity） 161

效果评价（effectiveness evaluation） 85

血尿酸（blood uric acid） 383

锌缺乏症（zinc deficiency） 286

信度（reliability） 162

信托关系（fiduciary relation） 460

形成评价（formative evaluation） 84

学校健康管理（school health management） 290

Y

样本（sample） 38

阳性似然比（positive likelihood ratio） 34

阳性预测值（positive predictive value） 35

乙型肝炎疫苗（hepatitis B vaccine） 285

乙脑疫苗（vaccinum encephalitidis epidemicae） 285

以问题为导向的记录（problem-oriented medical record，POMR） 166

医学伦理学（medical ethics） 458

阴性似然比（negative likelihood ratio） 34

阴性预测值（negative predictive value 35

营销（marketing） 441

营养不良（malnutrition） 286

营养缺乏性贫血（nutritional deficiency anemia） 286

用力肺活量（forced vital capacity，FVC） 391

有序分类变量（ordinal categorical variable） 39

预防非传染性慢性疾病的建议摄入量（proposed intakes for preventing non-communicable chronic diseases，PI-NCD） 102

预试验（pre-testing） 77

有氧运动（aerobic activity） 223

Z

中位数（median，M） 42

知信行（knowledge，attitude，and practice，KAP） 59

脂类（lipid） 93

职务紧张（job stress） 307

职业病（occupational diseases） 309

职业道德（professional ethics） 464

职业精神/专业精神 460

职业伤害（occupational injuries） 308

中国 COPD 筛查问卷（Chinese chronic obstructive pulmonary disease screening questionnaire，COPD-SQ） 393

重测信度（test-retest reliability） 162

准确度（accuracy） 161

自我感知运动强度（ratings of perceived exertion，RPE） 222

自我效能（self-efficacy） 66

总量（volume） 222

总体（population）

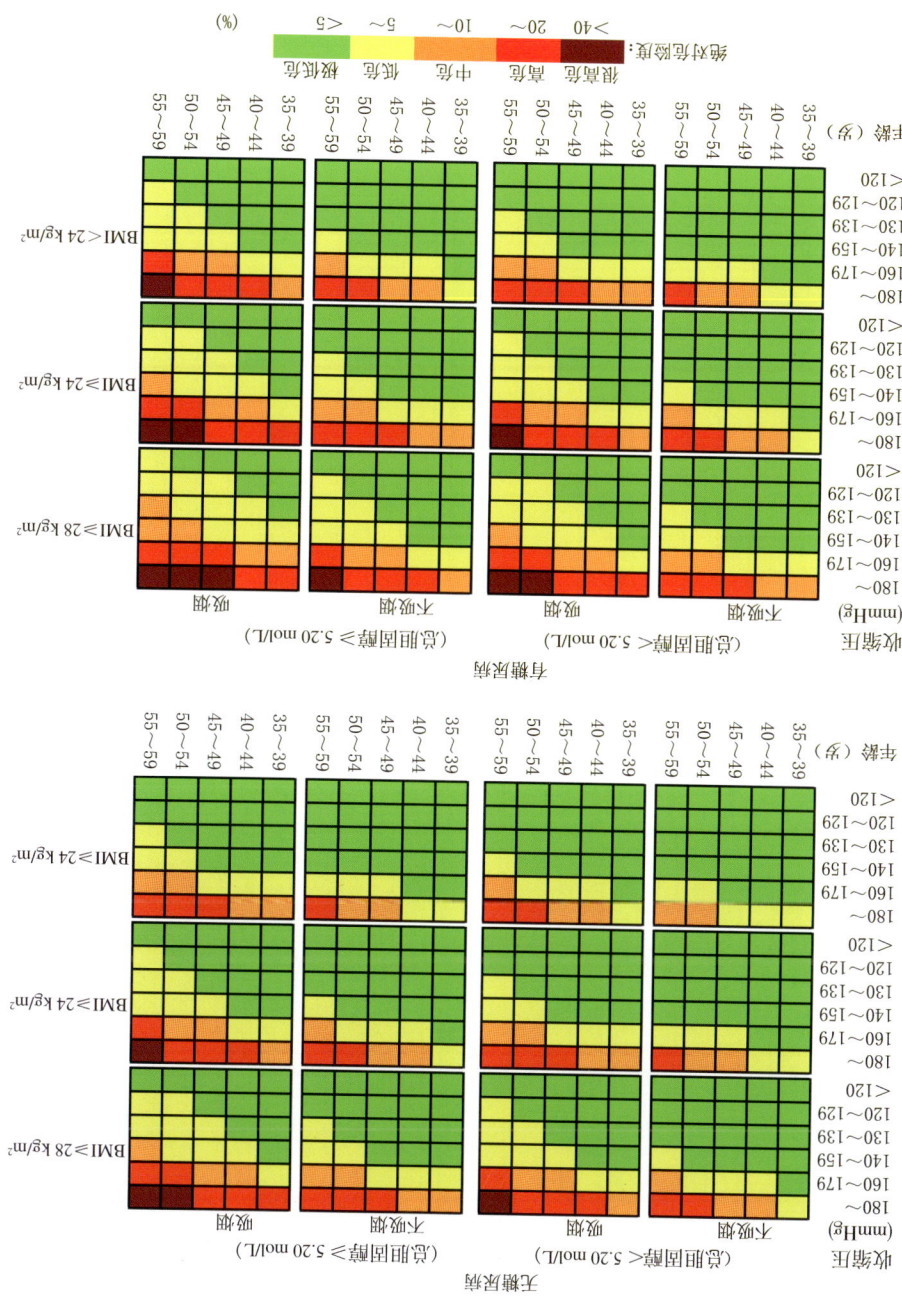

彩图 2-8-3 缺血性心血管事件 10 年发病危险度估计图（女）

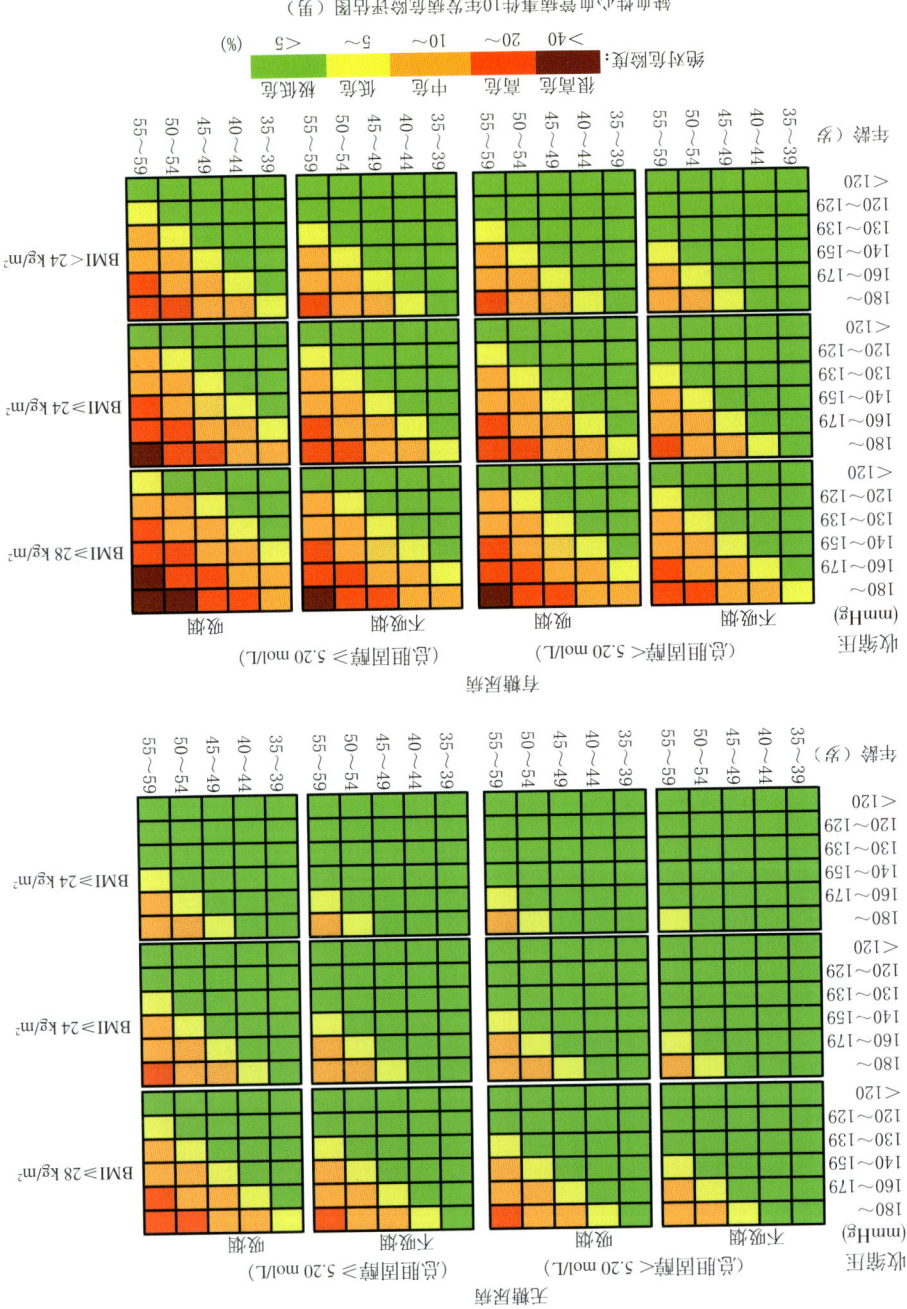

彩图 2-8-4 缺血性心血管事件 10 年发病危险度评估图(男)